www.ingramcontent.com/pod-product-compliance
Ingram Content Group UK Ltd.
Pitfield, Milton Keynes, MK11 3LW, UK
UKHW021652190726
13853UKWH00001B/207

معمار پرستش

راهنمایی برای طراحی جلسات پرستشی منطبق با فرهنگ
و وفادار به آموزه‌های کتاب مقدس

نویسنده: کانستنس اِم. چری

ناشر نسخه فارسی: بنیاد فرهنگ و هنر اپیفانی
چاپ نخست: ۲۰۲۶ میلادی
شابک: ISBN 979-8-9940760-3-3
آدرس وب‌سایت: epiphanyact.org
مجوز ترجمه و نشر این کتاب به زبان فارسی از سوی گروه انتشاراتی بیکر به بنیاد اپیفانی اعطا شده است.

راهنمایی برای طراحی جلسات پرستشی منطبق با فرهنگ
و وفادار به آموزه‌های کتاب مقدس

کانستنس ام. چری

Epiphany Arts and Culture Foundation

epiphanyact.org

THE WORSHIP ARCHITECT

SECOND EDITION

A Blueprint for Designing Culturally Relevant and Biblically Faithful Services

CONSTANCE M. CHERRY

Epiphany Arts and Culture Foundation

epiphanyact.org

این کتاب با احترام به رابرت ای. وبر (۱۹۳۳ - ۲۰۰۷) تقدیم می‌شود،
دوست و معلمی که یادش همیشه نزد ما گرامی است.

فهرست محتویات

مقدمه ناشر

از زمانی که آکادمی پرستش آوا را در بنیاد فرهنگ و هنر اپیفانی افتتاح کردیم، همواره بر آن بودیم که منابعی ارزشمند و عملی برای جامعهٔ مسیحیان فارسی‌زبان فراهم کنیم. در این مسیر، کتاب «معمار پرستش» توجه ما را به خود جلب کرد، زیرا این اثر با زبانی روشن و قابل درک، اصول اجرایی و عملی پرستش را به شکلی ملموس بیان می‌کند.

ما معتقدیم که این کتاب نه‌تنها به غنای دانش و فهم رهبران و پرستندگان کمک میکند، بلکه به‌عنوان منبعی الهام‌بخش در مسیر رشد و شکوفایی نسل جدیدی از خادمین مسیحی نقشی مؤثر خواهد داشت.

امید ما این است که این ترجمه بتواند پاسخی به نیازهای جامعهٔ مسیحیان فارسی‌زبان در زمینه پرستش باشد و راه گشای مسیری باشد که در آن ایمان، خلاقیت و تعهدِ به خدمت، با یکدیگر پیوند می‌خورند.

موسی رسایی

موسس بنیاد اپیفانی

فوریه ۲۰۲۶

سپاسگزاری‌ها

حدود سی و پنج سال پیش به کتابی برخوردم که زندگی من را تغییر داد. آن کتاب را به‌صورت اتفاقی برای مطالعه برداشته بودم، اما گویا اراده خداوند فراتر از یک مطالعه معمولی بود. نام این کتاب «پرستش: کشف دوبارهٔ جوهر از دست‌رفته» نوشتهٔ رونالد آلن و گوردن برور بود. نمی‌توانستم مطالعهٔ آن را رها کنم. در آن زمان، من در خدمت تمام‌وقت پرستش بودم و دو مدرک دانشگاهی نیز در زمینه موسیقی دریافت کرده بودم. بنابراین موسیقی را می‌شناختم اما پرستش را نه. هنوز پرستش را به‌عنوان جهانی مستقل و ژرف، جهانی آکنده از قرن‌ها تأملات کتاب‌مقدسی، تاریخی، الهیاتی و پرستشی نمی‌شناختم. این کتاب چشمانم را گشود تا ببینم پرستش بسیار فراتر از چیزی‌ست که تا آن زمان می‌پنداشتم. عمیقاً تحت تأثیر قرار گرفته بودم و اشتیاقی سیری‌ناپذیر در من شکل گرفته بود تا بیشتر دربارهٔ پرستش کلیسا بیاموزم. من مدیون دو نویسنده‌ای هستم که هرگز آن‌ها را از نزدیک ملاقات نکرده‌ام، اما مسیر حرفه‌ای و خدمتم را برای همیشه تغییر دادند. از آن زمان تاکنون، مطالعه و پژوهش دربارهٔ پرستش را با جدیت دنبال کرده‌ام.

من به‌برکت حضور پدر و مادرم، هارولد و روبی چری، یک پرستنده‌ام. آنان از دوران نوزادی، من و سه برادرم را به کلیسا می‌بردند و با زندگی خود به ما آموختند که شرکت در جلسات پرستشی روز یکشنبه، از ارزش و اهمیت والایی برخوردار است. والدین آن‌ها هم، از دوران نوزادی همین کار را انجام داده بودند. خدا مرا با میراثی پربار از نسلی خداجو و پرستنده در خانواده‌ام برکت داده است. نسلی که در طی سالیان، بی‌آنکه بدانند، مرا در مسیر پرستش، شاگردسازی کردند چراکه، من شاهد بودم چگونه با تمام وجود، نه فقط در کلیسا بلکه در زندگی روزمره، به خدا وفادار بودند. اکنون هر دوی آن‌ها در حضور خداوند در حال پرستش‌اند، و من عمیقاً قدردان محبت و تربیت آگاهانه‌شان هستم که در من عشق به کلیسا را پرورش دادند.

تأثیر رابرت وبِر بر درک من از پرستش، به‌راستی قابل اندازه‌گیری نیست. در سال ۱۹۹۸، من جزو نخستین فارغ‌التحصیلان دانشگاه الهیات نورترن بودم که موفق به دریافت مدرک دکترای خدمت در پرستش مسیحی شده بود. دوره تحصیلی ایی که به دست دکتر وبِر طراحی و رهبری می‌شد.

این کلاس توسط دکتر وبر طراحی و رهبری می‌شد. به‌عنوان دانشجوی او در کلاس درس و سپس به‌عنوان دانشجویی که دکتر وبر بر ارائهٔ پایان‌نامهٔ دکتری‌اش نظارت داشت، فلسفهٔ دکتر

وبرعمیقاً روی باور من دربارهٔ پرستش مسیحی تأثیرگذار بوده است. در روز فارغ‌التحصیلی، باب با من دربارهٔ خدمت کردن در هیئت‌علمی دانشگاهی که قصد داشت تأسیس کند، یعنی یک دانشکدهٔ مطالعات پرستش (اکنون تحت عنوان دانشکدهٔ مطالعات پرستش دکتر رابرت وبر نامیده می‌شود) که در آن زمان تنها در مرحلهٔ برنامه‌ریزی اولیه بود، صحبت کرد. مستقیماً پیشنهاد او را پذیرفتم و تحت رهبری او، بیش از پیش در امر پرستش رشد کردم. در طول سال‌ها و تا زمان فوت دکتر وبر، ایشان همواره مثل یک معلم نیکو تفکرم را بنا و تقویت کرد، به شکوفا شدن استعدادم کمک نمود و من را به چالش کشید تا دانش خود را افزایش دهم و درهای مؤثری را برایم باز کرد. چند هفته قبل از اینکه باب فوت کند، تماسی غیرمنتظره از او داشتم. او داوطلب شد علی‌رغم اینکه نسخهٔ اول کتاب معمار پرستش هنوز به هیچ ناشری ارائه نشده بود، از چاپ این کتاب حمایت کند. برای تمام این موارد و محبت‌های فراوان او، تا ابد خود را مدیون باب می‌دانم.

خدا را برای تمام مردمی که در طول چهل و پنج سال گذشته توانسته‌ام در کلیساهای بی‌شمار خدمتشان کنم، شکر می‌کنم. همهٔ این عزیزان در پرورش مهارت‌های رهبری‌ام با دعا و حمایت‌هایشان من را یاری رسانیدند. دوستی‌های عمیقی که با عزیزانم در کلیسا به دست آوردیم، برایم بی‌نهایت ارزشمند هستند. برای صدها دانشجویی که در گذشته و در حال حاضر باعث می‌شوند همواره در کلاس درس هوشیار باشم و همواره برای اینکه بتوانم حکیمانه آن‌ها را تعلیم دهم، در دعا زانو بزنم، خدا را شکر می‌کنم. شاگردانم به من کمک می‌کنند بیندیشم، گاهی بخندم و به یاد داشته باشم که خود را بیش از حد جدی نگیرم. مایلم به‌طور خاص از یکی از شاگردانم به نام بن اِسنوئِک که محتوای گرافیکی این کتاب را تولید کرده است تشکر کنم و همچنین برای دعاها و تشویق‌های او در زمینهٔ نگارش این کتاب قدردان هستم.

همچنین از رابرت هوساک، که با تخصص خود پروژهٔ چهارمی که با واحد انتشاراتی بیکر آکادمیک داشتیم را هدایت کرد، تشکر ویژه‌ای میکنم و عمیقاً برای تشویق‌ها و حمایتش در به انجام رساندن این کتاب سپاسگزار هستم. با تشکر.

دیباچه

چرا به کتابی دربارهٔ طراحی جلسات پرستشی نیاز است؟

پرستش‌ها در فرهنگ غرب طی ۷۰ سال گذشته تغییرات زیادی داشته است. پایان جنگ جهانی دوم باعث شکوفایی صنعت، رشد جمعیت، گسترش دانشگاه‌ها و کلیساهای آمریکا شد. به لحاظ پرستش، این دوران نقطه عطفی تأثیرگذار در تاریخ کلیسا محسوب می‌شود. یک امر به امر دیگری انجامید؛ تعداد اعضای کلیسا افزایش چشمگیری داشت و سازمان‌ها و نهادهای کلیسایی فراوان و همچنین چندین جنبش احیا و پرستش پراهمیت در میانهٔ قرن بیستم میلادی، شکل گرفتند. می‌توان به‌عنوان مثال از مواردی مانند: جنبش مسیح در غرب آمریکا، جنبش احیای کاریزماتیک بین‌فرقه‌ای و تغییرات ثانویه روحانی شورای دوم واتیکان اشاره کرد. در پی این اتفاقات، جنبش رشد کلیسا تأثیر به سزایی در زمینهٔ پرستش پدید آورد. حقیقت این است که امر پرستش یک حقیقت رو به تکامل باقی‌مانده است و مانند هر چیز دیگر در جهان ما، به نظر می‌رسد که روند این تکامل هر روز سریع‌تر می‌شود. همین مسئله باعث شده است به نسخهٔ بازبینی و ویرایش‌شدهٔ این کتاب نیاز داشته باشیم.

تنها در دههٔ گذشته تغییرات زیادی را در زمینهٔ پرستش‌ها شاهد بوده‌ام که باعث می‌شود به‌روزرسانی این نسخه از کتاب معمار پرستش، به‌موقع به نظر برسد. به طور قطع می‌توان گفت مُدها و ساختارهای متداول پرستش مانند گذشته باقی نمانده است. نسخهٔ به‌روزرسانی شده این کتاب به بحث دربارهٔ برخی از پیشرفت‌ها در زمینهٔ پرستش‌هایی که اکنون متداول هستند می‌پردازد و به نحوی قابل‌درک، این تغییرات را شرح می‌دهد. به همین شکل، متن این کتاب به تقویت اصول بنیادین و اصلی پرستش، مطابق با تعالیم کتاب‌مقدس خواهد پرداخت. علی‌رغم اینکه می‌بایستی تغییرات مناسب با دوران را بپذیریم، می‌بایستی همواره به یاد داشته باشیم که ریشه‌های اصولی پرستش هرگز نباید تغییر کند. پرستش مسیحی همواره باید خود را با مرزهایی که خدای تثلیث از ابتدا تعیین کرده است منطبق نماید.

این مرزها به واسطهٔ الهیات کتاب‌مقدس و بررسی حقایق تاریخی‌ایی که مسیحیان در طول دوره‌های گذشته هفته‌به‌هفته در کلیساها مطابق آن اصول زیسته‌اند، قابل کشف است.

پرستش به خاطر کلیسا

یکی از بارزترین روش‌هایی که می‌توانیم به‌وسیلهٔ آن شاهد تغییرات دههٔ گذشته کلیساها باشیم، تغییر کاربرد کلمهٔ «پرستش» است. در گذشته واژهٔ «پرستش» به‌طور خاص به جلسات رسمی‌ایی که در روز یکشنبه در کلیسای محلی برگزار می‌شد، اطلاق می‌شد. در اصل «رفتن به پرستش» معادل واژهٔ کنونی «به کلیسا رفتن» بود و معنی آن، شرکت در جلسهٔ پرستشی یکشنبه که در آن اعضای کلیسا برای پرستش خداوند کنار هم جمع می‌شدند، در نظر گرفته می‌شد.

اما در حال حاضر کلمهٔ «پرستش» برای طیف گسترده‌ای از فعالیت‌ها و رویدادهای کلیسایی به کار گرفته می‌شود. به موارد گوناگونی که از کلمهٔ پرستش استفاده می‌کنیم بیندیشید: کنسرت‌های پرستشی، کنفرانس‌های پرستشی، پرستش اینترنتی، پرستش هرروزه و بیست‌وچهار ساعته، و زمان پرستش روزانه (دعاهای فردی روزانه)، تعدادی از کاربردهای امروزی واژهٔ پرستش را نشان می‌دهند. متأسفانه استفادهٔ بیش از حد واژهٔ «پرستش»، مثل هر کلمهٔ دیگری، باعث کم‌رنگ شدن معنی واژه شده است. امروزه، معانی واژهٔ پرستش چنان متعدد است که گاهی باعث می‌شود با خود بیندیشیم معنی حقیقی پرستش چیست؟ معنی این کلمه کم‌رنگ شده و لازم است که آن را توصیف کنیم و بدانیم واژهٔ «پرستش» به چه برنامه و رویداد کلیسایی اشاره دارد. استفادهٔ بی‌حد و مرز از این کلمه، در حقیقت باعث ایجاد یک مشکل جدی می‌شود. ممکن است وسوسه شویم و فکر کنیم پرستش در تمامی حوزه‌های گوناگون به یک معناست. هرچه باشد، مگر غیر از این است که، در تمام پرستش‌ها به ستایش و جلال دادن خدا می‌پردازیم، در زمینهٔ گام برداشتن در حیات مسیحی تشویق می‌شویم و الهام می‌گیریم و تجهیز می‌شویم تا خدا را با غیرتی دوچندان خدمت کنیم؟ بله. اما اگر با خود بیندیشیم که تمامی رویدادهای پرستشی ارزشی یکسان دارند و نتیجهٔ آن در زندگی ما یکسان است، مرتکب خطای وحشتناکی شده‌ایم.

درعین‌حال علی‌رغم اینکه امکان دارد راه‌های مفید بسیاری برای به‌کارگیری واژهٔ «پرستش» داشته باشیم، اما کاربردها همواره از یک واقعیت سخن نمی‌گویند. هر یک از این رویدادها و برنامه‌هایی که در آن برای خدمت به خدا حاضر می‌شویم، هدف نیکوی مختص به‌خود را دارد. اما یک پرستش وجود دارد که منحصربه‌فرد است و از سایر برنامه‌های پرستشی فراتر است: جلسهٔ پرستشی یکشنبهٔ کلیسای محلی. در جلسهٔ پرستش هفتگی کلیسای محلی است که سایر حوزه‌های پرستش معنا پیدا

می‌کنند، نه بالعکس. در حقیقت «جلسات فوق‌برنامهٔ پرستشی»[1] به جز تداوم مشارکت مسیحیان در کلیسای محلی، معنای خاص دیگری ندارند.

میهمانان در فوق‌برنامه‌های پرستشی از جوامع محلی کلیسایی، گرد هم جمع می‌شوند و برای هدف خاصی در یک رویداد شرکت می‌کنند؛ گاهی این هدف تشویق شدن است، گاهی تجهیز شدن، تعلیم یافتن، یا صرفاً مشارکت ایمانداران. آن‌ها برای یک هدف مشخص گرد هم می آیند، نه برای مجموعه‌ایی از اهداف منحصر به‌فردی که، کلیسای محلی به‌خاطر آن بنا شده است. اغلب فوق‌برنامه‌های پرستشی برای تقویت و حمایت از خدمت اصلی کلیسای محلی، در جلسات پرستشی رسمی، شکل می‌گیرند. با این وجود، علی‌رغم اینکه بسیاری از این فوق‌برنامه‌های پرستشی به کلیسای محلی سود می‌رسانند (بسیاری از نهادهای نیکو چنین برنامه‌هایی را برگزار می‌کنند)، اما نباید از این حقیقت غافل شویم که این برنامه‌ها و رویدادها، خارج از کلیسا برگزار می‌شوند و جلسهٔ اصلی کلیسا تلقی نمی‌شوند.

حضور خداوند عیسای مسیح در جماعت ایمانداران که گرد هم می‌آیند و حضور خدا در قلب تمام جماعت ایمانداران، پرستش محسوب می‌شود. در اینجاست که ایمانداران به واسطهٔ کلام و شام خداوند تغذیه می‌شوند، و همچنین به واسطهٔ مشارکت با برادران و خواهران ایمانی تشویق می‌شوند، و به واسطهٔ قدرت روح‌القدس شجاعت و توان می‌یابند تا رفته و خبر خوش انجیل را در اعمال و در کلامشان بشارت دهند. بنابراین، در کلیسای محلی، خداوند را می‌پرستیم تا بتوانیم در سطح جهانی خدمت کنیم. هیچ فوق‌برنامهٔ پرستشی نمی‌تواند این کارها را مثل کلیسای محلی انجام دهد پس، به وضوح مشخص است که جوامع ایمانی کلیسا می‌توانند بسیاری از برنامه‌های فوق‌پرستشی را کنار بگذارند و باز هم کلیسا باقی بمانند؛ اما هرگاه کلیسا جلسات پرستشی رسمی خود را متوقف کند، دیگر یک کلیسا نیست.[2]

به‌مرورزمان، گردهمایی‌های ایمانداران در کلیسای محلی بیش از پیش، از «جلسهٔ اصلی کلیسای مادر» در کلیسای محلی و زمان‌های مقرر و دائمی پرستش، فاصله گرفته و جدا شده‌اند. بسیاری از رهبران، مثل من، نگران این موضوع هستند و معتقدند این مسئله به ضعیف شدن درک

---

۱. این اصطلاح را برای اشاره به پرستشی که خارج از چهارچوب پرستش عادی درون کلیسایی انجام میشود ابداع کردم. کلمهٔ فراپرستشی به چیزی اضافه بر سازمان اشاره دارد، به واژهٔ (فرا طبیعی) یا (شبه نظامی) بیندیشید. گروه‌های شبه نظامی، بزرگ‌تراز سازمان‌های اصلی نظامی نیستند بلکه در حمایت از ارگان‌های نظامی فعالیت میکنند. کلمهٔ فراپرستشی به همین صورت عمل می‌کند - یعنی سازمان‌های مذهبی‌ایی که فراتر و یا در اصل در کنار نهاد اصلی کلیسای محلی کار می‌کنند.

۲. این نتیجه‌گیری از استدلال مارک چاوز که در صفحات ۱۲۷ تا ۱۲۸ کتاب کلیساها در آمریکا مطرح کرده است، برگرفته و بازنویسی‌شده است. (کمبریج، ماساچوست: انتشارات دانشگاه هاروارد، ۲۰۰۴)

مردم از الهیات کلیساشناسی و مسیح‌شناسی مرتبط است. پرستش مسیحی تا ابد ریشه در درک ما از معنای کلیسا و تجلی حضور عیسای مسیح که در بطن جامعهٔ ایمانی کلیسا به ظهور می‌رسد، و همچنین وفاداری‌مان به پرستش خدای تثلیث در اتحاد، وابسته است. با وجود اینکه از اشکال گستردهٔ فوق‌برنامه‌های پرستشی حمایت می‌کنم، اما این کتاب، جلسهٔ پرستشی هفتگی کلیسای محلی را به‌عنوان مهم‌ترین و اصلی‌ترین جلسهٔ پرستشی، از سایر جلسات فوق‌برنامهٔ پرستشی متمایز و پراهمیت‌تر قلمداد می‌کند.

این کتاب چگونه می‌تواند مفید و کمک کنند باشد؟

شاید رهبران پرستشی و سایر رهبران، اکنون بیش از هر زمان دیگر نیاز دارند تا مسیر خود را بیابند و بتوانند در هنگام انجام وظیفهٔ طراحی پرستش‌ها برای کلیسای محلی، هم به کتاب مقدس وفادار باشند و هم مطابق با فرهنگ جامعه حرکت کنند. آیا صرفاً باید از کلیسای برجستهٔ دیگری پیروی کنیم یا باید به انتخاب ترانه‌های محبوب بپردازیم و کلیپ‌های ویدئویی عالی تهیه کنیم؟ آیا هفته به هفته کارت‌ها را بُر می‌زنیم و به روشی تازه می‌چینیم تا هر هفته توجه اعضای کلیسا و پرستش‌کنندگان خدا را جلب کنیم یا کافی‌ست که روش آزمایش‌شده‌ای را برای نظم بخشیدن به پرستش‌ها انتخاب کنیم و هرچه شد تنها به آن روش خاص تکیه کنیم؟ آیا طراحی پرستش، یک میدان آزاد است که برای حرکت در آن به آمادگی خاصی نیاز نداریم و می‌توانیم انتظار داشته باشیم که روح، نظم جلسات پرستشی را در لحظه برقرار سازد؟ آیا به اندازهٔ کافی در طراحی پرستش‌ها خلاق، هوشمند و همچنین نسبت به فرهنگ جامعه حساس هستیم؟

دریافتم که بسیاری از شبانان و سایر رهبران پرستشی در جنبه‌هایِ عملیِ مهم‌ترین بخشِ خدمت خود، یعنی طراحی جلسات پرستشی مسیحی دچار مشکل هستند. بسیاری از افراد در این زمینه تعالیم رسمی و دانشگاهی دریافت نکرده‌اند. برای کمک به عزیزان تلاش کردم روندی گام به گام را که برای هر شاخهٔ مسیحی، سَبک کلیسا و محتوا مناسب باشد، ارائه دهم. این روش منجر به جلسات پرستشی وفادار به کتاب مقدس و از لحاظ اجتماعی اصیل و با فرهنگ جامعه مرتبط شده، خواهد بود.

البته ما اصول، دستورات و چهارچوب‌های کتاب‌مقدسی را در نظر می‌گیریم. هنگامی که موسی می‌خواست خیمه را بسازد، به او هشدار داده شد: «آگاه باش که همه چیز را مطابق نمونه‌ای بسازی که در کوه به تو نشان داده شد» (عبرانیان ۸:۵). هدف ما این است که در تلاش باشیم همه چیز را

مطابق بهترین درکی که از الگوی مقرر شده توسط خداوند داریم، بنا کنیم.

اینکه پرستش نزد خدا خوشایند باشد، دغدغهٔ اصلی این کتاب محسوب می‌شود. امروزه منابع بسیاری در زمینهٔ پرستش وجود دارد که بر جلب رضایت و خشنودی اعضای کلیسا تمرکز دارد. همان‌طور که در این کتاب مشاهده خواهید کرد، پرستش مسیحی عطای خدا به کلیساست تا بتوانیم در اتحاد و در رابطه‌ای که با خدا داریم، رشد کنیم. از همه بالاتر، پرستش به سوی خدا، با خدا و برای خدا است؛ بنابراین، حکیمانه است که انتظارات خدا را برای پرستش متحد مسیحی در کلیسا کشف کنیم. نقطهٔ آغاز و پایان همین‌جا است.

من یک رهبر پرستشی هستم. بیش از چهار دهه است که به عنوان خادم گروه موسیقی و یا رهبر، جلسات پرستشیِ کلیساهای زیادی را با ظرفیت‌های گوناگون، طراحی کرده‌ام. هر هفته درحالی‌که در کلیسای محلی خدمت می‌کنم، همین کار را انجام می‌دهم. همچنین خود را یک مشتاق الهیاتِ کاربردی می‌دانم و متعهد هستم که در حین داشتن تحقیقاتِ مداوم در زمینهٔ پرستش، همواره با تامل و تفکر عمیق، خود را وقف الهیاتِ عملی نمایم. در دانشگاه تدریس می‌کنم و رهبران پرستشی آینده را در تمامی سطوح، در حوزهٔ هنرِ طراحیِ جلساتِ پرستشیِ کلیسا تعلیم می‌دهم. این کتاب حاصل سال‌ها تلفیق بینش و تعمق الهیاتی با خدمتِ عملیِ پرستش است و معتقدم راه‌حل‌هایی واقعی را برای چالش‌هایی حقیقی ارائه می‌دهد.

کتاب معمار پرستش برای رهبران پرستشیِ حال و آینده نوشته شده است. این رهبران، چه در حال تحصیل در دانشگاه باشند چه در حال خدمت در کلیسا، به واسطهٔ کتاب معمارِ پرستش فرا می‌گیرند چگونه جلسات پرستشی پر از حیات را طراحی کنند که، هم به خدایی که می‌پرستیمش وفادار باشد و هم برای کلیسایی که بنا می‌کنند متناسب باشد. باوجود اینکه امروزه کتب زیادی در زمینهٔ پرستش وجود دارد، اما تنها تعداد محدودی از آن‌ها روشی قابل درک و عملی را برای طراحی جلسات پرستش ارائه می‌کنند. امیدوارم دانشجویان و خادمین، مطالعهٔ این کتاب را به اتفاق و در گفت‌وگو با همکارانشان انجام دهند. اجازه دهید آموختن در **اتحاد** انجام شود! برای سهولت امر، هر فصل از کتاب با تعدادی سؤالات عمیق و یا تمرین‌ها آغاز می‌شود (زیرعنوان فصل «جستجو کنید»)، در ادامه، محتوای آن فصل ارائه شده است (گسترش دهید) و در انتها، تمرین‌ها ی برای به‌کارگیری ایده‌هایی که در آن فصل عنوان شده است، ارائه شده (مشغول شوید). همچنین در انتهای بیشتر فصول کتاب، جریان‌های کلیدی و متونی که مطالعهٔ آن برای مفاهیم آن بخش مفید است را، ذکر کرده‌ام.

نکات جدید چیست؟

بسیار خوب، چه محتوایی در نسخهٔ بازبینی شدهٔ «معمارِ پرستش» وجود دارد؟ با وجود اینکه می‌توانستم به تعداد زیادی از تغییرات اخیر در روند امور پرستش کلیساها بپردازم، اما تصمیم گرفتم بیشتر به مواردی بپردازم که در طول دههٔ اخیر تأثیرات زیادی در پرستش‌ها گذاشته‌اند و یا پرداختن به آن‌ها ضروری‌تر به نظر می‌رسد.

به طور خاص، برخی از موضوعاتِ نوظهور مشاهده می‌شوند که، دربارهٔ آن‌ها محتوایی در نسخهٔ قدیمی این کتاب وجود نداشت:

- جهانی شدن روزافزون پرستش‌ها
- دنیوی شدن روزافزون پرستش‌ها
- پرستش در دوران بیماری‌های همه‌گیر
- رابطهٔ بین بشارت و پرستش‌ها
- رابطهٔ بین پرستش در کلیسای محلی و پرستش در سایر حوزه‌ها و مکان‌ها

مطالب بسیاری در نسخهٔ اول این کتاب به‌روزرسانی شده‌اند و بیشتر به آن‌ها پرداخته شده است که به طور خاص می‌توانم به فصلِ مرتبط با روش‌هایِ پرستش و موسیقیِ پرستشی اشاره کنم.

علاوه بر حجم قابل‌توجهی از مطالب جدید و بازبینی‌شده، در سراسر کتاب مخاطب با نمونه‌ها، مثال‌ها، اصطلاحات و منابع پیشنهادیِ به‌روزرسانی شده، روبه‌رو خواهد شد. همچنین دو پیوست جدید به کتاب افزوده شده‌اند: «تعریفی از پرستش مسیحی» و «هفت نکته برای مشارکت مؤثر در پرستش آنلاین (پخش زنده)».

کدام بخش‌های کتاب دست‌نخورده باقی ماندند؟

بازنگری در هر اثری نشان‌دهندهٔ آن است که نسخهٔ اصلی، همچنان مفید و ارزشمند باقی‌مانده و به این ترتیب، ماهیتی فراتر از زمان دارد. معمارِ پرستش (۲۰۱۰) از سوی دانشگاه‌ها و همچنین کلیساهای محلی، مورد استقبال چشمگیری قرار گرفته است؛ بنابراین هدف این کتاب، رویکردِ متفکرانهٔ آن و تعهدِ فلسفیِ کتاب، دست‌نخورده باقی مانده است. هدف ابتدایی من از نوشتن این کتاب تغییری نکرده است؛ هدف: تجهیز رهبران و مهیاسازی آن‌ها برای رهبری جلسات پرستشی است به نحوی که، بتوانند به کتاب مقدس وفادار بمانند، از تاریخچهٔ پرستش آگاه باشند و با حفظِ محوریتِ مسیح در پرستش و آگاهی از محتوای کلیسا، جلسات پرستشی را به نحوی طراحی کنند

که برای تمامی پرستندگان با تمامی سنین مفید و مناسب باشد. هنگامی که رهبران چنین جلساتی را طراحی و برگزار می‌کنند به «معماران پرستش» تبدیل می‌شوند. این تمثیل، تصویری مفید برای امرِ مقدسِ مهیاسازیِ پرستش‌ها محسوب می‌شود. در آخر باید اشاره کنم باور و تعهد فلسفی این کتاب پابرجا باقی مانده است تا بتوانیم پرستشِ متحدانه در جلساتِ رسمیِ کلیسایِ محلی را، به‌عنوان اصلی‌ترین حوزهٔ پرستش در اختیار داشته باشیم. پرستش خدای تثلیث، مهم‌ترین خدمت کلیسای محلی محسوب می‌شود، چرا که پرستش مأموریتی از سوی خداست.

استعارهٔ معمار

چند سال پیش تشابهات موجود بین طراحی جلسهٔ پرستشی و کاری که یک معمار انجام می‌دهد، توجهم را جلب کرد.

در تمام این کتاب از این استعاره استفاده می‌کنم. وظیفهٔ معماران و وظیفهٔ طراح جلساتِ پرستشی، به شدت مشابه هم هستند. معتقدم این تشبیه، بینشی را در اختیارمان می‌گذارد که از طریق آن می‌توانیم خدمتِ طراحیِ جلساتِ پرستشی را متناسب با هدفی که پرستش برای آن در نظر گرفته شده است، به انجام برسانیم.

کتاب مقدس در نقاط مختلف، از استعارهٔ معمار استفاده کرده است. این نکته به طور خاص در کتاب عبرانیان در عهد جدید مشاهده می‌شود. در عبرانیان می‌خوانیم: «زیرا هر خانه‌ای به دست کسی بنا می‌شود، امّا بانی همه چیز خداست.» (عبرانیان ۳:۴). نویسندهٔ عبرانیان به ما کمک می‌کند به دو طریق، دیدگاه درستی دربارهٔ این حقیقت داشته باشیم. اولاً، باید اعتراف کنیم با وجود اینکه در تلاش هستیم تا جلساتِ پرستشیِ نیکویی را طراحی کنیم، اما معمار اصلی و حقیقی همواره خداوند است. کاری که انجام می‌دهیم پُر اهمیت و وظیفه‌ای تقدیس‌شده می‌باشد. با این وجود، هنگامی که جلسات پرستشی را طراحی می‌کنیم، **خداست** که این کار را از طریق ما به انجام می‌رساند. هرچه باشد «حرمت سازندهٔ خانه از خودِ خانه بیشتر است.» (عبرانیان ۳:۳)

دوماً، بهترین جلسات پرستشی که تا کنون تجربه کرده‌ام، تنها سایه‌ای از پرستش حقیقی که در حیات ابدی خواهیم داشت، هست. در این جهان به‌عنوان کاهنان عمل می‌کنیم، و تنها کاری که می‌توانیم انجام دهیم این است که پرستش‌هایمان را که تنها سایه‌ای از پرستش‌های آسمانی می‌باشد در کلیسا به خدا تقدیم کنیم (عبرانیان۸:۵). آنچه که در طراحی پرستش‌ها انجام می‌دهیم تنها می‌تواند ایده‌ای محو از آنچه که خدا برای پرستش آسمانی در ذهن دارد، باشد. ولی این

محدودیت را می‌پذیریم و با این وجود در تلاش هستیم تا رؤیایی واضح‌تر، از پرستش حقیقی را دریافت کنیم. ما هم مانند ابراهیم، انسانیت خود را تصدیق می‌کنیم: «زیرا ابراهیم چشم‌انتظارِ شهری بود با بنیاد که معمار و سازنده‌اش خداست.» (عبرانیان۱۱: ۱۰)

معمار پرستش: مرحلهٔ بنا کردن

برای پرورش استعارهٔ معماری که در این کتاب به کار گرفته شده از معماران کمک گرفته‌ام. هنگامی که آن‌ها وظایف، مفاهیم و اصطلاحات شغل خود را برایم شرح می‌دادند به بینش‌هایی دست یافتم که در این کتاب به کار گرفته شده است. درک کرده‌ام که یک معمار، چگونه برای انجام هر پروژه وارد عمل می‌شود، چه قدم‌هایی برمی‌دارد و نقشه‌های خود را به چه ترتیب طراحی می‌کند.

هر معمار، در ابتدا به محل احداث پروژه نگاهی می‌اندازد. آیا پروژه‌ای که به او محول شده بازسازی، نوسازی یا احداثِ یک بنای جدید است؟ آیا پروژه باید در یک «فضای سبز» یعنی محلی که در آن ساختمانی وجود ندارد، احداث شود؟ و یا پروژه در یک «فضای قهوه‌ای» یعنی محلی که قبلاً در آن ساختمان دیگری وجود داشته و اکنون خراب شده است، بنا خواهد شد؟ «یکی از نخستین نکاتی که یک معمار پرستش باید در نظر بگیرد این است که، آیینِ پرستش تا چه اندازه قرار است طراحی شود. از اول طراحی شود یا بر اساس الگوی قدیمی، نوسازی گردد.». کسانی که مسئول طراحی و برنامه‌ریزی جلسات پرستشی هستند باید ابتدا در این زمینه تصمیم بگیرند.سپس معمار، مرزهایِ محلِ انجامِ پروژه را تعیین می‌کند.

مرزها، «بر اثر قوانینِ منطقه‌بندی شده، تعیین می‌شوند» که می‌تواند شامل مواردی مانند حداقل و حداکثر فاصلهٔ مجاز از خطوط ملک، ارتفاع قانونی ساختمان و سایر مواردی از این قبیل، باشد. «کدام مقررات منطقه‌بندی که توسط دولت محلی تعیین شده‌اند وجود دارند که حتی با دریافت مجوز(variance) هم، امکان تغییر آن‌ها نیست؟» همان‌طور که یکی از معماران به من توضیح داد، این قوانینِ تعیین شده «حدی معین است که در آن، بعضی چیزها را می‌توان انجام داد.» برخی افراد این قوانین را محدودیت‌هایی آزاردهنده می‌دانند؛ اما یکی از معماران، نه تنها این قوانین را به عنوان یک محدودیت تلقی نمی‌کرد؛ بلکه آن‌ها را فرصتی هیجان‌انگیز می‌نامید. او معتقد بود، این یک چالش هیجان‌انگیز است که قوانین اصلی را در اختیار او قرار دهند و سپس بتواند ضمن احترام گذاشتن به مرزهای تعیین شده، ساختمانی زیبا و هدفمند را بنا کند! در «فاز اول: بنای بنیانی برای پرستش» از طراحان پرستش خواسته می‌شود «قوانین منطقه‌بندی» را رعایت کنند. آن‌ها در حوزهٔ کارشان می‌پرسند: مرزبندی‌هایی که برای پرستش، مطابق کتاب مقدس وجود دارند کدام هستند؟

این‌ها شامل مواردی مانند: ریشه داشتن پرستش در خدا، شناخت اصول کلیدی پرستش از دیدگاه کتاب مقدس و حرکت به سوی پرستشی مسیح‌محور خواهد بود. در ادامه تمامی این ملاحظات، مرزها را برای تصمیمات بعدی دربارهٔ جلسات پرستشی تعیین می‌کنند؛ یعنی تصمیماتی که در ادامهٔ روند طراحی جلسات اتخاذ می‌شود.

پس از تعیین پارامترهای مرتبط با زمین، معمار ابتدا نقشهٔ سازه را ترسیم می‌کند. این نقشهٔ ابتدایی، نمایی از بالا به پائین از ساختمان ارائه می‌دهد، به نحوی که انگار سقف برداشته شده است تا بتوانید داخل ساختمان را مشاهده کنید. در «فاز دوم: بنای ساختاری برای پرستش» معمار پرستش از خود سؤال می‌کند چه دیوارهای اصلی‌ای برای تحمل وزن پرستش لازم هستند و آن‌ها چگونه به یکدیگر متصل می‌شوند؟ او می‌پرسد چه فضاهایی ایجاد خواهد شد و هدف از ایجاد هر کدام از این فضاها چه می‌تواند باشد؟ اگر جلسهٔ پرستشی، فضایی برای دیدار با خداوند است، طرح کلی ساختار آن چگونه می‌تواند به این دیدار کمک کند؟ در این بخش، جنبش‌های اصلی پرستش را به طور کامل و مفصل بررسی می‌کنیم و شرح می‌دهیم که چگونه هر بخش با قسمت دیگر در ارتباط است. همچنین در این روند راجع به طراحی چهار اتاقِ اصلیِ پرستش صحبت خواهد شد: گردهم آمدن در حضور خدا، شنیدن کلام خدا، پاسخ دادن به کلام خداوند و فرستادن به عنوان شاگردان حقیقی، از پرستش به سوی حیات مسیحی.

معمار در اَسنادِ اجرایی (نقشه‌های) ساخت‌وساز، مجموعهٔ دیگری از طراحی‌ها و نقشه‌های دیگر را نیز مشخص می‌کند، نقشهٔ پنجره‌ها، دیوارها و غیره، از این دسته طرح‌ها محسوب می‌شوند. در اینجاست که جزئیات ابعادِ دیگرِ ساختمان، تعیین و معرفی می‌شوند. چه درهایی مورد نیاز است؟ (خارجی یا داخلی) به چه پنجره‌هایی نیاز است؟ در «فاز سوم، نصب پنجره‌هایی برای ملاقات با خدا»، یعنی مسیرهایی که از طریق آن‌ها در پرستش به بینش و شناخت خدا دست می‌یابیم، مشخص می‌شود. چه چیزهایی به ما، به عنوان جامعهٔ ایمانداران کمک می‌کند تا خدا را واضح‌تر ببینیم و کلام او را شفاف‌تر بشنویم؟ مواردی از قبیل: دعا، موسیقی پرستشی و تقویم مسیحی، پنجره‌هایی را مهیا می‌سازد که از طریق آن، خدا بیش از پیش برایمان آشکار و شناخته می‌شود و البته مشارکتمان نیز عمیق‌تر می‌گردد.

اَسنادِ اجرایی (نقشه‌های) ساخت‌وساز، وابسته به محتوای مرتبط با ساختمان، طراحی شده است؛ محتوایی که معمار در ابتدای کار خود به دقت به بررسی آن پرداخته است. چه کسانی و برای چه هدفی از این سازه استفاده خواهند کرد؟ ارزش‌ها و رؤیاهای ساکنان آن چیست؟

آیا ساختمان مکانی دلپذیر و گرم برای میزبانی پرستندگان خواهد بود؟ آیا فضای کافی برای

ارتباط برقرار کردن مردم با یکدیگر فراهم خواهد کرد؟ در «فاز چهارم: پذیرفتن پرستندگان برای مشارکتی صادقانه و اصیل» ، از ۳ زاویه، نگاهی خواهیم داشت به محتوای جلسات پرستشی: سبک جلسات پرستشی، شرکت‌کنندگان و همچنین رهبر میهمان‌نواز. حالا آماده هستیم که طراحی خود را در حوزهٔ پرستش، جان ببخشیم! اکنون دیگر نقشه ما، تصویری روی صفحهٔ رایانه نیست؛ بلکه رویدادی است که به صورت حقیقی رخ خواهد داد.

شناخت بستر و موقعیت، کلیدِ داشتنِ مشارکتی صادقانه و اصیل است. روش و سبک پرستش، در این زمینه نقش دارد. هرکسی که تا به حال خانه‌ای ساخته باشد می‌داند که در زمینهٔ سبک طراحی ساختمان، انتخاب‌های زیادی وجود دارد. دیوارها باید چه رنگی باشند؟ چه نوع چراغ، کف‌پوش یا کابینت‌هایی مدنظر است؟ اغلبِ این تصمیم‌ها، بازتابی از سبک زندگی و سلیقهٔ افراد هستند. به همین شکل، خواهیم آموخت که سبک‌های پرستش، چگونه به بیان زمینه و هویتِ جماعتِ پرستنده کمک می‌کند. با اینکه انتخاب سبک و روش ارزشمند است، اما اهمیت این بخش به اندازهٔ پایه‌های بنای اصلی ساختمان نیست.

در اصل، پرستش دربارهٔ رابطهٔ ایمانداران با خدا و با یکدیگر است. این کتاب در پایان، کلیسا را فرا می‌خواند تا بینش خود را نسبت به مشارکت‌کنندگان و اعضایی که بستر کلیسا را شکل می‌دهند گسترش دهد و رهبران پرستش را به چالش می‌کشد تا بر مشارکت فراگیر تمرکز کنند؛ مشارکتی که بر حرمت هر پرستنده می‌افزاید.

این کتاب، با حرکت از کلیات به جزئیات، به طراحی پرستش می‌پردازد. مانند یک معمار، کارمان را با هدف طراحی ساختمان شروع می‌کنیم، به سمت مرزهای تعیین‌شده پیش می‌رویم و بنا را پی‌ریزی می‌کنیم. از آنجا به سمت نقشهٔ داخلی سازه می‌رویم و نقاط دسترسی را بررسی می‌کنیم و در آخر سبک و روش‌ها را اضافه می‌کنیم. این راه، هم برای طراحی پرستش مناسب است و هم آرامشی عظیم را به ارمغان می‌آورد و هم امکانات زیادی را در اختیارمان می‌گذارد، چرا که می‌دانیم هنگامی که پایه‌های اصلی بنا شوند، مرزها تعیین‌شده باشند و ساختمان با استحکام بنا شود، قادر خواهیم بود از روش‌های پرستشی که در کلیسای ما وجود دارد لذت ببریم و اطمینان داشته باشیم که پرستشمان برای خداوند خوشایند است.

همان‌طور که می‌توانید تصور کنید، استفاده از استعارهٔ معماران در طراحی پرستش، می‌تواند تا ابد ادامه پیدا کند. اما این کتاب هم، «محدودیت‌های منطقه‌بندی» خود را دارد. نکات بیشتری هست که به همراه همهٔ کسانی که دست‌اندرکار امر پرستش هستند آرزو داشتم می‌توانستم در این کتاب به توضیح آن بپردازم. شما را تشویق می‌کنم که در زمینهٔ حوزه‌هایی که برایتان جالب توجه

هست، به تحقیق بپردازید و این کتاب را به‌عنوان یک نقطهٔ آغاز در نظر بگیرید.

دعای من این است که به‌عنوان معماران پرستش، همچون «مرد دانایی باشیم که خانه‌اش را بر سنگ بنا کرد. باران آمد، سیل جاری شد، و بادها وزیدند و به آن خانه ضربه زدند، اما فرو نریخت، زیرا بر سنگ بنا شده بود» (متی ۷:۲۴-۲۵). باشد که ما همچون «مرد نادانی نباشیم که خانه‌اش را بر شن بنا کرد. باران آمد، سیل جاری شد، و بادها وزیدند و به آن خانه ضربه زدند، و آن خانه فرو ریخت — و چه فرو ریختنی!» (متی ۷:۲۶-۲۷).

همواره جلسات پرستشی‌ای وجود دارند که روی صحنه بنا شده‌اند، اما چنین جلساتی در انتها زیرِ بارِ آخرین سبک‌هایی که در پرستش‌ها مد می‌شود فرو خواهند ریخت. هر جلسهٔ پرستشی تنها به اندازهٔ استواریِ بنیانی که بر روی آن بنا شده است، پایدار و مستحکم خواهد بود. بر این باورم که جلسات پرستشی‌ای که بر پایهٔ مستحکم و اصول کتاب‌مقدس بنا شده و از طریق فرهنگ محلی برای ایمانداران مهیا شده باشد، راه صحیح و کامل ملاقات با خدا را فراهم خواهند کرد و همچنین در برابر طوفان‌های سهمگینِ تغییرات و سردرگمی‌های بی‌شمار تمام اعصار، پابرجا باقی خواهند ماند.

فاز اول

بنای بنیانی برای پرستش

پی‌سازه‌ها از دیدگاه معمار

زیرساخت و بنیان یک ساختمان، مهم‌ترین بخش در پی‌ریزی آن محسوب می‌شود. اگر بنیان ساختمان درست بنا شده باشد، در هر زمان می‌توانید هرچه که بالای سطح زمین بنا شده است را نوسازی و بازسازی کنید. پی‌ها و بنیانی که صحیح بنا شده باشد می‌تواند از اهداف، کاربری و تغییرات ظاهریِ سازه، تغییر مدل و یا حتی تغییر اندازهٔ سازه‌های جدید حمایت کند. بنیان مستحکم، تحمّل و قدرت پشتیبانی از هر سکونت‌گاه و سازه‌ای که روی آن بنا شود را خواهد داشت.

بنیان از چند بخش تشکیل شده است. در پایه دیواره‌های پی سازه، بخشی به نام «فونداسیونِ زیرین» یا پاشنه قرار دارد. این بخش معمولاً از بتنِ پهن ساخته می‌شود و پهنای آن معمولاً دو برابر پهنای بنیان یا پی سازه است. پاشنه یا فونداسیون زیرین، پایه‌های افقی بنیان را فراهم می‌کند و با این کار، باعث پایداری و استحکام کل بنا می‌شود.

سنگ زاویه، در بنای سازه‌های مدرن ضروری به نظر نمی‌رسد، اما در گذشته بخشی مهم از امر بنای ساختمان بوده است که گوشه‌ها و زوایای دیوارهای بنا را مستحکم می‌کرده است. همه چیز در بنای ساختمان از طریق این سنگِ ضروری و حیاتی اندازه‌گیری می‌شد. سنگ زاویه، نخستین سنگی بود که معمولاً در گوشهٔ بیرونی که به خیابان نزدیک‌تر بود، قرار می‌گرفت. این سنگ باید مسطح، به‌اندازه، صحیح و بی‌نقص می‌بود، وگرنه سایر بخش‌های دیوارهای سنگی کج بالا می‌رفتند و زیبایی و امنیت سازه به مخاطره می‌افتاد. اغلب مواقع سنگ زاویه از سایر سنگ‌های اطراف بزرگ‌تر می‌بود. دیوارها، ستون‌ها و هر سازه‌ای که وزن ساختمان را حمل کند، به زیرساخت

و پی مختص به‌خود که به عنوان فونداسیون نواری یا خطی شناخته می‌شود، نیاز خواهد داشت. این فونداسیون‌های نواری اغلب به واسطهٔ بتن‌ریزی تشکیل می‌شوند و معمولاً برای تقویت میل‌گردهای فولادی در میانهٔ بلوک‌ها، قرار داده می‌شوند. این فونداسیون‌های نواری یک خط پیوستهٔ پشتیبان، در امتداد دیوارهای باربر ایجاد کرده و در نتیجه زیربنا و پی محکمی را برای هر ستون ایجاد می‌کنند.

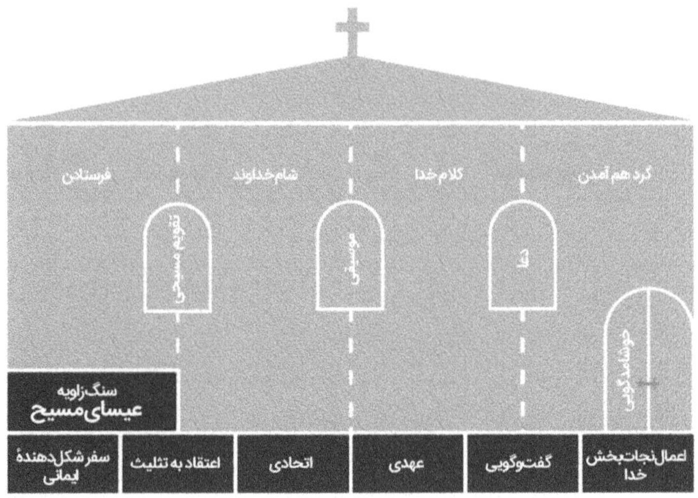

فونداسیون‌های نواری تکیه‌گاهی زیرزمینی برای سازه‌ها محسوب می‌شوند که وزن اصلی ساختمان را روی سطح زمین حمل می‌کنند. هدف اصلی از پی‌ریزی این نوعِ فونداسیون‌ها جلوگیری از نشست کردن ساختمان در زمین می‌باشد، همچنین وجود این فونداسیون‌های نواری در هنگام وقوعِ بلایای طبیعی مانند زلزله و یا پس از یخ‌بندان‌های طولانی و عمیق، زمانی که یخ ذوب شده و قادر است باعث جا به جایی ساختمان شود، به پایداری و استحکام بنای اصلی ساختمان کمک می‌کند.

در اصل، پی قوی با افزایش جرم و وزن ساختمان می‌تواند در شرایط تهدیدکننده با فراهم کردن پایه‌هایی پایدار، از امنیت ساختمان حمایت کرده و آن را برای تمامی مراحل بعدیِ ساخت، مهیا و مستحکم سازد.

یک

پی‌ریزی پایه‌ها
بر اساس کتاب مقدس

جستجو کنید

قبل از مطالعهٔ فصل ۱ به عنوان گروهی از برنامه‌ریزان پرستش، گروه شبان کلیسا یا به عنوان دانشجویان کلاس، کنار هم جمع شوید:

۱. فکر می‌کنید عبارت «پرستش مطابق کتاب مقدس» به چه معناست؟
۲. آیا فکر می‌کنید در برنامه‌ریزی و سازمان‌دهی پرستش‌ها تنها باید کارهایی را انجام دهیم که در کتاب مقدس ذکر شده است؟
۳. اگر کتاب مقدس کاری را ممنوع نکرده باشد، آیا می‌توان در پرستش آن را انجام داد؟
۴. اگر می‌خواستید تنها یک چیز را نام ببرید که پرستش را به یک پرستش مسیحی تبدیل می‌کند، آن چیز چیست؟ چرا؟

حالا که اندیشیدن را آغاز کرده‌اید، می‌توانید با مطالعهٔ فصل ۱ افکارتان را گسترش دهید.

گسترش دهید

پی‌ریزی اولیه: پرستشی که در خدا ریشه دارد

نقطه آغازین در درک پرستش مسیحی این است که پرستش از خداوند و از اعمال او نشأت می‌گیرد.

خداوند شالوده‌ای است که پرستش ما بر آن بنا می‌شود. هنگامی که این حقیقت را می‌فهمیم باید به ۳ نکته توجه داشته باشیم. پرستش با اندیشیدن به خصوصیات **خدا** آغاز می‌شود، نه با اندیشیدن به خودمان.

مکاشفهٔ شناخت ذات خدا، تمام پایه‌های پرستش مسیحی را شکل می‌دهد. پرستش را با فکر کردن به خودمان و اینکه مایلیم چه چیزی را به واسطهٔ پرستش به دست بیاوریم، آغاز نمی‌کنیم. همچنین ارزش پرستش را بر مبنای آنچه که از آن دریافت می‌کنیم نمی‌سنجیم، بلکه در ابتدا خصوصیات خدا و آنچه که او از پرستش انتظار دارد را مد نظر قرار می‌دهیم. کتاب مقدس منبع اصلی برای کشف ایده‌ها و نظر خداوند دربارهٔ پرستش است. هنگامی که روی دیدگاه کتاب مقدس دربارهٔ خدا تعمق کردیم و تلاش کردیم ایدهٔ خدا را از پرستش به انجام برسانیم، قادر خواهیم بود نه مبتنی بر باور خودمان، بلکه بر اساس فرامین و ایده‌های **خدا** راجع به پرستش، موفق بودنِ پرستش‌هایمان را بسنجیم. از این طریق است که ریشه‌های پرستشمان در خدا قرار خواهد داشت.

دوم این که، پرستشی که بر پایهٔ خدا استوار باشد تصدیق می‌کند که **خدا** بنیان‌گذار پرستش‌های ماست. خدا ما را به پرستش دعوت می‌کند. پرستش یک دعوت است، نه یک اختراع. در یوحنا ۴:۲۳-۲۴ این حقیقت را مشاهده می‌کنیم: «پرستندگانِ راستین، پدر را در روح و راستی پرستش خواهند کرد، زیرا پدر جویای چنین پرستندگانی است.» خدایِ پدر است که ما را می‌جوید. ما پرستش را خلق نکرده‌ایم و جلسات خدمت پرستش را ابداع نمی‌کنیم، بلکه پرستش ما پاسخ به الوهیت خداوندمان است. پرستشِ تأثیرگذار، هرگز به‌تنهایی از تلاش‌های ما حاصل نمی‌شود. پرستش زمانی اتفاق می‌افتد که یاد بگیریم به تمام راه‌های روزافزونی که قادریم از طریق آن‌ها و به دعوت خدا، با خداوندمان دیدار کنیم، لبیک بگوییم. درک این حقیقت، موارد کاربردی زیادی را برای روشی که به کلیسا یا محل پرستش وارد می‌شویم به همراه دارد. آیا به‌موقع حضور می‌یابیم یا خدا را منتظر می‌گذاریم؟ آیا با اشتیاق به کلیسا می‌آییم یا از روی وظیفه این کار را انجام می‌دهیم؟ آیا هنگامی که به کلیسا وارد می‌شویم به خداوند سلام می‌گوییم و می‌دانیم که او در آنجا حاضر است یا به‌سرعت صندلی‌ای پیدا می‌کنیم، می‌نشینیم و صرفاً تماشاگر جلسه هستیم؟

ممکن است به اشتباه، این باور را داشتیم که **ما** آغازکنندهٔ خدمت پرستش هستیم، که ما مسئولیت داریم تا با ایجاد جلسات پرستشی با خدای زنده ملاقاتی را ایجاد کنیم، اما در اصل همواره نخست خدا عمل می‌کند. خدا به ما نزدیک می‌شود، ما را فرامی‌خواند و از ما دعوت می‌کند تا به‌عنوان قومی عابد، جلسات مقدسی را برای دیدار با او داشته باشیم. خدا بود که ابتدا موسی و مشایخ اسرائیل را به کوه دعوت کرد و عهد خود را با قوم اسرائیل برقرار ساخت. خدا بود که نخست در روز پنطیکاست

وارد عمل شد و خداست که به همین شکل «ما را پیش از بنای عالم در مسیح بر اساس ارادهٔ خود برگزید تا برای جلال او زیست نماییم» (افسسیان ۱:۴-۵ و ۱۲).

سوّماً، پرستشی که در خدا ریشه داشته باشد یک کار ابدی است. پرستش قبل از اینکه خدا پایه‌های زمین را بنا کند رخ می‌داد. «آنگاه که ستارگان صبح با هم سرود خواندند، و پسران خدا همگی فریاد شادی سر دادند» (ایوب ۷:۳۸). پرستش وظیفهٔ شبانه‌روزی تمام مسیحیانی است که حاضرند «بدن‌های خود را همانند قربانی‌های زنده و مقدس و پسندیدهٔ خدا تقدیم کنند، که عبادت معقول ما همین است» (رومیان ۱:۱۲). در آخر، پرستش همان راهی است که ابدیت را در آن سپری خواهیم کرد: «آنگاه نظر کردم و صدای خیل فرشتگان را شنیدم که گرداگرد آن تخت فراهم آمده بودند و گرداگرد آن موجودهای زنده و آن پیران. شمار آن‌ها از هزاران‌هزار و کُرورها کُرور بیشتر بود و با صدای بلند چنین می‌گفتند: "آن برهٔ ذبح‌شده سزاوار قدرت و دولت و حکمت و توانایی است، و سزاوار حرمت و جلال و ستایش."» (مکاشفه ۵:۱۱-۱۲). هنگامی که در اتحاد برای پرستش گرد هم می‌آییم، ستایش خداوند را که پیش از بنایِ خلقت آغاز شده بود ادامه می‌دهیم.

منظور پرستشی است که در آن، هر لحظه مشغول عبادت و ستایش خدا هستیم و با پرستش آسمانی هم‌صدا خواهیم شد، یعنی پرستشی که نشانه‌ای از زمانی‌ست که در بازگشت و سلطنت مسیح به آن خواهیم پرداخت. پرستش امری ابدی است.

باید از ابتدا بپذیریم که درک و شناخت ما از خدا و روشی که وارد پرستش می‌شویم بی‌نهایت به هم مرتبط هستند. اِی. دابلیو. تُزِر نیکو گفته است:

> آنچه که در هنگام اندیشیدن به خدا به ذهنمان می‌آید، مهم‌ترین چیز دربارهٔ ما محسوب می‌شود، چرا که هیچ دینی هرگز فراتر از ایده‌ای که دربارهٔ خدا معرفی می‌کند نمی‌باشد. پرستش، پاک یا ناپاک است و این، بسته به این است که پرستنده دربارهٔ خدا اندیشه‌ایی والا دارد یا پست! ما به‌واسطهٔ قانونی نانوشته در جانمان، میل داریم به سمت تصویر ذهنی‌ای که از خدا داریم پیش رویم. همواره واضح‌ترین چیز دربارهٔ یک کلیسا، ایده‌ای است که دربارهٔ خدا دارد، به همین میزان پراهمیت‌ترین پیام کلیسا شامل چیزی‌ست که دربارهٔ خدا به زبان می‌آورد یا حتی مواردی که به زبان نمی‌آورد، چرا که سکوت کلیسا اغلب از سخن‌گفتنِ او فصیح‌تر است.[۱]

از آغاز باید درک کنیم که پرستش از خداوند ناشی می‌شود، پرستش پاسخ به دعوت خدا است

۱. ای. دبلیو. توزر، شناخت قدوس: صفات خدا و معنای آن‌ها در زندگی مسیحی (نیویورک: انتشارات هارپرکالینز، ۱۹۹۲)، صفحه ۹.

و امری ابدی‌ست که در (گذشته، حال و آینده) به آن پرداخته می‌شود. درک ما از پرستش مسیحی، با درکمان از خدا آغاز می‌شود. تنها وقتی که پایه‌های پرستش را بر پی و بنیانی مستحکم بنا کنیم، می‌توانیم به ذات پرستش وفادار باشیم.

با پی‌ریزی اولیه، اکنون آماده هستیم فونداسیون و زیرساخت‌های پرستش را بنا کنیم - این‌ها اصول کتاب مقدس هستند که پایه‌های مستحکمی را برای بنا کردن جلسات پرستش را در اختیارمان می‌گذارند.

برپا کردن پایه‌های اولیه: اصول کتاب مقدس برای پرستش

معنیِ داشتنِ پرستشِ مبتنی بر اصول کتاب مقدس چیست؟ آیا منظورم از پرستشِ مبتنی بر اصول کتاب مقدس این است که، کتاب مقدس دستورالعمل‌های پرستش در قرن بیست و یکم را صراحتاً ارائه کرده است؟ آیا منظور این است که کتاب مقدس ترتیب مشخصی را برای پرستش اعلام کرده است و یا متن‌های پرستشی را برای جلسات کلیسا ارائه کرده است؟ آیا کتاب مقدس اعلام کرده است که همهٔ گروه‌های مسیحی باید دقیقاً در هر مکان و زمان چگونه پرستش‌های خود را انجام دهند؟ خیر. کتاب مقدس تمام اطلاعات جزئی را در اختیارمان نمی‌گذارد، بنابراین نمی‌توانیم این اطلاعات جزئی را از کتاب مقدس استخراج کنیم. با این وجود می‌توانیم بگوییم، برای داشتن پرستشی مطابق بر اصول کتاب مقدس، می‌بایستی تا بهترین حد توانمان رابطه‌ای که خدا در عهد عتیق و جدید با قوم خود برقرار ساخته است را درک نموده و الگوی آن را به نحوی متناسب با محتوایِ فرهنگیِ دورانِ امروز به کار گیریم.

کتاب مقدس ویژگی‌های پرستش را با چند جریان اصلی شرح می‌دهد. این جریانات اصلی مانند یک رشتهٔ طلایی در تمام عهد عتیق و عهد جدید کشیده شده‌اند. جریاناتی که در این بخش عنوان می‌شود کامل نیست، بلکه می‌شود موضوعات و نکات بیشتری را در کلام خدا دریافت کرد. در حقیقت، معمارانِ متعهدِ پرستش، باید تمام عمر خود را صرف رسیدن به درکی عمیق‌تر از جریانات اصلی در حوزهٔ پرستش در کتاب مقدس کنند و به این امید بکوشند تا جلسات پرستشی‌ای را طراحی کنند که بتواند موجب خشنودی خداوند باشد.

جریانات کتاب مقدس به‌عنوان اصولی که مبنای پرستش مسیحی است تفسیر می‌شود و قادر است پرستش مسیحی‌ای را شکل دهد که عمیقاً مطابق انتظارات خداوند باشد. اصول کتاب مقدس برای پرستش، اعتقاداتی بنیادین هستند که فارغ از هر ترجیحِ محتوایی و یا شاخهٔ مسیحی، برای تمامی مسیحیان در هر زمان و مکان صدق می‌کند. این فصل از کتاب، شش مورد از جریانات

اصلی را بازگو می‌کند که هر کدام از آن‌ها برای رسیدن به درکی کتاب‌مقدسی از موضوع پرستش، حیاتی است. سپس اصول پرستش را از این جریانات اصلی استخراج خواهیم کرد.

جریان اول: مرکز پرستش در اعمال نجات بخش خدا قرار دارد

همان‌طور که کشف کردیم، **خدا** آغازگر اصل پرستش است. این حقیقت با شخصیت خدا مطابقت دارد، همواره نخست خدا عمل می‌کند. بهترین تصویری که از این حقیقت می‌بینیم، اقدام همیشگی خدا است که دائماً در زندگی قوم خود مداخله می‌کند تا آن‌ها را از خودتخریبی، نجات بخشد. در اصل، پرستش نتیجه و پاسخ به عملکرد عظیم نجات‌بخش خداست. برای عبرانی‌ها، عمل اصلی نجات‌دهندهٔ خدا، خروج بود؛ برای مسیحیان، عمل اصلی و قلب نجات، رستاخیز است.

عهد عتیق داستان قوم خدا که در نیازِ خود، فریاد بر می‌آورند تا از دست ظلم شدید مصر رهایی یابند را بیان می‌کند. وعدهٔ خدا نسل‌ها قبل از اینکه یعقوب و دوازده پسرش به مصر مهاجرت کنند، به ابراهیم داده شد. پس از مرگ فرعونی که یوسف و قوم او را محبوب می‌دانست، مردم اسرائیل خود را در اسارت و در حالی‌که رؤیایشان از هم فرو پاشیده بود یافتند. درست در زمان مناسب از دیدگاه خدا و با عملی مهیب و نجات‌بخش که تاریخ اسرائیل را متمایز می‌سازد، خداوند وارد عمل شد. این داستان در خروج باب ۱ تا ۱۵ بیان شده است و گاهی به این بخش از کلام، خروج عظیم می‌گویند. این اصطلاح در جمع‌بندی پیروزی عظیم خدا، که در سرود موسی و اسرائیلیان خطاب به خدا نوشته شده است نیز، قابل مشاهده است. موسی و قوم بنی‌اسرائیل این سرود را برای خداوند سراییدند:

خداوند را خواهم سرایید،
زیرا شکوهمندانه پیروز شده است؛
اسب و سوارش را، به دریا افکند.
خداوند قوّت و سرود من است؛
او نجات من گشته است؛
این است خدای من، او را خواهم ستود؛
اوست خدای پدر من، او را بر می‌افرازم. (خروج ۲-۱:۱۵)

تمام پرستش‌های قوم اسرائیل از این اتفاقِ عظیم سرچشمه می‌گیرد (و هنوز هم ریشه در این رویداد مهیب دارد)، چرا که داستان عمل نجات‌بخش خدا در مرکزِ پرستش‌های قوم اسرائیل قرار دارد. پرستش همواره با آنچه خدا برای نجات قوم خود به انجام رسانده است آغاز می‌شود و بر روی

اعمال خدا تمرکز دارد.

بررسی دقیق اعمال فرهنگی قوم اسرائیل در عهد عتیق نشان می‌دهد که چگونه رویداد بزرگ خروج، آغازگر و هدایت کنندهٔ پرستش‌ها بوده است.[1] مهمترین و مشهودترین مورد در این زمینه، برقرار شدن ضیافت عید فصح است. همان‌طور که در خروج باب ۱۲ شرح داده شده، داستان فصح نخستین رویداد پرستشی عبرانی‌ها را شکل داده است.

این عید و ضیافت، در راستای به یاد آوردن عمل نجات‌بخش خدا در داستان خروج و واکنشی مستقیم به عمل نجات‌دهندهٔ خداوند محسوب می‌شود. از انتخاب بره تا قرار گرفتن خون بره بر ورودی در خانه‌ها، تا غذاهایی که باید خورده شود و لباسی که باید به تن شود، نشان می‌دهد **خداوند** عبادات قوم اسرائیل را شکل داد.

سپس الگویی از اینکه دیدار با یهوه چگونه باید باشد ارائه شد. خروج باب ۲۴ عناصر اصلی پرستش اسرائیلیان را اعلام می‌کند، یعنی دریافت و به رسمیت شناختن شریعت و تأیید آیینی آن. در دعوت خداوند، موسی مذبحی را در پای کوه سینا بنا کرد. در آنجا قربانی‌های سوختنی به خداوند تقدیم شد. مذبح با خون حیواناتی که به صورت قربانی تقدیم شدند تقدیس شد. موسی کتاب عهد را خواند، مردم عهد بستند که از شریعت اطاعت کنند و سپس موسی، آن‌ها را با خون مذبح تقدیس کرد - نمادی که رابطهٔ بین خدا و قومش را تصدیق و تأیید می‌کرد. این ترتیب کلمات و اعمال نمادین، مسیر پرستش‌های ملت اسرائیل را تا قرن‌های آینده معین کرد.

برقرار شدن ضیافت‌های ملیِ دیگر و احکام پر از جزئیات و قوانین فرهنگی اسرائیل، مختصات و نقشه خیمهٔ ملاقات، دستورالعمل‌ها برای لباس‌ها و تقدیس کاهنین، همگی به نحوی در ادامه و پیروی از اعمال نجات‌بخش خدا در خروج به میان آمدند.

می‌توان گفت پرستش عهد عتیق، بر اساس بازتاب اعمال نجات‌بخش خدا بوده است. اعمال پرستشی گوناگون بازتابی از داستان نجات خدا بوده است. بنابراین پرستش، شهادتی بر اعمال خدا بوده است. اما پرستش، باری بیش از این داشت. بخش‌های داستان نجات، ابتدا و بیش از هر چیزی، داستان مکاشفه و شناخته خدا است. همان‌طور که جی.دی. کریچتون به زیبایی به آن‌ها اشاره کرده و می‌گوید: "داستان نجات را نباید به‌عنوان اقداماتی از هم جدا بنگریم یا صرفاً به‌عنوان تاریخچهٔ آنچه در گذشته رخ داده است در نظر بگیریم. داستان نجات سندی از مکاشفهٔ خدا است که از طریق ثبت این رویدادها بیان

---

۱. در مطالعات آیینی (لیتورجیکال)، اغلب از واژهٔ «کالتوس» برای اشاره به اعمال پرستشی و از واژهٔ «کالت» برای اشاره به پرستندگان استفاده می‌شود. هر دو واژه ریشه در واژهٔ لاتین «کالره» دارند که به معنای «پروراندن، مراقبت کردن و حرمت نهادن» است. مراجعه کنید: ریچارد ای. مولر، واژه‌نامهٔ اصطلاحات الهیاتی لاتین و یونانی (گرند رپیدز: بیکر آکادمیک، ۱۹۸۵)، صفحه ۸۶.

شده، مکاشفه‌ای که خدا از طریق این رویدادهای مهیب به انسان داده است و این، حقیقتاً عمیق‌ترین معنای داستان نجات است».[1]

عهد جدید داستانی عظیم‌تر از، نجاتِ کتابِ خروج را ثبت و ارائه کرده است. منظورم مرگ و رستاخیز پسر یگانهٔ خدا، عیسای مسیح است. داستان کامل حیات، مرگ، رستاخیز و بالا برده شدن عیسی مسیح به حضور خدای پدر را به نحوی که در انجیل بیان شده است، به‌عنوان داستان مسیح می‌شناسیم. رویداد خروج به نحوی منحصربه‌فرد، نمادی از داستان آمدن مسیح است و به شکلی، جایگزین آن شده است. داستان مسیح از داستان رویداد خروج، برتر است چرا که به واسطهٔ عمل نجات‌بخش خدا توسط مسیح، نجات نه تنها برای عبرانی‌ها بلکه همچنین برای یهودیان و غیریهودیان، یعنی هر کسی که به مسیح ایمان بیاورد میسر شده است. خدا درست در موقعی که مطابق ارادهٔ خود معین فرموده بود، با عملی مهیب و نجات‌بخش که به نقطه عطف تاریخ تبدیل شده است، وارد تاریکی بشر شد. رالف. پی. مارتین به نیکویی در این باره می‌نویسد: «هیچ تردیدی نیست که نقطهٔ ثقلِ تعالیم عهد جدید دربارهٔ پرستش کجاست. سنگ‌مغناطیسی‌ای که کلیسای عهد جدید را به‌طور غیرقابل مقاومت به شناسایی محبت و رحمت خدا جذب می‌کند، عمل نجات‌بخش او در پسر محبوبش است ... پرستش مسیحی، مبنای الهام و نقطهٔ مرکز خود را در همین‌جا می‌یابد، چرا که آن عمل عظیم نجات‌بخش را در مسیح مجسم، کفاره دهنده و جلال یافته، گرامی می‌دارد.».[2]

درست همان‌طور که اسرائیلیان نجات از دریای سرخ را با سرود جشن گرفتند، داستان نجات خدا در عیسای مسیح نیز متنی را برای ایمانداران عهد جدید فراهم کرد تا مانند این مثال، سرود پرستش را به زبان بیاورند:

او که همذات با خدا بود،
از برابری با خدا به نفع خود بهره نجست،
بلکه خود را خالی کرد
و ذات غلام پذیرفته،
به شباهت آدمیان درآمد.
و چون در سیمای بشری یافت شد
خود را خوار ساخت

۱. جی. دی. کریکتون، «پرستش اسرائیلیان به‌مثابهٔ پاسخی به تاریخ نجات»، در بیست قرن پرستش مسیحی، جلد دوم از کتابخانهٔ کامل پرستش مسیحی، سردبیر رابرت ای. وبر (نشویل: استارسونگ، ۱۹۹۴)، صفحه ۸۱.

۲. رالف پی. مارتین، پرستش در کلیسای اولیه (گرند رپیدز: اردمانز، ۱۹۷۴)، صفحات ۱۶-۱۷.

و تا به مرگ،
حتی مرگ بر صلیب
مطیع گردید.
پس خدا نیز او را به‌غایت سرافراز کرد
و نامی برتر از همهٔ نامها بدو بخشید،
تا به نام عیسی هر زانویی خم شود،
در آسمان، بر زمین و در زیر زمین،
و هر زبانی اقرار کند که عیسی مسیحْ 'خداوند' است،
برای جلال خدای پدر. (فیلیپیان ۲: ۶ تا ۱۱)[۱]

یک بار دیگر توجه به این نکته مهم است که تمام پرستش‌های کلیسای اولیه از اعمال مسیح نشأت گرفته است و دلیل پرستش‌ها، کاری است که مسیح به انجام رسانده. در اصل، مرکزِ پرستش مسیحی، اعمال عیسای مسیح است. مطالعهٔ عهد جدید این نکته را به وضوح شفاف می‌سازد.[۲] بر اساس اعمال باب ۲ آیه ۴۲ (و سایر متون عهد جدید) تأکیدِ پرستش مسیحی، موعظهٔ کلام خدا و پذیرش و گرامی داشتن کلام خدا یعنی عیسای مسیح، از طریق شام خداوند است. شاگردان قرن اول میلادی «خود را وقف تعالیم رسولان [کتاب مقدس] و رفاقت و پاره کردن نان [شام خداوند] و دعا نمودند.» نمونهٔ پرستش در عهد عتیق به واسطهٔ شریعت و اعمال آیین شریعت و در عهد جدید به واسطهٔ کلام خدا و شام خداوند به کمال رسیده است.

اکنون نیز اعمال **مسیح** جلسات پرستش را به پیش می‌برد، چرا که موضوع پرستش ما عیسای مسیح است؛ محتوای پرستش ما عیسای مسیح است؛ کلامی که در پرستش مسیحی اعلام می‌شود انجیل خداوند و منجی ما عیسای مسیح است؛ و آیین مقدسی که در پرستش‌ها قرار دارد و در شام خداوند در آن مشارکت می‌کنیم، گرامی داشتن پیروزی‌ایی است که خداوند ما عیسای مسیح به ارمغان آورده است. کلامی که قرائت می‌شود، به مسیح به‌عنوان خداوند و پدیدآورنده اشاره می‌کند؛ و شام خداوند هم، مشارکتی نمادین در نجاتی است که خداوند در مسیح میسر ساخته است.

پرستش مسیحی مانند پرستش عبرانی‌ها زادهٔ عمل نجات بخش خدا دربارهٔ قوم خود می‌باشد. اما عمل نجات بخش خدا به تنهای پرستش را برپا نمی‌کند، بلکه شرکت کننده‌ها در پرستش‌ها

---

۱. برای بررسی پیش زمینهٔ این سرود و دیگر سرودهای عهد جدید، مشاهده کنید: مارتین، پرستش در کلیسای اولیه، فصل ۴.
۲. در فصل دوم، ماهیت مسیح‌شناختی پرستش به شکل تفصیلی بررسی می‌شود.

هستند که محتاج نجات هستند و باید عمل نجات بخش خدا را بپذیرند و با شادمانی به آن پاسخ دهند. هنگامی که انسان‌ها عمل نجات بخش و نخستینِ خدا را تصدیق کرده، آن را می‌پذیرند، پرستش آغاز می‌شود.

جریان دوم: الگوی پرستش در مکاشفه و پاسخ یا واکنش قرار دارد.

اعمال نجات‌بخش خدا، عمل مکاشفه‌بخشیدن از سوی او محسوب می‌شود. خدا خود را در بوتهٔ مشتعل، در بلایای مصر، در دو پاره شدن دریای سرخ و در ملاقات با موسی روی کوه سینا آشکار ساخت. آشکارترین و عظیم‌ترین مکاشفهٔ خدا در عیسای مسیح به میان ما آمد. مسیح آمد تا پدر را به ما بشناساند. مسیح فرمود، «کسی که مرا دیده، پدر را دیده است؛» (یوحنا ۱۴: ۹). با این وجود دقت کنید که اعمال نجات‌بخش خدا، یک پاسخ یا واکنش را طلب می‌کند. اعمالی که خدا آغاز می‌کند همواره نتیجه‌ای به شکل یک دعوت برای اعتماد کردن به خدا و یک واکنش را به همراه دارد. این مشارکت در روند مکاشفه و واکنش نشان دادن، مرکز پرستش مسیحی را شکل می‌دهد. هرچه باشد، «پرستش، پاسخی است که به عطایای خدا می‌دهیم.»[1]

الگوی مکاشفه و واکنش نشان دادن در قسمت‌های بسیاری از تمام کتاب مقدس و هرگاه که مردم با خدا ملاقات داشتند، مشاهده می‌شود. خدا خود را آشکار می‌سازد و در پی آن همیشه پاسخی قرار دارد، اغلب این پاسخ‌ها بلافاصله مشاهده می‌شوند. نمونهٔ سنتی کتاب مقدس در رؤیای اشعیا و در معبد مشاهده می‌شود (اشعیا ۶: ۱ تا ۸). خدا بر تختی عظیم جلوس فرموده است و این رؤیا بر اشعیا آشکار می‌شود؛ حضور او معبد را پر عظمت ساخته است. سرافین خداوند را پرستش می‌کنند و سرودهای آسمانی می‌سرایند: قدوس، قدوس، قدوس است خداوندِ لشکرها؛ تمامی زمین از جلال او مملو است. (اشعیا ۶: ۳). حضور خداوند چنان مهیب و قدرتمند بود که معبد به لرزه در آمد و با دود پر شد. در این نقطه، خدا خود را بر اشعیا آشکار کرد.

با این وجود، عطای این مکاشفه، الهام‌بخش یک واکنش بود. کسی نمی‌تواند با خدا ملاقات داشته باشد و پاسخ یا واکنشی نشان ندهد. پاسخ عطای این مکاشفهٔ خدا به اشعیا چه بود؟ ابتدا، اشعیا با شرم و فروتنی فریاد برآورد، اشعیا اعلام کرد که وجودِ میرایِ او توان تاب آوردن در برابر مشاهده جلال خدا را ندارد: «پس گفتم: "وای بر من که هلاک شده‌ام! زیرا که مردی ناپاک لب هستم و در میان قومی ناپاک لب ساکنم، و چشمانم پادشاه، خداوند لشکرها را دیده است!"» (اشعیا ۶: ۵) پس در اصل اولین پاسخ اشعیا، سردرگمی بود که بر اساس قدوسیت خدا و گناهکار بودن

---

۱. مارتین، پرستش در کلیسای اولیه، صفحه ۱۶.

خود احساس می‌کرد. سپس خدا بر اشعیا آشکار کرد که گناهان او بخشیده شده و نتیجتاً او پاک شده است. پاسخ بعدی اشعیا چه بود؟ او با روحِ اطاعت پاسخ داد و گفت: «لبیک؛ مرا بفرست!» (اشعیا ۶: ۸) این هم مکاشفه‌ای است که درخورِ یک پاسخ می‌باشد. در مورد اشعیا، پاسخ او توبه و بلافاصله اطاعت کردن بوده است. حقیقتی اعلام شد (مکاشفه) و امری تصدیق شد (لبیک گفتن) و همین، دل و جان تجربه انسان از پرستش است.[۱]

اغلب، ترتیب رابطهٔ خدا و انسان که در کتاب مقدس مشاهده می‌شود به شکل مکاشفه و پاسخ یا واکنش است. پس آیا صحیح نیست اگر بیش از هر چیز در پرستش‌ها، تعامل خدا و انسان با ترتیب مکاشفه و پاسخ، صورت گیرد؟ پرستش مسیحی همواره لبیک گفتن به حقیقت است، حقیقتی که در عیسای مسیح آشکار گشته است. این ترتیب، الگوی طبیعی پرستش می‌باشد؛ این ترتیب، الگوی طبیعی است که در ملاقات انسان با خدا رخ می‌دهد. بنابراین همین ترتیب، پایه‌های ساده‌ترین جلسه پرستشی یعنی کلام و شام خداوند را شکل می‌دهد. کلام آشکار می‌شود و پرستندگان با شرکت در شام خداوند (شکرگزاری) به کلام پاسخ می‌دهند.[۲]

مکاشفه و پاسخ یا واکنش نشان دادن، الگوی طبیعی گفت‌وگوی بین خدا و جماعت ایمانداران، پرستندگان است. در اصل، پرستش یک گفت‌وگوی بین خدا و قوم برگزیدهٔ او محسوب می‌شود. در پرستش یک دیالوگ الهی، یک گفت‌وگو و یک مشارکت زنده وجود دارد. شرکت در پرستش حقیقی، یک روند مبادلهٔ بسیار زیبا را شکل می‌دهد که ایمانداران می‌توانند در آن شرکت کنند؛ این روند یک گفت‌وگوی زنده و حیاتی می‌باشد و یک برنامهٔ مذهبی نیست.

پرستش حقیقی هرگز یک‌طرفه نیست. پرستش حقیقی به این معنا نیست که حاضرین صرفاً بنشینند و کلام برایشان موعظه شود تا دربارهٔ خدا بیاموزند؛ همچنین پرستش به این معنا نیست که خداوند را وادار کنیم پرگویی‌ها و نمایشی که برای سرگرم کردن خدا برنامه‌ریزی کردیم را مشاهده کند، به نحوی که گویا موفقیت پرستش‌ها به اعمال ما بستگی دارد. پرستش حقیقی، تجربه ملاقات با خدا و مطابق روشی است که خداوند معمولاً از آن استفاده می‌کند، یعنی یک گفت‌وگو که بر مبنای مکاشفه و پاسخ، بنا می‌شود.

دیدن پرستش به‌عنوان یک گفت‌وگو، به معنی وجود یک رابطه است. همین حقیقت است که ما را به سمت جنبهٔ عهد و پیمان در پرستش هدایت می‌کند.

---

۱. در فصل پنجم نمونه‌های فراوان دیگری از پرستش به‌عنوان مکاشفه و پاسخ ارائه شده‌اند.

۲. اگرچه در طول تاریخ، شام خداوند پاسخ اصلی و معیار واکنش به کلام محسوب می‌شده و همچنان در بسیاری از کلیساها چنین است (فصل ۶ را مشاهده کنید)، پاسخ‌های جایگزین نیز مورد بحث قرار خواهند گرفت، زیرا بسیاری از کلیساها هر هفته شام خداوند را برگزار نمی‌کنند (فصل ۷ را مشاهده کنید).

جریان سوم: پرستش در ذات عهد و پیمان است

اینکه بگوییم پرستش یک عهد و پیمان است به این معناست که بگوییم، پرستش رابطه‌ای است بین خدا و قوم خداوند. به اصطلاح ساده‌تر، یک عهد، رابطهٔ رسمی بین دو گروه است که تصمیم گرفته‌اند به رابطه‌ای که بین آن‌ها منعقد شده است وفادار بمانند.

عهد و پیمان سیاسی از دورانِ باستان همواره وجود داشته است و باعث به‌وجود آمدنِ رابطه بین دو گروه از همسایگان می‌شده است. عهد، اغلب جنبهٔ یک قرارداد را داشته است که در آن پیشنهاد به شکلی رسمی اعلام می‌شود که، هر گروه برای گروه دیگر چه کاری انجام خواهند داد. به همین شکل ذات رابطه با جزئیات، در متن عهد مشخص و تعیین می‌شد. بنابراین با استفاده از عهد، روابط رسمی می‌شدند. هدف از عهد، از میان برداشتن سردرگمی بود تا طرفینِ پیمان بدانند که چگونه باید با هم ارتباط داشته باشند. همچنین در پیمان و عهد تعیین می‌شد که، چه تعهداتی از طرفین انتظار می‌رود. عهدها اغلب با اعمالی نمادین که به‌عنوان نمادِ رابطه به انجام می‌رسید، منعقد و برقرار می‌شدند.

در عهد عتیق، اولین بار که کلمهٔ «عهد» را مشاهده می‌کنیم، آن را در داستان نوح و طوفان و سیل عظیم می‌خوانیم. خداوند با نوح عهد می‌بندد و اعلام می‌کند که از آن به بعد، نوادگان نوح و موجودات زنده هرگز به واسطهٔ طوفان از میان نخواهند رفت (پیدایش ۱۸:۶ و ۹:۹ تا ۱۱). خداوند به خاطر همین عهد، نشانه‌ای در قالب یک رنگین‌کمان ظاهر می‌سازد: «رنگین‌کمان خود را در ابر قرار داده‌ام، و آن نشان عهدی خواهد بود که میان من و زمین است.» (پیدایش ۱۳:۹) اصلی‌ترین عهدی که در عهد عتیق منعقد شد، عهد خداوند با ابراهیم است. در حقیقت، عهدی که از آن صحبت می‌کنیم، تمام تاریخچهٔ اعمال خدا با اسرائیل را از دوران ابراهیم تا دوران مسیح در بر می‌گیرد.

خدا تصمیم گرفت که به واسطهٔ ملاقات با ابرام، با دسته عظیمی از مردم ارتباط داشته باشد. خدا در رؤیا با ابراهیم سخن گفت (پیدایش ۱۵ : ۱و ۱۷: ۱ را مشاهده کنید)، او برکاتی که قصد داشت به ابراهیم و نسل او عطا کند را در قالب عهد بر ابراهیم آشکار ساخت. خدا فرمود: "تو را بسیار بارور خواهم ساخت؛ از تو قوم‌ها پدید خواهم آورد، و پادشاهان از تو به وجود خواهند آمد. عهد خویش را میان خود و تو، و نسل تو، پس از تو، استوار خواهم ساخت تا نسل اندرنسل عهد جاودانی باشد؛ تا تو را و پس از تو، نسل تو را، خدا باشم. دیار غربت تو، یعنی تمام سرزمین کنعان را به تو و پس از تو به نسل تو، به ملکیت ابدی خواهم داد؛ و خدای آنان خواهم بود.» (پیدایش ۱۷ :۶تا ۸). عهد عتیق داستان ابراهیم، اسحاق، یعقوب، دوازده پسر یعقوب و نوادگان آن‌ها است. داستان عهد

عتیق، داستان عهد بستن، و شکسته شدن عهد (توسط قوم اسرائیل) و داستان وفاداری خدا به عهد، علی‌رغم سرکشی و پیمان‌شکنی قوم اسرائیل است.

نشانه عهد، بلافاصله با ودیعهٔ عهد ادامه پیدا کرد. نشانهٔ منعقد شدن عهد، حکم ختنه بود. (پیدایش ۱۷: ۱۰ -۱۴). حکم ختنه، عهد عتیق را تصدیق می‌کرد و نشان می‌داد که عبرانی‌ها قوم خدا هستند. رابطهٔ مستقیمی بین عهد خدا و پرستش خدا وجود دارد. این جریانی است که بارها در تاریخ اسرائیل دیده شده است: پرستشِ حقیقیِ خدا از سوی قوم اسرائیل به این معنا بود که، قوم حقیقتاً با خداوندِ یگانه، در عهد باقی مانده‌اند. به قوم اسرائیل فرمان داده شد: «با آن‌ها و با خدایانشان عهد مبند. مگذار در سرزمینت زیست کنند، وگرنه تو را به گناه ورزیدن به من بر خواهند انگیخت. زیرا اگر خدایان ایشان را عبادت کنی، دامی برای تو خواهد بود» (خروج ۲۳ : ۳۲ - ۳۳). ویژگی برجسته و مهم در عهد، این است که خدا خود را با وفاداری تنها به **یک** قوم متعهد ساخت. با وجود اینکه خدا در تاریخچهٔ تمامی ملت‌هایی که زیر سقف آسمان زیست می‌کنند فعال باقی ماند، تنها یک قوم یعنی «قوم برگزیدهٔ خدا» و تنها یک ملت بنا بود محبت پایدار[1]، پر رحمت، وفادارانه و غیرتمندانهٔ خداوند را دریافت کنند. این ملت، یعنی قوم برگزیدهٔ خدا، مردم اسرائیل بودند که دعوت شده بودند تا در قالب یک عهد، رابطهٔ پرستش گونه‌ای را با خالق جهان داشته باشند.

عهد جدید، به کمال رسیدن این عهد و همچنین خبر خوش و محبت خدا از طریق عیسای مسیح را اعلام می‌کند و همین امر باعث شد رحمت و فیض خدا، قوم برگزیدهٔ او را افزایش داده و غیریهودیان را نیز در بر بگیرد. پطرس رسول خطاب به ایمانداران غیریهودی می‌گوید: «امّا شما ملتی برگزیده و مملکتی از کاهنان و امّتی مقدّس و قومی که ملک خاص خداست هستید، تا فضایل او را اعلام کنید که شما را از تاریکی به نور حیرت‌انگیز خود فرا خوانده است. پیش از این قومی نبودید، امّا اکنون قوم خدایید؛ زمانی از رحمت محروم بودید، امّا اکنون رحمت یافته‌اید...» (اول پطرس ۲ : ۹ و ۱۰)

نقشه خدا قبل از بنای جهان برای انسان این بود که بتواند با نسل بشر ارتباط داشته باشد. این امر از سرود پرستشی مریم پس از اینکه مانند ابراهیم رویای وعدهٔ خدا را دریافت کرد مشهود است (لوقا ۱ : ۵۴ و ۵۵)؛ بنا بود که به واسطهٔ پسر او، عیسای مسیح، عهد جدیدی منعقد شود. در هنگام ختنهٔ یحیی تعمید دهنده، پدر او زکریا نبوت کرد که آمدن آن نجات دهنده که یحیی آن را اعلام خواهد کرد، یادآور عهد مقدس خدا است « همان سوگندی را که برای پدرمان ابراهیم یاد کرد » (لوقا ۱ : ۷۳)

عیسای مسیح به وضوح اعلام فرمود که بر صلیب شدن او، عهد جدیدی را برقرار خواهد

---

۱. این، نسخهٔ آوانویسی عبری واژه‌ای است که معمولاً به «محبت پایدار» ترجمه می‌شود.

ساخت. او که شبِ قبل از مرگش، عید فصح را با شاگردان خود سپری می‌کرد فرمود: «این جام، عهد جدید است در خون من، که به‌خاطر شما ریخته می‌شود» (لوقا ۲۲ : ۲۰). به واسطهٔ این عهد، نجات برای همهٔ انسان‌ها، چه یهودی و چه غیریهودی میسر شد. پولُس هنگامی که خطاب به غیریهودیانِ کلیسای غَلاطیان می‌نویسد، این امر را تأیید می‌کند:«مسیح به جای ما لعن شد و این‌گونه ما را از لعنت شریعت بازخرید کرد، زیرا نوشته شده که "هر که به دار آویخته شود ملعون است." او چنین کرد تا برکت ابراهیم در مسیحْ عیسی، نصیب غیریهودیان گردد و تا ما آن روح را که وعده داده شده بود، از راه ایمان دریافت کنیم.» (غلاطیان ۳ : ۱۳ - ۱۴). سپس پولُس ایمانداران مسیحی را «اسرائیل خدا» خطاب می‌کند (غلاطیان ۶:۱۶).

نماد عملی عهد جدید، شام خداوند است؛ مشارکت در پاره کردن نان و نوشیدن شراب که عیسای مسیح آن را آغاز نمود. در کلیسای اولیه، به جا آوردن شام خداوند حداقل هفته‌ای یک مرتبه، انجام می‌پذیرفت. به جا آوردن شام خداوند، نقطهٔ عطف پرستش در پاسخ به شنیدن کلام خدا است. هیو.او.اولد به درستی به این نکته اشاره می‌کند: " چون مسیحیان در شام خداوند شرکت داشتند، پیمان عهد بین آن‌ها و تنها **مسیح** منعقد گشته است.[1]

مثل عهد عتیق، عهد جدید هم ذات پرستش را نشان می‌دهد. از طریق عیسای مسیح به خداوند دسترسی داریم و این افتخار شادمانه را داریم که دائماً خداوند را بپرستیم: «پس بیایید به واسطهٔ عیسی، قربانیِ سپاس را پیوسته به خدا تقدیم کنیم. این قربانی، همان ثمرهٔ لب‌هایی است که به نام او معترف‌اند.» (عبرانیان ۱۵:۱۳) اولد در تأیید این نکته می‌گوید: «ستایش‌سراییِ عهدی، تأکید می‌کند که وقتی جماعت قوم خدا در پیوندی مقدس متحد می‌شوند — برای اعمال رهایی‌بخش خدا شکرگزاری می‌کنند، تعهدات عهدی خود را اعتراف می‌نمایند و بر وفاداری خدا شهادت می‌دهند — در آن هنگام است که خدا پرستیده می‌شود. »[2]

بنابراین پرستش مسیحی، پرستشی تحت عهد است که از رابطهٔ رسمی بین خدا و قوم خود، سرچشمه می‌گیرد.

جریان چهارم: پرستش در ذات خود، عملی مشارکتی است

درحالی‌که پرستش در اصل بر پایهٔ رابطهٔ بین خدا و قوم خدا شکل می‌گیرد، جنبهٔ مهم دیگری در این

۱. هیوز اُلیفَنت اُلد، درون‌مایه‌ها و موارد قابل تغییر برای دوکسولوژی مسیحی: اندیشه‌هایی دربارهٔ الهیات پرستش (گرند رپیدز: اردمانز، ۱۹۹۲)، صفحه ۱۱۷.

۲. اُلد، درون‌مایه‌ها و موارد قابل تغییر، صفحه ۱۱۱ (تأکید افزوده شده است).

رابطه و پرستش وجود دارد که باید به آن توجه کنیم. یعنی برادران و خواهران مسیحی در جماعت ایمانداران، و رابطه‌ای که با یکدیگر در حوزهٔ پرستش خدا دارند. همان‌طور که رابطهٔ خدا با مردم و مردم با خدا، در ذاتِ عهد و پرستش، نشانگر رابطهٔ (عمودیِ) پرستش محسوب می‌شود، پس رابطهٔ بین مردم با یکدیگر در حوزهٔ پرستش هم جنبهٔ (افقیِ) پرستش می‌باشد.

دقت کنید که در ادامهٔ داستان خروج، خدا عهد خود را با کل امت اسرائیل منعقد کرد. این عهد با یک **ملت** منعقد شد، نه با یک شخص. موسی واسطهٔ این رابطه بود اما عهد تنها با موسی بسته نشد؛ بلکه عهدِ خدا با نوادگانِ ابراهیم برقرار گردید. هرچه باشد، یک نسل کامل بودند که از اسارت مصر نجات یافتند، و «جماعت بنی‌اسرائیل جملگی از صحرای سینا عزیمت کردند» (خروج ۱۷: ۱). وقتی که اجتماعات مقدس، جشن‌ها و محافل رسمی‌ایی که توسط خدا مقرر شده بودند، برقرار می‌شدند، پاسخ دادن به آن‌ها وظیفهٔ همهٔ قوم خدا بود. اگر کسی حضور نمی‌یافت، مشخص می‌شد و بهایی باید پرداخت می‌شد (اعداد ۱۶ را ببینید).

به همین ترتیب «چون روز پنطیکاست فرا رسید، همه یکدل در یک جا جمع بودند» (اعمال ۲: ۱). اولین پرستشِ ثبت شده در کلیسا ملاقات یک جمع با خدا بود؛ در این ملاقات هزاران نفر با هم این تجربه را شریک شدند. آن‌ها شاهد آمدنِ پر رمز و رازِ روح‌القدس بودند و موعظهٔ کلام را با هم شنیدند و با هم پاسخ دادند و یک صدا فریاد بر آوردند: «ای برادران، چه کنیم؟» (اعمال ۲: ۳۷). نسل برگزیده، کاهنان پادشاهیِ خدا و قوم مقدسِ عهد جدید، در تجربه کردن و پاسخ دادن به خدا، مانند اسرائیل در عهد عتیق بودند.

پرستش مسیحی همواره پرستشی در اتحاد است. کلمهٔ انگلیسی «corporate» از کلمهٔ لاتین کورپوس به معنی بدن انسان گرفته شده است. بنابراین اگر کسی به یک بدنِ واحد تعلق داشته باشد، این تجربه یک تجربهٔ جمعی محسوب می‌شود. کلیسا همین بدن است. تمثیل بدن انسان یکی از اصلی‌ترین تصاویر در عهد جدید است که نشان می‌دهد اعضای کلیسای عیسای مسیح، چگونه باید عمل کنند. کلام آشنای پولس این حقیقت را آشکار می‌کند: «زیرا بدن، هرچند یکی است، از اعضای بسیار تشکیل شده؛ و همهٔ اعضای بدن، اگرچه بسیارند، امّا یک بدن را تشکیل می‌دهند. زیرا بدن نه از یک عضو، بلکه از اعضای بسیار تشکیل شده است.» (اول قرنتیان ۱۲ : ۱۲ و ۱۴)

پرستش مسیحی، به خصوص پرستش مسیحی غربی، به طور خاص دستخوش فردگرایی شدید شده است. به ما تعلیم داده شده تا فکر کنیم اشخاصی منفرد هستیم که، هرگاه گرد هم جمع می‌شویم اعضای یک کلیسا می‌شویم. بنابراین به اشتباه، با این دیدگاه که جلسهٔ پرستشِ هفتگی فرصتی‌ست

تا هر شخص نزد خدا دعا کند، شخصاً کلام را بشنود و منفرداً بر حسب باورهای فردی به آن پاسخ دهد، به کلیسا می‌رویم. اما پرستش واحد، اتفاقی نیست که در کلیسا صرفاً به‌خاطر اینکه عده‌ای از ایمانداران در زمانِ معینِ جلسه رسمی کنار هم جمع می‌شوند، رخ دهد. بلکه پرستش جمعی هنگامی‌ست که، بدن مسیح گرد هم می‌آیند تا یک‌دل، کلام خدا را بشنوند و با یک ندا، به عناصرِ متعددِ پرستشِ مسیحی پاسخ دهند. به این شکل، می‌توانیم از توضیح موسی دربارهٔ شریعت به قوم اسرائیل، تبعیت کنیم: «تمامی قوم یک‌صدا پاسخ دادند: "همهٔ سخنانی را که خداوند فرموده است، به جا خواهیم آورد."» (خروج ۲۴ : ۳)

فردگرایی در پرستش، یکی از نگرانی‌های پولُس دربارهٔ کلیسای قرنتیان بود. او می‌نویسد: «زمانی که شما در یک جا گردهم می‌آیید، براستی برای خوردن شام خداوند نیست. ... زیرا هنگام صرف غذا، هر یک از شما بی‌آنکه منتظر دیگران باشد شام خودش را می‌خورد، به گونه‌ای که یکی گرسنه می‌ماند، در حالی که دیگری مست می‌شود. پس ای برادران من، چون برای خوردن گردهم می‌آیید، منتظر یکدیگر باشید.» (اول قرنتیان ۱۱: ۲۰-۲۱، ۳۳). هنگامی که جامعهٔ ایمانداران کنار هم جمع می‌شوند، پرستش فردی نباید بخشی از ذهنیتِ عهد عتیق یا عهد جدید دانسته شود.

کلیسا از دیدگاه عهد جدید یک «جامعه» است که (از اصطلاح اکلسیا که از واژهٔ کلئو «فرا خوانده شدن» آمده، برگرفته شده است). جامعهٔ ایمانداران طبق درک صحیح نسلِ اولین ایمانداران، یک سازمان نیست بلکه یک اجتماع است که حضور عیسای مسیح در آن تجَلی می‌یابد. با یکدیگر بودن و اتحاد داشتن از همان زمان تا کنون، یک عنصر ضروری برای تجربه حضور مسیح می‌باشد: «زیرا جایی که دو یا سه نفر به نام من جمع شوند، من آنجا در میان ایشان حاضرم.» (متی ۱۸: ۲۰). پرستش حقیقی نمی‌تواند بدون درک این حقیقت کتاب مقدسی که ذات پرستشِ عملی، جمعی می‌باشد، صورت گیرد.

جنبهٔ عهد در پرستش، روی رابطهٔ **عمودیِ** پرستش تأکید دارد و به بحثِ ارتباط خدا با مردم مرتبط است و جمعی بودن پرستش روی جنبهٔ **افقیِ** پرستش یعنی رابطهٔ بینِ مردم (با حضور عیسی میان آن‌ها) مرتبط می‌باشد. حقیقی‌ترین و صحیح‌ترین نوعِ جلسات پرستشی، روی این تأکید **دوتایی** بنا می‌شود.

جریان پنجم: ذات پرستش تثلیثی است.

اکثر مردم می‌دانند که واژهٔ «تثلیث» در کتاب مقدس وجود ندارد. با این وجود تثلیث به خاطر عدم اشارهٔ مستقیم به این واژه، ارزش، ویژگی و اهمیت خود را از دست نمی‌دهد. پرستش مسیحی از

پاسخ دادن به اعمال **یک** خدا که سه شخص است یعنی پدر، پسر و روح‌القدس سرچشمه می‌گیرد.

رابطهٔ خدا در سه شخص، از کتاب مقدس واضح است. خدا به واسطهٔ پسر یگانهٔ خود جلال می‌یابد و متقابلاً او را جلال می‌دهد. "عیسی گفت: «اکنون پسر انسان جلال یافت و خدا در او جلال یافت. اگر خدا در او جلال یافت، پس خدا نیز او را در خود جلال خواهد داد و او را بی‌درنگ جلال خواهد داد.»" (یوحنا ۱۳: ۳۱ و ۳۲). شاید هیچ کجا جلال دادنِ متقابل، به‌روشنی این بند از سرودِ عهد جدید که پیش‌تر به آن اشاره شد واضح نیست: «پس خدا نیز او را به‌غایت سرافراز کرد و نامی برتر از همهٔ نام‌ها بدو بخشید، تا به نام عیسی هر زانویی خم شود، در آسمان، بر زمین و در زیر زمین، و هر زبانی اقرار کند که عیسی مسیحْ 'خداوند' است، برای جلال خدای پدر.» (فیلیپیان ۲ : ۹ - ۱۱). نمی‌توان تعامل محبت‌آمیز و هماهنگ اقانیم تثلیث در خدمت را نادیده گرفت: خدا مسیح را جلال می‌دهد، مسیح به عنوان خداوند، جلال می‌یابد، خدای پدر جلال می‌یابد.

هنگامی که مسیح به پایان خدمت زمینی خود نزدیک می‌شد، نقش روح‌القدس را در تثلیث شرح داد: «امّا چون آن مدافع که از نزد پدر برای شما می‌فرستم بیاید، یعنی روحِ راستی که از پدر صادر می‌شود، او خودْ دربارهٔ من شهادت خواهد داد، » (یوحنا ۱۵: ۲۶). روح‌القدس به واسطهٔ مسیح فرستاده می‌شود، او از سوی پدر می‌آید، با وجود اینکه روح‌القدس از سوی پدر آمده است، به حقانیت و خداوندیِ مسیح شهادت می‌دهد. سه شخص تثلیث، دائماً به یکدیگر اشاره کرده و یکدیگر را جلال می‌دهند. بنابراین گفت‌وگو بین سه شخص تثلیث و الوهیت(ذات الهی) در کار است و پرستش را به نحوی پر رمز و راز و فوق‌العاده زیبا نشان می‌دهد.

این تبادل زیبا، چنان‌که در رابطهٔ پدر، پسر و روح‌القدس به وضوح مشهود است، به شکلی عمیق در پرستش‌ها نقش‌آفرینی می‌کند. این یک رابطهٔ متقابل است، عملی که میان دو یا چند نفر برای سود و منفعتِ دیگری مبادله می‌شود. واژهٔ متقابل، از واژهٔ «mutus» آمده که به معنی «قرض گرفته شده» است. هنگامی که پرستش در جریان است، الوهیت(ذات الهی) آزادانه از درون خود «وام» می‌گیرد و در این میان، خدمت به شکلی برابر میان سه شخصِ تثلیث، رد و بدل می‌شود. ایدهٔ «از خود وام گرفتن» مشابه مفهومِ موسیقاییِ «روباتو» است. هنگامی که یک نوازنده در اجرا از «روباتو» استفاده می‌کند، موقتاً از نظم ضرب‌آهنگ و تمپوی تعیین‌شدهٔ قطعهٔ موسیقی، خارج می‌شود تا بتواند آزادانه نت‌ها را بنوازد. آن زمانِ «دزدیده شده» (روباتو)، از لحاظ ضرب‌آهنگ و زمان اجرای نت‌ها، با به‌سرعت حرکت کردن قطعهٔ موسیقی، در ادامهٔ قطعه به ضرب‌آهنگ اصلی بازمی‌گردد. به این شکل، انعطاف ضرب‌آهنگ، لحظه‌های زیبایی را می‌آفرینند در حالی‌که نهایتاً ضرب‌آهنگ، برقرار باقی می‌ماند. هر سه شخص تثلیث، پرستش‌ها را دریافت می‌کنند و سرآغاز

و منشأ پرستش‌ها هستند. در حقیقت هر سه شخص تثلیث (به‌خاطر رابطهٔ متقابل) آزاد هستند که آغازگر یا دریافت‌کننده باشند، که عقب بایستند یا حرکت کنند، چرا که می‌توانند با به انجام رساندن ارادهٔ یکدیگر، همدیگر را خدمت کنند. به همین طریق است که خدا جلال می‌یابد، و در نتیجهٔ همین امر است که خلقت خدا می‌تواند کامل‌تر در این پرستش مشارکت داشته باشد (البته بسیاری ممکن است از این عملکرد خدا که در پرستش‌ها رخ می‌دهد آگاه نباشند).

جیمز بی. تورنس، پرستش تثلیثی را به زیبایی جمع‌بندی کرده و این‌طور می‌نویسد: «پسر در مشارکت و اتحاد با پدر، در روح حیات دارد... و به واسطهٔ روحِ خود، مردان و زنان را جذب می‌کند تا در حیات، پرستش و مشارکت پدر و همچنین مأموریتی که از سوی پدر برای جهان دارد، سهیم شوند.»[1]

تورنس این‌طور نتیجه می‌گیرد: «بنابراین پرستش مسیحی، مشارکت ما از طریق روح‌القدس در ارتباط پسر با پدر در حیات پرستشی و شفاعتی او می‌باشد.»[2]

بر اساس نوشته‌های تورنس، پرستش مسیحی از سه جهتِ پر اهمیت، تثلیثی است:

- در دعا کردن: ما در روح‌القدس، به واسطهٔ پسر و نزد پدر دعا می‌کنیم.
- در تقدیم دعاها: نمونه‌هایی کتاب‌مقدسی و تاریخی وجود دارند که در هر یک، دعا به هر یک از اشخاص تثلیث تقدیم شده‌اند.
- در جلال دادنِ هر سه شخص تثلیث به‌عنوان خداوند: استفاده از سرودهای پرستشِ تثلیثی، خصوصاً در انتهای سراییدن مزامیر.[3]

همان‌طور که یکی از پدران اولیهٔ کلیسا، اوریگن، تعلیم می‌دهد: «باید از طریق مسیح، خدا را ستایش کنیم؛ کسی که در روح‌القدس کنار پدر ستایش می‌شود، یعنی روح‌القدسی که با سرودهای پرستشی مورد ستایش قرار می‌گیرد.»[4]

جریان ششم: پرستش، سفری تبدیل کننده است

در ابتدای این فصل، دربارهٔ ذاتِ گفت‌وگوییِ پرستش سخن گفتیم که بر اساس ایدهٔ مکاشفه و

---

۱. جیمز بی. تورِنس، پرستش، جماعت کلیسا و خدای تثلیثی فیض (داونرز گروو، ایلینوی: آی‌وی‌پی آکادمیک، ۱۹۹۶)، صفحه ۳۱.

۲. تورنس، پرستش، جماعت کلیسا، صفحه ۱۵.

۳. تورنس، پرستش، جماعت کلیسا، صفحه ۳۶.

۴. اریک جورج جی، رسالهٔ اوریگن در باب دعا (لندن: اس‌پی‌سی‌کی، ۱۹۵۴)، صفحه ۳۳.

پاسخ، بنا شده است. البته باید مراقب باشیم تا پرستش را تنها به‌عنوان گفت‌وگوهای پراکنده بین خدا و انسان‌ها نپنداریم. هنگامی که با دقت «ملاقات خدا» با پرستندگان در کتاب مقدس را بررسی کنیم، ابعاد بزرگ‌تری از این ملاقات‌ها را کشف خواهیم نمود. باید قدمی عقب‌تر برویم تا بتوانیم تصویر بزرگ‌تر را ببینیم، و ببینیم که الگوی مکاشفه و پاسخ، پدیدهٔ بزرگ‌تری را رقم می‌زند که می‌توان آن را با یک سفر مقایسه کرد. لوقا ۲۴ : ۱۳ تا ۳۵ داستان فوق‌العاده‌ای را از چنین سفری بازگو می‌کند. بین مسیح و شاگردانی که همراه هم از اورشلیم به عِمائوس می‌رفتند گفت‌وگوهای زیادی شکل گرفت. بخش‌های این گفت‌وگو به وضوح مشخص هستند. به‌عنوان مثال:

- مسیح از شاگردان سؤال کرد که دربارهٔ چه چیزی بحث می‌کنند.
- آن‌ها با ناباوری واکنش نشان دادند و رویدادهای اخیرِ مربوط به عیسای ناصری را بازگو کردند
- مسیح کلام خدا را برای آن‌ها شرح داد.
- آن‌ها مسیح را دعوت کردند که در رفاقت و استراحتِ آن‌ها شریک شود.
- مسیح نان را با آن‌ها پاره کرد.
- آن‌ها در این عمل، مسیح را شناختند.
- آن‌ها با عجله و اشتیاق رفتند تا به دیگران اعلام کنند مسیح زنده است.

هنگامی که به تمام این داستان نگاه می‌کنید، می‌بینید که مسیح با موفقیت گفت‌وگو را به چیزی فراتر از یک گفت‌وگوی ساده تبدیل کرد. در نتیجهٔ کل این گفت‌وگو، تبدیلی در زندگی شاگردان رخ داد. ملاقات آن‌ها با مسیح تنها به خاطر اینکه با هم در جاده گام برداشتند یک سفر محسوب نمی‌شود، بلکه ملاقات آن‌ها یک سفر بود چرا که به لحاظ روحانی از نقطهٔ اولیه (غم و سردرگمی) در مسیر ضروری (توضیح کلام خدا) قدم برداشتند و نهایتاً به مقصد خود (شناختن خداوند رستاخیز یافته در هنگام پاره کردن نان) رسیدند.[1]

اسرائیلیان با سفرِ پرستش به خوبی آشنا بودند. معبد مقدس که در اورشلیم قرار داشت، مرکز پرستش قوم اسرائیل بود. هر سال سه مرتبه، تمام مردان بزرگسال باید به اورشلیم سفر می‌کردند تا در ضیافت‌های اصلی: عید فصح، عید هفته‌ها (پنطیکاست) و جشن خیمه‌ها شرکت کنند. (اگر پرستندگان در فاصلهٔ دوری از اورشلیم زندگی می‌کردند، سالی یک مرتبه باید این سفر زیارتی را انجام می‌دادند). این سفرهای زیارتی، سفرهای مقدس محسوب می‌شد. خانواده و دوستان کنار هم جمع می‌شدند تا این سفر را آغاز

---

۱. در فصل سوم، بیشتر دربارهٔ موضوع تکرارشوندهٔ سفر و این بخش از کتاب مقدس گفته خواهد شد.

کنند (لوقا ۲: ۴۱ تا ۴۵ را مشاهده کنید). آن‌ها از زمین‌هایِ صعب‌العبور حرکت کرده، به سمت مقصد خود رهسپار می‌شدند تا نذرها و قربانی‌های را تقدیم کنند. هنگامی که اورشلیم را از راه دور می‌دیدند، شادمانی و جشن در دل‌هایشان آغاز می‌شد (مزمور ۸۷: ۱ و ۲ و ۷؛ ۱۰۰: ۴؛ ۱۱۸: ۱۹ را مشاهده کنید).

در کوه معبد، «سفری در دل یک سفر» رخ می‌داد؛ جایی که کاهنان، اعمال مقرر پرستش را به‌صورت تدریجی انجام می‌دادند — از محوطه‌ی عمومی تا رسیدن به قدس‌الاقداس: سه محل برای آیین‌های مذهبی تعیین شده بود. در حیاطِ بیرون معبد، قربانی‌های صبح و عصر تقدیم می‌شد. کاهنان و لاویان در حالی که مردان می‌آمدند و می‌رفتند، به وظایف خود عمل می‌کردند. صحن درونی شامل چراغدان طلایی، میز نان مقدس (نان تقدیمی)، و قربانگاه و بخور بود. تنها کاهنان اجازه ورود به این بخش را داشتند. آن‌ها هر روز وارد این مکان می‌شدند تا چراغ‌ها و بخور را روشن نگه دارند و نان تازه بر روی میز بگذارند. در نهایت، قدس‌الاقداس مقدس‌ترین مکان معبد بود که در صحن داخلی قرار داشت و صندوق عهد در آن محل نگهداری می‌شد. تنها کاهن‌اعظم اجازه داشت یک بار در سال در روز فدیه (کفاره)، از پردهٔ قدس‌الاقداس عبور کند و وارد قدس‌الاقداس شود.

ایمانداران یهودی، پرستش را به عنوان عناصر جداگانه نمی‌پنداشتند؛ بلکه این سفر زیارتی را به عنوان پرستشی همه‌جانبه در نظر می‌گرفتند. تمام سفر برای آن‌ها یک تجربه مقدس از سفر، جماعت ایمانداران، تقدیم قربانی‌ها و بازگشت محسوب می‌شد.

همهٔ این سفر بخشی از مراسم پرستشی محسوب می‌شد. به عنوان پرستندگان دوران کنونی در این جهان پر سروصدا که ارتباطات، کوتاه و سطح توجه اندک است، ایرادی ندارد اگر به یاد بیاوریم پرستش مسیحی ملاقاتی ادامه‌دار با خدا و سفری از نقطه مبدأ (جسمانی و روحانی) است که به واسطهٔ اعمال معنی‌دار در پرستش، به عنوان جماعت ایمانداران انجام می‌گیرد تا به نقطهٔ مبدل شدن در حضور خدا برسیم. نکتهٔ پرستش همین سفر است.

جمع بندی

در این فصل شش جریان اصلی پرستش که در کتاب مقدس یافت می‌شود را بررسی کردیم. حالا اجازه دهید این جریانات اصلی را در قالب اصول کتاب مقدسی اعلام کنم تا بدانید پرستش باید چگونه باشد و چه باید بکنند تا به کتاب مقدس وفادار باشد:

- پرستش حول محور اعمال نجات‌بخش خدا انجام می‌گیرد.
- پرستش از الگوی مکاشفه و پاسخ یا واکنش پیروی می‌کند.
- پرستش رابطهٔ عهدی را به اجرا در می‌آورد.

- پرستش ذاتاً امری جمعی و در اتحاد است.
- ذات پرستش، تثلیثی می‌باشد.
- پرستش یک سفر، در راهِ تبدیل شدن است.

اکنون آماده هستیم تعریفی کاربردی از پرستش مسیحی ارائه دهیم و تا انتهای این کتاب از آن استفاده کنیم.

> پرستش تجلی رابطه‌ای است که در آن، خدای پدر خود و محبتش را در پسر یگانه‌اش آشکار می‌سازد و به واسطهٔ روح‌القدس ما را فیض می‌بخشد تا به‌واسطهٔ ایمان، به شکرگزاری و فرمان‌برداری لبیک گفته و واکنش نشان دهیم.[1]

بنا کردن جلسات پرستشی که مستحکم بر اصول کتاب مقدس بنا شده‌اند برای معماران پرستش ضروری است. این امر خدا را خشنود می‌سازد و صادقانه بگوییم: کلیسا امروزه حقیقتاً به انجام این کار نیاز دارد. بر این باورم که «شور و حیات به گردهمایی مسیحیان باز نخواهد گشت مگر آنکه رهبران و اعضای کلیسا بتوانند دیدگاه صحیح و مبتنی بر کتاب مقدس را راجع به اجتماع مسیحی بازیابند و آن را در چارچوب نقشه و هدف کلی خدا برای قوم درک کنند.»[2]

مشـغول شـوید

به گروه‌های گفت‌وگویی که در بخش «جستجو کنید» تشکیل دادید بازگردید. چون این فهرست، تمام اصول کتاب مقدس در این حوزه را در بر نمی‌گیرد، دربارهٔ این سؤالات گفت‌وگو کنید:

۱. در جلسات فعلی کلیسای شما کدام یک از این شش اصل ضعیف‌تر است؟ فهرستی از سه راه عملی و حقیقی که می‌توانید برای تقویت این مورد به کار ببندید، تهیه کنید.

۲. چه اصل کلی‌ایی که از آن نام برده شد را می‌توانید به جلسات اضافه کنید که با سنتِ پرستشیِ کلیسای شما مطابقت داشته باشد؟ این مورد را با رهبرانِ گروهِ شبانان کشف کنید و به فهرست اضافه کنید.

درحالی‌که آماده می‌شوید تا پایه‌های طراح پرستش‌ها را بنا کنید اولین قدم، دریافتن و به نمایش گذاشتن اصول کتاب مقدسی است که قصد دارید نقشه خود را روی آن بنا کنید. از گروه شبانان

---

۱. رابرت شیپر، در حضور او: قدردانی از سنت پرستشی کلیسای محلی (نشویل: توماس نلسون، ۱۹۸۴)، صفحات ۱۵-۱۶. تعریف کامل‌تری را در «ضمیمهٔ الف: تعریف پرستش مسیحی» در پایان این کتاب ارائه داده‌ام.

۲. دیوید پیترسن، ارتباط با خدا: الهیات کتاب‌مقدسی پرستش (گرند رپیدز: اردمانز، ۱۹۹۲)، صفحه ۲۱.

دعوت کنید تا در جلسه‌ای غیررسمی به شما کمک کنند اصول کتاب مقدسی ضروری‌ایی که به آن نیاز دارید را، در محیط کلیسا کاوش کرده و به کار ببندید.

سپس این اصول را از ۳ طریقی که اعلام می‌شود، همیشه مد نظر داشته باشید.

۱. این اصول کتاب مقدسی را روی یک صفحهٔ بزرگ کاغذی یا پوستر بنویسید و در اتاقی که جلسات هفتگی پرستش را طراحی می‌کنید قرار دهید.
۲. فهرستی از این اصول را در ستون سمت چپ صفحهٔ برنامه‌ریزی جلسات، قرار دهید.
۳. این موارد را با پرستندگان به اشتراک بگذارید تا از این طریق آن‌ها را در زمینهٔ پایه‌گذاری پرستش مسیحی شاگردسازی کنید.

قرار دادن سنگ زاویه

پرستش حول محور عیسای مسیح انجام می‌گیرد

جستجو کنید

قبل از اینکه فصل ۲ را بخوانید، شش دستورِ کارِ جلسات پرستشیِ جلساتِ گذشته را به صورت مکتوب آماده کنید. (اگر شما مسئولیت این کار را به عهده ندارید، در صفحه‌ای نظم و ترتیب برگزاری جلساتی که در شش هفتهٔ گذشته توسط رهبران به اجرا درآمده را بنویسید.) این برنامه‌ها را بررسی کنید و به مواردی نظیر این بیندیشید:

۱. چند بار به طور خاص به مسیح اشاره شده است؟
۲. آیا جلسه به اشارهٔ مستقیم با حضور عیسای مسیح آغاز شده است؟
۳. در چند سرود به طور خاص از عیسای مسیح نام برده شده است؟
۴. آیا نکته‌ای هست که به طور خاص در جلسات پرستشی کلیسایتان روی آن تأکید می‌شود؟ اگر این‌طور است، آن مورد چیست؟
۵. تنها با بررسی صورت و نظم برگزاری جلسات گذشته، این جمله را کامل کنید: بر اساس نظم و محتوای جلساتمان به نظر می‌رسد در جلسات رسمی کلیسای ما بیش از هر چیز رویِ .... تمرکز می‌شود.

اکنون که اندیشیدن را آغاز کرده‌اید، با مطالعهٔ فصل ۲ افکار خود را گسترش دهید.

گسترش دهید

یک شبان هنگامی که در سفر بود از کلیسایی بازدید کرد. پس از جلسهٔ کلیسا پیش خود می‌اندیشید که، انگار جای چیزی در کلیسا خالی بوده است. اما آن چه بود؟ واعظ موعظه‌ای عالی را تقدیم کرد، موسیقی الهام‌بخش بود و در اصل تمام جلسه خلاقانه و خوشایند برگزار شده بود.

> با این وجود آن شبان با خود فکر می‌کرد، جلسه کامل و حتی کافی نبوده است اما نمی‌توانست مشکل را پیدا کند. او در خاطرات خود می‌نویسد: «ناگهان درک کردم چه چیز گم شده بود. در جلسه هیچ اشارهٔ عمیق و واضحی به شخصیت و اعمال مسیح نشد. می‌دانم که شبان کلیسا از اهمیت مرکزیت مسیح در ایمان مسیحی آگاه است. کلیسا به واسطهٔ برنامهٔ بشارتی، سریعاً در حال رشد بود. پس محبت به مسیح زیر سؤال نرفته بود. مشکل این بود که نکته‌ای را ندیده گرفته بودند. اما این فاجعه است! در جلسه پرستشی، عیسای مسیح ستایش نشد ... متأسفانه، درک کردم که این حالت غالباً در جلسات پرستشی کلیساهای بشارتی رخ می‌دهد.[۱]

یکی از اساتید دانشگاهی که رهبران پرستشی را در آن دانشگاه بزرگ مسیحی تجهیز می‌کند، اظهار می‌کند بیشتر روی پاسخ دادن مردم به مسیح در پرستش‌ها تأکید شده است و نه روی اعمال مسیح. او می‌نویسد: «به حد کافی در سال‌های اخیر راجع به عملکرد مسیح در پرستش، مطلب نوشته نشده است. علی‌رغم اینکه عملکرد مسیح رابطه‌ای حیاتی بین جان و دل انجیل و پرستش ایجاد می‌کند، اما ظاهراً اخیراً رهبران پرستش توجه کافی به این حقیقت نداشته‌اند. بنابراین ضروری است تا هرچه بیشتر از پیش، به این امر بپردازیم.»[۲]

یک فارغ‌التحصیل تازهٔ دانشگاه، کارآموزی خود را در خدمت‌گزاری حرفه‌ای در یک کلیسای بزرگ (مگاچرچ) آغاز می‌کند. او مشتاق است تا آموزش‌های دانشگاهی‌اش را در رهبری عبادت به کار بگیرد. اما خیلی زود این اشتیاق به اشک تبدیل می‌شود. او با اندوه می‌گوید:

> امروز صبح، روی صحن رفته بودم تا برنامه‌ها را در جلسه پرستشی اعلام کنم. در طول تمرین جلسه، بنا بود پس از اعلام برنامه‌ها، ترانهٔ پرستشی بعدی را معرفی کنم و بگویم: «بیایید بایستیم و به پرستش خداوند و منجی‌مان، عیسای مسیح ادامه دهیم.» پس از

---

۱. تری واردل، او را جلال دهید! طراحی مراسم پرستشی پویا، ویرایش بازبینی‌شده (کمپ هیل، پنسیلوانیا: انتشارات مسیحی، ۱۹۹۲)، صفحات ۶۳-۶۴.

۲. بری لیش، پرستش نو: سخنی بی‌پرده دربارهٔ موسیقی و کلیسا (گرند رپیدز: بیکر بوکز، ۲۰۰۱)، صفحه ۱۴۱.

تمرین، شبان پرستشی کلیسا پیشنهاد داد که از این اشارات استفاده نکنم. او گفت ممکن است این اصطلاحات برای تازه‌واردین عجیب و معذب‌کننده باشد. نمی‌دانستم چه پاسخی بدهم. به دفترم رفتم و گریه کردم. از من خواسته شد که از مسیح نامی نبرم! در سراسر جهان مردم با به زبان آوردن نام مسیح جان خود را هم، به خطر می‌اندازند، اما در کلیسا، برای ناراحت نکردن تازه‌واردینی که حتی مسیح را نمی‌شناسند، از من خواسته شده بود که نام او را بر زبان نیاورم. در آخر، تسلیم شبان پرستشی شدم و از مسیح نامی نبردم. پدر ما را ببخش، زیرا نمی‌دانیم چه می‌کنیم![1]

تمام این رهبران مسیحی، مردمانی حقیقی هستند و نگرانی‌های واقعی دارند. آیا متعجب می‌شوید اگر بدانید شخص و اعمال عیسای مسیح در بسیاری از جلسات پرستشی امروزی محور اصلی نیست؟[2] شاید این جمله غافلگیرکننده باشد، اما نکتهٔ عجیب‌تر این است که گاهی ممکن است حتی متوجه این که، از این حقیقت غافل شده‌ایم، نشده باشیم. به علاوه نکتهٔ متضاد و عجیبی نیز وجود دارد، بعضی اوقات کلیساهایی که با شجاعت و قدرت بیشتری انجیل را بشارت می‌دهند تا جهانیان را به سمت مسیح هدایت کنند، بیشتر از همه، از نقشِ حیاتیِ عیسایِ مسیح در پرستش‌ها غافل می‌شوند، نتیجتاً آن‌ها اغلب حضور مسیح را در کلیسا تصدیق نمی‌کنند و برخلاف تعالیم کتاب مقدس و فریضه‌ای که به صورت تاریخی ضروری و توصیه شده است، اعمال مسیح را در جلسات کلیسا ستایش نمی‌کنند.

چه چیزی باعث این شرایط شده است؟ در اینجا بر اساس مشاهداتم اطلاعاتی را تقدیمتان می‌کنم. شاید کلیسا بدون اینکه بداند، با اجازه دادن به گسترش بی‌حد و مرز برنامه‌های دیگر، اجازه داده است که مرکزیت مسیح در جلسات پرستشی کاهش یابد؛ در نتیجه جلسات پرستشی به واسطهٔ نیازهایی که احساس می‌شوند، موضوعات و جریانات، سرگرمی‌ها و برنامه‌هایی که حولِ محورِ ترجیحاتِ حق جویان (غیرایمانداران) حرکت می‌کند، شکل تازه‌ای به خود گرفتند. در این روند، اسم بردن از نام و اعمال عیسای مسیح در پرستش‌ها کاهش یافته است. شاید برخی کلیساها قصد نداشتند تأکید خود را روی حضور مسیح کاهش دهند، با این وجود بدون اینکه متوجه شوند در برخی از موارد شاهد کاهش تأکید روی حضور مسیح در کلیساها هستیم.

---

۱. پیام ایمیلی یک دانشجو از یک دانشگاه مسیحی (نام محفوظ است).

۲. هرگز نباید نتیجه گرفت که حضور مسیح نزد ما بیشتر یا کمتر می‌شود، زیرا حضور او هرگز قابل افزایش یا کاهش نیست. مسیح همواره به‌طور کامل در جامعهٔ ایمانداران حاضر است. مورد پرسش، شناخت (یا عدم شناخت) ما از حضور او در میان ماست.

در این فصل از کتاب، روی ضرورتِ «مسیح محور» بودنِ پرستش‌ها تمرکز می‌کنیم. امیدوارم رهبران پرستشی را الهام بخشم تا (۱) اولویت مسیح را در پرستش‌ها تصدیق و تأکید نمایند، (۲) حضور حقیقی خداوندِ رستاخیز یافته «عیسای مسیح» را در محتوای جماعت ایمانداران درک کرده و بپذیرند، (۳) تسلیمِ نقشِ کهانتِ مسیح به عنوانِ مسئولِ الهیِ پرستش‌ها باشند، چرا که اوست که واسطهٔ بین خدا و کلیسا می‌باشد و در آخر، (۴) به پرستندگان یاری رسانند تا دلسوزی و شفقتی که پرستشِ «مسیح محور» برای جهانیان به ارمغان می‌آورد را بپذیرند و درک کنند. در نهایت، اولویت، حضور، کهانت و اشتیاقِ مسیحِ رستاخیز یافته بین ایمانداران همان چیزی است که پرستش را به یک پرستش حقیقیِ مسیحی تبدیل می‌کند. پرستش سایر خدایان در جهان ما فراوان است و مراسم‌ها از بسیاری جهات ممکن است مشابه باشند. اما این نقشِ عیسای مسیح است که پرستشِ مسیحی را منحصر به فرد می‌کند. کجا می‌توانیم گفت‌وگو دربارهٔ پرستش را آغاز کنیم، مگر با عیسای مسیح، همان که خدا جلالش داده و همانی که تمامی خلقت روزی در مقابلش زانو خواهد زد؟

پرستش «مسیح محور»: تأیید و تصدیق اولویت مسیح

سنگ زاویهٔ پرستش، عیسای مسیح است. این حقیقت به تنهایی، اصالت پرستش مسیحی را تعیین می‌کند. این جملات کتاب مقدس را در نظر داشته باشید.[۱]

> آنگاه عیسی به آنان گفت: «آیا تا به حال در کتب مقدّس نخوانده‌اید که، سنگی که معماران رد کردند، مهم‌ترین سنگ بنا شده است. خداوند چنین کرده و در نظر ما شگفت می‌نماید؟» (متی ۲۱ : ۴۲)

> پس دیگر نه بیگانه و اجنبی، بلکه هم‌وطن مقدسین و عضو خانوادهٔ خدایید؛ و بر شالودهٔ رسولان و انبیا بنا شده‌اید، که عیسی مسیح خودْ، سنگ اصلی آن بناست .در او تمامی این بنا به هم می‌پیوندد و به صورت معبدی مقدّس در خداوند بر پا می‌شود و در او شما نیز با هم بنا می‌شوید تا به صورت مسکنی درآیید که خدا به واسطهٔ روحش در آن ساکن است. (افسسیان۲ : ۱۹ تا ۲۲)

> با نزدیک شدن به او، یعنی به آن سنگ زنده که آدمیان رد کرده‌اند امّا نزد خدا برگزیده و گرانبهاست، شما نیز چون سنگ‌های زنده به صورت عمارتی روحانی بنا می‌شوید تا کاهنانی مقدّس باشید و به واسطهٔ عیسی مسیح، قربانی‌های روحانی مقبول خدا را تقدیم کنید. (اول پطرس ۲ : ۴ و ۵)

---

۱. همچنین مشاهده کنید: مزمور ۱۱۸: ۲۲-۲۳؛ مرقس ۱۲: ۱۰-۱۱؛ لوقا ۲۰: ۱۷؛ اعمال ۴: ۱۱.

به یاد دارید که هدف از قرار دادن سنگ زاویه از دیدگاه معماران این است که، سنگی در بنا وجود داشته باشد تا تمام سنگ‌های دیگرِ بنا، با آن سنجیده شده و تراز باشند. هنگامی که سنگ زاویه در محل قرار می‌گیرد، بقیه ساخت و ساز از آنجا آغاز می‌شود. قرار دادن سنگ زاویه باید یک **اولویت** باشد، چراکه اگر سنگ زاویه کج باشد امنیت و تمامیت بنای کل ساختمان زیر سؤال می‌رود.

کلمهٔ اولویت در زبان انگلیسی «priority» از کلمهٔ «prior» به معنی «قبل از» گرفته شده است؛ بنابراین اولویت، هر چیزی است که قبل از چیزهای دیگر قرار دارد. آن‌چیز، نخست و بالاتر است و رتبهٔ آن نیز از همه برتر می‌باشد. دیکشنری مریام-وبستر، اولویت را به عنوان توجه یا بها دادن به چیزی فراتر و قبل از موارد دیگر، تعریف می‌کند.[۱] اینکه بگویم مسیح اولویت پرستش است به این معناست که بگویم: او بیش از هرچیز درخور توجه و در اصل لایق تمام توجه ما است. دامنهٔ معنایی کاربردی این حقیقت گسترده است و نشان می‌دهد، هر موردِ دیگری که ممکن است به جز مسیح، تمرکز پرستش‌هایمان را به خود اختصاص داده باشد، باید از اولویت اصلی خارج شود. اگر چیزی جز عیسای مسیح در پرستش‌های ما در مرکزیت توجه قرار گرفته است، باید آن را از اولویت اصلی کنار بگذاریم. در پرستش مسیح‌محور، مسیح که به حاشیه رانده شده، اکنون به **مرکز** پرستش‌های کلیسا باز می‌گردد.

مسیح محور بودنِ پرستش‌ها، به معنی جلال دادن و احترام به خدا است

اولویت مسیح قبل از هرچیز به انجام رسیدن ارادهٔ خدای پدر است. پدر مایل است پسر را جلال دهد. هرچه ستایش مسیح عظیم‌تر باشد، خشنودی خدا به همان میزان بیشتر خواهد بود. آیات بسیاری از کلام خدا این حقیقت را به وضوح شرح می‌دهند، پولس خطاب به کولسیان می‌نویسد: «او بدن، یعنی کلیسا، را سر است. او سرآغاز و نخست‌زاده از میان مردگان است، تا در همه چیز برتری از آن او باشد. زیرا خشنودی خدا در این بود که با همهٔ کمال خود در او ساکن شود، و به واسطهٔ او همه چیز را، چه در آسمان و چه بر زمین، با خود آشتی دهد، به وسیلهٔ صلحی که با ریخته شدن خون وی بر صلیب پدید آورد.» (کولسیان ۱: ۲۰-۱۷) فوق‌العاده‌ترین نشان که ثابت می‌کند خدا مایل است مسیح در پرستش‌ها ستایش و پرستش شود را در یک نامهٔ دیگر عهد جدید می‌بینیم: «بلکه آن هنگام نیز که فرزند ارشد را به جهان می‌آورد، می‌فرماید: همهٔ فرشتگان خدا او را بپرستند.» (عبرانیان ۱: ۶) به علاوه در سراسر کتاب مکاشفه بارها و بارها اعلام می‌شود مسیح لایق ستایش و پرستش و جلال است. این آیات در کتاب مکاشفه طنین‌افکن می‌شوند: آن برهٔ ذبح شده سزاوار

---

۱. مریام-وبستر، ورودی «priority»، ۲۰۲۱، https://www.merriam-webster.com/dictionary/priority

قدرت و دولت و حکمت و توانایی است، و سزاوار حرمت و جلال و ستایش. (مکاشفه ۵: ۱۲)

مسیح در مرکز پرستش است چرا که، این ارادهٔ خدا می‌باشد. لازم نیست بترسیم که مبادا این‌چنین پرستیدن مسیح، خدای پدر یا روح‌القدس را آزرده سازد.

این نگاه بشری می‌باشد؛ چراکه رقابتی در تثلیث وجود ندارد. تمام اشخاص تثلیث، تسلیم یکدیگر هستند و یکدیگر را در رابطه‌ای پر از محبت الهی جلال می‌دهند. ما خدای پدر را می‌پرستیم، ولی این کار را از طریق پسر یگانه‌اش عیسای مسیح انجام می‌دهیم. قدرت روح‌القدس این امر را میسر می‌سازد. پرستش مسیحی اصیل، پرستش در روح و راستی است که پر از مسیح است و در نتیجه، ارادهٔ پدر را به انجام می‌رساند. هنگامی که مسیح جلال می‌یابد، **خدا** جلال یافته است.

پیشینهٔ اولیه در کتاب مقدس و تاریخ

دانشمند عهد جدید رالف مارتین، محوریت مسیح در کلیسای اولیهٔ عهد جدید را به عنوان یکی از مشخصات اصلی پرستش‌های کلیسای اولیه قلمداد کرده است.[۱] دو عملکرد اصلی که برای مسیح محور بودن پرستش‌ها شکل گرفت (۱) پرستش و دعا کردن در نام خداوندِ رستاخیز یافته عیسای مسیح، و (۲) پرستش در روز خداوند بوده است.

از همان ابتدا در پرستش، جماعت ایمانداران، خداوند عیسای مسیح را می‌پرستیدند و در نام او دعا می‌کردند. برای مسیحیان امروزی ممکن است این امر قابل توجه به نظر نرسد چرا که در فلسفهٔ کلیسای مدرن، پرستش و دعا به نام خداوند عیسای مسیح تحیر انگیز نیست. اما پرستش عیسای مسیح و دعا کردن در نام او چنان با اعمال و فلسفهٔ یهودیان فاصله داشته است که، انجام این عمل شگفت‌انگیز به نظر می‌رسید.[۲] اصلی‌ترین مشخصه و وجه تمایز ایمان عبرانی‌ها با پرستش‌های ادیان چندخدایی دوران باستان، در یکتاپرستی آن‌ها بوده است. این بیانیهٔ اعتقادی «بشنو، ای اسرائیل: یهوه، خدای ما، خداوندِ یکتاست» (تثنیه ۶ آیه ۴) هستهٔ **اصلی** الهیاتِ یهودیت را شکل داده بود. این‌ها

---

۱. رالف پی. مارتین، پرستش در کلیسای اولیه (گرند رپیدز: اردمانز، ۱۹۷۴)، صفحات ۱۹۴-۲۰۷. برای نخستین ویژگی برجستهٔ پرستش در عهد جدید (مرکزیت مسیح)، دو نمونه را ذکر کرده‌ام: پرستش به‌نام عیسی و پرستش در روز خداوند. نمونهٔ سوم مارتین—احساس حضور بی‌واسطهٔ مسیح—به‌صورت جداگانه و در همین فصل بررسی شده است. مارتین در کتاب خود همچنین به دو ویژگی دیگر پرستش عهد جدید اشاره می‌کند: (۱) آگاهی از حضور روح‌القدس و (۲) دغدغهٔ دیگران و بنای جماعت ایمانداران.

۲. در این بخش، به‌طور گسترده از آثار لری دبلیو. هورتادو بهره گرفته‌ام که تحقیقات قابل توجهی دربارهٔ سیر تاریخ اولیهٔ مسیحیت انجام داده است.

کلماتی بودند که باید قرائت می‌شدند، مردم دربارۀ آن‌ها سخن می‌گفتند، آن را بر دست و پیشانی خود می‌نوشتند و می‌چسباندند و رویِ سَر درِ ورودیِ هر خانۀ یهودی نصب می‌کردند (تثنیه ۶ آیات ۴ تا ۹). بنابراین برای ایمانداران کلیسای اولیه، پرستش عیسای مسیح به عنوان خدا و دعا کردن نزد عیسی به عنوان خداوند، یک پیشرفت عظیم محسوب می‌شد. تفسیرهای سخت‌گیرانۀ شریعت، پرستشی جز پرستش مستقیم یهوه را ممنوع اعلام کرده بود. با این وجود، مورخ لری هورتادو به نحوی شگفت‌انگیز اعلام می‌کند، در اولین دهۀ جنبش مسیحی « در مراسم‌های پرستشی، گروهی مسیح را به عنوان خداوند می‌پرستیدند و جلال می‌دادند.»[1] عیسی مسیح به عنوان خدا پرستش می‌شد. هورتادو اشاره می‌کند که شاگردان در انتاکیه «خداوند را می‌پرستیدند» (اعمال ۱۳ : ۲) و اشاره می‌کند که شاگردانِ مسیح، او را به عنوان خدا جلال می‌دادند.[2] در نامه‌های پولُس از مراسم و باورهای اعتقادی کلیسا، دربارۀ عیسای مسیح نام برده شده است.[3] به عنوان مثال واژۀ «عیسای مسیح خداوند است» که در کلیسا و پرستش‌ها به عنوان یک باور اعتقادی به زبان آورده می‌شد را در نظر بگیرید. پولُس، به کلیسای قرنتیان استفاده از این جملۀ ایمانی را توصیه می‌کند (اول قرنتیان ۱۲ : ۳).[4] می‌توانیم بپذیریم که "این عمل (اعتراف متحد) به عیسای مسیح به عنوان خداوند، یک عمل عبادی پرستشی بوده که به صورت آیینی انجام می‌شده است تا ماهیت کلیسا را به عنوان گروهی از ایمانداران که تحت نام و اقتدار مسیح گرد هم آمده‌اند، تأیید کند.[5]

مثال دومی که پرستش شدن عیسی را نشان می‌دهد، سلام‌ها و برکاتی است که پولُس در نامه‌های خود در آن‌ها نام مسیح را به کار می‌برد (اول قرنتیان ۱۶ : ۲۳ و ۲۴ - غلاطیان ۶ : ۱۸، فیلیپیان ۴: ۲۳ را مشاهده کنید). همچنین می‌توانیم به سرودهای پرستشی عهد جدید که مسیح را جلال می‌دهند نیز اشاره کنیم. شواهد بسیاری در کلام خدا و سایر متون تاریخی کلیسای اولیه وجود دارد که نشان می‌دهد، مسیح از روز اول در جامعۀ مسیحی پرستش می‌شده است.[6] پرستش

---

۱. لری دبلیو. هورتادو، در آغاز پرستش مسیحی: زمینه و ماهیت اولین شیوه‌های پرستش مسیحی (گرند رپیدز: اردمانز، ۱۹۹۹)، صفحه ۷۶.

۲. هورتادو، در نقطۀ آغاز پرستش مسیحی، صفحه ۷۶.

۳. هورتادو، در نقطۀ آغاز پرستش مسیحی، صفحه ۷۷.

۴. همچنین رومیان ۱۰: ۹-۱۳ را مشاهده کنید.

۵. هورتادو، در نقطۀ آغاز پرستش مسیحی، صفحه ۷۸.

۶. برای نمونه‌هایی مفید از اسناد غیر کتاب مقدسی که پرستش اولیۀ مسیح به‌عنوان خدا را تأیید می‌کنند، فرانک سی. سن، «واقعیت تجسد در آیین‌نامۀ مسیحی»، در آیین مسیحی: کاتولیک و انجیلی را ، مشاهده کنید (مینیاپولیس: فورترس، ۱۹۹۷)، صفحات ۳۹-۴۹. نمونه‌های سن شامل نامۀ ایگناتیوس به افسسیان (قرن دوم)، دعاهای اولیه بیزانسی خطاب به پسر، سرود «ته دِاوم» در پرستش، و موارد دیگر هستند.

عیسای مسیح به عنوان خدا، یکی از بارزترین نشانه‌ها بوده است که در پرستش مسیح‌محورِ کلیسایِ اولیه، به انجام می‌رسیده است.

مسیحیان اولیه، همچنین نزد عیسای مسیح به عنوان خدا دعا می‌کردند که یک پدیدهٔ شگفت‌انگیز دربارهٔ دعاهای عهد جدید است. گاهی اوقات دعاها متفقاً به خدای پدر و عیسای مسیح تقدیم می‌شود.[1] ولی در زمینه‌ای که به آن اشاره می‌کنیم بیش از همه می‌بینیم که دعاها به **مسیح** تقدیم شده است. پولُس برای شفا نزد عیسای مسیح دعا می‌کند (دوم قرنتیان ۱۲ : ۸ و ۹)، و استیفان برای خودش و قاتلانش نزد خداوند عیسای مسیح دعا می‌کند (اعمال ۷ : ۵۹ و ۶۰). با وجود اینکه این دو مورد در محیط پرستش عمومی رخ نداده‌اند، «به نظر می‌رسد که نویسندهٔ این متونِ عهد جدید، انتظار دارد مؤمنین مسیحی با این حقیقت که مسیح دریافت‌کننده و اجابت‌کنندهٔ دعاهای مسیحیان است آشنا باشند».[2]

فریضهٔ دیگری که در پرستشِ مسیح‌محور مشاهده می‌شود این است که، پرستش‌ها در روز خداوند صورت می‌گرفته است. سه اشاره در عهد جدید به آیین‌های پرستشی در روز خداوند وجود دارد (اعمال ۲۰ : ۷ تا ۱۲، اول قرنتیان ۱۶ : ۲، مکاشفه ۱ : ۱۰). دانشمندان در این موارد بحث می‌کنند که آیا این شواهد نشان‌دهنده الگویی منظم برای عبادت در روز اول هفته است که، در تقابل با روز سَبَت یعنی روزی که یهودیان در آن به استراحت و عبادت می‌پرداختند قرار دارد یا خیر. با این حال، بیشتر محققان به این نتیجه رسیده‌اند که عبادت در روز یکشنبه از همان نسل اول ایمانداران، امری رایج بوده است.

دلایل متعددی وجود دارد که مسیحیان روز یکشنبه، برای پرستش گرد هم جمع می‌شدند. یک دلیل این است که یکشنبه به عنوان یادبود رستاخیز مسیح شناخته شده بود. همان‌طور که می‌دانیم مسیح یک روز پس از شبات از مرگ رستاخیز کرد، پس روز یکشنبه برای پرستش‌کنندگان مسیح معنای ویژه‌ای داشته و دارد. این امر در نوشته‌های جاستین شهید، مدافع مسیحی که در میانهٔ قرن دوم متنی را نوشته است، مشهود می‌باشد. او می‌گوید: «ما یکشنبه‌ها برای پرستش گرد هم می‌آییم چرا که یکشنبه اولین روزی است که خداوند، تاریکی را برداشت و جهان را خلق کرد و همچنین می‌دانیم که عیسای مسیح، خداوند ما، در آن روز از میان مردگان برخاست؛ چرا که او را یک روز مانده به شنبه بر صلیب کردند و او صبح یکشنبه قیام نموده بر شاگردانش ظاهر شد و مطالبی را به

---

۱. این درهم‌آمیختگی در آیاتی چون اول تسالونیکیان ۳: ۱۱-۱۳ و دوم تسالونیکیان ۲: ۱۶-۱۷ مشهود است.

۲. هورتادو، در نقطهٔ آغاز پرستش مسیحی، صفحات ۷۵-۷۶.

آن‌ها تعلیم داد که به رشتهٔ تحریر در آوردند تا شما از آن‌ها سود ببرید.»[1] یکشنبه به خاطر رستاخیز عیسای مسیح، به عنوان روز خدا شناخته می‌شود. پس هر کسی که ایمان داشت، روز یکشنبه با هم ملاقات می‌کردند تا خدا را بپرستند و این حقیقت که مسیح زنده است را جشن می‌گرفتند.

دلایل احتمالی دیگری برای عبادت در روز یکشنبه توسط تاریخ‌نگار عبادات مسیحی، پائول برادشاو، ارائه شده است.

او به این نکته اشاره می‌کند که شواهد فراوان موجود نشان می‌دهد، در سه قرن اول میلادی، تنها روزی که مسیحیان شام خداوند را به جا آوردند، یکشنبه (و برخی از روزهای مقدسین) بوده است.[2] دلیل این امر را نمی‌دانیم، اما تاریخ بارها این الگو را ثبت کرده است. در نهایت، مسیحیان غربی، شام خداوند را در هر روزی از روزهای هفته به جا آوردند، اما مسیحیان شرقی هنوز شام خداوند را تنها در روز یکشنبه و سایر روزهای مقدس به جا می‌آوردند.[3]

سومین دلیلِ انتخابِ یکشنبه به عنوان روز پرستش، در نظر گرفتن این روز از هفته، به عنوان روز هشتم است. این اصطلاح جنبه‌های فرجام‌شناختیِ پرستش را، به تصویر می‌کشد. در باور یهودیان، عدد هفت نماد کمال است بنابراین، روز هشتم به چیزی فراتر و حتی فوق‌العاده‌تر از شبات اشاره دارد. "بنابرین در نظر گرفتن یکشنبه به عنوان روز هشتم، به نمادی از آینده و فرجام ایمان داران که به آن چشم دوخته و امیدوار هستند، اشاره می‌کند.[4] رؤیای روز یکشنبه، به ضیافت مسیحی که در پادشاهی خداوند خواهیم داشت اشاره می‌کند. به این دلیل و حتی دلایل دیگر، روز یکشنبه به عنوان روز خداوند شناخته می‌شود. در ابتدای حیات کلیسا، ایمانداران زمان‌بندی خود را بر اساس شخصیت و اعمال خداوندشان تنظیم کردند. اولویت به **مسیح** تعلق داشت چرا که ایمانداران، نامی برتر از تمامی نام‌ها را در جلسات پرستشی هفتگی خود می‌پرستیدند و حیات پرستشی خود را مطابق روز خداوند تنظیم کرده و نتیجتاً در روز یکشنبه خدا را حرمت کرده و جلال می‌دادند.

یک دلیل مهم دیگر که بر اولویت مسیح دلالت دارد این است که داستان حیات، مرگ، قیام و صعود و بازگشت عیسای مسیح، محتوا و ذات پرستش را تشکیل می‌داده است. نمی‌توانیم از اهمیت این امر غافل شویم بلکه این حقایق می‌باید مثل دوران کلیسای اولیه، هم‌اکنون هم، محتوای اصلی

---

۱. جاستین شهید، دفاعیهٔ اول، بند ۶۷، در تاریخ پرستش مسیحی آکسفورد، به سردبیری جفری وِینرایت و کارن بی. وستر فیلد تاکر (نیویورک: انتشارات دانشگاه آکسفورد، ۲۰۰۵)، صفحه ۶۲. همچنین دیداکه را مشاهده کنید.

۲. برادشاو، پرستش مسیحیان اولیه، صفحه ۷۶.

۳. برادشاو، پرستش مسیحیان اولیه، صفحه ۷۶.

۴. برادشاو، پرستش مسیحیان اولیه، صفحه ۷۷.

پرستش‌ها باشد. هنگامی که شخصیت و اعمال عیسای مسیح همواره پرستش‌ها را شکل دهد، خودِ پرستش به پیغام انجیل تبدیل می‌شود. در اینجا راجع به محتوای موعظات صحبت نمی‌کنم، البته محتوای موعظات هم در این حوزه اهمیت دارند بلکه، دربارهٔ اعلام حقیقتی عظیم که در پرستش‌ها رخ می‌دهد صحبت می‌کنم. اعلامی که باعث می‌شود در هر پرستش، ببینیم خدا کیست و در مسیح چه کاری را برایمان به انجام رسانده است.[1] هنگامی که دعا می‌کنیم، سرود می‌خوانیم یا موعظه می‌کنیم و یا هدایای خود را تقدیم می‌کنیم - با هر عمل پرستشی که به انجام می‌رسانیم، خدا را به عنوان شرکت‌کنندگانی در داستان خدا و کاری که خدا در طول تاریخ و جهان کنونی‌مان به انجام می‌رساند، می‌بینیم و با او ملاقات داریم. پرستش، اعلام این داستان در کلمات و اعمال ایمانداران است.

پولُس، به ایدهٔ مسیح به عنوان محتوای پرستش تعهد داشت. او خطاب به قرنتیان نوشته است: «زیرا من آنچه را که به من رسید، چون مهم‌ترین مطلب به شما سپردم: اینکه مسیح مطابق با کتب مقدّس در راه گناهان ما مرد، و اینکه دفن شد، و اینکه مطابق با همین کتب در روز سوّم از مردگان برخاست» (اول قرنتیان ۱۵: ۳ و ۴). هنگامی که اجازه می‌دهیم «کلام مسیح به دولتمندی در شما ساکن شود؛ و با مزامیر، سرودها و نغمه‌هایی که از روح است، با کمال حکمت یکدیگر را پند و تعلیم دهید؛ و با شکرگزاری و از صمیم دل برای خدا بسرایید» همین پیام در ما ساکن می‌شود.[2] (کلوسیان ۳: ۱۶)

اگر عیسی مسیح سنگ زاویهٔ پرستش باشد، نام او را به زبان خواهیم آورد، و زمان پرستش را به او متعلق خواهیم دانست،[3] و اجازه می‌دهیم شخصیت و اعمال او محتوای پرستش‌هایمان را شکل دهد. از این طریق و روش‌های دیگر، مسیح به اولویت پرستش‌هایمان تبدیل می‌شود.

مسیح محور بودن پرستش: طلبیدن و استقبال از حضور خداوند

هنگامی که جماعت ایمانداران مایل هستند پرستشِ مسیح محور را بطلبند، نقطه امنی برای آغاز وجود دارد: تصدیق کردن و استقبال از حضور حقیقی خداوند رستاخیز یافته. اگر جامعهٔ پرستندگان

۱. این موضوع در فصل چهارم، مفصل‌تر بررسی خواهد شد.

۲. واژهٔ یونانی کریگما در عهد جدید به معنای «اعلام» یا «موعظه» ترجمه شده است. این واژه به هستهٔ اصلی انجیل اشاره دارد؛ همان پیامی که رسولان از جانب کلیسا موظف به موعظه و حفظ آن بودند.

۳. اصطلاح «زمان مقرر» در اینجا مفید است—این اصطلاح به زمان خاصی اشاره دارد که جماعت کلیسا برای دیدار با خدا گرد هم می‌آید. اگرچه در برخی جوامع مسیحی، پرستش در روزهایی غیر از یکشنبه نیز رواج یافته است، اما بیشترِ این جماعت‌های کلیسایی، همچنان مراسم یکشنبه را حفظ کرده‌اند. دلایلی وجود دارد که نباید به طور کلی از پرستش در روز یکشنبه فاصله گرفت: (۱) یادبود روز رستاخیز، و (۲) برای حفظ پیوستگی با سنتِ پرستشیِ مسیحیان در طول قرون گذشته. با این حال، مهم‌تر از روز هفته، وجود زمان‌هایی مقرر برای پرستش هفتگی است.

می‌توانست این مورد را درک و دریافت کند، پرستش آن‌ها به پرستش مسیح محور تبدیل می‌شد. مسیح حقیقتاً در میان جمع پرستش‌کنندگان حاضر است. در پرستش‌ها، ما راجع به خدا یا مسیح یا روح‌القدس به نحوی که گمان کنیم خداوند تثلیث به عنوان سوم شخص در جلسه فقط یک شنونده است، صحبت نمی‌کنیم بلکه باید درک کنیم که در پرستش‌ها، عیسای مسیح کاملاً در میان ما حاضر است، او ما را خوشامد می‌گوید، با ما سخن می‌گوید و از ما می‌شنود؛ او است که دعاهای ما و پرستشی که به پدر تقدیم می‌کنیم را هدایت می‌کند. عیسای مسیح همواره در پرستش‌ها، بین گروه مسیحیان چه بزرگ و چه کوچک حاضر است.

بنابراین پرستش فرصتی است برای تجربه تجلی و حضور عیسای مسیح.[1] داستانی دربارهٔ اتفاقاتِ پس از رستاخیزِ مسیح، این حقیقت را به تصویر می‌کشد. در فصل ۱، آیات لوقا ۲۴ به ما نشان داد که پرستش یک سفر است. بیایید به این بخش از کلام برگردیم تا نکات بیشتری را بیاموزیم. لوقا ۲۴ آیات ۱۳ تا ۳۵ داستان ۲ نفر از پیروان مسیح را بیان می‌کند که در روز رستاخیز مسیح، مسیری طولانی را به سمت خانه طی می‌کنند (البته آن‌ها در آن زمان تنها شنیده بودند مسیح از مقبرهٔ بسته شده، رستاخیز کرده و بیرون آمده است). در ابتدای ملاقاتشان با مسیح، خداوند به نحوی پر رمز و راز با آن‌ها همراه می‌شود. آن‌ها در ابتدا از حضور مسیح میانشان آگاه نبودند با این حال، داستان به گونه‌ای پیش می‌رود که آن حضور به‌صراحت شناخته شود.

چهار بخش این داستانِ موازی، بخش‌های پرستش هستند.[2] در ابتدا، مسیح گفت‌وگو را آغاز می‌کند. او شاگردان را در همان وضعیتی که می‌بینید، می‌پذیرد (سردرگم و متعجب). مسیح با مهربانی، آن‌ها را وارد یک گفت‌وگو می‌کند و به هیچ وجه انتظار ندارد که آن‌ها بتوانند درجا حقیقتی که مسیح مایل است به آن‌ها نشان دهد را دریافت کنند. با این وجود او وقت می‌گذارد و با آن‌ها گفت‌وگو می‌کند، آن‌ها را به نقطه‌ای می‌رساند که آمادهٔ درک کردن کلام خدا بشوند.

سپس مسیح کلام را برای آن‌ها باز می‌کند و آن را شرح می‌دهد. او از موسی و انبیا آغاز می‌کند و مطالبی که دربارهٔ مسیح وجود دارد را شرح می‌دهد. خیلی زود داستان از صحنهٔ راهِ خاکی، به سمت یک خانهٔ محقر می‌رود. حضور عیسای مسیح در هنگام سلام و خوشامدگویی و در زمان تعلیم با آن‌ها باقی می‌ماند، اما آشکار شدن هویت این غریبه کمی بعد رخ می‌دهد.

نقطه اوج داستان در آیات ۳۰ و ۳۱ دیده می‌شود: چون با آنان بر سفره نشسته بود، نان را برگرفت

---

۱. صحبت از «حضور واقعیِ» مسیح، گاهی مباحثی را دربارهٔ ماهیت نان و شراب در شام خداوند به‌میان می‌آورد، اما این بحثی کاملاً متفاوت است. ادعای حضور کامل و حقیقی مسیح در پرستش، فارغ از دیدگاه‌های مختلف دربارهٔ عناصر شام خداوند، کاملا صحیح است.

۲. در فصل سوم، بیشتر دربارهٔ بخش‌های پرستش گفته خواهد شد.

و شکر نمود، پاره کرد و به ایشان داد. در همان هنگام، چشمان ایشان گشوده شد و او را شناختند، امّا در دم از نظرشان ناپدید گشت. حضور مسیح تمام مدت با آن‌ها بود اما او را نشناختند. اما به خاطر پایداری مسیح، زمانی رسید که ایمانداران توانستند حضور او را درک کنند و به او خوشامد گویند. این نقطه تغییر در داستان است. آن‌ها درک کردند که، هنگامی که مسیح با آن‌ها سخن می‌گفته است، دل در درونشان می‌تپیده است. درک این حقیقت خیلی شگفت‌انگیز بود. نتیجه داستان اینجاست که شاگردان پس از تجربه کردن حضور عیسای مسیح، با شادمانی پر می‌شوند و می‌روند تا شهادت دهند که خداوند، زنده است. در پرستش مسیحی، حیاتی است که چشمانمان باز باشد و حضور عیسای مسیح که نزد ما می‌آید، ما را خوشامد می‌گوید، ما را در ملاقات با خدا عمیق‌تر می‌کند، کلام را به ما تعلیم می‌دهد و سپس نان را با ما پاره می‌کند تا چشمانمان باز شود را، مشاهده کرده و بشناسیم.

هنگامی که پرستش می‌کنیم، دور هم جمع نمی‌شویم تا راجع به ایده‌های مذهبی گفت‌وگو کنیم بلکه مایلیم با خداوند زنده ملاقات داشته باشیم. هرگاه جماعت ایمانداران کنار هم جمع می‌شوند تا پرستش کنند، باید ایمان داشته باشند که عیسای مسیح حقیقتاً میان ما حضور دارد و با خدا ملاقات می‌کنند. درک این امر همه‌چیز را تغییر می‌دهد. دیگر به خاطر وظیفه و یا به خاطر اینکه خدا برایمان جالب است یا از روی عادت، به جلسات پرستشی نمی‌رویم بلکه به جلسات پرستشی می‌رویم تا با خداوندِ زندهٔ خودمان که در میان جماعت ایمانداران حاضر است، گفت‌وگو کنیم. چنین پرستشی راجع به مسیح نیست بلکه **با مسیح** و برای مسیح است. این پرستش دیگر دربارهٔ به‌دست‌آوردن راستی نیست بلکه به دنبال این خواهیم بود که راستی، ما را به دست آورد. نتیجتاً هنگامی که حضور مسیح ما را در شام خداوند گرم می‌سازد، تنبلی و بی‌توجهی از بین می‌رود و دلمان در درونمان خواهد تپید.

هر بار ایمانداران برای پرستش می‌آیند، در حقیقت وعدهٔ مسیح که می‌فرماید «جایی که دو یا سه نفر به نام من جمع شوند، من آنجا در میان ایشان حاضر می‌باشم.» (متی ۲۰:۱۸) محقق خواهد شد و آن‌ها با خداوند ملاقات خواهند داشت.

تجربه حضور حقیقی عیسای مسیح در پرستش به شکلی ویژه، برای دوران امروزی اهمیت دارد، چراکه یکی از بخش‌های پیشرفت‌های دوران پست‌مدرنیسم این است که فرهنگ غرب، به آهستگی از اطمینان کامل به روش‌های علمی و نتیجه‌گیری‌های آن که جامعهٔ مدرن اغلبِ آن نتایج را می‌پذیرد، دور می‌شود. یکی از فرضیات عصر روشنگری این بود که پاسخ سؤالات دربارهٔ جهان (و به تبع آن مشکلات جامعه)، برای آن ذهن‌های توانمندی که بتوانند به اندازه کافی سخت و

طولانی کار کنند، قابل دست‌یابی است. با این حال، اکنون شک و تردیدِ فزاینده‌ای وجود دارد که می‌گوید، لزوماً چنین نیست[1] ، بنابراین مردم دوباره در جستجوی این راز هستند.

ری.اس.اندرسون در نوشتهٔ مفید خود راجع به الهیات برای کلیساهای جدید،[2] دربارهٔ ضرورتِ درکِ تجلیِ حضورِ مسیح در جامعه‌ای که با سرعتی بیش از پیش به سمت جهان پست‌مدرن حرکت می‌کند، سخن گفته است.

اندرسون اعلام می‌کند مسیحیان، کمتر به اثبات مسائل مرتبط با مسیح‌شناسی از طریق علوم کتاب مقدس اهمیت می‌دهند و بیشتر از آن، به فکر تجربه کردن حضور مسیح به واسطهٔ ملاقات داشتن با او و در پرستش‌ها می‌باشند. اندرسون از اصطلاح «حقیقت‌گرایی بی‌تکلف» استفاده می‌کند تا، امر رایجی که در کلیسا باعث می‌شود تبادلی ساده و پر از ایمان بین مردم و خداوندِ رستاخیز یافته به وجود آید را شرح دهد. حقیقت‌گرایی بی‌تکلف، به معنی دریافتِ اطلاعات دربارهٔ مسیح در طولِ پرستش، تعلیمِ اصولِ مسیحی و یا مذهبی و حکمت نیست. اندرسون می‌گوید: «من معتقدم حقیقت‌گرایی بی‌تکلف به معنی این است که چگونه مسیح، سایر نویسندگان انجیل و پولس رسول از زبان بی پروای حقیقت استفاده کردند؛ حقیقت و حکمتِ مسیح تمام راستی است، نه تنها بخشی از آن. از اصطلاح حقیقت‌گرایی بی‌تکلف استفاده می‌کنم تا به تجربهٔ درونی از حقیقتی عینی اشاره کنم.».[3]

اندرسون توضیح می‌دهد که پولس، مسیح‌شناسی کامل را پرورش نداد؛ بلکه حقیقت عینی مسیح را به کلیساها انتقال داده است. پولس روی نقش و محوریت مسیح در کلیساها تأکید داشت و مسیح‌شناسی پولس از همین امر نشأت می‌گیرد. اندرسن این‌طور می‌نویسد: «درحالی‌که نجات‌شناسی امروزی به دنبال شواهد حقیقت می‌گردد، پولس در جستجوی شواهد حقیقت بود. حقیقت مسیح برای پولس، پایه‌های راستیِ مسیح محسوب می‌شد.»[4] در مقایسهٔ کلیسایِ غیریهودیِ اولیه با کلیسای مشابه پس از دوران شکوفایی مسیحیت در غرب، اندرسون به این نتیجه‌گیری می‌رسد که حقیقت‌گرایی بی‌تکلف همان چیزی است که امروزه به آن نیاز داریم. توجه به شواهدی که نیازمند یک رأی باشد، نقطهٔ آغاز برای غیرمسیحیان (یا حتی مسیحیان) محسوب نمی‌شود؛ بلکه اشتیاق به ملاقات با حضور حقیقی و زندهٔ عیسی مسیح نقطهٔ آغاز است.

---

۱. رابرت ای. وبر، ایمان سنتی-نوگرا: بازاندیشی انجیلی‌گرایی برای جهان پست‌مدرن (گرند رپیدز: بیکر، ۱۹۹۹)، صفحه ۴۴.

۲. ری اس. اندرسون، الهیات نوظهور برای کلیساهای نوظهور (داونرز گروو، ایلینوی: اینترورسیتی، ۲۰۰۶).

۳. اندرسون، الهیات نوظهور برای کلیساهای نوظهور، صفحه ۴۰.

۴. اندرسون، الهیات نوظهور برای کلیساهای نوظهور، صفحه ۴۱.

با وجود قانع‌کنندگی تجربهٔ حضور عیسای مسیح، تجربهٔ ما پایه‌های پرستش نیست. مسیح سنگ زاویهٔ پرستش است؛ این قابل مذاکره نیست، بلکه مطابق تعالیم کتاب مقدس، مسیح‌محور بودن پرستش‌ها امری است که نمی‌تواند در هیچ دوره‌ای تغییر کند. همان‌طور که شاگردان در راه عِمائوس این حقیقت را کشف کردند، چه حضور مسیح را درک کنیم چه نه، مسیح تنها سنگ زاویهٔ اصلی رسولان است.[1] همین‌طور، مسیح سنگ زاویهٔ زنده و امروزی کلیسا می‌باشد.[2] ما به‌عنوان اعضای بدن مسیح، سنگ‌های زنده‌ای هستیم که بر سنگ زاویه بنا شده‌ایم تا به خانه‌ای روحانی تبدیل شویم و قربانی‌های روحانی خود را که خدا آن‌ها را از ما می‌پذیرد، تقدیم خداوند کنیم. (اول پطرس ۲: ۴ و ۵) بنابراین، «سنگ زاویه، کلیسا را به بنیاد رسولی‌اش پیوند می‌دهد... در عین حال مسیحِ رستاخیز یافته، در تمامی نسل‌ها سنگ زاویهٔ کلیسا می‌باشد.»[3]

از این طریق، واقع‌گرایی بی‌تکلف، به تجربهٔ درونیِ حقیقتیِ عینی تبدیل می‌شود. حقیقت این است: چه آگاه باشیم چه نه، مسیح همواره در پرستش‌ها حضور دارد (حقیقت عینی)؛ ولی پرستشِ مسیح‌محور، ما را به چالش می‌کشد تا نه‌تنها به لحاظ ذهنی بلکه در تجربهٔ پرستشمان، **مسیح** را در مرکز پرستش قرار دهیم (واقعیت درونی).

هنگامی که برای پرستش گرد هم می‌آییم، نباید صرفاً برای یک تجربه وارد پرستش شویم؛ بلکه باید جویای مسیح باشیم و او را بطلبیم. می‌توانیم این امر را به این صورت خلاصه کنیم: هرچقدر در کلام، سرودها، دعاها، موعظه، واکنش‌ها و سایر آیین‌های کلیسایی بیشتر به حضور حقیقی مسیح توجه کنیم، بیشتر حقیقت حضور او را در میان ایمانداران تجربه خواهیم کرد. همان‌طور که اندرسون می‌گوید: «پرستش به معنیِ حضورِ امروزیِ مسیحی است که در تاریخ حضور داشته، دارد و خواهد داشت»[4] (پیشنهادهایی برای چگونگی پرورشِ آگاهی از حضورِ مسیح در پرستش، در پایان این فصل ارائه شده است.)

پرستش مسیح‌محور: تسلیم شدن در برابر نقش کهانت مسیح

این ایده که مسیح اولویت پرستش است و اینکه حضور او در پرستش‌ها نقش حیاتی دارد را بررسی کردیم. اما در آئین مقدس پرستش‌های مسیحی، نقش عیسای مسیح چیست؟ اصلی‌ترین نقش

---

۱. اندرسون، الهیات نوظهور برای کلیساهای نوظهور، صفحه ۲۹.

۲. اندرسون، الهیات نوظهور برای کلیساهای نوظهور، صفحه ۲۹.

۳. اندرسون، الهیات نوظهور برای کلیساهای نوظهور، صفحه ۳۰.

۴. اندرسون، الهیات نوظهور برای کلیساهای نوظهور، صفحه ۴۵.

مسیح، نقش کهانت است؛ به نحوی که مسیح منجی، هدایت کننده و رهبر پرستش‌های ما است. بلافاصله با این واقعیت روبه‌رو می‌شویم که موضوع اصلی، انجام عبادت توسط ما یا توانایی‌هایی که گمان می‌کنیم با خود به مراسم می‌آوریم، نیست؛ مسئلهٔ مهم‌تر تسلیم شدن در مقابل اعمالی است که مسیح انجام می‌دهد؛ یعنی در برابر کسی که حضور خدا را در پرستش‌ها ممکن می‌سازد.

برای درک این موضوع نگاهی خواهیم داشت به کتاب عبرانیان. در آن‌جاست که نخست می‌بینیم مسیح واسطهٔ پرستش‌های ما است. نقش کهانت از طرف خدا در عهد عتیق تعیین شد تا واسطه‌ای در رابطهٔ بین خدای قدوس (یهوه) و قوم غیرقدوس (قوم تحت عهد) وجود داشته باشد. هنگامی که دو دستهٔ غیرهم‌سطح مایل هستند رابطهٔ صحیحی داشته باشند، به یک **واسطه** یا **منجی** نیاز است. در ابتدا، هنگامی که بشر خلق شد، بین خدا و بشر که به شباهتِ صورتِ خدا آفریده شده بود، به واسطه نیازی نبود؛ بشر طبق ارادهٔ خدا، با خداوندِ خویش رابطه داشت. با این وجود، هنگامی که به دلیل سقوط، آدمی به این رابطه صدمه زد، دیگر بین خدا و بشر به یک واسطه نیاز بود. در طول قرن‌ها، کاهن اعظم به عنوان واسطهٔ بین خدا و قوم عمل می‌کرد. کاهنین (در کنار انبیا و سایر کسانی که از سوی خدا سخن می‌گفتند) پیام خدا را (به عنوان مثال لوقا ۶۷:۱ تا ۷۹ را مشاهده کنید) و برکت‌های خدا را به سوی مردم (به عنوان مثال اعداد ۲۲:۶ تا ۲۷ را مشاهده کنید) انتقال می‌دادند. کاهنین همچنین قربانی‌های مقدس را از مردم به خداوند تقدیم می‌کردند. هیچ‌کس نمی‌توانست بدون یک منجی و واسطهٔ فعال، وارد حضور خدا شود. برای مردمان عهد جدید، مسیح نقش واسطهٔ کهانت در پرستش‌ها را به انجام می‌رساند. اکنون به واسطهٔ مسیح می‌توانیم شجاعانه وارد حضور خدا شویم. بر اساس نوشتهٔ نویسندهٔ عبرانیان، مسیح خصوصیات بی‌نظیری را برای ایفا کردن این نقش دارد: (۱) او به واسطهٔ خدا برای این کار منصوب شده است (۲:۱)، بنابراین برای این نقش مناسب است، چرا که او خدای کامل است (۳:۱). (۲) او از میان برادران و خواهران زمینی برگزیده شده است (۱۱:۲)، پس به عنوان انسان کامل نیز قادر است این نقش را به انجام رساند. (۳) او با اطاعت کامل از پدر، قربانی کامل را پرداخت کرده است (۹:۱۰)، بنابراین او به قربانی کامل و بی‌نقص تبدیل شد (۲۶:۹ تا ۲۸). (۴) او به عنوان پیشوایِ ما وارد آسمان شده است (۱۹:۶-۲۰) تا نشان دهد به جایی رفته است که ما هنوز قادر به رفتن به آن نیستیم. به این دلیل و دلایل دیگر، «بین خدا و آدمیان تنها **یک** واسطه وجود دارد، یعنی آن انسان که مسیحْ عیسی است» (اول تیموتائوس ۵:۲). عیسای مسیح همچنان به ایفای نقش خود به عنوان کاهن اعظم و واسطهٔ ایمانداران ادامه می‌دهد.[1]

۱. برای برخی از ایده‌های مرتبط با مسیح به‌عنوان واسطه، مدیون فرانک سی. سِن هستم. مراجعه کنید به: فرانک سی. سِن، آیین‌های مسیحی: کاتولیک و انجیلی (مینیاپولیس: فورترس، ۱۹۹۷)، صفحه ۳۶.

نوشتهٔ جیمز.بی.تورنس کمک زیادی به تبیین نقش کهانت مسیح در پرستش‌ها می‌کند.[۱] مهم است که این نوشتهٔ تورنس را کامل نقل قول کنیم:

> خبر خوش این است که خدا در عیسای مسیح نزد ما آمده است تا در ما و برای ما بایستد و اهداف خود را در پرستش و شام خداوند به انجام رساند. عیسای مسیح به عنوان کاهنِ کلِ خلقت آمد تا برای ما زنان و مردان، کاری را انجام دهد که قادر به انجامش نبودیم. او آمده است تا پرستشی را به پدر تقدیم کند که ما قادر به تقدیم آن نبوده‌ایم. او خدا را با داشتن حیات، محبت و اطاعتِ کامل جلال داده است. او آمد تا خادم حقیقی خداوند باشد... او آمد تا برای حضورِ ما، نزدِ پدر بایستد و هرگاه که در سرکشی‌ها و سقوط‌هایمان نمی‌دانیم چگونه دعا کنیم و یا فراموش می‌کنیم در اتحاد به دعا بپردازیم، برایمان شفاعت کند... این «تبادل بی‌نظیر» است (mirifica commutatio — admirabile commercium) که به وسیلهٔ آن، مسیح آنچه از ماست (زندگی‌های شکسته ما و دعاهای ناکافی ما) را برمی‌گیرد، تقدیس می‌کند و بدون لکه و چروک به پدر تقدیم می‌کند و در مقابل، پاسخ‌های پدر را به ما می‌بخشد تا برایمان در شکرگزاری «خوراک روحانی» باشد. او دعاهای ما را برمی‌گیرد و به دعای خود تبدیل می‌سازد و دعاهای خود را به دعای ما بدل می‌کند و از این رو می‌دانیم که دعایمان به خاطر مسیح شنیده خواهد شد.[۲]

مسیح همچنین به عنوان کاهن اعظم پرستش‌هایمان را هدایت می‌کند. همان‌طور که در عهد عتیق کاهنین آیین‌های پرستش را در خیمه و معبد هدایت می‌کردند، عیسای مسیح نیز رهبری و هدایتِ پرستش‌هایمان را عهده‌دار است. کاهنین، سراییدن مزامیر را که برای اهداف پرستشی سروده شده بود هدایت می‌کردند، ساز می‌نواختند، گروه‌های هم‌سرایی را هدایت و رهبری می‌کردند، قربانی‌ها را مهیا می‌ساختند، دعاها را تقدیم می‌کردند، هدایا را از مردم تحویل می‌گرفتند، هدایا را به خداوند تقدیم می‌کردند، پاک شدن از گناهان را به مردم تقدیم می‌کردند، بخورها را می‌سوزاندند و کارهای دیگرِ پرستشی را انجام می‌دادند.

خداوندِ رستاخیز یافتهٔ ما، اکنون به عنوانِ رهبرِ پرستش‌هایمان عمل می‌کند، به نحوی که

۱. جیمز بی. تورنس، پرستش، جماعت و خدای تثلیثی فیض (داونرز گروو، ایلینوی: اینترورسیتی، ۱۹۹۶).

۲. تورنس، پرستش، جماعت کلیسا، صفحات ۱۴-۱۵.

خداوندمان با ما می‌سراید (عبرانیان ۲ : ۱۲)[1] و برایمان شفاعت می‌کند (عبرانیان ۷ : ۲۵). دعای غیر واحد، خودخواهانه و انسانیِ ما را ترجمه می‌کند و به دعای صحیح و نیکو تبدیل می‌سازد تا لایق آن باشد که به حضور پدر تقدیم شود و اراده و خواستهٔ ما را به ارادهٔ خدا تبدیل می‌کند. نویسندهٔ عبرانیان از اصطلاح یونانی «لیتورگوس» برای اشاره به مسیح استفاده کرده است که به معنی «رهبر پرستش‌ها یا پیشوای پرستش» می‌باشد (عبرانیان ۸ : ۲). مسیح به عنوان رهبر ما (اعمال ناکافی قوم)[2] را برمی‌گیرد و به آنچه که خدا را خشنود می‌سازد تبدیل می‌کند.

تورنس این نکته را تصدیق می‌کند، «این پرستشی است که خدا برای انسان فراهم کرده است و تنها نوع پرستشی است که برای خدا پذیرفتنی می‌باشد.»[3] تورنس اضافه می‌کند، «مسئول و رهبر پرستش‌ها طبق درکی که در عهد جدید داریم تنها عیسای مسیح است، که ما را در پرستش‌ها و دعاها هدایت می‌کند... او کاهن اعظم است که با فدیه کردن و تقدیم جان خود روی صلیب، ما را هدایت کرده است تا وارد قدس‌الاقداس شویم و در مشارکتی مقدس، حضور خدای پدر را تجربه کنیم.»[4]

اغلب در تجربهٔ کیفیت پرستش فکر می‌کنیم، موفقیت در پرستش به تلاش ما بستگی دارد: چه چیزی را با خود به معادله آوردیم، چقدر پرستش را صحیح تنظیم و طراحی کردیم، چقدر ترانه‌ها و ویدئو کلیپ‌های به‌روز در اختیار داریم و یا چقدر از جلسه «هیجان زده» هستیم... چنین دیدگاه بشری که بسیاری از ما با آن دست و پنجه نرم می‌کنیم، اغلب برکت‌های واقعی که نشان می‌دهد ما به خودی خود و تنها قادر به پرستش نیستیم را، از ما پنهان می‌کند. حقیقت سخت این است که همهٔ ما کاملاً به مسیح به عنوان کاهن اعظم وابسته هستیم تا خدا پرستش‌هایمان را بپذیرد.

اینکه کاملاً به خدمت و جایگاه مسیح به عنوان کاهنِ اعظمِ پرستش‌هایمان تکیه داشته باشیم به معنی داشتن حالتی فروتنانه است. اما در تسلیمِ مقامِ کهانتِ مسیح بودن، آزادی عمیقی نهفته است. هنوز هم جلسات پرستشی را طراحی و هدایت می‌کنیم؛ هنوز هم در اتحاد کلیسا پرستش‌ها را تقدیم می‌کنیم، ولی این کار را فروتنانه انجام می‌دهیم و با بهترین نیت نزد کاهن اعظم می‌آییم، کسی که تلاش‌های انسانی ما را به نیکویی و بدون نقص به پرستش مقبول خدا تبدیل می‌سازد.

---

۱. ژان کالوَن از مسیح با عنوان «رهبر بزرگ گروه کُر که دل‌های ما را برای ستایش خدا کوک می‌کند» یاد کرده است. نقل‌شده در: تورنس، پرستش، جماعت، صفحه ۱۰.

۲. این واژهٔ یونانی در فصل پانزدهم تعریف شده و در پرستش به‌کار رفته است.

۳. تورنس، پرستش، جماعت کلیسا، صفحه ۱۶.

۴. تورنس، پرستش، جماعت کلیسا، صفحه ۲۳.

پرستش مسیح‌محور به این معناست که، پرستش‌هایمان را مقابل مسیح قرار دهیم تا او آن‌ها را برگیرد و به حضور خدای پدر برساند. به این شکل، بارِ عظیمِ انجامِ همهٔ امور به نحوی بی‌نقص به واسطهٔ نبوغ و قدرتِ خودمان، از روی شانه‌های ما برداشته می‌شود و بر شانهٔ مسیح قرار می‌گیرد. این باری است که **مسیح** از شانهٔ ما برمی‌دارد. شنیدن این حقیقت به ما اجازه می‌دهد خدا را فراوان پرستش کنیم و پرستش‌هایمان دیگر مثل قبل نباشد.

مسیح‌محور بودن پرستش‌ها: پذیرش اشتیاق و دلسوزی مسیح برای جهان

حالا به آخرین طریقی که باید از راه آن پرستشی مسیح‌محور داشته باشیم می‌رسیم: پذیرش اشتیاق مسیح نسبت به جهان. از ابتدای این مبحث هشداری وجود دارد که ضروری به نظر می‌رسد. هیچ‌کس نمی‌تواند به سادگی تصمیم بگیرد که دربارهٔ هر چیزی اشتیاق داشته باشد؛ با این وجود سرمایه‌گذاری در برخی موارد می‌تواند باعث رسیدن به اشتیاق و دلسوزی شود. تعهد، قبل از تجربه قرار دارد. هنگامی که پرستندگان، عهد می‌بندند که اولویت مسیح را بطلبند و تسلیم نقشِ کهانتِ مسیح در پرستش‌ها باشند، قلب آن‌ها تبدیل خواهد شد و در اصل با اشتیاق و دلسوزیِ مسیح برای جهان، یک‌دل و ادغام می‌شوند. پرستش مطابق کتاب مقدس، منجر به گسترش پادشاهی خدا می‌شود تا خدا جلال بیابد. پرستش حقیقی، یک رویداد تبدیل‌کننده است و ما در آن مبدل می‌شویم.

چندین سال قبل یکی از دانشجویان دکترای من، از رابرت وبر پرسید: «از کجا می‌توانید مطمئن باشید که تا به حال پرستش انجام داده‌اید؟»[1] این سؤال عالی است. از کجا می‌توانید مطمئن باشید که حقیقتاً خدا را پرستیده‌اید یا پرستش را تجربه کرده‌اید؟

هرگز جواب قانع‌کنندهٔ وبر را از یاد نمی‌برم: «هرگاه که خدا را اطاعت کنید می‌فهمید که واقعاً خدا را پرستش کرده‌اید.»

به زبان دیگر، اگر (به مرور زمان) زندگی شما تغییر نکرد، اگر تبدیل نشدید، اگر هدایت‌شده نیستید، زندگی پر از اطاعت از انجیل نداشتید، اگر پادشاهی خدا را نمی‌جویید، پس حقیقتاً پرستش نکرده‌اید. نشانهٔ قلب پرستنده، یک شاگرد فعال است.

انبیاء عهد عتیق، دربارهٔ رابطهٔ بین پرستش و فرمان‌برداری، نکات زیادی گفتند. اعمال پرستشی‌ای که جدا از رفتارهای شرافتمندانه در زندگی روزمره انجام می‌شدند، نزد خداوند نفرت‌انگیز بودند،

---

۱. این پرسش در یکی از جلسات کلاس «موسیقی و هنرها در پرستش» در مؤسسهٔ پرستش‌شناسی رابرت ای. وبر، واقع در اورنج پارک، فلوریدا مطرح شد. (www.iwsfla.org)

حتی اگر با وفاداری کامل به آداب و آیین‌های مذهبی صورت می‌گرفتند. خدا رابطه‌ای مستقیم بین اعمال پرستشی که از نظر آیینی صحیح بودند و میزانِ صحتِ زندگیِ پرستندگان ایجاد کرده بود. یکی از موارد بسیار مهم، رابطهٔ بین پرستش، عدالت و دلسوزی بود. خدا در مقابل کسانی که آیین‌های پرستشی (دعا، تقدیم قربانی، روز گرفتن و غیره) را انجام می‌دادند و با این وجود به زیر دستانشان ظلم می‌کردند، گرسنگان را خوراک نمی‌دادند و بی‌خانمان‌ها را به خانهٔ خود راه نمی‌دادند، در معاملات تجاری خود از فریب استفاده می‌کردند و کارهای نظیر این را انجام می‌دادند، هیچ صبر و رحمی نشان نمی‌داد. (اشعیا ۵۸: ۵ تا ۷، زکریا ۷: ۵ و ۸: ۱۰).

بعضی افراد به اشتباه این‌طور نتیجه گرفتند که خداوند در این آیات اعمال و آیین‌های پرستشی را محکوم کرده است، اما این‌طور نیست. خدا هیچ کجا نمی‌گوید «این آیین‌های پرستشی را به جا نیاورید.» خدا تمام این آیین‌های پرستشی را به بشر تعلیم داده است. خدا می‌گوید «نباید با پیروی کردن از احکام شریعت و سپس زندگی کردن بدون در نظر گرفتن شریعت به من اهانت کنید.» این بخش‌های کلام نمی‌گویند که باید آیین‌های پرستشی را از پرستش‌ها دور بریزیم. برعکس، این بخش از آیات کلام به ما نشان می‌دهد که باید اعمال مرتبط با آیین‌های پرستشی را در کنارِ داشتنِ زندگیِ مقدس قرار دهیم. به این شکل اعمال مقدس و پرستش مقدس یکی می‌شوند.

عیسای مسیح هم، نکات زیادی دربارهٔ رابطهٔ بین آیین‌های پرستش، عدالت و دلسوزی به زبان آورده است. او موعظه کرد: «آگاه باشید که پارسایی خود را در برابر دیدگان مردم به جا میاورید... هنگامی که صدقه می‌دهی، جار مزن... هنگامی که دعا می‌کنی، همچون ریاکاران مباش که دوست دارند در کنیسه‌ها و سرِ کوچه‌ها ایستاده، دعا کنند تا مردم آن‌ها را ببینند.» (متی ۶ آیات ۱ و ۲ و ۵). بلکه: «پس با مردم همان‌گونه رفتار کنید که می‌خواهید با شما رفتار کنند. این است خلاصهٔ تورات و نوشته‌های انبیا.» (متی ۷: ۱۲) عیسی تعلیم می‌دهد پادشاهی خدا به کسانی تعلق دارد که گرسنگان را خوراک می‌دهند و تشنگان را سیراب می‌کنند، کسانی که غریبان را می‌پذیرند و برهنگان را می‌پوشانند، کسانی که از بیماران مراقبت می‌کنند و به عیادت زندانیان می‌روند. (متی ۲۵: ۳۱ تا ۴۶ را مشاهده کنید)

عیسی به وضوح برای جهان، دلسوزی و اشتیاق داشت. این نکته هم مشهود است که چنین اشتیاق و دلسوزی، در پرستش‌ها نیز ظهور می‌یابد. پرستش حقیقی رویدادی دگرگون‌ساز است؛ رویدادی که در آن پرستشی که به‌سوی بالا معطوف شده و توسط کهانت مسیح به کمال رسیده است، به پرستشی تبدیل می‌شود که به‌سوی **بیرون** معطوف می‌گردد تا در جهتِ نیازهایِ جهان عمل کند. در پرستش مسیح محور، انسان در کلام و در حضور خداوند با عیسای مسیح ملاقات

می‌کند و در قلب این پرستش، مسیح دیدار را مبدل می‌سازد؛ او حاضرین را برمی‌گیرد تا به محلی که مسیح ایستاده است ورود کنند، و جهانی را که این‌چنین نیازمند است، مشاهده کنند.

وقتی در مرکز پرستش قرار میگیریم و توسط روح‌القدس جان میگردیم، در حقیقت در مسیح هستیم؛ و در مسیح بودن یعنی در حضور پدر ایستادن، همراه با همهٔ انسان‌های نیازمند.[1]

جامعهٔ پرستش‌کنندگان، می‌بایستی از طریق قدرت روح‌القدس، رابطهٔ بین پرستش راستین و زندگی پرستشگرانه را برقرار کنند. هر بار که برای پرستش گرد می‌آییم، باید دریابیم و بپذیریم که جمع شدن با خدا همواره به زندگی برای خدا پیوند خورده است.. هنگامی که این کار را انجام دهیم، ذات پرستش مسیح‌محور را درک کرده‌ایم.

جمع‌بندی و نتیجه‌گیری

در این فصل قصد داشتم رهبران پرستشی را الهام بخشم تا حقیقتِ اولویت داشتن مسیح، طلبیدن و پذیرفتنِ حضورِ حقیقیِ خداوندِ رستاخیز یافته، عیسای مسیح را بپذیرند و تسلیم نقش کهانت مسیح باشند و همچنین بتوانند اشتیاق و دلسوزی مسیح برای جهان را بپذیرند. امیدوارم موفق شده باشم. با تیموتی رالستون موافقم که می‌گوید «ممکن است پرستشی که مسیح محور نیست و در چارچوب تثلیث است داشته باشیم اما، چنین پرستشی نمی‌تواند مسیحی باشد.»[2] از آن مهم‌تر، می‌خواهم با کلام پولس رسول که اعلام می‌کند عیسای مسیح در همه چیز برتری و اولویت دارد، این فصل را خاتمه دهم. (کولسیان ۱ : ۱۸)

در جمع‌بندی، ده پیشنهاد کاربردی برای تأکید روی داشتن پرستشی مسیح محور ارائه می‌کنم.

۱. جلسات را با خوشامدگویی و یا اشاره کردن به حضور عیسای مسیح آغاز کنید. جلسه را با کلام یا سرودی آغاز کنید که اعلام می‌کند به دعوت خدا در مسیح گرد هم آمدیم.

۲. با کلامتان مسیح را جلال دهید. اطمینان حاصل کنید که مسیح تصدیق و ستایش می‌شود، برای او سرود بخوانید، نزد او دعا کنید و اجازه دهید همهٔ حاضرین، از انجیل دربارهٔ مسیح بشنوند.

۳. حضور مسیح را تأیید و تصدیق کنید. به عنوان یک رهبر به کلماتی که استفاده می‌کنید بیندیشید. در پرستش‌ها به حضور خداوند رستاخیز یافته در کلیسا اشاره نمایید.

۴. از زبان تثلیث استفاده کنید. هنگامی که اشاره به اشخاص تثلیث (ذات الهی) (خدای خالق، خداوند رستاخیز یافته، روح‌القدس) می‌کنید و کلماتی که به تثلیث اشاره دارند

---

۱. گوردون دبلیو. لاثروپ، مردمان مقدس: کلیساشناسی آیینی (میناپولیس: فورترس، ۱۹۹۹)، صفحه ۲۱۲.

۲. تیموتی جی. رالستون، «کتاب‌مقدس در پرستش: نمادی ضروری از عهد»، در پرستش اصیل: شنیدن صدای کتاب‌مقدس، به‌کارگیری حقایق آن، به ویراستاری هربرت دبلیو. بیتمن چهارم (گرند رپیدز: کرگل، ۲۰۰۲)، صفحه ۲۰۹.

را به کار می‌برید، از ساختار زبانی تثلیث استفاده کنید (خدای پدر، خدای پسر، خدای روح‌القدس).

۵. زمانی را برای خدمت اختصاص دهید. فرصت‌هایی در جلسات پرستشی برای دعا، تدهین با روغن، دست‌گذاری و موارد این‌چنینی وجود دارند که می‌توانید در آن‌ها، روی نقش حضور مسیح به عنوان شفادهنده، آشتی‌دهنده و موارد دیگر تأکید کنید.

۶. مسیح را با سرودها بستایید. چند سرود در کلیسای شما مستقیماً از مسیح سخن می‌گویند و یا راجع به حیات، مرگ و رستاخیز مسیح صحبت می‌کنند؟

۷. از نمادها استفاده کنید. (در کنار صلیب) از نمادهای مورد احترام برای نشان دادن حضور مسیح استفاده کنید. به عنوان مثال میتوانید هر یکشنبه به عنوان نماد حضور حقیقی عیسای مسیح، در کلیسا یک شمع روشن کنید.

۸. جلسات پرستشی را با دسته‌بندی‌های صحیح بسنجید. هنگامی که راجع به جلسات اخیر صحبت می‌کنید، آیا اغلب راجع به آنچه که دوست داشتید یا دوست نداشتید به انتقاد می‌پردازید؟ آیا راجع به کاری که به خوبی انجام شد و کاری که نتیجه‌بخش نبود صحبت می‌کنید؟ به جای این، بیندیشید که انجام چه کاری می‌تواند خدا را خشنود سازد. تصدیق پسر یگانهٔ خدا، یکی از مواردی است که پرستش‌ها را به پرستشی که خدا را خشنود می‌سازد تبدیل می‌کند.

۹. تقویم مسیحی را گرامی دارید. هنگامی که جمع ایمانی، تقویم مسیحی را دنبال می‌کنند، در اصل بر این باورند که حیات، مرگ، رستاخیز، صعود و بازگشت عیسای مسیح مرکز پرستش‌های آن‌ها باشد.

۱۰. دربارهٔ ملاقات‌هایی که با خدا دارید با دیگران سخن بگویید. هنگامی که پس از جلسه پرستشی در رفاقت با هم گفت‌وگو می‌کنید، با اشاره به اینکه خدا در مسیح چگونه خود را به شما شناسانده است (در دعا، در متن یا سرودها، با مجاب کردن دلتان و یا در پاره کردن نان) به نحوی غیر رسمی آگاهی عزیزان از حضور عیسای مسیح را افزایش دهید.

مشغول شوید

هرکجا جماعت ایمانداران کلیسایتان آماده است تا پرستش مسیح‌محور را تمرین کند، این فصل از کتاب آگاهی شما را به طریقی افزایش داد تا بتوانید عمیق‌تر بیندیشید وذعمل کنید تا عیسای مسیح را به عنوان سنگ زاویهٔ پرستش‌ها، تصدیق نمایید.

برای اینکه بتوانید قدمی قابل سنجش به سمت پرستش مسیح‌محور بردارید، اقدامات زیر را امتحان کنید:

۱. با افرادی که در محیط کلیسای شما مسئولیت برنامه‌ریزی پرستش‌ها را به عهده دارند دیدار کنید.
۲. ده قدم پیشنهادی که در انتهای فصل یک ارائه شد را بررسی کنید.
۳. تصمیم بگیرید که در این هفته خودتان پیشنهادها را انجام خواهید داد.
۴. بهترین تلاش‌هایتان را در این زمینه در دعا انجام دهید.
۵. پس از جلسه پرستشی، ملاقاتی داشته باشید و دربارهٔ روند پیشرفت گفت‌وگو کنید.

فاز دوم

بنای ساختاری برای پرستش

ساختار از دیدگاه یک معمار

ساختار هر ساختمان از پایه‌هایی که آن را مستحکم نگه می‌دارند، بالا برده می‌شود. ستون‌ها، تیرها، تیرچه‌ها، خرپاها، تیرهای شیروانی، و چهارچوب‌ها — همگی نقشی در استحکام ساختمان ایفا می‌کنند تا، اطمینان حاصل شود که هرگاه استحکام ساختمان از طریق نیروی خارجی به چالش کشیده شود، سازه مستحکم باقی خواهد ماند. ساختار اصلی هر بنا اجازه نمی‌دهد که ساختمان فرو بریزد. ساختار هر بنا در برابر نیروهای خارجی، از ساکنین ساختمان حفاظت می‌کند و چارچوبی برای سایر قسمت‌های حیاتی ساختمان مانند (برق، گرمایش، سرمایش، لوله‌کشی، امنیت، و غیره) فراهم می‌سازد.

دیوارهای باربر، به عنوان بخشی از ساختار هر ساختمان احداث می‌شوند. دیوارهای باربر خارجی و داخلی، به گونه‌ای روی پی‌های نواری قرار می‌گیرند که بتوانند وزن تیرک‌های عرضی و سقف را تحمل کنند. دیوارهای باربر برای استحکام بیشتر، محکم به فونداسیون متصل می‌شوند.

هنگامی که دیوارهای باربر به بنای ساختمان متصل می‌شوند، تصویر کلی بنای ساختمان مشخص می‌شود. اتاق‌های اصلی که ممکن است با دیوارهای دیگر از هم جدا شوند به این صورت احداث می‌شوند. پس از بنای دیوارهای باربر، می‌توانید ببینید زمانی که ساختمان برای کارکردهای مورد نظر مورد استفاده قرار گیرد، جریان فعالیت‌ها چگونه آغاز خواهد شد.

در مجموع ساختار، کل ساختمان را مستحکم می‌کند تا بتواند در برابر نیروهای خارجی مقاومت کند و معمولاً ساختارِ بنا، تعیین می‌کند که فضای داخلی چگونه برای هدفی که برای آن تعیین شده است مورد استفاده قرار خواهد گرفت.

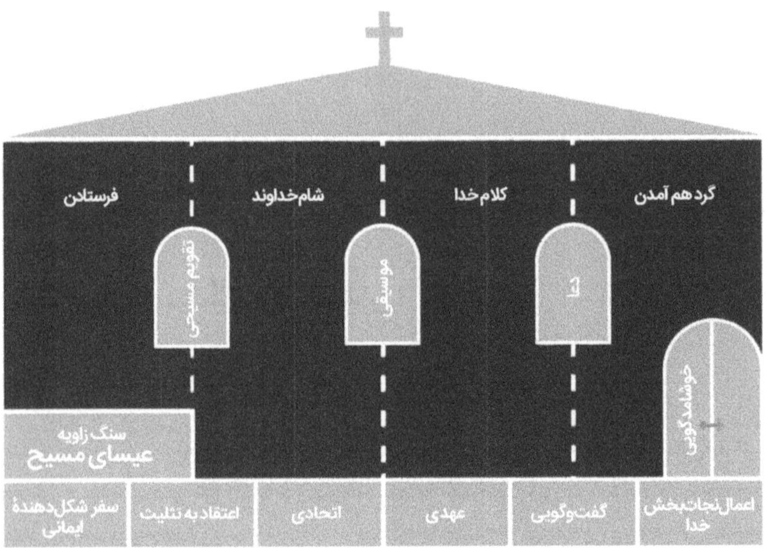

۳

چهار اتاق برای ملاقات با خدا

نظم انجیلی پرستش

جستجو کنید

قبل از اینکه فصل ۳ را بخوانید، با اعضای گروهتان دربارهٔ این سوالات گفت‌وگو کنید:

۱. آیا جلسات پرستشی شما عموماً بخش‌های بزرگ و اصلی دارد؟ اگر چنین است، چه توصیفی می‌توانید از این بخش‌ها ارائه دهید؟
۲. چه انتخاب‌هایی برای تصمیم‌گیری دربارهٔ نظم عناصر پرستش وجود دارد؟
۳. اگر نظم جلسات را تغییر دهید، چگونه می‌توانید ترتیب بخش‌های پرستش را جابه‌جا کنید؟
۴. آیا اهمیت دارد که ترتیب عناصر پرستش در جلسه چگونه باشد؟

اکنون که روند اندیشیدن را آغاز کرده‌اید، تفکرات خود را با مطالعهٔ فصل ۳ گسترش دهید.

گسترش دهید

هنگامی که پایه‌های پرستش مسیحی به درستی بنا شدند، وقت آن می‌رسد که ساختاری را برای حمایت از جلسات پرستشی برپا کنید. در این بخش، معمار پرستش احداث دیوارهای باربر را برای

بنا کردن چهار اتاق بزرگ آغاز می‌کند؛ این دیوارها به جریان پرستش قوم خدا کمک می‌کنند. این چهار اتاق، چهار بخش اصلی جلسات پرستشی هستند.

در بخش‌های اصلی و بزرگ پرستش، اعمال مشخصی که کلیسا به همراه خدا انجام می‌دهد تا رابطهٔ کلیسا با خدا عمیق‌تر شود انجام می‌پذیرد. به یاد داشته باشید، هنگامی که پرستش می‌کنیم، به دعوتی از سوی خدا پاسخ می‌دهیم. خدا در مسیح، در دیدارهای پرستشی، میزبان ما است و این دیدار، مثل وقتی که به خانهٔ شخص دیگری می‌رویم، مراحل مختلفی را شامل می‌شود؛ از سلام و احوالپرسی‌های سطحی و اولیه تا گفت‌وگوهای عمیق، از موضوعات کلی تا موضوعات خاص و ویژه. در اینجا، شکل یا قالب اولیهٔ پرستش‌ها را تعیین خواهیم کرد.

شخصی در اشاره به پرستش گفته است: انتخاب‌ها در زمینهٔ پرستش، در زمینهٔ قالب یا سبک آن نیست بلکه بین مؤثر بودن یا بی‌تأثیر بودن پرستش‌ها می‌باشد. هر سنتِ پرستشی از یک قالب استفاده می‌کند، خواه اعضا این را درک کنند یا نه. به نحوی عجیب، حتی کلیساهایی که به پرستش «تحت هدایت روح» و بدون برنامه‌ریزی قبلی اعتقاد دارند، هر یکشنبه، سخت‌گیرانه مشابه هفتهٔ گذشته باقی می‌مانند. سؤال این نیست که آیا قالبی در طراحی پرستش‌ها وجود دارد، بلکه این است که چه نوع قالبی مورد استفاده قرار می‌گیرد و چرا؟ آیا تا به حال به سؤالات زیر فکر کرده‌اید:

- هنگامی که شبانان یا رهبران پرستشی دربارهٔ نظم و ترتیب جلسات پرستشی فکر می‌کنند، کارشان را از کجا آغاز می‌کنند؟
- آیا کتاب مقدس به طور خاص فهرستی از نظم و ترتیب پرستش‌ها به ما تعلیم داده است؟
- اگر پرستش، صمیمانه و از ته قلب باشند، آیا خدا به نظم عناصر در جلسات پرستشی اهمیت می‌دهد؟
- آیا نوع ترتیبی در جلسات پرستشی وجود دارد که نادرست باشد؟

توضیح اصطلاحات

قبل از اینکه دربارهٔ نظم کلی پرستش‌ها صحبت کنیم، نیکوست که چند کلمه که اغلب در حوزهٔ برنامه‌ریزی پرستش به کار می‌روند را بررسی کنیم. دو کلمهٔ کلیدی که اغلب در این زمینه به میان می‌آیند کلمات «رسمی» و «غیررسمی» هستند. اغلب این کلمات در نقطهٔ مقابل هم به کار می‌روند - یعنی رسمی در مقابل غیررسمی. به کارگیری کلمهٔ «در مقابل» بار مفهومی منفی دارد و نشان می‌دهد که این دو با یکدیگر در تقابل قرار دارند، به نحوی که گویا بین انواع گروه‌ها و نحوهٔ تنظیم جلسات پرستشی اختلاف نظر وجود دارد. هنگامی که مردم بیشتر به روش‌های غیررسمی

علاقه‌مند باشند و از کلمهٔ «رسمی» برای اشاره به پرستش گروه یا شخص دیگری استفاده کنند، اغلب منظورشان این است که ساختار جلسات پرستشی آن گروه، بیش از حد ساختارمند است و بیشتر از معنای عمیق و فردی، به فکرِ وضعیتِ ظاهریِ جلساتِ پرستشی هستند. اغلب چنین افرادی، پرستش‌های رسمی را به عنوان پرستش‌هایی بی معنا و بی احساس توصیف می‌کنند.

از سوی افرادی که پرستش‌های رسمی را ترجیح می‌دهند، پرستش‌های غیررسمی به عنوان پرستش‌های سطحی، بی‌محتوا، غیر مرتبط و حتی پر هرج و مرج توصیف می‌شود. هر کسی به راحتی می‌بیند که تنها این دو اصطلاح، بارِ دهه‌هایِ طولانیِ پیش‌داوری و اغلب، تنش را به همراه خود حمل می‌کنند.

اصول نظم‌دهی اعمال پرستشی که در این فصل به آن‌ها می‌پردازیم، چه کلیسای شما پرستش‌های رسمی و چه غیررسمی داشته باشند برای شما کاربردی خواهد بود، چرا که این اصول بر اساس درکی اصیل از پرستش است که در تمامی قالب‌ها و سبک‌های پرستش، ضروری و حیاتی می‌باشد.

دومین جفت، کلمهٔ «آیین‌محور» در تقابل با کلمهٔ «غیرآیین‌محور» است. نیکوست این دو اصطلاح را نیز که از اصطلاحات «رسمی» و «غیررسمی» دور نیستند، شرح دهیم. پرستش آیین‌محور، اصطلاحی است که اغلب دربارهٔ کلیساهایی به کار می‌رود که از فهرستی از آیین‌ها استفاده می‌کنند؛ فهرستی که غالباً به واسطهٔ شاخهٔ مسیحی که کلیسا به آن تعلق دارد تعیین شده است. کلیساهای آیینی، اغلب در جلسات از کتابچه‌های دعایی استفاده می‌کنند که قرن‌ها پیش تهیه شده است. واژهٔ کلیساهای غیر آیینی، اغلب به کلیساهایی که پرستش آزادانه[1] انجام می‌دهند اطلاق می‌شود، یعنی کلیساهایی که دستورالعمل‌هایی برای نظم و ترتیب جلسات ندارند و کلیسا آزاد است تا نظم و ترتیب جلسات را بدون دخالت و انتظارات کلیسای مادر تنظیم نماید. بسیاری از کلیساها (به عنوان مثال برخی از «کلیساهای سنتی اصلی»[2]) به نوعی **ترکیبی** عمل می‌کنند، به این صورت که دستورالعمل‌هایی مشترکی برای دعا، سخن گفتن و یا سرود خواندن ارائه می‌دهند که برگرفته از منابع چاپ‌شدهٔ پرستشی هستند(این متون اغلب توسط نهادهای رسمی شاخه‌های مسیحیت منتشر می‌شوند)، اما در عین حال آزادیِ عملِ زیادی در تنظیمِ نظم و به‌کارگیری آیین‌ها در جلسات رسمی این نوع کلیساها، وجود دارد.

---

۱. پرستش «کلیساهای آزاد» در سنت خط مقدم قرن نوزدهم کلیساهای آمریکا ریشه دارد. شاخه‌هایی که در آمریکا شکل گرفتند، بخش عمده‌ای از کلیساهای آزاد را تشکیل می‌دهند. با این حال، بسیاری از شاخه‌های جریان اصلی نیز، به‌شدت تحت تأثیر شیوه‌های سنت خط مقدم قرار گرفته‌اند. برای بررسی دقیق‌تر، به فصل ۱۰ در کتاب جیمز اف. وایت، پرستش پروتستان: سنت‌ها در حال گذار مراجعه کنید (لوئیزویل: وست‌مینستر جان ناکس، ۱۹۸۹).

۲. اصطلاح «کلیساهای سنتی اصلی» معمولاً به فرقه‌هایی اطلاق می‌شود که پیش از آنکه به آمریکا راه یابند ریشه‌هایی تاریخی در اروپا داشتند.

نکتهٔ جالب توجه این است که، هر جامعهٔ پرستشی به نحوی از نوعی آیین استفاده می‌کند. «آیین پرستشی» از کلمهٔ یونانی «leitourgia» آمده است که به معنای «تلاش و کارهای مردم» است. این اصطلاح به اعمالی اشاره دارد که پرستندگان در پرستش انجام می‌دهند. از آنجا که همهٔ پرستندگان به نحوی در پرستش نقش و سهم دارند، بنابراین همه در آیین‌های پرستشی شرکت می‌کنند. «آیین‌های پرستشی» اصطلاحی منفی یا بد نیست؛ بلکه آیین صرفاً یک واژه است — واژه‌ای کتاب مقدسی که به ما یادآوری می‌کند هر عملی که در پرستش تقدیم خداوند می‌کنیم، شامل آیین‌های پرستشی ما می‌شود.

کلمهٔ آخری که لازم است راجع به آن صحبت کنیم نظم (Order) است. نظم، برنامه‌ای است که به طور خاص برای رویدادها مدون می‌شود. برای ارائهٔ نظم و ترتیب، ساختار کلیسا وضعیتی را مدون می‌کند تا هر بخشی از یک واحد، در جای صحیحِ خود قرار گیرد. همیشه برای دستیابی به اهدافمان از نظم استفاده می‌کنیم. به عنوان مثال در ورزش نظم و ترتیب دادن، محلِ صحیحِ قرارگیریِ بازیکنان را تعیین می‌کند. نظم، دستورالعمل‌هایی است که کمک می‌کند هدف یک رویداد، به درستی و با اعمالی مشخص انجام شود. این مسئله‌ای بود که پولِس رسول هنگام نوشتن خطاب به کلیسای قرنتیان نگران آن بود:

هنگامی که گرد هم می‌آیید، هر کس سرودی، تعلیمی، مکاشفه‌ای، زبانی و یا ترجمه‌ای دارد... اما همه چیز باید به شایستگی و با نظم و ترتیب انجام شود. (اول قرنتیان ۱۴: ۲۶ و ۴۰) خیلی چیزها مفید بوده و هست، اما نظم برای بناشدن دیگران لازم است تا پرستش بتواند اهدافی که برای آن انجام می‌شود را، در حضور خدا به انجام برساند.

گاهی اوقات رهبران پرستش این نظریه را مطرح می‌کنند: «من، پیش جلسهٔ پرستشی را طراحی نمی‌کنم یا خبرنامه را تهیه نمی‌کنم چرا که نمی‌خواهم کار روح‌القدس را محدود کنم. اجازه می‌دهم روح‌القدس جلسه را هدایت کند؛ هرچه که روح‌القدس تصمیم داشته باشد انجام دهد از نظر من مناسب و عالی است.» فکر می‌کنم تمام رهبران مسیحی معتقدند که پرستش باید به واسطهٔ الهامِ روح‌القدس انجام پذیرد. این موضوع دو سؤال را به وجود می‌آورد: (۱) روح‌القدس چه زمانی مردم را الهام می‌بخشد؟ (۲) چطور می‌توانیم از الهام روح‌القدس مطمئن باشیم؟

روح‌القدس چه زمانی الهام می‌بخشد؟

برای پاسخ به این سؤال باید به سراغ کلام خدا برویم. آنچه که در کلام می‌بینیم این است که خدای ما، خدای نظم است. نظم یکی از بزرگ‌ترین جنبه‌های ذات خدا می‌باشد. نمونه‌های زیادی در

کلام بر این حقیقت دلالت دارند، اما شاید واضح‌ترین آن‌ها در داستانِ خلقت و فصل اول پیدایش قرار داشته باشد. هیچ کس نمی‌تواند نقشهٔ منظمی که خدا برای خلق کردن آسمان و زمین به کار گرفت را انکار کند. همان طور که خدا روز به روز خلقت را به‌دقت انجام می‌رساند، هر جنبه‌ای از خلقت به زیبایی و هدفمند، به سمتِ بخشِ دیگر پیش می‌رفت. خدا از کلیات به سمت جزئیات پیش رفت و اجازه داد عناصر موجود در آسمان و زمین، پس از اینکه همه چیز برای وجودشان مهیا شد، خلق شوند. قبل از اینکه ماهی‌ها خلق شوند **دریاها** پدید آمدند؛ قبل از خلق شدن گیاهان **زمین** بنا شد. انسان که تاجِ جلالِ خدا در خلقت است و به شباهتِ صورتِ خدا خلق شده است، تنها زمانی خلق شد که هوای کافی برای تنفس و خوراک کافی برای خوردن فراهم شده بود. نظم در خلقت برای خدا اهمیت داشت.

چه چیزی الهام‌بخش خلقت بود؟ آیا می‌توانیم باور کنیم که یک روز ناگهان به ذهن خدا رسید که آسمان و زمین را خلق کند و در همان لحظه همین کار را انجام داد؟ خیر. خلقت از ازل در ذهن خدا بوده است (افسسیان ۴:۱) و خدا برای انجام آن زمان‌بندی و نقشه‌ای در ذهن داشت. همهٔ خلقت مطابق نظمی که خدا از پیش در ذهن داشته به انجام رسید. نمونه‌های زیادی وجود دارد که نشان می‌دهد خدا، خدای نظم و برنامه‌ریزی است؛ از جمله عبور از دریای سرخ، جسم شدن مسیح، بازگشت مسیح و بسیاری موارد دیگر. هنگامی که از پیش به برنامه و ترتیب پرستش می‌اندیشیم، از الگوی خدا برای رویدادها تبعیت و پیروی کرده‌ایم. به یاد داشته باشید، با مهیا کردن نظم، شرایطی فراهم می‌شود که هر بخش در جای صحیح خود قرار بگیرد.

نظم بخشیدن به هر چیزی، به سادگی یعنی طراحی نقشه‌ای برای موفقیت‌آمیز بودن آن رویداد. نظم، ترتیب و سازماندهی راه، به انجام رسیدن این امر را فراهم می‌کند.

روح‌القدس همواره عمل می‌کند؛ قبل از جلسات، بین جلسات و در طول تمام رویدادهای تاریخ بشر. اگر گاهی به نظر می‌رسد روح‌القدس ناگهانی و در یک لحظه ظاهر می‌شود تا کاری را انجام دهد، دلیلش این است تا زمانی که روح‌القدس اعمالش را انجام ندهد، ما از آن آگاه نیستیم؛ زیرا به ندرت از پیش برای اعمال خدا آماده‌ایم. بنابراین عاقلانه نیست که فکر کنیم، روح‌القدس معمولاً بی‌برنامه و ناگهانی عمل می‌کند و به همین دلیل باید پرستش‌ها را بدون برنامه و نظم برگزار کنیم! پیشنهاد من این نیست که فضایِ اعمالِ غیرمنتظره و حرکتِ روح خدا را در پرستش‌ها محدود کنیم؛ بلکه باید همیشه منتظر عملکرد غیرمنتظرهٔ روح باشیم و آن را با خوشامدگویی بپذیریم. با این وجود، هیچ شواهدی در کتاب مقدس وجود ندارد که نشان دهد روح‌القدس صرفاً زمانی عمل می‌کند که برنامه‌ریزی قبلی شکست خورده باشد.

چطور می‌توانیم از الهام روح‌القدس اطمینان داشته باشیم؟

برای پاسخ به این سؤال، به نوشته‌های پولُس رسول نگاه می‌کنیم که می‌گوید از طریق ایمان، وعدهٔ روح‌القدس را دریافت کرده‌ایم (غلاطیان۳:۱۴). به واسطهٔ ایمان، اطمینان داریم که روح‌القدس حاضر است و ما را الهام می‌بخشد. کاری که خدا در پرستش انجام می‌دهد ممکن است همیشه قابل لمس و محسوس نباشد، اما این به معنای نبود حضور و وحی روح‌القدس نیست. ما باید «با ایمان قدم برداریم نه با دیدار» (دوم قرنتیان ۵:۷). راه‌های خدا همیشه با راه‌های ما یکسان نیست و افکار خدا با افکار ما متفاوت است (اشعیا ۵۵:۸). بنابراین، آنچه خدا با بهترین تلاش و نیت ما برای پرستش به انجام می‌رساند، به ارادهٔ او بستگی دارد. به واسطهٔ ایمان است که معتقدیم پرستش ما تحت الهام و وحیِ روح‌القدس انجام می‌شود.

اگر به عنوان یک معمار پرستش با انگیزه‌های پاک و وفادارانه آماده می‌شوید، طراحی‌ایی که برای پرستش انجام می‌دهید تحت وحی روح‌القدس خواهد بود. به واسطهٔ ایمان این حقیقت را می‌دانیم. برنامه پرستشی خود را همچون هدیه‌ای در حضور خدا قرار می‌دهیم. این هدیه، در حالی که با دعا و توکل به روح‌القدس تکیه کرده‌ایم، به نمایندگی از مسیح و کلیسای او به پدر تقدیم می‌شود. پس این هدیه را به خدا می‌سپاریم و ایمان داریم که برنامه‌ریزی پرستشی ما، از روح‌القدس الهام گرفته است و خدا آن را مانند بخوری خوشبو می‌پذیرد؛ چه حضورِ مشهودِ روح‌القدس را در پرستش مشاهده کنیم، چه نه، می‌توانیم به واسطهٔ ایمان از الهام روح‌القدس اطمینان داشته باشیم.

در جمع‌بندی بحث تا به اینجا، «نظم» دشمن آزادی نیست. نظم در اصل، آزادی به همراه می‌آورد — آزادیِ اینکه جلسه را به راه بیندازید و اجازه دهید همان‌طور که دیگران را در جلسات پرستشی رهبری می‌کنید، خدا نیز رهبر شما باشد. هنگامی که رهبر پرستشی در دعا نظم جلسه را تنظیم می‌کند، می‌تواند آزادانه در طول جلسه، تسلیم و گوش به فرمان روح خدا باشد.

روش‌های ورود به امر نظم‌دهی پرستش

با تصدیق اینکه همهٔ پرستش‌های مسیحی و سنت‌ها، ساختار و قالبی را نیاز دارند، آماده‌ایم این سؤال کاربردی را مطرح کنیم: چه روش‌هایی برای ورود به سازماندهی پرستش و نظم‌بخشی به آن وجود دارد؟ چند پاسخ برای این سؤال وجود دارد.

روش تصادفی و اتفاقی

یکی از روش‌های ورود به نظم‌دهی پرستش، روش «تصادفی» است. طراح پرستش فهرستی از

مواردی که می‌توان در جلسه پرستشی انجام داد را در اختیار دارد و آن‌ها را بدون توجه به عملکرد یا هدفشان، به شکل تصادفی مرتب می‌کند. مادامی که همهٔ موارد انجام شوند مشکلی نیست. چنین روشی مشابه زنجیره‌ای پاره است؛ هر عنصری از پرستش بدون ارتباط با دیگر عناصرِ جلسه، اجرا می‌شود. برنامه‌ریزانِ پرستش که این روش را به کار می‌برند معمولاً بیش از هر چیز نگران این هستند که، تمام عناصر پرستشی را به هر شکل در جلسات «بگنجانند»، اما در این حالت کمتر به ارتباط بین عناصر پرستش یا نظم و ترتیب آن‌ها فکر می‌کنند.

رویکرد صفحهٔ سفید

روش دوم برای ورود به طراحی پرستش، روش «صفحهٔ سفید» است. طراح پرستش به جای اینکه کارش را با فهرستی از عناصر ثابت شروع کند، کارش را با یک صفحهٔ سفید یا صفحهٔ خالی روی رایانه آغاز می‌کند و تلاش می‌کند هر هفته پرستشی تازه و خلاقانه طراحی کند. برای او مهم است که بتواند عملی جالب یا سرگرم‌کننده را در پرستش‌ها بگنجاند. هدف او خلاقیت و نیز جذاب بودن پرستش‌ها و همچنین اشتیاق حاضرین در پرستش است.

این رویکرد چالش بزرگی ایجاد می‌کند، زیرا دشوار و حتی شاید غیرممکن است که شخصی بتواند به مدت طولانی، هر هفته پرستشی تازه و خلاقانه طراحی کند. اغلب کلیساها منابع گسترده‌ای نظیر نیروی انسانی، مالی، هنری و غیره را در اختیار ندارند تا بتوانند هر هفته روشی نوآورانه برای پرستش‌ها ارائه دهند. حتی کلیساهایی که منابع خوبی دارند، به‌مرورزمان ممکن است قدرت خلاقیت خود را از دست بدهند. به علاوه، همیشه این فشار وجود دارد که هر هفته کاری خلاقانه‌تر و بزرگ‌تر از هفتهٔ قبل انجام شود. چنین روندی نهایتاً باعث رقابت در پرستش‌های هفتگی می‌شود تا برنامه‌ای جالب‌تر طراحی شود. در این دیدگاه، نظم‌دهی فرصتی برای نمایش خلاقیت به شمار می‌آید.

رویکرد موضوعی

سومین روش برای طراحی پرستش، رویکرد «موضوعی» است. در این روش، هدف این است که قبل از طراحی جلسه، کلمه یا موضوع مشخصی تعیین شود و سپس عناصر و مطالب پرستش، حول محور آن موضوع یا کلمه شکل گرفته و طراحی شوند.

به عنوان مثال، اگر موعظه دربارهٔ مسیح به عنوان شفیع نیکو تعیین شده باشد، طراح پرستش اطمینان حاصل می‌کند که پرستش‌ها، سرودهای کلیسا، دعاها، ترانه‌های پرستشی تک خواننده،

موضوع گروه کُر، هدایا و هر عنصر و آیین دیگری که در پرستش وجود دارد، با تأکید بر موضوع شفاعت و ایدهٔ اصلی موعظه، هماهنگ باشد و آن را تقویت کند.

دو مشکل اصلی در پرستش موضوعی وجود دارد: ۱. ممکن است موضوع به طور نامتناسبی بر اولویت‌های مهم‌ترِ کلِ پرستش غلبه کند. ۲. پرستش موضوعی (مانند رویکرد تصادفی) ممکن است باعث شود طراح پرستش، بیشتر بر جا دادن همهٔ ایده‌ها و تفسیر جریان و موضوع اصلی جلسه تمرکز کند و به مرتبط بودن عناصر پرستشی به یکدیگر توجه کافی نداشته باشد. در سؤال اول، جریان اصلی پرستش همیشه داستانِ خدا در مسیح است. عیسای مسیح باید موضوع اصلی تمام جلسات یکشنبه باشد. نمی‌توان گفت رویکرد موضوعی همیشه نادرست است، اما باید اطمینان حاصل کرد که پرستندگان وقت خود را با خداوند رستاخیز یافته سپری می‌کنند، نه اینکه صرفاً تحت تأثیر ایده‌های فکری یا متفکرین قرار می‌گیرند.[1] پرستش‌های موضوعی اغلب ناخودآگاه به برنامه‌ای موضوعی برای جریان روز تبدیل می‌شوند و در نتیجه چنین پرستش‌هایی[2] بیشتر دربارهٔ ایده‌هایی راجع به خدا هستند تا پرستش حقیقی خدای تثلیث. در سؤال دوم، طراحان پرستش در این رویکرد، گاها وسوسه می‌شوند تا از اعمال متعدد و گوناگون پرستشی استفاده کنند که موضوع اصلی را تأکید نمایند، اما به مرتبط بودن عناصر ارائه‌شده به یکدیگر اهمیت نمی‌دهند. اهمیت مضمون و موضوع جلسات، بر تعامل واقعی در حضور خدا غلبه می‌کند. در اینجا، نظم صرفاً به معنای تأکید موضوعی تلقی می‌شود.

رویکرد پر کردن جای خالی

همچنین رویکرد طراحی «پر کردن جای خالی» در زمینهٔ طراحی پرستش‌ها، از محبوبیت برخوردار است. هیچ شکی نیست که این روش، ساده‌ترین و همه‌گیرترین روش محسوب می‌شود. نظم و ترتیب جلسات، هفته به هفته ثابت می‌ماند مگر در زمینهٔ مواردی متغیر و کوچک مثل: موضوع موعظه، سرودهایی که استفاده می‌شوند و تاریخی که در بالای خبرنامهٔ کلیسا درج می‌شود. هنگامی که این موارد تغییر داده شوند، خبرنامه یا اسلایدهایی که روی صفحهٔ نمایشگر کلیسا قرار می‌گیرند برای یکشنبهٔ بعدی آماده خواهد بود.

رویکرد پر کردن جای خالی در طراحی پرستش نیز، محدودیت‌های خاص خود را دارد. قبل از

۱. من با گری ای. فِر و میلبرن پرایس هم‌عقیده‌ام. آن‌ها—با وجود تردید نسبت به رویکرد موضوع‌محور در کلیت — این رویکرد را در برخی موقعیت‌ها، مانند فصل‌های خاص از سال مسیحی، مراسم عروسی، یا خاکسپاری، بسیار مفید می‌دانند. آن‌ها تأکید می‌کنند هرچه مناسبت خاص‌تر باشد، رویکرد موضوع‌محور سودمندتر خواهد بود. به: گری ای. فر و میلبرن پرایس، گفت‌وگوی پرستش: خلق فضایی برای مکاشفه و پاسخ مراجعه کنید (میکان، جورجیا: اسمیت و هلوئیس، ۱۹۹۸)، صفحه ۶۱.

۲. پرستش «برنامه‌ای» در فصل پانزدهم به‌طور کامل توضیح داده خواهد شد.

هر چیز در چنین رویکردی، پیش‌فرض بر این است که نظم و ترتیب عمومی جلسات خوب هستند. (بهتر است این‌طور باشد، چرا که نظم و ترتیب کلی جلسات در این روش هرگز تغییر نمی‌کند!) دوما، در این رویکرد، ایده و فکری دربارهٔ اینکه «چگونه می‌توان برای تأکید روی برخی از نقاط پرستش، نظم و ترتیب جدیدی به جلسات داد؟»، وجود نخواهد داشت. به عنوان مثال، آیا در یک جلسه پرستشی ممکن است تأکید روی دعا وجود داشته باشد؟ اگر این طور باشد آیا زمان و طول مدتی که به دعا اختصاص داده می‌شود با این تأکید هماهنگ خواهد بود؟ آیا سرود گروه کر به خاطر اینکه متن سرودشان این عملکرد را تأکید می‌کند برای بخش هدایا در نظر گرفته می‌شود، یا دلیلش این است که همیشه هنگام دریافت هدایا سرود گروه کر اجرا می‌شود؟

روش پر کردن جای خالی محبوب است چرا که به زمان و تلاش کمتری نیاز دارد. طراحان و برنامه‌ریزان پرستش که هفته به هفته توجه اندکی به نظم و ترتیب جلسات دارند و صرفاً عناوین تازه را برای سرودها، موعظات و سایر بخش‌ها در نظر می‌گیرند با این خطر مواجه هستند که، همواره وضع موجود را در پرستش‌ها حفظ کنند. بنابراین کلیسا، راه‌های زیادی برای تجربهٔ فرصت‌های جدید و داشتن تعاملات جدید در پرستش‌ها نخواهد داشت. این نظم و ترتیب به عنوان امری کاربردی تلقی می‌شود.

رویکرد تجویزی

همان طور که در اوایل فصل به این نکته اشاره کردیم، بعضی از کلیساهایِ سنتی در برنامه ریزی پرستش‌ها، از کتاب‌های دعا، کتاب‌های مراسم شام خداوند یا مجموعه متون پرستشی دیگر استفاده می‌کنند. چنین کتاب‌های پرستشی، متون مشخص، دعاها، سرودها و سایر عناصر را برای هر جلسه پرستشی، از پیش تعیین کرده‌اند. باوجود اینکه برخی از انتخاب‌ها هنوز توسط رهبران پرستشی صورت می‌گیرد، در این روش سنتی، جلسات پرستشی بیش از سایر روش‌ها از پیش تعیین شده محسوب می‌شوند. رهبران پرستشی می‌دانند که، رهبرانِ شاخه‌هایِ مسیحی دربارهٔ نظم و ترتیب جلساتی که برای کلیسایِ آن‌ها متناسب است، تحقیق کرده و به توافق جمعی دست پیدا کرده‌اند. در این کلیساها، باری که بر دوش ترتیب جلسات پرستشی قرار دارد، کاهش یافته است و نیروی نظم‌دهی، صرف اجرای منسجم‌تر و مصمم‌تر جلسات پرستشی خواهد شد. نظم و ترتیب در رویکرد ثابت است.

یک هشدار برای ترتیب پرستش «آزاد» و «از پیش تجویز شده» ضروری به نظر می‌رسد. "آیین‌های معین شِده نباید مانع خلاقیت و نوآوری شود. همچنین آیین‌های از پیش تعیین شده نباید

بهانه‌ای برای عدم وجود تفکر تازه شود.[1] «در مقابل، آزادی و خلاقیتی که نقطه قوت سنت "کلیسای آزاد است" نباید باعث شود بدون برنامه‌ریزی دقیق، دعا و فکر، جلسات عمومی را برگزار کنیم.»[2]

اکنون به سراغ سؤالاتی که پیش می‌آید خواهیم رفت: برنامه‌ریزان پرستش به طور کلی چگونه باید به نظم‌دهی جلسات بپردازند؟ اگر هر یک از روش‌هایی که در بالا گفته شد بی نقص نیستند، چه رویکرد دیگری را می‌توانیم در نظر بگیریم؟ آیا راه صحیحی برای نظم‌دهی به جلسات پرستشی وجود دارد؟ آیا این روش، کاربردی نیز هست؟ امیدوارم بتوانم به این سؤالات پاسخ دهم.

رویکرد گفت‌وگو محور

هنگامی که شخصی رهبریِ برنامه‌ریزیِ پرستش‌ها را آغاز می‌کند مهم است ابتدا در نظر بگیرد، پرستش چیست و هدف از پرستش چه می‌باشد. هنگامی که در این باره تصمیم‌گیری شد، بهترین روشِ ورود به نظم‌دهیِ پرستش، به پیگیریِ هدفِ آن جلسه بستگی دارد (قالب در پیِ عملکرد و هدف حرکت می‌کند). مشکل اصلی رویکردهایی که در بالا شرح داده شد این است که، در آن رویکردها ذاتِ جلسات در نظر گرفته نمی‌شود.

در ابتدایی‌ترین قالب، پرستش گروهی، یک ملاقات حقیقی بین خدا و قوم خدا می‌باشد. مثل هر دیدار دیگری، این ملاقات هم از طریق گفت‌وگو صورت می‌گیرد. خدا سخن می‌گوید و به سخنان جماعت ایمانداران گوش فرا می‌دهد؛ ما سخن می‌گوییم و به سخنان خدا گوش فرا می‌دهیم. در روش گفت‌وگوی هدایت‌شده (با نظم و ترتیب جلسات پرستشی) ملاقاتی رخ می‌دهد. به همین دلیل، به برنامه‌ریزان پرستشی توصیه می‌کنم که همواره «گفت‌وگو» را در ذهن داشته باشند: چه کسی گفت‌وگو را آغاز می‌کند؟ چه کسی اول سخن می‌گوید؟ سپس چه کسی، چه سخنی خواهد گفت؟ هنگامی که در حضور خدا هستیم، این گفت‌وگو چگونه پیش خواهد رفت؟ چه زمانی سخن خواهیم گفت و چه زمانی گوش فرا خواهیم داد؟ نقطهٔ اوج این گفت‌وگو چیست؟ نتیجه‌گیری گفت‌وگو چه خواهد بود؟ اگر برنامه‌ریزان پرستش، نظم و ترتیب جلسات را بر اساس یک گفت‌وگو تنظیم کنند، این روش بیش از هر روش دیگری به پرستندگان امکان می‌دهد که حقیقتاً واقعیت حضور خدا را در جلسات پرستشی احساس کنند. برخی روش‌های دیگر، خدا را به عنوان موضوع گفت‌وگو در نظر می‌گیرند؛ اما رویکرد گفت‌وگویی در طراحی پرستش‌ها باعث

---

۱. مارک اشتون با همکاری سی. جی. دیویس، «در پی رد پای کرنمر»، در پرستش بر پایهٔ کتاب، به ویراستاری دی. ای. کارسون (گرند رپیدز: زوندروان، ۲۰۰۲)، صفحه ۸۰.

۲. دی. ای. کارسون، «پرستش تحت پادشاهی کلام»، در پرستش بر پایهٔ کتاب، صفحه ۶۱.

می‌شود خدا به عنوان شریک این گفت‌وگو در نظر گرفته شود.

نظریهٔ رویکردِ گفت‌وگویی، مستقیماً از گفت‌وگوهای فراوانی که بین خدا و قوم خدا در کتاب مقدس مشاهده می‌شود برگرفته شده است: گفت‌وگوی موسی با خدا در بوتهٔ مشتعل (خروج ۱:۳ تا ۱۲ و ۱۸:۴ تا ۲۰)، اشعیا در رویا (اشعیا ۱:۶ تا ۱۳)، مریم هنگامی که دریافت پسر یگانهٔ خدا را به دنیا خواهد آورد (لوقا ۲۶:۱ تا ۳۸)، و یا گفت‌وگوی عیسی با شاگردان در راه عِمائوس (لوقا ۱۳:۲۴ تا ۳۵). در همهٔ این موارد، الگویی از گفت‌وگو به چشم می‌خورد.[1]

- خدا است که نخست وارد می‌شود او آغازگر گفت‌وگو است
- شخص، گسستگی بین الوهیت و بشر را احساس می‌کند (شگفت‌زدگی، احساس عدم لایق بودن، سرگشتگی، انکار و ...).
- خدا سخن می‌گوید.
- شخص در تسلیم شدن پاسخ می‌دهد و لبیک می‌گوید.
- خدا او را می‌فرستد.

اگر الگویی رایج در کتاب مقدس و هر زمانی که خدا و قومش به گفت‌وگو می‌پردازند وجود دارد، چرا باید در برنامه‌ریزی گفت‌وگوهایی که با خداوند داریم، چنین الگوی مهمی را نادیده بگیریم؟ همان‌طور که راسل میتمن می‌نویسد: «شکل و قالب جلسات پرستش، از دل کتاب مقدس بیرون می‌آید.»[2] کلید این است: «برنامه‌ریزی جلسهٔ پرستشی، چیزی نیست که از بیرون به جلسات القا شده باشد، بلکه در ذات این دیدار وجود دارد.»[3]

هنگامی که غالب ملاقات‌هایی که در کتاب مقدس بین خدا و بشر وجود داشته را بررسی می‌کنیم، نکات بیشتری دربارهٔ قالب و شکل پرستش درخواهیم یافت. ذات پرستش در، مکاشفه و پاسخ دادن یا واکنش نشان دادن است: خدا خود و یا پیغام خود را آشکار می‌سازد؛ و شخصِ مخاطب به آن پاسخ می‌دهد. مکاشفه و پاسخ دادن، قلب پرستش مسیحی است. هرچه باشد، «پرستش تجلی رابطه‌ای است که در آن خدای پدر، خود و محبتش را در مسیح آشکار می‌سازد

---

۱. نمونه‌های بیشتری وجود دارند؛ موارد ذکرشده صرفاً نمونه‌هایی مختصر هستند.

۲. اف. راسل میتمن، پرستش در قالب کتاب‌مقدس، نسخهٔ بازبینی‌شده (کلیولند: پیلگریم، ۲۰۰۹)، صفحه ۴۱. گرچه ماهیت گفت‌وگو محورِ پرستش، موضوعی کهن است و دیگران نیز با این مدل و نظریه کار کرده‌اند، من هیچ توصیفی را جامع‌تر و قانع‌کننده‌تر از توضیح میتمن نمی‌شناسم.

۳. میتمن، پرستش در قالب کتاب‌مقدس، صفحه ۴۱ (با تأکید همانند نسخهٔ اصلی).

و با خدمت فیض روح‌القدس، ما نیز با ایمان، شکرگزاری و اطاعت به او پاسخ می‌دهیم.»[1] خدا خود و محبتش را در مسیح آشکار می‌سازد و ما نیز تا حد توانمان به این مکاشفهٔ محبت الهی، واکنش نشان داده و پاسخ می‌دهیم. دیدگاه نظم در این رویکرد، در قالب گفت‌وگو در نظر گرفته می‌شود.

شکل ۱:۳ گفت‌وگوی خدا و بشر

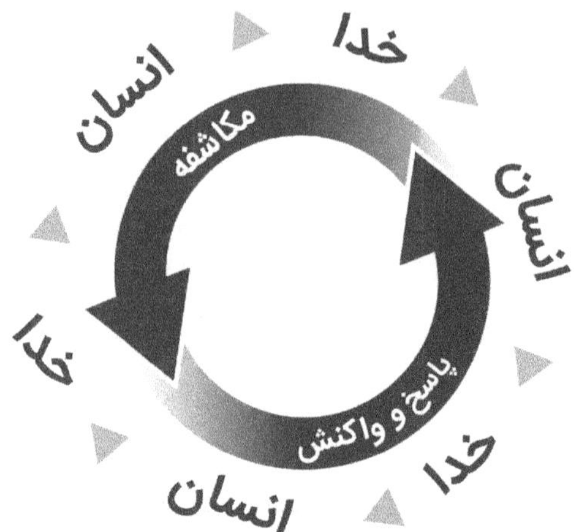

چهار اتاق پرستش

این الگوی گفت‌وگویِ الهی-بشری، چهار جنبش و یا حرکت اصلی دارد.[2] نظم کلی که برای پرستش پیشنهاد خواهم کرد، چهار «اتاق» اصلی دارد. اغلب به این نظم و ترتیب با نام «نظم و ترتیب چهارگانه» اشاره می‌کنند. اما به دلیلی که به‌زودی توضیح خواهم داد، آن را به عنوان «نظم انجیلی» شرح خواهم داد. حالا لازم است بگویم که در این بخش از طراحی پرستش، فقط به نظم **کلی** پرستش‌ها خواهم پرداخت. در طول چند فصل آینده، به طراحی جزئی و دقیق هر بخش از جلسهٔ پرستشی، در قالب این نظم چهارگانه پرداخته خواهد شد. پس فعلاً به تصویرِ کلیِ بزرگ

---

۱. رابرت ان. شیپر، در حضور او: قدردانی از سنت پرستشی کلیسای محلی (نشویل: توماس نلسون، ۱۹۸۴)، صفحات ۱۵-۱۶ (با تأکید افزوده‌شده).

۲. گرچه میتمن پنج مؤلفه را برمی‌شمارد، من واکنش اولیهٔ گسسته را نیز در جنبش نخستِ نزدیکی به خدا، لحاظ کرده‌ام.

بیندیشید. نظم چهارگانهٔ پرستش، از دو منبع دریافت می‌شود. اولاً ریشه‌های این نظم در کتاب مقدس وجود دارد.

همان‌طور که در بالا اشاره شد، این ریشه‌ها از الگوی گفت‌وگوی خدا و انسان در کتاب مقدس برگرفته شده است. همچنین جالب توجه است که به نحوهٔ گردهم آمدن مسیحیانِ اولیه برای پرستش، توجه داشته باشیم. در کتاب اعمال به ما گفته می‌شود مسیحیان خود را وقف دو امر کرده بودند. آن‌ها خود را وقف تعالیم رسولان و رفاقت و مشارکت کرده بودند و همچنین خود را وقف پاره کردن نان و دعا می‌کردند (اعمال ۲ : ۴۲)[1] هنگامی که مسیحیان اولیه در خانه‌ها گرد هم می‌آمدند، دو " چهارچوب و قالبِ " بزرگ وجود داشت. ابتدا آن‌ها روی تعالیم ی که رسولان در محتوای رفاقت به آن‌ها داده بودند می‌پرداختند و سپس به جنبهٔ صمیمی‌ترِ «هم خوراک شدن با یکدیگر» به پیش می‌رفتند - آن‌ها خوراکشان را با هم شریک می‌شدند و شام خداوند را به جا می‌آوردند. دعاها، عنصر بسیار مهمی در این جلسات مسیحیان محسوب می‌شد.

اعمال اصلی پرستشِ مسیحیانِ اولیه (۱) دریافت تعالیم رسولان و (۲) گرامی داشتن رستاخیز خداوند در شام خداوند بود. این دو بخش، در دو اصطلاح «کلام» و «سفره یا میزِ» شام خداوند به تصویر کشیده شده است. همان‌طور که خواهید دید، کلام و شام خداوند دو بخش بزرگ نظم چهارگانه را تشکیل می‌دهند.

توضیح مختصری راجع به نگاهی که در این کتاب به کلمهٔ «کلام» داریم می‌تواند مفید باشد. عموماً استفاده از عبارت «کلمهٔ خدا» می‌تواند به مسیح اشاره داشته باشد، اما در این کتاب هرگاه به «کلام» اشاره کردیم، منظور خدمت کلام به‌عنوان یکی از اصلی‌ترین جنبش‌ها در پرستش است. هنگامی که از واژهٔ «کلام» استفاده می‌کنیم، ممکن است به کلام خدا اشاره کرده باشیم. این توضیح کمک خواهد کرد تا اشارهٔ عادی به کلام خدا و اشاره به «خدمت کلام خدا» (که بخش اصلی جلسهٔ پرستشی است) از یکدیگر تمیز داده شوند.

دومین منبع برای نظم چهارگانه، چندین و چند متن تاریخی کلیسا می‌باشد. این متون نیز نشان می‌دهند که کلام و شام خداوند همواره بخش اصلی و عمدهٔ پرستش محسوب می‌شده است و این موضوع در متون اولیهٔ مسیحیان به وضوح مشخص است. خیلی زود اوقات و جلسات پرستش، حول محور کلام و شام خداوند گسترش پیدا کرد و گردهم آمدن و وداع ایمانداران را نیز در بر

---

۱. برخی این موارد را اعمالی جداگانه می‌دانند (تعلیم، مشارکت، پاره‌کردن نان، دعاها)، درحالی‌که دیگران پیوندی میان تعلیم رسولان و مشارکت، و نیز میان پاره‌کردن نان و دعاها نشان می‌دهند (به علائم نگارشی در ترجمهٔ استاندارد جدید تجدیدنظرشدهٔ کتاب‌مقدس توجه شود).

گرفت. آیینِ گردِ هم جمع شدن و وداع کردن، به صورتی تبیین شد تا همچون دو سوی جلد یک کتاب، کلام و شام خداوند را در بر بگیرد. متون اولیه به ما نشان می‌دهند که زمان زیادی نبرد تا پرستش مسیحی به یک روالِ فکرشده و کاربردی تبدیل شود، که شامل ۴ بخشِ پیش‌رونده بوده و هست تا باعث تقویت ملاقات جامعهٔ مسیحیان با خداوند گردد. در متون اولیهٔ مسیحی، همواره با این نظم چهارگانه روبه‌رو می‌شویم.[۱]

چهار بخش کلی پرستش در روز خداوند شامل، گردهم آمدن (که گاهی به‌عنوان ورود معرفی شده است)، خدمت کلام، شام خداوند، و فرستادن (که گاهی با نام مرخص کردن شناخته شده است) می‌باشد. مایلم نظم چهارگانهٔ پرستش را مانند یک اثر سمفونیک در نظر بگیریم. هر حرکت و بخش از سمفونی، ویژگی‌های منحصر به‌فردی نظیر تمپو، نت، جریان و مواردی از این قبیل دارد؛ با این حال، ارتباط موسیقایی و هماهنگی میان این بخش‌ها همان چیزی است که اثر سمفونیک را به یک قطعهٔ واحد تبدیل می‌کند. به همین شکل، نظم چهارگانه نباید هرگز به‌عنوان چهار بخشِ جدا از هم دیده شود، بلکه هر بخش از این نظم و ترتیب، عملکرد و فرایندی **مشخص** دارد که برای کل خدمت و جلسهٔ پرستشی ضروری و مفید است؛ در اصل، تمام این بخش‌ها با هم مرتبط هستند. هنگامی که بخش‌های نظم و ترتیب چهارگانه را به‌عنوان حرکاتی پیوسته در نظر بگیریم، هر بخش به‌عنوان قسمتی مستقل از یک کار واحد، تلقی می‌شود که همان جلسهٔ پرستشی است. با وجود اینکه هر بخش، نقش، هدف و خصوصیت خود را دارد، با این حال از سایر قسمت‌ها جدا نیست؛ بلکه هر بخش و حرکت برای کل خدمت و جلسه ضروری است.

دیدن چهار بخش پرستش به‌عنوان یک حرکت، همچنین به ما کمک می‌کند روند آن‌ها را در نظر بگیریم — زیرا هر بخش، از ابتدا تا انتها، ما را به حرکتی رو به جلو وامی‌دارد. به معنای حقیقی، پرستش حرکت می‌کند و جریان دارد! پرستش یک سفر است — سفری به حضور خدا (گردِ هم آمدن)، برای شنیدن از خدا (کلام)، برای ستایش عیسای مسیح (شام خداوند)، و سفری که در پایان منجر به فرستادن ما می‌شود؛ یعنی فرستادن ایمانداران ی که به واسطهٔ ملاقات با خدا متحول شده‌اند.

هر حرکت و جنبش، منطقاً پرستندگان را به حرکت بعدی هدایت می‌کند و در نهایت، این سفری است که تجربه می‌شود. حرکت‌ها به سمت نقطهٔ اوج پیش می‌روند و سپس به کامل شدن سفر خواهند رسید. برای این کار، هر حرکت یا جنبش، به جنبش و حرکت پیشین و بعدی خود متصل است، به نحوی که همهٔ این جنبش‌ها، به کلِ روند پیشرفت می‌انجامند. در انتها درمی‌یابیم که هر

---

۱. دیداکه، سنت رسولی، دفاعیهٔ اول جاستین شهید، و سایر منابع را مشاهده کنید.

یک از ما به‌عنوان اشخاصی گوناگون با شرایط مختلف زندگی، کنار هم گرد آمده‌ایم و به واسطهٔ فیض خدا، به جماعت ایمانداران تبدیل شده‌ایم که مایل است جهانیان را به واسطهٔ گردهم آمدن، شنیدن کلام، دریافت شام خداوند و فرستادن توسط خداوند، بشارت دهد.

دوباره به سراغ لوقا ۲۴ آیات ۱۳ تا ۳۵ می‌رویم چرا که، این یک نمونهٔ فوق‌العاده از سفر محسوب می‌شود.[۱] داستانی که سفر دو نفر از شاگردان مسیح را بازگو می‌کند که در عصر رستاخیز از اورشلیم به سمت عِمائوس رهسپار شده بودند. در نگاه اول به نظر نمی‌رسد که این بخش از کلام ارتباط زیادی با پرستش مسیحی داشته باشد. با این وجود این متن پر از مفاهیم غنی برای درک پرستش مسیحی است و نقطهٔ اوج داستان، معنای عمیقی را دربارهٔ تجربه پرستش برایمان آشکار می‌کند. رویدادهای این داستان تعالیم زیادی از آنچه که باید در پرستش رخ دهد در دل خود دارند، چرا که صحنهٔ داستان به حرکت‌هایی که در جلسهٔ پرستشی متحد تجربه می‌کنیم بی شباهت نیست. لوقا ۲۴ حقیقتاً تصویری عمیق از پرستش مسیحی و تأثیر آن ارائه کرده است. چهار حرکت را در این داستان مدنظر بگیرید.

- مسیح به شاگردان نزدیک می‌شود و با آن‌ها سخن می‌گوید (لوقا ۲۴ : ۱۳ تا ۲۴)
- عیسی در تعلیم کلام خدا با شاگردان، هم کلام می‌شود (لوقا ۲۴ : ۲۵ تا ۲۷)
- در هنگام صرف شام و رفاقت‌ها ، هویت مسیح بر شاگردان آشکار می‌گردد (لوقا ۲۴ : ۲۸ تا ۳۲)
- مسیح آن‌ها را الهام می‌بخشد تا بروند و داستان را برای دیگران بازگو کنند (لوقا ۲۴ : ۳۳ تا ۳۵)

حرکت یا جنبش اول. شاگردان در حالی که در طول هفتهٔ گذشته از اتفاقاتی که در زندگی تجربه کرده بودند سردرگم بودند سفر خود را آغاز می‌کنند. هفته‌ای که سپری کردند پستی و بلندی‌های زیادی داشت، آن‌ها ورود شاهانه و پیروزمندانهٔ خداوند تا خیانت یهودا، محاکمهٔ مسیح و بر صلیب شدن و دفن شدن خداوندشان را تجربه کرده بودند. زندگی، آن‌ها را در ناامیدی و سردرگمی رها کرده بود. با این وجود در میانهٔ این زندگی، عیسای مسیح به آن‌ها نزدیک و با آن‌ها هم‌کلام و در اصل وارد دنیای آن‌ها شد تا در طول سفرشان با آن‌ها گفت‌وگو کند. مسیح نسبت به آنچه آن‌ها تجربه کرده بودند توجه نشان داد و به آن‌ها ملحق شد تا در طول سفر با آن‌ها سخن بگوید.

حرکت یا جنبش دوم: در هنگام مناسب، مسیح به سؤالات آن‌ها پاسخ داد. او کلام را برایشان باز

۱. در فصل دوم به این بخش اشاره شده بود؛ در اینجا مبحث به تفصیل گسترش یافته است.

کرد. مسیح آن‌ها را تعلیم داد که چگونه کلام خدا با موسی آغاز شد و از طریق انبیا آن‌ها را تعلیم داده و همچنین، چگونه تمام کلام خدا آمدنِ مسیح را به تصویر کشیده است. مسیح، نه تنها کلام مقدس را موعظه نمود بلکه آن را برای شاگردان تفسیر کرد؛ عیسای مسیح از کلام مقدس عبرانی‌ها استفاده کرد تا خود را به آن‌ها بشناسند. تشریح کلام خدا، بخش حیاتی و اصلی سفر شاگردان را شکل داد.

حرکت یا جنبش سوم، در پاسخ به این گفت‌وگوها و این همراه بی‌نظیر، شاگردان، مسیح را دعوت کردند تا شام را با آن‌ها سپری کند. آن‌ها اصرار کردند و درخواست کردند که مسیح با آن‌ها بماند. تصمیم مسیح برای ماندن نزد شاگردان، به نقطه اوج سفر تبدیل شد چرا که آن‌ها توانستند در رفاقت، با خداوند رستاخیز یافته هم‌خوراک شوند. عیسی در پاره کردن نان، خود را بر شاگردان آشکار کرد. هنگام صرف شام، چشم آن‌ها باز شد و مسیح را شناختند. چه لحظهٔ شگفت‌انگیزی! تجربه کردن حضور خداوند رستاخیز یافته در قالب شامی مقدس، نقطه اوج داستان شاگردان بود.

حرکت یا جنبش چهارم. هنگامی که شاگردان از این حقیقت آگاه شدند، نمی‌توانستند جلوی شادمانی خود را بگیرند. آن‌ها ضرورتی عمیق احساس کردند و از جا پریدند تا بروند و به دیگران بگویند که عیسای مسیح، رستاخیز یافته و زنده است. آن‌ها به سرعت به اورشلیم رفتند تا به خواهران و برادرانشان بگویند که با مسیح رستاخیز یافته، ملاقات کرده‌اند.

این چهار جنبش، تصویر بی‌نظیری از کلیسا و پرستش ارائه می‌دهد. ما از زندگی‌های خود به واسطهٔ کلام و شام خداوند به سمت ملاقات با مسیح پیش می‌رویم و در حضور او مشارکت داریم و شادمانی‌مان در روح تازه می‌گردد. حضور مسیح جسم یافته در تمام سفر پرستش آشکار می‌شود: ابتدا حضور او ما را در برمی‌گیرد، ما در حضور او تعلیم می‌یابیم، حضورش ما را خوراک روحانی می‌دهد و در نهایت با حضور او راهی می‌شویم. کنار هم جمع شدن، کلام، شام خداوند، فرستادن: سفری با عیسی مسیح است.

همان‌طور که گفتیم وجود نظم و ترتیب چهارگانه، در کتاب مقدس و تاریخچهٔ کلیسای اولیه بارز است. همین امر به تنهایی، یک دلیل کافی است تا ترتیب چهارگانه را به طور کلی، برای نظم دهی پرستش‌ها بکار ببندیم. اما به جز این، نظم و ترتیب چهارگانه، بسیار کاربردی می‌باشد. این ترتیب، چارچوبی همیشگی و کلی را در زمینهٔ نظم فراهم می‌کند که هفته به هفته تکرار می‌شود (بنابراین به جماعت ایمانداران کمک می‌کند احساس آشنایی با جلسات و نظم در پرستش‌ها را تجربه کنند) و در عین حال فضای کافی را در اختیارمان می‌گذارد تا در هر بخش، با ترکیب بی‌شماری از عناصر پرستشی، نیاز پرستندگان برای خلاقیت و نوآوری تأمین شود. می‌توان به سادگی گفت روش نظم دهی چهارگانه به خوبی عمل می‌کند. این روش، منطقی و منطق‌پذیر است و محلی را برای ثبات و

همچنین تغییر در تجربهٔ هفتگی پرستش، میسر می‌سازد.

در اینجا یک هشدار، ضروری به نظر می‌رسد. ما در این بخش تنها دربارهٔ **قالب** پرستش‌ها صحبت کردیم. هنوز به روش‌های پرستش اشاره‌ای نداشتیم. متأسفانه اصطلاحاتی مثل روش، محتوا و قالب، اغلب به جای یکدیگر مورد استفاده قرار می‌گیرند، اما معنی آن‌ها با هم متفاوت است. قرار است دربارهٔ روش‌ها و محتوای پرستش سخن بگوییم؛ اما در اینجا لازم است درک کنیم که قالب پرستش، به شیوه و گونه‌ی پرستش مرتبط نیست. بنابراین باید گفت، روش نظم‌دهی به جلسات، می‌تواند به عناصری که در پرستش انتخاب می‌شود (محتوا) و اینکه چگونه این چیدمان صورت خواهد گرفت (ترتیب) مرتبط باشد و به نحوهٔ ارائه و به‌جاآوردن عناصر پرستشی (شیوهٔ پرستش) ارتباطی ندارد. روش نظم‌دهی چهارگانه می‌تواند برای تمام شیوه‌های سنتی، ترکیبی و امروزیِ پرستش به کار گرفته شود. روش چهارگانهٔ نظم‌دهی، تنها به یک شیوهٔ پرستش متصل نیست، بلکه برنامه‌ای است که در آن نظم و ترتیب رویدادهای جلسه معین می‌شود و مسیر و جریان عملکرد جلسهٔ پرستشی تعیین می‌گردد تا در هر شیوه و روشی، کلیسا بتواند به هدف جلسهٔ پرستشی دست بیابد.

امیدوارم که محتوای این فصل به شما کمک کرده باشد که نظم کلی پرستش را درک کنید. با این وجود مهم‌ترین نکته دربارهٔ نظم چهارگانه را در ادامه شرح خواهم داد؛ این نظم و ترتیب انجیلی است. رابرت وبر به ما کمک می‌کند درک کنیم چگونه این نظم و ترتیب چهارگانه، با پیغام انجیل موازی می‌باشد (شکل ۳.۱ را مشاهده کنید).

هر بار که نظم چهارگانه را استفاده می‌کنید در اصل داستان انجیل، یعنی نقشهٔ خدا برای نجات را اعلام کرده‌اید. هر یکشنبه ضرباهنگی به حرکت در می‌آید: خدا ما را دعوت می‌کند و به ما نزدیک می‌شود، خدا حقیقت را آشکار می‌کند، ما با پذیرش تعالیم و فرامین انجیل، پاسخ می‌دهیم و سپس با وظیفه‌ای برای مأموریت عظیم، به جهان می‌رویم. در حقیقت هر بار که در نام مسیح کنار هم جمع می‌شویم این نظم چهارگانه، بازگوییِ خستگی‌ناپذیرِ داستان انجیل می‌باشد. به همین دلیل شاید نام «نظم انجیلی» برای این نظم و ترتیب مناسب‌تر از نظم چهارگانه باشد. در حقیقت، در ادامهٔ کتاب ترجیح می‌دهم به جای نام «نظم و ترتیب چهارگانه» از نام «نظم انجیلی» استفاده کنم، زیرا اصل «پیام انجیل» است و نظم جلسهٔ پرستشی به خودی خود، اعلام خبر خوش انجیل می‌باشد. آیا اعضای کلیسای شما در نظم چهارگانه پیغام انجیل را خواهند یافت؟ احتمالاً خیر، مگر اینکه آن‌ها را تعلیم دهید (حتماً هیجان زده می‌شوند اگر این تعلیم را دریافت کنند). اما اینکه رابطهٔ ترتیب انجیل و نظم و ترتیب چهارگانه را درک کنند،

مهم‌ترین چیز نیست. الگوی نظم انجیلی برای این است که نظم و ترتیب جلسات پرستشی بر پایهٔ **انجیل** مستحکم شود.

داستان حقیقی خدا که در پرستش‌های ما به جریان می‌افتد، یکی از حیاتی‌ترین نیازهای جامعه پست‌مدرن امروزی محسوب می‌شود. در دورانی زندگی می‌کنیم که داستان‌های زیادی برای یافتن معنا، با یکدیگر رقابت می‌کنند. اصلِ این اندیشه که روایتی عظیم (یعنی بازنمایی‌ای فراگیر از حقیقت که به طور عمومی توسط جامعه پذیرفته و تأیید شود) وجود دارد، تقریباً از میان رفته است.

جدول ۳.۱ نظم و ترتیب انجیلی

نقشه نجات	موارد موازی	اتاق‌های پرستش
ابتدا خدا عمل می‌کند، او ما را می‌جوید و ما را فرا می‌خواند، خدا مایل است با بشریت رابطه‌ای پر از محبت داشته باشد. خدا بیداری را به واسطهٔ روح‌القدس در ما پدید می‌آورد، خدا نزد ما می‌آید، خدا ما را گرد هم جمع می‌کند.	↔	«گرد هم آمدن»
به خاطر شکستگی رابطهٔ بین ما و خداست که به واسطهٔ سقوط بشر در گناه رخ داده است! خدا پسر یگانه‌اش را می‌فرستد تا رابطه را احیا کند. مسیح، کلام زندهٔ خدا است که به رایگان و به واسطهٔ حیات، مرگ و رستاخیزش به جهانیان تقدیم شد. مسیح راستی و حقیقت آشکار خداست.	↔	«کلام خدا»
چنین مکاشفه‌ای مستلزم یک پاسخ است، دعوتی از ما به عمل آمده است تا توبه کنیم و به انجیل خداوند ایمان بیاوریم. با ایمان نزد مسیح می‌آییم و به نقشه خدا برای نجات پاسخ داده و می‌گوییم: بله، گناهانمان را بر مسیح قرار می‌دهیم و بخشایش و نجات را از او دریافت می‌کنیم تا بتوانیم روزانه، صلیب خود را برگیریم و او را پیروی کنیم.	↔	«شام خداوند»
خدا مایل است قوم او، نمایندگان و مبشران فعال او در جهان باشند. اکنون پیغام مسیح از آن ماست تا آن را به واسطهٔ کلام و اعمالمان در جهان موعظه کنیم.	↔	«فرستادن»

ایدهٔ این جدول از رابرت وبر وام گرفته‌ام و البته کلمات آن را بنده نوشته‌ام.*

«روایت عظیم» که اکثریت به آن معتقد بودند، پدیده‌ای در دوران مدرنیته بوده است. «امروزه مثل دوران باستان، کلیسا در تقابل با داستان‌هایی قرار دارد که مدام در حال مخالفت و رقابت با انجیل هستند. سؤال مهمی که با آن رو به رو هستیم این است که چه کسی حق دارد داستان جهان را روایت کند؟»[1] هنگامی که داستان خدا را با نظم و ترتیب حرکت‌ها و جنبش‌های پرستش بیان می‌کنیم، فرصتی به دست می‌آوریم تا داستان جهان را روایت کنیم. ممکن است همهٔ مردم به طور خاص

---

۱. رابرت ای. وبر، « با هم در داستان عیسی»، کریستینیتی تودی، سپتامبر ۲۰۰۶، صفحه ۵۷.

داستان خدا را در الگوی نظم پرستش درنیابند، اما به موقع، زمانی فراهم خواهد آمد تا راستی، تعلیم داده و دریافت شود. اعلام کردن انجیل تنها کلامی نیست. داستان خدا هنگامی بازگو می‌شود که پرستشی مطابق کتاب مقدس، رخ می‌دهد.

ایمان دارم استفاده کردن از نظم انجیلی امکان این را دارد تا حیات تازه و معنایی نو به پرستش‌ها ببخشد. این نظم و ترتیب انجیلی، پایه‌هایی کتاب مقدسی، تاریخی، کاربردی، و بشارتی فراهم می‌کند تا نظم و ترتیب کلیهٔ جلسات برای پرستش‌ها معین گردد. به عنوان معماران پرستش خواهیم توانست هر هفته با این نیت به وظیفهٔ خود بپردازیم که بتوانیم هر بار در آماده‌سازی، برای ملاقات قوم خدا با خدای تثلیثی، روند و توالی کارهای خدا را منتقل کنیم.

جمع‌بندی و نتیجه‌گیری

چهار بخش کلی جلسات پرستشی را، با دیوارهای باربر یک سازه مقایسه کردیم. این چهار بخش، چارچوبی کتاب مقدسی را فراهم می‌کنند که در هر محیط و فرهنگی می‌تواند پرستش‌ها را در خود جای دهد. اگر پایه‌ها را از ریشه جا به جا کنیم یا تغییر دهیم، سازه ضعیف می‌شود و دیگر نمی‌تواند برای هدف اصلی که برایش طراحی شده است کارآمد باشد؛ و همچنین نمی‌تواند محیطی را برای گفت‌وگوی بین خدا و بشر ایجاد نماید. در عین حال، اتاق‌هایی که ایجاد می‌شوند «فضاهای بازی» هستند که پرستندگان می‌توانند در طول پرستش‌ها، آزادانه در آن حرکت کنند. این دیوارها مانعی برای عملکرد یا گفت‌وگوهای کلیسا محسوب نمی‌شوند و پرستش را در جعبه‌ای محدود قرار نمی‌دهند بلکه، فضای کافی برای داشتن گفت‌وگو با خدا را فراهم می‌سازند تا قوم خدا بتوانند از یک اتاق به سمت اتاق بعدی حرکت کنند.

آنچه باید به یاد داشته باشیم این است: نظم پرستش (مثل هر ساختمانی) برای کاربرد آن برقرار شده است. ساختمان‌ها هرگز برای اینکه خالی باقی بمانند ساخته نمی‌شوند. ساختمان‌ها بنا می‌شوند تا محلی برای مردم و روابطشان، چه کاری، چه خانوادگی و چه اجتماعی باشند. به همین ترتیب، ایجاد کردن «اتاق یا فضاهایی» برای جلسهٔ پرستشی تنها یک هدف دارد، تا فضای مناسب پدید آید و خدا و قوم خداوند بتوانند با هم رابطه‌ای پرمعنا داشته باشند.

در فصل ۴ تا ۸ با جزئیات بیشتر به بررسی چهار اتاق اصلی پرستش (جنبش‌ها یا حرکات) خواهیم پرداخت: گردهم آمدن، کلام، شام خداوند (و سایر روش‌های لبیک گفتن به کلام) و در آخر فرستادن. تمرین‌های عملی برای تقویت این بخش‌های جلسات پرستشی، در اختیارتان قرار خواهد گرفت.

شکل ۳.۲ ابعاد پرستش مسیحی

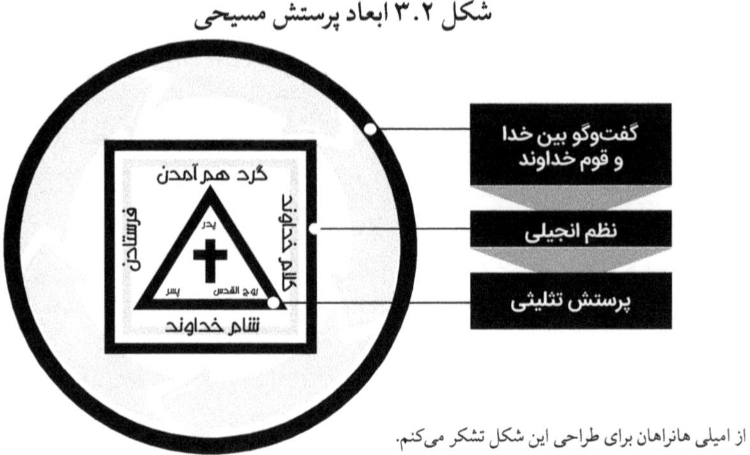

از امیلی هانراهان برای طراحی این شکل تشکر می‌کنم.

در طول این کتاب، معماران پرستش با چندین بُعدِ کلیدیِ پرستش که به صورت هم‌زمان با یکدیگر مرتبط هستند آشنا خواهند شد. شکل ۳.۲ برای جمع‌بندی آنچه که تا کنون دربارهٔ آن سخن گفتیم ارائه شده است.

اصطلاحات کلیدی

پرستش کلیسای آزاد: کلیسایی که به لحاظ تاریخی، تحت تأثیرِ خط مقدمِ سُنتِ کلیسایِ قرنِ نوزدهمِ آمریکا قرار دارد. آنچه از این اصطلاح برمی‌آید، حس عدم وابستگی در تصمیم‌گیری در حوزهٔ پرستش است. چنین کلیساهایی از کلیسای شاخهٔ اصلی دستور نمی‌گیرند و روی **بشارت** و **خودانگیختگی** تأکید دارند.

نظم و ترتیب انجیلی: نحوهٔ نظم‌دهی به پرستش‌ها مطابق پیغام انجیل. (خدا مردمان را گرد هم می‌آورد، خدا سخن می‌گوید، خدا مردم را توان می‌بخشد تا لبیک گویند، خدا شاگردان را می‌فرستد)

مناجات (بر اساس کلمهٔ یونانی لیتورگیا): مجموعه آیین‌های پرستشی که مردم در طول هر جلسهٔ پرستشی به جا می‌آورند، مناجات نامیده می‌شود. در مفهوم اولیهٔ یونانی، این اصطلاح به خدمت یا «آیین‌های علنی» اطلاق می‌شده است.

مناجات‌نامه (برگرفته شده از واژه‌ی یونانی Missa به معنی «شام خداوند»): این کتاب شامل

متون شام خداوند کلیسای کاتولیک رومی است که در طول سال برگزار می‌شود و کلیسا در طول جلسات رسمی پرستشی، از آن پیروی می‌نماید.

اوردو: کلمهٔ یونانی به معنی نظم و ترتیب جلسات است. این کلمه به شکلی رایج در اصول مطالعات پرستشی به کار گرفته می‌شود.

کتاب دعا: مجموعه دعاها و سایر عناصر عبادی که در کلیساها به شکل واحد و مدون برای رهبری جلسات پرستشی به کار گرفته می‌شود تا اعضا بتوانند دعا و سخنان پرستشی را به شکلی واحد به همراه یکدیگر به زبان بیاورند. رایج‌ترین کتاب دعا، کتاب دعاهای واحد است که در شام خداوند کلیسای انگلیکان استفاده می‌شود.

تشریفات و مناسک مذهبی: هر مراسم مذهبی و یا روندی که در عناصر پرستش وجود دارد (مناسک ورود، مراسم تعمید) را شامل می‌شود. همچنین «خانواده‌ای» از اعمال و آیین‌ها که به یک ناحیهٔ جغرافیایی یا آئین یک سنت، وابسته باشد را تشریفات یا مناسک مذهبی می‌نامیم. (مناسک مذهبی بیزانس، مناسک مذهبی کلیسای روم)

مراسم خدمتی یا پرستشی: یک رویداد پرستشی که در هر زمان و موقعیت، در یک جامعه پرستشی صورت می‌گیرد. نظیر جلسه رسمی پرستشی کلیسا.

بیشتر بیاموزید

کتاب پرستش شکل گرفته از روایت: پیروی از الگوهای کتاب مقدس و تاریخ. نوشتهٔ کستلمن رابی.اف - داونرز گرو، ای ال: آی.وی.پی آکادمیک، ۲۰۱۳.

گرد هم آورده و فرستاده شده: راهنمای پرستش برای کلیسای خدمتی. اثر گرند رپیدس: بیکر آکادمیک، ۲۰۰۹.

برنامه ریزی پرستش ترکیبی: ترکیب خلاقانهٔ کهنه و تازه. اثر وبر رابرت.ای نشویل: ابینگداون، ۱۹۹۸.

مشـغول شوید

هر بخشی از کلام خدا که در اینجا فهرست شده است، توصیفی از گفت‌وگوی بین خدا، عیسای مسیح و یا فرستاده‌ای از سوی خدا را، با یک شخص و یا گروه نشان می‌دهد:

خروج: ۳ : ۱ - ۱۲
اشعیا ۶ : ۱ تا ۸
لوقا ۱ : ۲۶ - ۳۸
اعمال ۱۰ : ۹ - ۲۳

یک یا چند مورد از این گفت‌وگوها را انتخاب کنید و سپس کارهای زیر را انجام دهید:

۱. بخش مربوطه را مطالعه کنید.
۲. فهرست ترتیبی که هر شخص در این گفت‌وگوها سخن گفته است را بنویسید.
۳. در یک جمله، جمع‌بندی از آنچه هر گروه یا اشخاص به زبان آورده‌اند را بنویسید.
۴. الگوی عمومی گفت‌وگو را یادداشت و مشخص کنید.
۵. نظم انجیلی را در طول هر متن بیابید.

اتاق اول
گردهم آمدن

جستجو کنید

قبل از خواندن فصل ۴ با عده‌ای از دوستان گرد هم جمع شوید و به سؤالات زیر بیندیشید:

۱. به هنگامی فکر کنید که با شرکت در یک دیدار یا جلسه (چه کلیسا چه غیر از جلسهٔ کلیسا) احساس کرده‌اید از شما استقبال نشده است. چه چیزی باعث شد این احساس را داشته باشید؟

۲. راجع به زمانی فکر کنید که به یک جلسه (چه در کلیسا و یا جای دیگر) رفته‌اید و احساس کرده‌اید که واقعاً از شما استقبال شده است. چه چیزی در این جلسه متفاوت بوده است؟

۳. چقدر زمان می‌برد تا در یک گروه با افراد غریبه احساس راحتی کنید؟

حالا که اندیشیدن را آغاز کرده‌اید، افکارتان را با مطالب فصل ۴ گسترش دهید.

گسترش دهید

چهار اتاق پرستش، توسط معمار پرستش و در راستای بنای روابط ساخته می‌شود. می‌توانید به مرحلهٔ گردهم آمدن در طراحی، مثل بنا کردن یکی از دیوارهای باربر در طراحی پرستش فکر کنید. به یاد داشته باشید که دیوارهای باربر، فضاهایی را می‌سازند و بنابراین، محیطی را برای فعالیت‌های

مشخص که در هر اتاق صورت می‌گیرد معین می‌کنند. مرحلهٔ گردهم آمدن، فرصتی برای پرستندگان فراهم می‌آورد تا به موقع، در یک مکان و با یک روح و وحدت، کنار هم جمع شوند و سفر پرستشی خود را در جماعت ایمانداران آغاز کنند.

پرستش گفت‌وگوی بین خدا و قوم خدا است. خیلی مهم است بدانید که پرستش خدا با **گفت‌وگو** آغاز می‌شود.

خدا ما را گردهم می‌آورد

هنگامی که گردهم می‌آییم تا پرستش کنیم، این کار را در پاسخ به فراخوان خدا انجام داده‌ایم. در این گردهم آمدن، تصدیق می‌کنیم که خداوند ما را دعوت کرده است تا به واسطهٔ یگانه پسر او، عیسای مسیح، با او دیداری داشته باشیم. خدا در مرحلهٔ اول، ما را به پرستش دعوت می‌کند و ما با شادمانی پاسخ می‌دهیم. پس، از صمیم قلب می‌گوییم «بله!» و دعوت را می‌پذیریم و آماده می‌شویم تا عظمت خدایی را که مایل است با ما رفاقت و مشارکت داشته باشد را ستایش کنیم. در همین‌جا می‌توانیم درک کنیم که چنین کاری، چگونه نشانگر یک عملکرد در یک رابطه است. گفت‌وگویی آغاز می‌شود. خدا ما را فرا می‌خواند تا پرستش داشته باشیم و ما با شادمانی به این فراخوان پاسخ می‌دهیم.

احتمالاً تابه‌حال اصطلاح «فراخوانی برای پرستش» را شنیده‌اید. گاهی فکر می‌کنیم فراخوان پرستش به این معناست که، گروهی از مردم یکدیگر را فرا می‌خوانند تا خدا را بپرستند، اما در واقع، **خدا** ما را فرا می‌خواند تا او را بپرستیم. این به‌تنهایی می‌تواند نگرش ما را نسبت به پرستش تغییر دهد. خداست که ملاقات را مهیا ساخته است، خداست که ما را از جهان پرمشغله فرا می‌خواند و می‌گوید: «وقت آن رسیده است! من اینجا هستم!» خدا ما را از خانه‌ها و روزهای پرمشغله فرا می‌خواند تا بیاییم و این ملاقات الهی-انسانی را تجربه کنیم. همین خداست که ما را در نقطهٔ اوجِ گردهم آمدن، می‌جوید. عیسای مسیح به وضوح اعلام کرد که این خداوند پدر است که پرستندگان را می‌جوید (یوحنا ۴:۲۳). اسرائیلی‌ها به خوبی درک می‌کردند که، خداست که میزبان ملاقات خود و قوم عهد است (خروج ۲۴:۱). خدا را اغلب به عنوان کسی می‌شناسیم که «ابتدا و پیش از همه به جلسات پرستشی می‌رسد»؛ خدا در میان فریاد شادمانی صعود کرده است. خداوند، با آوای کَرِنا صعود کرده است (مزمور ۴۷ : ۵). پاسخی که از مردمان انتظار می‌رود چیست؟ «بسرایید! خدا را بسرایید! » (آیه ۶). چرا باید این‌طور پاسخ دهیم؟ «زیرا خدا پادشاه تمامی جهان است؛» (آیه ۷).

اینکه چه کسی ما را به پرستش دعوت می‌کند بسیار مهم است، چرا که فراخوان خدا، کلیسا را

از یک ملاقات بین حاضرین، به یک ملاقات زنده و واقعی با خدای زنده تبدیل می‌کند. پرستش، ملاقات بین افراد دربارهٔ خدا نیست، بلکه ملاقات با خدا است. اگر تمام کلیسا این درک را داشت که پرستش یعنی پاسخ دادن به دعوت شخصی خدا برای حضور در پیشگاه او، همه چیز تغییر می‌کرد. آنگاه روح خدمت به شدت دگرگون می‌شد. می‌توانید تصور کنید انتظارات حاضرین چگونه می‌شد؟ احترام، شور و اشتیاقشان چگونه بود؟ می‌توانید عمق حضور و شادمانی‌ای که در آن لحظه تجربه می‌شد را مجسم کنید؟ در این شرایط، خدمت جلسات پرستشی به‌راستی نشان می‌داد که چه اتفاقی در حال رخ دادن است — یعنی یک ملاقات واقعی و عمیق بین مخلوق و خالق، جایی که خدا با اشتیاق آغازگر این گفت‌وگو است.

همچنین فکر می‌کنم در چنین حالتی، کلماتی که در پرستش به کار می‌بریم به شکل قابل توجهی دگرگون می‌شدند. درک می‌کردیم که کلماتی که در مرحلهٔ گردهم آمدن به کار می‌روند ممکن است، ضعیف یا نامناسب باشند. اگر کلمهٔ آغازینِ مرحلهٔ گردهم آمدن صرفاً «سلام صبح به خیر» باشد، چگونه می‌تواند به ما بفهماند که در آستانه ورود به چه رویداد عظیمی هستیم؟

آنچه که هنگام گردهم آمدن به زبان می‌آوریم، باید ذات هدف گردهم آمدن ما را بیان کند. اولین هدفمان باید این باشد که این امکان را میسر کنیم تا حاضرین، کسی که ما را فرا خوانده است احترام کرده و خوشامد گویند. خود را در حالی خواهیم یافت که مایل هستیم سلام‌های مرتبط با شاخه‌های مسیحی و متمرکز بر حاضرین را، به کلماتی تبدیل کنیم که روی خصوصیت خدایی که به ملاقاتش آمده‌ایم تمرکز داشته باشد. اگر خدا ما را برای پرستش فرا خوانده است ممکن است پرستش‌های خود را با کلماتی نظیر این آغاز کنیم «بیایید خداوند را شادمانه بسراییم و برای صخرهٔ نجات خویش، فریاد بلند سر دهیم!» (مزمور ۹۵ : ۱)؛ یا «فیض و سلامتی از جانب خدا، پدر ما، و خداوندْ عیسی مسیح، بر شما باد.» (رومیان ۱ : ۷) یا «خداوند با شما باد!» (روت ۲ : ۴). خوشامد گویی به اعضای کلیسا با واژهٔ «صبح بخیر» (یا هر نو خوشامدگویی رایج دیگری) به کار گیری کلام خدا و یا استفاده از ساختارهای مرتبط با آیین‌های پرستشی، مسئلهٔ بین صحیح و غلط نیست؛ بلکه مثلاً بین بهتر و بهترین است.

هنگامی که درک کنیم خدا است که ما را برای پرستش گردهم می‌آورد دیدگاهمان به امر پرستش تغییر خواهد کرد.

هدف از گردهم آمدن

هدف از گردهم آمدن دو بخش است: (۱) متحد شدن روحمان در حضور خدا و (۲) مهیّا شدن

برای شنیدن کلام خدا. یک گردهم آمدن منظم و از پیش برنامه‌ریزی شده، به ما کمک می‌کند به دو مسئلهٔ اصلی بپردازیم. اولاً، جمع شدن بدنهٔ ایمانداران با یک ذهنیت واحد، در نقطهٔ ورود به پرستش رخ نمی‌دهد. اعضای کلیسا از محل‌های مختلف، با شرایط مختلف، با ذهنیت‌ها و وضعیت‌های احساسی متفاوت و مواردی نظیر این گردهم می‌آیند. اعضای کلیسا در حالی برای پرستش به کلیسا می‌آیند که، ذهن‌هایشان به‌خاطر موارد گوناگون درگیر است. گردهم آمدنی که به درستی طراحی شده باشد کاری می‌کند که قلب و ذهن حاضرین به تمرکز دست پیدا کند. پرستندگان در این حالت با وحدت در اعمال گوناگون پرستش، مشارکت خواهند کرد.

دوما، لازم است پرستندگان برای شنیدن کلام خدا مهیا شوند. برخی از ما ممکن است بدون اینکه به هدایت و راهنمایی نیاز داشته باشیم از پیش آماده باشیم تا وارد صحن کلیسا شویم، بنشینیم و کاملا با کلام خدا و موعظهٔ روز، ارتباط برقرار کنیم. مثل همهٔ موارد مشابه، قبل از پرداختن به اصل موضوع، تغییرات حالت صورت می‌گیرد. برای مهیا شدن قلب، ذهن، جان و روح لازم است مهیا سازی روحانی انجام گیرد. سرودها، دعا، خواندن کلام خدا و سایر اعمال پرستشی می‌تواند در این زمان، مهیا شدن ما را هدایت کند. در مرحلهٔ گردهم آمدن، تصدیق می‌کنیم که خدا ما را فرا خوانده است، به اتفاقی که ممکن است معنای پرستشمان باشد اعتراف می‌کنیم، گردهم جمع شدنمان و حضور خداوند رستاخیز یافته‌مان را تأیید می‌کنیم و سایر پرستندگان را تشویق می‌کنیم تا توجه خود را به خداوند معطوف نمایند.

زمان بیشتری خواهد برد که روح خدا افرادی را که ذهنشان مشغول است، به فکر خود هستند و جدا افتاده‌اند را از نقطه الف به نقطه ب - از دنیای شکستهٔ ما به سمت وحدت به حرکت در آورد و کاملاً مهیا و متمرکز کند تا کلام خدا را دریافت کنند. گردهم آمدنی که به درستی طراحی شده باشد، زمان و فضای کافی را برای این تبدیل حالت، فراهم می‌سازد.

روح اجتماع ایمانداران

روح اجتماع ایمانداران، اغلب روح پرستش و سراییدن، شادمانی و پرستش خدا و کاری که او به انجام رسانده است می‌باشد.[1] شادمانی می‌کنیم چرا که خدای ما خدای محبت کامل و فیض است و به دنبال داشتن مشارکت با تمامی بشری است که به شباهت صورت خدا خلق شده. شادمانی

۱. گاهی اوقات، طبیعت شاد گردهم آمدن ممکن است به‌دلیل عوامل دیگر تغییر یابد. برای مثال، در روزها یا فصل‌هایی خاص از سال مسیحی که فضای تعمق برانگیز و اندوهگین دارند (دلایل آیینی)، یا زمانی که یک جامعهٔ کلیسای محلی دچار اندوه یا فاجعه شده است (دلایل شبانی).

می‌کنیم برای خداوند نجات‌دهنده که به قوم خود اهمیت می‌دهد و آن‌ها را محبت می‌کند. شادمانی را در خدایی تجربه می‌کنیم که نجات ما را در عیسای مسیح فراهم ساخته است. و بیش از همه، روح اجتماع ایمانداران باید نشانهٔ پرستش و ستایشِ حضورِ خداوندِ رستاخیز یافته عیسای مسیح باشد که، در جماعت ایمانداران تجلی می‌یابد (متی ۱۸:۲۰). در گردهم آمدن، چه احساسی می‌تواند مناسب‌تر از شادمانی باشد؟ بسیاری از مزامیر، شادمانی را که باید در ابتدای پرستش و وحدت از آن برخوردار باشیم به تصویر می‌کشد (مزمور ۹۵، ۹۶، ۹۸، ۱۰۰ و غیره).

می‌توانیم روح اجتماع ایمانداران را با سرودها، تصدیقِ حضورِ خداوندِ زنده عیسای مسیح، دعاهای پرستشی و اعلام وفاداری خدا را با کلام، یاری رسانیم - به نحوی خلاصه می‌توان گفت هر عنصر پرستشی که به جماعت ایمانداران کمک کند حضور خود را در آغوش خداوند در عیسای مسیح جشن بگیرند، می‌تواند برای این مرحله مناسب باشد.

شادمانیِ حقیقیِ گردهم آمدن جماعتِ ایمانداران را نباید با «شوق و شادی» انسانی اشتباه بگیریم. ممکن است برای رهبران پرستشی وسوسه‌انگیز باشد تا سعی کنند، احساسی را برانگیخته کنند و در اصل سعی کنند شادمانی مصنوعی ایجاد کنند. حتی بدتر از این، گاهی رهبران، پرستندگانی را که با لبخند و شادی واضح، وارد پرستش نمی‌شوند، توبیخ می‌کنند. شادمانی مسیحی، در قالب حقیقتی عمیق و با ضرب‌آهنگ‌ها و روش‌های گوناگون تجلی می‌کند و هر شخص به نحوی **متفاوت** این شادمانی را احساس و ابراز می‌کند. تمرکز اصلی رهبران نباید بر این باشد که «چگونه می‌توانم مردم را به هیجان بیاورم؟» بلکه باید به این بیندیشند که «چگونه می‌توانم عناصری را برای پرستندگان مهیا کنم تا بتوانند شکرگزاری خود را به نحوی متناسب برای کلیسا، به خدا ابراز نمایند؟» دعا و تجربه در طراحی و هدایتِ گردهم آمدن‌ها، می‌تواند به رهبران پرستشی کمک کند که در به کارگیری روح و هدفِ گردهم آمدن ها به نحوی بالغ عمل کنند.

جنبش و حرکت گردهم آمدن

جنبش اجتماع ایمانداران، از کل به جزء و از آشفته به متمرکز صورت می‌گیرد تا برای کلام خدا مهیا شویم (شکل ۴. ۱ را مشاهده کنید). می‌توانید ببینید که این جنبش اولیه، با دیدگاهی که بخش نخستینِ پرستش را صرفاً «مقدمات» موعظه تلقی می‌کند، فاصلهٔ زیادی دارد. همچنین نمی‌توان گردهم آمدن را «زمان پرستش» نامید به نحوی که گویا بخش‌های دیگر جلسه، پرستش محسوب نمی‌شوند![1] تمام جلسهٔ رسمی پرستشی کلیسا، از ابتدا تا پایان، پرستش محسوب می‌شود و اگر

۱. در فصل یازدهم، بیشتر دربارهٔ استفادهٔ نامناسب از واژه‌های «موسیقی» و «پرستش» به‌عنوان واژگان مترادف صحبت خواهد شد.

به نحوه دیگری بیاندیشیم، دسته‌بندی خطرناک و نادرستی ایجاد کرده‌ایم. پس باید بدانیم هنگام گردهم آمدن، گسترهٔ مرکبی از عناصر پرستش است که می‌تواند به عنوان یک مرحلهٔ جداگانه منطقی و زیبا بایستد و هدفمندانه مردم را به سمت جنبش دوم پرستش، یعنی کلام خدا هدایت کند.

شکل ۴. ۱ جنبش و حرکت گردهم آمدن

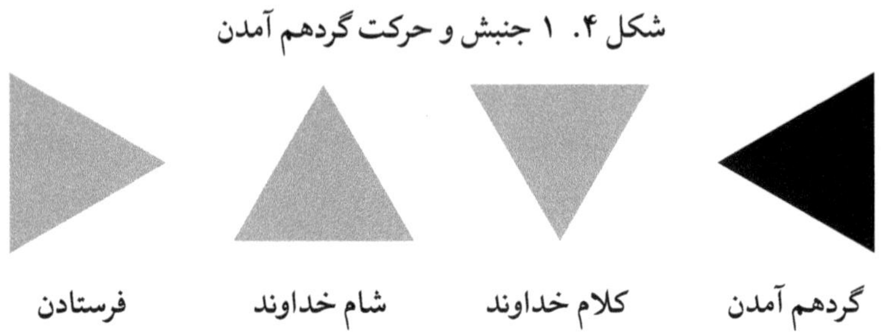

گردهم آمدن از جهت بسیاری از مردم، جنبشی از کل به جزء محسوب می‌شود.[۱] اولاً، گردهم آمدن از ستایش کلی خدای تثلیث، به سمت ستایش و پرستشی متمرکزتر حرکت می‌کند. این امر با عنصر سراییدن برای خدا و کاری که خدا برای تمام بشر به انجام رسانده است آغاز می‌شود. عمل آغازین پرستش می‌تواند سراییدن خدا به‌عنوان خلاق، نگاه‌دارنده، فراهم‌کننده، پادشاه کل کائنات، یگانه خدای قدوس باشد. سرودهای پرستشی مانند «با شادمانی بی‌پایان تو را می‌پرستیم»، «بیا ای سرچشمهٔ تمام برکت‌ها» و «خدای شگفتی‌ها» برای آغاز گردهم آمدن ایمانداران، مناسب است. سراییدن عمومی خداوند برای پرستیدن یکی از اشخاص خدای تثلیث نیکو است. به‌عنوان مثال، در گردهم آمدن می‌توانیم روح‌القدس را فرا بخوانیم تا بیاید و ما را هدایت کند و پرستندگان را نیرو بخشد («روح خدای زنده»، «روح ایمان، اکنون بیا»، «ای روح‌القدس بیا، قلب‌هایمان را الهام بخش»)؛ یا می‌توانیم مسیح را بسراییم («ای‌کاش هزاران زبان داشتم تا تو را بسرایم»، «جلال بر نام پر قدرت مسیح»)؛ می‌توان تمام اشخاص تثلیث را سرایید («تمام خلقت خدا و پدیده ما»). این زمانِ پرستش و سراییدن کلی، می‌تواند شامل ترانه‌هایی خطاب به سایر پرستندگان، سرودهایی که اجازه می‌دهد پرستندگان یکدیگر را در برکتِ پرستش تشویق کنند نیز، باشد («بیایید که اکنون زمان پرستش است» یا «همهٔ کسانی که خدا را دوست دارند گردهم بیایید»).

هنگامی که در مرحلهٔ گردهم آمدن پیش می‌رویم، عناصر پرستشی، دلایل بیشتری را برای

---

۱. حرکت از کل به جزء در فصل یازدهم شرح داده شده است.

سراییدن خدا آشکار می‌سازد - به خصوص هرچه بیشتر تعالیم کلام را بخوانیم و به زمان موعظهٔ اصلی نزدیک شویم. هنگامی که از ستایش کلی خدا به سمت جزئیات حرکت می‌کنیم، پرستندگان را به نحوی عمیق‌تر وارد سفر پرستش می‌کنیم؛ بنابراین، پرستندگان را به نحوی متمرکز به سمت آیات کلام و پیغام روز می‌بریم. اگر پرستش اساساً یک گفت‌وگو باشد، بهتر است در ابتدا گفت‌وگویی کلی در حوزهٔ رابطهٔ خود با خدا داشته باشیم و سپس اجازه دهیم این گفت‌وگو صریح‌تر شود و روی مطالب خاص متمرکز گردد. سراییدن در گردهم آمدن، جنبشی از کل به جزء محسوب می‌شود.

گردهم آمدن، همچنین در زمینهٔ به کارگیری کلام خدا نیز، حرکتی از کل به جزء محسوب می‌شود. اجازه دهید پرستش با بخش‌هایی از کلام که عظمت و جلال خدای تثلیث را بیان می‌کنند آغاز شود. سپس، در ادامهٔ جلسه به سمت اعلام کلام خدا، از آیاتی استفاده کنید که پرستندگان را برای شنیدن کلام خدا مهیا می‌کند (این آیات می‌تواند شامل آیات موعظهٔ روز باشد). آماده شدن برای کلام در طول مرحلهٔ گردهم آمدن متمرکزتر، مستقیم‌تر و صریح‌تر می‌شود. همچنین اعمال پرستشی، خاص‌تر می‌شوند و به موعظهٔ کلام می‌رسند تا به سمت «اتاق» دوم پرستش، یعنی خدمت کلام حرکت کنیم.

سومین راهی که گردهم آمدن از سمت کل به جزء حرکت می‌کند، به تقویم مسیحی[1] مرتبط است تا کلیسا بتواند در تمام ۱۲ ماه سال، سفری را در ستایش کارهای عظیمی که خدا در عیسای مسیح به انجام رسانده است تجربه کند و بخش خاصی از داستان عیسای مسیح در گردهم آمدن‌ها، پررنگ می‌شود. هنگامی که آمادهٔ پرستش می‌شویم، ممکن است لازم باشد امر خاصی را در داستان عظیم خداوند و اینکه چگونه خدای ما زنده است و در جهان عمل می‌کند تصدیق و اعلام کنیم. اما هنگامی که در مرحلهٔ گردهم آمدن عمیق‌تر می‌شویم، داستان خدا را به اشکال ویژه‌تری بیان خواهیم کرد که می‌تواند به بخش‌های اصلی عمل نجات‌بخش خدا در عیسای مسیح، عطا شدن روح‌القدس و گسترش مأموریت کلیسا تا زمان بازگشت عیسای مسیح مرتبط باشد. هر بخش می‌تواند در محتوای جلسه‌ای خاص قرار بگیرد (یک اشاره کلی)، یک بخش خاص از داستان نجات (یک اشاره جزئی‌تر) و حتی یک پیغام ویژه (متن موعظهٔ روز).

شاید معکوس فکر کردن به ما کمک کند. می‌توانید شکل نمودار ۴. ۲ را از مرکز به بیرون نگاه کنید که در اصل نشانگر بخشی از کلام خدا می‌باشد که، موعظه بر اساس آن تقدیم می‌شود. این متن، واژه یا بخشی مستقل و جدا از دیگر قسمت‌های کتاب‌مقدس نیست، بلکه در پیوستگی با متن پیرامون خود معنا می‌یابد.

---

۱. در فصل دوازدهم دربارهٔ سال مسیحی توضیحاتی داده شده است.

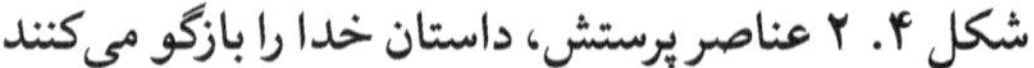
شکل ۴. ۲ عناصر پرستش، داستان خدا را بازگو می‌کنند

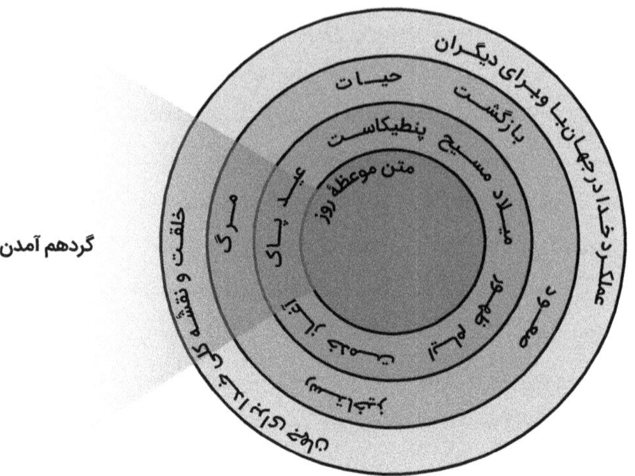

در حقیقت، متن روز، دارای زمینه و محتوایی مشخص است — کار خاصی از خدا که در لحظه‌ای از زمان انجام داده است (رویداد) که باعث شده، خود را در چارچوب دوره‌ای از زمان قرار دهد (فصل)، و این فصل نیز بخشی از کار گسترده و چندوجهی خداوند است (خدمت مسیح)، که خود به هدفی فراگیر از جانب خدا برای تمام بشر مرتبط می‌شود. نتیجتاً هرچه جنبش اجتماع ایمانداران متمرکزتر می‌شود، به جنبش بعدی یعنی خدمت کلام نزدیک‌تر خواهد شد.

در آخر، گردهم آمدن، همچنین در لحن و حالات حرکت می‌کند. همان‌طور که در بالا توضیح دادیم، مناسب‌ترین نقطهٔ اوج برای گردهم جمع شدن ایمانداران، نقطهٔ شادمانی و جشن است. با این وجود وقتی گردهم آمدن پیش می‌رود و به نقطهٔ کامل شدن می‌رسد، باید پرستندگان را برای اعلام کلام خدا مهیا سازد. با اینکه گردهم آمدن با جشن و سراییدن روحانی آغاز می‌شود، گردهم آمدن مؤثر، به آهستگی به سمت سکوت و تفکر عمیق در پرستندگانی که آمادهٔ دریافت کلام خدا در بخش بعدی گفت‌وگو هستند، پیش می‌رود. مثل هر گفت‌وگوی معناداری بین دوستان، هنگامی که ساکت هستیم بهتر می‌توانیم به سخنان خداوند گوش فرادهیم. رهبران پرستشیِ آگاه، به گونه‌هایی از دعا، سرودها و اعمال پرستشی فکر می‌کنند که بتواند مردم را به سمت تفکر عمیق هدایت کند- البته هدف، دست‌کاری احساسات نیست، بلکه هدف این است که پرستندگان برای موعظهٔ کلام مهیا شوند.

موارد کاربردی
عناصر پرستشی که برای گردهم آمدن مناسب هستند

معماران پرستش باید کار انتخاب عناصر پرستشی مفید برای مرحلهٔ گردهم آمدن را از کجا آغاز کنند؟ یک رهبر پرستشی از چه عناصری در مرحلهٔ گردهم آمدن استفاده می‌کند تا هدف این مرحله را به انجام برساند: یعنی بتواند مردم را برای پرستش، به وحدت و آمادگی کافی هدایت کند؟ در طول مرحلهٔ گردهم آمدن، از آثار گوناگون پرستشی استفاده می‌کنیم که می‌تواند:

- به ما یادآور شود که خدا حقیقتاً بین ایمانداران حاضر است و در این زمان ما را برای پرستش فراخوانده است.
- دربارهٔ گردهم آمدن‌مان از جهان، و آمدن به این محل ویژه و خاص سخن بگوید.
- به ما کمک کند از اشخاص مختلف، به یک بدنِ واحدِ پرستنده، یعنی کلیسا تبدیل شویم.
- فرصت را برای اعتراف‌ها و دریافت بخشایش آماده کند تا بتوانیم با دستان و قلبی پاک با خدا ملاقات داشته باشیم.
- ما را مهیا کند که با تمام وجود آمادهٔ شنیدن کلام خدا باشیم.

در اینجا (بدون ترتیب خاصی) به آیین‌های ورودی که می‌توان در مرحلهٔ گردهم آمدن به کار گرفته شود اشاره شده است:

- فراخواندن به سمت پرستش (این امر می‌تواند توسط یک سرود، یک اعلامیه، یا دعوت و پاسخ باشد)[1]
- گونه‌های مختلف سرودهای پرستشی (مزمورها، و سرودهای روحانی)[2]
- انواع گوناگون دعاها (طلبیدن خدا، اعترافات، دعاهای آغازین و غیره)[3]
- گونه‌های مختلف خوشامدگویی و سلام‌ها (خوشامدگویی‌ها و سلام‌های کتاب مقدس، خوشامدگویی گروه کر، خوشامدگویی توسط اعضای کلیسا و غیره)[4]

---

۱. در ادامه، بیشتر دربارهٔ فراخوان پرستش گفته خواهد شد.

۲. در فصل دهم انواع مختلف سرودها به‌تفصیل بررسی شده‌اند.

۳. در فصل نهم انواع مختلف دعاها به‌تفصیل مورد بررسی قرار گرفته‌اند.

۴. در اینجا منظور، درودهای رسمی آماده‌شده برای گردهم آمدن است. البته، سلام‌ها و خوش‌آمدگوییهای غیررسمی و خودجوش در آغاز ورود نیز، اهمیت دارند. فضای دوستی که پیش از آغاز پرستش ایجاد می‌شود، نقش مهمی در احساس گرمی و مهمان‌نوازی در حین مراسم ایفا می‌کند.

- قاموس‌نامه یا تصدیق‌های ایمانی (بیانیه ایمان جامع کلیسا)[1]
- نغمهٔ ستایش (دعوت به ستایش خدا، ستایش درجا و ناگهانی خدا، جملات کوتاه ستایشی و شکرگزاری که توسط کل کلیسا به زبان آورده می‌شود)[2]
- انتقال صلح و سلام (عمل سنتی سلام گفتن به یکدیگر با واژهٔ «صلح مسیح با تو باشد» برای ایجاد همبستگی یا به عنوان عملی در راستای آشتی و مصالحه)[3]
- بوسهٔ مقدس (عمل فیزیکی انتقال صلح با توجه به محیط زندگی امروزی افراد)[4]
- برکات آغاز جلسه (اعلام برکت برای قوم خدا هنگامی که در انتظار آغاز جلسهٔ پرستشی هستند)
- سرود ستایش (سرود کوتاه ستایش خدا)
- خواندن کلام که دربارهٔ هدفِ گردهم آمدن سخن می‌گوید
- سرود ورود به پرستش (سرودی برای ورود به پرستش که توسط یک تک‌خوان یا گروه، سراییده می‌شود و نشان می‌دهد که حاضرین در حال وارد شدن به حضور خدا هستند)
- اعتراف به گناهان و اطمینان از دریافت بخشایش
- دعای مردمان[5]
- تقدیم هدایا[6]

---

۱. اعتقادات‌نامه‌ها یا قاموس‌نامه‌ها صرفاً اسناد اطلاعاتی برای درگیر ساختن بُعد فکری ایمان ما نیستند؛ بلکه پیش از هر چیز، اعمالی شکل‌دهنده در پرستش‌اند که ما را به شباهت مسیح در می‌آورند. قاموس‌نامه‌ها در پرستش اعمالی دعایی‌اند. آن‌ها الزاماً بیانیه‌های بلند و مفصل اعتقادی نیستند؛ حتی می‌توانند به کوتاهی نخستین اعتقادنامهٔ مسیحی باشند: «عیسی، خداوند است!» یک‌بار، شاگردان عیسی در دل شبی که طوفانی سهمگین جانشان را تهدید می‌کرد، در یک قایق بر روی دریای جلیل بودند. عیسی بر روی آب به‌سوی آن‌ها آمد و طوفان را فرو نشاند و جانشان را نجات داد. این رویداد بین عیسی و شاگردانش، به‌زیبایی پیوند مستقیم پرستش و اظهارات ایمانی را نشان می‌دهد: «آنان که در کشتی بودند او را پرستیدند و گفتند: یقیناً تو پسر خدا هستی» (متی ۱۴:۳۳).

۲. تبادل صلح با «زمان خوشامدگویی به همسایه» تفاوت دارد. این تبادل خاص برای تشویق یکدیگر به این اندیشه، تسلی‌بخش است که مسیح در میانِ جماعتِ گردهم آمده، حاضر است و صلح را به بار خواهد آورد.

۳. تبادل صلح با «زمان خوشامدگویی به همسایه» تفاوت دارد. این تبادل خاص برای تشویق یکدیگر به این اندیشه، تسلی‌بخش است که مسیح در میانِ جماعتِ گردهم آمده، حاضر است و صلح را به بار خواهد آورد.

۴. در بسیاری از بخش‌های نامه‌های پولس، او به ایمانداران فرمان می‌دهد که «یکدیگر را با بوسهٔ مقدس سلام گویید»، این عمل در خاورمیانه و در دوران پولس رسول، عملی آشنا بود. در فرهنگ غربی امروزی، معادل مناسب ممکن است دست دادن، در آغوش گرفتن، بوسه بر گونه و یا ژستی متناسب با فرهنگ باشد.

۵. این بخش ممکن است در مرحلهٔ گردهم آمدن دیده شود، اما مناسب‌تر است که به‌عنوان پاسخ به کلام صورت گیرد.

۶. این بخش ممکن است در مرحله گردهم آمدن دیده شود، اما مناسب‌تر است که به‌عنوان پاسخ به کلام صورت گیرد.

- شهادت‌ها و ستایش وفاداری خداوند (شهادت از پیش مهیا شده یا آنی، از نیکویی خدا توسط اعضای کلیسا)
- اجرای موسیقی (گروه کر، تک‌خوانان، نوازندگان و غیره؛ کسانی که قطعهٔ موسیقی را ارائه می‌کنند تا به نمایندگی از کلیسا، تقدیم خدا گردد)
- جنبش‌های آیینی یا رقص (دعا به زبان‌ها، سرودها، آیات کلام؛ که به وسیلهٔ آن، آیه یا بخشی از کلام را به‌عنوان آیینی پرستشی و از طریق حرکاتی فیزیکی به نمایش درآید)
- اجراهای هنری توسط اعضا (اجرای قطعه‌ای برای به نمایش گذاشتن راستی و حقیقت و یا تشویق اعضا)
- سکوت[1]
- قطعهٔ پیش‌درآمد (موسیقی بی‌کلام برای مهیا کردن محیط گردهم آمدن)
- دعای خداوند
- دعاهای پی‌درپی (دعاها، خواندن کلام و غیره؛ در این حالت کلیسا جمله یا اصطلاحی دعایی را با توجه به محتوایی که رهبر پرستشی اعلام می‌کند، پی‌درپی تکرار می‌کنند)[2]
- قرائت پاسخ‌گویانه یا پی‌درپی تناوبی از کتاب مقدس یا متن دیگری (که به هر شکل از خواندن متناوب انجام می‌شود: رهبر در تناوب با جمع ایمانداران، یا دو یا چند گروه به صورت متناوب با یکدیگر، و غیره)[3]

این‌ها فقط نمونه‌هایی از اعمال پرستشی هستند که برای گردهم آمدن مناسب هستند. به فهرست بالا به‌عنوان یک منو نگاه کنید که می‌توانید از بین آن انتخاب کنید. رهبران پرستشی حکیم می‌توانند در حالی که گنجینهٔ عناصر پرستششان رشد می‌کند، مواردی را به این فهرست بیفزایند.

ممکن است لازم باشد دربارهٔ برخی از این اعمال پرستشی توضیح دهیم. خوشامدگویی برای مرحلهٔ گردهم آمدن کلیدی است، چرا که برنامهٔ روز در آن اعلام می‌شود تا حاضرین برای گفت‌وگو با خدا مهیا شوند. خوشامدگویی‌ها شامل کلمات آغازین رهبر پرستش است که باید (۱) حضور

۱. سکوت برای شنیدن صدای خداست، نه برای سخن گفتن با او. سکوت واقعی زمانی قطع می‌شود که موسیقی پس‌زمینه نواخته شود. سکوت بهترین استفاده را زمانی دارد که «سکوت» باقی بماند!

۲. برای نمونه، زمانی که رهبر، مزمور ۱۰۳ را می‌خواند، جماعت با عبارت «ای جان من، خداوند را متبارک بخوان» (آیه ۱) به آن پاسخ می‌دهند.

۳. قرائت تعاملی با لِیتانی «دعاهای پی در پی» تفاوت دارد؛ زیرا در قرائت تعاملی، بخش‌هایی که توسط مردم خوانده می‌شود هر بار یکسان نیست (همانند لیتانی). بلکه این بخش‌ها قسمت‌هایی از متن جاری هستند که به‌صورت نوبتی خوانده می‌شوند.

خدا را به ما یادآوری کند، (۲) دعوت و خوشامدگویی باشد که همهٔ حاضرین را در بر می‌گیرد، (۳) از جملات متداول و سرگرم‌کننده که باعث جلب توجه حاضران به رهبر می‌شود خودداری کند. همچنین، جملات نخستین باید ماهیت اصلی جلسهٔ پرستشی را از ابتدا مشخص کند. در اینجا مثالی را بر اساس مزمور ۸۴ آیات ۱ و ۲ ارائه می‌کنم:

> به خانهٔ خدا خوش آمدید![1] بیایید به همراه مزمور نویس بگوییم: «ای خداوند لشکرها، چه دلپذیر است مسکن تو! جان من مشتاق بلکه مدهوش گشته است برای صحن‌های خداوند! دل من و پیکرم برای خدای زنده فریاد برمی‌آورد.» امروز روز فوق‌العاده‌ای خواهد بود، چرا که قصد داریم با شادمانی برای خدای زنده بسراییم!

الگوی دوم را از فیلیمون ۳ ارائه می‌کنم:

> "فیض و صلح خداوند، پدر آسمانی و عیسای مسیح بر شما باشد، همان‌طور که امروز خدا را می‌پرستیم، باشد که تازه شدنمان در فیض و صلح خدا را تجربه کنیم، به جلسه پرستشی امروز خوش آمدید!

فراخوان برای پرستش، برای اعلام ذات گردهم آمدن و پرستش، مفید است. فراخوان پرستش چند هدف مهم دارد: (۱) اَذهان اعضای کلیسا را به خدا معطوف کند، (۲) حواس‌پرتی پرستندگان را برطرف کند، (۳) از تک‌تک اعضای کلیسا دعوت شود که در تمام عمل پرستشی مشارکت کنند، (۴) همگی را به سوی وحدت فرا بخواند، و (۵) محیط را برای پرستش مهیا سازد.۱۸ امکانات فراوانی برای محتوای فراخوان پرستش وجود دارد که می‌تواند شامل خواندن کلام خدا، شنیدن بخشی از یک سرود پرستشی، سرود آغازین گروه کُر و یا حتی یک قطعهٔ موسیقی باشد. نکتهٔ اصلیِ یک گردهم آمدن نیکو می‌تواند، اعلان‌ها باشد. ممکن است اعلان‌های زیادی ارائه شود یا اعلان‌های کلیسا گاهی بیش از حد طولانی باشد. پس چه باید کرد؟ به توصیه‌های زیر دقت کنید:

- از ابزارهای الکترونیکی و چاپی برای ارائهٔ جزئیات اعلان‌ها استفاده کنید.
- تنها اعلان‌هایی را به صورت کلامی بیان کنید که به تمام اعضای کلیسا مربوط می‌شوند و ماهیتی روحانی و غیرمتداول دارند (از اعلان برنامه‌های رایج کلیسا دوری کنید).
- بخواهید که درخواست اعلان‌ها، یک روز قبل از جلسهٔ پرستش تحویل داده شود. این

---

۱. در اینجا و جاهای دیگر، استفاده از علامت تعجب در مثال‌هایی برای رهبران پرستش، به‌منظور انتقال روحیهٔ پرانرژی و پرشور است، نه لزوماً استفاده از صدایی بلند یا پرخاشگرانه. ۱۸. فرانکلین ام. سگلر و رندال بردلی، پرستش مسیحی: الهیات و شیوهٔ آن، چاپ سوم (نشویل: بی‌اَنداچ، ۲۰۰۶)، ص ۱۸۷.

کار از «اضافه‌شدن» بی‌هنگام اعلان‌ها جلوگیری می‌کند و به رهبر اجازه می‌دهد از پیش، دربارۀ موارد به شکلی متناسب تصمیم‌گیری کند.

- اصولی را برای اعلان شفاهی پرستش مدون کنید و این اصول را به همگان اعلام نمایید.
- اجازه ندهید دیگران به‌دلخواه خود اعلانات را انجام دهند؛ این کار باعث ایجاد لحظاتی مانند «تریبون آزاد» یا «کارائوکه» می‌شود. بلکه خادمی که در سخنوری مهارت دارد را در زمینۀ اعلام تمام اعلانات آموزش دهید.
- اعلانات را به خدمت تبدیل کنید: اعلانات کلیسا را در محتوای اعمال خدمتی کلیسا تنظیم کنید، نه صرفاً در قالب تاریخ‌ها و اطلاع‌رسانی.
- اعلانات را، پیش از آغاز جلسۀ پرستشی اعلام کنید تا هنگامی که گفت‌وگو با خداوند آغاز شد، وقفه‌ای ایجاد نشود.
- اعلانات را در انتهای جلسۀ پرستشی و به‌عنوان بخشی از «فرستادن» اعلام نمایید تا بر نقش اعضای کلیسا در خدمت به خدا و مردم تأکید گردد. هنگامی که اعلانات در انتهای جلسات ارائه شود، به‌عنوان نتیجۀ اعمالِ پرستشی تلقی می‌شود.

اصطلاحی متفاوت را به‌جای «اعلانات» در نظر بگیرید، مثلاً: «زندگی جماعت ایمانداران»، «مشارکت‌های ایمانداران» یا «پرستش و خدمت». فهرست معینی از عناصر مشخص برای پرستش مطابق کتاب مقدس وجود ندارد، اما اصول کتاب‌مقدسی و تاریخی نشان می‌دهد که بسیاری از عناصر پرستشی نیکو، در ملاقاتمان با خدا به ما کمک می‌کند. کافی است تنها در نوشته‌های پولس گونه‌های گستردۀ عناصر پرستشی را در نظر بگیرید که شامل موارد زیر هستند:

دعای آغازین و پایانی برکت (اول قرنتیان ۱ : ۳ ؛ ۱۶ : ۲۳)

ستایش‌ها و تحسین‌ها (اول قرنتیان ۵۷:۱۵)

دعای خودجوش (اول قرنتیان ۱۴:۱۴-۱۵)

مزامیر، سرودها، سرودهای پرستشی (اول قرنتیان ۲۶:۱۴؛ افسسیان ۱۹:۵، کولسیان ۱۶:۳)

سرودها، سراییدن‌ها و شکرگزاری (اول قرنتیان ۱۵:۱۴)

آمین گفتن‌ها و پاسخ‌ها (اول قرنتیان ۱۶:۱۴)

سجده و به‌روی افتادن جسمانی (اول قرنتیان ۲۵:۱۴)

بوسهٔ مقدس (رومیان ۱۶:۱۶، اول قرنتیان ۱۶:۲۰، دوم قرنتیان ۱۳:۱۲؛ اول تسالونیکیان ۵:۲۶، اول پطرس ۵:۱۴)

قرائت عمومی نامه‌های پولس رسول (کولسیان ۴:۱۶؛ اول تسالونیکیان ۵:۲۷)

نبوت‌ها، مکاشفه‌ها، تشخیص‌ها (اول قرنتیان ۱۲:۱۰ ، ۱۴:۶)

سخن گفتن به زبان‌ها و ترجمهٔ زبان‌ها (اول قرنتیان ۱۴:۲۷)

تعالیم ، موعظه، بنای روحانی (اول قرنتیان ۱:۱۷؛ ۱۴:۲۶ و ۱۵:۱۴)

شِفاها (اول قرنتیان ۱۲:۹و ۲۸ و ۳۰)

پاره کردن نان (اول قرنتیان ۱۱:۲۰-۳۴)

تعمید (اول قرنتیان ۱: ۱۳ تا ۱۵)

استفاده از «مارانا ثآ» و اصطلاحات پرستشیِ زبان آرامی «خداوندا، بیا!» (اول قرنتیان ۱۶:۲۲)

جمع‌آوری هدایا (اول قرنتیان ۱۶:۱ و ۲)[1]

به عنوان یک رهبر پرستشی، از گونه‌های مختلف عناصر پرستشی برای هدایت اعضای کلیسا در مرحلهٔ گردهم آمدن استفاده نمایید.

چگونگی نظم‌بخشیدن به عناصر پرستشیِ مرحلهٔ گردهم آمدن

احتمالاً تا کنون درک کرده‌اید که مرحلهٔ گردهم آمدن، فراتر از زمانی طولانی است که در طی آن اعضای کلیسا سرود می‌خوانند تا به مرحلهٔ اصلی برسند. اعمال پرستشی فراوانی به هم متصل می‌شوند تا اعضای کلیسا را در سفری از حالتِ ذهنیِ پیشینِ خود، به نقطهٔ اتحاد و آمادگی برای شنیدن پیغام خدا برسانند. با این وجود، چگونه می‌توانیم این سفر را نظم ببخشیم؟ در اینجا چند پیشنهاد ارائه می‌شود.

۱. گفت‌وگو را مدّ نظر داشته باشید. اگر پرستش یک گفت‌وگو است در تمام آن به «دیالوگ» فکر کنید. چه اعمال پرستشی در اصل از سوی خدا و خطاب به ما هستند؟ این موارد را در تناوب با اعمال پرستشی‌ای قرار دهید که سهم ما از این گفت‌وگو و خطاب به خدا یا خطاب به یکدیگر است. استفاده از نشانگرها می‌تواند مناسب باشد:

---

۱. بری لیش، پرستش نوین: گفت‌وگوی صادقانه دربارهٔ موسیقی و کلیسا (گرند رپیدز: بیکر بوکز، ۲۰۰۱)، ص ۸۷.

۲. تعادل را مدّ نظر داشته باشید. سعی کنید از به‌کارگیری بیش از حد هر نوع عنصر پرستشی، که دائماً و پشت سر هم تکرار شود خودداری کنید.
۳. مشارکت را در نظر داشته باشید. از ابتدا و در سراییدن، پاسخ دادن و مطالعه کردن کلام، دعای متحد و مواردی نظیر این، مردم را به مشارکت دعوت کنید. اگر دقایق زیادی از آغاز مرحلهٔ گردهم آمدن صرف گوش فرا دادن به رهبر شود، آغاز جلسهٔ شما ضعیف خواهد بود.
۴. حرکت از کل به جزء را در نظر بگیرید. آیا اعمال پرستشی در طول پیشرفتِ مرحلهٔ گردهم آمدن، رفته‌رفته متمرکزتر می‌شوند؟
۵. تنوع را در نظر بگیرید. هیچ دلیلی ندارد که مرحلهٔ گردهم آمدن هر هفته کاملاً شبیه هفته‌های قبل باشد. تنوعی وجود دارد که می‌توانیم ضمن وفادار بودن به اهداف مرحلهٔ گردهم آمدن، از آن‌ها بهره ببریم. این سفر می‌تواند با استفاده از هر تعداد روش و عنصر پرستشی انجام شود.

هدایت مسیر مرحلهٔ گردهم آمدن

طراحی یک گردهم آمدن عالی روی کاغذ یک چیز است؛ و هدایت چنین گردهم آمدنی یک چیز دیگر. همهٔ ما رهبری پرستش بدون آمادگی کافی یا بدون الهام را تجربه کرده‌ایم، که می‌تواند حتی طراحی نیکوی مرحلهٔ گرد هم‌آیی را از هم بپاشد. رهبری پرستش، مستلزم داشتن عطای روحانی، وقت گذاشتن، از پیش مهیا شدن، تمرین کردن و تعهد است. اگر من به خانهٔ شما دعوت شوم، این کارها را انجام می‌دهید:

- به من خوشامد می‌گویید.
- من را به داخل دعوت می‌کنید.
- با اخلاقِ خوش و رفتاری خوشامدگویانه من را پذیرا می‌شوید (با لبخند، رفتار دوستانه، نشان دادن اینکه واقعاً از آمدن من خوشحال هستید)

به عنوان یک رهبر پرستشی، خود را به عنوان یکی از میزبانان خانهٔ خدا متصور شوید. خدا شما را برای خوشامدگویی به میهمانان فراخوانده است پس:

- به اعضای کلیسا خوشامد گویید.
- آن‌ها را دعوت کنید تا مشارکت داشته باشند.

- اخلاقی خوشامدگویانه داشته باشید (مثبت، دوستانه، گرم).

در اینجا مثال‌هایی از نحوهٔ آغاز ضعیف مرحلهٔ گردهم آمدن آورده شده است:[1]

- سلام، حال حاضرین چطور است؟
- آیا آماده هستید که اوقات خوبی داشته باشیم؟
- صبح به خیر. از دیدن تعداد بی‌شمار حاضرین جلسهٔ امروز غافلگیر شده‌ام.
- بیایید با خواندن چند سرود شروع کنیم.

نمونه‌های قوی‌تر:

- امروز را خداوندمان خلق کرده است؛ پس بیایید شادمانی کنیم و خدا را بسراییم! بیایید در پرستش خداوند بی‌نظیر و شگفت‌انگیزمان به یکدیگر ملحق شویم!
- به خانهٔ خدا خوش آمدید، خداوند زنده امروز حاضر است تا ستایش‌ها و پرستش‌هایمان را دریافت کند! از شما دعوت می‌کنم که یک‌صدا با برادران و خواهرانتان در ستایش خداوند شادمانی کنید، قصد داریم در این روز که خداوند خلق کرده، از او را بسراییم!

همان‌طور که در بالا گفته شد، از کلماتی که ذات رویداد پرستشی را نشان می‌دهد استفاده کنید.

- از اصطلاحات و جملات کلام استفاده کنید.
- مثبت باشید و از زبانی «شادمانه» استفاده کنید.
- مختصر و مستقیم سخن بگویید. از زیاده‌گویی پرهیز کنید.
- اطمینان حاصل کنید که دو بخش در سخنان آغازین شما وجود دارد: خوشامدگویی و دعوت.
- در یک نقطه بلند بایستید و درعین‌حال آرام باشید. تکان نخورید و از این پا به آن پا حرکت نکنید.
- پاهای خود را ثابت نگاه دارید و اگر لازم است بالاتنه خود را به جهت لازم بچرخانید.
- مستقیم به چشمان پرستندگان نگاه کنید. چشمان خود را نبندید یا بالای سر مردم را نگاه نکنید، به صورت عزیزان نگاه کنید به نحوی که، شادمانی در نگاهتان باشد.[2]

---

۱. این‌ها نمونه‌های واقعی از شروع‌هایی هستند که شنیده‌ام. حقیقت عجیب‌تر از خیال است.

۲. قویاً به رهبران پرستش توصیه می‌کنم که حتی هنگام سراییدن، چشم‌های خود را نبندند. اگر رهبران با مردم تماس چشمی ندارند، چرا اصلاً در برابر ایشان قرار می‌گیرند؟ در این صورت، بهتر است از خارج صحنه، کلیسا را رهبری کنند. تماس چشمی

- با تمام پرستندگان ارتباط چشمی برقرار کنید. اغلب، رهبران پرستشی بیشتر به یک نقطه توجه می‌کنند، خود را مجبور کنید به نقاط مختلف و در اصل به تمامی اعضای کلیسا نگاه کنید.
- لبخند بزنید! سعی کنید صدای شما گرم باشد. اغلب ما فکر می‌کنیم اخلاقی دلپذیر داریم، اما دیدگاه اعضای کلیسا ممکن است خیلی متفاوت باشد.
- بلند، آهسته و با وضوح سخن بگویید.
- از بیهوده‌گویی پرهیز کنید. هیچ‌کس مایل نیست بداند شب گذشته چه شامی میل کرده‌اید. این جلسه دربارهٔ شما نیست بلکه دربارهٔ خدا و جماعت ایمانداران است.
- حرکات دست خود را محدود کنید، دربارهٔ حرکت دستی که انتخاب می‌کنید آگاهانه تصمیم بگیرید. حرکت بدن و دست خود را مقابل آینه تمرین کنید تا برایتان طبیعی شود.
- تمام کلماتی که می‌خواهید به زبان بیاورید را از پیش حفظ کنید.
- از شخصی بخواهید که به صورت دوره‌ای عملکردتان را مورد نقد و بررسی قرار دهد.

جمع‌بندی و نتیجه‌گیری

در هنگام طراحی و رهبری مرحلهٔ گردهم آمدن، سه نکته را به یاد داشته باشید: اوّلاً، گردهم آمدن می‌تواند در هر سبکی به انجام برسد. گردهم آمدن به سفر پرستش مربوط می‌شود و می‌توانید این کار را در هر سبکی انجام دهید. ابتدا عناصر صحیح را انتخاب کنید و سپس آن‌ها را با سبک متناسب به جماعت ایمانداران خود ارائه دهید.

ثانیاً، هر گردهم آمدن ی متفاوت است. عالی است بدانید که گردهم آمدن کلیسای شما می‌تواند تازه و پر از هیجان باشد و لازم نیست که هر بار، گردهم آمدنیِ تکراری داشته باشید. اگر اهداف اصلی مرحلهٔ گردهم آمدن صحیح و سر جای خود باشد، می‌توانید از انتخاب‌های بی‌پایان برای نظم‌دهی به عناصر پرستشی لذت ببرید.

سوّماً، گردهم آمدن، یکی از چهار «اتاق» اصلی پرستش است. این مرحله باید چنان منسجم باشد که به‌خودی‌خود یکی از چهار اتاق اصلی تلقی شود، با این حال، هرگز فراموش نکنید که این اتاق یکی از چهار بخش اصلی کل پرستش محسوب می‌شود؛ بنابراین، به یاد داشته باشید که هر هفته مرحلهٔ گردهم آمدن به کلام، شام خداوند و فرستادن مرتبط است.

برای تشویق جماعت به مشارکت در اعمال پرستش حیاتی است

اصطلاحات کلیدی

ستایش‌های جمعی: هرگونه جملهٔ کوتاهِ ستایش و شکرگزاری که از سوی جماعت ادا می‌شود؛ چه از پیش آماده شده باشد و چه به‌صورت خودجوش به زبان آورده شود.

فراخوان پرستش: عملی پرستشی که جلسه را بر محور خدا متمرکز ساخته، پرستندگان را به شناختِ پرستشی که از سوی خدا آغاز شده است فرا می‌خواند و آنان را به مشارکت و وحدت دعوت می‌کند. فراخوان پرستش می‌تواند از راه‌های گوناگون انجام پذیرد: (قرائت کتاب مقدس، واژگانی از پیش آماده شده، سرودها، رقص آیینی از پیش طراحی شده و غیره).

قاموس نامه‌ها: (برگرفته از واژهٔ لاتین Credo به معنی «ایمان دارم»). جمله‌ای از باورهای راست‌کیشانهٔ مسیحیان.

ستایش‌نامه یا سرود ستایش: هر سرود کوتاهی که خدا در آن ستایش شود.

آیین‌های ورودی: اعمال پرستشی گوناگونی که در کنار هم مرحلهٔ گردهم آمدن را تشکیل می‌دهند.

خوشامدگویی: واژگان و اصطلاحاتی مبتنی بر ایمان که در راستای خوشامدگویی به پرستندگان بیان می‌شود تا ماهیت مراسم پرستشی را مشخص کرده و فضای مقدس پرستش را برپا کند.

بوسهٔ مقدس: عمل سنتی بوسیدن (میان ایمانداران) که نشانه‌ای از محبت و خوشامدگویی مسیحی می‌باشد.

سرود ورودی: (برگرفته از کلمهٔ لاتین به معنی «ورود» یا «وارد شدن»). سرودی که از سوی تک‌خوان یا گروه، هنگام حرکت به سوی آغاز پرستش خوانده می‌شود.

نیایش پی‌درپی: دعا، مطالعهٔ کلام و موارد مشابه که در آن اعضای کلیسا جمله یا اصطلاحی را در پاسخ به متنی که رهبر می‌خواند تکرار می‌کنند (به عنوان مثال: «خداوندا، دعای ما را بشنو»).

جنبش‌های آیینی: قالبی تفسیری برای انتقال یک پیام خاص، مانند انتقال سلام و صلح.

عمل سنتی انتقال صلح: زمانی که افراد با گفتن عبارت «صلح مسیح با تو باد» یکدیگر را سلام می‌گویند تا آشتی و صلح میان افراد برقرار شده و جماعت متحد ایمانداران شکل گیرد.

دعای مردمان: دعایی شفاعتی که به واسطهٔ جماعت ایمانداران انجام می‌شود.

پیش‌درآمد و مقدمه: قطعهٔ موسیقی بی‌کلام که فضا را برای مرحلهٔ گردهم آمدن، مهیا می‌سازد.

مطالعهٔ واکنش دار: کلماتی که به تناوب بین رهبر و حاضرین (یا بین دو گروه) ردوبدل می‌شود؛

هر متن یا آوازی که به‌صورت واکنش دار، توسط کسانی که در پرستش مشارکت دارند به زبان آورده می‌شود.

بیشتر بیاموزید

راهنمای شبانان در هدایت جلسات پرستشی، باربارا میلر، نشویل: آبینگدون، ۲۰۰۶
راهنمای موعظه و رهبری پرستش، ویلیام.اچ. ویلیمون، وست‌مینستر جان ناکس، ۲۰۰۸

مشغول شوید

تلاش کنید مرحلهٔ گردهم آمدن را در کلیسای خود بهبود بخشید، به یاد داشته باشید که همواره می‌توانید در این روند پیشرفت کنید. مورد زیر را امتحان کنید:

۱. با افرادی که در کلیسای شما مسئول برنامه‌ریزی جلسات پرستشی هستند ملاقات کنید.
۲. صورت‌جلسهٔ یکی از ترتیب‌های مرحلهٔ گردهم آمدن اخیرتان، که نمونه‌ای از برنامهٔ رایج کلیسای شماست را انتخاب کنید.
۳. با توجه به بخشی که مطالعه کردید (فقط این سه مورد) را صادقانه ارزیابی کنید:
   الف. کلمات آغازینی که در گردهم آمدن به زبان می‌آورید.
   ب. روح مرحلهٔ گردهم آمدن.
   ج. جنبش مرحلهٔ گردهم آمدن (از کلی به جزئی)
۴. در دعا راجع به یک مورد که در ماه آینده بهینه‌سازی خواهید کرد، تصمیم بگیرید.
۵. پس از جلسات بعدی، دوباره با هم ملاقات داشته باشید و راجع به نتیجهٔ تغییرات اعمال شده گفت‌وگو کنید.

پنج

اتاق دوم
کلام خدا

جستجو کنید

قبل از خواندن فصل ۵، گروهی از رهبران پرستشی را گردهم آورید و نِحِمیا ۸ آیات ۱ تا ۸ را با هم مطالعه کنید.

۱. به هر قسمتی که اعلام شده است خواندن شریعت واقعاً با ارزش محسوب می‌شده است، توجه کنید. هر موردی که یافتید را ثبت کنید.
۲. به این نکته بیندیشید که حقایق این آیات چه ارتباطی با تجربهٔ شما از قرائت عمومی آیات کلام خدا دارد.
۳. اگر تنها می‌توانستید یک مورد را انتخاب کنید، چه پیشنهادی برای شخصی که در کلیسای شما مسئول خواندن آیات کلام خدا است داشتید تا در انجام خدمت خود پیشرفت کند؟

اکنون که اندیشیدن را آغاز کرده‌اید، افکار خود را با مطالعه فصل ۵ گسترش دهید.

گسترش دهید

مرحلهٔ گردهم آمدن اعضا به انجام رسیده است؛ هدف این بخش که در راستای گردهم آوردن و مهیا کردن پرستندگان برای شنیدن پیغام خداست، محقق شده است. مسلماً خدا از آغاز، سخن گفتن را آغاز کرده است، چرا که مرحلهٔ گردهم آمدن با گفت‌وگوی بین خدا و قوم خود آغاز می‌شود. مثل هر گفت‌وگوی دیگری سخنانی تبادل شده است. با این حال، هنگامی که دیوارِ باربرِ دوم را که همان کلمهٔ خدا می‌باشد، پایه ریزی می‌کنیم، معمار پرستش اتاق دیگری را برای پرستش بنا می‌کند که عملکرد اصلی آن پیغامی است که خدا به گوش پرستندگان می‌رساند.

در این دومین جنبش از چهار جنبش اصلی پرستش، اکنون که ما به عنوان جماعت ایمانداران گردهم آماده و مهیا هستیم خدا کلامی را به ما عطا کند.

تعدادی از عناصر پرستشی برای خدمت کلام مفید و مناسب هستند (برخی از دعاها، سرودها، پاسخ‌ها و واکنش‌ها). با این وجود، اصلی‌ترین عنصر این بخش از جلسهٔ پرستشی، قرائت آیات کلام خدا و موعظهٔ اصلی می‌باشد. این بخش، پیغام اصلی جلسه را اعلام می‌کند. برای اینکه بتوانم موارد پر اهمیت و سنگینی که به مسئلهٔ مهیا سازی موعظهٔ اصلی ربط دارد را توضیح و ارائه دهم، روی این امر تمرکز خواهم کرد که رهبران پرستشی چگونه می‌توانند (۱) این قسمت از جلسه پرستشی را طراحی کنند و (۲) برای اینکه به نحوی مؤثر آیات کلام خدا را برای حاضرین قرائت کنند مهیا شوند.

پیش‌زمینهٔ خدمت کلام در پرستش

از دوران موسی متن نوشته شدهٔ کلام خدا و تفسیر آن بخش اصلی، پرستش محسوب می‌شدند. در تمام عهد عتیق، نمونه‌های متعددی از گردهمایی‌هایی وجود دارد که به‌منظور شنیدن قرائت شریعت برگزار می‌شدند، و پس از آن، آموزش یا تفسیر شریعت ارائه می‌گردید.[۱] یکی از موارد قابل توجه را در نِحِمیا باب ۸ مشاهده می‌کنیم. در زمان بازسازی معبد در ۴۵۸ پیش از میلاد مسیح، بعد از دورانی که قوم اسرائیل به تبعید برده شده بودند، «تمامی قوم همچون یک تن، در میدانِ مقابل دروازهٔ آب گرد آمدند. آنان به عِزرای کاتب گفتند که کتاب شریعت موسی را که خداوند به اسرائیل امر فرموده بود، بیاورد» (نِحِمیا ۸: ۱). در عین حال همهٔ مردم ایستاده بودند و از صبح زود تا نیمهٔ روز، شریعت خدا برای مردم قرائت می‌شد. نه تنها شریعت برای مردم خوانده می‌شد بلکه کاهنان

۱. نمونه‌هایی در خروج ۲۴، تثنیه ۵-۶، دوم پادشاهان:۲۳:۱-۲ و موارد دیگر یافت می‌شوند.

به تفسیر آن نیز می‌پرداختند. «آنان از کتاب، یعنی از تورات خدا، می‌خواندند و آن را توضیح داده، مفهومش را بیان می‌کردند تا مردم آنچه را که قرائت می‌شد، دریابند.» (۸: ۸) در اینجا شاهد موردی قدرتمند از سنت عبرانیان در قرائت و تفسیر علنی و عمومی کلام مقدس هستیم.

در سنت کنیسه‌ها، به طور خاص به قرائت و تفسیر کلام اهمیت داده می‌شد. تا دوران مسیح، قرائت و موعظهٔ کتاب شریعت، مزامیر، و انبیا در سنت کنیسه‌ها مرسوم بود. مسیح در قرائت و تفسیر کلام خدا در کنیسه‌ها مشارکت جست (لوقا ۴: ۱۴-۳۰). می‌توان گفت که آغاز خدمت کلام و دستورالعمل‌های اهل شریعت در **کنیسه‌ها** آغاز شده است. اولین پیروان یهودی عیسای مسیح، احتمالاً در پرستش‌های مسیحی از آنچه که در کنیسه‌ها انجام می‌دادند استفاده می‌کردند. «قرائت کلام خدا در جمع، نقش مرکزی و اصلی در پرستش‌های مسیحیان اولیه داشته است.»[1] پولس، تیموتائوس، شبانِ کلیسای افسُس را توصیه می‌کند: «تا آمدنم، به قرائت کلام خدا و اندرز و تعلیم مشغول باش» (اول تیموتائوس ۴: ۱۳).

جاستین شهید این‌طور می‌نویسد: «تا جای امکان، متون رسولان یا نوشته‌های انبیا قرائت می‌شود.»[2]

قاریان رسمی یا سخنرانان در سنت مسیحیت، جایگاه کهنی دارند. کلمهٔ انگلیسی «Lector» از کلمهٔ یونانی «لِگِر» آمده است که به معنی قرائت‌کردن می‌باشد. قاریان و سخنرانان، فراخوانده شده‌اند و تعلیم یافتند که تعالیم کلام خدا را در جلسات عمومی پرستش قرائت کنند.[3] سِمَت و خدمت قاریان و سخنرانان، یکی از جایگاه‌های جزئی در کلیسای اولیه بود که حداقل از سال ۲۰۰ پس از میلاد[4] وجود داشته است. قاریان کلام، توسط اسقف کلیسا برای خدمت تعیین می‌شدند.

واعظین و قاریان کلام از ابتدای حیات کلیسا نقش مهمی را در مطالعهٔ عمومی کلام خدا ایفا می‌کردند. به‌عنوان میراثی از یهودیت، قاریان مسیحی حداقل از قرن چهارم میلادی برای تعیین اینکه سالانه چه درس‌هایی باید در جلسات تعلیم داده شوند و چه آیاتی باید موعظه شوند، به خدمت گرفته می‌شدند. در نهایت فهرست‌های قرائت آیات، به متونی معتبر تبدیل شدند که در جلسات

---

۱. رابرت ای. وبر، «خدمت کلام چه می‌کند؟» در تازه شدن پرستش روز یکشنبه، جلد ۳ از کتابخانه کامل پرستش مسیحی، ویراستار رابرت ای. وبر (نشویل: استارسونگ، ۱۹۹۳)، ص ۲۳۷.

۲. لیزت لارسن‌میلر، «جاستین شهید: نخستین دفاعیه»، در بیست قرن پرستش مسیحی، جلد ۲ از کتابخانه کامل پرستش مسیحی، ویراستار رابرت ای. وبر (نشویل: استارسونگ، ۱۹۹۳)، ص ۱۴۹.

۳. میچ فینلی، شادی خدمت به‌عنوان قرائت کنندهٔ کلام (توتووا، نیوجرسی: رزرکشن، ۲۰۰۰)، ص ۹.

۴. دام گریگوری دیکس، ساختار پرستش (نیویورک: سیبوری، ۱۹۸۳)، ص ۳۵.

پرستشی رسمی و همچنین در سمینارها به کار گرفته می‌شدند.[1] یک فهرست قرائت آیات، فهرستی ساختارمند از بخش‌های کلام خدا است که برای مطالعه و موعظهٔ جلسات عمومی پرستشی، به کار گرفته می‌شود.[2] فهرست‌های قرائت آیات برای روز خداوند، شامل درس‌های گوناگونی از بخش‌های مختلف کتاب مقدس می‌شود. یکی از رایج‌ترین انواع فهرست قرائت‌ها که امروز هم به کار گرفته می‌شود، فهرست قرائت بازبینی شدهٔ کلیسای عمومی (آر.سی.ال) است که در سال ۱۹۹۲ چاپ و منتشر شده است و حاصل بررسی شورای کلیسایی دانشمندان آیین مسیحیت و نمایندگان شاخه‌های گوناگون مسیحیت از آمریکا و کانادا می‌باشد. آر.سی.ال قرائت‌هایی را با دوره‌ای سه ساله تعیین کرده است که عموماً شامل عهد عتیق، مزامیر، اعمال رسولان و انجیل می‌باشد.

با وجود اینکه خدمت قرائت و موعظهٔ کلام در هنگام پرستش در قرون وسطی رواج خود را از دست داد، در قرن شانزدهم و دوران اصلاحات، هنگامی که مارتین لوتر، جان کالوین، اولریش تسوینگلی و سایرین، روی اهمیت خدمت کلام در پرستش‌ها تأکید کردند، بیداری در این خدمتِ پر اهمیت صورت گرفت. بیشتر اصلاح‌طلبان، طبق تعالیم کتاب مقدس و تاریخ مسیحیت ایمان داشتند که، پرستش دو بخشی می‌باشد و شامل خدمت کلام و شام خداوند است و این دو خدمت، مرکز پرستش مسیحی محسوب می‌شوند. قرن‌های قبل از دوران اصلاحات، عدم تعادلی در پرستش‌ها پدید آمده بود: چون در حالی که بیشتر جلسات به خدمت شام خداوند اختصاص می‌یافت، خدمت کلام کاهش پیدا کرده بود. در طول دوران اصلاحات در اغلب کلیساها و شاخه‌های مسیحیت وجود تعامل پویا بین کلام و شام خداوند به شدت ارزشمند محسوب می‌شد.

امروزه در بسیاری از کلیساها با معمای دیگری دست و پنجه نرم می‌کنیم. میزان زمانی که به موعظه اختصاص می‌دهیم تغییر چندانی نداشته است، اما قرائت کلام تقریباً انجام نمی‌شود. تعجب‌آور است که در بیشتر کلیساهای «معتقد به کلام» آیات و بخش‌های بسیار اندکی از کلام خدا به صورت علنی قرائت می‌شود و یا متن کتاب مقدس به طور کلی در جلسات عمومی قرائت

---

۱. جیمز اف. وایت، تاریخچه‌ای مختصر از پرستش مسیحی (نشویل: ابینگدن، ۱۹۹۳)، ص ۷۰.

۲. استفاده از فهرست قرائت کتاب مقدس (لیکشنری) مزایایی دارد. نورم گارسیا، یکی از دانشجویان پیشین من در مؤسسهٔ وبر برای مطالعات پرستش، دلایل زیر را در مقالهٔ منتشرنشده خود «مزایای استفاده از لیکشنری (۲۰۰۴)» ارائه کرده است: لیکشنری کمک می‌کند تا در پرستش، استفاده‌ای جامع از کتاب‌مقدس صورت گیرد. لیکشنری جماعت ایمانداران را با ارائهٔ کلِ کلامِ مشورتِ خدا بنا می‌کند. لیکشنری به واعظ کمک می‌کند از گرفتار شدن در علایق شخصی و موضوعات تکراری اجتناب کند. لیکشنری (فهرست قرائت‌های کتاب‌مقدسی) باعث ثمرات روحانی در زندگی شخصی رهبر پرستش می‌شود. لیکشنری آماده‌سازی برای پرستش روز یکشنبه را آسان‌تر می‌سازد. لیکشنری میان خواهران و برادران در مسیح—فارغ از فرقه و مکان— پیوندی خاص ایجاد می‌کند.

نمی‌شود. تحقیقاتی را در این زمینه انجام دادم که به لحاظ آماری دلیل این نگرانی را اثبات می‌کند.[1] جالب توجه است که در برخی از سبک‌های جلسات پرستشی، قرائت علنی کتاب مقدس به ندرت صورت می‌گیرد یا اصلاً انجام نمی‌شود.[2] شاید اصلاحاتی نیاز است تا قرائت علنی کتاب مقدس صرف نظر از سبک پرستش‌ها، جایگاه حقیقی خود را در پرستش‌های مسیحی پیدا کند. پیشنهاداتی برای احیا و تقویت خدمت قرائت کلام در کلیسا در انتهای این فصل آورده شده است.

هدف خدمت کلام

هدف خدمت کلام این است که مردم سخنان خدا را در طول کتاب مقدس دریافت کنند و به این واسطه، برای جلال خدا و پادشاهی او تبدیل شوند. دقت کنید که این خدمت به معنی بررسی کلام توسط ایمانداران نیست، چرا که چنین برداشتی موفقیت عملکرد خدمت کلام خدا را بیش از حد به ما وابسته نشان می‌دهد. بلکه، هدف این است که کلام خدا با ما سخن بگوید و ما را مخاطب قرار دهد. هدف این بخش از جلسه، شنیدن از زبان خداست نه آموختن دربارهٔ خدا. تأکید خدمت کلام، بخشی از خدمت است که مانند سخنان نبوتی می‌گوید «خداوند این چنین می‌فرماید». با وجود اینکه خدمت کلام در ذات، (دربارهٔ ارادهٔ خدا، فرامین او و تعالیم دربارهٔ پادشاهی خدا) ما را مطلع می‌سازد، اما هدف آن تبدیل ساختن و شکل دادن جامعهٔ ایمانداران است (برای تجهیز، اصلاح و تعلیم دادن هر ایماندار در پارسایی و راستی، مفید است. دوم تیموتائوس ۳: ۱۶). شنیدن پیغامی مستقیم از سوی خدا ما را شکل می‌دهد، دیدگاهمان را تغییر می‌دهد، و بینش ما را دربارهٔ پادشاهی خدا در جهانی که اکنون در آن ساکن هستیم تبدیل می‌سازد. دریافت اطلاعات و بنا شدن لزوماً از یکدیگر جدا نیستند، بلکه در کنار هم برای خیریت ما کار می‌کنند. شناخت، حقیقتاً به واسطهٔ دریافت اطلاعات به دست می‌آید، اما خدمت کلام، بیش از هر چیز دربارهٔ شنیدن صدای خدا و اطاعت کردن از خدایی است که با ما سخن می‌گوید.

خدمت کلام مستقیماً از مرحلهٔ گردهم آمدن که ما را برای دریافت پیغام خدا مهیا کرده است جاری می‌شود. خدمت کلام همچنین به نوبهٔ خود مسیر را برای جنبش بعدیِ پرستش یعنی شام خداوند و یا (سایر روش‌های واکنش نشان دادن به کلام خدا) آماده می‌کند. به یاد داشته باشید که پرستش، رابطه‌ای است که در یک گفت‌وگو تجلی دارد. در طول خدمت کلام، گفت‌وگوی بین

---

۱. کانستنس ام. چری، «خانهٔ من خانه‌ای خوانده خواهد شد آکنده از... اعلام، کارگاه موسیقی کلیسا، ژانویه تا آوریل ۲۰۰۵، ص ۲۹-۳۵.

۲. من دریافتم که کلیساهای لیتورژیک (پرستشی) بیشترین مقدار قرائت کتاب‌مقدسی را در طول پرستش دارند؛ در حالی که کلیساهای پرستشی معاصر کمترین قرائت کتاب‌مقدسی را دارند. چری، «خانهٔ من»

خدا و قوم او، و روی سخن گفتن خدا و شنیدن ما تمرکز دارد. باید توجه داشته باشیم که گوش فرا دادن ما نباید منفعلانه باشد. گوش فرا دادن نیکو، عمیقاً مشارکتی می‌باشد. یک معمار پرستشی مصر تلاش می‌کند تا پرستندگان را با فرصت‌هایی برای گوش فرا دادن فعال در طول خدمت کلام به مشارکت دعوت کند.[1]

عملکرد اصلی در خدمت کلام عطای مکاشفه است - خدا حقیقت را از طریق قرائت کلام و موعظهٔ اصلی آشکار می‌سازد؛ در نتیجه جامعهٔ ایمانداران با انتخاب‌هایی که باید انجام بدهند روبه‌رو می‌شوند و به واسطهٔ کلام خدا، تشخیص می‌دهند که خدا از آن‌ها چه انتظاری دارد.[2] خدا مکاشفه می‌بخشد و ما پاسخ داده و واکنش نشان می‌دهیم. خدمت کلام بخش مهمی از جلسه پرستشی است که انجام می‌شود تا پرستندگان بتوانند، به آنچه خدا مکشوف ساخته است بپردازند و به آن توجه کنند. پاسخ ما به آنچه که خدا آشکار ساخته است مرتبط است.

همان‌طور که در فصل ۱ مشاهده کردیم، ضرب‌آهنگ مکاشفه و پاسخ دادن در پرستش مسیحی، امری بنیادین محسوب می‌شود. این اصل به ذات خداوند تثلیث وابسته است و مشارکت با خداوند را در عمق خود دارد.

الگوهای فراوانی از مکاشفه و پاسخ یا واکنش در کتاب مقدس وجود دارد. یکی از این موارد را در خروج ۲۴ : ۷ مشاهده می‌کنیم: «آنگاه کتاب عهد را برگرفت و آن را در حالی که قوم گوش فرا می‌دادند، برای ایشان قرائت کرد. آن‌ها در پاسخ گفتند: "هرآنچه خداوند گفته است به جا خواهیم آورد و مطیع خواهیم بود."» دقت کنید که در پس اعلام شدن کلام و قرائت آن، پاسخی وجود دارد.[3] همیشه ابتدا گوش فرا دادن به کلام خدا انجام می‌شود؛ بنابراین بخش زیادی از خدمت، به گوش فرا دادن به کلام که مهم‌ترین جنبهٔ پرستش محسوب می‌شود اختصاص دارد.

---

۱. بخش زیادی از مسئولیت بر عهدهٔ واعظ است که باید به‌گونه‌ای موعظه کند تا شنیدن فعالانه را تقویت کند. با این حال، رهبر پرستش خلاق می‌تواند در طول قرائت‌ها فرصت‌هایی برای واکنش‌های جمعی (کلامی، حرکتی یا نمادین) طراحی کند تا جماعت را به مشارکت فعالانه در شنیدن دعوت نماید. این موارد نباید بیش از حد استفاده شوند، اما در صورت تناسب، می‌توانند بسیار مؤثر باشند.

۲. کلام به ما این فرصتِ روشن را می‌دهد تا مکاشفهٔ خدا را بشنویم و با پیامدهای آن برای زندگی‌مان درگیر شویم. پاسخ‌های مناسب به مکاشفهٔ الهی در فصل هفتم توضیح داده خواهد شد.

۳. نمونه‌های بسیاری از «مکاشفه و واکنش» در کتاب‌مقدس وجود دارد؛ از جمله: نحمیا ۸: ۱-۱۲؛ اشعیا ۶: ۱-۸؛ اعمال ۲: ۱۴-۴۲؛ و موارد دیگر.

روح خدمت کلام

روح خدمت کلام با خصوصیت آرام بودن، تفکر عمیق، گوش فرا دادن، در دعا بودن، داشتن قلبی باز و تعهد، تجلی می‌یابد. نقطه اوجی لازم است که بتوانیم در آن به سخن گفتن خدا گوش فرا دهیم. هنگامی که با صداهای نامفهوم احاطه شده‌ایم، شنیدن هر صدایی برایمان دشوارترین کار است. کتاب مقدس به ما یادآوری می‌کند: «اما خداوند در معبد مقدس خویش است، پس تمامی زمین به حضور وی خاموش باشد.» (حبقوق ۲: ۲۰)

فضای آرام و تفکر عمیق نباید با اندوه اشتباه گرفته شود. خدمت کلام بخش غم‌انگیز پرستش نیست مگر اینکه، پیغامی که اعلام می‌شود باعث اندوه در قلب مخاطبین شود (نحمیا ۸: ۹ را مشاهده کنید). این مرحله و فرصت، به زمانی اختصاص دارد که کلیسا با اشتیاق در انتظار شنیدن سخن گفتن خدا باشند، در این زمان تمام توجهمان را به خداوندی که کلیسا را مخاطب قرار می‌دهد معطوف می‌سازیم. توجه عمیق همواره مستلزم این است که از سخن گفتن دست بکشیم تا سخنان طرف مقابل را بشنویم.

جنبش خدمت کلام

جنبش و حرکت کلام، در اصل از سوی خدا به سوی انسان‌ها است. خدا سخن می‌گوید و ما می‌شنویم (شکل ۱.۵ را مشاهده کنید).

شکل ۱.۵ جنبش خدمت کلام

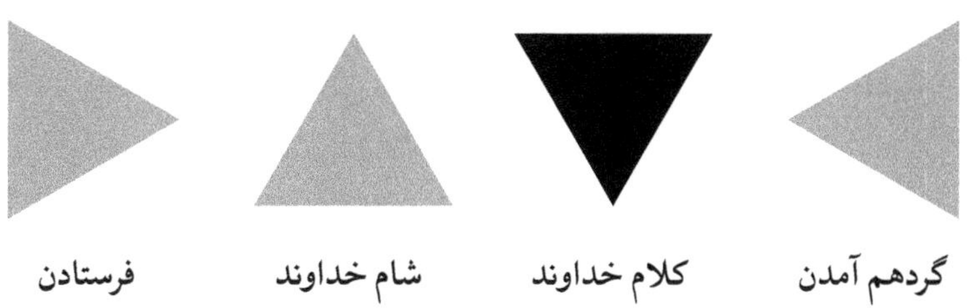

با وجود اینکه قرائت کتاب مقدس و موعظهٔ کلام بخش عمدهٔ خدمت کلام را شامل می‌شود، اما این بخش همچنین شامل عناصر پرستشی دیگری نیز هست که برای تمرکز بر کلام طراحی شده‌اند. این جنبش، مانند تمام جنبش‌های اصلی جلسهٔ پرستشی، حاوی ترکیبی معنادار از عناصر پرستشی است که بخشی مجزا را تشکیل می‌دهند و از لحاظ منطق و زیبایی منحصر به‌فرد هستند — و ضمناً

می‌توانند پرستندگان را به سمت جنبش بعدی پرستش، یعنی شام خداوند (یا سایر روش‌های پاسخ دادن و واکنش نشان دادن به کلام) هدایت کنند.

موارد کاربردی

عناصر پرستشی مناسب برای خدمت کلام

مثل مرحلهٔ گردهم آمدن، خدمت کلام نیز عناصر پرستشی گوناگونی را با خود دارد که باعث برقراری ارتباط اعضای کلیسا با کلام خدا و موعظهٔ اصلی می‌شود. در اینجا چند مورد از عناصر متناسب با این خدمت آورده شده است، اما عناصر کاربردی متعدد دیگری نیز برای خدمت کلام وجود دارد.[۱] (به یاد داشته باشید از به‌کارگیری عناصری که پاسخ دادن به کلام خدا را شامل می‌شوند خودداری کنید؛ چرا که آن بخش پرستش، در ادامه خواهد آمد. در این مرحله از پرستش، عناصری را انتخاب می‌کنیم که اعلام کردن کلام خدا را تسهیل می‌نماید.) این‌ها فقط نمونه‌هایی از اعمال پرستشی کاربردی هستند که می‌توانند برای خدمت کلام خدا مفید باشند. این فهرست بدون ترتیب مشخصی ارائه شده است:

- دعا برای اینکه روح‌القدس کلام خداوند را برایمان روشن و باز کند.[۲]
- سکوت (برای قبل، بعد و طول مدت قرائت کلام خدا و موعظهٔ اصلی مناسب است).
- قرائت نقاط گوناگون کلام خدا (عهد عتیق، مزامیر، رسالات، انجیل و غیره).
- موعظه یا خطابهٔ مسیحی.
- «پاسخ گفتن» (یک گفت‌وگو بین واعظ و کلیسا دربارهٔ مفهوم آیات کلام و موعظهٔ اصلی).
- سرودهای دعایی و ستایشی که در طول خدمت کلام تنیده می‌شوند (به‌عنوان مثال، خواندن سرود گلوریا پس از قرائت انجیل).
- ویدئو کلیپ‌هایی که دربارهٔ خدمت کلام تهیه شده است.
- کلام نبوتی.[۳]
- شهادت دربارهٔ رابطهٔ یک ایماندار با آیه یا آیات روز.

---

۱. عناصر پرستش بسیاری وجود دارند که، برای بیش از یک بخش از پرستش‌ها مناسب‌اند؛ بنابراین هنگام بحث دربارهٔ اعمال مناسب برای چهار حرکت اصلی پرستش، همپوشانی‌هایی وجود خواهد داشت. در نحوهٔ استفاده از آن‌ها انعطاف‌پذیری و تنوع زیادی وجود دارد.

۲. این نوع دعا در فصل نهم توضیح داده خواهد شد.

۳. پرستش‌گرانِ سنتِ کاریزماتیک گاهی نبوت را در ارتباط با کلام مکتوب یا موعظه‌شدهٔ خدا تجربه می‌کنند.

- موعظهٔ ترغیبی و تشویقی.[1]
- یک ترانهٔ پرستشی تک‌خوانی یا سرودی که توسط کل اعضا در زمینهٔ آیه یا آیات روز خوانده می‌شود.
- یک شعر، اجرای هنری، رقصی آیینی، نقاشی، عکس و یا سایر اجراهای هنری که معنی آیات را بازگو می‌کند.

یک بار دیگر باید گفت که انتخاب‌های متعددی وجود دارد. آنچه اهمیت دارد این است که جامعهٔ پرستشی در خدمت کلام خدا وقت بگذرانند تا خدا بتواند حقیقت را بر آن‌ها آشکار کند و آن‌ها بتوانند پاسخ گویند.

پرستندگان در زمانی که به درستی با کلام خدا صرف شود، دعوت می‌شوند تا در زیباییِ توجه کردن به سخنان خدا تفکری عمیق داشته باشند و به پاسخی که خدا از آن‌ها انتظار دارد بیندیشند.

چگونگی نظم و ترتیب بخشیدن به عناصر پرستشی مرحلهٔ خدمت کلام

شاید برای بسیاری از کلیساها عجیب به نظر برسد که برای خدمت کلام، به عنصر پرستشی دیگری به جز موعظه بیندیشند. با این وجود، به لحاظ تاریخی، موعظه‌ها با دعا، سرودها، قاموس‌نامه‌ها و عناصر پرستشی دیگری شکل می‌گرفتند. در نظر داشته باشید که چگونه می‌توانیم با دعوت کردن پرستندگان برای شرکت در «خوشامدگویی به کلام»[2] و «پذیرش و تصدیق کلام»[3] گفت‌وگوی اعضا را با خدا تقویت کنیم. قرائت کلام و موعظهٔ اصلی در این بخش از خدمت ارائه می‌شوند؛ سایر اعمال پرستشی می‌توانند از قرائت کلام و موعظهٔ اصلی حمایت کنند. رهبران لازم است عناصری را برگزینند که به پرستندگان کمک می‌کند خود را با کلام خدا همسو نمایند، نه اینکه کلام را با

---

۱. جان وِسلی، رهبر متدیست، به خدمتِ «تشویق و ترغیب» به شکلی ویژه علاقه‌مند بود. او این خدمت را بخشی الزامی از خدمات موعظه‌ای برای متدیست‌های انگلستان قرار داد. وی این خدمت را چنان جدی گرفت که معیارهایی برای صدور مجوز رسمی برای تشویق‌کنندگان تعیین کرد؛ به‌گونه‌ای که تنها افراد مورد تأیید، مجاز به ترغیبِ شنوندگان برای به‌کار بستنِ موعظه در اعمال بودند. وسلی همچنین به زنان اجازه داد تا به‌عنوان تشویق‌کننده، مجوز دریافت کنند؛ حرکتی که راه را برای تأییدِ واعظانِ زن هموار کرد. استیفن تامکینز، جان وسلی: زندگی‌نامه را مشاهده کنید (گرند ریپدز: اردمنز، ۲۰۰۳)، ص ۱۵۹-۱۶۰.

۲. نمونه‌ها شامل این سخنان است: پس از خواندن تعالیم انجیل جماعت بگویند: «ستایش بر تو،ای مسیح خداوند»؛ یا هنگامی که قرائت کننده با جملهٔ «این است کلام خداوند» قرائت را به پایان می‌برد جماعت پاسخ دهند: «خدا را شکر».

۳. نمونه‌هایِ شاملِ «آمین»: جماعت پس از پایان موعظه یا تأییداتی در پایانِ قرائتِ کتاب‌مقدس مانند: «هرآنچه خداوند فرموده است به جا خواهیم آورد و مطیع خواهیم بود» (خروج ۲۴:۷)؛ «هرکس این سخنان را بشنود و به آن عمل کند، چون مردی دانا خواهد بود که خانه‌اش را بر سنگ بنا کرد» (اقتباس از متی ۷:۲۴)؛ یا: «هر که گوش شنوا دارد، بشنود آنچه روح به کلیساها می‌گوید» (مکاشفه ۲:۷) بگویند «آمین».

حاضرین همسو کنند. یکی از شاگردان من دربارهٔ شادی خود، گزارشی می‌داد، چرا که در طول هفته در اردوی تابستانی «پیغامی کوتاه تقدیم اعضا می‌شد که با سرودی که خوانده شده بود همسو بود». گاهی در پرستش‌ها، کلام خدا را با برنامهٔ پرستشی‌ای که طراحی کرده‌ایم هم‌جهت می‌کنیم؛ به جای این کار، باید عناصر مشارکتی و پرستشی‌ای را انتخاب کنیم که به مردم کمک می‌کنند کلام خدا را که قرائت و موعظه می‌شود بشنوند و بپذیرند.

رهبران چگونه می‌توانند این بخش از گفت‌وگوی جماعت ایمانداران با خدا را نظم ببخشند؟ می‌توانید دربارهٔ این موارد بیندیشید:

۱. بخش‌هایی از کلام خدا را که به‌عنوان متن برای موعظه به کار گرفته می‌شوند، در نظر بگیرید. این متون را بخوانید، روی آن‌ها تعمق کنید و دربارهٔ آن‌ها دعا کنید.
۲. بخش‌های اصلی موعظه را در نظر بگیرید. اگر امکان‌پذیر است، از واعظ بخواهید نکات اصلی را در یک یا دو جمله جمع‌بندی کند، سپس فهرستی از سرودها، دعاها و سایر عناصر پرستشی تهیه کنید که مستقیماً به موعظهٔ اصلی مرتبط باشند.
۳. مشارکت‌ها را در نظر داشته باشید. به این فکر کنید که چگونه می‌توانید پرستندگان را در آمدن به سوی کلام خدا، در شنیدن موعظه و در دعوت و طلبیدن یاری خدا برای درک کردن کلام، یاری رسانید. عناصری پرستشی‌ای را به کار بگیرید که به پرستندگان این فرصت را می‌دهد که، به شکلی زنده با کلام خدا ارتباط برقرار کنند.
۴. گفت‌وگو را مدّ نظر بگیرید. به یاد داشته باشید که هدفتان برقراری یک گفت‌وگو است. با وجود اینکه پیغام خدا بخش اصلی این گفت‌وگو را شکل می‌دهد، همواره بخش‌هایی در آغاز و پایان موعظه وجود دارند که برای حفظ جنبهٔ گفت‌وگوییِ خدمت، مناسب هستند.
۵. گزینه‌های گوناگون را مدّ نظر بگیرید. در این خدمت، فرصت‌های بی‌شماری برای به کار گیری خلّاقیت وجود دارد. به عنوان مثال، دعا برای دریافت روشنی و بینش از سوی روح‌القدس را می‌توان در قالب آیات کلام، یک سرود و یا یک رقص آیینی انجام داد؛ انتخاب با شماست!

در اینجا چند ایده برای این نوع دعا آورده شده است:

- این آیهٔ کلام خدا را دعا کنید: «سخنان دهانم و تفکر دلم در نظرت پذیرفته آید، ای خداوند، که صخرهٔ من و رهانندهٔ من هستی!» (برگرفته از مزمور ۱۹ :۱۴)
- سرودی را به عنوانِ دعایِ دریافتِ بینش و روشنی از روح‌القدس بسرایید. سرودهایی نظیر:

«خداوندم سخن بگو»، «چشمان قلبم را بگشا»، «ای کلام خدا سخن بگو»، «نان حیات را پاره کن» یا «چشمانم را بگشا تا تو را ببینم».

- از یکی از جوانان بخواهید تا حرکات موزون آیینی را مطابق سرودِ «کلام تو چراغ راه و پاهای من است» انجام دهد.

چرا باید هر خدمت کلام، مانند هفتهٔ قبل باشد؟ چنان دامنهٔ گسترده‌ای از انواع گزینه‌های گوناگونِ عناصر پرستشی وجود دارد که با به کار گیری آن‌ها در عینِ وفادار ماندن به هدفِ خدمتِ کلام، می‌توان این خدمت را به سبک‌های مختلف و گوناگون به انجام رساند.

رهبری و هدایت موثر خدمت کلام

حاضرین بر اساس روشی که هدایت می‌شوند، پاسخ می‌دهند. انرژی و نیروی زیاد، نیروی بیشتر به بار می‌آورد و سستی، سستی به بار می‌آورد. برای هدایت مؤثر خدمت کلام، یک رهبر باید رویه‌ای را برگزیند که با هدفِ خدمتِ کلام همسو باشد. یک رهبر باید:

- در انجام این عمل پرستشی، رفتاری گرم و پذیرا داشته باشد
- در دعا بودن را به تصویر بکشد
- تفکر عمیق و در روحِ تعمق بودن را به تصویر بکشد
- در راهنمایی و هدایتِ دیگران، رفتاری «شبان»گونه داشته باشد (بدون اینکه مستبدانه دستور دهد، آزادانه اعضا را رهبری و هدایت کند)
- کلام خدا را با احساس، قرائت کند (در ادامه، در این مورد بیشتر شرح داده می‌شود)

رهبریِ آرام را، با بی انرژی بودن اشتباه نگیرید. یک رهبر پرستشی باید تمام بخش‌های پرستش را با اشتیاق و علاقه هدایت و رهبری کند. فقط به یاد داشته باشید که در این حوزه، می‌بایستی عملکردی توأم با تفکر عمیق داشته باشید.

موارد کاربردی

در این بخش، برای گسترش تخصص معمار پرستشی در حوزهٔ رهبری خدمت کلام، راجع به دو جنبهٔ کاربردی رهبری توضیحاتی ارائه خواهد شد. اولاً، این بخش به توضیح نحوهٔ قرائت علنی کلام و تمرین‌ها مرتبط با انجام این کار پرداخته می‌شود. سپس، دربارهٔاینکه چگونه می‌توان با استفاده از کلام خدا در طول کل جلسهٔ پرستشی، پرستش‌ها را تقویت نمود توضیحات و تمرین‌ها ی ارائه داده می‌شود.

قرائت عمومی کلام خدا

یکی از نقش‌های کلیدی رهبر پرستشی، قرائت کلام خدا برای عموم است. قرائت یک بخش از کلام خدا برای بنا و سود رساندن به مخاطبین، افتخار و مسئولیت ویژه‌ای می‌باشد. قرائت کلام در تنهایی یک چیز است، و قرائت آن در خدمت و جلسهٔ رسمی چیز دیگر! چرا که وقتی در تنهایی کلمه‌ای را نادرست تلفظ کنید یا قرائتی با احساس نداشته باشید، فاجعه‌ای به بار نخواهد آمد اما، هنگامی که پذیرفتید کلام خدا را در خدمت و جلسهٔ رسمی قرائت کنید و کلام خدا را با صدای بلند به دیگران انتقال دهید، چالشی را پذیرفته‌اید که بر اساس آن باید آمادهٔ مهیا شدن و تمرین کردن باشید. قرائت‌کنندگانی که از پیش آماده نشده‌اند، در طولِ خواندنِ متنِ یک بخش از کلام دچار اشتباه می‌شوند و ممکن است باعث پرت شدن حواس پرستندگان بشوند؛ در نتیجه، به خدمتِ کلامِ خدا **اهانت** خواهد شد. تنها افراد تنبل و مغرور ممکن است بدون تمرین و مهیا شدن، کلام خدا را در حضورِ عمومیِ مردم قرائت کنند. قرائت‌کنندگانی که از پیش آماده شده‌اند، فرصت‌های بیشتری را برای مستمعانِ کلام، یعنی پرستندگان، ایجاد خواهند کرد. قرائت کلام در جلسهٔ پرستشی کار دشواری است، پس این چالش را به‌عنوان خدمت کردن به خداوند بپذیرید. اگر آماده نیستید که وقت بگذارید و در این زمینه شاگردی کنید، انجام این خدمت را به شخص دیگری واگذارید.

اگر حاضر هستید که شادمانی و وظیفهٔ قرائت کلام خدا را بپذیرید، خود را جزو هزاران نفری قلمداد کنید که در طول تاریخ کلیسا به‌عنوان قارئین کلام به خدمت پرداخته‌اند. قارئین کلام خود را وقف سه تمرین روحانی می‌کنند: (۱) آن‌ها دربارهٔ بخشی از کلام که بنا است در جلسهٔ رسمی قرائت کنند، دعا می‌کنند تا معنی آن برایشان روشن شود. (۲) آن بخش از کلام را عمیقاً مطالعه می‌کنند تا به درک کاملی برسند و بتوانند آن را به نحوی مؤثرتر قرائت کنند. (۳) آن‌ها مهارت خود را در حضور دیگران تمرین می‌کنند تا دیگران با نگاهی انتقادی بتوانند به ایشان کمک کنند و در زمینهٔ قرائت کلام پیشرفت داشته باشند.[۱]

خواهید دید که تسلط یافتن در هنر قرائت عمومی کلام خدا، دو بخش دارد: (۱) آماده کردن آن بخش از کلام (۲) ارائه کردن آن بخش از کلام.

آماده کردن آیات

هنگامی که بخشی از کلام را برای قرائت با صدای بلند آماده می‌کنید، این کار را به نحوی انجام دهید که گویا مخاطبین به متن چاپ شدهٔ آیات دسترسی ندارند. تصمیمات خود را بر این مبنا اتخاذ

---

۱. رابرت ای. وبر، برنامه‌ریزی برای پرستش ترکیبی: آمیزه‌ای خلاقانه از پرستش قدیمی و جدید (نشویل: ابینگدن، ۱۹۹۸)، ص ۹۶.

کنید، چرا که شنیدن کلام با مطالعهٔ کلام تفاوت زیادی دارد.

برای مهیا کردن بخشی از کلام در راستای قرائت عمومی آن، از راهکارهای زیر استفاده کنید.

۱. با دعا شروع کنید. هنگامی که بخشی از کلام را برای قرائت عمومی در پرستش مهیا می‌کنید، به نحوی با قالبی از تفسیر کلام، دست و پنجه نرم خواهید کرد. از روح‌القدس بخواهید هنگامی که قصد دارید منظور و هدف بخشی از کلام را درک کنید، شما را یاری رساند. هم‌زمان، نگران نباشید که آیا «بی‌نقص» هستید یا خیر. حقیقت این است که ما هرگز نخواهیم فهمید که اولین بار آیات به چه نحوی قرائت شده‌اند - چرا که آنجا حضور نداشته‌ایم. پس به خدا اعتماد کنید و آرام باشید.

۲. ساختار آن بخش از کلام را درک کنید.[۱] هرچقدر که می‌توانید دربارهٔ ساختار آن بخش از کلام خدا، مطالعه کنید.[۲] درک کردن ساختار هر بخش از کلام حداقل شامل این مورد خواهد بود:

- درک سبک نگرشی. آیا متن در قالب داستان، شعر، تعلیم، مثل و یا سبک دیگری نگاشته شده است؟
- تشخیص بخش‌های اصلی متن (پاراگراف‌ها)
- تشخیص محتوا. قبل و بعد از هر آیه، چه آیاتی وجود دارند؟ چه کسی آیات را نوشته است؟ خطاب به چه کسی؟ آیات در چه زمان و در کجا نوشته شده‌اند؟ هدف از نگارش آیات چه بوده است؟
- تشخیص تغییر لحن‌ها، مسیر فکری، منطقه نگارش آیات، اشخاص مرتبط و غیره.

این اطلاعاتِ تفسیری را با اعضای کلیسا در میان نگذارید؛ بهتر است این وظیفه را به واعظ محول کنید. با این وجود، دانش شما به نحوی عمیق، روی نحوهٔ قرائت شما تأثیر خواهد گذاشت.

۳. تهیهٔ یک نسخهٔ مکتوب.

- نسخهٔ مکتوبی را با فاصلهٔ برابر بین خطوط، تهیه کنید تا بتوانید در صورت لزوم علامت‌گذاری‌هایی را در نسخهٔ خود انجام دهید. می‌توانید تمام بخش‌های کلام خدا را مستقیماً از ترجمه‌های گوناگون، از اینترنت و منابعی نظیر www.blueletterbible.com دانلود کنید.

---

۱. من برای برخی از این راهکارها، مرهونِ چارلز بارتو، استاد بازنشستهٔ مدرسهٔ الهیات پرینستون هستم. چارلز ال. بارتو، ارتباط مؤثر در رهبری پرستش را مطالعه کنید (نشویل: ابینگدن، ۱۹۸۸)

۲. متون مقدماتی دربارهٔ مطالعهٔ استقرایی کتاب‌مقدس بسیار سودمند خواهند بود.

- تثبیت بیان مؤثر. برای اینکه بتوانید بیان مؤثر داشته باشید به نقطه‌گذاری‌ها، وصل کردن کلمات، و عبارت‌های داخل پرانتز فکر کنید. چه مسیرهای فکری را مایل هستید منتقل کنید؟
- چنانچه لازم است علائم را اضافه یا کم کنید. در یک متن مکتوب، علامت‌ها و نقطه‌گذاری‌ها برای درک بهتر مورد نیاز است. اما هنگام قرائت آیات ممکن است به تمام علائم نوشتاری نیازی نباشد. هنگام قرائت بلند آیات، در زمینهٔ علائم نوشتاری صاحب اختیار هستید. سؤال اصلی این است کدام جملات به یکدیگر متصل‌تر هستند؟ چه چیز باعث می‌شود آن بخش از کلام بهتر شنیده و درک شود؟
- کلمات و عبارت‌هایی که مایل هستید روی آن‌ها تأکید داشته باشید را تعیین کنید. (هشدار: این کار را بیش از حد انجام ندهید!) تأکید از طرق مختلف امکان‌پذیر است، مثل افزایش صدا، مکث کردن و یا تغییر آهنگ صدا.
- دربارهٔ نبض قرائت هر بخش از متن تصمیم بگیرید. حس می‌کنید کجای متن بهتر است که، آن را آهسته‌تر بخوانید؟ در کجای متن، افزایشِ سرعتِ قرائت طبیعی‌تر است؟ اغلبِ بخش‌هایِ کلام، «نبض» مشخصی دارند که در نُطق تغییر می‌کنند. این نبض را بیابید و متن را بر اساسِ نبضِ آن بخوانید.
- تصمیم بگیرید آیا بخشی از آیات هست که، می‌توانید آن را حفظ کنید یا خیر. آیا حفظ کردن بخشی از آیاتِ کلام یا عبارات، به شما اجازه خواهد داد برای تأثیرگذاری بیشتر هنگامِ قرائتِ آن بخش، به مردم نگاه کنید؟

۴. دربارهٔ قرائت آیاتِ کلام، سؤالاتی انتقادی نظیر این موارد را مطرح نمایید:

- چه چیز می‌تواند باعث واضح شدن مفهوم این بخش شود؟ آیا آنچه که توجه را جلب می‌کند، ایدهٔ اصلی، موضوع اول یا جریان آیات است؟
- آیا در موضوع بحث، توضیح یا گسترهٔ افکاری وجود دارد؟ به زبان ساده، آیا یک موضوع اصلی وجود دارد که دربارهٔ آن، گسترش افکار و یا ارائه توضیح صورت گرفته است؟ اگر چنین است، آیا واضح است که کدام قسمت این بخش از کلام، گسترهٔ افکار را می‌سازد و موضوع اصلی آیات کدام است و کدام بخش دربارهٔ موضوع اصلی شرح می‌دهد؟ آیا قیاس‌هایی مطرح شده‌اند؟ اگر این چنین است، به نحوی متن را قرائت کنید که قیاس‌ها شنیده شود.
- آیا مشخصات اصلی عملکرد در آیات مشخص هستند؟

از نشانه‌گذاری‌هایی استفاده کنید که برایتان منطقی و کاربردی هستند: خط درشت، خط کشیدن زیر کلمات، ترسیم دایره دور برخی کلمات، برجسته کردن و موارد این‌چنینی. البته مراقب باشید تعداد نشانه‌گذاری‌ها چنان زیاد نشود که نتوانید بلافاصله معنی نشانه‌ها را به خاطر بیاورید.

ارائه و قرائت آیات

حالا به قرائت آیات با صدای بلند می‌رسیم. ممکن است به نحوی مؤثر آیات را با نشانه‌گذاری روی کاغذ مهیا کرده باشید، اما بدون در نظر گرفتن نقش خود به‌عنوان سخنگو و اعلام‌کنندهٔ کلام، آن پیام را به گوش حاضرین نخواهید رساند. قرائت آیات با صدای بلند نوعی اجرا محسوب می‌شود. شما انتقال‌دهندهٔ کلام هستید. مثل یک بازیگر که پیام یک نمایش را انتقال می‌دهد یا یک تک‌نواز که پیام یک قطعهٔ موسیقی را انتقال می‌دهد، نقش شما این است که آیات کلام خدا را به مخاطبین انتقال دهید. یک بار دیگر بهتر است به خاطر داشته باشید - کار شما این است که به حاضرین کمک کنید کلام خدا را آن‌طور که برایشان قرائت می‌شود بشنوند.

برای انتقال مؤثر در قرائت آیات از راهبردهای پیشنهادی زیر استفاده کنید:

۱. آیات را به‌تنهایی با صدای بلند بخوانید. روش‌های گوناگون بیان را تجربه و امتحان کنید.
۲. آیات را واضح و کند بخوانید. یکی از رایج‌ترین اشتباهات، تند قرائت کردن آیات است. آیات را کند بخوانید.
۳. آیات را با صدای قوی بخوانید. اگر مخاطبین نتوانند تمام کلمات آیات را بشنوند، گوش فرا دادن برایشان آزاردهنده خواهد بود. اطمینان حاصل کنید که تا انتهای جمله را با صدای واضح و قوی قرائت می‌کنید.
۴. متن را با احساس بخوانید، اما در این کار زیاده‌روی نکنید. قرائت با احساسات بیش از حد، مثل قرائت بدون احساس، درست نیست. هدف این است که آیات را درحالی‌که لحنی طبیعی دارید با اشتیاق ارائه دهید.
۵. صدای خود را عوض نکنید. گاهی اوقات قرائت‌کنندگان کلام سعی می‌کنند متن را با صدای مصنوعی «مقدس» بخوانند. این کار را انجام ندهید، چرا که مردم متوجهٔ مصنوعی بودن لحن و صدای شما می‌شوند.
۶. هنگام قرائت آیات، مقصود آیات را در ذهن داشته باشید. بسیاری از افراد متون را «کلمه به کلمه» می‌خوانند به نحوی که گویا کلمات هر آیه از هم جدا هستند. به جای این کار، از پیش بدانید که در طول قرائت آیه، روی کدام عبارت مکث خواهید کرد سپس، آیات را

با در نظر داشتن انتهای عبارات قرائت کنید. این کار اجازه می‌دهد هنگام قرائت به آرامی مخاطب را به سمت هدف و مقصود عبارات هدایت کنید. به این صورت عبارات واحد و منسجم شنیده خواهند شد، نه به شکل تعدادی کلمهٔ نامنسجم.

۷. آیات را با لحنی تفسیری بخوانید، روی کلمات و اسامی مهم تأکید کنید.

۸. در بیشتر بخش‌های آیات از صدای عادی و کنترل‌شدهٔ خود استفاده کنید. در طول قرائت متن، به لحن صدای خود توجه کنید. از داشتن لحن خشمگین، خشن و یا مضطرب دوری کنید. هنگامی که لازم است، لحن خود را مطابق با متن تغییر دهید. مطمئن باشید که لحن و آهنگ صدای خود را مطابق با آنچه که آیات بیان می‌کند تغییر می‌دهید. تنِ صدا در انتقال مفاهیم به اندازهٔ کلمات اهمیت دارد. بنابراین در این زمینه‌ها آگاهانه عمل کنید.

۹. در طول قرائت آیات از اضافه کردن توضیح و تفسیر خودداری کنید. قرائت آیات را برای افزودن دیدگاه شخصی یا اطلاعات اضافهٔ خود متوقف نکنید، اجازه دهید قرائت آیات جایگاه خود را داشته باشد. کلام خدا، بدون اینکه به کمک قرائت‌کنندهٔ آیات نیاز داشته باشد کاملاً کافی و مفید است.

۱۰. هنگامی که در محل قرائت آیات یا در محراب ایستاده‌اید، وزن خود را روی دو پا قرار دهید و به یک طرف مایل نشوید. ظاهری آرام داشته باشید و به تریبون تکیه نزنید. ساعد دست خود را به آرامی روی تریبون و در دو طرف متن مکتوب خود قرار دهید. دست خود را در جیبتان یا پشت سر قرار ندهید.

۱۱. هنگام قرائت آیات از جویدن آدامس خودداری کنید.

۱۲. برای انتقال مفهوم آیات از حرکت دست و بازو استفاده نکنید؛ این کار فقط باعث پرت شدن حواس شنوندگان می‌شود. اگر پشت منبر نیستید، کتاب مقدس خود را مقابل چشمانتان بگیرید. با یک دست، عطف کتاب را به آرامی اما محکم نگاه دارید، دست دیگر خود را پایین کتاب، روی صفحات باز شده نگاه دارید.

۱۳. از انگشت اشاره برای دنبال کردن آیاتی که قرائت می‌کنید استفاده کنید.

۱۴. به ندرت به پرستندگان چشم بدوزید یا از این کار خودداری کنید، چراکه (۱) آن‌ها می‌دانند که در حال قرائت متن هستید و از شما انتظار دارند کلمات را نگاه کنید، نه آن‌ها را، و (۲) اگر حاضرین را نگاه کنید ممکن است آیاتی را که در حال قرائت آن هستید گم کنید.

۱۵. تصمیم بگیرید که قرائت آیات را چگونه آغاز کرده و به پایان خواهید رساند. بسیاری از افراد در خواندن هر بخش از کلام، اطلاعات پیش‌زمینهٔ طولانی‌ای را اعلام می‌کنند.

نیازی نیست این کار را انجام دهید. توصیه می‌کنم از سه پیشنهاد کلیتون اشمیت برای معرفی قرائت آیات استفاده کنید:

- معرفی آیات مختصر باشد.
- تنها آنچه را که ضروری است، به مخاطبین اعلام کنید.
- بیاموزید که چه هنگامی به مقدمه نیاز هست و به‌طورکلی چه هنگام به مقدمه نیاز ندارید.[1]

مقدمه و معرفی رایج قرائت هر بخش از کلام، اغلب اعلام محل آیات است. به این دو مثال توجه کنید:

- «قرائت عهد عتیق از کتاب اِرمیا، باب ۱، آیات ۱ تا ۱۰، کلام خدا را بشنوید».
- «قرائتِ نامهٔ پولس رسول خطاب به کلیسای روم، باب ۸، آیات ۳۱ تا ۳۹، کلام خدا را بشنوید».

مفید است که جمع‌بندی را در انتهای قرائت آیات ارائه دهید. در اینجا دو نمونه از جمع‌بندی مختصر و به پایان رساندن قرائت آیات آمده است:

- «این است کلام خداوند.» مردم می‌توانند پاسخ دهند: «جلال بر خداوند».
- «علف می‌خشکد و گل‌ها می‌ریزند.» مردم می‌توانند پاسخ دهند: «امّا کلام خداوند جاودان بمانَد.» (اوّل پطرس ۱: ۲۴ - ۲۵)

استفاده از روشِ به پایان رساندنِ سنتی «باشد که خداوند برکاتش را به قرائت کلام مقدسش اضافه نماید» را توصیه نمی‌کنم، چرا که کلام خدا همواره پربرکت است، چه چیزی لازم است به آن اضافه شود؟

موارد دیگری که باید در نظر داشته باشید

در اینجا نکات دیگری برای اطمینان حاصل کردن از آمادگی هرچه بیشتر ارائه شده است:

۱. در قرائت آیات از ترجمه‌ای استفاده کنید که در کتاب مقدس روی نیمکت‌های کلیسا وجود دارد یا ترجمه‌ای که اکثر اعضای کلیسا آن را همراه دارند. اطمینان حاصل کنید ترجمه‌ای که قرائت می‌کنید با کلام خدا که به شکل مکتوب یا روی صفحهٔ نمایشگر به اعضا ارائه می‌شود مطابقت داشته باشد. اگر مایل هستید از ترجمهٔ دیگری استفاده کنید، این نکته را اعلام کنید.

---

۱. کلیتون جی. اشمیت، قرائت عمومی کتاب‌مقدس: کتاب راهنما (نشویل: ابینگدن، ۲۰۰۲)، ص ۵۸.

۲. تصمیم بگیرید که آیات را از کجا قرائت خواهید کرد. ممکن است حق انتخاب داشته باشید که آیات را از پشت منبر، میانهٔ صحن کلیسا یا در بالکنِ پشتِ سَر قرائت کنید. در برخی از کلیساهای سنتی، دروس انجیل از گوشهٔ کلیسا یا میان مردم قرائت می‌شود تا نمادی باشد از این حقیقت که، کلام مسیح نقش کلیدی در شاگردی ما ایفا می‌کند و حضور او حقیقتاً در میان اعضا است. هر نقطه‌ای را برای قرائت انتخاب می‌کنید، سعی کنید در آن محل راحت باشید. آیا نور در آن نقطه کافی است؟ اگر منبر بلند است، آیا سکویی وجود دارد که روی آن بروید تا مردم بتوانند شما را ببینند؟

۳. تصمیم بگیرید که آیا به بلندگو احتیاج دارید یا خیر. اگر این چنین است، تصمیم بگیرید که چه کسی صدا را کنترل خواهد کرد و قبل از اینکه مردم گردهم بیایند تجهیزات صدا را بررسی کنید.

۴. چون کتاب مقدس نمادی قدرتمند از کلام خداست، می‌توانید یادداشت‌هایی که از پیش مهیا کرده‌اید را به زیبایی در میانهٔ صفحات کتاب مقدسِ بازشدهٔ خود قرار دهید. این کار به شما اجازه می‌دهد از یادداشت‌های خود استفاده کنید و قدرتِ نمادِ کلامِ خدا را نیز حفظ کنید. کاغذ یادداشت‌هایِ چسب‌دارِ کوچک می‌تواند، صفحهٔ متنی که مهیا کرده‌اید را بدون آسیب زدن به کتاب‌مقدس‌تان سر جایش نگاه دارد. گزینهٔ دیگر، تهیه کردن یک کتاب مقدس با حروف بسیار درشت است. پس از اینکه متن خود را روی کاغذ آماده کردید، نشانه‌گذاری‌های خود را برای قرائت آیات در جلسهٔ رسمی، به کتاب مقدس حروف‌درشت خود، منتقل کنید. بسیاری از افراد، امروزه آیات را از روی نرم‌افزارهای گوشی تلفن هوشمند می‌خوانند. چنانچه در نقش رهبری هستید، این کار را توصیه نمی‌کنم چرا که قدرتِ نمادِ کلامِ خدا در این حالت از دست می‌رود. گوشی‌ها یا تبلت‌ها، نمادی از کلام خدا محسوب نمی‌شوند بلکه نماد چیزهای دیگر مثل ثروت، جایگاه و مقام و موقعیت فرهنگی‌ـاجتماعی هستند. ادعا نمی‌کنم قرائت آیات از گوشی تلفن هوشمند به عنوان یک رهبر نادرست است (و یا نباید برای مطالعهٔ فردی آیات کلام خدا از گوشی‌های هوشمند استفاده کنیم - من هم این کار را انجام می‌دهم). من پیشنهاد می‌کنم که کنار گذاشتن کتاب مقدسِ فیزیکی برای قرائت عمومی کلام خدا، فرصتی ازدست‌رفته برای انتقال این پیام است که منبع بااقتدار و محترم این قرائت، خودِ خداست.

۵. دعوت پرستندگان برای ایستادن در هنگام قرائت آیات کلام خدا (نماد احترام) امروزه بیش از پیش در سنت کلیسای آزاد رواج یافته است. این یکی از کهن‌ترین سنت‌های

کلیسا محسوب می‌شود. با این وجود، در تاریخچهٔ سنت کلیسا، ایستادن، تنها برای قرائت درس‌های انجیل صورت می‌گرفته است تا اهمیت کلام مسیح را نشان دهد - یعنی احترام به کلماتی که انسان را به پیروی حقیقی از مسیح در شاگردی دعوت می‌کند. انجام این کار به این معنا نیست که انجیل بیش از سایر بخش‌های کلام خدا بی‌خطا و تحت وحی روح نوشته شده است، بلکه با این کار به خاطر آوردن کلمات مسیح را که مستقیماً روی زندگی ما اثرگذار می‌باشد، حرمت می‌کنیم.

ارزیابی صحت

برای اینکه خود را در زمینهٔ مهیا شدن و ارائهٔ صحیح کلام خدا در پرستش گروهی مسئول بدانید، چند سؤال را می‌توانید از خود بپرسید:

- آیا به نحوی مسئولیت‌پذیرانه، آیات را اعلام و تفسیر می‌کنم؟
- آیا شخصاً به درستی، به این آیات واکنش نشان می‌دهم؟
- آیا با تمام وجود به آیات توجه می‌کنم؟
- آیا آن‌طور که خدا مایل است در این اعمال پرستشی، به هدایت قوم خدا می‌پردازم؟
- آیا آنچه از پیش مهیا کرده‌ام را، به شخصی آگاه سپرده‌ام تا صحت آنچه مهیا کرده‌ام را دوباره بررسی و ارزیابی کند؟

ایده‌های خلاقانه برای قرائت کلام

با وجود اینکه قرائت روان و آسان آیات اغلب بهترین روش است، اما راه‌های متعددی برای ارائهٔ آیات کتاب مقدس وجود دارد. در اینجا چند نمونه را مشاهده می‌کنید:

- قرائت را به شکل پرسش و پاسخ انجام دهید (با صدای یک اندازه یا با تغییرِ بلندیِ صدا در تبادل با اعضای کلیسا)
- به نحوی قرائت را انجام دهید که صدای قرائت‌کننده (یا قرائت‌کنندگان) به وضوح شنیده شود، اما شخص قرائت‌کننده دیده نشود. (قاری می‌تواند این کار را پشت صحنه انجام دهد.)
- از افرادِ با سنینِ مختلف در قرائت کلام استفاده کنید. کودکان باید بتوانند برای قرائت آیات کلام خدا تجهیز شوند؛ مقدسین سالخورده اغلب نادیده گرفته می‌شوند. بررسی کنید که آیا تنها از یک گروه سنی خاص استفاده می‌کنید، چون در این صورت خود را محدود

کرده‌اید.

- از هر دو جنس، مرد و زن و از تمام گروه‌های قومیتی استفاده کنید. شنیدن تفاوت زیر و بمی صدا و لهجه‌ها می‌تواند هیجان‌انگیز باشد. مهم‌تر از آن، نیکو است افرادی را که از گروه‌های اقلیت هستند و معمولاً در میان پرستندگان کمتر دیده می‌شوند، برای این خدمت به کار بگیرید.
- هنگام قرائت کلام خدا، آن را بی‌صدا و در قالب نمایش اجرا کنید
- از روش «نمایشنامه‌خوانی» استفاده کنید (قرائت متن را بین دو نفر یا گروه قرائت‌کنندگان تقسیم کنید؛ این روش صحنه‌پردازی دارد، اما بازیگری در آن انجام نمی‌شود).[1]
- اعضای کلیسا را دعوت کنید تا به صورت متحد متن را بخوانند (به‌خوبی در این زمینه تمرین کنید تا بتوانید به نحوی با احساس و با ضرب‌آهنگ مناسب، ایشان را در این کار هدایت کنید)
- اجازه دهید رقصی آیینی هنگام قرائت کلام، آن را تفسیر کرده و به نمایش بگذارد.
- از روش داستان‌گویی استفاده کنید.

روش‌های بی‌شمار دیگری برای قرائت کلام وجود دارد، اما این موارد برای شروع مفید هستند.

آکنده ساختن پرستش‌ها با کلام خدا

در خدمت کلام، موردِ کاربردیِ دیگر برایِ رهبریِ پرستشی، به‌کارگیری آیات کتاب مقدس در طول کل جلسهٔ پرستشی و انجامِ این کار به‌عنوان عملی پرستشی می‌باشد. قرائت مستقیم آیات کلام خدا و موعظهٔ اصلی، لزوماً تمام نقش کلام خدا در جلسهٔ پرستشی نیست. کلام خدا بیشتر محتوایی که به زبان می‌آوریم، می‌سراییم و دعا می‌کنیم را در بر می‌گیرد. هنگامی که این‌طور باشد، کلام خدا از ابتدا تا انتهای جلسات پرستشی را، آکنده می‌سازد. کلام خدا پایه‌های تمام پرستش محسوب می‌شود.

راسل میتمن[2] نویسندهٔ مسیحی، رهبران پرستشی را به چالش می‌کشد تا «آیین‌های پرستشی پویا و زنده» را پرورش دهند. منظور، آیین‌های پرستشی است که با کلام خدا و تعالیم آن برای موعظه

۱. هرچه فرهنگ ما بیشتر به سمت پست‌مدرنیته حرکت می‌کند، اهمیت هنرهای گوناگون برای ارائهٔ کتاب‌مقدس افزایش می‌یابد.

۲. مدیون اف. راسل میتمن هستم؛ کتاب مهم او با عنوان پرستش در قالب کتاب‌مقدس (نسخهٔ تجدیدنظرشده، کلیولند: پیلگریم، ۲۰۰۹) تأثیر بسزایی بر دیدگاه من نسبت به پرستش داشته است. مطالعه این اثر را که در این بخش بارها مخاطب را به آن ارجاع داده‌ام، به‌شدت توصیه می‌کنم.

و تعلیم روز، مطابقت داشته باشد. او معتقد است «اعمال پرستشی جداگانه، مانند موعظهٔ روز، حاصل ارتباط برقرار کردن با کلام خدا است که «leitourgia»، که همان «اعمال» پرستندگان است را، در کلیسا ممکن سازد.»[1] او می‌گوید: مطابق آنچه که تمام آیین‌های پرستشی اعلام می‌نمایند، تمامی جلسهٔ پرستشی، ریشه‌ای مطابق و وابسته به کلام خدا دارد و تنها موعظهٔ اصلی به کلام وابسته نیست.[2]

متون کلام که پایه‌های موعظهٔ اصلی را بنا می‌کند در اختیار ما قرار دارد تا در تمام مدت جلسهٔ پرستشی، با خدا گفت‌وگو داشته باشیم. با استفاده از آیات کلام «اطمینان حاصل می‌کنیم که تمام جلسهٔ پرستشی، تجربهٔ واحد کلیسا می‌باشد و تمام موعظه و آیین‌های پرستشی نیز باید تجلی از متون کلام باشند.»[3]

این موضوعات چطور محقق می‌شوند؟ میتمن پاسخ می‌دهد «وظیفهٔ رهبر پرستشی این است که با یک گوش، به آنچه متن کلام می‌گوید گوش فرا دهد و با گوش دیگر، به آنچه که جماعت ایمانداران به زبان می‌آورند گوش کند. او باید با یک چشم، روی متن کلام تمرکز نماید و با چشم دیگر، نشانه‌های افقی جماعت ایمانداران را مشاهده کند تا متن کلام در اعمال پرستشی کلیسا تثبیت شود و به روشی باشد که، خدا کلامش را در تمام آیین‌های کلیسا آشکار می‌سازد.»[4] به چالش کشیده می‌شویم تا اجازه دهیم متن کلام، جملاتی که برای دعوت به پرستش به کار می‌گیریم، فراخوانمان، دعای تقدیم هدایا، دعاهای پیاپی و سایر آیین‌های کلیسایی را شکل دهد. چطور می‌توانیم عملکرد بهتری داشته باشیم؟ به عنوان رهبران پرستش فراخوانده شدیم تا کلام کتاب مقدس را به نحوی بازآفرینی کنیم که، چهرهٔ وجودی گفت‌وگوی کلیسا با خدا باشد.

در اینجا راهنمایی‌هایی کاربردی توسط میتمن[5] ارائه شده است که می‌تواند برای ادغام و تبدیل متون کلام خدا به اعمال پرستشی، مناسب باشد:

۱. با آیاتی که تعیین شده است وقت بگذرانید.
۲. در دعا باشید و از خدا قدرت تشخیص بطلبید.
۳. از متون کلام، سؤالاتی را مطرح کنید. بپرسید هر بخش از کلام چه پیغامی در خود دارد؟

---

۱. میتمن، پرستش در قالب کتاب‌مقدس، ص ۳۴ (تأکید همان‌گونه که در متن اصلی آمده است).
۲. میتمن، پرستش در قالب کتاب مقدس، ص. ۱۷.
۳. میتمن، پرستش در قالب کتاب مقدس، ص. ۶۲ (تأکید همان‌گونه که در متن اصلی آمده است).
۴. میتمن، پرستش در قالب کتاب مقدس، ص. ۶۰.
۵. اقتباس‌شده از: میتمن، پرستش در قالب کتاب مقدس، ص. ۷۷-۸۹.

۴. بیشتر متمرکز شوید. دربارهٔ بخش‌های اصلیِ متون تصمیم بگیرید. در این حوزه از به کار بردن تعداد زیاد متون خودداری کنید تا بار اضافی ایجاد نشود.
۵. متون کلام خدا را با صدای بلند بخوانید.
۶. متن‌هایی که بازآفرینی می‌کنید را به صورت شفاهی بنویسید، اطمینان حاصل کنید بازآفرینی آیاتی که نوشته‌اید با آنچه که جماعت ایمانداران با صدای بلند خواهند خواند، مطابقت و تناسب داشته باشد.
۷. مسیر احساسیِ متن را کشف کنید. هر متن، احساسی را با خود دارد، آن را دریابید.
۸. اطمینان حاصل کنید که کلمات به سوی خدا هستند نه تنها راجع به خدا.

من هم چند مورد را به این توصیه‌های نیکو اضافه می‌کنم:

۹. از کلماتی که بیش از حد الهیاتی هستند و یا بیانشان برای اعضای ساده کلیسا دشوار است دوری کنید، چرا که در این حالت، اعضای کلیسا (۱) ممکن است معنی کلمات را ندانند (۲) و در تلفظ آن‌ها دچار مشکل شوند. بهتر است انتظاراتمان را در زمینهٔ واژگانی که اغلبِ اعضای کلیسا به آن اشراف دارند کاهش دهیم.
۱۰. کمی آزادی عمل داشته باشید. به ندرت ممکن است بخشی از کلام به همان شکل، در قالب بازآفرینی شده برای کلیسا مناسب باشد. می‌توانید از آزادی ادبی استفاده کنید و اصطلاحات را ضمن حفظ تمامیت معنی کلی آیات، آزادانه بازنویسی کنید.
۱۱. از تلقین و اضافه کردنِ معنی‌ایی که در ذهن دارید به آیات، و نتیجتاً تغییرِ معنیِ اصلیِ آیاتِ کلامِ خدا در راستایِ هدفِ شخصیِ خود، خودداری کنید.
۱۲. هنگامی که متن را برای استفادهٔ اعضای کلیسا چاپ می‌کنید، جملات را در نقاط منطقی از هم جدا کنید. خیلی نگران فضایی که در انتهای صفحه باقی می‌ماند نباشید، بلکه تا جای ممکن عبارات را کنار هم قرار دهید. این کار مطالعهٔ متون را آسان‌تر می‌کند.

در اینجا متون آیینی پویا و ارگانیکی را که برای استفاده به‌عنوان عناصر پرستشی بازنویسی کرده‌ام، درج می‌کنم:

دعای دریافت روشنی قلب و بینش از روح‌القدس (برگرفته از افسسیان ۳: ۱۸ و ۱۹)

ای خداوندا، باشد که به واسطهٔ قدرتت، به همراه تمامی مقدسین، عمق، والایی و ژرفای محبت مسیح را که فراتر از ادراک بشر است، درک کنیم تا بتوانیم از پُریِ تو سرشار شویم. آمین.

فراخوانی برای پرستش (مزمور ۲۴: ۱ تا ۴، قرائت به روش پرسش و پاسخ)

زمین و هرآنچه در آن است
از آن خداوند است،
جهان و همهٔ ساکنانش.
زیرا که او اساسِ آن را بر دریاها نهاد
و بر آب‌ها آن را استوار ساخت.
کیست که به کوه خداوند برآید؟
و کیست که در مکان مقدس او بایستد؟
آن که پاک‌دست و صاف‌دل باشد،
که جان خود را به سوی آنچه باطل است، برنیفرازد،
و قسم دروغ نخورد.

جمله‌ای برای تقدیم هدایا (مزمور ۵۰ : ۱۴)

قربانی‌های تشکر به خدا تقدیم کن،
و نذرهای خویش را به آن متعال ادا نما،

فراخوانی برای دعا (مزمور ۳۲ : ۶)

باشد که هر پیروِ سرسپردهٔ تو، در زمانی که یافت می‌شوی به درگاهت دعا کند؛
حتی اگر آب‌های بسیار سیلان کند، هرگز بدو نخواهد رسید.

جمع‌بندی و نتیجه‌گیری

نکتهٔ این موارد کاربردی این است که، جلسات پرستشی خود را از طریق آکنده نمودن تمام دقایق با کلام خدا تقویت و غنی نماییم. اگر تاکنون به این شکل از کلام خدا استفاده نکرده‌اید، به‌مرور، آیین‌های پرستشی پویا را افزایش دهید تا درخشش قرائت کلام در پرستش‌ها فزونی یابد.

در نهایت از من پرسیده خواهد شد آیا منظورم این است که تمام اعمال پرستشی باید بر پایهٔ کلام خدا باشد یا خیر؟ پاسخ این است: خیر. همواره باید در رهبری پرستش‌ها، فضا و زمانی برای کلمات پویا و ناگهانی پرستشی وجود داشته باشد. با این وجود، مایل هستم استفاده از کلام خدا در طول مدت جلسات پرستشی افزایش یابد و ایمان دارم که کلام خدا بهتر از هر چیز دیگری می‌تواند

محتوای اصلی گفت‌وگوی ما با خدا باشد.

خدا سخن گفته است، چگونه پاسخ دهیم؟ در دو فصل آینده به پاسخ این سؤال می‌پردازیم.

اصطلاحات کلیدی

تشویق کردن: خدمت تشویق کردن یا استدعا از ایمان داران برای اینکه، وفادارانه به گام برداشتن در مسیح ادامه دهند.

منبر: محلی که قاری کلام، پشت آن ایستاده و تعالیم کلام را در جلسات پرستشی قرائت می‌کند.

فهرست قرائت‌های کتاب مقدس: فهرستی ساختارمند از آیات کلام خدا که متون را برای موعظه و قرائت علنی کلام در پرستش‌ها معین کرده است.

قرائت‌کننده (قاری): شخصی که آیات کلام را با صدای بلند در جلسات پرستشی قرائت می‌کند.

بیشتر بیاموزید

رونالد.پی.بیارس، از چه زبانی وام بگیرم؟ کتاب مقدس و پرستش مسیحی. گرند رپیدس اردمنز ۲۰۰۸

جک هارتجِس. آن‌طور که سخن می‌گویید قرائت کنید: راهنمای قرائت کنندگان کلام. کالجویل، ام.ان. چاپ لیتورجیکال ۲۰۰۴

راسل.اف.میتمن. پرستش در قالب کلام خدا. شبان اِد.کلیولند. پیلگیریم ۲۰۰۹

رابرت.ام.مالهلند، شکل گرفته به واسطهٔ کلام خدا : قدرت کتاب مقدس در شکل گیری روحانی. نشویل آپرروم ۱۹۸۵

اولیفنت.هیوز.اولد. عهد جدید در قالب نمایشنامه هنری . گرند رپیدس بیکر ۱۹۹۳

یوجین.اچ.پترسون. این کتاب را بخورید: گفت‌وگو دربارهٔ هنرِ خواندن روحانی کلام خدا. گرند رپیدس، اردمنز ۲۰۰۶

کلیتون.جی.اشمیت قرائت علنی کلام خدا: راهنمای فردی. نشویل ابینگدون ۲۰۰۲.

ژوزف.ام.استاوداچر: راهنمای قاریان برای تلفظ آیات کلام خدا، نسخهٔ به روز رسانی شده. هانتینگتون آی.ان: آور ساندی ویزیتور ۲۰۰۱

مشـغول شوید

به چند رهبر پرستشی دیگر ملحق شوید و سعی کنید آیین‌های پرستشی ارگانیک و پویایی را مطابق با پیشنهادهای انتهایی این فصل طراحی کنید.

۱. از آیات مزمور ۲۵ استفاده کنید تا دعایی را برای اعتراف به گناهان بازنویسی نمایید.

۲. از اول پطرس ۲ : ۲۴ برای بازنویسی متنی در زمینهٔ اطمینان از دریافت بخشایش استفاده کنید.

شش

اتاق سوم

شام خداوند

جستجو کنید

قبل از مطالعهٔ فصل ۶، گروهی از رهبران پرستشی را تشکیل دهید و به سوالات زیر پاسخ دهید.

۱. با جزئیات، دربارهٔ تجربه‌ای که از آیین مقدس شام خداوند داشتید و برایتان معنای ویژه‌ای داشته است، سخن بگویید. از کلماتی نظیر «چه کسی، چه چیزی، چه هنگامی، کجا، چگونه و چرا» برای بهتر شرح دادن تجربهٔ خود استفاده کنید.
۲. توضیح دهید شام خداوند در کلیسای شما چگونه به جا آورده می‌شود. چند وقت یک‌بار، شام خداوند را به جا می‌آورید و این کار را چگونه انجام می‌دهید، همچنین لحن و فضای این خدمت چگونه است؟
۳. با استفاده از تنها یک کلمه، نحوهٔ تقدیم شام خداوند در کلیسایتان را توصیف کنید.
۴. اگر تنها یک چیز باشد که بتوانید در به جا آوردن شام خداوند در کلیسای خود تغییر دهید، آن چیز چه است و چرا؟

حالا که اندیشیدن را آغاز کرده‌اید، افکار خود را با مطالعهٔ فصل ۶ گسترش دهید.

گسترش دهید

گفت‌وگو در جریان است، اعضای کلیسا گردهم آمده‌اند تا به دعوت خداوند به پرستش بپردازند. خداوند پیغام خود را از طریق قرائت کلام و موعظهٔ روز اعلام کرده است و اکنون دیوارِ باربرِ دیگری را بنا می‌کنیم و سپس وارد اتاقی خواهیم شد که خداوند، انتظار پاسخ و واکنش قوم خود را می‌کشد.

این پاسخ و واکنش چگونه خواهد بود؟ در طول ۱۶ قرن اولیهٔ مسیحیت، مشارکت در شام خداوند، پاسخ و واکنش رایج به کلام خدا محسوب می‌شد. از دیدگاه کتاب مقدس، الهیات و تاریخچهٔ کلیسا، سومین جنبش پرستشی فرصتی برای پاسخ به کلام موعظه شده بوده است که به واسطهٔ حرکت به سمت شام خداوند انجام می‌گرفت.[۱]

نسل اول مسیحیان حداقل هفته‌ای یک‌بار، شامی که خداوند عیسای مسیح شبِ قبل از بر صلیب شدن به عنوان نشانهٔ عهد پایه‌گذاری کرد را، به جا می‌آوردند. هرگاه مسیحیان با هم دیدار می‌کردند، اغلب نان را پاره می‌کردند و جام را بر می‌داشتند، این کار حتی روزانه هم به انجام می‌رسید (اعمال ۴۶:۲ و ۴۲:۲، اول قرنتیان ۱۱: ۲۰). آن‌ها این کار را در پاسخ به کاری که خدا در مسیح برای آن‌ها انجام داده بود، انجام می‌دادند چرا که مسیح عملی که در شام خداوند به جا آورده می‌شود را، به مصداق مرگ و رستاخیز خود توصیف نموده است (لوقا ۲۰-۲۲:۱۴). هنگامی که نزد شام خداوند می‌آییم، مانند مسیحیان نسل‌های گذشته قادر هستیم شکرگزاری‌مان را برای فداکاری عیسای مسیح خداوند، به نمایش بگذاریم. از طریق شام خداوند به نحوی مؤثر، داستان انجیل را بازگو می‌کنیم. در بخش قرائت کلام، اعلام می‌شود که خداوند چه عمل نجات بخشی را در طول تاریخ برای ما به انجام رسانده است و در این امر، از پیغام انجیل استفاده می‌شود. در خدمت شام خداوند فرصت داریم که، همان پیغام انجیل را از طریق احساسات و همچنین عملکرد اعضا نمایان کرده و به تصویر بکشیم. در شام خداوند دعوت شده‌ایم تا اعمال خداوند را به یاد آوریم و آنچه که در خدمت کلام از خدا دریافت کردیم را، شکرگزاری و ستایش کنیم. در شام خداوند همچنین فرصت داریم با تأیید حضور عیسای مسیح در کلیسا، مشارکتی صمیمی داشته باشیم. در اصل، شام خداوند پاسخ و واکنشی سنتی و اصیل به کلام خدا محسوب می‌شود. به یاد داشته باشید، کلام خدا (مکاشفهٔ خدا است) و شام خداوند (پاسخ و واکنش به کلام خدا) نقطهٔ اصلی و مرکزی پرستش مسیحی محسوب می‌شود.

---

۱. کتاب مقدس از واژگان گوناگونی برای اشاره به مشارکت در نان و شراب استفاده می‌کند: مانند شام خداوند (Eucharist)، شام خداوند، مشارکت مقدس و غیره. من در ادامهٔ این فصل به بررسی این اصطلاحات خواهم پرداخت. در اینجا از واژهٔ «شام خداوند» برای اشاره به این رویداد در تمامی معانی فوق استفاده می‌کنم.

در این فصل نمی‌توانم به بررسی تاریخی سبک‌ها و روش‌های به جا آوردن شام خداوند در تاریخ مسیحیت بپردازم. همچنین دیدگاهی الهیاتی دربارهٔ معنای شام خداوند ارائه نخواهم کرد. پرداختن به این امور از چهارچوب و دامنه تعالیم این کتاب خارج است،[1] بلکه به جای آن، هدفم در تمام کتاب این است که به معماران پرستش کمک کنم عناصر پرستشی را به عنوان یک گفت‌وگو به کار ببندند. صرف نظر از دیدگاه و باور الهیاتیِ مرتبط با شام خداوند، همواره به لحاظ منطقی می‌توان گفت: شام خداوند بخشی از گفت‌وگو با خدا محسوب می‌شود. بنابراین روی نقشی که شام خداوند در گفت‌وگوی پرستشی ایفا می‌کند تمرکز خواهم کرد و به تشریح چگونگی گنجاندن مؤثر شام خداوند به عنوان بخشی مهم از گفت‌وگو با خدا در جلسات پرستشی پرداخته خواهد شد.

هدف شام خداوند

هدف شام خداوند این است که در اعمال پرستشی مشارکت داشته باشیم که داستان خدا را به تصویر می‌کشد و آن را گرامی می‌دارد. اینکه خدا چگونه از طریق قدرت روح‌القدس مسیح را از میان مردگان برخیزاند و بر تمام نیروهای شریر پیروزی بخشید و اینکه خدا چگونه بخشایش، شِفا، محبت و قدرتِ پیروزمندانه زندگی‌کردن در جهان را به ما بخشیده است، در شام خداوند تجلی دارد.

در عمل پرستشی شام خداوند، فرصتی در اختیارمان قرار داده شده است تا به نحوی غنی، در برکات عمل نجات‌بخش مسیح مشارکت داشته باشیم و همچنین به نحوی که از روح نشأت می‌گیرد، با سایر ایمانداران مشارکت داشته باشیم (اول قرنتیان ۱۰:۱۶). خداوند ما را دعوت کرده است تا شام خداوند را «به یاد او به جا آوریم» (اول قرنتیان ۱۱:۲۴)، و پاسخ و واکنش ما این است که به عنوان فرزندان خداوند به سمت شام خداوند حرکت کنیم. همان‌طور که خدا ما را به پرستش دعوت می‌کند، مسیح است که ما را به سمت شام خداوند دعوت می‌نماید چرا که شام خداوند، شام مسیح است. شب قبل از صلیب، مسیح میزبان شام خداوند شد. او هر بار هنگامی که نان و جام را برمی‌گیریم، میزبان ما است و این مسیح است که در رأسِ ضیافتِ آسمانیِ پادشاهیِ ابدیِ خداوند نشسته است. (متی ۲۶:۲۹)

روح شام خداوند

روح این بخش از جلسهٔ پرستشی را می‌توان به شیوه‌های مختلف توصیف کرد. چرا که شام خداوند

---

۱. در پایان این فصل (در بخش «برای مطالعهٔ بیشتر») منابعی برای بررسیِ عمیق‌ترِ زمینه‌هایِ الهیاتی و تاریخیِ شام خداوند پیشنهاد شده است.

چنان غنی از معناست که کلام خدا در توصیف آنچه که در مقدس‌ترین لحظهٔ پرستش کلیسا به انجام می‌رسد، از بیش از یک کلمه استفاده کرده است. برای کمک به معماران پرستش در راستای بنای سومین جنبش جلسهٔ پرستشی، ابتدا سعی می‌کنم سه مورد از رایج‌ترین اصطلاحاتی که در توصیف شام خداوند در کلام مشاهده می‌شود را بیان کنم و سپس شرح خواهم داد که هر یک از این اصطلاحات، چه تأثیری روی روح شام خداوند می‌گذارند.[1] سه اصطلاح که اغلب به کار گرفته می‌شوند «شام خداوند»، «شام خداوند» و «مشارکت مقدس» است.[2] هر اصطلاح را جداگانه شرح خواهم داد و مفهوم کاربردی آن را برای روح شام خدا، اعلام خواهم نمود.

شام خداوند، ایمانداران را به یاد شام آخر می‌اندازد، یعنی آخرین خوراکی که مسیح قبل از مرگ روی صلیب با شاگردان خود صرف کرد. در این هم **خوراک شدن**، مسیح نان و شراب را به عنوان نشانه‌ای رسمی و مداوم برای تمام ایمانداران پایه ریزی کرد. شام آخر در هر چهار انجیل ثبت شده است. در این وعدهٔ شامِ پِسح[3]، مسیح تفسیری عمیق از نان و شراب ارائه کرد. او، به جا آوردن نان و شراب را به عنوان نماد عهد جدید به شاگردان سپرد و پیروان خود را فرمان داد تا نان (که نماد **بدن** او است) را بخورند و شراب را (که نماد **خون** او است)، در یادبودِ او بنوشند تا شام خداوند را به جا آورند (لوقا ۲۰-۲۲:۱۴). پولس، شام خداوند را در اوایل شکل‌گیری کلیسا به یاد دارد و انجام آن را تصدیق می‌نماید (کوریاکوس دیپنپان Kuriakos Depipnan، اول قرنتیان ۱۱:۲۰) و (اول قرنتیان ۳۴-۱۱:۱۷). تمرکز روی شام خداوند در اصل، تمرکز بر به یادآوردن رویدادهای گذشته است که به جامعهٔ پرستندگان این فرصت را می‌دهد تا مرگ و رستاخیز مسیح را به یاد آورند. گاهی اوقات از شام خداوند با عنوان «وعدهٔ یادبود» نیز یاد می‌شود.

از این رو که شام خداوند روی به یاد آوردن رنج‌ها و مرگ عیسی مسیح تمرکز دارد، به جا آوردن شام خداوند حال و هوایی رسمی و جدی دارد. اغلب در به جا آوردن شام خداوند، فضای جدی و توأم با تعمق پدید می‌آید. هنگامی که جماعت ایمانداران تصمیم می‌گیرند شام خداوند را به جا بیاورند، اغلب به اعتراف کردن و هم‌ذات‌پنداری شخصی با رنج‌های مسیح پرداخته می‌شود.

در بسیاری از شاخه‌های مسیحیت از دوران اصلاحات تا کنون، تأکید پرستش روی شام خداوند

---

۱. در فصل هفتم، از این سه اصطلاح، برای کمک به رهبر پرستشی در طراحی واکنشی جایگزین به کلام استفاده خواهد شد.

۲. واژگان و اصطلاحات دیگری نیز وجود دارند، چه در کتاب مقدس (مانند «پاره کردن نان») و چه در سنت کلیسا (مانند «مَس یا جلسهٔ پرستشی»)، اما اصطلاحات توضیح‌داده‌شده در این فصل، رایج‌ترین واژگان کتاب‌مقدسی در سنت پروتستان هستند.

۳. اگرچه متی، مرقس و لوقا این وعدهٔ غذایی را به عنوان شام فِصَح نشان می‌دهند، اما یوحنا آن را مربوط به یک روز پیش از فِصَح، ثبت کرده است. پاول بردشا، پرستش در کلیسای نخستین: مقدمه‌ای بر اندیشه‌ها و اعمال را مشاهده کنید (کالجویل، مینه‌سوتا: انتشارات لیتورجیکال، ۱۹۹۶)، ص. ۳۸.

چنان شدید بوده است که بسیاری از کلیساها به طور خاص تنها روی این جنبه از سهام خداوند تأکید دارند و نتیجتاً به جا آوردن شام خداوند به عنصری رسمی و حتی گاهان اندوه‌بار از جلسه اصلی کلیسا تبدیل شده است.

«شام خداوند» نام دیگری است که در عهد جدید برای شام خداوند در نظر گرفته شده است و تأکید آن بر شادمانی و گرامی داشتِ نجات، قرار دارد. کلمهٔ انگلیسی «eucharist» از کلمهٔ «یوخاریستساس» به معنی شکرگزاری گرفته شده که در مرقس (۲۳-۱۴:۲۲) و رسالهٔ پولس رسول (اول قرنتیان ۲۴:۱۱) از این کلمه استفاده کردند تا نشان دهند، شام خداوند محلی‌ست که در آن کاری که خداوند عیسای مسیح انجام داده است را با شادمانی جشن می‌گیریم و چه شادمانی عظیمی است! تاکید شام خداوند بر، رستاخیز و شادمانی از صلیبی است که به مقبرهٔ خالی انجامید. شام خداوند همچنین «Christus victor» را به یاد ما می‌آورد، این کلمه، واژه‌ایی لاتینی‌ست که اعلام می‌کند خداوند ما فاتح و پیروز است و یک بار برای همیشه بر مرگ و شرارت غلبه نموده و پیروزی یافته است.

ایمانداران اولیه، بیشتر برای جشن گرفتن شام خداوند اشتیاق داشتند چرا که آن‌ها خداوند رستاخیز یافتهٔ خود را ملاقات کرده بودند. رستاخیز در ذهن آن‌ها تازه بود؛ شرکت در شام خداوند برای آن‌ها رویدادی سرشار از شادمانی بود چرا که نان و شراب برای ایمانداران نه تنها نشانهٔ مرگ مسیح بر صلیب می‌باشد بلکه به آنان یادآوری می‌کرد که مسیح حقیقتاً از میان مردگان برخاسته و اکنون زنده است! معنایش این نیست که ایمانداران اولیه برای مرگ فداکارانهٔ مسیح بر صلیب شکرگزار نبودند، بلکه از دیدگاه آن‌ها مرگ مسیح بر صلیب تنها **بخشی** از داستان بود، داستانی که به رستاخیز یافتن خداوند عیسای مسیح انجامیده است. تمرکز شام خداوند، روی این رویداد فاتحانه است و به کلیسا اجازه می‌دهد این حقیقت که، خدا در پیروزی قدرتمندانهٔ مسیح بر مرگ، حرف آخر را زده است جشن بگیرند.

نزد شام خداوند آمدن با شکرگزاریِ شام خداوند، تأثیر متفاوتی دارد. هر دو موردی که ذکر شد، جنبه‌هایی کتاب مقدسی از شام خداوند هستند؛ اما هر کدام با دیدگاهی متفاوت انجام می‌پذیرند. جلسهٔ رسمی که در آن شام خداوند صورت می‌گیرد عمل پرستشی را در خود دارد که به حاضرین در یافتن شادمانی رستاخیز یاری می‌رساند تا بتوانند اعلام کنند که خداوند عیسای مسیح فاتح و پیروز است. پرستندگان به دعاها و سرودها و قاموس‌نامه‌ها و شهادت‌ها و رقص‌هایی نیاز دارند که در آن شادمانی شام خداوند تجلی دارد.

سومین واژه‌ای که به کار گرفته می‌شود «مشارکت مقدس» است که بُعد دیگری از سهام خدا را

به تصویر می‌کشد. کلمهٔ یونانی «کوینانیا» ذاتِ مشارکتیِ شامِ خداوند را به تصویر می‌کشد و روی مشارکت داشتن همهٔ اعضای بدن مسیح در این عمل پرستشی تأکید دارد. «کوینانیا» به «مشارکت»، «به اشتراک گذاشتن» یا «رفاقت داشتن» ترجمه می‌شود. لوقا از این کلمه استفاده می‌کند تا روی رفاقت و مشارکتی که در پاره کردن نان وجود دارد تأکید کند (اعمال ۲:۴۲)؛ همچنین پولس رسول از همین کلمهٔ یونانی استفاده می‌کند تا قرنتیان را در زمینهٔ اهمیت مشارکت و رفاقت در پاره کردن نان و نوشیدن شراب تشویق نماید (اول قرنتیان ۱۰:۱۶ و ۱۷).

تمرکز واژهٔ «مشارکت مقدس» روی وحدت و مشارکت و رفاقت بین اعضای بدن مسیح یعنی ایمانداران قرار دارد. اگر برای اشاره به شام خداوند از کلمهٔ «مشارکت مقدس» استفاده شود، تأکید روی یک‌بودن کلیسا، وحدت و مشارکت فراطبیعی ایمانداران که تنها به واسطهٔ روح خدا میسر گشته است، قرار خواهد داشت.

این مفهوم نه تنها دربارهٔ رفاقتی که در مشارکت کلیسای محلی تجربه می‌شود صدق می‌کند بلکه دربارهٔ کلیسای جهانی نیز صادق است، چرا که «یک خدا، یک ایمان، و یک تعمید» وجود دارد (افسسین ۴:۴ تا ۶). مشارکت مقدس، وحدتی عمیق است که در شام خداوند تجلی دارد.[1]

مشارکت مقدس لحنی آرام، گرم، پذیرا، منطقی و متفکرانه دارد که نشانهٔ برکاتِ وحدتِ جماعتِ ایمانداران در عیسای مسیح می‌باشد. این دیدگاه فرصتی است برای اینکه در آرامش، ضمن پرستیدن خدا روی روش‌های پر رمز و راز خدا که باعث شده بتوانیم با یکدیگر رفاقتی مقدس داشته باشیم بیندیشیم.

بنابراین، در اینجا حداقل سه تأکید گوناگون کتاب مقدسی را روی شام خداوند مشاهده می‌کنیم (جدول ۶.۱ را مشاهده کنید). شام خداوند را باید مثل یک منشور ببینیم: هنگامی که اجازه می‌دهید نور به منشور بتابد و از زاویه‌های مختلف به آن نگاه می‌کنید، می‌توانید از جنبه‌های گوناگون زیبایی آن لذت ببرید، شام خداوند هم همین‌گونه است. بسیاری از کلیساها تنها از یک زاویه به این منشور نگاه می‌کنند؛ در نتیجه تنها می‌توانند شام خداوند را از **یک** زاویه ببینند و تنها با **یک** روح به شام خداوند نزدیک می‌شوند. به عملکردی عبادت گونه، عمیق و متفکرانه نیاز است تا اعماق گنجینهٔ شام خداوند به مرور زمان از هر جهت برای کلیساها آشکار شود.

کلید همه چیز، واژهٔ «به مرور زمان» است چرا که، چگونه باید تشخیص داد که کدام یک از ابعاد شرح داده شدهٔ شام خداوند برای هر جلسه پرستشی مناسب است؟ آیا باید دائماً و متناوباً از

---

۱. یکی از نخستین اسناد مرتبط با پرستش (دفاعیهٔ اول، حدود سال ۱۵۰ میلادی) نشان می‌دهد که قرار دادن بوسهٔ صلح پیش از شام خداوند برای نشان دادن اتحاد میان ایمانداران بوده است.

بُعد دیگر و تازه‌ای به شام خداوند نزدیک شویم؟ بهترین راه برای اینکه تصمیم بگیرید آیا شام خدا، شام خداوند، مشارکت مقدس (و یا جنبهٔ دیگری) از شام خداوند را به جا خواهید آورد این است که دو نکته را مد نظر بگیرید: (۱) متن کلام خدا (آنچه که در جلسه موعظه می‌شود) و (۲) تاریخ تقویم مسیحی. متن کلام خدا و تعالیم و هدف موعظهٔ روز، اغلب به نحوی منطقی نشان می‌دهد که چگونه باید به شام خداوند نزدیک شوید. به علاوه، تاریخ تقویم مسیحی به ما کمک می‌کند تصمیم بگیریم که چگونه باید در به جا آوردن شام خداوند قدم برداریم.[۱] برخی از روزهای تقویم مسیحی برای جشن گرفتن شام خداوند مناسب هستند (عید پاک)؛ برخی دیگر ما را به سمت وحدت هدایت می‌کنند (پنطیکاست)؛ در حالی که برخی از روزهای دیگر برای جدیت و حتی اندوه مناسب هستند (روزهٔ چهل‌روزه). اجازه دهید کلام خدا و تقویم مسیحی، شما را هدایت کند تا بتوانید در زمینهٔ ورود به شام خداوند بیش از پیش مطابق کتاب مقدس عمل نمایید.

جدول ۶ . ۱ سه تاکید کتاب مقدسی بر شام خداوند

آیات کتاب مقدس	کلمهٔ یونانی	ترجمهٔ کلمه	تمرکز
مرقس ۱۴ : ۲۲ و ۲۳ اول قرنتیان ۱۱ : ۲۴	یوخاریستساس	شام خداوند	شکرگزاری
اعمال ۲ : ۴۲ اول قرنتیان ۱۰: ۱۶	کوینونیا	مشارکت مقدس	جماعت ایمانداران
اول قرنتیان ۱۱ : ۱۷ تا ۳۴ به ویژه آیه ۲۰	کوریاکوس دیپنون	شام خداوند	به یاد آوردن (یادبود)

جنبش شام خداوند

جنبش شام خداوند در اصل از سوی انسان به خدا است؛ خدا سخن گفته است و اکنون **ما** با خدا سخن خواهیم گفت (شکل. ۶. ۱ را ببینید).

اصلی‌ترین جریان این عمل پرستشی در این است که به واسطهٔ اعلام حقیقت کلام خدا، اکنون جامعهٔ ایمانداران خدا را پرستش می‌نمایند.[۲] معنایش این نیست هنگامی که ایمانداران

---

۱. سال مسیحی در فصل دوازدهم توضیح داده خواهد شد.

۲. بسته به دیدگاه الهیاتی هر فرد، می‌توان حرکات شام خداوند را حرکتی از سوی خدا به انسان دانست، چرا که برخی معتقدند

شام خداوند را به جا می‌آورند، خدای تثلیث فعالانه با آن‌ها ارتباط برقرار نمی‌کند. چنین باوری هرگز نمی‌تواند حقیقت داشته باشد. خدا ما را خوراک می‌دهد، مسیح ما را میزبانی می‌کند و هنگامی که شام خداوند را می‌خوریم و می‌نوشیم روح‌القدس ما را تبدیل می‌سازد. اما، به جا آوردن شام خداوند فرصتی فراهم می‌سازد تا قوم خدا مطابق فراخوان کلام، با تسلیم و اطاعت کامل به شاگردی خدا واکنش نشان دهند. شام خداوند نقطهٔ اوج پرستش است که در آن، با تمام وجود یک بار دیگر به خداوند لبیک می‌گوییم و خود را وقف خدمت و وفاداری به خداوندمان می‌نماییم. این امر با لحظه‌ای در عهد عتیق که در آن قوم خدا عهد خدمت خود را در پاسخ به شنیدن شریعت تازه کردند، قابل قیاس می‌باشد (به عنوان نمونه خروج ۸-۳:۲۴ را مشاهده کنید).

اعمال پرستشی صحیح می‌تواند خدمت شام خداوند را تسهیل کند. در بیشتر کلیساها حتی کلیسای آزاد، ترتیب مشخصی از اعمال پرستشی برای به جا آوردن شام خداوند در نظر گرفته می‌شود. باید از این نظم و ترتیب پیروی کرد. اما می‌توان این عمل پرستشی را با اعمال پرستشی دیگر صیقل داد (به عنوان مثال، سرودها یا هنرهای پرستشی دیگر) که می‌تواند کمک کند جریان پرستش از کلام تا مرحلهٔ فرستادن به پیش رود.

هنگامی که معمار پرستشی در درک ارتباط بین تمام بخش‌های پرستش دچار نقصان باشد، به جا آوردن شام خداوند ممکن است مثل خدمتی اضافه بر سازمان، تلقی شود. شام خداوند هرگز نباید مانند امری «اضافه شده» و یا حتی «ویژه و جدا» انجام گیرد. ژان کالوَن اصرار داشت که نباید بین خدمت کلام و شام خداوند جدایی وجود داشته باشد. برای او کلام و شام خداوند بخش‌هایی از یک پارچه بودند. در نتیجه کالوَن و همچنین سایر رهبران اصلاحات و دوران پس از اصلاحات، مانند مارتین لوتر و جان وسلی[1]، بر لزوم به جا آوردن هفتگی شام خداوند تاکید داشتند. با این وجود حتی اگر به جا آوردن شام خداوند در کلیسای شما متداول نیست، احتیاط کنید تا این بخش از پرستش حسی مانند بخش‌های طبیعی دیگر داشته باشد.

همهٔ حرکات پرستشی، حرکت خدا به سوی ما است. از بسیاری جهات این سخن درست است. برخی دیگر شام خداوند را به عنوان بخششِ خودِ مسیح می‌دانند و در نتیجه، حرکت را از سوی خدا به سوی جماعت کلیسایی تفسیر می‌کنند. اما امیدوارم که توانسته باشم زیربنای مدل «مکاشفه و پاسخ یا واکنش» را که در کلام و شام خداوند نهفته است، بنا کنم. صرف‌نظر از دیدگاه‌های گوناگون نسبت به جهت حرکت، دو نکته، قطعی است: (۱) مکالمه‌ای میان خدا و انسان در جریان است و (۲) پاسخ ما به پیش‌قدمی خدا در شام خداوند ضروری است.

۱. فرانکلین ام. سگلر و رَندال برَدلی، پرستش مسیحی: الهیات و اعمال آن (نشویل: بی‌انداچ، ۲۰۰۶)، ص. ۲۴، ۳۲.

شکل ۶ . ۱ جنبش شام خداوند

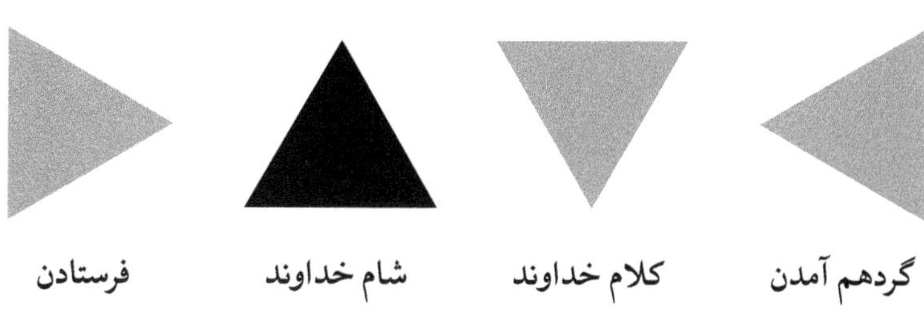

کاربردی عمل کنید

عناصر پرستشی مناسب برای شام خداوند

همان‌طور که اعلام شد، آیین‌هایِ اصلیِ پرستشیِ خدمتِ شامِ خداوند، مواردی است که برای مدیریت این خدمت در سنت کلیسای شما در نظر گرفته شده است. اغلب این موارد در راهنماهای رسمی یا کتاب پرستشی‌ای که شاخهٔ مسیحی شما به رسمیت می‌شناسد، درج شده است. صرف نظر از آیین‌هایی که در خدمت شام خداوند به کار می‌گیرید، احتمالاً با چهار عمل اصلی سروکار خواهید داشت: برگرفتن، برکت دادن، پاره کردن و تقدیم کردن.[1] این‌ها همان چهار کاری هستند که مسیح در شام آخر هنگام برپا کردن عهد جدید به انجام رساند. این ترتیب در رساله‌های دیگر عهد جدید نیز مشاهده می‌شود: هنگامی که مسیح به پنج هزار نفر خوراک داد (متی۲۱-۱۴:۱۳) و هنگامی که مسیح در راه عِمائوس با دو شاگرد هم خوراک شد (لوقا ۲۴: ۳۰). هنگامی که خدمت شام خداوند را برنامه‌ریزی می‌کنید این حرکت چهار بخشی را مدنظر داشته باشید.

اگر کلیسای آزاد شما، نظم و ترتیبی از پیش تعیین شده برای به جا آوردن شام خداوند ندارد و استفاده از کلمات و آیین‌ها و رسومی که از پیش تعیین شده‌اند را پیروی نمی‌کند، حداقل عناصر پرستشی زیر را در نظر بگیرید:

- دعوت به مشارکت در شام خداوند
- اعتراف به گناهان به همراه اطمینان‌یافتن از دریافت بخشش

---

۱. برخی الهیات دانان از «هفت عمل» در شام خداوند یاد می‌کنند: گرفتن، برکت دادن، پاره کردن، تقدیم (نان) و گرفتن، برکت دادن، دادن (شراب).

- دعای شکرگزاری برای اعمال نجات بخش خدای متعال[1]
- تقدیس عناصر شام خداوند
- واژگان برقراری شام خدا
- مشارکت در شام خدا

دو روش وجود دارد که معمار پرستش می‌تواند ضمن تشویق حاضرین به پیروی از استانداردهای کلیسا، به این بخش از گفت‌وگو با خدا شکل دهد. اولاً، ممکن است بخواهید از برخی عناصر پرستشی استفاده کنید تا آیین‌های پرستشی مرتبط با خدمت شام خداوند را صیقل دهید. به دنبال این باشید که عناصری اندک را به این خدمت اضافه کنید تا شام خداوند را به عنوان بخشی از گفت‌وگوی با خدا به جا آورده و همچنین کمک کنید این خدمت، ایمانداران را از بخش خدمت کلام به سمت فرستادن هدایت کند. دوما، می‌توانید با انتخاب صحیح اعمال پرستشی دیگر، عناصری را به عنوان آیین‌های شام خداوند به کار گیرید. از این طریق، اعمال پرستشی باعث تبلور آیین‌های اصلی شام خداوند می‌شوند. به عنوان مثال بخش اعتراف به گناهان برای مهیّا شدن و شرکت در شام خداوند، می‌تواند یک سرود باشد («قلبی پاک در من خلق کن‌ای خداوند»)، و یا اطمینان از دریافت بخشایش می‌تواند، آیه‌ای برگزیده از کلام باشد که همگان با صدای بلند آن را به زبان آورند (دوم قرنتیان ۵:۱۷). با وجود اینکه در بیشتر کلیساها برخی از بخش‌های آیینیِ خدمتِ شامِ خداوند باید توسط رهبران انجام شوند، مواقع زیادی وجود دارد که همهٔ مردم باید در تمام مراحل به جا آوردن شام خداوند مشارکت کنند. پرستندگان هرچه بیشتر بتوانند در آیین پرستشی شام خداوند مشارکت داشته باشند نیکوتر است.

موارد زیادی وجود دارد که می‌توان در سازماندهی خدمت پرستشی شام خداوند به کار گرفت. قبل از اینکه دربارهٔ این موارد بیندیشید به یاد داشته باشید که، روح این بخش از جلسه پرستشی را همواره مدنظر بگیرید (شام خداوند، شام خداوند، مشارکت مقدس و غیره). انتخاب سرودها به

---

۱. شکرگزاری بزرگ یک دعای فراگیر و تاریخی شام خداوند است. این دعا ریشه در وعده‌گاه خداوند با شاگردان دارد و در دیگر مناسبت‌های مربوط به شام خداوند در عهد جدید نیز یافت می‌شود. این دعا در کلیسای اولیه رشد یافته و در طول قرون گذشته به شکل دعای اصلی شام خداوند درآمده است. نسخهٔ مسیح از سنت دعای شام یهودی برگرفته شده بود، که اعمال نجات‌بخش خدا را به یاد می‌آورد و از خدا درخواست می‌کرد که در آینده نیز به همان‌گونه عمل کند. برخی از محققان بر این باورند که ریشه‌های این دعا در بَرَخَه (Berekah)—دعای سنتی سفرهٔ یهودیان—یافت می‌شود. بَرَخَه (و شکرگزاری بزرگ) شامل سه بخش اساسی است: ستایش، یادآوری اعمال نجات‌بخش خدا، و درخواست. دعای شکرگزاری بزرگ، خدا را برای اعمال نجات‌بخش‌اش در طول تاریخ ستایش می‌کند و در نهایت برای بزرگ‌ترین عمل نجات‌بخش یعنی زندگی، مرگ، و قیام عیسای مسیح شکر می‌گوید و روح‌القدس را فرا می‌خواند تا به‌شکلی منحصر به‌فرد در عناصر (نان و شراب) و در کلیسا حاضر باشد. برای مطالعهٔ بیشتر دربارهٔ این دعا به منابع پایان فصل مراجعه شود.

طور خاص در برقراری لحن و فضای این خدمت مؤثر است. در اینجا اعمال پرستشی برای خدمت شام خداوند نام برده شده‌اند که می‌توانید به مرور زمان به آن‌ها اضافه کنید:

- سرودها: (۱) برای نزدیک شدن به شام خداوند (۲) دعا و پرستش در حال انجام این آیین مقدس (۳) سراییدن در انتهای به جا آوردن آیین شام خداوند
- یک شعر، ارائه‌ای هنری، رقصی آیینی و یا هر عمل هنری دیگری که بازتابی از شام خداوند ارائه دهد.
- قرائت یک قاموس‌نامه یا تأیید ایمان
- دعای اعتراف به گناهان
- دعای اطاعت و تسلیم
- جمع‌آوری هدایا برای نیازمندان
- انتقال سلام و صلح
- مسح با روغن و دعا برای شِفاها
- دعای خداوند (در قالب سرود، رقص، قرائت آیات توسط یک کودک و غیره)

هر تعدادی از این عناصر پرستشی را می‌توانید به اشکال گوناگون ترکیب کرده و به کار گیرید تا به اندازه‌ای که می‌توانید شام خداوند را به عنوان واکنشی مناجات گونه و خلّاقانه به جا آورید. شام خداوند می‌تواند خیلی ساده و یا خیلی گسترده باشد. پاسخ یا واکنش شام خداوند می‌تواند به سبک‌های گوناگون پرستشی به انجام رسد تا بتواند نمادی از دیدگاه الهیاتی هر شاخهٔ مسیحی باشد. این خدمت زمانی پرثمر است که شام خداوند به عنوان واکنشی به کلام خدا در نظر گرفته شود؛ و این فرصت به پرستندگان داده می‌شود تا با جشن گرفتن و مشارکت در کنار یکدیگر بازگشت مسیح را اعلام کرده و در بشارت کلام انجیل مسیح، شریک شوند.

در اغلب موارد آیین‌های اصلی، دارای نظم منطقی و مناسب خواهد بود، یا اینکه این نظم و ترتیب از پیش و بر اساس آیین‌های سنتی کلیسای شما برقرار شده است. اگر این چنین باشد، نیاز کمتری برای نظم بخشی به عناصر پرستشی وجود خواهد داشت. اگر این‌طور نیست، صرفاً بپرسید: «چطور می‌توانم با توجه به پیام امروز به مردم کمک کنم در شام خداوند به خدا پاسخ گویند؟ چه مواردی کمک می‌کند پرستندگان در گفت‌وگو با خدا مشارکت کنند؟» به یاد داشته باشید عناصر پرستشی‌ای را انتخاب کنید که پاسخ و واکنش ایمانداران به خدا را تسهیل می‌کند. جماعت ایمانداران سخن خدا را دریافت کرده است، بنابراین پاسخ و واکنش جماعت ایمانداران ضروری است.

هدایت و رهبری موثر خدمت شام خداوند

نکات زیادی وجود دارد که برای رهبری مؤثر در به جا آوردن شام خداوند می‌توانید به آن‌ها بیندیشید .

اگر مجری و رهبر شام خداوند هستید، باید حرکات و اعمال و زبان خاصی را مد نظر بگیرید.[1] در این زمینه بهتر است راهنمایی‌های «مشارکت مقدس» را مطالعه کنید. در کنار این امر، رهبران پرستشی دیگر می‌توانند در کنار روحانیون، در رهبریِ به جا آوردنِ شام خداوند مشارکت داشته باشند.

روش‌های گوناگونی را که می‌توان از طریق آن نان و شراب را دریافت کرد در نظر بگیرید. در اینجا به چند نمونه اشاره شده است. عناصر شام خداوند را می‌توان از طرق زیر دریافت کرد:

- خوردن از یک تکه نانِ واحد و نوشیدن از یک جام (معمولاً در حالت زانو زدن)
- انتقال سینی با تکهٔ کوچکی نان و جام‌های کوچک شراب یا آب انگور در حالی که اعضای کلیسا نشسته‌اند و شام خداوند را دریافت می‌کنند
- . فرو بردن نان در جام شراب
- پیش آمدن به سوی محراب یا محل دعا، زانو زدن، و دریافت شام خداوند از خادمان، مشایخ و یا ترکیب گروه خادمان
- تقدیم شام خداوند به یکدیگر در گروه‌های کوچک
- آمدن به مکان‌های مشخص در سالن کلیسا برای دریافت شام خداوند[2]

رهبران پرستشی تشویق می‌شوند تا در هنگام تقدیم عناصر شام خدا، واژگانی انرژی‌بخش را مستقیماً خطاب به دریافت‌کنندگان شام خداوند بیان کنند. هنگامی که نان را تقدیم می‌کنید بگویید: «این است بدن مسیح»، «این است بدن خداوند»، «این است بدن مسیح که به خاطر تو مضروب شد» یا کلماتی از این قبیل. هنگام تقدیم شراب بگویید: «این است خون مسیح»، «این است جام نجات». مناسب است که هرکس نان و شراب را دریافت می‌کند با واژهٔ «آمین» پاسخ دهد. تعلیم جماعت ایمانداران در این تبادل ساده می‌تواند عمق تازه‌ای به این تجربه اضافه کند. یک بار دیگر

---

۱. در سنت‌هایی که تنها از واژهٔ «شام خداوند» استفاده می‌کنند، واژهٔ مناسب برای کسی که شام خداوند را برگزار می‌کند، «گرامی دارنده» است تا با طبیعت جشن‌گونهٔ شام خدا، هم‌خوانی داشته باشد.

۲. در خدمت‌های پرستشی عمومی، باید در ارائهٔ شام خداوند به گروه‌های کوچک، با احتیاط عمل کرد. این کار می‌تواند منجر به ایجاد «گروه‌های وابسته» یا خانوادگی شود. حال‌آنکه در هر کلیسا، افرادی وجود دارند که یا به گروه خاصی وابسته نیستند یا عضوی از خانواده‌ای منسجم به شمار نمی‌آیند.

باید بگویم، پرستش شامل گفت‌وگویی از مکاشفه و پاسخ یا واکنش است.

موارد دیگری که می‌توانید به آن بیندیشید:

۱. تکه نان بزرگی را به عنوان نمادِ «یک بدن بودنِ کلیسا» روی میز قرار دهید (حتی اگر نانی که تقدیم می‌شود کوچک است).

۲. عناصر دیگر را جایگزین نان و شراب یا آب انگور نکنید. برخی اوقات رهبران پرستشی به نحوی مصنوعی جایگزین‌های ارزان‌تر مثل چیپس و نوشابه را جایگزین می‌کنند تا زیرک به نظر برسند. نان و شراب به عنوان نماد (بدن و خون) مسیح تقدیم می‌شوند؛ بنابراین چون خداوند این نمادها را به ما بخشیده است هیچ چیز دیگری مگر در شرایط فوق‌العاده خاص، نمی‌تواند جایگزین مناسبی برای این دو، یعنی نان و شراب باشد.

۳. خادمانی را دعوت کرده و آن‌ها را برای خدمت شام خداوند تعلیم دهید. تکرار می‌کنم، هرچقدر تعداد شرکت‌کنندگان بیشتر باشد، معنای مشارکت در شام خداوند عمیق‌تر می‌شود.

۴. اگر سنت کلیسای شما اجازه می‌دهد، کودکان و جوانان را در کنار خود در شام خداوند شرکت دهید. این کار، راه نیکویی است که تمامی سنین را بپذیرید و بر «چند نسلی بودن جامعهٔ ایمانداران» تأکید کنید.

۵. باقیماندهٔ عناصر شام خداوند را به **درستی** دور بیندازید. چون عناصر این خدمت برای مصرفی خاص تقدیس شده‌اند، بهتر است با باقیماندهٔ آن با ملاحظه رفتار کنید. مناسب است که نان و شرابِ تقدیس شده، توسط مقدسین مصرف شود و یا به زمین بازگردد.

۶. ترتیبی دهید که عناصر تقدیس شده به کسانی که مجبور هستند در خانه یا بیمارستان یا زندان باشند برسد، تا آن‌ها هم در این پرستش، مشارکت داشته باشند. آن‌ها را فراموش نکنید.

۷. سیاست‌های شاخهٔ مسیحی خود را در زمینهٔ سهام خداوند درک کنید، به عنوان مثال سنینی که فرزندان می‌توانند در شام خداوند شرکت کنند، آیا برای شرکت در شام خداوند لازم است تعمید داشته باشند و آیا شرکت در شام خداوند برای عموم حاضرین مجاز است؟[۱]

۱. در این فصل من بر آن شدم که این اصطلاحات را مطابق با درک تاریخی‌شان تعریف کنم: «شام خداوند بسته» به این معناست که شام مقدس برای ایماندارانی که بیرون از فرقه یا مکتب خاصی قرار دارند، در دسترس نیست؛ در حالی که «شام خداوند باز» به این معناست که ایمانداران مسیحی از تمام فرقه‌ها و مکاتب می‌توانند در آن مشارکت نمایند. در سال‌های اخیر برخی کلیساها این اصطلاحات را بازتعریف کرده‌اند، بدین صورت که «شام خداوند باز» به این معناست که سفره برای همه (از جمله بی‌ایمانان) در دسترس است، در حالی که «شام خداوند بسته» تنها به ایمانداران (از هر فرقه‌ای که باشند) تعلق دارد.

۸. در طول تقدیم شام خداوند، خدمت دعای شخصی را در نظر بگیرید (شاید بتوانید این کار را ضمن مسح با روغن انجام دهید). این فرصت امکانی را فراهم می‌سازد تا اشخاصی که حقیقتاً نیاز دارند، از طریق خدمت شام خداوند با قدرت شِفادهندهٔ مسیح ارتباط برقرار کنند.

در اصل، در نام مسیح، میزبان شام خداوندی باشید که سفرهٔ خود را برای قوم خود گسترانید تا آن‌ها را با حیات جاویدان خوراک دهد.[۱]

نتیجه‌گیری

کلام خدمت و شام خدا، در مرکز تجربهٔ پرستندگان با خدا در مسیح، و در مرکزیت پرستش خدای تثلیث می‌باشد. توماس لانگ این نکته را به نیکویی بیان کرده است:

> نظر بنده این است که خدمت کلام و شام خداوند در پرستش مسیحی، صرفاً دو بخشِ متصل تلقی نمی‌شوند، بلکه بخش‌هایی از کل پرستش هستند که بدون هرکدام، پرستش کامل نمی‌شود. کلام و شام خداوند ابعادِ مسکوتِ پرستش نیستند، بلکه ارتباط شام خداوند و کلام، پاسخ و واکنش به حضور کسی است که در طول جلسات پرستش می‌شود. معنای کامل حضور مسیح در میان قوم خود، به‌تنهایی از طریق هیچ‌یک از دو خدمتِ کلام و خدمتِ شام خداوند تجلی نمی‌یابد. همچنین نمی‌توان عمق راز عظیم مسیح را با اضافه کردن شام خداوند به خدمت کلام به دست آورد. ترکیب کلام و شام خداوند است که در آن تجلی حضور مسیح را درک می‌کنیم (لوقا ۲۴: ۳۰ تا ۳۱ را مشاهده کنید).[۲]

اصطلاحات کلیدی

مشارکت مقدس محدود: مشارکت مقدسی که تنها اعضای کلیسای یک شاخهٔ مسیحی می‌توانند در آن شرکت کنند.

جام واحد: یک جام بزرگ واحد که همهٔ اعضای کلیسا از آن می‌نوشند.

---

۱. چارلز اِل. بارتو، سخنوری مؤثر در رهبری پرستش (نشویل: ابینگدون، ۱۹۸۸)، ص. ۱۲۳.

۲. توماس جی. لانگ، «بازیابی یگانگی کلام و آیین در عبادت پرسبیترین و کلیسای اصلاح‌شده»، موسیقی و پرستش اصلاح‌شده، جلد ۱۶، شماره ۱ (زمستان ۱۹۸۲): ص. ۱۲ (تأکید همان‌گونه که در متن اصلی آمده است)

مشارکت مقدس: شرکت در مراسم نان و شراب، با تأکید روی رفاقت و مشارکت بین ایمانداران.

عناصر شام خدا: موارد مورد مصرف در شام خداوند «نان و شراب» (برای شام خداوند)، آب (برای تعمید)، مسح کردن با روغن (برای شفاها).

شام خداوند «شکرگزاری»: مشارکت شادمانه در شام خداوند

پایه‌گذاری شام خداوند: یادآوری سخنان عیسی در هنگام شام آخر در بالاخانه (اول قرنتیان ۱۱:۲۳-۲۶).

تنوال آمیخته: فرو بردن نان در جام شراب یا آب انگور.

شام خداوند: به جا آوردن نان و شراب به عنوان یادبود مرگ مسیح که گاهی به عنوان دیدگاه «یادبود» از آن نام برده می‌شود.

مجری: شخصی که مراسم مذهبی را به انجام می‌رساند.

مشارکت مقدس آزاد: مشارکت مقدسی که برای تمام ایمانداران از شاخه‌های گوناگون مجاز است.

بیشتر بیاموزید

چری، کانستنس ام. معمار پرستش خدمات ویژه: طرح‌هایی برای مراسم ازدواج، تشییع جنازه، تعمید، شام مقدس، و مناسبت‌های دیگر. گرند رپیدز: انتشارات بیکر آکادمیک، ۲۰۱۳.

استالینگز، دبلیو. جوزف. آزاد ساختن اعمال خدا: ضرورت کلام و آیین مقدس مداوم در کلیساهای متدیست. یوجین، اورگن: انتشارات ویپ و استاک، ۲۰۱۹.

رایت، اِن. تی. ضیافتی که عیسی به ما داد: درک شام مقدس. لوییویل: انتشارات وستمینستر جان ناکس، ۱۹۹۹.

مشغول شوید

به عنوان گروه کوچکی از رهبران گردهم جمع شوید و این تمرین‌ها را انجام دهید. تصور کنید قصد دارید جلسه پرستشی را با تأکید روی مشارکت مقدس برنامه‌ریزی کنید. روز جهانی مشارکت مقدس است، که تمام مسیحیان جهان نزد سفرهٔ شام خداوند می‌آیند. نظم و ترتیبی را برای تقدیم شام خداوند معین کنید. در اینجا راهکارهایی که می‌توانید به کار ببندید، ارائه شده است:

۱. دعا کنید و جلسه برنامه‌ریزی خود را به خدا تقدیم کنید. روح‌القدس را دعوت کنید تا جلسه را هدایت کند.
۲. ایده‌های مختلف را در زمینه عناصر پرستشی مطرح کنید.
۳. عناصر پرستشی شام خداوند را که کلیسای شما به آن پایبند است تشخیص دهید. (اگر کلیسای شما تعیین نکرده که کدام مورد برای شام خداوند ضروری هستند، عناصر رایجی که در بالا به آن اشاره شد را به کار گیرید)
۴. دو عنصر پرستشی را برای صیقل‌دادن به آیین شام خداوند تعیین کنید - این عناصر باید در ابتدا، انتها یا میانهٔ برگزاری کل آیین شام خداوند قرار گیرند.
۵. یک عنصر پرستشی انتخاب کنید که بتواند به‌عنوان یکی از بخش‌های آیینیِ به‌جاآوردن شام خداوند عمل کند.
۶. همهٔ عناصر را در یک نظم منطقی قرار دهید.
۷. دوباره بررسی کنید تا ببینید آیا خدمت مشارکت مقدسی که طراحی کرده‌اید، مردم را به شکلی مؤثر از خدمت کلام به‌سوی مرحلهٔ فرستادن هدایت می‌کند یا خیر؟

هفت

اتاق سوم
پاسخ یا واکنش جایگزین به کلام خدا

جستجو کنید

قبل از مطالعهٔ فصل ۷ از تعدادی از اعضای کلیسا یا دانشگاه بخواهید در تمرین‌ها زیر به شما ملحق شوند. (سعی کنید دامنهٔ شرکت‌کنندگان، سنین مختلف، مردان و زنان، و مسیحیان نوایمان و بالغ را در بر گیرد.)

۱. اعمال ۱:۲ تا ۳۶ را بخوانید (دقت کنید که از آیهٔ ۳۶ به بعد را نخوانید).

۲. از گروه بخواهید تصور کنند که پیام پطرس را شخصاً در میان مردم دریافت کرده‌اند. سپس به‌عنوان یک گروه، دربارهٔ سؤالات زیر گفت‌وگو کنید. (برخی از اعضای گروه ممکن است بدانند داستان چگونه به پایان می‌رسد؛ اما ترجیحاً از خلاقیت خود استفاده کنید!)

- اگر آن روز در میان مردم بودید، فکر می‌کنید هنگامی که پطرس موعظهٔ خود را به پایان می‌رساند چه احساسی می‌داشتید؟
- اگر جمعیت در سکوت و به‌تدریج پراکنده می‌شدند، چه احساسی می‌داشتید؟

۳. حالا آیات ۳۷ تا ۴۷ را بخوانید و فهرستی از احساسات و واکنش‌های مردم تهیه کنید.

حالا که اندیشیدن را آغاز کرده‌اید، افکار خود را با مطالعهٔ فصل ۷ گسترش دهید.

گسترش دهید

پرستش، تجلی رابطه‌ای است که در آن خدای پدر، خود و محبتش را در مسیح آشکار ساخته و به واسطهٔ فیض روح‌القدس، فیض خود را به ما ارزانی می‌دارد تا با ایمان، شکرگزاری و اطاعت به او پاسخ داده و واکنش نشان دهیم.

رابرت اسکپر، در حضور او[1]

در تمام این کتاب، نظم و ترتیب انجیلی را به‌عنوان روشی برای تسهیل گفت‌وگو بین خدا و قوم خداوند توصیه کرده‌ام. از دوران عهد جدید، نقطهٔ عطف این گفت‌وگو، خدمت کلام و شام خداوند بوده است. آیین‌های «گردهم آمدن و فرستادن» بلافاصله شکل گرفتند تا بخش مهمی از آغاز و به پایان رساندن این گفت‌وگو باشند، با این وجود بخش اصلی گفت‌وگوی مقدس در خدمت کلام «خود را وقف تعالیم رسولان نمودن» (اعمال ۴۲:۲) و خدمت شام خداوند بوده و هست («خود را وقف پاره کردن نان نمودند» اعمال ۴۲:۲). ایمانداران درک می‌کردند که خدا از طریق کلام، سخن می‌گوید و سپس با شکرگزاری و به‌جا آوردن شام خداوند، به خبر خوشی که اعلام شده بود پاسخ داده و واکنش نشان می‌دادند.

در شانزده قرن اول حیات کلیسا، ترکیب خدمت کلام و شام خداوند طبیعی‌ترین روند پرستش مسیحی را تشکیل می‌داد. منظور این نیست که همواره خدمت کلام و شام خداوند به‌درستی به انجام می‌رسیده است، چرا که دوره‌هایی از تاریخ کلیسا وجود داشته است که رابطهٔ صحیح و درستی بین خدمت کلام و خدمت شام خداوند برقرار نمی‌شد. با این وجود، کلام و شام خدا، قرن‌هاست که کنار یکدیگر قرار داشته‌اند، چرا که داشتن یکی بدون دیگری مانند جدایی غیرقابل‌پذیرش بین «مکاشفه و پاسخ»، «اعلام انجیل و اجرا کردن انجیل»، «گوش فرا دادن و واکنش نشان دادن» محسوب می‌شود.

با این وجود، در بسیاری از کلیساهای امروزی، شام خداوند تنها چند بار در سال به انجام می‌رسد یا تقریباً کنار گذاشته شده است. همان‌طور که این تغییر با فاصله گرفتن از آیین‌های سنتی و اصیل صورت می‌گیرد، منطقی است که دربارهٔ علت آن بیندیشیم. هنگامی که دانشجویانم متوجه می‌شوند کاهشِ به‌جا آوردنِ شام خداوند در کلیسا امری است که به تازگی رواج پیدا کرده، به شدت تعجب می‌کنند. یکی از سؤال‌هایی که دانشجویانم مطرح می‌کنند این است: «چرا؟ چرا شام

۱. این جملات در فصل اول به عنوان تعریف کاربردی ما از پرستش مطرح شد.

خداوند را به‌صورت هفتگی به‌جا نمی‌آوریم؟ علت این اتفاق چیست؟»[1]

متأسفانه امکان ارائهٔ پاسخ کامل در این کتاب میسر نیست، چرا که می‌توان این تغییر را از جنبه‌هایی گوناگون بررسی کرد. البته هدف این فصل، این نیست که به لحاظ تاریخی و الهیاتی به توضیح کامل این تغییر رویه بپردازیم. «کاهش به‌جا آوردن شام خداوند در اوایل قرن شانزدهم میلادی با شکل‌گیری کلیسای پروتستان»، مطالعات دقیقی است که باید با توجهٔ بسیار به آن پرداخته شود. اما در انتها، فارغ از دلایل امر، شام خداوند در بسیاری از کلیساها کمتر مورد توجه قرار می‌گیرد، پس با یک معمای ثابت روبه‌رو هستیم: چگونه می‌توانیم پرستش را بدون شام خداوند ادامه دهیم؟

مسئلهٔ ما به‌عنوان معماران پرستش، نگرانی ایی شبانی است: چنانچه شام خداوند به شکل هفتگی و در پاسخ به کلام به‌جا آورده نشود، یک رهبر پرستش باید چه کار کند؟ اگر رهبران پرستش معتقد هستند که شام خداوند بهترین پاسخ و واکنش به کلام خدا می‌باشد، آیا باید دربارهٔ اجرای این آیین به‌صورت هفتگی پافشاری کنند؟ یا این‌که صرفاً باید پاسخ دادن به کلام خدا را نادیده بگیرند و پرستشی سه‌قسمتی متشکل از «گردهم آمدن، کلام خدا و فرستادن» را داشته باشند؟ بسیاری از کلیساهای پروتستان همین کار را انجام می‌دهند. هنگامی که کلام موعظه می‌شود، ممکن است جمع‌بندی‌ایی در انتهای خدمت داشته باشند و سپس اعضای کلیسا را ترخیص می‌کنند. اما اگر در پاسخ به کلام خدا، به‌جا آوردن شام خداوند میسر نباشد، کدام گزینه بهترین است؟

یکی از این سؤالات (آیا باید صرفاً خدمتی سه‌بخشی داشته باشیم؟) به‌سادگی پاسخ داده می‌شود. کافی است به یکی از اصول اصلی پرستش مراجعه کنیم: پرستش، مکاشفه و پاسخ است. اگر پرستش در اصل یک گفت‌وگو باشد، نمی‌توانیم صرفاً جلسه را با موعظهٔ کلام به پایان برسانیم. انجام چنین کاری گفت‌وگو را قطع می‌کند - گویا یک طرف، سخن گفته است و طرف دیگر آنچه بیان شده است را نادیده گرفته باشد. این نکته را از دیدگاه بشری ببینید: در یک قهوه‌خانه با یک دوست نشسته‌اید. دوستتان مسائلی مهم را دربارهٔ زندگی خود بیان می‌کند. شما با دقت گوش فرا می‌دهید، اما هنگامی که او سخنش را به پایان رساند، برمی‌خیزید، پول قهوه را می‌پردازید و آنجا

---

۱. رایج‌ترین دلیل برای کاهش برگزاری شام خداوند در میان بسیاری از کلیساهای پروتستان این است که در زمان اصلاحات، عامهٔ مردم به عنوان واکنشی به سوءاستفاده‌های مراسم مسیحیت، به شدت در برابر این عمل مقاومت کردند. جیمز وایت می‌نویسد: «اصلاح طلبان... به سختی تلاش کرده‌اند تا شام خداوند مکرر را احیا کنند. اما برای عامهٔ مردمی که به ندرت به دریافت شام خداوند عادت داشتند، برگزاری مکرر شام خداوند تندروی محسوب می‌شد و بنابراین انجام این کار نتوانست موفقیت گسترده‌ای کسب کند.» جیمز اف. وایت، مقدمه‌ای بر پرستش مسیحی، ویرایش بازنگری شده (نشویل: ابیندن، ۱۹۹۰)، ص. ۲۳۵.

را ترک می‌کنید. چنین کاری چه پیغامی را به دوست شما منتقل می‌کند؟ در بهترین حالت، او فکر می‌کند به آنچه گفته شد علاقه و توجهی نداشته‌اید و در بدترین حالت فکر می‌کند به او بی‌احترامی کرده‌اید. این نمی‌تواند یک گفت‌وگو باشد، چرا که گفت‌وگو **دوطرفه** است.

بنابراین، عمیقاً معتقدم برای هر خدمتی که در آن کلام خدا موعظه می‌شود، می‌بایستی پاسخی از سوی مردم وجود داشته باشد. هنگامی که شام خداوند تقدیم می‌شود، پاسخ اصلی به کلام خدا، شرکت در شام خداوند می‌باشد.[1] هنگامی که شام خداوند تقدیم نمی‌شود، داشتن یک پاسخ و واکنش هدفمند دیگر، ضروری است. این امر را توصیه می‌کنم، چرا که بدون پاسخ دادن، پرستش نمی‌تواند هدف کامل خود را به انجام رساند، چون پرستش یک گفت‌وگو و رابطهٔ بین خدا و قوم خداوند است. این بخش را «روش جایگزین برای پاسخ دادن» به خدمت کلام نامیده‌ام. در این زمینه اعلام می‌کنم که هیچ پاسخی نمی‌تواند حقیقتاً جای شام خداوند را بگیرد. در این حوزه انتخاب دیگری وجود ندارد. به‌جا آوردن شام خداوند، صرف‌نظر از دیدگاه الهیاتی اشخاص، بهترین، منطقی‌ترین و منحصربه‌فردترین پاسخ به شنیدن کلام خدا می‌باشد. در خطاب کردن سومین بخش گفت‌وگوی پرستش به نام پاسخ جایگزین، به شام خداوند احترام می‌گذارم، چرا که شام خداوند پاسخ اصلی به کلام محسوب می‌شود. همچنین این اصطلاح مفید است، چرا که به ما کمک می‌کند پاسخی موازی و مانند آنچه در شام خداوند رخ می‌دهد را طراحی کنیم. امیدوارم این امر در توضیحاتی که در ادامهٔ این فصل ارائه می‌شود آشکار گردد.

هدف از پاسخ جایگزین

هدف پاسخ جایگزین به کلام خدا این است که لبیک گفتن ما به خدا در نتیجهٔ شنیدن و دریافت کردن کلام در پرستش‌ها آشکار شود.

این مرحله تصدیق می‌کند که حقیقتاً به کلامی که خدا در قرائت کلام و موعظهٔ اصلی به گوش ایمانداران رسانده است گوش فرا داده‌ایم و در نتیجه قصد داریم به نحوی مناسب او را لبیک گوییم. برای پرستش کتاب‌مقدسی، حیاتی است که گفت‌وگوی واحد بین خدا و قوم او قطع نشود، بلکه ادامه پیدا کند تا به نتیجه‌گیری و پایانِ درخورِ خود برسد. باید توجه کنید که بین پاسخ جایگزین و کلام خدا و به کار بردن پیام موعظهٔ اصلی، تفاوتی وجود دارد. بخشِ تعالیم کاربردیِ روز به قصد این است که پیشنهاداتی مستحکم برای به‌کارگیری موعظهٔ روز در زندگی روزمرهٔ اعضا ارائه شود. این

۱. من نمی‌گویم حتی زمانی که شام خداوند ارائه می‌شود دیگر اعمال پرستشی نمی‌توانند به عنوان پاسخ به کار روند ؛ صرفاً می‌گویم که وقتی شام خداوند گنجانده شود، به عنوان پاسخ اصلی شناخته می‌شود.

بخش، مخاطبین را تجهیز می‌کند تا بدانند بر اساس موعظهٔ روز، در آینده می‌بایست چه کارهایی را انجام دهند. اما در مقابل، «پاسخ جایگزین»، جماعت ایمانداران را دعوت می‌کند تا تسلیم ارادهٔ خدا باشند و در حالی که در کنار یکدیگر در حضور خدا هستند، به آنچه که خداوند، آن‌ها را برایش فرا خوانده است تعهد دهند. بنابراین پاسخ دیگر، به تداوم گفت‌وگو می‌انجامد و فرصتی را برای پرستندگان فراهم می‌کند تا به شکلی واحد، در حالی که یکدیگر را برای داشتن زندگی مسیحی و مطابق با فراخوان خداوند تشویق می‌نمایند، به خدا پاسخ گفته و واکنش نشان دهند. با پاسخ جایگزین، پرستندگان با احترام هرچه تمام تصدیق می‌کنند که، خدا با جامعهٔ ایمانداران سخن گفته است و انتظار پاسخ و واکنش آن‌ها را می‌کشد.

چند سال پیش، هنگامی که داشتم به پاسخی جایگزین فکر می‌کردم، اعمال باب ۲ توجه مرا جلب کرد. این بخش از کلام، اولین گردهم آمدن و پرستش مسیحی را به تصویر می‌کشد. داستان از اینجا شروع می‌شود که ایمانداران در اورشلیم کنار هم جمع شده بودند و انتظار وعدهٔ روح‌القدس را می‌کشیدند. هنگامی که روز پنطیکاست آمد، همهٔ ایمانداران در یک محل جمع شده بودند (اعمال ۱:۲). ناگهان روح‌القدس حضور پیدا کرد و تمام آن‌ها از روح پر شدند.

سپس پطرس موعظه‌ای انجام داد. متن این موعظه را در آیات ۱۴ تا ۳۶ مشاهده می‌کنیم. نکتهٔ جالب توجه این است که سطوح گوناگونی از واکنش‌ها در پاسخ به موعظهٔ پطرس مشاهده می‌شود. اولاً، عده‌ای واکنشی احساسی داشتند[1]: جلوه‌ای از احساسات اندوه و منقلب شدن انسانی در نتیجهٔ شنیدن کلام — «چون این را شنیدند، دلریش گشته، به پطرس و سایر رسولان گفتند: ای برادران، چه کنیم؟» (اعمال ۳۷:۲). مردم چنان به غیرت آمده بودند که به دنبال راهی بودند تا در ادامهٔ این پرستش مشارکت کنند. در این مورد خاص، کلام خدا احساسات مردم را برانگیخت. هنگامی که کلام خدا در جماعت ایمانداران قرائت می‌شود، قدرت دارد تا مخاطبین را به نحوی عمیق تحت‌تأثیر قرار دهد. واکنش‌های احساسی اغلب به‌سرعت ظاهر می‌شوند؛ این واکنش‌ها می‌توانند شامل فریاد زدن، گریه کردن، خندیدن، دست زدن، ناله کردن، به سجده افتادن، زانو زدن و رقصیدن باشند.

جمعیت همچنین پاسخ‌ها و واکنش‌هایی روحانی داشتند: این امر شواهد تعهد و تغییر عمیق درونی است. پطرس گفت: «توبه کنید!» و آن‌ها همین کار را انجام دادند و زندگی‌های آنان به لحاظ

---

۱. پیشنهاد نمی‌کنم رهبران پرستش سعی کنند با ایجاد واکنش احساسی، افکار پرستندگان را دست‌کاری کنند. اگر پاسخ به کلام، جنبهٔ احساسی به خود بگیرد، از نظر کتاب مقدس احساسات باید همیشه، نتیجه تأثیر کلام بر کلیسا باشد (نحمیا ۹:۸ را مشاهده کنید) و نباید حاصل طراحی ماهرانه رهبر پرستش برای هدایت جماعت کلیسا باشد. با این حال، آگاه بودن رهبر پرستش از احساسی که ممکن است به دنبال شنیدن کلام به وجود آید، و فراهم آوردن راه‌هایی برای بروز آن احساسات از طریق اعمال انتخابی پرستشی، حکیمانه است.

روحانی عمیقاً و از اساس تغییر کرد. آن‌ها تولد دوباره دریافت کردند. با این وجود، سطح عمیق‌تری از پاسخ و واکنش وجود دارد که به واسطهٔ شنیدن کلام خدا حاصل می‌شود.

پاسخ و واکنش روحانی بین ایمانداران مشاهده می‌شود؛ در این لحظه است که آنچه کهنه بود، تازه می‌شود و قلب سنگی تبدیل به قلبی گوشتین خواهد شد. هنگامی که ایمانداران حقیقتاً کلام خدا را شنیده و تسلیم ارادهٔ خدا شوند، تبدیل رخ می‌دهد. با وجود این که تبدیل روحانی از درون رخ می‌دهد، شواهد بیرونی آن قابل مشاهده می‌باشد. تبدیل حقیقی با شواهد حقیقی قابل رویت است. تبدیل روحانی در مواردی مانند توبه، دریافت بخشایش، آشتی، تعهد عمیق‌تر به انضباط‌های روحانی، اعمال پر از فیض و عدالت، و سطح عمیق‌تری از شاگردی خداوند ظهور می‌کند.

همچنین پاسخ‌های نمادین نیز وجود دارد: استفاده از اعمال، تصویرسازی‌ها و موارد این‌چنینی نشانگر پاسخ روحانی می‌باشد. پطرس همهٔ کسانی که توبه کردند را به دریافت تعمید تشویق کرد.[1] حدود سه هزار نفر در خدمت تعمید که نماد قدرتمندی از مرگ و رستاخیز عیسای مسیح می‌باشد مشارکت کردند. اغلب، تجربهٔ عمیق کلام خدا ما را مات و مبهوت باقی می‌گذارد، بنابراین به حرکات نمادین بی‌کلام روی می‌آوریم تا آنچه فراتر از قدرت زبان است را بیان کنیم. بسیاری از اعمال نمادین در اختیار معمار پرستشی قرار دارند تا به ایمانداران کمک کنند ایمان خود را در قالب یک پاسخ یا واکنش بیان کنند.

در آخر، پاسخ ادامهٔ پرستش را نیز مشاهده می‌کنیم: یعنی به‌جا آوردن تغییرات روحانی به‌خاطر دیگران. اعمال رسولان می‌گوید: «مؤمنان همه با هم به سر می‌بردند و در همه چیز شریک بودند. املاک و اموال خود را می‌فروختند و بهای آن را بر حسب نیاز هر کس بین همه تقسیم می‌کردند» (اعمال ۲:۴۴-۴۵). کسانی که ایمان آورده بودند آماده بودند تا «همه چیزشان» را در پاسخ و واکنش به محبتی که در حیات تازه از مسیح دریافت کرده بودند تقدیم کنند. همیشه راه‌های مستحکم، ساده و کاربردی برای نشان دادن واکنش به کلام خدا وجود دارد. دقت کنید که تبدیل شدن زندگی مخاطبین، به اعمال متفاوت آن‌ها در زندگی سایرین منجر شد، نه صرفاً تغییرات درونی خود آن‌ها. داستان با این تأکید به پایان می‌رسد که چگونه اعلام کلام خدا به نحوی عمیق روی رابطهٔ مخاطبین پطرس با دیگران تأثیر گذاشت. آن‌ها وقت خود را در معبد و در رفاقت، صرف پرستش می‌کردند و اغلب از رفاقت با یکدیگر لذت می‌بردند و همواره با یکدیگر هم‌خوراک می‌شدند — به زبان ساده‌تر، آن‌ها زندگی سخاوتمندانه‌ای داشتند. کلید داشتن واکنش کاربردی به کلام در این است که،

---

۱. غسل تعمید در بسیاری از شاخه‌های مسیحیت صرفاً یک پاسخ نمادین نیست. با این حال، غسل تعمید در همهٔ سنت‌های مسیحی دارای معنای نمادین عمیق است.

برای منفعت دیگران نیز کلام را پذیرفته و آن را لبیک گوییم.

پاسخ به یک موعظه، درخور توجه است و کار بی‌ارزشی محسوب نمی‌شود، تا جایی که مخاطبین از پطرس استدعا کردند که به آن‌ها بگوید باید چه کار کنند. کافی نبود که حاضرین تنها سرودهای پرستشی بخوانند و به خانه‌های خود بازگردند. اغلب مردم مایل هستند فرصت و روش پاسخ دادن و واکنش نشان دادن، در اختیار آن‌ها قرار گیرد. اگر کلام خدا واقعاً تقدیم شده باشد، اغلب جماعت ایمانداران مشتاق‌اند در حالی که با وحدت گردهم آمده‌اند، خدا را پاسخ گویند. برای انجام این کار، کلیسا باید در اعمال پرستشی که با دقت و متناسب با پیام روز انتخاب شده است مشارکت داشته باشد. معماران پرستشی با دعا عناصر پرستشی گوناگونی را در اختیار جماعت ایمانداران می‌گذارند تا فرصت و روش پاسخ و واکنش نشان دادن به کلام خدا را داشته باشند.

بنابراین، از این طریق فرصتی در اختیار پرستندگان قرار می‌گیرد تا در حضور خدا باقی بمانند و با خدا و یکدیگر دربارهٔ پیغامی که از خداوند دریافت کردند گفت‌وگو کنند. اما این امر همچنین کمک می‌کند کلام خدا «مهر» و تأیید شود تا حس پذیرش، به نتیجه رسیدن و زندگی کردن مطابق آنچه که انجیل پیش روی ایمانداران قرار داده است، پدید آید. به زبان ساده، پاسخ جایگزین در نبود شام خداوند، بخش مهم و ضروری مکاشفه و پاسخ را به انجام می‌رساند.

روح پاسخ و واکنش جایگزین

روح پاسخ جایگزین، دامنهٔ گسترده و گوناگونی دارد چرا که، آیات کلام خدا و موعظهٔ روز به لحاظ اهداف و لحن‌ها گوناگون هستند. پاسخ و واکنش جایگزین، مستقیماً از کلام خدا که در خدمت پرستش تقدیم شده است سرچشمه می‌گیرد، بنابراین پاسخ دادن به کلام ممکن است از جنس تعمق یا شادمانی، پر از ستایش و سرود یا اندوهناک باشد. این پاسخ و واکنشِ جایگزین، ممکن است به اصول اعتقادی مرتبط باشد و یا ایمانداران را به تسلیم شدن و اطاعت در مقابل کلام خدا فرا بخواند. لحن پاسخ و واکنش جایگزین، به واسطهٔ لحن کلام خدا تعیین می‌شود. اگر خداوند از محکومیت سخن بگوید، پاسخ باید با «اظهار پشیمانی و توجه به گناهان» همراه باشد. اگر خدا جماعت ایمانداران را فرا بخواند تا در هر شرایطی شادمانی داشته باشند، پاسخ ممکن است توأم با جشن گرفتن باشد. اگر کلام خدا اعضای کلیسا را به سطح بالاتری از شاگردی فرا بخواند، پاسخ می‌بایستی آکنده از تعهدی جدی باشد.

دلیل دومی نیز برای وجود انواع مختلف واکنش‌های جایگزین به کلام، وجود دارد. در فصل ۶، به این حقیقت اشاره شد که کلام خدا از واژگان متعددی برای اشاره به شام خداوند استفاده

کرده است که هر کدام جنبهٔ متفاوتی از ورود به شام خداوند را شرح می‌دهند. پیشنهاد شد که هر یکشنبه خدمت کلام در نحوهٔ پاسخ دادن و به‌جا آوردن شام خداوند تعیین‌کننده باشد (شام خدا، شام خداوند، مشارکت مقدس). بر اساس انتخاب‌هایی که انجام می‌شود، به‌جا آوردن شام خداوند می‌تواند لحن‌های متفاوتی داشته باشد. روحِ واکنشِ جایگزین هم، به همین شکل معین می‌گردد. درست همان‌طور که (خوشبختانه تنها یک کلمه قادر نیست معنی کامل شام خداوند را بیان کند) ممکن است از جنس تأکید بر شادمانی، تفکر عمیق یا وحدت و مشارکت، به شام خداوند نزدیک شویم، به همین شکل در طراحی پاسخ و واکنش جایگزین هم می‌توانیم؛ مانند نحوهٔ نزدیک شدن به شام خداوند عمل کنیم. گاهی اوقات ممکن است پاسخ‌ها و واکنش جایگزین پر از شادمانی، یا پر از تفکر عمیق و یا آکنده از وحدت باشد. اگر شام خداوند اولین و اصلی‌ترین روش پاسخ دادن به کلام خدا است، می‌توانیم روحِ پاسخ و واکنشِ جایگزین را نیز با الهام گرفتن از روحِ شامِ خداوند تشخیص دهیم.

چنین دامنهٔ گسترده‌ای از پاسخ‌های ممکن، همگان را تحت تأثیر قرار می‌دهد. بسیاری از کلیساها تنها به یک روش، خدمت کلام خدا را پاسخ می‌دهند (می‌توان روح پشیمانی و توبه از گناهان هنگام فراخوانده شدن نزد محراب را مثل زد). اما این نکته، آزادی‌بخش است که درک کنیم: همان‌طور که کلام خدا لحن‌های متفاوتی دارد، پاسخ و واکنش جایگزین به کلام هم می‌تواند گوناگون باشد. کلام خدا نمونه‌های فراوانی از پاسخ دادن به کلام را به ما تقدیم کرده است. فکر می‌کنم نیکو باشد که دامنه افکارمان را گسترش دهیم.

جنبش پاسخ جایگزین

جنبش پاسخ و واکنش جایگزین، در اصل از سوی پرستندگان به سوی خدا است؛ کلام خدا را شنیده‌ایم و مایل هستیم پاسخ دهیم (شکل ۷ . ۱ را مشاهده کنید).

بنابراین، جریان اصلی این بخش از گفت‌وگوی واحد این است که، قوم خداوند به خدا پاسخ گویند. برای ایجاد پاسخی معنادار به کلام، معماران پرستش نیاز دارند که متن آیاتی را که موعظه می‌شود مطالعه کنند، به اندازهٔ کافی دربارهٔ آیات دعا کنند و اعضای کلیسا را عمیقاً بشناسند. از این طریق معماران پرستشی، صمیمانه از خدا می‌خواهند آن‌ها را راهنمایی کند تا بتوانند درک کنند کدام عمل پرستشی را برای پاسخ دادن به کلام او، به کار بگیرند. پاسخ و واکنش جایگزین تنها زمانی شکل می‌گیرد که قوم خدا و کلام، توسط رهبری سخت‌کوش، پر از روح و دعا، کنار هم قرار بگیرند.

در اینجا مهم است به این حقیقت دقت کنیم که هر پاسخی به کلام، در ذات خود در اتحاد

صورت می‌گیرد (فصل ۱ را مشاهده کنید). به لحاظ کتاب مقدسی و الهیاتی، عموماً در پرستش‌ها، خداوند خطاب به جامعهٔ ایمانداران سخن می‌گوید، نه یک گروه از افراد. در جامعهٔ فردگرای امروزی، پذیرش این مفهوم ممکن است دشوار باشد. کلیسایی که ریشه‌های قویِ بیداری دارد، چالش سختی را در زمینهٔ یک تغییر تجربه می‌کند تا از سوی فردگرایی به سمت دریافت پیام خدا به عنوان جامعهٔ کلی ایمانداران حرکت کند. بسیاری مواقع به راحتی فراموش می‌کنیم که خدا خطاب به کلیسا ـ قومی تحت عهد، که در مقابل خداوندگردهم آمده‌اند ـ سخن می‌گوید؛ بنابراین جنبش پاسخ جایگزین، پاسخِ واحدِ جماعت ایمانداران به خداوند می‌باشد.

یکی از نمونه‌های این پاسخ در به کارگیری قاموس‌نامه‌ها می‌باشد، به عنوان مثال قاموس‌نامهٔ نیقیه:

«برخی افراد به اشتباه فکر می‌کنند قاموس‌نامه به معنی تأکید بر ایمان اشخاص می‌باشد. آن‌ها فکر می‌کنند اگر قاموس‌نامه‌ها را با صدای بلند بخوانند، باید حتماً معنی کامل آن را بدانند و باید کاملاً با متن آن موافق باشند و اگر این‌چنین نباشد، آنچه بر زبان می‌آورند شهادت دروغین محسوب می‌شود. ولی چنین ایده‌ای به نشانه داشتن دیدگاهی نادرست دربارهٔ کلیسا می‌باشد.[1] قاموس‌نامه‌های تاریخی، جملاتی واحد از باورهای الهیاتی پدران کلیسا هستند که برای حفظ تمامیت پیام اصلی انجیل و کلیسا تدوین شده‌اند. قاموس‌نامه‌هایی وجود دارند که اغلب ایمانداران آن را پذیرفتند؛ مانند قاموس‌نامهٔ رسولان و قاموس‌نامهٔ نیقیه.»

شکل ۷ . ۱ جنبش پاسخ جایگزین

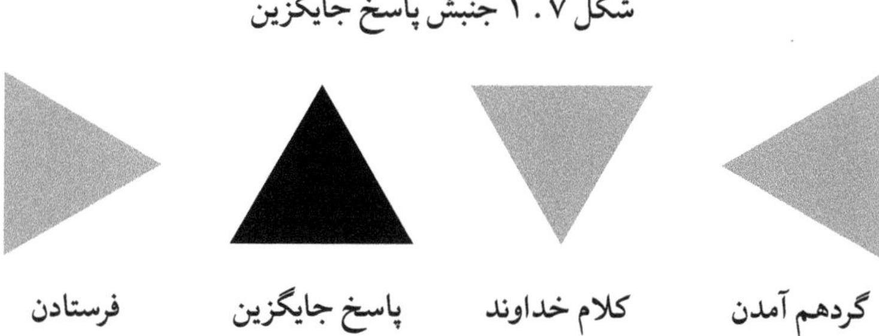

قاموس‌نامه‌ها تصدیق کلیسا هستند که، صدای واحدمان را به آن وام می‌دهیم. با وجود اینکه مطالعه کردن این متون، آکنده از حکمت است و تمامی این متون باعث می‌شود به درک عمیق‌تری از ایمان

۱. کورنلیوس پلانتینگا جونیور و سو اِی. رزبوم، تشخیص ارواح: راهنمایی برای تفکر دربارهٔ پرستش مسیحی امروز (گرند رپیدز: ایردمنز، ۲۰۰۳)، ص. ۸۶.

مسیحی خود برسیم، اما بهترین دیدگاه این است که این متون را قاموس‌نامه‌های شخصی در نظر نگیریم، بلکه آن‌ها را به عنوان اعتقاداتی بزرگ‌تر از یک شخص، یعنی اعتقادنامهٔ کلیسای جهانی مدنظر داشته باشیم. نکته اینجاست: در اصل، این جامعهٔ پرستندگان است که به شکلی واحد از طریق عمل جمعی و متحدانه به واسطهٔ قاموس‌نامه‌ها خداوند را لبیک می‌گویند.[1] نکتهٔ بعدی‌ایی که باید در جنبشِ پاسخِ جایگزین در نظر داشته باشیم این است: با وجود اینکه رهبر پرستشی پاسخ و واکنش را طراحی می‌کند، اما باید همواره آنچه که بعد از این بخشِ خدمتِ پرستش رخ خواهد داد را، در نظر داشته باشد. پاسخ ایمانداران باید به نحوی طبیعی، از خدمت کلام برآید و به نحوی مؤثر ایمانداران را به سمت فرستادن هدایت کند.

کاربردی عمل کنید

عناصر پرستشی مناسب برای پاسخ جایگزین

مثل همهٔ بخش‌های دیگر جلسهٔ اصلی، قسمت پاسخ جایگزین نیز شامل عناصر پرستشی گوناگونی می‌شوند که در اصل مسبب تسهیل پاسخ‌دهی و واکنش نشان دادنِ قومِ خدا، به خداوند خواهند بود. برخی از پاسخ‌ها اصول تاریخی مشخصی دارند. به عنوان مثال در قرون وسطا، جاستین شهید در کتاب اولین مدافعه نوشته است: دعای شفاعت، بوسهٔ صلح، و دریافت هدایا برای نیازمندان، اغلب پس از خدمت کلام و موعظه صورت می‌پذیرفت.[2] قرائت قاموس‌نامه‌ها هم به همین ترتیب، اغلب در اوایل گسترش مسیحیت، پس از خدمت کلام صورت می‌گرفت.[3]

در اینجا چند نمونه از عناصر پرستشی آورده شده که برای پاسخ ایمانداران مناسب است - اما به یاد داشته باشید، به تعداد موعظات، عناصر پرستشی برای پاسخ دادن به خدا وجود دارد.[4] این موارد تنها نمونه‌هایی از اعمال پرستشی هستند که بدون هیچ ترتیب خاصی ارائه شده‌اند و می‌توانید پس از شنیدن کلام، از آن‌ها برای پاسخ دادن به خدا استفاده کنید:

---

۱. به پاسخ‌های کلامی جمعی در بسیاری از مناسبت‌های پرستشی در عهد عتیق و جدید توجه کنید: مثلاً خروج ۲۴:۳، ۷؛ نحمیا ۸:۵-۶؛ اعمال رسولان ۲۹-۴۱:۲؛ اول تیموتائوس ۲:۱-۴؛ یعقوب ۱۴:۵-۱۶.

۲. جیمز اف. وایت، تاریخ مختصر پرستش مسیحی (نشویل: ابیندن، ۱۹۹۳)، ص. ۵۵-۵۶.

۳. پیتر جی. کاب، «آئین کلام در کلیسای نخستین»، در مطالعه آئین، ویراستاران چسلین جونز، ویرایش بازنگری شده (لندن: اس.پی.سی.کی، ۱۹۹۲)، ص. ۲۲۸.

۴. بسیاری از عناصر پرستشی برای بیش از یکی از مراحل خدمت مناسب‌اند؛ بنابراین، در بحث دربارهٔ اعمال پرستشی مناسب برای هر مرحله، همپوشانی‌هایی وجود خواهد داشت.

- سکوت[1]
- تشویق یکدیگر و استدعاها[2]
- سرود خواندن متحد اعضای کلیسا[3]
- یک ترانهٔ انفرادی یا سرود متحد اعضای کلیسا که با کلام موعظه شده، مرتبط باشد.
- یک شعر، نقاشی، مجسمه‌سازی و یا سایر کارهای هنری که تجلی متن موعظه شده باشد.
- دعوت گروهی به گفت‌وگو و شاگردسازی
- تفکرعمیق
- قرائت قاموس‌نامه‌ها یا تصدیق و تأیید ایمان
- بوسهٔ صلح[4]
- دعاهای شفاعت
- دعاهای ناگهانی و خودجوش[5]
- اعلام شهادت‌ها
- تقدیم هدایا[6]

---

۱. این به سکوت واقعی برای شنیدن اشاره دارد، نه سکوت برای دعا نزد خدا.

۲. بخش «اصطلاحات کلیدی» در فصل ۵ را ببینید.

۳. در اینجا، سرودهای پاسخ‌دهنده بیشترین تأثیر را دارند (به فصل ۱۱ مراجعه کنید). چرا بخشی از زمانِ سراییدن در گردهم آمدن را، برای پاسخ جایگزین استفاده نکنیم؟

۴. بوسهٔ صلح، که در اوایل حیات کلیسا شکل گرفت (و توسط بسیاری از ارجاعات عهد جدید تأیید شده است)، بوسه‌ای بود که در پرستش، میان ایمانداران و برای نشان دادن صلح و همبستگی استفاده می‌شد. بوسهٔ صلح، در جاهای مختلفی در آئین‌ها ظاهر شده است، اما معمولاً پس از موعظه می‌آید و معمولاً برای آماده‌سازی جهت تقدیم شام خداوند است. گاهی «انتقال سلامتی و صلح» نامیده می‌شود و هنوز هم در بسیاری از کلیساهای پروتستان و کاتولیک رومی به شکل دست دادن یا در آغوش گرفتن انجام می‌شود. معمولاً یک تبادل کلامی همراه این حرکت است: «سلامتی با شما باد» یا «صلح مسیح با شما باد» و پاسخ آن «و با روح تو» یا «و همچنین با تو». رجوع شود به کاب، «آئین کلام»، ص ۲۳۰.

۵. دعاهای خودجوش می‌تواند به اشکال مختلفی انجام شود، از جمله دعاهای داوطلبانه، «مذبح باز» برای دعا، و تانگسونگ کیدو («دعا به صورت بلند همزمان»).

۶. از نظر کتاب مقدس، تقدیم هدایا همیشه به عنوان پاسخ شکرگزاری به خدا دیده می‌شود. در کلیسای اولیه، هدایا شامل هدایایی برای فقرا، بیوه‌زنان و یتیمان بود. هدایا فقط مسئله‌ای عملی برای اداره امور کلیسا نیست؛ بلکه عملی پرستشی است. چون هدایا به خدا تقدیم می‌شود، پس نحوهٔ ارائه آن مهم است. ترتیب پیشنهادی اعمال پرستشی عبارت است از: (۱) جملهٔ هدایا (یک عبارت کوتاه یا آیه‌ای از کتاب مقدس برای فراخواندن هدایا)، (۲) جمع‌آوری، (۳) تقدیم هدایایِ (لحظه اوج)، و (۴) دعا یا سرود وقف هدایا. برای ایجاد خدمات دوستانه برای حق جویان، بسیاری از کلیساها هدایا را به عنوان عملی جمعی کنار گذاشته‌اند و به جای آن، صندوق‌هایی را در انتهای کلیسا قرار داده‌اند یا هدایایِ آنلاین را ترویج می‌کنند. در اینجا نمونه دیگری است که الهیات، اعمال را شکل می‌دهد. اگر کسی هدایا را فقط برای پرداخت صورت‌حساب‌های کلیسا بداند، یک

- الحاق خدمت برای گروه‌های خدمتی
- دعاها یا قرائت پاسخ‌گویانه و تناوبی کتاب مقدس[1]

گزینه‌ها بی‌پایان هستند! این فهرست تنها آغاز گزینه‌ها می‌باشد؛ در اصل هر رهبر پرستشی باید فهرستی پیش‌رونده از اعمال پرستشی داشته باشد که، مختص پاسخ جایگزین باشند. آنچه اهمیت دارد این است که جامعهٔ پرستشی فرصت داشته باشند پس از شنیدن پیغام خداوند، به شکلی متحد به کلام او پاسخ دهند.

در جایی که خدمت کلام آکنده از اطلاعات است، پاسخ جایگزین بیش از هر چیز به بنای ایمانداران کمک می‌کند. فرصت‌هایی فراهم می‌شود تا ایمانداران از طریق پاسخ دادن در تسلیم، عهد و اطاعت، بتوانند از درون تبدیل شوند.[2] (دلیل دیگری که باعث می‌شود نادیده گرفتن پاسخ جایگزین مخرب باشد همین است - نادیده گرفتن این مرحله باعث پرورش پرستندگانی می‌شود که از آگاهی برخوردار هستند؛ اما مستقیماً به چالش کشیده نشده‌اند تا مسئولیتِ داشتنِ این آگاهی را حقیقتاً بپذیرند.)

هنگامی که انواعِ عناصرِ پرستشیِ فهرستِ بالا را بررسی می‌کنید، به این فکر کنید که در اصل پرستندگان را به چه کاری دعوت می‌کنید، سپس از اعمالی که به آن‌ها اشاره شد استفاده کنید تا اعضای کلیسا بتوانند تغییر اساسی‌ایی که تجربه کرده‌اند را بروز دهند. عمل (عنصر پرستشی) به خودی خود پاسخ یا واکنش محسوب نمی‌شود، بلکه پاسخ را به تصویر می‌کشد (درست مانند آنچه در اعمال باب ۲ رخ داد). اجازه دهید با ارائه سه دسته‌بندی کلی، منظور خود را توضیح دهم. به سه پاسخ یا واکنش بنیادین که ممکن است در نتیجهٔ شنیدن کلام پدید آید توجه کنید: پاسخ دادن با طنین انعکاس آیات، واگذاری و تصمیم قاطع - و البته پاسخ‌های جایگزین دیگری نیز وجود دارند.

صندوق در عقب کلیسا کافی است؛ اما اگر هدایا را عملی جمعی و پرستشی بدانید و بدانید خدا دریافت کنندهٔ واقعی هدایای ماست، هدایا باید جمع‌آوری، ارائه و وقف خدا شود. کن همفیل این‌گونه می‌گوید: «اگر فکر می‌کنید هدایا ممکن است مانعی برای جذب افراد نجات نیافته به کلیسا باشد، به یاد داشته باشید که بسیاری از غیرایمانداران با حرص و طمع دست و پنجه نرم می‌کنند و ممکن است به شدت تحت تأثیر سخاوت قوم خدا قرار بگیرند. ویژگی منحصر به فرد ما در این زمینه، ممکن است نسبت به آنچه تصور می‌کنیم، به غیرایمانداران شهادتی قوی‌تر ارائه دهد.» کن همفیل، اثر انطاکیه: ۸ ویژگی کلیساهای بسیار مؤثر (نشویل: برودمن و هولمن، ۱۹۹۴)، صص ۴۸-۴۹.

۱. بخش «اصطلاحات کلیدی» را در فصل ۴ ببینید.

۲. کلام و پاسخ جایگزین، فقط یکی یا دیگری نیستند؛ هر دو مورد، ابعادی از شکل‌گیری و اعلام حقیقت را دارند و هر کدام تمایل دارند که بر یک هدف اصلی، یعنی اعلام حقیقت یا شکل‌گیری تمرکز کنند.

یک پاسخ یا واکنش جایگزین، ممکن است دعوت از کلیسا باشد تا «طنین و انعکاس» کلام را به زبان بیاورند. کلمهٔ طنین از کلمهٔ لاتین رِسُنَر «بازتولید صدا» آمده است. طنین به معنی اکو یا انعکاس صدا است که، باز پس فرستاده می‌شود. یک نوع پاسخ جایگزین می‌تواند فرصتی باشد تا اعضای کلیسا آنچه را که شنیده‌اند منعکس کنند. شاید آن‌ها را به چالش بکشید تا آنچه را شنیده‌اند، به زبان خود بیان کنند یا با دیگر پرستندگان در میان بگذارند. منعکس کردن و طنین‌افکن شدن می‌تواند همچنین به معنای به زبان آوردن قاموس‌نامه یا تصدیقی ایمانی باشد. این روش برای «انعکاس دادن» کلامی که از زبان واعظ خارج شده است مناسب است. برخی از عناصر پرستشی برای این کار مناسب هستند و پرستندگان را یاری می‌رسانند تا با انعکاس دادن آن حقیقتی که اعلام شده است، به خداوند پاسخ دهند.

پاسخ جایگزین، به پرستندگان اجازه می‌دهد تا تسلیم شوند. کلمهٔ تسلیم شدن از واژهٔ لاتین رِسِگنِر به معنی «دوباره امضا کردن» برگرفته شده است. معمولاً این کلمه را به عنوان واژه‌ای منفی تلقی می‌کنیم. انگار زمانی تسلیم می‌شویم که چارهٔ دیگری وجود ندارد یا کار بهتری را نمی‌توانیم انجام دهیم. اما «تسلیم شدن» کلمه‌ای مثبت است. تسلیم شدن به این معناست که آنچه تجربه کردیم را از طریق لنزِ دیگری مشاهده کنیم و بنابراین معنای تازه‌ای از آن دریافت کنیم. تسلیم شدن به این معناست که، حالا به واسطهٔ کلام خدا بتوانیم دیدگاهمان را تغییر دهیم، ادعایی را رها کنیم، دارایی خود را تقدیم کنیم، تسلیم شویم، رها کنیم، ترک کنیم، انکار کنیم و در اصل به واسطهٔ نتیجهٔ شنیدن کلام، دیدگاهمان تغییر کند. فراخوانی به سوی محراب، شستن پاها، شهادت‌ها و برخی از دعاها می‌تواند به پرستش‌کنندگان فرصت دهد تا تسلیم آنچه که کلام می‌گوید بشوند.

همچنین شاید پرستش‌کنندگان فراخوانده شوند تا «تصمیم قاطع» بگیرند و به سمت شکل‌گیری روحانی حرکت کنند. کلمهٔ تصمیم قاطع، از واژهٔ سُلواره به معنای «باز کردن دوباره» گرفته شده است. این واژه به معنی باز کردن آنچه بسته است می‌باشد تا بتوانید برای تغییر و تصمیم گرفتن به سمت باز کردن آنچه در دلتان بسته بوده است پیش روید، و یا توضیحی دریافت کنید و یا حتی میانجی‌گری کنید و یا هدفی را برگزینید. بسیاری اوقات کلام باعث می‌شود به راه‌حل و یک تصمیم قاطع برسیم - بینش‌هایی را از طریق قدرت روح به دست می‌آوریم و لحظه‌ای، روشن شدن حقیقت را تجربه می‌کنیم تا بتوانیم برخی مسائل را به شکلی تازه ببینیم. برای این مورد، پرستندگان به عناصری نیاز دارند که بتوانند از طریق آن‌ها بینش تازه‌ای که به آن رسیدند را جشن بگیرند و با آزادی‌ایی که به واسطهٔ رها شدن از باور کهنه حاصل می‌شود، شادمانی کنند و یا دربارهٔ آنچه قصد دارند انجام دهند بسرایند و سخن بگویند.

برای ایجاد پاسخ جایگزین به کلام خدا، معماران پرستش باید (۱) خود را در کلام و موعظهٔ روز غرق کنند، (۲) درک کنند کدام نوع پاسخ یا واکنش منطقی است و (۳) در نظر بگیرند که کدام یک از اعمال پرستشی می‌تواند برای پرستندگان مفید واقع شود تا به نحوی مؤثر، واکنش بنیادین خود را نشان دهند. تصمیم بگیرید که از پرستندگان چه می‌خواهید: انعکاس، تسلیم شدن یا تصمیم قاطع. هنگامی که این موارد تعیین شدند می‌توانید از گزینه‌های اعمال پرستشی که در اختیار دارید مواردی را انتخاب کنید تا به پرستندگان فرصت دهد برای رسیدن به آن واکنش عمیق: تسلیم شوند، شادمانی کنند، خدمت کنند، عهد اطاعت ببندند، هدایا تقدیم کنند و غیره. اعمال پرستشی‌ای را پیدا کنید که به پرستندگان یاری می‌رساند که همین کار را انجام دهند. در جمع‌بندی: این سه قدم را بردارید:

۱. تصمیم بگیرید کدام واکنش بنیادین، منطقی‌ترین است (انعکاس، تسلیم شدن و یا تصمیم قاطع).
۲. فهرستی از انواع فعالیت‌هایی که برای این نوع پاسخ جایگزین مناسب باشد تهیه کنید.
۳. یک یا چند عمل پرستشی را برای این مرحله انتخاب کنید.

نحوهٔ نظم بخشیدن به پاسخ جایگزین

یک رهبر چگونه می‌تواند این بخش از گفت‌وگوی جماعت ایمانداران با خدا را نظم ببخشد؟ می‌توانید راجع به این موارد بیندیشید:

۱. در روح دعا باشید و بطلبید که خداوند شما را در راستای مهیّا کردن خدمتی که پتانسیل ایجاد تغییر در ایمانداران را دارد هدایت کند.
۲. مثل خدمت کلام، آیاتی که برای موعظهٔ روز به کار گرفته می‌شود را در نظر بگیرید. آیات مربوطه را مطالعه کنید و در آن‌ها تعمق نموده، دربارهٔ آیات دعا کنید.
۳. نکتهٔ اصلی موعظه را در نظر بگیرید. اگر امکان دارد موعظهٔ روز را از قبل، از واعظ کلیسا دریافت کنید. فهرست کوتاهی از سرودها، دعاها و سایر اعمال پرستشی که می‌تواند با موعظهٔ روز مرتبط باشد تهیه کنید.
۴. اجازه دهید در این زمینه‌ها خدمت کلام شما را راهنمایی کند: (۱) اهداف تبدیل و تغییر ایمانداران، (۲) لحن پاسخ جایگزین. از واعظ بپرسید قصد دارد مخاطبین چه تغییر بنیادینی را تجربه کنند. این امر به شما ایده‌ای خواهد داد که می‌تواند از هدف واعظ کلام حمایت کند و همچنین روی لحن و حالت این بخش از جلسه، تأثیر بگذارد.
۵. یک یا دو عمل پرستشی مناسب را در نظر بگیرید. اگر دو مورد را انتخاب کردید آن‌ها را

مطابق منطقتان منظم کنید. اغلب، روش صحیح یا غلطی وجود ندارد؛ بلکه در دعا نظمی را برای عناصر پرستشی انتخاب کنید که روند گفت‌وگوی طبیعی طی شود. (به یاد داشته باشید که هنوز به مرحلهٔ فرستادن نرسیده‌اید، بنابراین در بخش پاسخ دادن به خدا باقی بمانید. عناصر پرستشی دیگری برای مرحلهٔ فرستادن مورد نیاز خواهند بود.)

۶. تا جای امکان از موارد منفعل پرهیز کنید - کلید این بخش مشارکت است. پاسخ جایگزین به این معناست که به کلیسا فرصت دهید تا به کلام خدا پاسخ دهند. اعضای کلیسا را در این روند شریک کنید؛ هرچه باشد این بخش مختص پاسخ کلیسا به خداوند است.

۷. زمان لازم برای تمام بخش‌های جلسه را در نظر بگیرید. گاهی شبانان ایدهٔ «افزایش زمان جلسه» را نمی‌پذیرند. هدف این نیست که جلسه لزوماً طولانی‌تر شود؛ بلکه این را در نظر بگیرید که برای تمام بخش‌های جلسهٔ اصلی، چقدر زمان نیاز است. ضروری نیست که پاسخ جایگزین وقت زیادی را به خود اختصاص دهد، چند دقیقهٔ مورد نیاز برای پاسخ جایگزین را می‌توانید از سایر مراحل جلسه، مثل مرحلهٔ گردهم آمدن، به این مرحله انتقال دهید. هنگامی که جلسه در زمان مقرر آغاز شود و رهبر کاملاً آماده باشد، حتی با فرصتی کوتاه می‌توانید کار بزرگی را در زمینهٔ پاسخ جایگزین به انجام برسانید.

۸. عناصر گوناگون را در نظر داشته باشید. فرصت‌های گوناگون فراوانی برای این بخش از خدمت وجود دارد. این بخش را راکد نگاه ندارید. چرا باید همهٔ پاسخ‌ها و واکنش‌ها همواره مشابه هم باشند (همیشه یک سرود، یک فراخوان به سوی محراب یا یک دعای ثابت)؟ فرصت‌های بی‌شمار دیگری نیز وجود دارند که ضمن وفادار ماندن به اهداف کلام، می‌توانید از طریق آن‌ها سبک‌های گوناگون مرحلهٔ پاسخ دادن به خدا را به انجام برسانید.

۹. از پاسخ‌های چند حسی استفاده کنید. به کار گرفتن بیش از یکی، از حواس پنج‌گانه می‌تواند روی تأثیر پاسخ یا واکنش اثر بگذارد. خود را به چالش بکشید تا به مرور زمان بتوانید از تمامی احساسات استفاده کنید.

۱۰. پاسخی را ایجاد کنید که حقیقتاً «چند نسلی» باشد. فرزندان و جوانان هم مایل هستند به خدا پاسخ داده و واکنش نشان دهند، پس به عناصر پرستشی‌ای فکر کنید که همهٔ سنین بتوانند در آن مشارکت داشته باشند.

۱۱. اعضای کلیسا را تشویق کنید که با بدن‌هایشان اعمال خود را نشان دهند. می‌توانند بایستند، تعظیم کنند، زانو بزنند، دستانشان را به هم گره بزنند، دست بلند کنند، دست

بزنند، به حالت سجده در بیایند، و یا سرهایشان را بلند کنند. هر کلیسا ممکن است در سطوح مختلف با این انتخاب‌ها راحت باشد؛ به هر حال، رهبر پرستشی باید راهی پیدا کند که اعضای کلیسا بتوانند با بدن‌هایشان در این پاسخ، واکنش نشان دهند.

۱۲. تا جای امکان سعی کنید پاسخ، در اتحاد باشد. بیش از هر چیز از زبان «ما» استفاده کنید. بله، گاهی اوقات پاسخ‌ها و واکنش‌های شخصی مناسب هستند (به عنوان مثال، دعوت به خدمت مشاغل مسیحی) با این وجود، همیشه جنبهٔ اتحادی زیبایی برای هر تصمیم شخصی وجود دارد. برای ایجاد نوعی حساسیت جمعی تلاش کنید، تا حتی تصمیمی که در ظاهر شخصی به نظر می‌رسد، در بستر جماعت ایمانداران مورد توجه و ارزیابی قرار گیرد.

در جمع‌بندی، می‌توانید قدم‌به‌قدم از این برنامه استفاده کنید:

۱. در دعا، هدایت روح‌القدس را بطلبید.
۲. آیات کلام خدا را بخوانید.
۳. برخی از عبارت‌های کلیدی، کلمات و ایده‌ها را یادداشت کنید.
۴. تشخیص دهید کدام یک از پاسخ‌ها و واکنش‌ها منطقی‌ترین هستند: انعکاس، تسلیم شدن و یا تصمیم قاطع.
۵. به ایده‌هایی متناسب برای پاسخ دادن به کلام بیندیشید.
۶. یک یا دو عنصر پرستشی را انتخاب کنید.
۷. آن‌ها را به شکلی منطقی منظم کنید.
۸. توجه کنید که آیا تنها یک نوع پاسخ دارید یا می‌توانید از واکنش‌های دیگر استفاده کنید (نمادین، روحانی، عملکردی و غیره).
۹. سطح مشارکت را بررسی کنید. آیا همهٔ قوم خدا فعالانه در پاسخ جایگزین مشارکت می‌کنند؟
۱۰. حس جریان جلسه از خدمت کلام تا مرحلهٔ فرستادن را بررسی کنید.

رهبری مؤثر پاسخ جایگزین

همان‌طور که می‌دانید، چون پاسخ جایگزین در راستای شکل‌دهی به ایمانداران عمل می‌کند، نیازمند رهبریِ شبانی است - یعنی کسی که هم در زمینهٔ قوم خدا حساس باشد و هم نسبت به خدمت روح‌القدس در پرستش.

می‌توانید با ارائهٔ رفتاری که مناسب این بخش از گفت‌وگوی مقدس با خدا باشد اعضا را رهبری کنید. دیگران را تعلیم دهید تا در این پاسخ‌گویی، کلیسا را یاری رسانند - از این طریق می‌توانید مشارکت را افزایش دهید.

خود را به‌عنوانِ میزبان کلیسا در نظر بگیرید و آن‌ها را رهبری کنید تا به خداوند لبیک بگویند. شما در سفری پرستشی آن‌ها را همراهی می‌کنید؛ به‌عنوانِ یک رهبر نقش راهنما را به عهده خواهید داشت. این بخش از خدمت باید به طور خاص مهیا شده باشد تا کلیسا، به آنچه که برای انجامش آن‌ها را دعوت می‌کنید، اعتماد داشته باشد.

پاسخ را مختصر و مفید نگاه دارید. عناصر پرستشی را به شرایط تحمیل نکنید. صرفاً واکنش اعضای کلیسا را آغاز کنید و اجازه دهید خدا هرطور که مایل است از این زمان استفاده کند. اگر به قدرت روح‌القدس ایمان داشته باشیم و ایمان داشته باشیم که جلسهٔ پرستشی به **خدا** تعلق دارد می‌توانیم نتیجه را به روح‌القدس واگذار کنیم. بیش از حد، مردم را راهنمایی نکنید. اگر پاسخ و واکنش‌ها نیاز به توضیحات طولانی دارد، به صفحهٔ طراحی برگردید. این مرحله را ساده نگاه دارید و سعی کنید توضیحاتتان کوتاه باشد.

جمع‌بندی و نتیجه‌گیری

در این فصل سعی کردم واکنش جایگزین را شرح دهم. این بخشِ خدمت، برای رهبر پرستشی‌ای که مایل است گفت‌وگوی بین خدا و قوم خداوند را تسهیل بخشد بسیار دلنشین است. درحالی‌که معمار پرستشی، طراحی واکنش را در دعا و با تفکر عمیق انجام می‌دهد، به یاد خواهد داشت که در اصل قصد دارد راهی را مهیا کند تا کلیسا بتواند به کلام خدا واکنش نشان دهد. روح خداست که در این بخش از گفت‌وگو، همهٔ اعضا را قادر می‌سازد تا پاسخ داده و واکنش نشان دهند. اف. راسل میتمن این‌طور می‌گوید:

> اشتیاق مذهبی جهان غرب پس از عصر روشنگری، جست‌وجویی است برای کشف دوبارهٔ احساس رازآلودگی الهی، که نمی‌توان آن را در چارچوب آنچه عقل بشری واقعیت می‌پندارد، محدود ساخت. هدف پرستش، تجربهٔ خداست. خدا آنگونه که بخواهد، سخن خواهد گفت و عمل خواهد کرد. اگر خدا موضوع حقیقی پرستش باشد، آنگاه رهبر پرستش نمی‌تواند آنچه جماعت تجربه خواهد کرد را کنترل کند. جلوه‌های پرستشی که رهبر و جماعت می‌آفرینند، تنها همچون ظرف‌های گِلی هستند که به‌سادگی شکسته می‌شوند، به‌سادگی کنار گذاشته می‌شوند، به‌سادگی فراموش می‌شوند و به‌سادگی

جایگزین می‌شوند. اما برای مدتی کوتاه — شاید لحظه‌ای در زمان خدا — نگهدارندهٔ گنجی متعالی باشند که «از آنِ خداست و از ما برنمی‌آید» (دوم قرنتیان ۴:۷).[۱]

اصطلاحات کلیدی

دعوت به محراب: دعوتی است برایِ افراد تا به جلوی محراب بیایند و در جایگاه مختص دعا زانو بزنند یا بایستند؛ روشی برای تسلیم شدن در برابر خداوند به‌منظور دریافت نجات یا به دلایلی دیگر که شبان مشخص می‌کند.

شستن پاها: با پیروی از الگوی عیسای مسیح (یوحنا ۱۳: ۱-۱۷)، اعضای کلیسا می‌توانند پای یکدیگر را به‌عنوانِ یک نمادِ خدمتِ فروتنانه با یک ظرف آب و حوله بشویند و خشک کنند.

تفکر عمیق: تفکر روی یک آیه یا ایدهٔ روحانی در سکوت.

شهادت: یک شهادتِ کلامیِ فردی دربارهٔ عملکرد یا تجربهٔ خدا که، اشخاص حاضر باشند با کلیسا به اشتراک بگذارند.

بیشتر بیاموزید

رابرت.ای.وبر برنامه‌ریزی پرستش ترکیبی: آمیزهٔ خلاقانهٔ کهن و نو. نشویل: انتشارات اَبینگدن، ۱۹۹۸.

مشغول شوید

آنچه آموختید را امتحان کنید - پاسخ‌ها و واکنش به کلام را در جلسه‌ای که شام خداوند به‌جا آورده نمی‌شود، قوت بخشید. در اینجا یک برنامه ارائه می‌شود:

۱. با افرادی که در کلیسای شما برنامهٔ پرستشی کلیسا را مدون می‌کنند ملاقات کنید (اطمینان حاصل کنید که واعظ اصلی در این جلسه حضور داشته باشد).

۲. بخش «نظم‌بخشی به پاسخ جایگزین» که در بخش انتهایی این فصل ارائه شد را مرور کنید.

۳. با استفاده از متن و هدف موعظه‌ای که به‌زودی ارائه خواهد شد، برنامه‌ای که در بخش پیشین «نظم‌بخشی به پاسخ جایگزین» ارائه شد را قدم‌به‌قدم دنبال کنید.

۱. اف. راسل میتمن، پرستش مطابق کتاب مقدس، ویرایش بازنگری شده (کلیولند: پیلگریم، ۲۰۰۹)، صص ۵۹-۶۰ (تأکید همان‌گونه که در متن اصلی آمده است).

۴. در دعا، یک پاسخ جایگزین فکر شده را طراحی نمایید. کار جدیدی را امتحان کنید، از تکرار اقداماتی که قبلاً انجام می‌دادید خودداری کنید.
۵. پس از جلسهٔ اصلی، ملاقاتی داشته باشید و دربارهٔ پاسخ جایگزینی که طراحی کردید و نتیجهٔ آن، گفت‌وگو کنید.

اتاق چهارم
فرستادن

جستجو کنید

قبل از مطالعهٔ فصل ۸، فهرستی از انواع رویدادهای گوناگون را تهیه کنید (رویدادهای ملی، ورزشی، گردهمایی‌ها و غیره). سپس ببینید هر کدام از این رویدادها چگونه به پایان می‌رسند. به عنوان مثال، جلسهٔ انجمن اولیا و مربیان چگونه به پایان می‌رسد؟

۱. آیا هر یک از روش‌های به خاتمه رساندنِ جلسات و رویدادهایی که بررسی کردید، برای به پایان رساندن پرستش مناسب هستند؟ چرا؟
۲. چه تفاوتی بین ذات هر یک از این رویدادها و ذات پرستش قائل هستید؟
۳. آیا روش‌های به خاتمه رساندن، روی نحوهٔ پایان یافتن جلسهٔ پرستشی تأثیر دارد؟ چرا؟
۴. به یاد آورید که پرستش چگونه آغاز می‌شود (فصل ۴ را مشاهده کنید). آیا فکر می‌کنید باید بین آغاز و پایان جلسهٔ پرستشی موارد مشترکی وجود داشته باشد؟ اگر چنین است، چه تشابهی به ذهنتان می‌رسد؟

حالا که اندیشیدن را آغاز کردید، افکار خود را با مطالعهٔ فصل ۸ گسترش دهید.

گسترش دهید

فرستادن، جزئی از بخش‌های گفت‌وگوی بین خدا و قوم خداوند می‌باشد که امروزه کمتر به آن توجه می‌شود. در بسیاری از کلیساها برای اینکه مردم سریع‌تر بتوانند مرخص شوند، این بخش از پرستش به کلی از آیین‌های کلیسا حذف شده است!

اغلب کلیساهایی که پرستش را با قالب دو قسمتیِ سرود خواندن طولانی و موعظهٔ طولانی به انجام می‌رسانند، مرحلهٔ فرستادن را نادیده می‌گیرند. اگر موعظه به مهم‌ترین بخش مراسم پرستش تبدیل شود و پاسخی به کلام در آن گنجانده نشود، خاتمهٔ جلسه بیشتر به موضوعی اداری و شکلی رسمی شباهت پیدا میکند. این روندی تأسف‌بار است، زیرا درک این حقیقت که «فرستادن» بخشی اساسی از گفت‌وگوی کلیسا با خداست، برکات عظیمی به همراه دارد.

هنگامی که دیوار چهارم پرستش (دیوار باربر در معماری) را بنا کنیم، فضایی فراهم کرده‌اییم که در آن خدا و قوم خداوند می‌توانند با هم «وداع» کنند. هرگاه مشارکتی بین اشخاصی که با هم رابطه دارند رخ دهد، نحوهٔ وداع، مثل هنگامی که یکدیگر را سلام می‌گوییم، به بخش مهمی از رابطه تبدیل می‌شود. مرحلهٔ فرستادن[1] آخرین حرکت جلسه پرستشی است که در آن، «جدا شدنمان از یکدیگر» را مانند هنگام گردهم آمدن، به انجام می‌رسانیم. در حالی که روح خدا را با خود به جهان می‌بریم، و با وجود اینکه هنوز هم در بدن مسیح هستیم، دیگر به شکل فیزیکی کنار هم نخواهیم بود، پس باید بین «جماعت ایمانداران که در حضور خدا گردهم می‌آیند» و «ایماندارانی که پراکنده می‌شوند تا خدا را خدمت نمایند» ارتباطی ایجاد کنیم.

مرحلهٔ فرستادن، به اندازهٔ سایر بخش‌های گفت‌وگو با خدا طولانی نیست - بلکه کوتاه‌ترین بخش جلسه محسوب می‌شود - اما اشتباه نکنید، این قسمت کوتاه‌تر است ولی از اهمیت آن کاسته نمی‌شود. هنگامی که در خانهٔ خود میهمان داریم، وداع کردن بیش از چند دقیقه طول نمی‌کشد، اما بسیار مهم است. هنگامی که اعضای خانواده یا دوستان پس از اینکه با هم وقت گذراندند پراکنده می‌شوند، در هنگام وداع اصطلاحاتی نظیر «مراقب خودت باش»، «روز خوبی داشته باشی»، «امیدوارم همه چیز برایت خوب پیش برود»، «برایت دعا خواهم کرد»، «امیدوارم باز هم به‌زودی

---

۱. اصطلاح «مرخص کردن» اغلب برای حرکت چهارم پرستش استفاده می‌شود، اما این کلمه رویکردی اداری و عملکردی را القا می‌کند. مرخص کردن «منفعل» است؛ اما فرستادن به معنای «عمل» است. بنابراین من اصطلاح فرستادن را ترجیح می‌دهم که از عمل خدا برای برکت دادن و توانمند ساختن ما برای مأموریت در هنگام جدایی از کلیسا و فرستادن سخن می‌گوید. در روایت‌های کتاب مقدس از گفت‌وگوهای خدا با مردم، پایانِ کارِ خدا این نیست که بگوید «همین بود» (مرخص کردن)، بلکه می‌گوید «بروید و آنچه را که فرمان داده‌ام انجام دهید.» فرستادن».

ببینمت» و یا «دوستت دارم» را به زبان می‌آوریم. نحوهٔ وداع ما پاسخی است به این سؤال که، هنگامی که از هم دور هستیم و تا زمانی که بار دیگر، یکدیگر را ببینیم با هم چگونه رابطه‌ای خواهیم داشت.

خدا ما را می‌فرستد

درست همان طوری که خدا ما را به پرستش فرا می‌خواند، به همان شکل خدا است که ما را می‌فرستد. خدا گفت‌وگو را آغاز می‌کند، و خدا است که گفت‌وگو را به پایان می‌رساند. درک این دیدگاه واقعا حیاتی است: فرق این موضوع باعث می‌شود مرحلهٔ فرستادن را به عنوان بخشی از یک «کار» نبینیم، بلکه فرستادن را به عنوان لحظه‌ای پرقدرت در رابطه‌ای که بین خدا و قوم وجود دارد در نظر داشته باشیم. مرحلهٔ فرستادن زمانی است که خدا ما را برکت می‌دهد تا در نام عیسای مسیح جهانیان را برکت دهیم و به ما مأموریت می‌دهد تا در نتیجهٔ شنیدن کلام خدا، به عنوان یک قوم، زندگی منحصر به‌فرد و مقدسی داشته باشیم. باید برکات را دریافت کنیم و از کلیسا خارج شویم تا بتوانیم قدرت انجام دادن آنچه که در پاسخ به کلام خدا نسبت به انجامش متعهد شده‌ایم را داشته باشیم و خدا را جلال دهیم.

مرحلهٔ فرستادن یکی از کهن‌ترین سنت‌ها در پرستش کتاب مقدسی است.[1] سنت فرستادن و مرخص کردن در عهد عتیق و جدید، بارها مشاهده می‌شود. به علاوه، در طول قرن‌های گذشته مرحلهٔ فرستادن جزء بخش‌های اصلی پرستش محسوب می‌شده است.

در حقیقت کلمهٔ «مس» در زبان انگلیسی به معنای جلسه پرستشی است و از واژهٔ لاتین Missa به معنای مرخص شدن آمده است. اصلی کاربردی و همیشگی در فرستادنِ پرستندگان با برکت و مأموریتی از سوی خدا وجود دارد. دو بخش اصلی فرستادن، دعای برکت و مأموریت دادن است. این دو اصطلاح، با جزئیات بیشتر توضیح داده خواهد شد.

مرحلهٔ دعای برکت، یکی از نقاط مهم پرستش در معبد محسوب می‌شد. هنگامی که قربانی‌ها تقدیم می‌شدند، کاهن اعظم دستان خود را به سمت مردم بلند می‌کرد و آن‌ها را برکت می‌داد (لاویان ۹ : ۲۲ - ۲۳). کلماتی که به عنوان برکت دادن هارون شناخته می‌شدند از سمت خدا به موسی اعلام شده بود تا هارون به عنوان اولین کاهن اعظم اسرائیل، این کلمات را به زبان آورد: «خداوند موسی را خطاب کرده، گفت: "هارون و پسرانش را خطاب کرده، بگو: بدین‌گونه بنی‌اسرائیل را برکت دهید، و بدیشان بگویید: خداوند تو را برکت دهد، و محافظت کند؛ خداوند روی خود را بر تو تابان

---

۱. هیوز اولیفانت اولد، رهبری در دعا: کتاب کار برای پرستش (گرند رپیدز: ایردمنز، ۱۹۹۵)، ص. ۳۴۹.

سازد و تو را فیض عنایت فرماید؛ خداوند روی خود را بر تو برافرازد و تو را سلامتی بخشد.»(اعداد ۶ : ۲۲ تا ۲۶)

در قرون بعدی حتی در دوران عیسای مسیح، مرحلهٔ فرستادن در آیین‌های کلیسا نقطهٔ مهمی محسوب می‌شد.[۱] مسیح این سنت را ادامه داد و اغلب از آئین برکت دادن و مأموریت دادن به پیروانش، استفاده می‌کرد. در اناجیل موارد زیادی را می‌توانیم نام ببریم، اما دو مورد به زیبایی هرچه تمام قابل مشاهده است.[۲] «دریافت برکات و فرستادن برای عهد» مأموریت عظیمی بود که عیسای مسیح پس از رستاخیز و درست قبل از صعود، به شاگردان بخشید: «پس بروید و همهٔ قوم‌ها را شاگرد سازید و ایشان را به نام پدر و پسر و روح‌القدس تعمید دهید و به آنان تعلیم دهید که هرآنچه به شما فرمان داده‌ام، به جا آورند. اینک من هر روزه تا پایان این عصر با شما هستم!» (متّی ۲۸ : ۱۹ و ۲۰).

به کلمات **امری** و **مأموریتی** دقت کنید (بروید، تعمید دهید، شاگرد بسازید، تعلیم دهید) و برکات را نیز مشاهده کنید (همواره با شما هستم.) این مرحله فرصتِ فوق‌العاده‌ای است که در نام پدر، پسر و روح‌القدس برکات را اعلام کرده و تمام اشخاص تثلیث را بطلبیم تا قوم خداوند را برکت دهند.

لوقا نویسندهٔ انجیل لوقا و اعمال رسولان، استفاده مسیح از امر برکت دادن و مأموریت بخشیدن را نشان داده است. انجیل لوقا و اعمال رسولان شامل برکات انتهاییِ انجیل و همچنین مأموریت عظیم در ابتدای اعمال رسولان می‌باشد. درست قبل از اینکه بدن مسیح به آسمان صعود کند، می‌خوانیم:

> «سپس ایشان را بیرون از شهر تا نزدیکی بِیت‌عَنْیا برد و دست‌های خود را بلند کرده، برکتشان داد (لوقا ۲۴ : ۵۰)
>
> امّا چون روح‌القدس بر شما آید، قدرت خواهید یافت و شاهدان من خواهید بود، در اورشلیم و تمامی یهودیه و سامره و تا دورترین نقاط جهان.» (اعمال ۱ : ۸)

عمل فرستادن در کتاب مقدس، چنان عمیق است که همواره و در طول قرن‌ها همواره در کلیساها انجام می‌پذیرفته است. همان‌طور که در متون باستانی می‌بینیم، برکت دادن همواره در پایان خدمت پرستش انجام می‌پذیرفته است. با وجود اینکه در طول قرن‌ها رواج این عملِ مهم کاهش پیدا کرد

---

۱. اولد، رهبری در دعا، ص. ۳۴۹.

۲. علاوه بر نمونه‌های ذکر شده، به یوحنا ۲۱:۲۰ مراجعه کنید.

اما در دوران اصلاحات، برکت دادنِ پایانِ جلسات، احیا شد و به بخشی واضح از پرستش کلیسای پرتستان مبدل گردید. مارتین لوتر را به عنوان شخصیتی که همواره روی دعای برکتِ پایانی تأکید داشته است می‌شناسند. لوتر اعلام می‌کرد، عیسای مسیح هنگام ترک کردن زمین مانند هارون برکات را اعلام کرده است (لوقا ۲۴: ۵۰).[۱] اصلاح طلبان درک می‌کردند که دعای برکت پایانی، دعای یک مسیحی برای شخص دیگر نیست؛ بلکه تأکیدی بر برکاتِ عهدی است که خداوند با ابراهیم و سارا بست، و همچنین برکاتی است که نوادگان روحانی آن‌ها به واسطهٔ ایمان و نسل به نسل، از آن بهره‌مند هستند.

هدف از فرستادن

هدف از مرحلهٔ فرستادن برای پرستندگان این است که با برکت (دعای برکت) تقویت شوند تا ارادهٔ خدا (ماموریتشان) را به انجام برسانند. با وجود اینکه عناصر پرستشی دیگری اغلب، عناصر اصلی این بخش را احاطه کرده و به آن صیقل می‌دهند؛ اما این مرحله، شامل دو بخش اصلی می‌باشد، برکت دریافت کردن و فرستادن.

دعای برکت

دعای برکت آخر جلسات، از کلمهٔ لاتین «بِنِ» به معنای نیکو و «دیکشن» به معنای کلمات می‌آید. برکت دادن به معنی به زبان آوردن سخنان نیکو است. به عنوان مثال، کلمات وداع در زبان اسپانیایی «آدیوس»، در اصل یک برکت دادن محسوب می‌شود و معنی آن «خدا با تو باشد» است.

دعای برکت پایانی، کلماتی هستند که از سوی خدا خطاب به کلیسا بیان می‌شود. تقدیم برکات به معنی ایمان و بیان این است که خداوند زندگی شخصی را، هدایت کند. اغلب از کلمهٔ «باشَد» استفاده می‌کنیم، «خدا همراه تو باشد» یا «صلح خدا با تو باشد» اما این عبارات تنها یک آرزو نیست، بلکه یک اعلام حقیقت است. از دیدگاه کتاب مقدس، دعای برکت صرفاً به این معنا نیست که امیدواریم خداوند کاری را برای کسی انجام دهد، بلکه معنایش بیش از این است. در دعای برکت، ایمان به کار برده می‌شود و به این روش به یاد می‌آوریم که قادریم انتظار داشته باشیم خداوند نسبت به فرزندانش نیکویی نماید. دعای برکت راهی است تا به یاد بیاوریم که، خدایی که در گذشته همواره برای خیریت قوم خود عمل کرده است، امروزه نیز همین کار را خواهد کرد.

دقت کنید، دعای هارون پر از اعمال پر فیض خداوند است: برکت دادن، لبخند زدن، پر فیض

---

۱. اولد، رهبری در دعا، ص. ۳۴۹.

بودن، محافظت کردن، روی خود را تابان ساختن و صلح و آرامش بخشیدن. نامه‌های پولس رسول پر از دعای برکت هستند. او خطاب به کلیسای تسالونیکیان می‌گوید:

«باشد که خداوند دل‌های شما را استوار سازد، بی‌عیب در قدوسیت، به حضور خدا و پدر ما در هنگام ظهور خداوند ما عیسی مسیح، با جمیع مقدسین خود.» (اول تسالونیکیان ۳ : ۱۳)

احتمالا تا کنون درک کرده‌اید که دعای برکت صرفاً یک دعا نیست. بلکه اعلان برکات محسوب می‌شود. دعاها خطاب به خدا هستند؛ اما دعای خیر و اعلان برکت خطاب به مردم است. اگر مایل هستید دعای پایانی داشته باشید، این کار را انجام دهید؛ اما آن را دعای پایانی بنامید نه دعای برکت. تفاوت آن‌ها از دو جنبه مشخص است: (۱) جهت کلمات (خطاب به مردم، نه خطاب به خدا) و (۲) جهت خطاب (با نگاه کردن به مردم، نه با چشمان بسته و در دعا به سوی خدا). واکنش سنتی به دعای برکت، «آمین» گفتن یک‌صدا است تا دعای برکت و دریافت برکات، تأیید شود.

دعای برکت اغلب در حالی انجام می‌شود که رهبر کلیسا دست خود را به سوی مردم بلند کرده است. این حالت دست، نماد دو نکته است. (۱) شخصی که دستش را به سوی مردم بلند کرده است از سوی خدا سخن می‌گوید (دست بر افراشته شده نماد رابطهٔ بین خدایی است که برکت می‌دهد و مردم که برکت را دریافت می‌کنند)، (۲) برکت مردم را می‌پوشاند.

دعای برکت زمانی به زبان آورده می‌شود که به چشم پرستندگان نگاه می‌کنید و مستقیماً خطاب به آن‌ها سخن می‌گویید، در حالی که اعضا هم، به چشمان رهبر نگاه می‌کنند. حالت صورت کسی که دعای برکت را تقدیم می‌کند باید پر از شادمانی و اطمینان باشد چرا که او محبت و لطف خدا را به زبان می‌آورد. پرستندگان کلمات نیکو را می‌شنوند چرا که کلمات نیکو از قدرت و امید سخن می‌گوید و مردمان را اطمینان می‌بخشد که، تا هنگامی که دوباره ملاقات داشته باشند در دستان خدا خواهند بود.

مرحلهٔ فرستادن، عمل شبانی محسوب می‌شود، شبانی که واقعاً به گوسفندان اهمیت می‌دهد. کتاب مقدس نشان می‌دهد که این عمل، عمل کاهنان است و کاهن از زبان خدا و به نمایندگی از خداوند این برکات را اعلام می‌کند. تنها برخی از رهبران (کاهنان، انبیا، پادشاهان) می‌توانستند به این شکل، کلامی را از سوی خدا اعلام کنند، و پرستندگان به نحوی کلمات آن‌ها را می‌پذیرفتند که گویا، خدا مستقیماً با آن‌ها سخن گفته است. دعای برکت به عنوان راهی برای همبستگی و اعلام رابطهٔ بین پرستندگان و کسی که پرستش می‌شود اعلام می‌شد. "هارون، کاهن اعظم، کسی بود که نام اسرائیل را روی سینه خود داشت و وارد قدس‌الاقداس می‌شد، و هنگامی که برمی‌گشت خدا از طریق برکاتش نام خود را بر تمام اسرائیل قرار می‌داد. هارون با به کار بردن نام خدا در دعای برکت،

نام خدا و حضور خدا را به قوم منتقل می‌نمود. این برکت دادن به نحوی مثل مُهر کردن بود.[۱] با وجود اینکه برخی از شاخه‌های مسیحیت معتقدند تنها کشیشانی که برای این امر تعیین شده‌اند می‌توانند برکات خدا را اعلام کنند، اما کلیساهای دیگر دربارهٔ این مسئله آزادانه‌تر می‌اندیشند. رهبران باید دیدگاه کلیسا را در این باره بدانند و به سنت کلیسا احترام بگذارند.[۲]

بهترین دعاهای برکت، آیات کوتاه کلام خدا هستند. رهبران پرستشی را توصیه می‌کنم، آیات برکت دادن را در کلام خدا پیدا کنند و آن‌ها را حفظ کنند و خطاب به قوم خدا به زبان آورند. هیچ چیز در زمینهٔ دعاهای برکت بهتر از کلام خدا نیست.

جدول ۸ . ۱ بخش‌های دعای برکت

باشد که خداوند	جسم، ذهن، جان و روحتان را برکت دهد
صلح خدا با شما باشد	و باشد که صلح مسیح امروز و تا ابد با شما باشد آمین.

دعای برکت نوشتهٔ کنستانس اِم چری ۲۰۰۸

ولی اگر تصمیم گرفتید شخصاً دعای برکتی را طراحی کنید، قالب آن را ساده نگاه دارید. همان‌طور که در شکل ۸ . ۱ نشان داده شده است دعای برکت از دو بخش کوتاه تشکیل می‌شود.

دعای برکت بسیار مهم است چرا که جنبهٔ عامدانه‌ای از وداع با خانواده گردهم آمدهٔ ایمانی است. درست همان‌طور که هنگامی که گردهم می‌آییم عامدانه حضور خدا را می‌طلبیم و در حضور خدا پرستش می‌کنیم، باید برای هنگامی که از یکدیگر جدا می‌شویم و خدا همراه یکایک ما می‌آید نیز، برنامه‌ریزی کنیم. شالوم - صلح خدا - امید قوم خدا است که در دعای برکت به زبان آورده می‌شود.

ماموریت

دومین بخش فرستادن، «مأموریت» یا «چالش و وظیفه است»[۳]. وظیفه و چالش، جمله‌ای

۱. گریت اسکات داوسون، عیسی صعود کرده: معنای جسم شدن ادامه‌دار مسیح (فیلیپسبرگ، نیوجرسی: پی اند آر، ۲۰۰۴)، ص. ۱۲۲.

۲. اینکه چه کسی صلاحیت اعلام برکات را دارد، بستگی به سنت شما دارد و ممکن است به اختیارات کلیسای محلی واگذار شود. در کتاب مقدس، آموزش مستقیمی دربارهٔ این موضوع وجود ندارد؛ بنابراین ما فقط با نمونه‌ها و الگوها روبرو هستیم. اینکه رهبر دارای مجوز باشد یا نه، ماهیت کهانت و شبانی اعمال پرستش را در مرحلهٔ فرستادن، تغییر نمی‌دهد.

۳. من «چالش» را ترجیح می‌دهم، اگرچه واژهٔ سنتی «مأموریت» است. من این دو اصطلاح را عمداً به‌جای هم به کار می‌برم.

مرتبط با قصد و نیت محسوب می‌شود. در اصل، بخشِ «تا اینکه» در دعای برکت، مرتبط به چالش و وظیفه است. برای هدفی **مشخص**، برکت دریافت می‌کنیم. تنها برای برکت یافتنِ شخصی نیست که برکات خدا را دریافت می‌کنیم، بلکه برکت می‌یابیم تا به عنوان شهروندان فعال پادشاهی خدا زیست کنیم. به همین دلیل است که تنها دعای برکت کافی نیست. نباید بدون اینکه مطابق هدف دریافت برکات زندگی کنیم، صرفاً برکات را دریافت کنیم. در دریافت برکت بدون وظیفه، رابطه‌ای با جلسهٔ پرستشی برقرار نمی‌شود و دریافت کردن یک وظیفه بدون برکت، قدرت لازم برای به انجام رساندن خدمت را ندارد. هم دعای برکت و هم مأموریت دادن، در گفت‌وگوی با خدا ضروری هستند تا جماعت ایمانداران بتوانند وفادارانه گفت‌وگوی خود را کامل کنند.

یک چالش نیکو، احساس فرستادن را پدید می‌آورد. بسیاری از وظیفه‌ها با کلمهٔ «بروید و ...» آغاز می‌شود، به عنوان مثال: «با صلح و آرامش خدا بروید و خداوند را خدمت کنید،»، «بروید و دیگران را شاگرد بسازید،» «با فیض خداوند عیسای مسیح و قدرت روح‌القدس بروید و در تمام جهان، خداوند را جلال دهید.» اگر در نتیجهٔ حضور خدا تبدیل شده باشیم، پس باید با هدفی مشخص و با اطمینان و قدرت، کلیسا را ترک کنیم.

به عنوان جماعت ایمانداران، پیغامی از خدا دریافت کرده‌ایم و در شام خداوند از عیسای مسیح تغذیه شده‌ایم. اما این خوراک‌ها فقط برای ما نیستند؛ بلکه آنچه دریافت می‌کنیم برای تمام مردم جهان نیز هست. در پایان هر تجربهٔ پرستشی، باید چند عمل پرستشی وجود داشته باشد تا با نحوی هدفمندانه، کلیسا را به جهان بفرستد و بتوانیم مادامی که برای گردهم آمدن و پرستش هفتهٔ بعد انتظار می‌کشیم، برای مسیح زیست کنیم. هدف خدا از پرستش این است که قلب‌های تبدیل شده‌ای بسازد که قادرند جهان را متحول کنند.

روح فرستادن

روح فرستادن معمولاً با شادمانی (به سبب ملاقات با خدا)، الهام یافتن (برای دریافت فرصتی که بتوانیم خدا را خدمت کنیم)، و قدرت (برای به انجام رساندن فرامین خدا) می‌باشد. در نهایت، مرحلهٔ فرستادن، پر از شادمانی است چرا که کنار هم در حضور خداوند بودیم و کلام خدا را شنیدیم و از شام خداوند عیسای مسیح تغذیه شدیم، و سپس در حضور خدا ماندیم و به کلام خدا پاسخ دادیم. به علاوه، توانستیم در کنار جامعهٔ مسیحی و ایمانداران در حضور خدا باشیم و با وجود اینکه از سایر پرستندگان جدا می‌شویم، امیدوار هستیم که دوباره در پرستشی دیگر در حضور خدا با هم

ملاقات کنیم. چه چیزی می‌تواند بهتر از ملاقات با خدا و کسانی که خدا را محبت می‌کنند باشد؟

همچنین مرحلهٔ فرستادن، از الهام خداست؛ چرا که مایل هستیم مطابق آنچه که در شام خداوند و یا پاسخ جایگزین به کلام، به آن متعهد شده‌ایم زیست کنیم. کاری که در نام مسیح انجام خواهیم داد، هنگام به جا آوردن شام خداوند یا پاسخ، دیگر تصدیق و تثبیت شده است. حالا وقت آن رسیده است که روح خدا حرکت کند. مرحلهٔ فرستادن، آکنده از ذات و حس خدمت است. هدف این نیست که ایمانداران مثل خواب زمستانی تا دیدار بعدی در شرایط امن به سر ببرند. بلکه، موضوع، دریافت الهام روح است تا بتوانیم بین زمان ملاقات با یکدیگر، در خدمت به پادشاهی خداوند قدم برداریم. این فرصت برای اعلانات کلیسا منطقی است. بسیاری از معماران پرستش نمی‌دانند بهترین زمان برای بیان اعلانات فعالیت‌های کلیسا چه وقتی است. اگر اعلانات قبل از شروع پرستش ارائه شوند؛ مانند توضیحات شغلی یک شرکت خواهد بود، و اگر اعلانات در میانهٔ جلسه تقدیم شود، مکالمهٔ با خدا را قطع خواهد کرد. با این وجود اگر اعلانات ضروری باشد شاید بهترین زمان بیان آن‌ها هنگامی است که، کلیسا برای خدمت الهام گرفته است و اعلانات کلیسا به دعای برکت و چالش پرستندگان در انتهای جلسه متصل می‌شود.[1]

در آخر، هنگامی که خدمت دعای برکت و مأموریت دادن تقدیم می‌شود قدرت خداوند آشکار می‌گردد. لحن مرحلهٔ فرستادن، لحنی آکنده از فرمان خداست؛ پس این قسمت لحنی متقاعد کننده، مثبت، امیدوارانه و پر از ایمان دارد.

جنبش فرستادن

جنبش فرستادن در اصل به این معناست که پرستندگان پس از اینکه گردهم آمدند به میان جهانیان فرستاده شوند و در جهان به واسطهٔ خداوند به خدمت گرفته شوند (شکل ۸ . ۱ را ببینید.)

پس موضوع «به پایان رساندن» نیست بلکه «فرستادن» است. معماران پرستش، عامدانه عمل می‌کنند و ترکیبی از عناصر پرستشی را برمی‌گزینند تا در حضور خدا وقت گذراندن را جشن بگیرند و پرستندگان را تقویت نمایند که بتوانند برای پادشاهی خدا زیست کنند. این آخرین جنبش پرستش متحد، باید مستقیماً از پاسخ به کلام خدا جاری شود و جماعت ایمانداران را هدایت کند تا بروند

---

۱. اگر اعلان‌ها به‌صورت شفاهی بیان می‌شوند، این نکات را در نظر بگیرید:۱ چیزی را که از قبل چاپ شده نخوانید (جز در موارد نادری که واقعاً لازم است بر موردی تأکید شود)، ۲ فقط اموری را اعلام کنید که مربوط به همه باشد (و نه اعلان‌های گروه‌های کوچک)، ۳ اجازه ندهید افراد مختلف اعلان‌ها را بیان کنند (یک رهبر مشخص برای اعلان‌ها تعیین شود که بتواند موارد لازم را تشخیص داده و بیان کند)، ۴ اعلان‌ها از پیش به‌صورت مکتوب ارائه شوند (تا از اعلان‌های طولانی و بداهه توسط افرادی که به دنبال جلب توجه هستند و هر هفته مطالب تکراری می‌گویند جلوگیری شود).

و ارادهٔ خدا را به انجام برسانند. به نحوی مقدس و پر رمز و راز، پراکنده می‌شویم تا متقبل حضور خدا، در جهانی دردمند و روبه‌زوال باشیم.

شکل ۸ . ۱ جنبش فرستادن

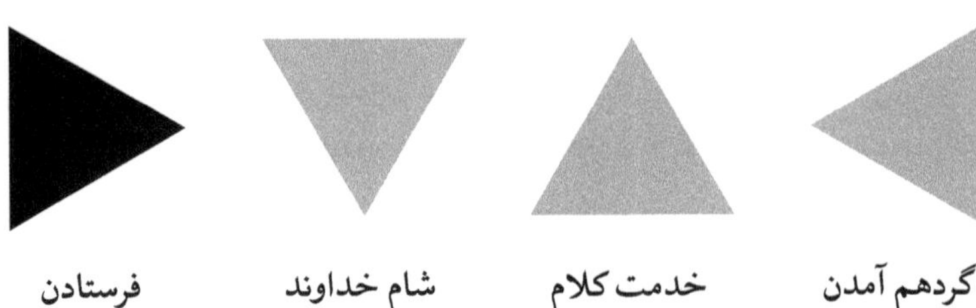

موارد کاربردی

عناصر پرستشی مناسب برای مرحلهٔ فرستادن

در فرستادن مثل سه جنبش دیگر پرستش، از عناصر مختلف پرستشی استفاده خواهد شد. شاید گزینه‌های کمتری وجود داشته باشد، چرا که فرستادن، کانون توجه باریک‌تری دارد. در اینجا فهرستی از اعمال پرستشی که می‌توان بسته به نیاز به کار گرفت ارائه شده است.[1] تشویقتان می‌کنم تا فهرستی روبه‌رشد از مواردی که می‌توانید در هر هفته از میان آن‌ها انتخاب کنید تهیه نمایید (دعای برکت و چالش هر هفته باید در مرکز این موارد قرار گیرد.)

- دعای روحانی برکت
- چالش هفته یا مأموریت
- اعلام صلح و آشتی به یکدیگر
- سرود پرستشی کلیسا
- یک سرود پرستشی کوتاه
- سکوت
- اعلانات کلیسا
- آهنگ خروج یا پایان جلسات
- قطعهٔ خاتمهٔ جلسه

۱. به یاد داشته باشید که برخی عناصر می‌توانند به‌طور مؤثر در دیگر بخش‌های پرستش نیز به کار گرفته شوند.

چگونگی نظم و ترتیب بخشیدن به مرحلهٔ فرستادن

نظم و ترتیب خاصی برای عناصر پرستشی مرحلهٔ فرستادن، وجود ندارد. دعای خیر و چالش هفته باید در این مرحله وجود داشته باشد؛ اما ترتیبش تفاوتی ندارد. نکته‌ای کلیدی که باید دربارهٔ مرحلهٔ فرستادن به یاد داشته باشید، آماده بودن این مرحله است. بیایید دربارهٔ این بیندیشیم که مایل هستیم پرستندگان با توجه به وقتی که با خدا سپری کردند چگونه جلسه را ترک کنند.

هنگامی که مرحلهٔ فرستادن را مهیا و اجرا می‌کنید، دربارهٔ این موارد بیندیشید:

۱. تأکید اصلی کلام روز را یادآور شوید (تنها کافی است به تأکید اصلی پیغام روز اشاره کنید، نه اینکه کل محتوا را دوباره بیان کنید).
۲. پاسخ به خدمت شام خداوند و یا پاسخ جایگزین را مد نظر داشته باشید.
۳. اعضای کلیسایتان را بشناسید - آن‌ها را برکت دهید و به نحوی چالش روز را برایشان بازگو کنید که با محیط شما مطابقت داشته باشد. (یک رهبر هرچه بیشتر با پرستندگان در ارتباط باشد، دعای برکت و چالش روز برای آن‌ها سودمندتر خواهد بود)
۴. خدمت‌ها و مأموریت‌های کلیسایتان را بشناسید تا بتوانید بین مردم و خدمت‌های کلیسا ارتباط برقرار کنید.
۵. مرحلهٔ فرستادن را در قالب گفت‌وگو با خدا نگاه دارید: عناصر پرستشی را تا جای ممکن مانند یک گفت‌وگو تقدیم نمایید.
۶. خلاق باشید. با ندیده گرفتن اهمیت بخش فرستادن، مرحلهٔ فرستادن را در طول برنامه‌ریزی‌ها در حاشیه قرار ندهید. راه‌های گوناگونی برای ارائه عناصر پرستشی مرحلهٔ فرستادن وجود دارد - به عنوان مثال سرودهای دعای برکت، دعای برکت از سوی فرزندان برای بزرگسالان و یا سرود پایانی که نمادی از فرستادن قوم خدا به جهان باشد. سعی کنید گوناگونی را در این مورد رعایت کنید.

تا جایی که عناصر مرحلهٔ فرستادن منطقی باشد و حالت گفت‌وگو حفظ شود، هر نظم و ترتیبی می‌تواند درست باشد.

رهبری موثر مرحلهٔ فرستادن

خلق و خوی رهبر پرستشی در مرحلهٔ فرستادن، بیشترین تأثیر را در این مرحله خواهد داشت. ممکن است نحوهٔ رهبری باعث شود پرستندگان فکر کنند این مرحله به خاطر پایان گرفتن بخش‌های پر

اهمیت جلسه، از اهمیت چندانی برخوردار نیست و یا اعضا، بسته به نحوهٔ رهبری درک خواهند کرد که این نقطه، مرحله‌ای هیجان‌انگیز و پر اهمیت از ملاقات با خدا محسوب می‌شود. چه در آغاز و چه در انتهای جلسهٔ پرستشی، رهبر پرستشی باید همواره حضور و خلق و خویی آکنده از شادمانی و الهام‌بخش داشته باشد. آنچه که تغییر می‌کند محتوای این دو بخش است.

برای تسهیل بخشیدن به مرحلهٔ فرستادن به عنوان یک رهبر باید مورد زیر را در نظر بگیرید:

- آنچه قصد به زبان آوردنش را دارید، از پیش مهیا کنید و کلمات دعای برکت و چالش هفت را حفظ کنید.
- به حد کافی با احساس سخن بگویید.
- حضوری شبان گونه داشته باشید.
- مشتاقانه سخن بگویید
- مستقیماً و با لحنی گرم به چهرهٔ مردم نگاه کنید. ارتباط چشمی بگیرید. کلام نیکوی برکات خداوند را خطاب به جانشان بیان کنید. سر خود را پایین نیندازید و چشمانتان را مثل هنگام دعا نبندید.
- این مرحله را کوتاه نگاه دارید؛ قسمت عمدهٔ گفت‌وگو با خدا انجام گرفته است.
- هنگام دعای برکت، از کلمات سنتی کلیسا استفاده کنید (به صورت حاضرین نگاه کنید و بگویید): «اکنون وقت دریافت برکات است»
- هنگام دعای خیر، عملی نمادین انجام دهید، دست خود را به سوی مردم بلند کنید و آن‌ها را برکت دهید چرا که هارون (لاویان ۹: ۲۲) و مسیح (لوقا ۲۴: ۵۰) و همچنین کاهنان، قرن‌های گذشته نیز همین کار را انجام می‌دادند. بازوان خود را ثابت نگاه دارید: آن‌ها را با کلمات تکان ندهید.
- حالات بدن و صورت خود را مقابل آینه تمرین کنید تا ببینید دیگران شما را چگونه خواهند دید. هر چند وقت یک بار، از کسی بخواهید رهبری شما در مرحلهٔ فرستادن را نقد کند. چون دریافت شخصی ما گاهی می‌تواند با واقعیت تفاوت داشته باشد.
- با وضوح و شفاف سخن بگویید.
- از آیات کلام برای دعای برکت استفاده کنید. یک رهبر نمی‌تواند کلامی نیکوتر از کلام خدا بنویسد، آیات دعای برکت متعددی در کلام خدا وجود دارند که می‌توانید از آن‌ها وام بگیرید. هنگامی که دعای برکت را مطابق کلام اعلام می‌کنید شمارهٔ آیات را ذکر نکنید، صرفاً دعا را تقدیم کنید.

- سعی کنید دعای برکت را با ساختاری تثلیثی به پایان ببرید (در نام پدر، پسر و روح‌القدس)
- پرستندگان را تعلیم دهید تا یک‌صدا با «آمین» پاسخ دهند.
- مرحلهٔ فرستادن را به نحوی که گویا میهمانان خود را بدرقه می‌کنید به انجام برسانید. در پایان گفت‌وگوها میهمانان خود را بیرون از خانه هل نمی‌دهید، بنابراین یک میزبان نیکو ابتدا بهترین‌ها را برای میهمانش آرزو می‌کند و آن‌ها را برای سفری که پیش رو دارند تشویق کرده و به آن‌ها می‌گوید درِ خانه همواره به رویشان باز خواهد بود.
- متصل کردن روان عناصر پرستشی به یکدیگر را، تمرین کنید.

جمع بندی

در این فصل سعی کردم اهمیت مرحلهٔ فرستادن را شرح دهم. مرحلهٔ فرستادن تنها به معنی «هفتهٔ خوبی داشته باشید» و یا دعای پایانی روز نمی‌باشد. نقش شبانی خود را برگیرید و بخش فرستادن را رهبری کنید تا ابزاری باشد که طریق آن قوم خداوند، با دریافت برکات و چالش روز به جهان فرستاده می‌شوند.

این قسمت را با نموداری به پایان می‌رسانم که مطابق نظم انجیلی، مرحلهٔ فرستادن را به تصویر می‌کشد (شکل ۸ . ۲ را مشاهده کنید). مرحلهٔ فرستادن، ما را از کلیسایی که گردهم آمده است به سمت کلیسایی که گسترده و پخش شده است هدایت می‌کند. برای هدف و مأموریت، برکت و قدرت می‌یابیم تا به جهان برویم: و بتوانیم در تمام زندگی، کار و زمان فراغت، برای خدا زیست کنیم.

شکل ۲.۸ پرستش در تمام زندگی

در حال زندگی‌کردن، بدن پادشاهی خدا هستیم. سپس باز به سمت پرستشی برمی‌گردیم که در مرکز نبض و ضربان کل زندگی ما قرار دارد.

اصطلاحات کلیدی

دعای برکت (برگرفته از واژهٔ لاتین «کلمات نیکو»): کلماتی که در انتهای جلسهٔ رسمی پرستشی، از سوی رهبر خطاب به پرستندگان به زبان آورده می‌شود.

مأموریت یا وظیفه در کنار دعای برکت: کلماتی که خطاب به کلیسا بیان می‌شود تا آن‌ها را به چالش بکشد و بتوانند هدف خداوند را به‌عنوان شهروندان پادشاهی خدا به انجام برسانند.

میسا Missa (کلمه‌ای لاتین به معنی «مرخص کردن»): واژهٔ انگلیسی «مس» یا جلسات پرستشی، از این اصطلاح برگرفته شده است.

پُست‌لود: قطعه‌ای بی‌کلام که در انتهای جلسه اجرا می‌شود و موسیقی الهام‌بخش را، در حالی که اعضای کلیسا به جهان فرستاده می‌شوند الهام می‌بخشد.

موسیقی اختتامیه: قطعه یا اجرای پایانی که به واسطهٔ روحانیون، گروه کُر و رهبران اجرا می‌شود. معمولاً در حالی که سرود در حال اجرا است از محراب به سمت در خروجی حرکت می‌کنند.

بیشتر بیاموزید

کیمینگ،متیو و کوری بی. ویلسون. «کار و پرستش: پیوند دوباره کار و نیایش ما». گرند ریپیدز: بیکر آکادمیک، ۲۰۲۰.

اشمیت، کلیتون جی. «فرستاده و گردهم آمده: راهنمای پرستش برای کلیسای خدمتی». گرند ریپیدز: بیکر آکادمیک، ۲۰۰۹.

وبر، رابرت.ای. «برنامه‌ریزی پرستش ترکیبی: ترکیب خلاقانه کهن و نو». نشویل: آبینگدون، ۱۹۹۸. مخصوصاً فصل ۵ را ببینید.

مشــغول شوید

برای تقویت مهارت‌های خود به عنوان رهبر و معمار پرستشی مرتبط با مرحلهٔ فرستادن، این سه مورد کاربردی را امتحان کنید:

مورد کاربردی ۱: یافتن دعاهای برکت در کتاب مقدس

دو نامهٔ پولُس به تسالونیکیان را بررسی کنید. حداقل سه دعای برکت را در آن‌ها بیابید. آن‌ها را بنویسید و حفظ کنید.

مورد کاربردی ۲: طراحی مرحلهٔ فرستادن

یک بخش از کتاب مقدس که می‌تواند به عنوان دعای برکت مورد استفاده قرار گیرد را برگزینید. حالا معنایی (مأموریتی) به آن اضافه کنید. اطمینان حاصل کنید که هدف دعای برکت و مأموریت محول شده، یکی باشد.

مورد کاربردی ۳: رهبری فرستادن

دو شخص که می‌توانید در مشارکت با آن‌ها، رهبری مرحلهٔ فرستادن را تمرین کنید بیابید. دعای برکت و چالشی که مطرح خواهید کرد را از پیش حفظ کنید. با دوستانتان مرحلهٔ فرستادن را تمرین کنید. هنگامی که دعای خیر را اعلام می‌کنید، مستقیماً به چشمانشان نگاه کنید؛ دست خود را به نشانهٔ برکت دادن بالا بگیرید. از دوستان خود بخواهید به عنوان مربی عمل کنند و در پایان، شما را نقد کنند. نقش‌ها را جا به جا کنید تا همه فرصت این تمرین را داشته باشند.

فاز سوم

نصب کردن پنجره‌هایی برای ملاقات با خدا

پنجره‌ها از دیدگاه یک معمار

معماران، پنجره‌ها را به عنوان «چشمان» ساختمان در نظر می‌گیرند. پنجره‌ها اجازه می‌دهند نور طبیعی به سود ساکنین وارد ساختمان شود. پنجره‌ها ورود نور به ساختمان را کنترل می‌کنند؛ برخی پنجره‌ها اجازه می‌دهند نور مستقیم وارد فضا شود. برخی از انواع دیگر پنجره‌ها، مثل پنجره‌های دارای شیشه رنگی، نور را با رنگ‌هایی زیبا منتقل می‌کنند. آن‌ها به نحوی هنرمندانه ساخته شده‌اند تا معنایی خاص را منتقل کنند. پنجره‌ها اجازه می‌دهند نور به درون ساختمان نفوذ کند.

پنجره‌ها همچنین امکان دیدن را فراهم می‌کنند، از این طریق، کسانی که داخل هستند می‌توانند بیرون ساختمان را ببینند. به‌خاطر وجود پنجره‌ها است که ساکنین ساختمان می‌توانند منظرهٔ بیرون را مشاهده کنند. به این شکل، پنجره‌ها به کسانی که داخل هستند کمک می‌کنند تا با آنچه به نظر می‌رسد فراتر از دسترس آن‌هاست، ارتباط برقرار کنند. پنجره‌ها همچنین اجازه می‌دهند کسانی که بیرون هستند داخل ساختمان را مشاهده کنند و آن‌ها را با ملایمت تشویق می‌کنند که وارد ساختمان شوند و با ساکنین مشارکت داشته باشند.

در اصل، پنجره‌ها، نور، دید و دسترسی را ممکن می‌سازند. پنجره‌ها کارایی ساختمان را افزایش می‌دهند و امکان درک مفهومی فراتر از بنای ساختمان را میسر می‌سازند.

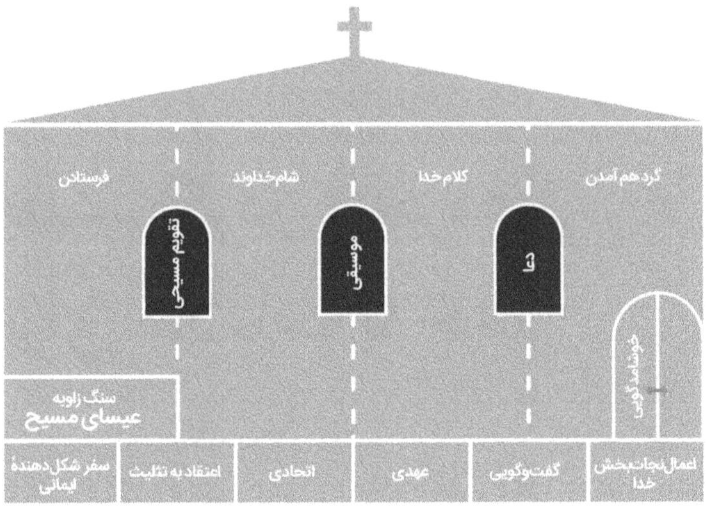

۹

ملاقات با خدا در دعا

جذب و دریافت قلب پرستش

جستجو کردن

قبل از مطالعهٔ فصل ۹، برخی از همکارانتان را گردهم آورید و به نزدیک‌ترین قهوه‌خانه بروید. دربارهٔ دعا در پرستش گفت‌وگو کنید.

۱. اولین خاطره که دربارهٔ دعا کردن در جلسه پرستشی داشته‌اید چه بوده است؟
۲. در ذهن شما چه کسی در جامعهٔ کلیسا به عنوان یک دعا کنندهٔ مؤثر شناخته می‌شود؟ چرا؟
۳. چه چیزی در دعای جمعی حواستان را پرت می‌کند؟ چرا؟
۴. این جمله را کامل کنید: اگر می‌توانستم یک چیز را در زمینهٔ دعای واحد در کلیسای خود تغییر دهم، آن چیز .... بود.

گسترش دهید

دان شرمن هر یکشنبه به کلیسایی که زمانی در آن به خدمت شبانی مشغول بودم می‌آمد. او هر هفته نزدیک ردیف جلو می‌نشست. مدت زیادی از زمانی که به آن کلیسا رفته بودم نمی‌گذشت که درک کردم دان در طول جلسات اغلب با چشمانی بسته نشسته است. یک روز هنگامی که کلیسا را ترک

می‌کردیم، دلیل رفتارش را توضیح داد. او گفت: «شبان، می‌خواهم بدانی که من در طول موعظه خواب نیستم.» با لبخند پاسخ دادم «خیالم راحت شد» و او ادامه داد: «نه، من به کلیسا می‌آیم تا دعا کنم، عده‌ای هستند که از من خواسته‌اند آن‌ها را در دعا به حضور خدا ببرم و برایشان دعا کنم و عهد بستم که همین کار را انجام خواهم داد. پس اگر من را با چشمان بسته می‌بینید، دلیلش این است که در دعا هستم. در اصل، به خاطر همین است که به کلیسا می‌آیم.»

دعا صرفاً عملی که در پرستش انجام می‌دهیم نمی‌باشد، دعا **محتوای** پرستش است. بیایید از ابتدا شروع کنیم. صحیح و حتی ضروری است تا در جلسات پرستشی زمانی را به دعا اختصاص دهیم و همچنین لازم است از انواع دعا به عنوان روشی برای گفت‌وگو با خدا استفاده کنیم. با این وجود تصویر بزرگ‌تر این‌گونه است: تمام آیین‌های پرستشی باید به عنوان دعا دیده شوند. اگر این نکته را درست درک نکنیم، پرستش را درک نکرده‌ایم. دعا در پرستش نیکو است؛ اما پرستش به عنوان یک دعا نیکوتر است. پرستش مسیحی باید در اصل با تمام اعمال پرستشی واحد، در اصل یک دعا برای جهان، برای کلیسای مسیح و برای ما یعنی شهروندان پادشاهی خدا محسوب شود. در اصل،

> «دعای جمعی» از ابتدا تا انتها و به تمام تجربهٔ پرستش اشاره می‌کند. نوع پرستشی که به آن اشاره می‌کنم دعا در جهان و برای جهان است. تمام اعمال پرستشی می‌گوید: «خدایا، اینجا هستیم تا داستان تو را به یاد بیاوریم و برای تمام جهان دعا کنیم، برای تمامی کیهان! باشد که تمام جهان در پسر یگانهٔ تو متحد گردد تا ارادهٔ تو در مسیح به انجام رسد!» این نوع دعا، به معنی روشی علنی و دسته جمعی برای به یاد آوردن کارهای نجات‌بخش خدا در گذشته است و همچنین برای این است که انتظار سلطنت خدا را بر تمام خلقت بکشیم.[1]

با وجود اینکه این فصل به مسئلهٔ دعا در پرستش اختصاص داده شده است، صحبت را از آنجا که باید آغاز کرده و اعلام کردیم که تمام آیین‌های پرستشی، یک دعای بزرگ به سوی خدا می‌باشد.

وضعیت کنونی

امروزه در بسیاری از کلیساها، دعا کردن در پرستش‌ها رو به کاهش است. در برخی از کلیساها، دعا

---

۱. رابرت ای. وبر، پرستش سنتی-نوگرا: اعلام و به اجرا گذاشتن روایت خدا (گرند رپیدز: بیکر بوکز، ۲۰۰۸)، صص ۱۴۹-۱۵۰.

در پرستش‌ها ناپدید شده است. متاسفانه ، این مسئله اغلب در سبک پرستش‌های معاصر و امروزی به چشم می‌خورد،[1] که در این سبک، پرستش بیشتر وقتها صرف سرود خواندن می‌شود و سپس موعظه و تعلیمی طولانی تقدیم می‌شود. در حالی که، دقایقی که صرف سراییدن و موعظه کردن می‌شود در حال افزایش است، بقیهٔ جنبه‌های جلسات پرستشی کاهش پیدا کرده‌اند؛ به طور خاص این کاهش را دربارهٔ زمان دعا کردن و قرائت کلام مشاهده می‌کنیم.[2] برخی مواقع این امر نادانسته رخ می‌دهد. وقتی دائماً در حال سنجش جلسات خدمتی نباشیم، برخی از موارد ممکن است نادانسته حذف شود. گاهی اوقات این امر دانسته انجام می‌شود چرا که برنامه‌ریزان جلسات پرستشی، فکر می‌کند اعضای کلیسا این روش را ترجیح می‌دهند. همچنین برخی از کلیساهای دیگر، به خاطر دیدگاه کسانی که اولین بار به کلیسا می‌آیند تعدادی از اعمال پرستشی را کاهش داده یا آن‌ها را حذف می‌کنند. آن‌ها سعی می‌کنند با دیدگاهی بشارتی این کار را توجیه کنند. (هرچه باشد کسانی که هنوز ایمان‌دار نیستند چقدر می‌توانند با دعاها ارتباط برقرار کنند؟) الهیات دان اِستنلی گرنز با این متن، زنگ هشداری را به صدا در آورده است « اگر با دقت به شرایط کنونی کلیسا نگاه کنیم، می‌توانیم اقرار کنیم که وضعیت کنونی، از کلیسایی بدون دعا خبر می‌دهد»[3]

امروزه برای رهبران پرستشی آسان است که دعای دسته‌جمعی را در اولویت قرار ندهند. با این وجود رهبران پرستشی باید غیرتمندانه از اهمیت ویژه و مرکزی دعا در پرستش مسیحی حفاظت کنند. برای اینکه راجع به این موضوع فکر کنید، سؤالات زیر را در نظر بگیرید:

- دعا کردن دسته جمعی در پرستش‌ها برای شما تا چه اندازه اهمیت دارد؟
- در جلسات پرستشی‌ای که برنامه‌ریزی می‌کنید، آیا زمانی را که به دعا اختصاص می‌دهید با دیدگاه شما راجع به اهمیت مقولهٔ دعا مطابقت دارد؟
- اگر می‌خواستید به‌جای عنصر دیگری از پرستش، دعا کردن را انتخاب کنید، کدام عنصر پرستشی را کنار می‌گذاشتید تا فرصت کافی برای دعا وجود داشته باشد؟
- چه چیزی ممکن است بر دعا اولویت داشته باشد؟
- آیا دعای شفاعت مطابق کتاب مقدس، برای پرستش امری ضروری است؟

---

۱. رجوع شود به کانستانس ام. چری، «خانهٔ من خانهٔ... اعلان‌ها خوانده خواهد شد»، کارگاه موسیقی کلیسا»، ژانویه-آوریل ۲۰۰۵. این مقاله یافته‌های پژوهشی من را گزارش می‌دهد و نشان می‌دهد رابطه مستقیمی بین سبک‌های پرستش و زمان اختصاص یافته به عناصر مختلف پرستش، از جمله دعا و قرائت کتاب مقدس وجود دارد.

۲. چری، «خانهٔ من»، ص ۳۳.

۳. استنلی جی. گرنز، دعا: فریاد بر آوردن برای پادشاهی خدا، ویرایش بازنگری شده (گرند رپیدز: ایردمنز، ۲۰۰۵)، ص ۳.

در آغاز، سه پیش‌فرض را دربارهٔ دعا در پرستش ارائه کردم. این پیش‌فرض‌ها پایه‌های اصلی مطالب این فصل هستند.

۱. دعا در پرستش یک اولویت است.
۲. در پرستش‌ها انواع مختلفی از دعا وجود دارد.
۳. این مسئولیت رهبر پرستش (شبانان و سایر رهبران) است تا مردم را در دعا هدایت کنند و در راستای شاگردسازی، الگوی دیگران باشند.

در این فصل، نُه نکته را دربارهٔ دعای دسته‌جمعی و واحد تقدیمتان می‌کنم که، در نظر داشته باشید گونه‌های مختلف دعا در جلسات پرستشی را بررسی خواهیم کرد و توصیه‌هایی برای رهبری مؤثر در دعا تقدیمتان خواهد شد. هنگامی که مسیحیان خود را وقف دعای عمومی و واحد در پرستش می‌کنند، ایمان داریم آنچه انجام می‌دهیم مسبب خشنودی خدا است.

نکات حیاتی‌ای که باید برای دعای گروهی کلیسا، مد نظر داشته باشید

هنگامی که متعهد می‌شویم تا جامعهٔ کلیسا را در دعا رهبری کنیم، باید به چند جنبهٔ کلی دعا توجه داشته باشیم. نُه جنبهٔ دعای مسیحی که در پرستش‌ها ارائه می‌شود در ادامه توضیح داده شده است تا ما را به سمت دعای کتاب‌مقدسی، الهیاتی و مطابق تاریخچهٔ کلیسا هدایت کند.

به یاد آوردن

تمام آیین‌های دعا با به یاد آوردن آغاز می‌شود[1]. در حقیقت، اینکه قوم تحت عهد خداوند اعمال نجات‌بخش خدا را به یاد آورند، پایه‌های دعای مطابق با کتاب مقدس است.[2]

دعا کردن در ایمان یهودی - مسیحی، به معنی به یاد آوردن اعمال معجزه‌آسا و نجات‌بخشی است که خدا از طریق آن‌ها در کل تاریخ عمل کرده است. پس با دعا کردن از خدا می‌خواهیم که در زمان حال نیز، همان خدای نجات‌دهنده باقی بماند و در آینده نیز همان‌گونه عمل کند. مسلماً می‌توانیم به تغییرناپذیر بودن اعمال خدا در تمام تاریخ تکیه کنیم، چرا که خدا دیروز، امروز و تا ابد همان خداوند است و تغییر نمی‌کند. دعای عبرانی‌ها اغلب استدعایی بود به سوی خدا تا خداوند به یاد آورد چگونه در گذشته اسرائیل را نجات داده است[3]؛ به این طریق اسرائیل اعلام می‌کند که

---

۱. کریگ داگلاس اریکسون، شرکت در پرستش: تاریخ، نظریه و اعمال (لونیزویل: وسمنت جان ناکس، ۱۹۸۹)، ص ۵۶.

۲. در اینجا به ویژه به درخواست‌ها و شفاعت‌ها اشاره شده است.

۳. ذکر اعمال بزرگ خدا گاهی به عنوان «میرابیلیا دی» (معجزات خدا) نامیده می‌شود.

خدا در آینده هم مثل گذشته عمل خواهد کرد. خدا در به یاد آوردن عهد، مطابق عهد خود با قومش عمل می‌کند[۱].

الگوهای زیادی در این زمینه در عهد عتیق وجود دارد[۲]، اما شاید هیچ‌یک بهتر از دعای عزرا در هنگام اعتراف اسرائیل در اورشلیم نباشد (نحمیا ۹:۶ تا ۳۷). در این دعا عزرا به یاد می‌آورد و اعلام می‌کند که «خدا همه چیز را خلق کرده است، اَبرام را فراخواند تا پدر یهودیان باشد، خدا اسرائیلیان را از ظلم فرعون رهایی بخشیده است و آن‌ها را در بیابان با، اَبر در طول روز و با ستون آتش در طول شب هدایت کرده است. خدا احکام خود را به قوم اسرائیل بخشید و هنگامی که اسرائیلیان گوسالهٔ طلا را پرستش کردند نیز آن‌ها را بخشید. خدا در بیابان برای قوم مَنّا و آب فراهم کرد و اسرائیلیان را هدایت کرد تا کنعان را شکست دهند و سرزمین وعده داده شده را به دست آورند.» در تمام این دعا خدا به‌عنوان خدای نیکو و بخشنده به یاد آورده می‌شود و به همین شکل، عزرا اسرائیلیان را که به اورشلیم باز می‌گشتند هدایت می‌کند تا برای سرکشی‌هایشان از خدا بخشایش بطلبند و برای آینده با خدا عهد وفاداری ببندند.

عهد جدید هم الگوی به یاد آوردن را ادامه می‌دهد. یک نمونه از دعای به یاد آوردن را در اعمال رسولان ۲۳:۴ تا ۳۱ مشاهده می‌کنیم. پطرس و یوحنا توسط سران یهودی برای شِفا دادن شخصی در معبد، که از زمان تولد افلیج بود، به زندان افکنده شدند. پس از اینکه طول شب را در زندان سپری کردند، از آن‌ها بازجویی شد و سپس آن‌ها را آزاد کردند. هنگامی که آزاد شدند، پطرس و یوحنا رفتند تا این اتفاق را به دوستانشان گزارش دهند و چون این را شنیدند، یک‌صدا به درگاه خدا دعا کرده، گفتند:

> «ای خداوندِ حاکم بر همهٔ امور، ای آفرینندهٔ آسمان و زمین و دریا و آنچه در آن‌هاست، تو خود به واسطهٔ روح‌القدس از زبان پدر ما، خادمت داوود، فرمودی: از چه سبب قوم‌ها می‌شورند و ملت‌ها به‌عبث تدبیر می‌کنند؟ پادشاهان زمین به صف می‌شوند و فرمانروایان گردهم می‌آیند، بر ضد خداوند و بر ضد مسیح او.» به‌راستی که در همین شهر، هیرودیس و پُنتیوس پیلاطُس با غیریهودیان و قوم اسرائیل، بر ضد خادم مقدّست عیسی که او را مسح کردی، همدست شدند، تا آنچه را که دست و ارادهٔ تو از پیش مقدّر کرده بود، تحقق بخشند. اکنون، ای خداوند، به تهدیدهای ایشان نظر کن و خادمان خود را عنایت فرما تا کلامت را با شهامت کامل بیان کنند، و نیز دست خود را به شِفا

---

۱. اریکسون، شرکت در پرستش، ص ۵۴.

۲. به طور ویژه این آیات بررسی کنید ۱ تواریخ ۱۶:۸-۳۶؛ حبقوق ۱:۳-۱۹؛ مزامیر ۸۳؛ ۱۰۶.

دراز کن و به نام خادم مقدّست عیسی، آیات و معجزات به ظهور آور» (اعمال رسولان ۲۴:۴ تا ۳۰)

دقت کنید که ابتدا شهرت خدا و داستان خلقت تا داوود پادشاه و رنج‌های مسیح به زبان آورده می‌شود.

ایمانداران به‌درستی به خدا یادآور می‌شوند که چگونه مداخله نمود و قدرت خود را آشکار ساخت. در شرایط آن روز، همان قدرت، مورد نیاز شاگردان بود. دوماً به نتیجهٔ این دعا دقت کنید: «پس از دعای ایشان، مکانی که در آن جمع بودند به لرزه درآمد و همه از روح‌القدس پر شده، کلام خدا را با شهامت بیان می‌کردند.» (اعمال ۴: ۳۱). نتیجهٔ دعای ایمانداران با آنچه که خدا را به سبب آن به یاد آورده بودند مطابقت داشت. آن‌ها برای شجاعت دعا کردند و مطابق اینکه خدا اجدادشان را در گذشته شهامت و توان بخشیده بود، شهامت را از سوی خدا دریافت کردند.

جنبهٔ به خاطر آوردن در دعا، بیش از هر چیز در دعایی که به نام شکرگزاری عظیم[1] شناخته می‌شود قابل مشاهده است. این دعای شام خداوند در اوایل حیات کلیسا شکل گرفت[2] و قبل از دریافت نان و شراب به زبان آورده می‌شد و ویژگی آن، بازگو کردن داستان خدا است. این دعا با داستان خلقت آغاز می‌شود و شامل داستان‌های نجات در طول تاریخ می‌باشد و پیرامون حیات، مرگ و رستاخیز عیسای مسیح به زبان آورده می‌شود و با انتظار برای بازگشت نهایی مسیح به پایان می‌رسد. نسخه‌های زیادی از این دعا در طول سال‌ها مورد استفاده قرار گرفته، اما ویژگی برجستهٔ همهٔ آن‌ها، فهرست‌وار بودنِ راه‌های بی‌شماری است که خدا در آن‌ها برای نجات قوم خود مداخله کرده است. برای اینکه دعای بزرگ شکرگزاری را انجام بدهید باید به یاد آورید که خدا چه کارهای عظیمی را انجام داده است و این امر باعث می‌شود از ستایش و پرستش پر شوید. دعای آیینی و کلیسایی، ریشه در به یاد آوردن اعمال گذشتهٔ خدا و اعمال نجات‌بخش خداوند دارد.

دعای در وحدت

دعاهای گوناگون پرستشی قبل از هر چیز، دعای جماعت ایمانداران است. فصل ۱ را به خاطر بیاورید، گفتیم که خدا در پرستش با گروه ایمانداران ملاقات می‌کند و در مقابل، ایمانداران خداوند

---

۱. دعای بزرگ شکرگزاری، دعای اصلی در شام خداوند است. نام‌های دیگر این دعا شامل دعای شام خداوند، کانن، آنافورا و دعای تقدیس است.

۲. یکی از نخستین نمونه‌های این دعا در سنت رسولان یافت می‌شود که به کاهن رومی قرن سوم، هیپولیتوس، نسبت داده شده است. شکل دعا تا آن زمان بسیار توسعه یافته بود. برای توضیح مختصر دعای بزرگ شکرگزاری، رجوع شود به جیمز اف. وایت، مقدمه‌ای بر پرستش مسیحی، ویرایش بازنگری شده (نشویل: ابیگدون، ۱۹۹۰)، صص ۲۲۷-۲۳۲.

را پرستش می‌کنند. بنابراین دعا در پرستش کلیسایی در اصلی‌ترین حالت به این معنا نیست که عده‌ای بی‌شمار، دعای خود را هم‌زمان به حضور خدا برسانند (عدهٔ زیادی دعا کنند)؛ بلکه به این معناست که جماعت ایمانداران در وحدت، یک دعا را به حضور خدا تقدیم کنند. تئودور جنینگز به صراحت می‌گوید: «اگر دعای پرستش‌های کلیسا، دعای کل ایمانداران نباشد اصلاً دعا نیست.»[1]

ذاتِ وحدت دعا، عمیقاً روی ساختار و رهبری دعا در پرستش تأثیر می‌گذارد. بسیاری از مواقع، رهبران پرستشی به‌جای اینکه به نیابت از جماعت ایمانداران، دعای آنان را با صدای بلند اعلام کنند، با صدای بلند دعای خود را به زبان می‌آورند در حالی که جماعت ایمانداران گوش فرا می‌دهند. اما «دعای گروهی ایمانداران به این معنا نیست که دعای شخصیِ یک نفر به نحوی علنی به زبان آورده شود.»[2] دعاها به‌عنوان بیانی جامع از سوی قوم خدا دیده خواهد شد، یا به‌عنوان عملی فردی که به طور تصادفی، همسو (یا حتی متضاد) با دعاهای دیگران به زبان آورده می‌شود. در صورت استفاده از ضمیر «من» در دعا، رهبران در معرض خطر سوءبرداشت‌های الهیاتی قرار می‌گیرند.[3]

در این حالت پرستندگان ممکن است فکر کنند دعا، تجربهٔ خصوصی بین رهبر پرستشی و خدا است و آن‌ها صرفاً شنونده هستند. چنین حالتی به قرون وسطا که کاهنان از ناحیهٔ دور از مردم و با صدای غیر قابل تشخیص و آرام دعا می‌کردند شباهت دارد.[4] پرستندگانبه تماشاچی تبدیل شده بودند، نه به کسانی که در وحدت در دعاها مشارکت می‌نمودند. تمام دعاهای در پرستش، علی‌رغم اینکه اغلب از طریق یک رهبر بیان می‌شوند، باید به‌عنوان سخنی واحد از سوی کلیسا در نظر گرفته شود.

یکی از راه‌هایی که می‌توانید از طریق آن ذات وحدت دعا را تشویق کنید این است که پرستندگان در انتهای دعا یک‌صدا آمین بگویند. «آمین» در اینجا به معنی «همانا و حقیقتاً!» می‌باشد و می‌تواند به معنی رایج «باشد» تعبیر شود. در اصل از این طریق، جماعت ایمانداران اعلام می‌کنند با آنچه که دعا شده است موافق هستند و در اصل می‌گویند «بگذار که همین‌طور شود!». رهبر پرستشی اغلب با صدای بلند دعا می‌کند و از طریق بلند آمین گفتن، جامعهٔ ایمانداران می‌تواند محتوای دعا را تأکید نماید.

---

۱. تئودور دبلیو. جنینگز جونیور، زندگی پرستشی: دعا و ستایش به نام عیسی (گرند رپیدز: ایردمنز، ۱۹۸۲)، ص ۳۷.

۲. ویلیام اچ. ویلیمن، راهنمای موعظه و رهبری پرستش (لوئیزویل: وسمنت جان ناکس، ۲۰۰۸)، ص ۲۹.

۳. گاهی گفته می‌شود استفاده از ضمایر شخصی در مزامیر، مقدمه‌ای است برای استفاده از واژهٔ «من» در دعا؛ اما در حالی که بسیاری از مزامیر از «من» استفاده می‌کنند، همهٔ مزامیر به شکل فردی استنباط نمی‌شوند. در واقع، برخی از مزامیر ضمایر اول شخص را به کار می‌برند اما به وضوح، به نمایندگی از جماعت ایمانداران سخن می‌گویند.

۴. رجوع شود به جیمز اف. وایت، تاریخچه‌ای مختصر از پرستش مسیحی (نشویل: ابیگدون، ۱۹۹۳)، ص ۸۸.

به نحوی خاص، آمین گفتن باعث می‌شود رهبر در دعای خود صادق باشد. رالف مارتین به این نکته اشاره می‌کند که در کتاب اعمال، پولس علیه برخی از دعاها (دعاهای نامفهوم) هشدار می‌دهد که نمی‌توان به آن‌ها آمین گفت.[1] در این موارد آمین گفته نمی‌شود - این کار ناراحت‌کننده ولی ضروری است. اگر تمام جماعت ایمانداران آن را نشنوند و یا تأیید نکنند، دعای در وحدت نمی‌تواند هدف خود را به انجام برساند. مارتین در ادامه تصریح می‌کند "وظیفهٔ کلیسا است که به‌صورت دسته جمعی آنچه که در دعاهای پرستش رخ می‌دهد را بشنود، درک کند، بسنجد و هدایت کند. این یک نکتهٔ گسترده و مهم است و به طور مؤثری جلوی ایدهٔ «انحصار خادمان» را می‌گیرد و همچنین انواع دیدگاه‌های شخصی و سلیقه‌ای در عبادت را که برای جماعت به طور کلی بی‌معنا هستند، محدود می‌سازد.[2] به طور خلاصه، «آمین» جمعی، رهبران را نسبت به محتوای دعای کلیسا پاسخ‌گو می‌سازد.

در کلیسای امروزی بسیار رایج است که به‌جای مردم، کسی که دعا را به زبان می‌آورد، خود آمین بگوید. با این وجود چنین روشی با معنی کلمهٔ آمین در دعاهای مسیحیان قرون گذشته مطابقت ندارد. در اصل، انجام این کار بیهوده است، به نحوی که انگار دعایی را به زبان آورید (و با گفتن آمین) اعلام کنید که با خودتان موافق هستید. محول کردن آمین گفتن به کلیسا، راه فوق‌العاده‌ای است که کمک می‌کند دعا در پرستش به‌عنوان هدیه‌ای **پرستشی** به خدا تقدیم گردد. خدمت شایسته‌ای است که رهبر پرستشی، پرستندگان را تشویق کند تا با بیان مشتاقانهٔ واژهٔ آمین در انتهای دعای جمعی، در این خدمت مشارکت کنند.

دعای چند جهته

دعای در وحدت پرستش، قابلیت این را دارد که به جهات گوناگون حرکت کند: به‌سوی بالا و به‌سوی بیرون.[3] رایج‌ترین دیدگاه به مقولهٔ دعا، دعا روبه‌بالا است،[4] چرا که اغلب دعاها به‌عنوان ستایش و درخواست از خداوندی است که بالاتر و فراتر از همهٔ ما است.

گاهی به این جنبهٔ دعا به عنوان جنبهٔ عمودی اشاره می‌کنیم، یعنی دعایی که از طرف قوم به سوی

---

۱. رالف پی. مارتین، پرستش خدا: برخی تأملات الهیاتی، شبانی و عملی (گرند رپیدز: ایردمنز، ۱۹۸۲)، ص ۳۵.

۲. مارتین، پرستش خدا، صص ۳۵-۳۶.

۳. مدیون کریستین لانگهورست، دانشجوی سابقم در مؤسسه مطالعات پرستش رابرت ای. وبر هستم که رساله دکترای او بینش‌هایی را دربارهٔ طبیعت محوریت اجتماعی دعا ارائه کرده است. رجوع شود به کریستین لانگهورست، «ارتقاء دعاهای جمعی در کلیسای برادران منونایت ریور ایست، وینیپگ، مانیتوبا، کانادا» رساله دکتری، مؤسسه مطالعات پرستش رابرت ای. وبر، ۲۰۰۶.

۴. اگرچه خدا همه جا حضور دارد، اما در کتاب مقدس و سنت کلیسا اغلب به جایگاه والای خدا یعنی «بالا» اشاره شده است.

خدا حرکت می‌کند (و پاسخ خدا به قوم را شامل می‌شود).

از جهتی، تمام دعاها به سوی بالا هستند، چرا که همهٔ دعاها به حضور خدا صورت می‌گیرند؛ اما از جهت دیگر، یک جنبهٔ زیبای دیگر نیز در دعا وجود دارد که به عنوان دعای **رو به بیرون** تلقی می‌شود. با وجود اینکه به حضور خدا دعا می‌کنیم، تصویری از جهان، پیش روی چشمان ما است و تمرکز ذهنمان می‌تواند به بیرون و به جامعهٔ جهانیِ آسیب‌دیده معطوف گردد. از درخواست برای خودمان و کسانی که می‌شناسیم فراتر می‌رویم. بینشمان به دعا گسترش می‌یابد تا تمام کسانی که در سراسر جهان رنج می‌کشند را در دعای خود قرار دهیم. این اصل در هدفی که خدا برای قوم اسرائیل معین کرد نیز دیده می‌شود. خدا با قوم اسرائیل عهد بست تا از طریق آن‌ها تمام اقوام جهان برکت بیابند. درست همان‌طور که خدا تنها برای تبدیل کردن قوم اسرائیل با آن‌ها وارد رابطهٔ عهد نشد، به همان شکل خدا مایل است در پرستش‌ها نیازهایی بیش از نیازهای شخصی خودمان برآورده شود. ملاقاتمان با خدا برای این است که فضای بزرگ‌تری را در جهان فراهم کنیم تا خدا حرکت و عمل کند. پس هدف این است که بینشمان تبدیل شود تا بتوانیم جهان را آن‌طور که خدا می‌بیند بنگریم. به زبان دیگر، از طریق پرستش، افق‌های گسترده‌تری از ارادهٔ خدا را مشاهده می‌کنیم.[1] دعای در وحدت یکی از راه‌هایی است که می‌توانیم این افق گسترده را به تصویر بکشیم. رهبران پرستشی باید در پیروی کردن از دستورالعمل‌های پولس رسول عمل کنند، پولس رسول به قوم خدا توصیه می‌کند و می‌گوید «بنابراین، پیش از هر چیز، سفارش می‌کنم که درخواست‌ها، دعاها، شفاعت‌ها و شکرگزاری‌ها برای همهٔ مردم به جا آورده شود، از آن جمله برای حاکمان و همهٔ صاحب‌منصبان، تا بتوانیم زندگی آرام و آسوده‌ای را در کمال دینداری و وقار بگذرانیم. چرا که این نیکو و پسندیدهٔ نجات‌دهندهٔ ما خداست » (اول تیموتائوس ۲ : ۱ - ۳)

دعای به سمت بیرون ممکن است شامل مرثیه باشد، چرا که فریاد برمی‌آوریم و از سوی جهانی درهم‌شکسته و محتاج به نجات، خدا را می‌طلبیم. مرثیه سر دادن، قالبی از دعا است که در کتاب مقدس ریشه دارد و در پرستش‌های امروزی چندان از آن استفاده نمی‌شود. اما باید با کسانی که شادی می‌کنند شادمانی کنیم و با کسانی که می‌گریند، سوگواری کنیم (رومیان ۱۲ : ۱۵)[2] برای این است که به سوی بیرون دعا می‌کنیم یعنی در کنار رنج‌کشیدگان می‌ایستیم. همان‌طور که

۱. جون آلیمن یودر، مارلین کروپف و ربکا اسلاو، آماده کردن شام یکشنبه: رویکردی مشترک به پرستش و موعظه (اسکات‌دیل، پنسیلوانیا: هیرالد، ۲۰۰۵)، ص ۳۳۸.

۲. برای توضیح خوب دربارهٔ مرثیه، به جان دی. ویت‌ولیِت، «ستایش و مرثیه در مزامیر و دعاهای آیینی»، در پرستش و در جستجوی فهم: پنجره‌هایی به سوی اعمال مسیحی، رجوع کنید (گرند رپیدز: بیکر آکادمیک، ۲۰۰۳)، ص ۳۹-۶۳.

الهیات‌دان دان سالیرز می‌نویسد: «همراه شدن با مسیح در دعای پیوسته‌اش برای جهان، به معنای عمیق‌تر شدن در پیچیدگی‌های واقعیت اجتماعی است، نه بیرون کشیده شدن از آن‌ها.»[1] این جنبهٔ افقی یا رو به بیرون دعا است - یعنی در حالی که چشمانمان در افق جهان به دنبال دعا کردن برای کسانی می‌گردد که حتی نمی‌شناسیم، در انتظار آمدن کامل پادشاهی خدا، برای جهان شکسته و آلوده به گناه، دعا می‌کنیم.

سکوت

در دعا اغلب، کلمات زیادی را به زبان می‌آوریم. مسیح علیه اینکه فکر کنیم «به سبب زیاده‌گویی شنیده خواهیم شد» به ما هشدار داده است (متی ۶ : ۷). تأکید در دعای خصوصی و دعای جمعی، روی سخن گفتنمان با خدا قرار دارد.

مسلماً همواره تشویق می‌شویم تا با خدا سخن بگوییم و می‌دانیم این کار ضروری است. با این حال، بخش گوش فرا دادن در دعا چندان مورد توجه قرار نگرفته است. سکوت در اینجا اهمیت پیدا می‌کند. کتاب مقدس دعا را به عنوانِ یک گفت‌وگو به ما می‌شناساند. اگر دعا تنها شامل سخن گفتن ما با خدا باشد، دعای حقیقی را تجربه نکرده‌ایم. سکوت اهمیت دارد، چون در سکوت است که آمادهٔ گوش فرا دادن به خدا می‌شویم تا بشنویم او به ما چه می‌گوید. بسیاری از مردم فکر می‌کنند سکوت تنها در دعاهای خصوصی اهمیت دارد، اما در اصل سکوت فرصتی‌ست تا خدا با ما سخن بگوید. بنابراین باید هنر سکوت کردن را تمرین کنیم.[2] برخی از ایمانداران به اشتباه فکر می‌کنند در سکوت هیچ اتفاقی رخ نمی‌دهد، گویا سکوت فضای خالی‌ای است که به دلیل نامشخصی وجود دارد. اما نباید فکر کنیم سکوت هیچ است، در سکوت اتفاق مهمی رخ می‌دهد. «درست همان‌طور که توقف در یک قطعهٔ موسیقی به معنی قطع شدن موسیقی نیست بلکه یکی از عناصر پیچیدهٔ موسیقی می‌باشد، سکوت هم بخشی از آنچه می‌گوییم و نحوهٔ دعا کردن ماست.»[3]

سکوت فواید زیادی دارد. برخی از ایمانداران از سکوت لذت می‌برند چرا که لحظه‌ای از

---

۱. دان ای. سالیرز، پرستش به مثابه الهیات: پیش‌نمایشی از جلال الهی (نشویل: ابیگدون، ۱۹۹۴)، صص ۱۲۶-۱۲۷.

۲. رونالد بی. آلن به طور قانع‌کننده‌ای سوءاستفاده از آیات کتاب مقدس برای حمایت از سکوت در پرستش را ذکر می‌کند. برای مثال، او به کار بردن «ساکت باشید و بدانید که من خدا هستم!» (مزامیر ۴۶:۱۰) را به عنوان توصیه برای سکوت در پرستش رد می‌کند. بلکه این آیه، همراه با چند آیه دیگر، عبارات مشابه (حبقوق ۲:۲۰؛ صفنیا ۱:۷) «خطاب به ملت‌هایی گفته شده که دشمنان خدا هستند و در شرف نابودی‌اند.» برای مطالعه کامل مبحث، رجوع شود به رونالد بی. آلن، «محتوای سکوت»، رهبر پرستش، سپتامبر-اکتبر ۱۹۹۸، ص ۱۰.

۳. کلایتون جی. اشمیت، عمیق‌تر از کلمات: الهیات آیینی (لوئیزویل: وسمنت جان ناکس، ۲۰۰۲)، ص ۱۱۸.

آرامش و سکون را در این جهان پر از شلوغی در اختیارشان می‌گذارد؛ اما هدف از سکوت در دعا چیز دیگری است. تنها هدف سکوت در دعا شنیدن از خداوند است. اقرار می‌کنم که این هنر به انضباط روحانی و تمرین نیاز دارد. با این وجود، سکوت، نقطهٔ مقابل سخن گفتن ما با خدا محسوب می‌شود.

در پرستش، از سکوت حقیقی و خالص صحبت می‌کنیم، منظورم لحظات بی‌کلام با موسیقی آرام در پس‌زمینه نیست. اجازه دهید سکوت، سکوت حقیقی باشد. به یاد داشته باشید همان‌طور که کلماتی که در دعا نزد خدا بیان می‌کنیم ذاتی **گفت‌وگویی** دارند، سکوت هم از همین ذات برخوردار است. اگر جماعت ایمانداران یک صدا به شفاعت می‌پردازند، همچنین لازم است در وحدت سکوت کنند و به صدای خداوند گوش فرا دهند. ممکن است زمان ببرد تا کلیسای شما با زیبایی و ضرورت سکوت آشنا شود، اما در نهایت طعم خوش آن را خواهند چشید. از سکوت‌های کوتاه شروع کنید، اگر با سکوت آشنا نباشید، سی ثانیه سکوت مثل یک ساعت به نظر می‌رسد، پس به مرور زمان سکوت را افزایش دهید. به واسطهٔ دعا، تشویق ایمانداران به سکوت و یا تعلیم آن‌ها در زمینهٔ ضرورت سکوت در دعاها، به جامعهٔ پرستندگان کمک کنید سکوت را به عنوانِ عملی متحد و پیوسته به دعا ببینند.

دعاهای از پیش نوشته شده و دعاهای بداهه و ناگهانی

واژه‌ها و جملات دعاها در پرستش جمعی از کجا سرچشمه می‌گیرند؟ این محتوا چگونه ساخته می‌شود؟ رهبران از چه قالبی الهام می‌گیرند تا محتوای دعا را تنظیم کنند؟ آیا دعاها را از کتاب دعا می‌خوانیم؟ آیا آنچه در لحظه به ذهنمان آمد را دعا می‌کنیم؟ در تفکر به این سؤال مهم، اغلب به نحوی مصنوعی با اصطلاح «یکی یا دیگری» مواجه می‌شویم: آیا دعاها باید از پیش نوشته شده باشند یا در لحظه انجام شوند؟ پاسخ، مثبت است. الگوی کتاب مقدس و تاریخ مسیحیت نشان می‌دهد هر دو نوعِ مکتوب و بداههٔ دعاها، برای پرستش گروهی مفید است.

متون اولیهٔ مسیحی نشان می‌دهد ایمانداران و کلیسای اولیه، خود را وقف دعاهای گردآوری‌شده می‌نمودند.[1] آن‌ها همچنین آزادانه دعا می‌کردند و این فرصت به آن‌ها داده شده بود. «انبیا می‌توانند هرچقدر که مایل هستند شکرگزاری کنند» (دیداکه ۷:۱۰).

جان وسلی کلیسا را به دعاهای از پیش نوشته‌شده و بداهه تشویق می‌کرد. یک بار که آقای وسلی به جلسهٔ پرستشی یکشنبه رفته بود، شگفت‌زده شد که دید موعظه از پیش نوشته شده است ولی دعا

۱. برای مثال، رجوع شود به اولین دفاعیه جاستین شهید و دیداکه.

در لحظه انجام می‌گیرد. او تعجب خود را در خاطراتش نوشته است: «آیا نباید کلامی که به خدا اعلام می‌کنیم، حداقل تا حد سخنانی که خطاب به یکدیگر اعلام می‌کنیم منظم شده باشد؟»[1] اما وسلی همچنین دربارهٔ دعای بداهه می‌نویسد: «قلبم چنان با دعا پر شده بود که نمی‌توانستم تنها به دعاهایی که به خواندنشان عادت داشتم بسنده کنم.»[2] جان وسلی در جمع‌بندی این موضوع می‌گوید: «من همواره بسته به موقعیت مشخص، از روی متون و یا در لحظه و بدون قالبی خاص دعا می‌کنم.»[3]

انتخاب یک قالب برای دعا کردن همیشه آسان نبوده است. بسیاری مواقع، انتخاب قالب دعا، کلیسا را به سمت دعاهای مکتوب یا دعاهای بداهه هدایت کرده است. اما در پرستش‌های مسیحی امروزی و در اکثر شاخه‌های مسیحیت، فضا برای هر دو قالب دعا وجود دارد. در اصل، در کتاب مقدس و همچنین تاریخچهٔ کلیسا، فضا همواره برای هر دو نوع دعا وجود داشته است.

دعای بداهه یا در لحظه

نمونه‌های دعای بداهه در گردهمایی‌های پرستشی ایمانداران در کتاب مقدس فراوان هستند (اول تیموتائوس ۲:‏۱ تا ۴ و لوقا ۲:‏۳۶ تا ۳۸ را مشاهده کنید). زمانهایی در جلسات وجود دارند که باید اعضا را به دعای در لحظه تشویق کنیم، مخصوصاً دعاهای شفاعت که توسط جامعهٔ ایمانداران به زبان آورده می‌شود. کلیسا دعایی که همهٔ ایمانداران در آن مشارکت داشته باشند را تصدیق می‌کرد. «بر اساس نوشتهٔ جاستین شهید [اولین مدافعه، ۶۵] که بعدها شواهد سخنش توسط هیپولوتس تصدیق گردید [سنّت‌های رسولان ۵:‏۲۲]، اولین کار کسانی که تازه تعمید دریافت می‌کردند این بود که در دعاهای کلیسا، به ایمانداران دیگر ملحق شوند.»[4] کودکان و جوانان با گوش فرا دادن به دعای بلند مقدسین این کار را فرا می‌گیرند. باید اعضا را در تمامی سنین تشویق کنیم تا در دعاهای بداههٔ جلسات پرستشی، مشارکت داشته باشند.

---

۱. جان وسلی، ۲ ژانویه ۱۷۳۷، دفاتر و خاطرات جلد اول (۱۷۳۵-۱۷۳۸)، در ویرایش دویستمین سالگرد آثار جان وسلی، به ویراستاری ریچارد پی. هیتزنراتر، جلد ۱۸، نسخه سی‌دی (نشویل: ابیگدون، ۲۰۰۳).

۲. وسلی، ۱ آوریل ۱۷۳۸، دفاتر و خاطرات جلد اول.

۳. جان وسلی، ۱ آوریل ۱۷۳۸، «خلاصه‌ای از دفتر خاطرات شبان جان وسلی» (۱ فوریه ۱۷۳۸ - ۲۹ نوامبر ۱۷۴۵)، در ویرایش دویستمین سالگرد آثار جان وسلی، به ویراستاری ریچارد پی. هیتزنراتر، جلد ۱۸، نسخه سی‌دی (نشویل: ابیگدون، ۲۰۰۳).

۴. پیتر جی. کاب، «آیین کلام در کلیسای اولیه»، در مطالعه آیین‌ها، ویرایش بازنگری شده، به ویراستاری چسلین جونز و دیگران (لندن: اس‌پی‌سی‌کی، ۱۹۹۲)، ص ۲۲۹.

یکی از نمونه‌های دعای بداهه، به عنوان «دعای پیشنهادی» شناخته می‌شود و تاریخچهٔ طولانی‌ای در کلیسا دارد. متون کهن کلیسای اولیه نشان می‌دهد که در طول سه قرن اول میلادی، جامعهٔ ایمانداران (که تنها شامل تعمید یافتگان می‌شد) «پیشنهاد موضوعی» را از رهبر دریافت کرده و دربارهٔ آن به دعا می‌پرداختند.

> ابتدا موضوع، توسط شبانان کلیسا (در غرب) و یا شَماس ارشد (در شرق) پیشنهاد می‌شد و از اعضای کلیسا خواسته می‌شد دربارهٔ آن دعا کنند. همگی اعضا برای مدتی در سکوت زانو می‌زدند و به دعا می‌پرداختند؛ سپس علامتی داده می‌شد و اعضا سر پا می‌ایستادند و رهبر کلیسا خلاصه‌ای از دعای اعضا را با صدای بلند دعا می‌کرد. اعضای کلیسا هنگام دعای شخصی زانو می‌زدند اما دعای واحد کلیسا عملی کاهن گونه است و باید در حالت ایستاده انجام شود، بنابراین همه برای دعای واحد می‌ایستادند.[1]

موضوعاتی که مطرح می‌شد شامل دعا برای زندگان، بیماران، کسانی که از خانه دور بودند، هوای مناسب برای برداشت محصول، امنیت برای انسان‌ها و جانداران دیگر، دعا برای امنیت شهر، زندانیان، و دعا برای صلح و امنیت کلیسای کاتولیک و مواردی از این قبیل بود.[2] در ابتدا دعای پیشنهادی در سکوت تقدیم می‌شد؛ امروزه رایج است که دعاهای پیشنهادی با صدای بلند از سوی کلیسا به زبان آورده شوند. به هر حال دعاهای پیشنهادی بداهه هستند.

نمونهٔ دیگر دعای بداهه در کلیسای کُره رایج است و به آن «تونگسانگ کیدو» گفته می‌شود. این دعا مشابه دعای پیشنهادی است. رهبر موضوع را پیشنهاد می‌کند، اما در این دعا تمام پرستندگان با صدای بلند به دعا می‌پردازند. رهبر دعا را آغاز می‌کند و جماعت ایمانداران به او ملحق می‌شوند. «تونگسانگ کیدو» به نوع دیگری در دوران بیداری در آمریکا مورد استفاده قرار گرفت؛ پرستندگان با صدای بلند برای خادمین دعا می‌کردند تا بتواند با قدرت موعظه کند و گناهکاران نجات بیابند. چنین دعایی در جهان غرب امروز عجیب به نظر می‌رسد. برخی افراد ممکن است فکر کنند چنین دعایی آشفته است، اما لزوماً این‌طور نیست. این دعا، هم‌صدایی محسوب می‌شود اما هرج و مرج نیست. شخص ممکن است فکر کند آیا «تونگسانگ کیدو» به جای دعای واحد، روی دعای شخصی خاص تأکید دارد یا خیر؟ با وجود اینکه اشخاص گوناگون هم زمان به دعا می‌پردازند، این کار دعای شخصی نیست، بلکه جامعهٔ کلیسا یک صدا با هم به دعا می‌پردازند. این دعا حداقل از

---

۱. دام گرگوری دیکس، شکل آیین‌ها (نیویورک: سی‌بری، ۱۹۸۳)، ص ۴۲. برای مطالعه بیشتر دربارهٔ تاریخچه نخستین شفاعت‌ها، رجوع شود به وایت، مقدمه‌ای بر پرستش مسیحی، صص ۱۴۷-۱۴۹.

۲. دیکس، شکل آیین‌ها، ص ۴۳.

دو جهت، واحد و گروهی محسوب می‌شود: (۱) همه دربارهٔ یک موضوع مشخص دعا می‌کنند و (۲) دعاها در جا و بداهه تقدیم می‌شوند؛ بنابراین کل دعا به عنوان یک دعای واحد تقدیم می‌گردد.

راه‌های گوناگونی وجود دارد که در پرستش‌ها دعای بداهه داشته باشیم. دعای پیشنهادی و «تونگسانگ کیدو» صرفاً دو نمونه هستند. دعای بداهه در پرستش دو تجربهٔ مثبت را با خود دارد. اولاً، این گونه دعاها احساس صمیمیت و ضرورت را با خود دارند. دعای آزادانه و از پیش مهیا نشده به خصوص در شفاعت‌ها نشان می‌دهد که خدا نزدیک است و حضور او در جمع ایمانداران احساس می‌شود. آرامشی عظیم در این حقیقت که خدا نزدیک است و ندای قلب ایمانداران را می‌شنود وجود دارد.

دوماً، دعای بداهه فرصتی زیبا را فراهم می‌سازد تا همهٔ اعضای کلیسا بتوانند در دعا مشارکت داشته باشند. هنگامی که فرصت دعای آزاد به پرستندگان داده می‌شود، درها برای مشارکت همه باز می‌شود تا بتوانند با دعای شکرگزاری، ستایش، استدعا و شفاعت به شکلی واحد و همراه با سایرین دعا کنند.

نوای صداهای اعضای کلیسا که یک به یک دعاهای خود را به سوی خدا تقدیم می‌کنند حقیقتا زیباست.

دعای از پیش مهیا شده

دعاهای از پیش مهیا شده[1] هم، تاریخچهٔ باشکوهی در پرستش مسیحیان دارند. سطوح گوناگونی از دعاهای از پیش مهیا شده وجود دارد. از پیش مهیا شدن به این معناست که، از قبل به قالب و محتوای دعا اندیشیده شده است. این امر از طرق مختلف امکان‌پذیر است. یکی از راه‌ها این است که رهبر پرستشی، ذهناً ساختار و ذات دعایی که تقدیم خواهد شد را بررسی کند (دعای اعتراف، استدعا، دعوت و غیره) و رهبر در دعا با دقت، کلمات، تصویر و آیاتی که برای شکل دادن به محتوای دعا مناسب است را از پیش در نظر گرفته است. سپس، در هنگام تقدیم دعا، رهبر پرستشی از آن منابع وام می‌گیرد. این یک دعای تقریباً از پیش مهیا شده محسوب می‌شود. در این مورد، ترکیبی از، قالب از پیش تعیین‌شده و دعای آزاد، در یک نقطه تجلی می‌کند. گاهی اوقات این دعا

۱. دعاهای از پیش آماده شده غالباً به صورت دعاهای نوشته شده هستند، اما الزاماً نیاز نیست کتبی باشند. من اصطلاح «دعاهای آماده شده» را برای هر روش دعایی که با تفکر قبلی، چه با نسخه مکتوب یا بدون آن، ترکیب شده باشد مناسب می‌دانم.

را «دعای ساختارمندِ بدون ساختار» می‌نامند.[1] استفاده از فرم استاندارد دعا به رهبر اجازه می‌دهد کلمات را به ترتیب کنار هم قرار دهد. ساختار دعا، مسیر دعا را هدایت می‌کند تا به نتیجهٔ مورد نظر برسد. هم‌زمان، بدون ساختار بودن دعا در اینجا شامل آزادی در جملات بداهه می‌باشد که در هنگام دعا به زبان آورده می‌شود. نکتهٔ جالبی دربارهٔ کنار هم قرار گرفتن این ساختار و ضد ساختار وجود دارد. چنین دعایی، تنش زیبایی بین دعای از پیش مهیا شده و دعای بداهه را در خود دارد.

سطح دیگری از مهیا کردن دعا این‌گونه است که، از دعاهای کتاب مقدس و سایر متون مسیحی وام بگیرید. دعایی که یک بار توسط یکی از مقدسین ایمانی تقدیم شده است می‌تواند باز هم مورد استفاده قرار گیرد. می‌توان دعاهای نیکو و ارزشمند را بارها به کار گرفت، چرا که دعاهای هر دوران کلیسا ممکن است ارزشِ دوباره به زبان آورده شدن را داشته باشد. بسیاری مواقع می‌توانیم حس کنیم که دعای اجدادمان فارغ از زمان، برای دوران کنونی نیز نیکو است. روند به‌کارگیری دعاهای کتاب مقدس برای موارد امروزی به قدمت خود کتاب مقدس است. در کتاب مقدس بارها شاهد دعای شخصی هستیم که، از منبعی قدیمی‌تر مثل دعای اجداد آن شخص و یا دعایی از آیین‌های کهن عهد عتیق، وام گرفته شده است. با وجود اینکه نمونه‌های بی‌شماری از این دست وجود دارند اما ذکر سه نمونه کافی است.

دعای مریم در لوقا ۱: ۴۶ تا ۵۵، شباهت زیادی به دعای حنا که در اول سموئیل ۲: ۱ تا ۱۰ ثبت شده است دارد.[2] هم شکل، و هم قالب این دو دعا، با هم موازی هستند. به نظر می‌رسد مریم الهام دریافت کرده است تا دعایی مانند دعای حنا را به زبان بیاورد.[3] در این مورد، سنت شفاهی کلام خدا، منبع مهمی برای مریم بوده است تا بتواند در دوران خود دعایی مطابق با دریافت مژده‌ای که به او داده شد را به زبان بیاورد.

یونس نبی الگوی دیگری را به ما نشان می‌دهد. هنگامی که یونس در شکم ماهی بزرگ بود، دعایی آمیخته با استیصال به زبان آورد. (یونس ۲: ۲ تا ۹)

یوجین پترسون دربارهٔ دعای یونس به وجود ۱۰ مورد نقل قول از مزامیر اشاره کرده است. او سپس مشاهدهٔ جالب خود را اینگونه بیان می‌کند:

---

۱. نظریه ساختار و ضدساختار اثر ویکتور ترنر در فرایند آیینی: ساختار و ضد ساختار (شیکاگو: آلداین، ۱۹۶۹) توسعه یافت.

۲. کتاب مقدس مفسرین نوین، جلد ۹ (نشویل: ابیگدون، ۱۹۹۵)، ص ۵۵.

۳. حتی دعای حنا نیز بازنویسی دعاهای پیشینیان یهودی است، زیرا او از تمثیل‌های قوی در سرود موسی (خروج ۱۵؛ تثنیه ۳۲) استفاده می‌کند. رجوع شود به ویلیام اس. بیکر، «دعاها: به دقت نوشته شده یا خودجوش؟» پرستش اصلاح‌شده، شماره ۱ (سپتامبر ۱۹۸۶)، ص ۱۱.

> اینکه یونس دعا کرد چندان عجیب نیست، ما هم هنگامی که در شرایط استیصال هستیم به دعا می‌پردازیم. اما نکتهٔ جالب‌توجهی دربارهٔ نحوهٔ دعا کردن یونس وجود دارد. او یک دعای «از پیش شکل‌گرفته» را به زبان آورد. دعای یونس بداهه نیست بلکه از کلام خدا وام گرفته شده است. یونس دعا کردن را تعلیم دیده بود و همان‌طور که تعلیم دیده بود دعا کرد. معلم او در دعا کردن، مزامیر بود. حتی یک کلمه از دعای یونس از زبان یونس نیست بلکه تمام دعای او کلمه به کلمه از کتاب مزامیر برگرفته شده است. اما تنها، لغات این دعا نیستند که از کتاب مزامیر برگرفته شده‌اند بلکه قالب این دعا نیز دقیقاً مشابه مزامیر می‌باشد.[1]

پترسون به این جمع‌بندی می‌رسد که هرگاه فکر کنیم دعاهای بداهه حقیقی‌تر هستند، در اشتباه هستیم. یونس چیز دیگری تعلیم می‌دهد. هنگامی که یونس در سخت‌ترین شرایط قرار داشت دعایی که از پیش آموخته بود را به زبان آورد: «معنایش فراگرفتن قالبی از دعا است که برای پیچیدگی زندگی‌های کنونی ما مناسب باشد.»[2]

سومین نمونه، ما را تعلیم می‌دهد: عیسای مسیح نیز دعای از پیش مهیا شده‌ای را به زبان آورد. منجی ما در سخت‌ترین لحظهٔ به صلیب کشیده شدن، دعایی بداهه را به زبان نیاورد. بلکه هنگامی که عیسی داشت روی صلیب جانش را تقدیم می‌کرد، مزمور ۲۲:۱ را به زبان آورد و فرمود: «ای خدای من، ای خدای من، چرا مرا واگذاشتی؟»

مسلماً گونهٔ دیگری از دعاهای از پیش مهیا شده نیز وجود دارد. یک رهبر ممکن است دعایی را از یک کتاب دعا ۳۸ قرائت کند یا دعایی که نوشته است را از روی متن بخواند. چنین دعایی اگر وفادارانه و صمیمانه مهیا شده باشد مثل هر دعای دیگری معتبر است. اگر دعا از پیش نوشته شده باشد، رهبر باید قبل از اینکه دعا را با صدای بلند در جلسات پرستشی بخواند، آن را تمرین کرده باشد تا دعا کردن او از روی متن، مانند خواندن یک متن ساده نباشد. این کار به تمرین نیاز دارد، اما رهبر باید دعا را تا حدی ملکهٔ ذهن خود کرده باشد که خواندن آن طبیعی به نظر برسد و صمیمانه و با ضرب‌آهنگ صحیح آن را به زبان آورد؛ در این صورت، از رو خواندن دعا چندان جلب توجه نخواهد کرد.

برای دعاهای اصلی در جلسهٔ پرستشی، مهیا بودن ضروری است چرا که هنگامی که جلسه

---

۱. یوجین اچ. پیترسون، پایه ریزی غیرقابل پیش‌بینی: کاوشی در قداست کاری (گرند رپیدز: ایردمنز، ۱۹۹۲)، ص ۱۰۰-۱۰۱ (تأکیدات از متن اصلی).

۲. پیترسون، پایه ریزی غیرقابل پیش‌بینی، ص ۱۰۱. ۳۸. برای مثال، کتاب دعاهای عمومی (نیویورک: سی‌بری، ۱۹۷۹).

را رهبری می‌کنیم از سوی همهٔ اعضا دعا می‌نماییم. دعایی که به زبان می‌آوریم تنها به ما تعلق ندارد؛ بلکه دعای بدن مسیح است که گردهم آمده‌اند. بنابراین باید از پیش، مهیا باشیم تا دعایی از هر جهت آماده و به لحاظ الهیاتی دقیق، داشته باشیم، به نحوی که برای اعضای کلیسا دارای مفهومی عمیق باشد و همچنین با سنت کلیسا مطابقت داشته باشد. حداقل باید دربارهٔ آنچه که باید دربارهٔاش دعا کنیم، به دعا بپردازیم. باید یاد بگیریم به جای نظرات شخصی، وابسته به دیدگاه خدا دعا کنیم. این کار راه میان‌بر ندارد. اینکه بتوانیم دعا را هدایت کنیم مستلزم این است که در دعا با خدا وقت بگذرانیم و بتوانیم ذهن و ارادهٔ خدا را بشناسیم. اگر به مهیا کردن کلماتی که از سوی اعضای کلیسا به زبان خواهیم آورد اهمیت بدهیم، دعاهای ما عمیق‌تر و غنی‌تر شده و کلیسا بیشتر با آن ارتباط برقرار خواهد کرد.

دو اعتراض اصلی، به دعاهای از پیش نوشته شده وجود دارد. اولاً، می‌گویند دعاهای از پیش نوشته شده تحت الهام روح‌القدس نیستند. یک نوع برداشت رایج وجود دارد که می‌گوید روح‌القدس تنها می‌تواند در لحظه‌ای که دعا می‌کنیم ما را الهام بخشد؛ بنابراین، اگر از قبل به دعا بیندیشیم عملکرد روح‌القدس را نادیده گرفته‌ایم. اما هیچ شواهدی در کتاب مقدس برای چنین باوری وجود ندارد. دومین اعتراض این است که نباید نگران بیان صحیح دعا باشیم چرا که دعا باید از قلب باشد. با این وجود هدف مهیا کردن دعا از قبل، این است که به خاطر خدا و قوم خداوند به اهداف حقیقی دعا وفادار باشیم. در اصل، اینکه دعا را از پیش مهیا کنیم به معنای از دل دعا کردن است، چرا که در مهیا کردن دعا، از دل مشورت گرفته‌ایم. به علاوه، دعا کردن از دل به صمیمیت، اشتیاق و حقیقی بودن دعا مرتبط است. تمام این موارد در هر نوع دعایی، چه از پیش نوشته شده چه بداهه میسر است. هرچه باشد، هنگامی که مسیح مزمور ۲۲ را دعا کرد آیا دعای او از دل نبود؟ با چنین منطقی باید بگوییم اگر عیسی می‌خواست «از قلب خود» دعا کند باید هنگام مصلوب شدن کلماتی بداهه را به زبان می‌آورد وگرنه دعای او پذیرفته نمی‌شد.

فواید ساده‌ای در استفاده کردن از دعاهای از پیش مهیا شده در جلسات پرستشی وجود دارد. یکی این است که اگر دعا از پیش نوشته شده باشد می‌توانیم یک صدا و در اتحاد دعا کنیم. دعاهای از پیش نوشته شده و حفظ کردنی مثل (دعای خداوند) فرصت‌هایی را برای وحدت در دعا فراهم می‌آورد و باعث می‌شود به عنوان اعضای کلیسا به شکلی واحد و یک‌صدا با خدا سخن بگوییم. همچنین هنگامی که با زیبایی و خلاقیت و افکار دیگران دربارهٔ خدا آشنا شویم، دعاهای از پیش نوشته شده می‌توانند بینش ما را پرورش دهد، چرا که دعاهای از پیش نوشته شده نیز حقایقی را دربارهٔ خدا و ایمان مسیحی ابراز می‌نمایند. هنگامی که می‌توانیم دعاهای عالی دیگران را به کار بگیریم،

به سرعت درک خواهیم کرد که در کلمات دعای خود چقدر محدود عمل کرده‌ایم؛ هنگامی که در دعا با دیدگاه شخص دیگری مواجه می‌شویم نسبت به تکرارها و یکنواختی‌های موجود در دعاهای خودمان، به خودآگاهی دست پیدا می‌کنیم.

نیکوست که کلیسا تنش دروغینی که بین دعاهای نوشته شده و بداهه در پرستش وجود دارد را رفع کند و به هنگام مناسب، از هر دو نوع دعا بهره ببرد. حکیمانه است اگر درک کنیم «دعای پرستش مسیحیِ ما از منابع گوناگون و فراوان تاریخ مسیحیت سرچشمه می‌گیرد. برخی از این منابع به قدمت کلیسای اولیه هستند؛ و برخی از دعاها در لحظه و بداهه برای اولین بار بیان می‌شوند. و بسیاری از دعاها در جایی میان این دو قرار می‌گیرند، چرا که از گنجینه‌ی عظیم دعای به‌جا مانده از میراث کلیسا برای مسیحیان امروزی برگرفته شده‌اند. این توازن میان دعای کهن و نو، یکی از نقاط قوت بزرگ آیین‌های عبادی مسیحی است.»[1]

دعای تثلیثی

دعاهای پرستش مسیحی باید دارای جنبه‌ای از ابعاد تثلیثی باشد.[2] دعاهای آئین مسیحیت «راز یک خدا و سه شخص» را بیان می‌کند.

باید بدانیم که دعا از پدر نشأت می‌گیرد و از طریق نام مسیح بیان می‌شود و در حضور و قدرت روح‌القدس تقدیم می‌گردد. نتیجتاً دعا را باید به پدر تقدیم کنیم.[3] با وجود اینکه این الگو درک صحیح و غنی از دعا را آشکار می‌سازد، اما در کتاب مقدس و تاریخچهٔ کلیسا اصولی برای دعا کردن نزد یکی از اشخاص تثلیث وجود دارد. البته همیشه نباید تنها نزد خدای پدر دعا کنیم، دعا را می‌توانید بر اساس نقشی که عیسای مسیح و روح‌القدس از سوی پدر دارند به هر یک از دو شخص دیگر تثلیث هم تقدیم کنیم. بنابراین کلیسا به‌درستی می‌گوید: «خداوندا، ای عیسای مسیح، به من گناه کار رحم فرما.»[4] به همین صورت می‌توانیم دعا کنیم: «بیا ای روح‌القدس، کلیسای خود را با قدرتت تازه کن.»

اینکه رهبران پرستشی به دقت زبان دعایی خود را برگزینند تا رابطه با خدای پدر، خدای پسر و خدای روح‌القدس را نمایان سازند، نه‌تنها توصیه می‌شود بلکه دقت به این امر برای دعا، حیاتی

۱. سوزان جی. وایت، بنیادهای پرستش مسیحی (لوئیزویل: وسمنت جان ناکس، ۲۰۰۶)، ص ۲۸.

۲. رجوع شود به فصل ۱ (پرستش تثلیثی است).

۳. اریکسون، شرکت در پرستش، ص ۲۹.

۴. دیگر دعاهای اولیه به مسیح شامل کریسته الیزون («مسیح، رحم کن») و مارانا ثا («بیا، ای خداوند عیسی») است.

است. بلند دعا کردن باعث شاگردسازی دیگران در دعا می‌شود. هنگامی که بدون فکر کردن به این نکته دعای تثلیثی را ندیده می‌گیریم، با این خطر مواجه هستیم که جمع کلیسا از دیدگاه صحیح نسبت به خدا محروم می‌شوند؛ اما هنگامی که زبان تثلیث را در دعاهای جلسات پرستشی داشته باشیم، بدون شک درک اساسی و ضروری ایمان را در بین کسانی که در دعا به یکدیگر ملحق می‌شوند، در خداوند شکل و پرورش می‌دهیم.

دعای تحول‌آفرین و شکل‌دهنده

روشی که دعا می‌کنیم می‌تواند روی باورهایمان و در نتیجه، روی روش زندگی ما اثرگذار باشد. سخن‌وارهٔ سنتی لکس اوراندی، لکس کریدندی به این شکل ترجمه می‌شود: «قانون دعا کردن، قانون باور و ایمان است.» این جمله که از زبان راهب پراسپر اهل آکویتین[1] نقل قول می‌شود، را می‌توانیم به دو روش تعبیر کنیم: (۱)عملکرد کلیسا در دعا و پرستش، به ایمان و اعتقاد کلیسا شکل می‌دهد. (۲) باور و ایمان کلیسا، دعا و پرستش کلیسا را شکل می‌دهد. پس مسئله، یکی یا دیگری نیست بلکه رابطهٔ دوطرفه‌ای بین قانون دعا کردن و ایمان وجود دارد[2]. با وجود اینکه رابطهٔ این دو مقوله متقابل است اما این دو جایگاه لزوماً برابر نیستند؛ اغلب بر این باور هستند که آیین‌ها، اصول ایمانی را شکل می‌دهند.[3] حتی برخی افراد اعلام می‌کنند «آیین‌های کلیسا» الهیات اصلی محسوب می‌شوند که «الهیات ثانویه» یا اصول ایمانی از آن‌ها برگرفته می‌شود.[4] پس بُعد دیگری برای کامل کردن این نظریه لازم است: لکس ویوندی - یعنی قانون زندگی است. به آنچه که دعا می‌کنیم ایمان داریم و در نهایت مطابقش زیست می‌کنیم.[5] هنگامی که کاملاً و دائماً وارد دعا و پرستش شویم، به مرور تبدیل خواهیم شد.

دعاهای خاصی که در پرستش وجود دارد قادر است ما را به نحوی منحصر به‌فرد متحول سازد. نمونهٔ عالی این امر را در دعای اعتراف به گناهان و دریافت بخشش می‌بینیم که ما را از شرم و

۱. سایمون چان، الهیات آیینی: کلیسا به عنوان جامعهٔ پرستندگان (داونرز گرو، ایلینوی: آی‌وی‌پی آکادمیک، ۲۰۰۶)، ص ۴۸. بحث مفصل چان دربارهٔ لکس ارندی، لکس کردندی بسیار مفید است.

۲. چان، الهیات آیینی، ص ۴۸.

۳. چان، الهیات آیینی، صص ۴۸-۴۹.

۴. چان، الهیات آیینی، ص ۴۹، با اشاره به آثار آیدن کاوانا دربارهٔ الهیات آیینی (نیویورک: پوبلو، ۱۹۸۴)، ص ۷-۸.

۵. کیت فورنیه، «لکس ارندی، لکس کردندی، لکس ویوندی: چنان که می‌پرستیم، چنین باور داریم، چنین زندگی می‌کنیم»، کاتولیک آنلاین، ۸ نوامبر ۲۰۱۰، https://www.catholic.org/news/hf/faith/story.php?id=۳۹۰۲۹.

احساس تقصیر گناه، رها می‌کند.[1] به همین شکل دعا برای شِفا و احیا، شکستگی‌های ما را ترمیم می‌کند و آشتی و شِفا را به ارمغان می‌آورد. بسیاری از اشکال دعا در پرستش، برای پرستندگان نقش تحول‌آفرین دارند.

رهبرِ دعا در پرستش‌های کلیسا باید نسبت به این امر که دعاهای خاص می‌توانند در تحوّل پرستندگان نقش داشته باشد، آگاه باشد.

بخور و دعا

در کتاب مقدس بارها به رابطهٔ بین دعاها و بخور اشاره شده است. نویسندهٔ مزامیر می‌نویسد: «دعای من به حضور تو چون بخور استوار شود» (مزمور ۱۴۱: ۲). نقش زکریا به عنوان کاهن این بود که در صحن معبد بخور تقدیم کند: «در زمان سوزاندن بخور، تمام جماعت، بیرون سرگرم دعا بودند» (لوقا ۱: ۱۰). یوحنای رسول اعلام می‌کند که جامی زرّین، آکنده از بخور دعای مقدسین است (مکاشفه ۵: ۸) و در رویای یوحنا: «و فرشته‌ای دیگر آمد که بخورسوزی از طلا با خود داشت، و پیش مذبح ایستاد. به او بخور بسیار داده شد تا آن را با دعاهای همهٔ مقدسین بر مذبح طلاییِ پیش تخت تقدیم کند. و دود بخور با دعاهای مقدسین از دست‌های آن فرشته تا به پیشگاه خدا بالا رفت» (مکاشفه ۸: ۳ و ۴). در کلیسای پروتستان بخور دائما استفاده نمی‌شود. البته باید افرادی که دچار مشکلات تنفسی هستند را در نظر داشته باشیم، اما با این وجود در عهد عتیق و جدید، رابطهٔ بین بخور و تقدیم دعاها در پرستش‌ها به وضوح قابل مشاهده است.[2]

حالات بدن در هنگام دعا

از ابتدای پرستش‌ها در تاریخ، حالت‌های متعدد و بی‌شماری برای دعا وجود داشته است. در سنت و تاریخچهٔ یهود و همچنین در دوران مسیح و کلیسای اولیه، ایستادن و دست‌ها را باز کردن و به بالا نگریستن حالت رایج دعا کردن به شمار می‌رفت. در کتاب مقدس اصولی در زمینهٔ زانو زدن، سجده کردن، نشستن و تعظیم کردن هنگام دعا وجود دارد. حالت‌های دعای امروزی‌تر، شامل گرفتن دست‌ها با حالت کاسه (نماد دریافت کردن برکت) و گرفتن دست سایر پرستندگان هنگام دعا (نماد وحدت) می‌باشد. حالت بدن در دعا اهمیت دارد، چرا که حالت درونی پرستنده و ذات دعا را به تصویر می‌کشد. حالت‌های بدنی همچنین به یاد ما می‌آورند که نه تنها با ذهن و روح بلکه

---

۱. چان، الهیات آیینی، ص ۱۴۸.

۲. همچنین رجوع شود به خروج ۳۰:۱-۸؛ حزقیال ۸:۱۱؛ ارمیا ۴۱:۵.

با کل وجودمان که شامل بدن ما می‌شود خدا را می‌پرستیم!

تا این قسمت به بررسی موارد ضروری دربارهٔ ذات دعا در اتحاد پرداختم. اکنون چند نکتهٔ اصلی را با بررسی گونه‌های مختلف دعا در پرستش کلیسا استخراج خواهیم کرد.

دعاهای خاص در جلسات پرستشی

در طول قرن‌های گذشته، گونه‌های مختلفی از دعا در پرستش مسیحی وجود داشته است. هر کدام از این دعاها خصوصیات و نقش خود را ایفا می‌کنند. نکتهٔ استفاده کردن از دعاهای گوناگون در پرستش، صرفاً نمی‌تواند صحت آیینی و سنتی کلیسا باشد؛ بلکه هدف این است که گفت‌وگوی بین خدا و قوم او تسهیل گردد.

بنابراین دعا در پرستش‌ها بخش مهمی از این گفت‌وگو را شامل می‌شود، چرا که از طریق این دعا می‌توانیم مستقیماً با خدا سخن بگوییم. مثل هر گفت‌وگوی منطقی، هر دعا بخش‌های مختلفی دارد. هنگامی که دربارهٔ قالب و محتوای دعا در فضای پرستش می‌اندیشید، این بخش‌ها را به عنوان مسیرهای ارتباطی بین پرستندگان و خدا در نظر بگیرید.

چهار دعایی که اغلب مورد استفاده قرار می‌گیرند را شرح خواهم داد: دعای شفاعت، دعای درخواست و استدعا کردن، دعای اعتراف و دعای دریافت بینش و بصیرت. هر یک از این دعاها را با قالب و محتوایشان شرح خواهم داد.

دعای شفاعت

دعای اصلی پرستش جماعت ایمانداران، دعای شفاعت است.[1] این دعا چند قالب دارد و با اسامی گوناگون شناخته شده و مورد استفاده قرار می‌گیرد. رایج‌ترین قالب‌های این دعا، دعای مردم و دعای شبانی است. دعای شفاعت در پرستش‌ها نه تنها نقش اساسی بلکه نقش حیاتی را ایفا می‌کند (اول تیموتائوس ۲: ۱ و ۲). خدا انتظار دارد قومش شفاعت‌ها و درخواست‌هایشان[2] را با شجاعت به حضور او و تخت پادشاهی او بیاورند، یعنی جایی که هنگام نیاز از فیض خدا بهره‌مند می‌شویم (عبرانیان ۴: ۱۶).

---

۱. باید گفت درخواست‌ها و شفاعت‌ها در دعاهای دیگرِ پرستش نیز گنجانده شده‌اند (برای مثال، در دعای اعتراف از خدا می‌خواهیم ما را ببخشد که این یک درخواست است). در اینجا دربارهٔ یک دعای شفاعت اصلی و جامع صحبت می‌کنیم که نگرانی‌های جامعه و جهان را جمع‌آوری و به خدا ارائه می‌دهد.

۲. به لحاظ فنی، شفاعت‌ها درخواست‌هایی هستند که برای نیازهای دیگران و جهان به خدا ارائه می‌شود؛ درخواست‌ها هم تقاضاهایی برای شخص هستند. هر دو در دعای شفاعت گنجانده شده‌اند.

هدف دعای شفاعت این است که در پیروی از کلام خدا برای یکدیگر دعا کنیم. باید همهٔ نگرانی‌های خود را به خداوند بسپاریم، چرا که او به فکر ما است (اول پطرس ۵: ۷).

قالب و محتوا: گزینه‌های بسیاری در زمینهٔ دعای شفاعت وجود دارد. در اینجا چهار مورد را به عنوان مثال ذکر می‌کنم:

- ستایش، اعتراف، شکرگزاری، دعا با فروتنی عمیق: رهبر با این ساختار، دعا را به طور کامل تقدیم می‌کند. (ای.سی.تی.اس)
- دعای هدایت‌شده: رهبر نیازها را نام می‌برد و اعضای کلیسا در سکوت برای هر نیازی شفاعت و دعا می‌کنند. ممکن است رهبر بگوید: «بیایید برای کسانی که بی‌خانمان هستند دعا کنیم» (در ادامه اعضای کلیسا در سکوت به دعا می‌پردازند) یا بگوید: «بیایید برای شبانان و رهبری کلیسا دعا کنیم» (در ادامه اعضای کلیسا در سکوت دعا می‌کنند).
- دعا با پاسخ‌گویی: رهبر برای نیازهای گوناگون، مختصراً دعای شفاعت انجام می‌دهد و پس از هر شفاعت، اعضای کلیسا با واژه‌هایی آیینی مانند «خداوندا، دعای فرزندانت را اجابت نما» پاسخ می‌دهند.
- دعای مشارکتی: رهبر به یک نیاز اشاره می‌کند و پرستندگان بلافاصله نام، وضعیت یا عبارات دعایی را که به موضوع مرتبط است به زبان می‌آورند. ممکن است رهبر بگوید: «خدایا، تمام کسانی که غمگین هستند را آرامش ببخش» و عده‌ای از اعضا نام کسانی که غمگین هستند را به زبان می‌آورند (دقت کنید که این نوع دعا نسبت به دعای قبلی مستلزم مشارکت هرچه بیشتر اعضا می‌باشد).

دعای شبانی از انواع دعای شفاعت است. در این قالب، شبان نقش کاهن را بر عهده می‌گیرد و دعاهای جمعی ایمانداران را به خدا تقدیم می‌کند. در اینجا فرصتی به وجود می‌آید که شبان برای گلهٔ گوسفندان دعا کند. با وجود اینکه شبان ممکن است از ساختار(ای.سی.تی.اس که در بالا به آن اشاره شد) استفاده کند، همچنین می‌شود از روشی این‌چنین استفاده کرد:

۱. پرستش و ستایش، شکرگزاری و جلال دادن خداوند برای خصوصیاتش
۲. اعتراف به گناهان (مگر اینکه در دعای قبلی به گناهان اعتراف کرده باشند)
۳. درخواست‌ها (دعا برای اشخاص، خدمت‌ها، نیازهای کلیسا)
۴. شفاعت (دعا برای دیگران - شامل ملت‌ها، جهان و هر کس که نیازمند است و کلیسای مقدس مسیح و غیره)

۵. تسلیم ارادهٔ خدا شدن (خود را به خدمت خدا تقدیم کردن)
۶. به پایان رساندن دعا (پایان تثلیثی ترجیح داده می‌شود)

دعای شفاعت، در هر قالبی که باشد، مرکز دعای عمومی کلیسا را تشکیل می‌دهد.

دعای درخواست و استدعا کردن

نیکو و صحیح است که پرستش را با دعایی آغاز کنیم که حضور خدا را در کلیسا خوشامد می‌گوید و تأیید می‌کند. این روش فوق‌العاده است که می‌توانیم گفت‌وگوی بین خدا و قوم خدا را آغاز کنیم و از ابتدا تمرکز را بر خدا قرار دهیم. «استدعا کردن» از واژهٔ لاتین Invocare می‌آید که به معنی فراخواندن و درخواست کردن است.

در دعای درخواست، حضور خدا را می‌طلبیم؛ از خدا استدعا می‌کنیم که به واسطهٔ محبت عیسای مسیح بین ما حضور داشته باشد. البته ایرادی ندارد که مستقیماً حضور خدا را بطلبیم (تنها در مزامیر نمونه‌های چنین درخواستی فراوان است)، اما شاید بهتر باشد رهبر، حضور خدا را طلبیده و حضور خداوند را تصدیق نماید، چرا که به لحاظ الهیاتی، هر جا که ایمانداران به نام عیسای مسیح گردهم آیند، خداوند آنجا حضور دارد (متی ۱۸: ۲۰). به هر حال، مناسب‌تر است که گفت‌وگوی خود با خدا را با طلبیدن و پذیرفتن کسی که به واسطهٔ او در حضور خدا گفت‌وگو و پرستش داریم آغاز کنیم. دعای درخواست و طلبیدن، دعای آغازینی است که در آن حضور خدا در شخص عیسای مسیح، خداوند رستاخیز یافته و به واسطهٔ قدرت روح‌القدس تصدیق می‌شود.

هدف: هدف دعای درخواست و طلبیدن این است که در آغاز جلسهٔ پرستشی، حضور خدا را بطلبیم و او را خوشامد گوییم.

قالب و محتوا: دعای درخواست و طلبیدن چند خصوصیت اصلی دارد که در جدول ۹.۱ توضیح داده شده است.

جدول ۹ . ۱ خصوصیت دعای درخواست و طلبیدن حضور خدا

خصوصیات	نمونه
۱.خدا را با نام فراخواندن. الوهیت کسی که با او سخن می‌گوییم را نشان می‌دهد. می‌توانیم از القاب فراوان خدا در کتاب مقدس وام بگیریم.	ای خدا،
۲. اعلام قدوسیت الهی خدا. اعلام کردن ذات خدا به واسطهٔ اشاره به یک یا دو مشخصهٔ الهی خدا و یا وعده‌های او، الوهیت خداوند را تصدیق می‌کند.	جلال تو در تمامی زمین آشکار است.

۴. هدفی که وجود دارد را به زبان آورید. «برای اینکه» را به درخواست خود اضافه کنید. تنها از خدا نخواهید که حاضر باشد، بلکه بگویید چرا حضور خداوند را می‌طلبیم. | تا نام تو را بپرستیم و جلال دهیم،

۵. با یک تجلیل کوتاه دعا را به پایان ببرید. در نام مسیح و یا با ذکر اسامی خدای تثلیث دعا را به پایان ببرید. | در نام پدر، پسر و روح‌القدس، آمین.

*نمی‌توانیم فرض کنیم مردم می‌دانند به حضور چه کسی دعا می‌کنیم مگر اینکه به طور واضح از نام و لقب خدا استفاده کنیم.
دعای کانستنس ام. چری - سال ۲۰۰۸

دعای «کالِکت» [Kalekt] شباهت زیادی به دعای درخواست (اینوکِیشن) دارد، و این نام را به این دلیل گرفته است که در اصل، این دعا توسط خدمتگزار یا رهبر، در آغاز مراسم و به نمایندگی از تمام مردم ادا می‌شد تا دعاهای ایشان را «جمع» کرده و به صورت یک دعای واحد تقدیم کند.[۱] قلب و هدف هر دو دعا یکی هستند و تنها یک تفاوت وجود دارد: در حالی که موضوع دعای درخواست یا طلبیدن، تصدیق کردن و خوشامد گفتن به حضور خدا در ابتدای پرستش کلیسا می‌باشد، جریان و موضوع کالِکت از قرائت آیات در جلسه و یا برای موضوع خاص تقویم مسیحی برگرفته می‌شود. کالِکت در تاریخ کلیسا اغلب در پایان جلسه صورت می‌گرفته است.

دعای درخواست یا طلبیدن و یا دعای کالِکت، در اعلام این حقیقت که جلسهٔ پرستشی کلیسا برای داشتن یک گفت‌وگوی واحد با خدا صورت گرفته است، جمع پرستندگان را خدمت می‌کند. نامی که به این دعا داده می‌شود چندان اهمیت ندارد، حتی «دعای آغازین» نیز نام مناسبی است. آنچه مهم است، تصدیق حضور خداست که در پرستش مسیحی نقش حیاتی دارد.

دعای اعتراف به گناهان

از ابتدا یک بخش کلیدی آیین‌های مسیحیت، همواره دعای اعتراف به گناهان بوده که تاریخچهٔ طولانی در پرستش مسیحی دارد. در حقیقت پایه و اساس این دعا در قدوسیت خدا و گناهکار بودن بشر یافت می‌شود.

هنگامی که در پرستش با حضور قدوس خدا ملاقات کنیم، متوجه این تفاوت عمیق بین خدا و بشر خواهیم شد. اشعیا در رؤیای خود در معبد این حقیقت را کشف کرد (اشعیا ۶: ۱ تا ۱۳). او صدای سرافیم را شنید که اعلام می‌نمودند: «قدوس، قدوس، قدوس است خداوند لشکرها؛ تمامی

---

۱. وایت، بنیادهای پرستش مسیحی، ص ۳۳.

زمین از جلال او مملو است» (اشعیا ۶: ۳). بلافاصله اشعیا پاسخ می‌دهد و می‌گوید: «وای بر من که هلاک شده‌ام! زیرا که مردی ناپاک‌لب هستم و در میان قومی ناپاک‌لب ساکنم» (اشعیا ۶: ۵). لازم بود لبان اشعیا پاک شود و بخشیده شدن او اعلام گردد تا راه برای ادامه یافتن گفت‌وگوی بین اشعیا و خدا مهیا شود.

اعتراف کردن، رابطهٔ صحیح بین آدمیان و خدا را احیا می‌کند تا بتوانند گفت‌وگویشان را در اتحاد و مشارکت ادامه دهند. نویسندهٔ مزامیر نیز به‌خوبی این حقیقت را اعلام می‌کند: «کیست که به کوه خداوند برآید و کیست که در مکان قدس او ساکن شود؟» سپس پاسخ می‌دهد: «آن‌که پاک‌دست و صاف‌دل باشد، که جان خود را به بطالت ندهد و قسم دروغ نخورد؛ او برکت را از خداوند خواهد یافت و عدالت را از خدای نجات خود. این است طبقهٔ طالبان او، طالبان روی تو ای (خدای) یعقوب» (مزامیر ۲۴: ۳ تا ۶). ممکن است از این مزمور در آیین توبه پیش از ورود پرستندگان به معبد استفاده شده باشد. دعاهای اعتراف، فرصت را برای اعتراف قوم خدا فراهم می‌کند[1] (مزامیر ۱۰۶: ۶). ما در دعا یک جماعت ایماندار و متحد هستیم و در اتحاد با خدا رابطه داریم. با وجود اینکه این دعاها به زبان جماعت ایماندار نوشته می‌شود، دعای اعتراف باید فرصت را برای اعترافات شخصی نیز فراهم کند (مزمور ۵۱). برای این کار بهتر است در مدت دعای اعتراف، دقایقی به سکوت اختصاص داده شود. با وجود اینکه مناسب‌ترین نقطه برای دعای اعتراف، آغاز جلسهٔ پرستشی است، انجام آن در برخی از نقاط دیگر پرستش نیز نامناسب نیست. دعای اعتراف را می‌توان پیش از سهیم شدن در شام خداوند انجام داد و این دعا می‌تواند در پاسخ به موعظهٔ روز نیز ادا شود.

هدف: در پرتو قدوسیت خدا و با توجه به گناهکار بودن بشر، دعای اعتراف به گناهان اجازه می‌دهد به رابطهٔ صحیح با خدا بازگردیم تا گناهان، مانع تداوم پرستش‌هایمان نباشد. به واسطهٔ اعتراف، «دری به سوی دعا گشوده می‌شود.»[2]

قالب و محتوا: اعتراف به گناهان شامل سه بخش است (۱) دعوتی کتاب‌مقدسی برای اعتراف به گناهان (۲) اعتراف به گناهان (۳) اطمینان از دریافت بخشایش.

فهرست بخش‌های دعا در جدول ۹ . ۲ آورده شده است. به یاد داشته باشید که در دعای اعتراف به گناهان، از زبان جماعت ایمانداران استفاده کنید.

---

۱. هیوز اولیفانت اولد، رهبری در دعا: کتاب کاری برای پرستش (گرند رپیدز: ایردمنز، ۱۹۹۵)، ص ۸۰.

۲. جان کالوین، موسسات مسیحیت ۳. ۲، نقل قول در جان دی. پارلبرگ، «اندوه حقیقی... شادی تمام‌عیار: چرایی یا دلیل، زمان و چگونگی اعتراف»، پرستش اصلاح‌شده ۳۴ (دسامبر ۱۹۹۴)، ص ۵.

دعای اعتراف به گناهان باید اطمینان از دریافت بخشایش (یا آمرزش، بسته به نوع کلیسا) را به دنبال داشته باشد. کلماتِ وعدهٔ خدا به پرستندگان یادآور می‌شود که می‌توانیم در راستایِ بخشایش و آشتی داده شدن با خدا، به راه و فیض خداوند اعتماد کنیم. این نکته برای پرستندگانی که احساس تقصیر و بار گناه را بر شانه‌های خود حمل می‌کنند، یادآور این حقیقت است که در مسیح گناهانمان بخشیده می‌شود و می‌توانیم آزادانه در مسیر اطاعت گام برداریم. اعتراف بدون اطمینان از بخشایش، کامل نیست. نباید پس از اعتراف، دعای خود را به انتها برسانیم؛ بلکه در پایان، بخشایش و وعدهٔ فیض را می‌پذیریم.

جدول ۹ . ۲ مشخصات دعای اعتراف را نشان می‌دهد

مشخصه	نمونه
۱. نام خدا را بخوانید	خدای بخشنده،
۲. اعتراف کنید که گناهکار هستیم.	ما گناهکار هستیم و نتوانسته‌ایم فرمان‌های خداوندمان عیسای مسیح را پیروی کنیم.
۳. اعلام می‌کنیم که خدا قدوس است	ذات تو قدوس است، تو از هر جهت نیکو و بی‌نقص هستی.
۴. برای گناهمان ابراز اندوه می‌کنیم (فرصت اختیاری برای سکوت و اعتراف‌های شخصی)	غمگین هستیم که تو را نافرمانی کردیم، می‌دانیم که تو هم، برای گناهمان به همراه ما غمگین می‌شوی.
۵. خدا را برای صبر و رحمش شکر می‌کنیم	شکرت می‌کنیم که صبور و بیش از حد تصور پر از رحم هستی و محبت پایدار تو ابدی است.
۶. دعا می‌کنیم که خدا ما را یاری رساند تا مقابل گناه بایستیم	به واسطهٔ قدرت روح به ما کمک کن تا بتوانیم از پس هر نوع وسوسه برآییم و بتوانیم در راستی قدم برداریم و در افکار، کلمات و اعمالمان تنها تو را جلال دهیم.
۷. دعا را به پایان می‌بریم	به واسطهٔ عیسای مسیح خداوندمان طلبیدیم - آمین

دعای اعتراف نوشتهٔ کانستنس.ام. چری ۲۰۰۸

در حوزهٔ اطمینان حاصل کردن از دریافت بخشش باید به چند نکته توجه کنیم.

- اطمینان از دریافت بخشایش به حاضرین اعلام می‌شود و بخشی از دعا نیست.

- رهبر مستقیماً به چشمان اعضا نگاه می‌کند و اعلام می‌کند که بر اساس وعدهٔ خداوند گناهانشان بخشیده شده است.
- آیه‌ای از کتاب مقدس (که آن را از پیش حفظ کرده باشید) بهترین منبع برای اطمینان از بخشش گناهان است.
- به‌عنوان مثال: «خدا به اندازه‌ای که مشرق از مغرب دور است، به همان اندازه گناهان ما را از ما دور کرده است» (مزمور ۱۰۳ : ۱۲)

گاهی اوقات در مورد واژهٔ «آمرزش» (ابسولوشن) سردرگمی وجود دارد. این خداست که گناهان ما را می‌آمرزد، اما ما می‌توانیم بر اساس اعتمادمان به رحمت خدا در مسیح، با ایمانی راستین به یکدیگر اعلام کنیم که آمرزیده (بخشیده) شده‌ایم؛ قدرت آمرزش را دست‌کم نگیرید هنگامی که با خدا ملاقات می‌کنیم، درست به همان اندازه که نیاز داریم به گناهمان اعتراف کنیم، نیاز داریم کلام بخشایش خدا را دریافت نماییم.[1]

دعای بینش و بصیرت و روشنی

دعای بینش و روشنی، دعایی کوتاه و خاص است که در آن جماعت ایمانداران از خدا کمک می‌طلبند تا بتوانند کلام خدا را درک کنند. می‌دانیم که تنها به واسطهٔ ظرفیت‌های انسانی خود، قادر نیستیم به طور کامل معنا و اهداف کلام خدا را درک کنیم. الهام الهی و روشنی روح‌القدس ضروری است.

جدول ۹ . ۳ مشخصات دعای بینش و روشنی

مشخصه	نمونه
۱. خدای روح‌القدس را خطاب می‌نماییم	ای روح خدا
۲. دربارهٔ کلام، درخواستی را مطرح می‌کنیم	به ما کمک کن به صدای تو که از طریق کلام با ما سخن می‌گوید گوش فرا دهیم. قلب و ذهنمان را باز کن تا حقایق تو را عمیقاً و در جانمان دریافت کنیم
۳. هدف درخواستمان را اعلام می‌کنیم	تا بتوانیم به واسطهٔ قدرت تو، متحول شویم و زندگی‌ای درخورِ فراخوان و نجاتمان داشته باشیم.
۴. دعا را به پایان می‌رسانیم	برای هدیهٔ حضورت تو را شکر می‌کنیم. آمین

دعای نوشته شده توسط کانستنس.ام. چری ۲۰۰۸

۱. چان، الهیات آیینی، ص ۱۳۳.

چون دعای بینش و روشنی از خداوند می‌طلبد تا دل‌ها و ذهنمان را برای پذیرش حقیقت و راستی باز کند، این دعا اغلب پیش از قرائت کتاب مقدس و موعظهٔ روز انجام می‌گیرد. بهتر است این دعا نزدیک ابتدای جنبش دوم پرستش یعنی خدمت کلام صورت گیرد. این دعا خطاب به روح‌القدس صورت می‌گیرد، چرا که نقش روح‌القدس این است که نور را از میان تاریکی به ارمغان بیاورد و راستی را بر ما آشکار کند.

پولس رسول دربارهٔ این حقایق در افسیسیان ۱ : ۱۷ تا ۱۹ سخن گفته است: «از خدای خداوند ما عیسی مسیح، آن پدر پرجلال، می‌خواهم که روح حکمت و مکاشفه را در شناخت خود به شما عطا فرماید، تا چشمان دلتان روشن شده، امیدی را که خدا، شما را بدان فرا خوانده است، بشناسید و به میراث غنی و پرجلال او در مقدسین پی ببرید، و از قدرت بی‌نهایت عظیم او نسبت به ما که ایمان داریم، آگاه شوید. این قدرت، برخاسته از عملِ نیروی مقتدر خداست.» این خدای روح‌القدس است که به ما بینش و معرفت می‌بخشد تا بتوانیم مکاشفهٔ خدا را درک کنیم.

این دعا را می‌توان دعای بینش و بصیرت یا دعای دریافت روشنی نامید، یا حتی می‌توانیم آن را دعای دریافت حکمت و معرفت از کلام خطاب کنیم. نامی که برای این دعا در نظر می‌گیریم چندان اهمیت ندارد، اما مهم است که این دعا در خدمت کلام صورت گیرد.

هدف: در دعای بینش و روشنی، قدرت الهی خدا را می‌طلبیم تا جماعت ایمانداران بتوانند با دقت و توجه، کلام خدا را بشنوند و آن را درک کنند.

قالب و محتوا: تنها یک قالب کافی است. این قالب در جدول ۹ . ۳ نشان داده شده است.

اگر دعای بینش و روشنی را ندیده بگیریم، به این معناست که برای درک کلام تنها به ظرفیت و استعدادهای انسانی خود بسنده می‌کنیم. اما این دعا جامعهٔ پرستش‌کنندگان را هدایت می‌کند تا از خدای متعال یاری بطلبند.

دعاهای دیگر

دعاهای دیگرِ زیادی وجود دارند که می‌توانیم از آن‌ها برای تداوم گفت‌وگو بین خدا و قوم او استفاده کنیم. دعاهای ستایش، دعای تقدیس برای ده یک و تقدیم هدایا، کایری‌الیسون، دعای خداوند، دعای مصالحه و دعای تعهد در پاسخ به کلام، دعای تصمیم‌گیری و دعای دعوت و دعاهای گوناگون دیگری نیز وجود دارد. برخی از دعاها ممکن است در بعضی از جلسات کاربرد داشته باشند و در جلسات دیگر به کار گرفته نشوند، بسته به گفت‌وگویی که بین خدا و قوم خداوند شکل می‌گیرد این نکته معین خواهد شد. هر دعایی که به کار گرفته بشود را

باید آگاهانه، با تعهد و مهارت هدایت کنید. می‌خواهیم با این نکات، این فصل از کتاب را به پایان برسانیم.

هدایت دعاها در پرستش

دعاهای عمومی با دعای شخصی و خصوصی تفاوت دارد. در دعای خصوصی ما مسئول خودمان هستیم؛ در این گونه دعاها رابطهٔ خود با خدا را به پیش می‌بریم و با خدا سخن گفته و به سخنان او مانند یک دوست گوش فرا می‌دهیم. اما کسی که هدایت دعاها را در کلیسا به عهده می‌گیرد، مسئولیت بزرگ‌تری دارد، او از سوی جماعت ایمانداران دعا می‌کند. دیگر مسئله بین «من و خدا» نیست؛ بلکه در گفت‌وگوی «خدا و ما» است. دعای خصوصی، شخصی است؛ اما دعای کلیسا به نمایندگی از تمام ایمانداران می‌باشد و از طریق رهبر پرستشی به عنوان نمایندهٔ کل کلیسا به خدا تقدیم می‌شود.[1] رهبر پرستشی باید در این دعا با وضوح سخن بگوید و کلماتی که به زبان می‌آورد نمی‌تواند مانند دعای شخصی و خصوصی باشد بلکه باید دعای قوم را به زبان آورد.

> وظیفهٔ شما این نیست که دعای خود را به مردم تقدیم کنید بلکه این است که آن‌ها را در دعایی که به حضور خدا می‌آورند هدایت کنید. شک‌ها و پیش باورهای خودتان ممکن است جالب باشند، اما در این زمینه نقش و اهمیتی ندارند. تنها کسی که این افتخار (یا بار روی شانه، «بسته به اینکه چگونه به این وظیفه نگاه می‌کنید») به او داده شده است تا در این لحظات پیش چشم اعضای کلیسا بایستد، موظف خواهد بود کلیسا را در دعا هدایت کند. اعضای کلیسا می‌خواهند دعا کنند، نه اینکه با عبارت‌های زیبایی که می‌توانید به زبان آورید شگفت‌زده شوند یا از عدم قابلیت شما برای واضح و پرمعنا سخن گفتن شرمنده شوند... وظیفهٔ شما در هدایت دعاها این است که دیگران را رهبری کنید، نه اینکه نقش اول را بازی کنید یا مثل یک تک‌خوان یا نوازندهٔ تک‌نوازی، عمل کنید.[2]

به عنوان یک رهبر پرستشی، باید دعا کردن مستمر در پرستش‌های کلیسایی را فرا بگیرید. دعاهای عمومی چیزی بیش از بیان کردن عبارات مذهبی می‌باشد. حتی دعاهای بداهه نیز به مرور زمان حالتی آیینی و تشریفاتی پیدا می‌کنند. گاهی رهبران هنگامی که در دعا به دنبال واژگان صحیح

---

۱. اگرچه تفکیکی بین دعاهای خصوصی و عمومی وجود دارد، اما این دو بی‌ربط نیستند. توانایی رهبری دعاهای عمومی ارتباط عمیقی با زندگی دعایی خصوصی رهبر دارد.

۲. ویلیمن، راهنمای موعظه، ص ۳۰.

می‌گردند دچار لکنت می‌شوند و گاهی آنچه که داشتند به زبان می‌آوردند را، بارها و بارها تکرار می‌کنند و نمی‌توانند نیازهای مردم را به درستی به حضور خدا بیاورند. همان‌طور که در ابتدای این فصل توضیح داده شد به همین دلیل و دلایل دیگر، حکیمانه است که از دعاهای نوشته‌شده استفاده کنید. ولی دعاهای مکتوب یک چیز است و دعا کردنِ دعاهایِ مکتوب، نکتهٔ دیگری است. به تمرین نیاز دارید تا بتوانید دعاهای از پیش نوشته‌شده را با ضرب‌آهنگ و صدای طبیعی به زبان آورید.

در اینجا، صرف‌نظر از اینکه دعای بداهه یا مکتوب را به زبان می‌آورید، چند نکتهٔ کاربردی را برای رهبری دعا در کلیسا اعلام می‌کنیم.

۱. مرتبط دعا کنید. تمام دعاهای هنگام پرستش باید به جلسه و به اعضای کلیسا مرتبط باشد. در اینجا مرتبط بودن به معنی پیروی از فرهنگ جامعه، یا به کار گرفتن واژگان کوچه و خیابان نیست. مرتبط بودن، به شناخت رهبر از کلیسا مرتبط است. آیا دعای شما به زندگی اعضای کلیسای شما ارتباط دارد؟

۲. از پرگویی بپرهیزید. وقتی بحث دعا به میان می‌آید «بیشتر سخن گفتن» لزوماً بهتر نیست. برای اینکه دعا طولانی شود کلمات بیشتری به آن اضافه نکنید. به یاد داشته باشید «از پیش مهیا بودن» کمک می‌کند دعا بیش از حد طولانی نشود.

۳. از کلیشه‌ها دوری کنید. کلیشه‌ها باعث می‌شود دعا معنایش را از دست بدهد. عیسی ما را هشدار داده تا در هنگام دعا از «تکرارهای بیهوده» دوری کنیم.[۱]

۴. از اسامی جمع استفاده کنید. ما، نه من.

۵. از کلمهٔ «فقط» دوری کنید. استفادهٔ بیش از حد از کلمهٔ «فقط» گاها در دعاهای بداهه بیش از حد صورت می‌گیرد. (به‌عنوان مثال، «خداوندا، می‌خواهیم امروز فقط تو را شکر کنیم و مایلیم فقط از تو بخواهیم که با ما باشی» این کلمه به این معناست که خدا را محدود می‌کنیم. لازم نیست نیازها و خواسته‌هایمان را نزد خدای قادر مطلق محدود کنیم.)

۶. از واژگان سنتی دوری کنید.

۷. بر اساس کلام خدا از زبانی خلاقانه استفاده کنید. نویسندگان کتاب مقدس در توصیف

---

۱. مثال‌ها شامل «در هرچه گفته و انجام می‌شود حضور داشته باش»، «هر جا دو یا سه نفر گرد آمده‌اند»، «هدیه و تقدیم کنندهٔ آن را برکت ده» است. شما چه موارد دیگری را می‌شناسید؟ بعید است شخصی در حالی که تجربه دعاهای شخصی و خالص خود را نادیده می‌گیرد بتواند در رهبریِ دعاهایِ عمومی مؤثر باشد. رهبر ممکن است دعاهای خوب (آماده یا بداهه) را در اختیار داشته باشد، اما با گذشت زمان، پرستندگان خواهند فهمید که آیا رهبرانِ دعا، از زندگی دعایی شخصی و پر ایمان و پر انضباط روحانی برخاسته‌اند یا خیر.

عظمت خدایی که در نهایت، امکان توصیف حد عظمت و جلالش وجود ندارد، از تصاویری عمیق و خلاقانه و مثال‌ها استفاده کردند. در به‌کاربردن القاب کتاب‌مقدسی خدا سخاوتمندانه عمل کنید تا مفهوم خدا برای جماعت ایمانداران افزایش پیدا کند.

۸. نام خدا را بیش از حد تکرار نکنید، خدا اولین بار شنیده است که او را صدا می‌کنید! سعی کنید بر، به کار بردن نام «خداوندا» یا «پدر» در ابتدا و انتهای هر عبارتِ دعایی غلبه کنید. به این فکر کنید که اگر هنگام گفت‌وگو با دوستتان در هر جمله بارها و بارها نام او را به کار ببرید سخنتان چقدر آزاردهنده می‌شود.

۹. از لحن طبیعی استفاده کنید. سعی نکنید هنگام دعا «صدایی مقدس» داشته باشید، زیرا غیر صمیمی و دروغین به نظر می‌رسید. پس لحن طبیعی خود را در دعا حفظ کنید.

۱۰. به ضرب‌آهنگ و ابراز احساسات، مکث‌ها، سکوت در دعا بیندیشید. سعی کنید تمام این موارد با لحن دعای شما هماهنگ باشد.

۱۱. از دعا برای تعلیم دادن استفاده نکنید، چرا که دعا خطاب به خدا است. بخش‌هایی از موعظه و اعلانات کلیسا را در دعا نگنجانید.[۱] اطلاعاتی که می‌خواهید به گوش کلیسا برسانید را در دعا عنوان نکنید.[۲] راه سنجیدن این نکته این است که: اگر دعا به حضور خدا باشد و نه آدمیان، چه چیزهایی هست که مایلیم خدا از ما بشنود؟ تنها این موارد را دعا کنید.

۱۲. از واژگانی که همه را شامل شود استفاده کنید. به یاد داشته باشید که گوناگونی‌هایِ (سنی، نژادی، وضعیت شخصی، سطح تحصیلات و غیره) در بین اعضای کلیسا وجود دارد.

۱۳. آیات کلام خدا را دعا کنید. بسیاری از بخش‌های کلام وجود دارد که باید به طور مستقیم دعا شود. اجازه دهید این بخش‌های کلام، پایه‌های دعای شما را بنا کنند.

۱۴. از یک مربی دعاهایی عمومی، کمک بگیرید. از یک شبان یا شخص با تجربه بخواهید که به دعای شما گوش کند و به ارزیابی دعاهای شما بپردازد. فروتن باشید و از دیگران کمک بگیرید. اغلب، آخرین شخصی هستیم که از عادت‌های نادرست یا ضعفمان مطلع می‌شویم. در حضور اعضا، روی خدمت دعا کار کنید.

---

۱. سی. اچ. اسپورجن گفته است: «موعظه را در خطابه بگو و دعا را در دعا بخوان.» رجوع شود به سی. اچ. اسپورجن، سخنرانی‌هایی برای شاگردانم (نیویورک: شلدون، ۱۸۷۵)، ص ۹۲.

۲. یک بار شنیدم کشیشی بسیار باتجربه در دعای شبانی خود چنین گفته است: «لطفاً در کنار خدمت تیم بسکتبال آپ‌واردز باشید که سه‌شنبه‌ها ساعت ۷ در سالن اجتماعات گردهم می‌آیند».

۱۵. از دعاهای علنی و عمومی خود ویدئو و یا صدا ضبط کنید. رهبری خود را به نحوی صادقانه مورد نقد و بررسی قرار دهید. از دیگران دعوت کنید که انتقادهایشان را اعلام کنند تا بتوانید دائماً پیشرفت کنید.

شاید مهم‌ترین دلیلی که باید یاد بگیریم چگونه در میان جمع و با صدای بلند دعا کنیم این باشد که هرگاه با صدای بلند دعا می‌کنیم، دیگران را در دعا شاگرد می‌سازیم، یعنی به دیگران می‌آموزیم که چطور دعا کنند. دعاهای علنی شما احتمالاً تنها دعاهایی هستند که اعضای کلیسا می‌شنوند، بنابراین آن‌ها هم نهایتاً مانند الگوی شما دعا خواهند کرد.

جمع‌بندی و نتیجه‌گیری

در ابتدای این فصل شرح دادیم که در برخی از کلیساها و سال‌های اخیر، دعاهای علنی آسیب دیده است. برخی از رهبران کلیسا تا جایی پیش رفتند که اعلام نمودند دعای بیش از حد در جلسات، باعث کسالت‌بار شدن جلسات پرستشی می‌شود. در پایان این فصل اعلام می‌کنم، نه تنها دعای متحد اعضا باعث کسالت‌آور شدن پرستش‌ها نمی‌شود بلکه انجام این کار احتمالاً همان کاری است که اگر به شکلی حیات‌بخش انجام پذیرد باعث تازه شدن جلسات پرستشی خواهد بود. گاها در پرستش‌ها حس رمز و رازی که خصوصیت پرستش خدامحور است را از دست داده‌ایم. دعا یکی از اولین راه‌هایی است که می‌توانیم با رازِ غیر قابل توضیح خدا ارتباط برقرار کنیم و شگفتی و اعجازِ ارتباطِ بین خدا و بشر را تجربه نماییم. نسل‌های جوان مایل هستند اعجاز و رمز و راز خدا را در پرستش تجربه کنند و به ما یادآور می‌شوند. دان شرمن، یک عضو عادی کلیسا، حقیقتی مهم را به زبان آورد: پرستش، دعا است.

اصطلاحات کلیدی

آمرزش: اعلام این حقیقت که هرکس به گناهان خود اعتراف می‌کند، حقیقتاً گناهش بخشیده می‌شود.

اطمینان از بخشایش: تأیید و تصدیق بخشایش برای کسانی که در دعای اعتراف به گناهان مشارکت می‌کنند.

دعاهای درخواستی: تقدیم دعاهای شفاعتی به واسطهٔ کلیسا، مطابق موضوعاتی که رهبر اعلام می‌کند.

کالکت: دعای آغازین در مرحلهٔ گردهم آمدن که معمولاً بر اساس آیات کلام روز اعلام می‌شود.

شکرگزاری عظیم: دعای اصلی شکرگزاری و پرستش، به یاد آوردن و طلبیدن خداوند.

درخواست و طلبیدن: دعای آغازین که در ابتدای جلسات انجام می‌شود و در آن حضور خدا در پرستش‌ها را طلبیده و تأیید می‌کنیم.

کایری لسیون: اصطلاح یونانی به معنی «خداوندا، بر ما رحم نما».

بُخوردان: وسیله‌ای که برای سوزاندن بخور در پرستش از آن استفاده می‌شود.

تانگسانگ کیدو: دعای با صدای بلند، بداهه و هم‌زمان در پرستش.

بیشتر بیاموزید

بردشا، پل. «دو راه دعا کردن». ویرایش دوم. نیترو، ویرجینیای غربی: انتشارات او.اس.ال، ۲۰۰۸.

اولد، هیوز اُلیفنت. «رهبری در دعا: کتاب تمرین برای پرستش». گرند ریپیدز: ائردمنز، ۱۹۹۵.

«دعاهای قوم: الگوها و نمونه‌هایی برای دعای جمعی». منابع مسیحی فیث الایو. گرند ریپیدز: مؤسسه پرستش مسیحی کالوین، ۲۰۰۴.

استوکی، لارنس هال. «بگذار تمام کلیسا بگوید آمین! راهنمایی برای کسانی که در جمع دعا می‌کنند». نشویل: آبینگدون، ۲۰۰۱.

ولز،ساموئل و ابیگیل کوچر. «شکل‌دهی به دعاهای قوم: هنر شفاعت». گرند ریپیدز: ائردمنز، ۲۰۱۴.

مشغول شوید

این موارد را امتحان کنید!

۱. از یکی از قالب‌هایی که در این فصل ارائه شد استفاده کنید و سعی کنید دعایی را برای دریافت روشنی و بینش از سوی روح‌القدس بنویسید.

۲. حالا یک دعای دیگر بنویسید و در آن از آیات کلام خدا استفاده کنید.

۳. حالا سعی کنید با پیروی از همان قالب، دعایی بداهه را به زبان آورید.

۴. اگر مجاز هستید، در رهبری پرستش یکشنبه، دعاها را به همین شیوه انجام دهید!

ملاقات با خدا در موسیقی

سرایيدن سرود کلیسا

جستجو کنید

قبل از مطالعهٔ فصل ۱۰ به مجموعه موسیقی‌ای که در اختیار دارید نگاهی بیندازید. آیا سبک خاصی از موسیقی را بیش از سایر سبک‌ها مشاهده می‌کنید؟

آیا موسیقی پرستشی، برخی از موسیقی‌های محبوبتان را شامل می‌شوند؟ اگر این‌گونه است، کدام موارد؟

۱. به اولین تجربه‌ای که از کلیسا داشتید بیندیشید. روی این سؤالات فکر کنید:

- اولین خاطره‌ای که از سرودهای کلیسا دارید چه است؟
- بیشتر اوقات چه سبکی از موسیقی پرستشی، اجرا و سروده می‌شد؟
- آیا سرودها پر از انرژی بودند یا اندوه‌بار؟
- چه سازهایی در سرودها به کار گرفته می‌شدند؟

۲. حالا به کلیسایی که امروزه در آن به پرستش می‌پردازید بیندیشید. روی این سؤال‌ها فکر کنید:

- بیشتر اوقات چه سبکی از موسیقی پرستشی اجرا و سراییده می‌شود؟
- آیا سرودها پر از انرژی هستند یا اندوه‌بار؟
- چه سازهایی در سرودها به کار گرفته می‌شود؟

۳. آیا در سال‌های اخیر تغییراتِ قابل‌توجهی در موسیقی کلیسای شما ایجاد شده است؟ اگر بله، چه تغییراتی؟ این تغییرات به چه دلیل رخ داده‌اند؟

حالا که اندیشیدن را آغاز کردید، افکار خود را با مطالعهٔ فصل ۱۰ گسترش دهید.

گسترش دهید

هنگامی که در یک کنفرانس در هنگ‌کنگ سخنرانی می‌کردم، داستان تأثیرگذار کلیسایی خانگی را در ناحیه‌ای دورافتاده در چین شنیدم. چون در چین مسیحیان مجبور هستند پرستش را در خفا انجام دهند، پس شبان کلیسا ساعت ۱۱ شب، خانهٔ خود را ترک می‌کرد تا جلسات پرستشی را برگزار کند و یک ساعت زیر نور ماه در کوه‌ها راه می‌رفت تا به جایی که ساکنان آن روستا در یک غار، زیر نور یک شمع کنار هم جمع می‌شدند برسد. آن‌ها از ترس اینکه مقامات دولتی چین آن‌ها را پیدا کنند، سرودهای پرستشی را از حفظ و به روش «لب زدن» و بدون هیچ صدایی با هم می‌خواندند. پس از اینکه با هم پرستش می‌کردند، به سمت روستای خود بازمی‌گشتند و ساعت ۵ صبح به خانه می‌رسیدند تا بلافاصله به مزرعه‌ها بروند و کار خود را شروع کنند. چند رهبر کلیسا تأیید کردند که «لب زدنِ» سرودهای پرستشی، روشی رایج برای سراییدن در کلیسای خانگی چین محسوب می‌شود.

چه چیزی باعث می‌شد پرستندگان سرودها را رها نکنند و حتی در سکوت و به این شکل برای خداوند بسرایند؟ برای یک لحظه تصور کنید پرستش مسیحی بدون سرودن چگونه می‌بود. آیا می‌توانید تصور کنید وارد فضای پرستش شوید، به دوستانتان سلام بگویید، روی صندلی خود بنشینید، سپس تمام جلسه را تنها با کلمات، سکوت و نمادها تجربه کنید؟ آیا می‌توانید حتی یک بار چنین چیزی را تجربه کنید؟ آیا می‌توانید هفته به هفته در کلیسا چنین جلساتی را تجربه کنید؟ هیچ سرود یا موسیقی دیگری در گردهم‌آیی پرستندگان، حضور یافتن در حضور خداوند، پاسخ دادن به فراخوان محراب وجود ندارد؛ هیچ موسیقی‌ای برای پرداخت ده‌یک و هدایا وجود ندارد و در بخش دعای برکت و فرستادن نیز، هیچ موسیقی و ملودی‌ای نواخته نمی‌شود. چنین شرایطی چه تأثیری روی پرستش می‌گذارد؟ چه چیزی را از دست می‌دهید؟ فکر می‌کنید جامعهٔ کلیسا چه چیزی را از دست می‌دهد؟ آیا پرستش، بدون سراییدن می‌تواند مطابق کتاب مقدس باشد؟ در اصل شاید لازم نباشد از تصورتان استفاده کنید؛ شاید کلیسای شما یکی از کلیساهایی بود که در دوران بیماری همه‌گیر کووید-۱۹ از سرود خواندن خودداری می‌کرد تا ویروس منتشر نشود. اگر این‌چنین باشد، احساس‌تان چگونه بود؟

دورانی در اسرائیل وجود داشت که سراییدن متوقف شد، چرا که قوم خدا در بابل به تبعید برده شدند. نویسندهٔ مزامیر به دقت شرایط دلخراشی را که در آن، صدای سرودها و سازها خاموش شده بود، توصیف کرده است:

کنار نهرهای بابل،
آنجا نشستیم و گریستیم،
چون صهیون را به یاد آوردیم.
بر درختان بید که در میان آن بودند،
بربط‌های خود را آویختیم.
زیرا اسیرکنندگانِ ما در آنجا از ما سرود خواستند،
و عذاب‌کنندگانِ ما سرودهای شادمانی طلب کردند.
گفتند: «یکی از سرودهای صَهیون را برای ما بسرایید!»
چگونه سرود خداوند را در زمین بیگانه بخوانیم؟
ای اورشلیم، اگر تو را فراموش کنم،
باشد که دست راستم هنرش را فراموش کند!
اگر تو را یاد نکنم، (مزمور ۱۳۷ : ۱ تا ۶)

رنجی که در این مزمور مشاهده می‌شود انکارناپذیر است. از دست رفتن سرودها برای ایمانداران غیر قابل تحمل است.

با این وجود، کتاب مقدس دربارهٔ دوران ناراحتی و رنجِ دیگری سخن می‌گوید. این بار، خداست که رنج می‌کشد، نه سرایندگان. خدا از قوم اسرائیل می‌خواهد به سرودن در پرستش‌ها پایان دهند، چرا که قوم خدا به شدت دورویی می‌کردند. آن‌ها در رفتارشان با دیگران هیچ عدالتی نداشتند، ولی در عین حال خدا را می‌پرستیدند، ضیافت‌ها را برپا می‌کردند و قربانی‌های سوختنی تقدیم می‌نمودند. خدا از اسرائیل می‌خواهد به سراییدن خاتمه دهند: «سر و صدای سرودهایتان را از من دور کنید. من به نوای چنگ های شما گوش نخواهم کرد. بلکه بگذارید انصاف همچون آب جاری شود، و عدالت همچون نهر دائمی.(عاموس ۵ : ۲۳ و ۲۴). شرایط دیگری وجود دارد که در آن موسیقی قطع می‌شود اما این شرایط در پرستش رایج جوامع ایماندار یهودی - مسیحی به ندرت رخ می‌دهد.

برای بیشتر افراد دشوار است که پرستش را بدون سراییدن تصور کنند. اگر چنین پرستشی را تجربه کنیم، در ابتدا ناراحت می‌شویم و سپس رنج خواهیم کشید که نمی‌توانیم سرودهای صهیون را به

زبان آوریم. شاید به‌خاطر اینکه با صدایی خلق شدیم تا خدا را ستایش کنیم. سراییدن و پرستیدن خدای تثلیث، مشغلهٔ باشکوه و بی‌وقفهٔ مخلوقات (ایوب ۳۸: ۶ و ۷)، همچنین همهٔ ایمانداران در تمام تاریخ ایمان یهودی - مسیحی و تمام موجودات آسمانی (مکاشفه ۵: ۱۱ تا ۱۴) می‌باشد و در پادشاهی خدا، تمام نجات‌یافتگان از هر ملت و طایفه و با هر زبان، به پرستش و سراییدن برای خدا خواهند پرداخت (مکاشفه ۷: ۱۱ و ۱۲). اگر بگوییم سرودها بخش حیاتی پرستش مسیحی است، اهمیت سرودها را دست کم گرفته‌ایم.

سرودهای کلیسا قالب و جان تمام موسیقی پرستشی هستند، چرا که سراییدن کلیسا وسیله‌ای است تا همهٔ جماعت ایمانداران بتوانند به پرستش بپردازند؛ این کار یک عمل پرستشی است که تمامی مردم می‌توانند در آن به هم بپیوندند. بنابراین، سراییدن سرودهای کلیسا، از سایر انواع موسیقی که ممکن است در پرستش مورد استفاده قرار گیرد مهم‌تر است. در این فصل و فصل بعدی به اهمیت سراییدن برای خدا در وحدت، و پرستشِ خدا در مسیح سخن خواهیم پرداخت. در بخش اول این فصل، سعی خواهم کرد هدف و ضرورت وجود موسیقی در پرستش‌ها را شرح دهم. در بخش دوم این فصل، دلایلی برای استفاده از انواع گوناگون سرودهای جماعتی را در پرستش‌های امروزی ارائه خواهم داد و سپس شما را با سبک‌های مختلفی از سرود که برای پرستش‌کنندگان امروزی مناسب است آشنا خواهم کرد.

قصد ندارم تاریخچهٔ سرودهای کلیسا را بررسی کنم؛ کتب زیاد و ارزشمندی در این زمینه وجود دارند که دربارهٔ روند پیشرفت سرودها و موسیقی پرستشی در کلیساها، اطلاعات فراوانی را در اختیار ما می‌گذارند. سعی خواهم داشت هشت سبک یا گروه از سرودها را نام ببرم و سپس روی هدف، جایگاه و استفادهٔ آن‌ها در پرستش تمرکز کنم. مسلماً سبک‌ها و موارد بیشتری وجود دارد که می‌توان به آن‌ها پرداخت، اما این هشت مورد نقطهٔ آغاز خوبی خواهند بود. در فصل ۱۱ دربارهٔ نقش ویژهٔ رهبر موسیقیدان صحبت می‌شود؛ و به‌خصوص در حیطهٔ تشخیص کیفیتِ هر سرود و قطعهٔ موسیقی از نظر الهیاتی، موسیقایی و حسی، شرح داده خواهد شد.

هدف از سرودهای کلیسا

مسیحیان چه چیزی را می‌سرایند؟ ما داستان خدا را می‌سراییم. پرستش در اصل اعلام داستان کامل اینکه «خدا کیست و چه کارهایی را به واسطهٔ اعمال عظیم نجات‌بخشش در طول تاریخ انجام داده، انجام می‌دهد و انجام خواهد داد»، می‌باشد.[1] داستان خدا شامل خلقت، رابطهٔ

۱. «برای خداوند سرودی تازه بسرایید، زیرا کارهای شگفت کرده است! دست راست و بازوی قدوسش، نجات را برای او به عمل آورده است...» (مزامیر ۹۸:۱)

مشارکت بی‌نقص بین خدا و بشر، سقوط غم‌انگیز انسان و تراژدیِ شکاف و فاصله بین خدا و بشر، نجاتی که به واسطهٔ عیسای مسیح فراهم شد و خلقت تازهٔ همه چیز در هنگام بازگشت مسیح و برقراری پادشاهی ابدی او است. در پرستش (به‌واسطهٔ کلام، شام خداوند، آیین‌ها، نمادها و تقویم مسیحی) اعلام می‌کنیم که از ازل تا ابد، خدا چه کارهایی را انجام داده، انجام می‌دهد و انجام خواهد داد. مسیحیان داستان اعمال عظیم خدا را می‌سرایند. داستان نجات همان چیزی بود که مریم، موسی و اسرائیلیان بلافاصله پس از آزاد شدن از اسارت مصر می‌سراییدند، پس ما نیز می‌خوانیم: «اسب و سوارش را به دریا افکند.» (خروج ۱۵: ۱، ۲۰ و ۲۱) مریم نیز در پاسخ به خبر خوشی که از فرشتهٔ خدا دریافت کرد، سرود خواند؛ پس ما هم با مریم هم‌صدا می‌خوانیم: " جان من خداوند را تمجید می‌کند و روحم در نجات‌دهنده‌ام خدا، به وجد می‌آید، زیرا بر حقارتِ کنیزِ خود نظر افکنده است. زین پس، همهٔ نسل‌ها خجسته‌ام خواهند خواند.(لوقا ۱ : ۴۶ تا ۴۸)

مسلماً تمام جلسات پرستشی نمی‌تواند جزئیات داستان خدا را اعلام کند؛ این کار، هم غیرممکن است و هم غیرضروری. ولی هر هفته داستان خدا را به‌واسطهٔ مَتن موعظه و تقویم مسیحی[۱] اعلام می‌کنیم تا به مرور زمان، داستان خدا بارها و بارها بازگو شود. در اعلام داستان خدا، می‌سراییم. قوم خدا حقیقت را به همراه کسانی که در عالم آسمانی می‌سرایند، به زبان آورده و خدا را می‌سرایند؛ چرا که «از ابتدای داستان کتاب مقدس تا انتها، از آغاز تا پایان تاریخ، داستان خدا سرودی است که باید سراییده شود.»[۲] پس هدف از سرود کلیسا این است که داستان خدا را بازگو کنیم. یک سرود انجیلی قدیمی این حقیقت را به ما یادآوری می‌کند:

داستان شگفت‌انگیز مسیح را می‌سرایم که جانش را برای من تقدیم کرد،
او که در جلال ساکن بود، خانه‌اش را برای صلیب جلجتا ترک نمود و آمد.
آری، داستان شگفت انگیز مسیح که جانش را برای من تقدیم کرد می‌سرایم،
این داستان را با مقدسینی که در جلال کنار دریای بلورین گردهم آمده‌اند می‌سرایم[۳]

ضرورت سرودهای کلیسایی

سراییدن ایمان مسیحی برای برقراری ارتباط کامل با پرستش کتاب مقدسی، ضروری است.[۴] ممکن

---

۱. فصل ۱۲ به توضیح سال مسیحی اختصاص دارد.

۲. پائول وسترمیر، قلب موضوع: موسیقی کلیسا به عنوان پرستش، دعا، اعلان حقیقت، داستان خدا و هدیه (شیکاگو: جی‌آی‌ای، ۲۰۰۱)، ص ۴۰.

۳. فرانسیس اچ. راولی، « داستان شگفت‌انگیز را خواهم سرایید» (۱۸۸۶)، دسترسی عمومی.

۴. با احترام به چند سنت مسیحی که در پرستش از سرود خواندن استفاده نمی‌کنند.

است بعضی جلسات و شرایط، استثنا محسوب شوند اما، پرستش رایج و معمول در تمام شاخه‌های کلیسا شامل سرودهای فراوانی است که جامعهٔ ایمانداران یک‌صدا در آن خداوند را می‌سرایند. حداقل شش دلیل اصلی وجود دارد که بدانیم سراییدن در کلیسا در پرستش‌ها قابل اغماض نیست.[1]

اولاً، سرود می‌خوانیم چرا که کلیسا با سراییدن زاده شده است.[2] ریشهٔ سرودخوانی کلیسای عهد جدید در سراییدن متحد عهد عتیق قرار دارد که نقش بسیار مهمی در پرستش داشته است؛ منطقی است که سرودهای مزامیر برای یهوه وارد جامعهٔ مسیحی شود که در ابتدا اغلب از یهودیان ایمان‌دار تشکیل شده بود. هم‌زمان، قالب سرودهایی که در معبد سروده می‌شد برای کلیسایی که اکنون مسیح را به‌عنوان خدا می‌پرستید کامل نبود. الهیات گسترش یافته، قالب‌های گسترده‌تری را می‌طلبید، در نتیجه سرودهای پرستشی به زبان یونانی نوشته شد تا مسیح ستایش شود، بسیاری از این سرودها در کتاب مقدس وجود دارد.[3] کلیسای اولیه در قرن اول همواره در حال سراییدن خدا بود و از آن به بعد نیز همین‌طور باقی مانده است.

دوما، سرود می‌خوانیم چرا که کتاب مقدس فرمان داده در پرستش‌های واحد سراییدن انجام پذیرد. در عهد عتیق، تصمیم خدا را دربارهٔ سراییدن و (ستایش خدا با ادوات موسیقی) را در آیین‌های معبد مشاهده می‌کنیم. به گروه‌های سرود لاویان فرمان داده شده بود تا بسرایند، و پرستندگان نیز باید با آن‌ها هم صدا می‌شدند. مزامیر زیادی جماعت ایمانداران را فرا می‌خوانند تا برای خداوند بسرایند: " برای خداوند سرودی تازه بسرایید! ای تمامی زمین، برای خداوند بسرایید! برای خداوند بسرایید و نام او را متبارک خوانید! روز به روز نجات او را بشارت دهید!» (مزمور ۹۶ : ۱ و ۲). در کلیسای عهد جدید نیز از پرستندگان انتظار میرفت خدا را بسرایند. پولس رسول خطاب به بیش از یک کلیسا نوشت و آن‌ها را تشویق کرد تا بسرایند (اول قرنتیان ۱۴ : ۲۶ ، افسسیان ۵ : ۱۹؛ کلوسیان ۳ : ۱۶). جماعت ایمانداران سرود می‌خواندند چرا که کتاب مقدس آن‌ها را فرمان داد تا این کار را انجام دهند. سراییدن خدا انتخابی نیست بلکه یک فرمان است "[4]

اشاره به سرودها در پرستش به عنوان یک «فرمان»، ممکن است برای برخی از افراد ادعایی

۱. به ویژه مدیون برایان رن و رالف پی. مارتین هستم که نوشته‌هایشان در توسعه این بخش تأثیرگذار بوده‌اند. برایان رن، دوباره دعا کردن: موسیقی و کلمات سرود جماعت کلیسا (لوئیزویل: وسمنت جان ناکس، ۲۰۰۰)؛ رالف پی. مارتین، پرستش در کلیسای اولیه (گرند رپیدز: ایردمنز، ۱۹۷۴).

۲. مارتین، پرستش در کلیسای اولیه، ص ۳۹.

۳. پژوهشگران، بسیاری از سرودهای عهد جدید را شناسایی کرده‌اند. برای نمونه رجوع شود به فیلیپیان ۲:۶-۱۱؛ کولسیان:۱:۱۵-۲۰؛ اول تیموتائوس ۱:۱۷؛ مکاشفه ۴:۱۱؛ ۵:۹-۱۰.

۴. هارولد ام. بست، موسیقی از دیدگاه ایمان (نیویورک: هارپرکالینز، ۱۹۹۳)، ص ۱۸۵.

بیش از حد بزرگ به نظر برسد، اما معتقدم می‌توانیم این حقیقت را درک کنیم. به هر حال حداقل می‌توانیم بگوییم که، آیین‌های مسیحیت موسیقی را طلب می‌کند: شواهد تاریخی در اینجا به وضوح سخن می‌گویند که البته پرداختن بیش از حد به آن خسته کنند خواهد بود. درست است که آیین‌های مسیحی را می‌توان بدون موسیقی انجام داد، پس نمی‌توان گفت آیین‌های مسیحیت به موسیقی نیاز دارد. با این حال شهادت تاریخ این است که آیین‌های مسیحیت با فریادی بلند موسیقی را طلب می‌کند.

> کلیسا همواره احساس کرده موسیقی، به شیوه‌هایی رازآلود و وصف‌ناپذیر، آیین‌های مسیحیت را به طور عمیقی غنا می‌بخشد... کلیسا در گردهمایی‌های خود همواره در حال شکفتن به‌سوی سراییدن و موسیقی حرکت کرده است.[1]

سوّماً، سرود می‌خوانیم چرا که این کار در اتحاد انجام می‌شود. انجام این کار، فردگرایی ما را می‌شکند و باعث بنای وحدت می‌شود. به زبان دیگر "هنگامی که با هم سرود می‌خوانیم به سرود همدیگر تعلق داریم.[2] پس سرود خواندن راهی است که از طریق آن ذات متحد پرستش در بدن مسیح را نشان می‌دهیم. اِگناتیوس اَنطاکی، اسقف قرن اول میلادی از کلیسا استدعا می‌کند تا در اتحاد بسرایند «تا در هماهنگی به یکدیگر ملحق شوند و با دریافت اتحادی الهی از طریق عیسای مسیح خطاب به خدای پدر بسرایند، تا خدای پدر سرود کلیسا را بشنود و از طریق عملکرد نیکویتان شما را به عنوان اعضای بدن پسر یگانه‌اش قلمداد کند.»[3]

بدون شک حس حقیقی اتحاد مسیحی را هنگامی که با خواهران و برادران هم‌ایمانتان، در اتحاد و یک صدا خداوند را سراییدید تجربه کردید. سرود خواندن در اتحاد به این معناست که جماعت ایمانداران یک حقیقت را بیان می‌کند، یک ستایش را تقدیم می‌کند و یک دعا را تقدیم می‌کند، چرا که ما مسیحیان با هم و یک‌صدا خدا را می‌سراییم.

چهارم، سرود می‌خوانیم چرا که این کار باعث مشارکت همگانی می‌شود.[4] سراییدن صرف‌نظر از قابلیت، برای همه مناسب است. هیچ محدودیت سنی در این زمینه وجود ندارد - یکی از

---

۱. نیکولاس پی. ولترستارف، «تفکر دربارهٔ موسیقی کلیسا»، در موسیقی پرستش مسیحی، ویراستار شارلوت وای. کروکر (کالج‌ویل، مینه‌سوتا: لیتورجیکال پرس، ۲۰۰۵)، ص ۱۱ (تأکید از اصل متن).

۲. رِن، دوباره دعا کردن، ص ۸۴.

۳. ایگناتیوس، نامه ایگناتیوس به افسسیان۴:۱-۲، پدران Ante-Nicene، جلد ۱، رسولان اولیه کلیسا، ویراستاران الکساندر رابرتز و جیمز دانلدسون (بوفالو، نیویورک: انتشارات ادبیات مسیحی، ۱۸۸۵).

۴. رِن، دوباره دعا کردن، ص ۸۸.

لذت‌بخش‌ترین مسائل دربارهٔ سرود کلیسا این است که فرزندان جوان، نوجوان و بزرگسالان در سراییدن با هم اتحاد دارند - هیچ مهارت موسیقی یا تمرین آوازخوانی نیاز نیست که بتوانید دعا و ستایش‌ها را در سرود تقدیم خدا کنید. به هیچ مهارت روحانی نیاز ندارید - روحانیون و اعضای کلیسا می‌توانند یک‌صدا و با هم سرود کلیسا را بخوانند، در این زمینه به مهارت ویژهٔ تحصیلی نیاز نیست - نیاز نیست مدرک الهیات داشته باشید تا بتوانید الهیات کلیسا را بسرایید. سؤال حیاتی این نیست که «آیا صدای نیکویی دارید؟» یا اینکه «آیا سرودی دارید؟»[۱]، با هم سراییدن یکی از مهم‌ترین و اجتماعی‌ترین کارهایی است که جماعت ایمانداران می‌تواند در پرستش‌ها انجام دهد.

پنجم، سرود می‌خوانیم چرا که سراییدن ابزاری است که از طریق آن ایمان خود را بنا می‌کنیم. سرودهایی که می‌خوانیم به هرچه که به عنوان مسیحیان به آن ایمان داریم شهادت می‌دهد؛ سرودهای ما اصول الهیاتی انجیلی مسیحیت و آیین‌های مسیحیت را تصدیق می‌کند. سرودها اعلام می‌کنند به چه حقایقی ایمان داریم و در سراییدن این حقایق، ایمانمان بنا می‌شود. سراییدن ایمانمان به ما کمک می‌کند که ایمان خود را تقویت کنیم. تکرار یک ملودی و ترانه، معنی سرود را در اعماق وجودمان نهادینه می‌کند. اغلب درک می‌کنیم که سرودها و متن ترانه‌هایی که می‌سراییم باعث تداوم حقیقت در وجودمان می‌شود؛ ملودی‌ها و اشعار سرودهای پرستشی، از اعماق وجودمان برمی‌آیند و هنگامی که بیش از همه به آن‌ها نیاز داریم - بلکه حتی سال‌ها بعد - حقایق ایمانیمان در قالب به یاد آوردن یک سرود، بر ما آشکار می‌شود. ایمانی که می‌سراییم ایمانی است که به واسطهٔ سراییدن، درون وجودمان باقی می‌ماند.

دلیل ششم، سرود می‌خوانیم چرا که سراییدن الهام‌بخش کلیسا است. پس به واسطهٔ اشعار پرمعنا، آوا، ملودی‌های عمیق و نغمه‌های گوناگون که با هم یکی می‌شوند تا قدرت سرود را افزایش دهند، کلیسا را الهام می‌بخشیم.

اغلب، صداها و نواهای دیگری سرودها را همراهی می‌کنند (البته گاهی ممکن است صداها به تنهایی بسیار صمیمانه باشند). الهام زمانی رخ می‌دهد که سرودهای شاد و همچنین مرثیه‌های غم‌انگیز و عمیق سروده شوند. به هر شکل، کلیسا به واسطهٔ کلامِ سراییده شده، و در قدرت روح‌القدس به حرکت در می‌آید. نکته‌ای دربارهٔ زیبایی صدای انسان وجود دارد که امید و ایمان را متجلی می‌سازد و همچنین ما را تشویق می‌کند و توان می‌بخشد که در پادشاهی خدا زندگی کنیم.

سرودهای کلیسایی بخش غیر قابل اغماض پرستش مسیحی محسوب می‌شود: «جمعی

---

۱. دونالد پی. هیوستاد، جوبیلاته۲: موسیقی کلیسا در پرستش و نوآوری (کارول استریم، ایلینوی: هاپ، ۱۹۹۳)، ص ۴۴۸.

مسیحی سرود می‌خواند.» سرود جمعی مسیحی فقط گروه کُر یا اجرای یک کنسرت نیست بلکه جمعی ایمانی از ضرورت درونی و عمیق است که می‌سراید.[1]

گزینه‌های سرودهای کلیسایی

با توجه به اهمیت سرودهای کلیسا در پرستش مسیحی، تشخیص اینکه چه نوع سرودهایی برای کلیسا متناسب می‌باشد بسیار حیاتی است. این سؤال در بسیاری از کلیساها، محل اختلاف بوده است. اغلب، جبههٔ اختلاف بر سر اینکه چه نوع سرود و موسیقی‌ای، سنتی و قدیمی و یا امروزی و جدید است شکل می‌گیرد. تفرقهٔ فکری در این موارد تأسف برانگیز است چرا که انگار باید بین یکی یا دیگری انتخاب کنیم. محل اختلاف نظر، اغلب بر سر سلیقه است.

در دوران کنونی، گونه‌های مختلف سرودهای پرستشی برای کلیساها ضروری هستند. معماران پرستش منابع گوناگونی از انواع موسیقی را در اختیار دارند. استفادهٔ حکیمانه و صمیمانه از هر یک از این موسیقی‌ها و سرودها می‌تواند پرستش‌های هر کلیسایی را غنا بخشد. با در نظر داشتن این نکته، گونه‌هایی از سرودهای پرستشی کلیسا که جزو انتخاب‌های ضروری هستند را شرح خواهم داد. اما قبل از این کار، بیایید به دو بخش از متون عهد جدید که پولس رسول نوشته است نگاهی بیندازیم تا منطقی را که در پس استفاده از انواع سرودهای پرستشی وجود دارد درک کنیم.

مزامیر، سرودها و نغمه‌هایی که از روح است

بین نامه‌های بسیاری که پولس رسول در سال‌های اولیهٔ کلیسا خطاب به کلیساها نوشته است، دو مورد از آن‌ها توجهم را جلب می‌کند: رسالهٔ افسسیان و کولسیان. او خطاب به هر دو کلیسا دربارهٔ استفاده از سرودهای پرستشی در کلیسا (مزامیر، سرودهای روحانی) توصیه کرده است. این قسمت‌های کلام، پر اهمیت هستند چرا که پولس خطاب به جامعهٔ ایمانداران مسیحی و در باب پرستش کلیسایی واحد می‌نویسد و این آیات، خطاب به یک ایماندارِ منفرد نوشته نشده‌اند.

پولس خطاب به کلیسای افسسیان نوشته است: «با مزامیر، سرودها و نغمه‌هایی که از روح است با یکدیگر گفت‌وگو کنید و از صمیم دل برای خداوند بسرایید و ترنم نمایید. همواره خدای پدر را به نام خداوند ما عیسی مسیح برای همه چیز شکر گویید.» (افسسیان ۵: ۱۹ و ۲۰)

پولس خطاب به کلیسای کولسیان می‌نویسد «کلام مسیح به دولتمندی در شما ساکن شود؛ و

---

۱. کارل بارت، دگماتیک کلیسا ۳.۲/۴، ترجمه جی. دبلیو. بروملی، ویرایش تی. اف. تورنس (ادینبرا: تی‌اندتی کلارک، ۱۹۶۲)، ص ۸۶۷.

با مزامیر، سرودها و نغمه‌هایی که از روح است، با کمال حکمت یکدیگر را پند و تعلیم دهید؛ و با شکرگزاری و از صمیم دل برای خدا بسرایید» کولسیان ۳: ۱۶)

منظور پولس از «مزامیر، سرودها و نغمه‌هایی که از روح است» چیست؟ آیا او از سه قالب سرود کلیسایی صحبت می‌کند که می‌توانیم تفاوتشان را تشخیص دهیم؟ یا شاید این اصطلاحات، مترادف هستند و عملکرد آن‌ها مانند اشعار نوشته شده در عهد عتیق، موازی است؟ پاسخ یکی یا دیگری نیست. برخی منابع مثل سپتوآگینتا و متون اولیهٔ یونانی، از این واژه‌ها به صورت مترادف استفاده می‌کنند؛ پس دشوار است که بگوییم در اینجا به سه قالب جداگانه اشاره شده است.[۱] به‌علاوه، برخی از مترجمان کتاب مقدس معتقدند واژهٔ «روحانی» (الهام گرفته از روح) روی هر سه کلمه تأثیر می‌گذارد (مزامیر، سرودها، نغمه‌ها)، بنابراین اذعان می‌کنند که این سه مورد، قالب‌هایی متفاوت و قابل تشخیص هستند.[۲]

با این وجود، سایرین در تفسیر خود بر این باورند که واژهٔ «روحانی» تنها به «نغمه‌ها» مرتبط است، چرا که بدون واژهٔ روحانی کلمهٔ «نغمه» می‌تواند به هر نغمهٔ غیر مسیحی نیز اشاره داشته باشد.[۳] و بسیاری از مفسرین معتقدند عبارتِ «مزامیر، سرودها و نغمه‌هایی که از روح است» حقیقتاً به گوناگونی سرودهای پرستشی اشاره دارد.[۴] گویا پولس به سه کلمه و اصطلاح نیاز داشته تا دامنهٔ فعالیت‌های موسیقایی که در پرستش عهد جدید انجام می‌شده است را بیان کند.[۵] دانشمند عهد جدید رالف مارتین با این ایده موافق است و می‌گوید «دشوار است که بتوانیم قالب‌های متفاوتی را برای هر یک از این سه اصطلاح در نظر بگیریم، اما دانشمندان امروزی متفق‌القول هستند که استفاده از این سه اصطلاح، به گسترهٔ قالب‌های گوناگون موسیقی پرستشی دوران پولس رسول اشاره کرده است.»[۶] مارتین این‌گونه شرح می‌دهد: «مزامیر» ممکن است به قصیده‌هایی که از مزامیر عهد عتیق الگو گرفته‌اند اشاره داشته باشد. «سرودها» ترانه‌های پرستشی طولانی‌تری هستند و شواهدی وجود دارد که مطابق آن‌ها می‌شود برخی از این سرودها را در عهد جدید نیز مشاهده کرد. «نغمه‌ای که از روح است» ممکن است به

---

۱. بری لیچ، پرستش نو: سخن صریح دربارهٔ موسیقی و کلیسا (گرند رپیدز: بیکر بوکز، ۲۰۰۱)، ص ۴۰.

۲. مارتین، پرستش در کلیسای اولیه، ص ۴۳. مارتین صرفاً به خواننده اطلاع می‌دهد که برخی پژوهشگران این دیدگاه را دارند. او استدلال می‌کند که مزامیر، سرودها و سرودهای روحانی در کلیسای اولیه، ژانرهای متفاوتی بوده‌اند.

۳. لیچ، پرستش نو، ص ۴۱.

۴. لیچ، پرستش نو، ص ۴۱.

۵. لیچ، پرستش نو، ص ۴۱ (تأکید از متن اصلی).

۶. مارتین، پرستش در کلیسای اولیه، ص ۴۷.

قطعاتی خودجوش اشاره داشته باشد که روح بر لبان پرستندهٔ مشتاق جاری می‌ساخته است... این نغمه‌هایِ تحتِ الهام روح، بی‌تردید پایداری طولانی نداشتند و محتوای آن به زودی فراموش می‌شده است.[1] نظریهٔ گوناگونیِ سرودها هنگامی تقویت می‌شود که به چندگانگی فرهنگ جامعهٔ افسسیان و کولسیان بیندیشیم (به طور خاص افسس شهری چندملیتی بود).[2] محیط چندفرهنگی در دوران رشد اولیهٔ کلیسا، بدون شک باعث پدید آمدن انواع گوناگون سرودها شده است.

به نظر می‌رسد علی‌رغم اینکه بین دانشمندان بر سر معنای عبارت «مزامیر، سرودها و نغمه‌هایی که از روح است» توافق نظری وجود ندارد، حداقل می‌توانیم دو نکته را دریابیم: (۱) در این عبارات، به دامنهٔ وسیعی از سرودها اشاره شده است. (۲) پولس تعلیم داده است تا از این طیف وسیع و گوناگونی سرودها، استفاده کنیم. «پولس می‌خواهد کلام مسیح عمیقاً و با پُریِ خود در ما قرار گیرد و غنی بودن کلام مسیح را با پُریِ تجلی آن مرتبط می‌داند.»[3]

با توجه به ریشه‌های قوی یهودیِ ایمانداران اولیه، شک چندانی وجود ندارد که مزامیر عهد عتیق در پرستش‌های کلیسای عهد جدید مورد استفاده قرار می‌گرفتند. همچنین شواهد قوی وجود دارد که نشان می‌دهد سرودهای پرستشی جامعهٔ یونانی به کار گرفته می‌شد تا ایمانداران برای خداوند عیسای مسیح بسرایند. هرچه باشد، تمام مزامیر نمی‌توانستند سروده‌های مسیح‌شناسانه را برای ایمانداران اولیه که، روی خدای رستاخیز یافته تمرکز داشتند، فراهم نمایند. پس تعجبی ندارد که نمونه سرودهای پرستشی زیادی در عهد جدید دربارهٔ مسیح نوشته شده است[4]. با وجود اینکه دیدگاه‌های گوناگونی دربارهٔ نغمه‌های روحانی وجود دارد، اغلب دانشمندان کتاب مقدس معتقدند نغمه‌های روحانی بداهه از بین جامعهٔ پرستشی بیرون می‌آمد. با در نظر گرفتن کل این نظریه، منطقی است به این نتیجه‌گیری برسیم که در کلیسای اولیهٔ مسیح از انواع سرودها استفاده می‌شده است. در جمع‌بندی باید گفت: «پاول در نگارش رساله‌اش به کلیسای کولسیان و افسسیان بر این باور بود که مسیحیان از انواع موسیقی پرستشی استفاده می‌کنند، که البته دامنهٔ این موسیقی‌ها شامل مزامیر دعایی و همچنین سرودهای جدید بود که الهیات و تعالیم کلیسا را پرورش می‌داد. همچنین

۱. مارتین، پرستش در کلیسای اولیه، ص ۴۷.

۲. لیچ، پرستش نو، ص ۴۱.

۳. لیچ، پرستش نو، ص ۴۲ (تأکید از متن اصلی).

۴. مطالعه سرودهای روحانی عهد جدید بسیار جذاب است. برخی آیات که به عنوان سرودهای اولیهٔ مسیحی شناخته شده‌اند شامل رومیان ۳:۲۴-۲۶؛ افسسیان ۵:۱۴؛ فیلیپیان ۲:۶-۱۱؛ کولسیان ۱:۱۵-۲۰؛ ۲:۱۲؛ اول تیموتائوس ۳:۱۶ است. رجوع شود به مارتین، پرستش در کلیسای اولیه، ص ۴۷-۵۲.

نباید نغمهٔ روحانی را که حداقل بیش از منطقی، احساسی بودند و به نحوی بداهه سروده می‌شدند، نادیده گرفت.»[1]

امیدوارم درک کنید بر اساس کتاب مقدس، دلایل محکمی برای استفاده از گونه‌های مختلف سرودها در پرستش در اختیار داریم. در انجام این کار، سنت کلیسای اولیه را پیروی می‌کنیم؛ اما دلایل دیگری نیز وجود دارد. اوّلاً، با وجود اینکه کلیسای شما ممکن است مثل کلیسای افسس یا کولسیه چندفرهنگی نباشد، اما نباید تنوع فرهنگی کلیساها را نادیده بگیرید. افراد با سنین، دیدگاه‌ها، سفرهای زندگی، بینش‌ها و میزان متفاوت بلوغ روحانی در کلیسا حضور دارند. پس به همین دلیل مهم است که رهبر پرستش باید گونه‌های مختلفی از سرودها را تقدیم کند. دوماً، سراییدن سرودهای گوناگون و مختلف به گستره و عمق کلیسا شهادت می‌دهد. با سراییدن سرودهایی که نمایندهٔ دوران‌ها، فرهنگ‌ها و سلیقه‌های مختلف هستند، اعلام می‌کنیم که ما یک کلیسا هستیم، یعنی یک خداوند، یک ایمان و یک تعمید. مسلماً هر یک از ما سلایق خود را ترجیح می‌دهیم، اما این هرگز دلیل نمی‌شود برای نشان دادن وحدتمان با مسیحیانِ نقاط دیگر جهان، سرودهای کل کلیسای مسیح را به کلیسای محلی خود اضافه نکنیم. سوّماً، در نهایت مسئلهٔ اصلی سبک موسیقی نیست، بلکه عملکرد و کاربرد آن است. ما رهبران پرستشی نباید به دنبال سبک باشیم بلکه باید در پی سرودهایی باشیم که **عملکردی** را در پرستش خدمت می‌کند (مثلاً ستایش خدا، دعا، اعلام انجیل). هنگامی که این نوع سرودها را پیدا کنیم، گفت‌وگوهای پرستش با سرودهای صحیح، و نه با «سبک ترجیح داده شده» هدایت خواهد شد.

هدف، پیدا کردن ترکیب صحیحی که کلیسا آن را ترجیح می‌دهد نیست... بلکه هدف، یافتن سرودها و موسیقی‌ای است که با کلامی که کلیسا مطابقش زندگی می‌کند، همخوانی داشته باشد. موسیقی‌دان‌های کلیسا باید در هر کجا به دنبال یافتن چنین سرودهایی باشند: مزامیر، سرودهای لاتین، سرودهای یونانی، سرودهای دوران اصلاحات و چنگ‌نوازی‌های مقدس و روحانی، سرودهای ستایشی و پرستشی، سرودهای مسیحی امروزی؛

> تمام این منابع می‌توانند گنجینهٔ سرودهای کلیسایی را تشکیل دهند ... یک نسل نمی‌تواند موسیقی‌ای بنویسد که تمام عظمت و عمق کلام را به تصویر کشیده باشد. مثل آن زن که در خانهٔ خود به دنبال سکهٔ گمشدهٔ خود می‌گشت، موسیقی‌دانان و نوازندگان کلیسا هم باید این کار را انجام دهند تا زمانی که، سرودهایی را پیدا کنند که مطابق صدای کلیسا باشند (لوقا ۱۵). می‌توانید از گوشه‌ای که بیشتر راغب آن هستید جستجو

۱. دونالد پی. هیوستاد، پرستش واقعی: بازپس‌گیری شگفتی و جلال (ویتون: هاپ، ۱۹۹۸)، ص ۲۲۳.

را آغاز کنید، ولی باید تمام خانهٔ موسیقایی را جستجو کنید![1]

حکیمانه است که معماران پرستشی از گنجینهٔ عمیق سرودها بهره ببرند. چه چیزی در این گنجینه نهفته است؟

خانوادهٔ سرودهای کلیسایی

در این بخش، هشت خانواده و گروه از سرودهای کلیسایی[2] را به همراه توضیح مختصری دربارهٔ هر کدام ارائه خواهم کرد. روی نکتهٔ کلیِ هر دسته‌بندی تمرکز خواهم کرد، البته در هر مورد استثناهایی هم وجود دارند. سپس تأثیر ویژهٔ هرکدام را در پرستش شرح خواهم داد تا بدانید هر کدام را به چه هدفی می‌توانید در کلیسا به کار بگیرید و در جمع‌بندی هر دسته‌بندی، توضیح خواهم داد که هر سبک چرا و چه زمانی باید در پرستش مسیحی مورد استفاده قرار گیرد.

مزامیر

هزاران سال است که سراییدن بخش‌های کلام خدا که در کتاب مزامیر وجود دارد، بخشی از پرستش کلیسای یهودی - مسیحی بوده است. در دوران باستان، مزامیر توسط موسیقی‌دانان لاوی در آیین‌های پرستشی معبدِ اسرائیل سراییده می‌شدند. مزامیر در آیین‌های کنیسه‌ها و دوران بین‌العهدین نقش کلیدی داشتند. در کنیسه‌ها، مزامیر ساده‌تر و مانند ذکر یا سرودی آهنگین خوانده می‌شد، چرا که منابع رهبری لاویان از لحاظ قدرت خوانندگی و نوازندگی، در کنیسه‌ها وجود نداشت. در قرن اول میلادی، سراییدن مزامیر در کلیسای عهد جدید ادامه داشت. مزامیر، موسیقی خانگی کلیسا محسوب می‌شدند. برای یهودیان و مسیحیان اولیه، مزامیر بخش مهمی از زندگی روزمره محسوب می‌شدند.[3] مزامیر برای جوامع رهبانی که در قرن چهارم پدید آمدند، بدنهٔ اصلی سرودها را تشکیل می‌دادند و تا به امروز نیز این چنین است. فراخوان راهبان این بود که «بی‌وقفه دعا کنند» و سرودن مزامیر در دعای روزانه، روشی بود تا فراخوان خود را در این امر به انجام رسانند. مزامیر بخشی منظم از آیین شام خداوند هفتگی بوده (و هنوز هم هست)، که در میان قرائت‌های کتاب مقدس سراییده

---

۱. تری دبلیو. یورک و سی. دیوید بولین، صدای جماعت کلیسای ما: جستجو و جشن سرود خدا برای ما (نَشویل: آبینگدون، ۲۰۰۵)، ص ۷۶.

۲. این فصل، از منظر پرستش غربی نوشته شده است. سرود جماعت کلیسای جهانی، در دیگر بخش‌های مسیحیت مسیرهای متفاوتی را دنبال کرده است.

۳. کالوین آر. استاپرت، «خواندن مزامیر از دوران کتاب مقدس تا اصلاحات پروتستان»، راهنمای سرودهای مزامیر، ویراستاران امیلی آر. برینک و برت پولمن (گرند رپیدز: CRC، ۱۹۹۸)، ص ۱۸.

می‌شوند و همراه با اعمال آیینی اجرا می‌گردند.

مزامیر همچنین در جلسات پرستشی اصلاح طلبان نیز وجود داشته است. ژان کالوَن به طور خاص سرودن مزامیر را توصیه می‌کرد تا از این طریق کلام خدا از زبان پرستندگان جاری شود.

او به شاعران و آهنگ‌سازان سفارش داد تا مزامیرِ منظوم را خلق کنند (مزامیری که با کم‌ترین تغییر ممکن، بازگویی شده و به شکلی شاعرانه درآورده شدند تا خواندن و سرودن آن‌ها آسان‌تر باشد). متون مزامیرِ منظوم، دارای وزن بودند (واژه‌ها با تعداد مشخصی هجا و در هر سطر با الگوهای خاصی از تکیه‌ها، تنظیم شده بودند) و دارای قافیه نیز بودند. «مزامیر منظوم» — کتاب سرودی که فقط شامل متون مزامیر همراه با موسیقی هستند — پدید آمدند. مزامیر همچنان بخش بزرگی از سرودهای کلیسا را تشکیل می‌دهند. مزامیر، اهداف زیادی را پوشش می‌دهند که شامل ستایش خدا، سوگواری، درخواست‌ها، تأیید ایمان، بازخوانی وقایع تاریخی و موارد بی‌شمار دیگری هستند. مزامیر به لحاظ زیباییِ شاعرانه، صداقت و بیان احساساتِ بشری، بی‌نظیر هستند. امروزه مزامیر در قالب‌ها و شکل‌های گوناگون سراییده می‌شوند: یعنی مزمورِ دارای وزن، سرودهای پرستشی، سرودهای پرستشی امروزی و مدرن، سرودهای انجیلی، واکنش در سرودخوانی، شعارهای موسیقایی و قطعه‌های جَز.

با وجود اینکه کتاب مزامیر بزرگ‌ترین کتاب سرود در کلام خداست، اما سرودهای زیاد دیگری در سراسر عهد عتیق و جدید وجود دارد. این سرودها را با نام «سرودهای کتاب‌مقدسی» می‌شناسیم. سرودهای کتاب‌مقدسی از لحاظ محتوا و ساختار شاعرانه، مشابه مزامیر هستند. این دسته از سرودها نیز، ستایش خدا را به دلایل ستایش خدا متصل می‌کنند. یکی از بهترین نمونه‌ها در عهد عتیق سرود موسی و مریم است (خروج ۱۵: ۱ تا ۱۸ و ۲۱) که برای نجات عبرانیان از اسارت مصر و عبور معجزه‌آسای آن‌ها از میان دریای سرخ سروده شده است. موارد دیگر این گونه سرودهای پرستشی، در اشعیا (اشعیا ۲۶: ۹ تا ۲۱)، سرود حنّا (اول سموئیل ۲: ۱ تا ۱۰)، و سرود حبقوق (حبقوق ۳: ۲ تا ۱۹) مشاهده می‌شود.[۱] شناخته‌شده‌ترین سرودهای پرستشی عهد جدید با نام «سرودهای پرستشی نوزادی مسیح» شناخته می‌شوند چرا که حول محور تولد مسیح سروده شده‌اند. سرود مریم در لوقا ۱: ۴۶ تا ۵۵، سرود برکت زکریا در لوقا ۱: ۶۸ تا ۷۹، سرود فرشتگان در لوقا ۲: ۱۴، و سرود شمعون در لوقا ۲: ۲۹ تا ۳۲ از این دسته اشعار هستند.[۲]

خاصیت ویژهٔ مزامیر در پرستش این است که دو امر را برای کلیسا ممکن می‌سازند: (۱) راهی تا

---

۱. ویلیام جی. رینولدز و میلبورن پرایس، بررسی سرودهای مسیحی (کارول استریم، ایلینوی: هاپ، ۱۹۸۷)، ص ۲.

۲. سرودهای دوران طفولیت با کلمات آغازین‌شان نام‌گذاری شده‌اند؛ عناوین لاتین آن‌ها نخستین کلمات سرود است.

اعضای کلیسا بتوانند هر احساسی را در هر شرایطی بروز دهند. (۲) متونی که اغلب، گفت‌وگویی با خدا محسوب می‌شوند (ستایش، درخواست، سوگواری و غیره).

به طور خاص استفاده از مزامیر را در هنگام گردهم آمدن و پاسخ به خدمت کلام توصیه می‌کنم، چرا که مزامیر موضوعات و احساسات گوناگونی را شامل می‌شوند و می‌توانند در همهٔ مراحل پرستش به کار گرفته شوند. مزامیر به طور خاص برای ستایش خدا و همچنین دعا و شفاعت‌ها مناسب هستند. بسیاری از مزامیر برای اعلام مکاشفهٔ خدا (اعلان کردن حقایق دربارهٔ خداوند) مفید هستند؛ همچنین مزامیر زیادی وجود دارند که برای پاسخ دادن به مکاشفهٔ خدا مناسب می‌باشند. بنابراین فرصت‌های زیادی وجود دارد که بتوانیم از مزامیر مختلف در پرستش‌ها استفاده کنیم. در ستایش خدا مزامیر بخوانید («۱۰۰۰۰ دلیل»، «نام تو پر جلال است»)، ایمانتان را به خدا اعلام کنید («تو هرگز رهایم نمی‌کنی»، «ای خدایا، تو در تمام دوران‌ها ما را یاری رساننده‌ای»).

درخواست کردن («ما را دستانی پاک ببخش»، «ای خداوندا، دعایم را بشنو»)، سوگواری کردن («تا به کی»، «از اعماق قلبم نزدت فریاد برمی‌آورم»)، اعلام برکات («روی بال عقاب»، «ستایش کامل») و موارد دیگر.

سرودهای روحانی پرستشی

یک سرود روحانی ، شعری ساختارمند است که حقیقتی را دربارهٔ ایمان مسیحی یا دربارهٔ خدا بیان می‌کند. این اشعار پرستشی با مصراع‌های دارای قافیه و وزن، به نحوی نوشته شده‌اند که توسط جامعهٔ مسیحی سراییده شوند.[1] همان‌طور که پیش‌تر گفتیم، اولین سرودها یا اشعار پرستشی «سرودهایی دربارهٔ مسیح» بودند که برای کلیسای عهد جدید نوشته شدند تا کلیسا بتواند برای خداوند عیسای مسیح بسراید. تعدادی از این اشعار در عهد جدید قرار دارند؛ اکثر آن‌ها ذات اعتقاد مسیحی را بیان کرده، مسیحیان را در ایمان تعلیم می‌دهند و به‌خصوص در زمینهٔ الوهیت مسیح سروده شده‌اند. سرودهای روحانی یونانی زیادی به صورت مکتوب درآمدند. کلمنت اسکندریه (۱۷۰ تا ۲۲۰ میلادی)، رئیس مدرسهٔ تعالیم مسیحی اسکندریه، اولین کسی بود که از منظر تفکر یونانی به تعالیم و حقیقت مسیحیت ورود کرد. سرودهای او تلاش وی را برای ترکیب کردن روح اشعار یونانی و الهیات مسیحی آشکار می‌سازد.[2] تا قرن چهارم میلادی، زبان لاتین جایگزین

---

۱. این تعریف عمدتاً به سرودهای غربی پنج قرن اخیر اشاره دارد. سرودها هزاران سال وجود داشته‌اند اما بر اساس فرهنگ و دوره زمانی، شکل‌های متفاوتی به خود گرفته‌اند.

۲. رینولدز و پرایس، بررسی سرودهای مسیحی، ص ۵.

یونانی شد، بنابراین سرودهای روحانی به لاتین نوشته شدند. آمبروز (۳۴۰ تا ۳۹۷ میلادی)، اسقف میلان، و اورلیوس کلمنس پرودنتیوس (۳۴۸ تا ۴۱۳ میلادی) اشعاری آمیخته با تعالیم غنی مسیحی نوشتند. به‌کارگیری سرودهای لاتین در تمام قرون وسطی ادامه داشت که اغلب در صومعه‌ها رایج بود. البته مراسم کلیسایی، بیشتر به سمت استفاده از گروه کُر و سرودخوانی رسمی و موسیقیدانان حرفه‌ای پیش رفت تا مشارکت همهٔ اعضای کلیسا.

زمانی که مارتین لوتر وارد صحنه شد، پرستش‌کنندگان اغلب به تماشاگر تبدیل شده بودند. لوتر متقاعد شده بود که کتاب مقدس باید به همهٔ زبان‌ها ترجمه شود، بنابراین ترجمهٔ آلمانی کتاب مقدس را انجام داد. لوتر که هم شاعر و هم موسیقیدان بود، با همین غیرت سرودهای روحانی پرستشی را به زبان اعضای کلیسا می‌نوشت تا آن‌ها هم بتوانند از طریق سراییدن، دسته جمعی در پرستش‌ها مشارکت کنند. شناخته‌شده‌ترین سرودهٔ مارتین لوتر «خدای ما قلعهٔ مستحکم ماست» در تمامی سرود نامه‌های آمریکای شمالی وجود دارد. استفاده از این سرودها به کندی رشد کرد و تا پایان قرن شانزدهم، رشد چشمگیری در استفاده از آن‌ها حاصل نشد. به مرور زمان، سراییدن دسته جمعی و یکپارچهٔ اعضای کلیسا در بین کلیساهای پروتستان به نقطهٔ اوج خود بازگشت، هرچند زمان بیشتری برد تا کلیسای کاتولیک نیز سراییدن دسته جمعی را از سر بگیرد.

به مدت پانصد سال، شاعران و آهنگ‌سازان منابع غنی‌ای برای سراییدن دسته جمعی کلیسا تقدیم کردند. برخی از کلیساها به کارگیری این گونه سرودها را با اشتیاق پذیرفتند (مانند کلیسای لوتری، مراویان و کلیسای متودیست)؛ برخی دیگر از کلیساها، دیرتر از این سرودهای پرستشی استفاده کردند (مانند کلیسای آنگلیکان انگلستان، کلیسای تعمیدی و اغلب کلیساهای اصلاح‌طلب).

اما در هر شرایط، سنت سراییدن در نهایت قلب و مرکز موسیقی پرستشی را شکل داد و تا اواخر قرن بیستم نیز با همین منوال ادامه داشته است.[1] در حقیقت نوشتن سرودهای روحانی پرستشی، امروزه هم به قوت گذشته دوام دارد. در هفتاد سال گذشته، نسبت به هر دوره‌ای در تاریخ، سرودهای بیشتری نوشته و منتشر شده‌اند و هر ساله تعداد زیادی سرودنامه چاپ می‌شود.

ویژگی خاصی که سرودهای پرستشی روحانی به جلسات تقدیم می‌کنند، نقش پر اهمیتشان در تعالیم اصول الهیاتی است. اغلب سرودها و اشعار روحانی بیش از هر چیز می‌توانند تعالیم بنیادین مسیحی را شرح دهند. مهم‌ترین دلیل این مسئله، قالب و ساختار اشعار پرستشی است. از آنجا که قالب سرودهای روحانی گسترده است و شامل بندهای متعددی می‌شود، این سرودها

۱. سرودهای روحانی در بسیاری از محافل همچنان نوع غالب سرود جماعتی‌اند؛ اما در برخی محافل، سرودها روحانی جای خود را به انواع دیگری از سرود کلیسایی داده‌اند.

توانایی دارند که تعلیمی یا تأملی پایدار و پرورش‌یافته دربارهٔ یک حقیقت کتاب‌مقدسی یا الهیاتی ارائه دهند. این قالب برای چنین هدفی مناسب است، زیرا به اندازه کافی گسترده است تا بتواند یک موضوع را به‌درستی معرفی کرده و آن را به نتیجه‌ای کامل و بالغ برساند.

پیشنهادم برای استفاده از سرودهای روحانی در جلسات کلیسا گسترده است، چرا که تعداد سرودهای روحانی و اشعار به حدی زیاد است که برای هر نقطه از پرستش می‌توانیم سرودهای مفیدِ زیادی را پیدا کنیم. بسیاری از سرودها برای گردهم آمدن مناسب هستند، چرا که هرگاه برای پرستش گردهم می‌آییم این سرودهای روحانی حقایقی را دربارهٔ خدا بیان می‌کنند. سرودهای روحانی کمک می‌کنند آغاز پرستشمان را با سراییدن حقایقی دربارهٔ خصوصیات و شخصیت خدا بنا کنیم. سرودهای روحانی فراوانی هستند که داستان‌های کتاب مقدس را بیان می‌کنند و برای خدمت کلام خدا مناسب هستند، همچنین بسیاری از سرودهای روحانی به‌عنوان عملی آیینی و برای خدمت موعظهٔ کلام مناسب هستند (به‌عنوان مثال می‌توانیم از برخی از سرودهای روحانی به‌عنوان دعای دریافت بینش و روشنی استفاده کنیم). سرودهای روحانی همچنین برای پاسخ دادن به کلام مناسب هستند، چرا که بسیاری از این سرودها ما را ملزم یا تشویق می‌کنند و همچنین ما را الهام می‌بخشند. سرودهای روحانی می‌توانند برای برکت دادن، کلماتی غنی را در اختیارمان بگذارند. برخی از سرودهای روحانی برای دریافت مکاشفه مناسب‌اند و برخی دیگر برای پاسخ دادن به مکاشفه از سوی پرستندگان نیکو هستند. تقریباً هر متن پرستشی می‌تواند کاربردی **آیینی** داشته باشد (مثل یک دعا، قاموس‌نامه، ستایش خدا، دعوت به شاگردسازی و غیره). سرودهای روحانی، امکانات فراوانی را برای جنبه‌های گوناگون پرستش فراهم می‌کنند. می‌توان سرودها را برای آموزش اصول اعتقادی سرایید («تاج‌های بسیار بر سرش نهید»)، برای ابراز عشق و وفاداری («ای مسیح، عشق بیشتر به تو»)، برای تشویق و دعوت ایمانداران («ای سرچشمهٔ هر برکت، بیا»)، برای بیدار ساختن وجدان گناهکاران («آه! آیا نجات‌دهنده‌ام خون خود را داد؟») و برای نقش‌های آیینی در عبادت («هنگامی که بر سفره‌ات گرد می‌آییم»)، به‌کار برد.

سرودهای انجیلی

سرودهای انجیلی به سرودهای روحانی شباهت زیادی دارند.[1] در این گونه اشعار، بشارتی **شخصی** وجود دارد که کلام شهادت را با اعتمادی درونی بیان می‌کند - یعنی سخنانی خطاب به خود یا

1. اصطلاحات «سرود انجیل» و «سرود روحانی انجیلی» قابل تعویض هستند. من برای جلوگیری از ابهام در اصطلاحات، اصطلاح «سرود روحانی انجیلی» را انتخاب کرده‌ام.

دیگران دربارهٔ خدا- ، و این نوع سرودها نیز در قالب بندهای موزون نوشته می‌شوند. سرود انجیلی از یک جهتِ مهم، یعنی ساختار گسترده، به سرودهای پرستشی شباهت دارد.

قالب گسترده‌تر سرودهای انجیلی به شاعر اجازه می‌دهد با استفاده از مصرع‌های گوناگون، یک شهادت پرجزئیات را از تجربهٔ مسیحی بنویسد. اما باید بدانید که سرودهای روحانی و سرودهای انجیلی از جهت مهمی با هم تفاوت دارند. به دو تفاوت بزرگ آن‌ها اشاره خواهم کرد.[۱] اوّلاً به شکل عمومی می‌توان گفت، سرودهای انجیلی تجربهٔ شخصی را از خدا منعکس می‌کنند، در حالی که سرودهای روحانی روی حقایق خدا تمرکز دارند. در سرودهای انجیلی ترانه‌سرا دربارهٔ تجربه‌ای شخصی سخن می‌گوید که برای او دلیل اصلی شناخت خدا است. در سرودهای پرستشی، ترانه‌سرا متن و نظریه شعر را بر اساس کلام خدا و باورهای پذیرفتهٔ کلیسا می‌نویسد. البته منظور این نیست که سرودهای انجیلی نمی‌تواند بر اساس کلام خدا و سنت کلیسا باشد؛ بلکه معنایش این است که این نوع سرودها از تجربه شخصی حقیقت سخن می‌گویند.[۲]

چون سرودهای انجیلی عمیقاً به تجربه فردی از خداوند می‌پردازد، استفاده از ضمیر اول شخص در این سرودها متداول است. برخی افراد به استفادهٔ زیاد از ضمیر «من» در سرودهای انجیلی اعتراض می‌کنند و نگران این هستند که این نوع سرودها بیش از حد فردگرایانه باشند. اما استفاده از «من» در سرودهای انجیلی مشابه استفاده از واژهٔ «من» در مزامیر است.[۳] در اصل، از «من» برای شهادت دادن به تجربه خدا که اغلب ایمانداران آن را درک می‌کنند استفاده می‌شود (به عنوان مثال: هرکسی که حقیقتاً نزد صلیب بیاید، چشمانش باز خواهد شد. اغلب، تجربه‌ای که در این سرودها ذکر می‌شود دربارهٔ کاری است که خدا برای آن شخص انجام داده است ولی همهٔ ایمانداران این تجارب را دارند و درک می‌کنند.

در اینجا می‌خواهم تفاوتی بین واژهٔ «شخصی» و «خصوصی» قائل شوم. هنگامی که ایمانداران تجربه‌ای فردی از مسائل ایمانی (نجات، اطمینان از بخشایش، اعتماد کردن به خدا و غیره) دارند، این تجربه شخصی است چرا که مسئلهٔ درونی را احساس می‌کنند. ولی تمام ایماندارانی که سرودهای

---

۱. در مقایسهٔ سرودهای مذهبی (هیمنس) و ترانه‌های انجیل (گسپل سنگس) به‌طور کلی صحبت می‌کنم تا درکی پایه از این دو قالب ارائه شود؛ استثناناتی وجود دارند، اما صرفاً استثناء هستند.

۲. در اینجا قصد ندارم ادعا کنم که تجربهٔ شخصی و کتاب مقدس به‌طور مساوی ابزار شناخت هستند، بلکه تنها به این نکته اشاره می‌کنم که سرودها و ترانه‌های انجیل هر یک عمدتاً بر دو منبع متفاوت تکیه دارند.

۳. همهٔ مزامیری که از ضمایر شخصی استفاده می‌کنند، لزوماً فردگرایانه نیستند. در بسیاری از موارد، هرچند «من» یا «مرا» به کار رفته است، اما نویسنده انتظار دارد شنونده با او همذات‌پنداری کند؛ احساسات بیان‌شده در مزامیر، مشترک و همگانی هستند و چنین نیز تلقی می‌شوند.

انجیلی را می‌سرایند می‌توانند با تک تک تجربه‌های شخصی که عنوان می‌شود هم‌ذات‌پنداری کنند؛ چرا که: با وجود اینکه این تجربه ممکن است شخصی باشد، باورهایی جهان شمول برای توضیح تمام این تجربیات شخصی وجود دارد. می‌توانیم نجات، فیض و ایمان را به شکلی که اغلب کلیساها به آن اعتقاد دارند شرح دهیم. همهٔ ایمانداران می‌توانند با آنچه در سرود انجیلی به زبان آورده می‌شود ارتباط برقرار کنند چرا که علی‌رغم درونی بودن تجربه شخصی، شباهت بی‌شائبه‌ای بین تجربیات تک تک ایمانداران وجود دارد. با وجود اینکه تجربه انجیل شخصی است، اما تجربه‌ای است که در آن با سایر ایمانداران شریک هستیم. این اشتراک تنها در احساس نیست بلکه در توضیح آن تجربه نیز وجود دارد. در نتیجه، جماعت ایمانداران می‌تواند تجربیات شخصی ایمانی را به صورت جمعی تصدیق کند. سرود انجیلی «با تحیر می‌ایستم» را در نظر بگیرید:

با تحیر در حضور عیسای ناصری می‌ایستم

و به این می‌اندیشم که او چگونه توانست من گناهکار و ناپاک را این‌چنین محبت کند.[1]

خواننده از زبان «من» استفاده می‌کند، با این حال همهٔ مسیحیان چنین تجربه‌ای را داشته‌اند و از اینکه مسیح ما را که آکنده از گناهیم این‌چنین محبت کرده است، شگفت‌زده می‌شوند.

در خواندن سرود انجیلی به عنوان جماعت ایمانداران، یکدیگر را راجع به فیضی که همهٔ مسیحیان از آن برخوردار هستند شهادت می‌دهیم. بنابراین، با وجود اینکه از کلمهٔ «من» استفاده می‌شود، همه می‌توانند با تجربه‌ای که خواننده از آن سخن می‌گوید ارتباط برقرار کنند. به‌علاوه، اکثر مواقع دیگران نیز با سرودهای انجیلی ترغیب می‌شوند تا همین تجربه را از خدا داشته باشند.

از سوی دیگر اصطلاح «خصوصی»، به تجربه‌ای اشاره دارد که حقیقتاً بیش از آنکه جماعت ایمانداران آن را درک کند، یک شخص مشخص آن را تجربه و درک کرده است. یک سرود زمانی ممکن است شخصی و خصوصی باشد که از ضمیر «من» استفاده شود، ولی تجربه‌ای که از آن سخن گفته می‌شود عمیقاً مشابه تجربهٔ جماعت ایمانداران نباشد. ممکن است کسی دربارهٔ محتوایی بسراید که همهٔ مسیحیان آن را درک نمی‌کنند، بلکه نتیجهٔ تجربه‌ای کاملاً خصوصی باشد. در اینجا با وجود اینکه افراد زیادی در یک فضا با هم یک شعر را می‌خوانند، ممکن است یکدیگر را دربارهٔ تجربه‌ای مشترک شهادت ندهند. به‌عنوان مثال، سرود پرستشی معاصر «مرا به خود نزدیک کن» عباراتی مانند «تو اشتیاق منی» و «تا گرمای آغوشت را احساس کنم»[2] را در

۱. چارلز اچ. گابریل، ۱۹۰۵، دسترسی عمومی (پوبلیک دومین).

۲. کلی کارپنتر، «Draw me close» ناشر: Mercy/Vineyard، سال ۱۹۹۴.

خود دارد. در اینجا برای اعضای کلیسا واضح نیست که تجربه‌کردن گرمای آغوش برای تک تک ایمانداران مفهوم یکسانی دارد یا خیر (یا چه کسی، چه کسی را در آغوش گرفته است). پس موارد مختلف و گوناگونی روی معنای این شعر تأثیر می‌گذارند. این باعث می‌شود سراییدن دسته جمعیِ چنین سرودهایی برای کلیسا دشوار باشد. به‌علاوه، در این سرود، دیگران فراخوانده نمی‌شوند تا همین تجربه را داشته باشند.

سرودهای انجیلی، تنها سبکی نیستند که در آن بیشتر از ضمیر شخصی استفاده می‌شود. اما فعلاً نکتهٔ اصلی این است که می‌توان از ضمیر اول شخص به اشکال مختلفی استفاده کرد و به طور عمومی، استفاده از ضمیر شخصی در سرودهای انجیلی اغلب به تجربه‌ای اشاره می‌کند که برای تمام ایمانداران قابل لمس است. بنابراین این سرودها به تقویت ایمانداران کمک می‌کند و ابعاد افقی پرستش را گسترش می‌دهد.

تفاوت دوم بین سرودهای روحانی و سرودهای انجیلی، ترجیع‌بند است.[1] نکتهٔ شناخته‌شده دربارهٔ سرودهای انجیلی، ترجیع‌بند است؛ یعنی یک موتیف موسیقایی که در انتهای هر بیت قرار می‌گیرد.[2] اغلب، ترجیع‌بند نکتهٔ اصلی هر بیت را تأکید می‌کند و به پرستندگان فرصت می‌دهد تا معنی آن حقیقت را تصدیق کنند. به‌عنوان مثال، ترجیع‌بندِ «اطمینان پر برکت» (این داستان من است، این سرود من است، تمام روز منجی خود را می‌ستایم) ستایش ایماندار برای اینکه از سوی خدا نسبت به نجات اطمینان دریافت کرده است را نشان می‌دهد.[3] ترجیع‌بندها در دوران گردهمایی‌های مذهبی شکل گرفتند تا مشارکت جماعت در سرودخوانی را تقویت کنند. از آنجا که در آمریکا کتاب‌های سرود کمیاب بودند و تعداد زیادی از بزرگسالان بی‌سواد بودند، رهبر سرود، بندهای اصلی را می‌خواند و جماعت در ترجیع‌بند با او همراهی می‌کردند. متن ساده و تکراری، ترجیع‌بند را برای پرستش‌کنندگان قابل‌فهم‌تر می‌کرد و به خاطر سپردن آن را آسان می‌ساخت.

ویژگی سرودهای انجیلی در پرستش این است که از طریق این نوع سرود، می‌توانیم شهادت‌های فردی را به اشتراک بگذاریم و بدن مسیح را بنا کرده، آن را تقویت کنیم. نیکوست که از زبان همدیگر این داستان حقیقت را بشنویم که خدا چگونه ما را در مسیح برای جلال خود تبدیل ساخته است.

پیشنهاد من این است که سرودهای انجیلی در پاسخ به خدمت کلام تقدیم شود. سرودهای

۱. برخی سرودهای روحانی دارای بازگشت (رفرین) هستند (برای مثال:«For the beauty of the Earth» ، اما این موارد نادر، کوتاه و معمولاً غیرشخصی هستند.

۲. بسیاری به اشتباه، بخش بازگشت را «کُر» (کُروس) می‌نامند. کُروس (هم‌سرایی)، چنانکه در ادامهٔ فصل توضیح داده خواهد شد آهنگی کوتاه و مستقل است. اما بازگشت هم‌سرایی همیشه به بندهای سرود متصل است.

۳. کلمات: فَنی جی. کرازبی، ۱۸۷۳، مالکیت عمومی.

انجیلی اغلب در شهادت دادن به عملکرد و فیض خدا در زندگی ایمانداران می‌درخشد. در نتیجه، سرودهای انجیلی به عنوان سرودهای پاسخ و واکنش به کلام، واقعاً کاربردی می‌باشند. مسلما می‌توان از سرودهای انجیلی بر اساس موضوعشان در نقاط دیگر پرستش هم استفاده کرد. بسیاری از سرودها برای ستایش خداوند نیکو هستند (جلال بر خداوند) این سرودها همچنین برای الهام بخشیدن (زیرا او زنده است) ، تقدیس (من به تو تعلق دارم ای خداوند) ، شهادت (پیروزی در مسیح) و درخواست (عیسی من را نزدیک صلیب خود نگاه دار)، کاربردی هستند.

سرودهای انجیلی را برای بیان تجربهٔ شخصی (اطمینان پر برکت) ، شهادت دادن (تکیه زده بر بازوان ابدی خداوند) و تشویق ایمانداران (ایمان و اطاعت) به کار بگیرید.

موسیقی پرستشی امروزی

دسته‌بندی «موسیقی پرستشی امروزی یا معاصر» اصطلاح گسترده‌ای است که انواع موسیقی‌های کلیسایی را که تحت تأثیر عمیق موسیقی پاپ غربی ساخته می‌شوند، پوشش می‌دهد. ریشهٔ این موسیقی‌ها در دههٔ ۱۹۶۰ و آمریکای شمالی قرار دارد و محبوبیت این دسته سرودها تا امروز ادامه دارد. موسیقی پرستشی امروزی را می‌توان به عنوان ترانه‌ای مسیحی که از لحاظ سبک و ساختار به شدت به موسیقی پاپ غربی شبیه است توصیف کرد. موسیقی پرستشی معاصر اصطلاح دیگری است که اغلب برای اشاره به موسیقی‌های مقدس امروزی به کار می‌رود. در حقیقت این دو اصطلاح با هم مترادف هستند، البته موسیقی پرستشی امروزی دامنهٔ گسترده‌تری را شامل می‌شود و موسیقی مسیحی معاصر ممکن است شامل سرودهایی باشد که با وجود امروزی بودن در دسته‌بندی موسیقی پرستشی قرار نمی‌گیرند. پس تصمیم دارم که از اصطلاحی کلی‌تر یعنی «موسیقی پرستشی امروزی» استفاده کنم.[1] البته دسته‌بندی دیگری به نام «موسیقی مسیحی معاصر» وجود دارد که معمولاً در کنسرت‌های مسیحی و جلسات بشارتی به کار گرفته می‌شود (منظور موسیقی است که توسط موسیقی‌دانان اجرا می‌شود و لزوماً کل کلیسا در اجرای آن مشارکت ندارند)[2] این دسته‌بندی خیلی مبهم است چرا که موسیقی‌های مسیحی امروزی اغلب به کلیسای محلی راه پیدا می‌کنند؛ با این وجود به‌کارگیری این نوع موسیقی به عنوان سرودهای کلیسایی همیشه کار آسانی نیست، چرا که این نوع موسیقی از ابتدا برای هم‌سرایی کلیسایی تولید نشده است.

---

۱. بحث دربارهٔ موسیقی پرستشی معاصر دشوار است، زیرا در میان پژوهشگران دربارهٔ دسته‌بندی‌ها، تاریخ‌ها، اصطلاحات و . . اجماع نظر وجود ندارد و این خود نشانه‌ای است از جوان بودن این حوزه موسیقی.

۲. مونیک ام. اینگالز، سراییدن کلیسا: چگونه سراییدن کلیسایی، جامعه انجیلی را شکل می‌دهد. (نیویورک: انتشارات دانشگاه آکسفورد، ۲۰۱۸)، ص ۶.

موسیقی پرستشی امروزی بیش از شش دهه قدمت دارد. کلمهٔ امروزی به معنای جدید نیست. موسیقی پرستشی معاصر طی نسل‌های گوناگون گسترش یافت و در مسیرِ تحولِ موسیقیِ محبوب غربی، حرکت کرده است.

این سبک موسیقی، هدایت‌کنندهٔ سبک‌های دیگر نیست بلکه از موسیقی‌های رادیو، اینترنت و شبکه‌های اجتماعی تبعیت می‌کند. روند پیشرفت این سبک موسیقی پرستشی جالب توجه است. قصد داریم به چهار سبک موسیقی پرستشی که در دوران موسیقی پرستشی معاصر رشد کرده‌اند و امروزه قالب آن‌ها در کلیساها مورد استفاده قرار می‌گیرد بپردازیم: هم‌سرایی، ستایش و پرستش، ترانه‌های پرستشی مدرن و سرودهای پرستشی مدرن. با وجود اینکه در ادامه به طور کلی به این دسته‌بندی‌ها خواهیم پرداخت و دربارهٔ پیشرفت تاریخی این نوع موسیقی سخن خواهیم گفت، اما تمرکز من بر نوعِ سرودها و کاربرد آن‌ها در پرستش کلیسا خواهد بود. (برای دریافت منابع بیشتر در حوزهٔ تاریخچهٔ این سبک‌ها می‌توانید بخش «بیشتر بیاموزید» انتهای فصل را مشاهده کنید)

چون هر قالب را به طور مختصر توضیح می‌دهم، ممکن است فکر کنید هر دسته‌بندی به طور شفاف و کامل قابل تمیز است. اما این‌طور نیست. همگونی تاریخی و سبکی عمیقی در تمامی این دسته‌بندی‌ها وجود دارد. به یاد داشته باشید موسیقی پرستشی امروزی مثل هر سبک جدیدتری از موسیقی، همواره در حال پیشرفت و تغییر است. با این وجود، هر قالب خصوصیات قابل تشخیص و کاربردهای منحصر به فرد خود را دارد.

همخوانی یا هم سرایی. اولین نسل موسیقی پرستشی امروزی، همخوانی است. همخوانی که به عنوان همخوانی ستایشی نیز شناخته می‌شود، قطعهٔ کوتاهی است که ستایش شخصی یا تعهد به خدا را به تصویر می‌کشد و اغلب، حاصل یا واکنش تجربهٔ شناخت خدا و تجربهٔ صمیمیت و نزدیکی با خدا می‌باشد. بینش‌های فردی و شخصی در این قالب وجود دارند و حس صمیمیت بین خدا و سراینده را نشان می‌دهد.[۱]

همخوانی‌های ستایشی به طور کلی در نتیجهٔ جنبش عیسای مسیح در غرب ایالات متحدهٔ آمریکا که در اواسط تا اواخر ۱۹۶۰ میلادی رخ داد، پدید آمده است.[۲] بسیاری از نو ایمانان از

۱. در مورد «کُر ستایشی»، به نظر من ضمایر شخصی به شکل متفاوتی نسبت به ترانه‌های انجیلی استفاده می‌شوند (نگاه کنید به بالا). اغلب «من» یا «مرا» در همسرایی «کر ستایشی» تجربه‌ای عمومی را بیان نمی‌کند، بلکه تجربه‌ای خصوصی را منتقل می‌کند، یا دست‌کم تجربه‌ای با تفاسیر گوناگون را بیان می‌نماید.

۲. جنبش عیسی، تنها منبع سراییدن گروه‌های کُر نبود، اما محبوبیت سراییدن گروه‌های کُر را در میان پروتستان‌ها گسترش داد. همچنین، سراییدن گروه‌های کُر از جنبش کاریزماتیک میانهٔ قرن بیستم و تغییرات ناشی از شورای دوم واتیکان در کلیسای کاتولیک نیز، محبوبیت زیادی را کسب کردند.

اعضای اسبق گروه‌های موسیقی راک بودند (لری نورمن، رندی استونهیل، فیل کیگی، لاو سانگ، هانی تری). در ابتدا، این موسیقی‌دانان عمدتاً برای مکان‌های خدماتی خارج از کلیسا (پاراچرچ) مانند بشارت‌های خیابانی، کنسرت‌ها، ضبط آثار، و مناسبت‌های پرستشی غیررسمی، آهنگ می‌نوشتند. قطعات همخوانی، بند برگردان‌های گسترده ندارند بنابراین شبیه تکرار بندهای مستقل هستند (گفت‌وگوی قبلی را دربارهٔ سرودهای انجیلی مشاهده کنید). همخوانی‌های اولیه اغلب بر اساس عباراتِ کوتاهِ برگرفته شده از کتاب مقدس نوشته می‌شدند. همخوانی‌ها به خاطر ساختار کوتاه، کلمات متعددی ندارند بلکه روی افکاری مختصر تمرکز می‌کنند و باورهای الهیاتی گسترده‌ای را تشریح نمی‌کنند. چون قطعات همخوانی به لحاظ اندازه و گستردگی کوتاه هستند، بارها و بارها توسط سرایندگان تکرار می‌شوند.

سرودهای همخوانی ستایشی، مدت‌ها قبل از موسیقی پرستشی امروزی وجود داشتند. این قطعات بخشی از جنبش‌های جلسات تعلیمی یکشنبه، جنبش پنطیکاستی اوایل قرن بیستم، جوانان مسیحی و جنبش‌های نظیر بوده‌اند. همخوانی‌هایی که در قالب‌هایی که ذکر شد و جنبش‌هایی از این دست به کار گرفته می‌شوند، معمولاً در جلسات پرستشی یکشنبهٔ کلیسا سراییده نمی‌شوند و بیش‌تر از اینکه به لحاظ دعایی گسترده باشند، جنبه‌ای الهام‌بخش دارند.

همخوانی‌های ستایشی اوایل دوران شکوفایی موسیقی پرستشی مدرن، از لحاظ سادگی منحصر به‌فرد بودند چرا که با روحی صریح، احساس نزدیکی به خدا را به سادگی بروز می‌دادند و همچنین تنها با یک یا چند ساز اکوستیک (اغلب گیتار) اجرا می‌شدند.

نمونه‌هایِ همخوانی‌های ستایشی دوران شکوفایی کلیسا و موسیقی پرستشی مدرن «خدای ما خداوند مهیب است» ، «ابتدا پادشاهی خدا را بطلبید»، «جلال بر نام تو» و «جلال بر تو» می‌باشند.

ستایش و پرستش. ستایش و پرستش بلافاصله پس از شکوفایی موسیقی پرستشی مدرن وارد صحنه شد، چرا که به مرور زمان پرستش مسیحی رونق بیشتری پیدا کرد. برچسب « ستایش و پرستش » بسته به دیدگاه‌های گوناگون، به طرق مختلف مورد استفاده قرار می‌گیرد. بعضی افراد از این اصطلاح برای اشاره به کلِ موسیقیِ پرستشی مدرنِ نیم سدهٔ گذشته اشاره میکنند؛ برخی نیز با استفاده از این نام به دو ترتیب مشخص در سرودها استفاده می‌کنند. من از اصطلاح ستایش و پرستش برای اشاره به نسل دوم موسیقی پرستشی مدرن که در سال‌های ۱۹۸۰ تا ۱۹۹۰ یعنی دورانی که سرودهای پرستشی رشد بیشتری را در زمینهٔ آهنگ‌سازی داشتند و وارد کلیساهای بشارتی و انجیلی شدند اشاره می‌کنم.

از ابتدا، رهبران (به خصوص رهبران کلیسای پنطیکاستی) مرزی را برای دو دسته‌بندی سرودها در قالب ستایشی و پرستشی قائل می‌شدند: سرودهای ستایشی (سرودهایی که به ستایش خدا و خصوصیات و اعمال خدا می‌پرداخت) به سمت سرودهای پرستشی پیش رفتند (سرودهایی که محبت به خدا را در سطحی شخصی نشان می‌دهند). ترتیب این دو نوع سرود به قالبی برای سراییدن در ابتدای جلسات رسمی کلیسا تبدیل شد. از دههٔ هشتاد تا سال دو هزار، پیشرفت ساختار سرودها و همچنین محیط‌هایی که موسیقی پرستشی مدرن در آن به کار گرفته می‌شد گسترش پیدا کرد. دوران سرودهای ستایشی و پرستشی بسیار قابل توجه است چرا که در این دوران شکل گیری ساختار «تک‌بندی - هم‌بندی» که در آن دوران پایه‌گذاری شد و اکنون در سرودهای پرستشی امروزی وجود دارد را، مشاهده کردیم. در این ساختار بخش‌های مختلف شعر، جریان اصلی ترانه را شکل می‌دهند و به شرح آن می‌پردازند. بخش هم‌خوانی مثل یک تأکید به کار گرفته می‌شود (که مشابه بخش تأکید سرودهای انجیلی است) و به جمع‌بندی مفاهیم قسمت‌های مختلف شعر می‌پردازد.[1] از برخی جنبه‌ها می‌توان گفت سرودهای ستایش و پرستش با همخوانی‌های مسیحی، خصوصیت مشابهی داشتند: این سرودها، هم احساسات ایمانداران را بیان می‌کردند، هم از تجربهٔ شخصی نجات صحبت می‌کردند و همچنین متن و نوایی صمیمی و ملموس داشتند. ساختار پیشرفته‌تر این ترانه‌ها اجازه می‌داد موسیقی ستایشی و پرستشی بیش از پیش در کلیسا به کار گرفته شود.

دو مورد مهم، آتش موسیقی ستایشی و پرستشی را شعله ور کرد و باعث شد این نوع موسیقی وارد کلیسای محلی شود: بیشتر پخش شدنِ موسیقی ستایشی و پرستشی در ایستگاه‌های رادیویی که موسیقی مذهبی پخش می‌کردند، و پیشرفت جنبش رشد کلیساها. اولین مورد به نحوی قدرتمندانه موسیقی پرستشی را به تمام مردم جامعه معرفی می‌کرد؛ و دومین مورد راهی پایدار را مهیا ساخت تا این نوع موسیقی وارد کلیسا شود. به کارگیری این نوع موسیقی در جلسات رسمی کلیسا، امروزه به یک استاندارد ثابت تبدیل شده است. بسیاری از سرودهای ستایش و پرستش، پر انرژی و پیروزمندانه هستند.

با استفاده از سازهای الکترونیکی، به کار گرفته شدن این نوع ترانه‌ها نیز افزایش یافت. قابلیت

---

۱. پژوهش گسترده‌ای انجام دادم تا هرگونه پیوند ساختاری احتمالی میان ترانه‌های انجیلی آمریکا و ترانه‌های پرستشی معاصرِ اواخر قرن بیستم را بیابم، و به این نتیجه رسیدم که پیوند مستقیمی بین این دو مورد وجود ندارد. با این حال، پرستش معاصر از ساختار ترانه‌های موسیقی عامه‌پسند غربی تأثیر گرفته است. کنستانس ام. چری، «از هر دست بدهی از همان دست پس خواهی گرفت؟ رفرین در موسیقی پرستشی جنبش‌های بیداری قرن بیست و یکم سخنرانی ، سخنرانی کالج افتخاری جان وسلی، دانشگاه ایندیانا وسلیان، ۲۹ سپتامبر ۲۰۱۴

همه‌گیر شدن موسیقی ستایش و پرستش کمک کرد تا این سبک موسیقی، جایگاه ثابت و دائمی در جلسات پرستشی یکشنبهٔ کلیسا داشته باشد.

نمونه‌های شناخته شدهٔ موسیقی ستایشی و پرستشی شامل «مانند یک غزال»، «بدرخش عیسی، بدرخش»، «تو همه چیز من هستی»، «قلب پرستش»، «نزد خداوند فریاد برآورید» و «تا ابد می‌توانم دربارهٔ محبتت بخوانم» می‌باشند.

سرودهای پرستشی مدرن، به عنوان سومین نسل از موسیقی پرستشی معاصر در سال‌های دو هزار میلادی تولید شدند چرا که موسیقی‌دان‌ها و کلیساها مایل بودند از ساختار ساده‌تری در روند آهنگسازی «تک‌خطی - هم‌خطی» بهره ببرند و مایل بودند گروه‌های حرفه‌ای‌تر، این نوع موسیقی را اجرا کنند. پرستندگان جوان، موسیقی ستایش و پرستش را بیش از حد قابل پیش‌بینی و صیقل‌خورده می‌دانستند. نسل اِکس و سپس نسل هزاره، از موسیقی پرستشی نسل والدینشان راضی نبودند. موسیقی پرستشی معاصر در بسیاری از کلیساهای آزاد و کلیساهای اصلی همه گیر شده بود. طبیعی به نظر می‌رسید که آهنگسازان بخواهند به لحاظ ساختار هنری، محتوای شعری و چیدمان و به‌کارگیری سازها، موسیقی پرستشی را به پیش ببرند. وقت آن رسیده بود که سرودهای پرستشی مدرن شکل بگیرند.

با اصطلاح «سرودهای پرستشی مدرن» دسته‌بندی‌ای از موسیقی‌های پرستشی را شرح می‌دهم که (۱) از لحاظ پیچیدگی آهنگسازی رو به پیشرفت هستند، (۲) روی ترکیب سبک‌ها تمرکز دارند، (۳) سرودهایی در این دسته تولید می‌شوند که در سطحی فراتر از کلیسای محلی به اجرا درمی‌آیند. به یاد داشته باشید که چگونه اولین نسل موسیقی پرستشی مدرن، بیرون از کلیسا تولید شد و سپس وارد کلیساها شد. شاید حالا موسیقی پرستشی مدرن دارد از کلیسای محلی خارج می‌شود و طرف‌دارانش صرفاً مقدسین کلیسا نیستند بلکه عموم جامعه نیز از این موسیقی استقبال می‌کنند.

اولاً، سرودهای پرستشی مدرن از لحاظ ساختار و آهنگسازی، بیش از گذشته پیشرفته و پیچیده هستند. ساختار سادهٔ «تک‌خطی - هم‌خطی» پیشرفت کرده و به قطعات موسیقی پر از اجزای گوناگون رسیده است، اجزایی نظیر: انواع پل‌های موسیقی، پیش‌همخوانی - اینترو (قسمت آغازین آهنگ)، اوترو (قسمت پایانی آهنگ) و سایر بخش‌ها و عناصر آهنگسازی دیگر. انتخاب سازها هم رو به پیشرفت است و گروه‌های موسیقی از انواع سازهای الکترونیک و آکوستیک استفاده می‌کنند. دوماً، بسیاری از گروه‌ها و آهنگسازان پرستشی، از ترکیب سبک‌ها در سرودهای پرستشی بهره می‌برند. مسلماً این نکته، تبادل فرهنگی را نشان می‌دهد. سوماً، طرف‌داران موسیقی‌های

پرستشی مدرن، طیف بسیار گسترده‌تری از مردم را شامل می‌شوند. تعداد زیاد و شگفت‌انگیزی از هنرمندان (مسیحی و غیرمسیحی) این سرودها را برای اجراهای گوناگون تولید می‌کنند. مونیک اینگالس، پنج جایگاه مهم را که امروزه موسیقی پرستشی مدرن در آن‌ها به کار گرفته می‌شود اعلام می‌کند: کنسرت‌های پرستشی، کنفرانس‌های پرستشی، کلیسای محلی، راهپیمایی‌های پرستشی و رسانه‌های سمعی‌ـبصری پرستشی. مایلم جنبش‌های بزرگ فراکلیسایی مانند جنبش «پَشن» یا «اشتیاق» و «پرامیس کیپرز» و «وفادارن به عهد» را نیز اضافه کنم.[۱] همچنین می‌توانیم کلیسای بزرگ جهانی را نیز، در نظر داشته باشیم که در این میان نقش مهم خود را با قابلیت ضبط و تولید سرودهای مدرن پرستشی ایفا می‌کنند (هیل‌سانگ، الویشن، بث‌ئیل و غیره). می‌توانم صادقانه بگویم، موسیقی‌های پرستشی مدرن به جهات مختلف پیش می‌روند و بسیاری از این کاربردها مستقیماً برای هم‌خوانی کلیسای محلی در کلیساها طراحی نشده‌اند، ولی تمام این موارد روی مجموعه منابع سرودهایی که کلیسا از آن بهره می‌برد تأثیر می‌گذارند.

نمونه‌ای از موسیقی‌های پرستشی امروزی را عنوان می‌کنم: «خدای معجزه آسا»، «ما را دستانی پاک عطا کن»، «سرود مکاشفه»، «ایستادگی»، «منجی قدرتمند»، «تو می‌گویی که هستم»، «چه نام زیبایی»، «پدیدآورندهٔ راه»، «محبت بی‌انتها»، «چه عظیم است خدای ما» و «دیگر اسیر نیستیم».

دستهٔ چهارم موسیقی‌های پرستشی امروزی، سرودهای روحانی مدرن هستند. سرودهای روحانی مدرن در آغاز قرن بیست و یکم شکل گرفتند، یعنی دورانی که رهبران پرستشی تصمیم گرفتند سرودهای روحانی کلیسا را امروزی کنند. دلیل این تصمیم را می‌توان اشتیاق نسل جدید ایمانداران برای ارتباط برقرار کردن با تاریخ و گذشتهٔ کلیسا دانست. برخی از هنرمندان، متون کهن سرودهای روحانی را که مدت زیادی بود نادیده گرفته می‌شدند، عمیقاً مطالعه کردند و با استفادهٔ مجدد از اشعار و با تنظیم مجدد ترانه‌ها، آن‌ها را بازتولید نمودند. کارهای کوین ویت و انجمن دانشگاهی اصلاح‌طلبان، سهم چشمگیری را از طریق تنظیم و بازتولید سرودهای روحانی که توسط گروه موسیقی «فیض محو نشدنی» ضبط و منتشر شده است، ایفا کردند. در طول سال‌هایی که به دانشجویان خدمت کردم دریافتم که آن‌ها عمیقاً مایل هستند با موسیقی حقیقی و عمیق ارتباط برقرار کنند، یعنی موسیقی سنتی و پر از اشتیاق. تجربه نشان می‌دهد هنگامی که مردم طعم غنیِ میراث سرودهای کهن کلیسا را در کنار موسیقی امروزی بچشند، برایشان دشوار است که باز

---

۱. همچنین به مونیک ام. اینگالز، سراییدن کلیسا: سراییدن متحد کلیسایی چگونه جامعه انجیلی را شکل می‌دهد، مراجعه کنید. (نیویورک: انتشارات دانشگاه آکسفورد، ۲۰۱۸).

هم به سرودهای هم‌خوانی ستایشی بازگردند.[1]

روش دیگر برای امروزی کردن سرودهای روحانی کهن کلیسا این است که محتوای سرود را تا جای امکان دست‌نخورده باقی بگذارند و تنها یک همخوانی، به بندهای اصلی اشعار اضافه کنند. کریس تاملین با قطعهٔ «صلیب بی‌نظیر» الگوی فوق‌العاده‌ای از این روش را به انجام رسانده است. همخوانی خلاقانهٔ کریس تاملین «اوه ای صلیب بی‌نظیر» و ترکیب فوق‌العادهٔ آن با سرود کلیسایی ایزاک واتس «هنگامی که به صلیب بی‌نظیرت می‌نگرم» واقعاً یک قطعهٔ بی‌مانند را شکل داد.

نمونه‌هایی از سرودهای روحانی امروزی که در آن از سرودهای سنتی الهام گرفته شده است را عنوان می‌کنم: «تنها در مسیح» (ساختهٔ استوارت تاون اِند و کیت گتی)، «شناختن تو ای عیسی» (گراهام کندریک)، «همه مخلوقات خداوند و پادشاهمان هستیم» (دیوید کراودر)، «به تمام ساعات نیاز دارم» (جارس آف کلی) و «هزاران زبان بسرایند» (ایندیلیبل گریس).

کاربرد ویژهٔ موسیقی روحانی امروزی در پرستش، چندوجهی می‌باشد. نخست، اصطلاحات موسیقایی آشنا، به عنوان پلی برای پرستشگران معاصر عمل می‌کنند تا از فرهنگ روزمرهٔ خود به عبادات کلیسایی وارد شوند. موسیقی، عملکردی بسیار شبیه به زبان دارد، چرا که وسیله‌ای بومی برای ارتباط میان انسان و خدا و همچنین میان پرستشگران با یکدیگر فراهم می‌کند. دوماً، موسیقی پرستشی امروزی وسیله‌ای برای سرودهای جدید است.

مجموعه سرودهای کلیسای جهانی، بی‌پایان است. هر نسل از هنرمندان قطعه‌ای به این مجموعه اضافه می‌کند و کلیسا از این منبع غنی استفاده می‌کند. سوّماً، موسیقی پرستشی مدرن، پذیرای ابراز احساسات بدنی نظیر دست زدن، رقصیدن، دست بلند کردن می‌باشد. چهارماً، در موسیقی پرستشی مدرن استفاده از سازهای گوناگون سراسر جهان میسر می‌شود و در نتیجه باعث غنی‌تر شدن سرودها و همچنین فرصت به کارگیری موسیقیدانان گوناگون می‌شود.

استفاده از موسیقی پرستشی مدرن در نظم جلسات پرستشی، چالشی منحصر به‌فرد و هیجان‌انگیز ایجاد می‌کند. تا کنون بیشترین رواج استفاده از موسیقی پرستشی امروزی در پرستش‌های کلیسا، فراهم کردن فرصتی برای بیشتر سرود خواندن بوده است که اغلب در قالب گردهم آمدن ایمانداران به نام «زمانی برای پرستش» شناخته می‌شود. اغلب از این نوع موسیقی در ابتدای جلسات استفاده می‌شود و گاها سرودهای پرستشی مدرن، یکی پس از دیگری اجرا یا پخش می‌شوند و زمانی طولانی از جلسات رسمی کلیسا را به خود اختصاص می‌دهند. سه دلیل

---

۱. کوین تویت، «دربارهٔ ما»، کتاب سرود روحانی فیض ماندگار، نسخه بازیابی‌شده ۱۲ دسامبر ۲۰۲۰،
https://ighymns.herokuapp.com/pages/about-us

که باعث می‌شود زمانی این‌چنین طولانی به سرودهای پرستشی مدرن اختصاص داده شود را عنوان می‌کنم: (۱) این سرودها فضای پرستش را تقویت می‌کنند، (۲) سرودها کمک می‌کنند پرستندگان به حضور خدا وارد شوند، و (۳) اجرای این سرودها لحظهٔ اوجی را فراهم می‌کند که در آن همه برای شنیدن موعظهٔ روز از زبان واعظ مهیا هستند.

من استفاده‌ای متفاوت از موسیقی پرستشی امروزی را در جلسات رسمی کلیسا توصیه می‌کنم. به‌جای اینکه زمانی طولانی را به سرودهای پرستشی مدرن اختصاص دهید که یکی پس از دیگری از نظر موضوع، ضرب‌آهنگ و کلیدهای موسیقی کنار هم قرار گرفته و اجرا شوند، بهتر است اجازه دهید موسیقی پرستشی امروزی به نحوی، گفت‌وگوی آیین‌های پرستشی کلیسا را هدایت کند. به یاد داشته باشید که ساختار پرستش از «مکاشفه و پاسخ» شکل گرفته است، یعنی خداوند حقایق را آشکار می‌سازد و پرستندگان به آن پاسخ می‌دهند (فصل ۳ را مشاهده کنید).

در نظر داشتن مکاشفه و پاسخ و واکنش، به معماران پرستش اجازه می‌دهد از موسیقی پرستشی امروزی به نحوی صحیح استفاده کنند. بعضی از سرودها اعلام‌کنندهٔ حقیقت هستند: آن‌ها حقیقتی را دربارهٔ ذات خدا، جهان و پادشاهی خدا بیان می‌کنند. این سرودهای مکاشفه‌ای، باید قبل از سرودهای «پاسخ و واکنش» قرار گیرند. برخی دیگر از سرودها برای پاسخ دادن مناسب هستند. چنین سرودهایی مفهوم خدا برای پرستندگان یا آنچه که پرستندگان از خدا می‌طلبند را بیان می‌کنند. سرودهای این‌چنینی باید در زمان پاسخ به سرودهای مکاشفه‌ای قرار گیرند. هنگامی که بدون فکر کردن به مسئلهٔ مکاشفه و پاسخ، سرودهای پرستشی مدرن را کنار هم بچینیم، ممکن است بدون دریافت مکاشفه از خدا، پاسخ و واکنشی را اعلام کنیم.

در پرتو این حقیقت، موسیقی پرستشی مدرن از طریق اشکالی که عنوان می‌شود می‌تواند به نحوی مؤثر در جلسات به کار گرفته شود: (۱) به‌عنوان یک گفت‌وگو در طول جلسات (مکاشفه و پاسخ‌هایی که گفت‌وگوی خدا و قوم خداوند را هدایت می‌کنند)، (۲) به‌عنوان محتوای سراییدن طولانی‌تر پس از خدمت کلام، یا پس از آشکار شدن حقیقتی که در موعظهٔ روز عنوان می‌شود، و یا (۳) به‌عنوان «سرود مراسم» (یعنی سرودهایی که به نوبهٔ خود به‌عنوان عناصر پرستشی در نظر گرفته می‌شوند). به‌عنوان مثال، همخوانیِ «چشمان قلبم را بگشا» می‌تواند به‌عنوان دعای دریافت بینش و روشنی به کار گرفته شود؛ یا سرود «بیایید که اکنون هنگام پرستش است» می‌تواند به‌عنوان فراخوان پرستش به کار گرفته شود.

موسیقی پرستشی مدرن را برای مشارکت در همگامی موسیقی مؤثر، الهام بخشیدن به سرودهای

جدید، تقویت مشارکت فیزیکی پرستندگان در خواندن سرودها و به‌کارگیری دامنهٔ گسترده‌ای از سازهای موسیقی، به کار ببندید.

تِزه

تِزه هم، مجموعه‌ای از سرودهای کلیسایی است که ریشهٔ آن به جامعهٔ کوچک تِزه در جنوب فرانسه برمی‌گردد. تِزه به شهر و همچنین جامعهٔ مذهبی که برادر لویز شوتز مارساخه (۱۹۱۵ - ۲۰۰۵) آن را بنیان گذاشت اشاره می‌کند. در ژوئیهٔ ۱۹۴۰ برادر لویز، یک شبان کلیسای اصلاح‌شده، در سن بیست‌وپنج‌سالگی از کشور خود در سوئیس، به فرانسه سفر کرد تا بتواند جامعه‌ای دعایی را برای خدمت به فقرا، در آنجا پایه گذاری کند. او به‌تنهایی زندگی می‌کرد و خود را وقف دعا نموده بود و خیلی زود شروع به پناه‌دادنِ پناهندگان جنگ، خصوصاً یهودیانی که از نازی‌ها می‌گریختند، نمود. در نهایت گروهی از مردان به برادر لویز ملحق شدند و جماعت ایمانداران را در راستیِ برقراری صلح و آشتی بنا کردند. آن‌ها در سال ۱۹۴۹ عهد رهبانیت بستند تا زندگی در تجرد را در صومعهٔ تزه، با سادگی و قناعت پیشه کنند. در ابتدا این جماعت ایمانداران تنها از برادران پروتستان تشکیل شده بود، اما در ادامه عده‌ای مسیحی کاتولیک نیز به این جمع اضافه شدند. امروزه، تِزه یک جماعت ایمانداران بین کلیسایی است که در سی کشور جهان، کلیساهایی سازمان‌یافته دارد. محبوبیت موسیقی تِزه بین ایماندارانِ بیست تا سی ساله قابل توجه است، هر ساله هزاران جوان از سراسر جهان، دنبال سفری روحانی به تِزه سفر می‌کنند.

سبک منحصر به‌فرد موسیقی پرستشی تِزه، یعنی محلی که سه‌بار در روز، پرستشِ همراه با تفکر عمیق در آن صورت می‌گیرد، متولد شد. جلسات پرستشی تِزه شامل سرودهای دعایی، تفکر برانگیز و سکوت و گاه شام خداوند است. موسیقی تِزه ساده، تکرارشونده و برای دعا مناسب است. لحن این موسیقی آکنده از تفکر عمیق است و حتی گاه موسیقی شادمانه را نیز شامل می‌شود. بسیاری از متون و اشعار این موسیقی‌ها، به لاتین نوشته شده‌اند که در واقع زبان مشترک زائرانی است که سالیانه از سراسر جهان به این شهر سفر می‌کنند. سرودهای این ناحیه همچنین ترجمهٔ سرودها به زبان‌های زندهٔ دنیا را نیز شامل می‌شود. موسیقی تِزه شامل تکیه‌های کوتاه و تکرارشونده، آکاپلای گروهی (کانون‌ها) و الگوهای موسیقی ثابت و تکرارشونده می‌باشد (این ابزارها کمک می‌کند جمعیت زیادی بتوانند یک‌صدا به هم‌خوانی ملحق شوند). در زمینهٔ ویژگی‌های دیگر موسیقی تِزه می‌توان به سازهای آکوستیک، هم‌خوانی‌ها و هم‌خوانی‌های یکنواخت، و لایه‌ای (که در آن به‌تدریج، با پیشرفت آهنگ، بخش‌های آوازی را اضافه یا کم می‌کنند)، سازهایی که همگی یک نُت را می‌نوازند

و ضرب‌آهنگ‌های کند با تمپوی آهسته، اشاره کرد. یکی از تأثیرات موسیقایی رایج در موسیقی تِزه، تغییر تدریجی سطح دینامیک، از ملایم به قوی و سپس بازگشت به ملایم است. برای به وجود آمدن این تأثیر پویا، روندی حلزونی شکل در سرودها وجود دارد، چرا که صداها و سازها، اضافه و سپس یکی‌یکی کم می‌شوند تا این تأثیر در موسیقی به وجود آید.

آهنگساز اصلی سرودهای تِزه، جکییز بارتیر بود (۱۹۲۳ - ۱۹۹۴) که خود یکی از برادران جماعت ایمانداران تِزه محسوب می‌شد. از زمان مرگ بارتیر، آهنگسازان دیگری سرودهایی که برای پرستش تِزه مناسب هستند را به منابع موسیقی تِزه اضافه کردند. جمله‌ای از برادر راجر، ذات موسیقی پرستشی تِزه را نشان می‌دهد:

هیچ چیز بیش از دعای مشترک عمیق و در اتحاد با کلیسا نمی‌تواند گفت‌وگوی ما را با خدای زنده به پیش برد، چرا که نقطه اوج این سرودها به سراییدنی می‌انجامد که هرگز پایان نمی‌گیرد و هنگامی که تنها می‌شویم در قلبمان و در سکوت ادامه پیدا می‌کند. رازهای خدا به واسطهٔ زیبایی سادهٔ نمادها آشکار می‌شود و به سادگی به واسطهٔ پرگویی مسکوت نمی‌گردد، در آن هنگام است که دعا کردن به همراه هم ایمانان، کسالت‌بار نیست بلکه ما را به سمت شادمانی آسمانی روی زمین به پیش می‌برد.[1]

ویژگی موسیقی تِزه در جلسات پرستشی به پرستندگان یاری می‌رساند تا در سرودهای عمیق پرستشی، حضور خدا را لمس کنند. ترکیب منحصر به‌فرد موسیقی ساده و تکرارشوندهٔ پرستشی و نوای مناجات گونهٔ اشعار، خصوصیتی سنتی دارند که تجربه کردن آن برای تمامی سنین، به خصوص جوانان بسیار لذت‌بخش است. جوانان جذب نواهای پر رمز و راز و صادقانه و اجرای ساده موسیقی تِزه می‌شوند. در این موسیقی اثری از زرق و برق نیست بلکه سخن از صداقت و ابراز احساسی عمیق از دل است. پرستندگان آرامش و قرار خود را در موسیقی تِزه پیدا می‌کنند.

پیشنهاد می‌کنم موسیقی تِزه را در هنگام دعا و هنگام پاسخ به کلام کار ببرید. چون اغلب سرودهای تِزه دعا هستند، می‌توانید از این سرودها به نحوی پرمعنا به عنوان دعایی آهنگین استفاده کنید. سرود «اوه خداوندا، دعای من را بشنو» فراخوان زیبایی به سوی دعا یا پاسخ به دعاها محسوب می‌شود. شاید معروف‌ترین دعای آهنگین تِزه در آمریکای شمالی «عیسی، من را به یاد آور» باشد. این دعا از زبان راهزنی که کنار مسیح بر صلیب شده بود نوشته شده است و می‌تواند به دعای ما تبدیل شود تا برای نجات، خداوند را فرا بخوانیم. سرودهای تِزه برای پاسخ به خدمت کلام مفید هستند چرا که تفکر عمیق به بار می‌آورند. این سرودها اجازه می‌دهند در پیغام کلام، استراحت کنیم. سرودهای تِزه سرودهای تفکر عمیق هستند.

---

۱. جوامع تِزه و برادر راجر، دعاهای روزانه (شیکاگو: GIA، ۱۹۸۸).

در راستای تفکر عمیق و اندیشیدن، سرودهای تِزه را بخوانید (هیچ چیز نگرانم نمی‌کند) و هنگامی از این سرودها استفاده کنید که کلمات دعا از زبانتان جاری نمی‌شود (ادو راموس ته) چرا که دعاهای جهانیِ نیکویِ مسیحی، شما را استوار نگاه خواهد داشت.

نغمه‌های روحانی

نغمه‌های روحانی از لحاظ فنی دو نوع سرود را در بر می‌گیرند: سرودهای روحانی سیاه‌پوستان[1] و سرودهای روحانی سفیدپوستان[2]. در این کتاب روی تأثیر سرودهای روحانی سیاه‌پوستان بر مجموعه سرودهای کلیسا تمرکز خواهیم کرد. از اینجا به بعد، به سرودهای روحانی سیاه‌پوستان با عنوان نغمهٔ روحانی اشاره خواهد شد. نغمهٔ روحانی سیاه‌پوستان ریشه در سرودهای بردگان قرن هجدهم و نوزدهم آمریکا دارد. موسیقی غم‌انگیز بردگان از همان لحظه‌ای آغاز شد که پا بر عرشهٔ کشتی‌های برده‌بر گذاشتند، جایی که «سرودهایی از اندوه و سوگواری می‌خواندند... آن‌ها سرودهایی می‌خواندند که بیانگر ترسشان از ضرب و شتم، کمبود خوراک — به‌ویژه نبود غذای بومی خودشان — و هرگز بازنگشتن به سرزمینشان بود.»[3]

سرودهای بردگان در مزارع، کاربردهای گوناگونی داشته است. سه قالب موسیقی از سرودهای بردگان در این دوران شکل گرفت.[4] سرودهای مزارع ترانه‌هایی برای برقراری ارتباط میان کارگرانی بودند که در مزارع کار می‌کردند. این نوع نغمه‌ها صداهایی بودند برای فراخوانده شدن، یعنی برای آب و غذا و کمک. همچنین این نوع نغمه‌ها ترانه‌ای از احساس تنهایی و غم و حتی شادمانی محسوب می‌شدند. بردگان اجازه نداشتند هنگام کار در مزارع با یکدیگر صحبت کنند، اما اجازه داشتند سرود بخوانند. بنابراین راهی برای ارتباط برقرار کردن با هم ابداع کرده بودند که برای صاحب‌کاران و برده‌داران سفیدپوست قابل فهم نبود.

---

۱. اصطلاح «سرودهای روحانی سیاه‌پوستان» اصطلاحی محترمانه و مناسب برای دسته‌ای از ترانه‌های سنتی کلیسا است. اصطلاحات «سیاه‌پوست آفریقایی‌آمریکایی» و «نگرو» در میان بیشتر موسیقی‌شناسان و سرودپژوهان به‌صورت مترادف استفاده می‌شوند.

۲. «سرودهای روحانی سفیدپوستان» گونه‌ای از ترانه‌های فولکلور آمریکایی‌اند که در احیاها و اردوهای مسیحی مناطق مرزیِ پیش از جنگ داخلی آمریکا، شکل گرفتند. برای تسهیل در سراییدن پرشور این ترانه‌های ساده اما پرانرژی، کتاب‌های نت‌نویسی موسوم به «شیپ‌نت» Shape-note منتشر شدند. این ترانه‌ها به میراثی از آهنگ‌ها و متونِ انگیزه بخش منجر شدند.

۳. اکروید کلکستون، لحظات شهادت‌ها . . احترام به دوران خرید و فروش بردگان، ص ۳۴، نقل‌شده در: دی. جی. اپستین، سرودهای گناه آلود و نغمه‌های روحانی: از موسیقی سیاه‌پوستان تا دوران جنگ‌های داخلی (اربانا: دانشگاه ایلینوی، ۲۰۰۳)، و بازنقل در: اندرو ویلسون‌دیکسون، «موسیقی کلیسایی آفریقایی‌آمریکایی‌ها»، در: موسیقی و روند پیشروی پرستش مسیحی. جلد ۴، کتاب ۱ از کتابخانه کامل پرستش مسیحی نشویل: استار سانگ، ۱۹۹۴)، ص ۲۴۱.

۴. آنجلا اِم. اِس. نلسون، «سرودهای روحانی: در کورهٔ برده داری، قالب ماندگاری از موسیقی شکل گرفت، تاریخ مسیحی، شماره ۳۱ (۱۹۹۱): ص ۳۰-۳۱.

«سرودهای کار» نوع دیگری از سرودهای بردگان محسوب می‌شد. سرودهای کار اغلب ضرب‌آهنگی مناسب برای کار داشت و به بردگان کمک می‌کرد یکنواختی کارهای روزانه را بشکنند و با دشواری و سختیِ کار، روحیه خود را از دست ندهند.

سومین نوعِ سرودهای بردگان، در قرن هجدهم میلادی ابداع شد که نغمهٔ روحانی نامیده می‌شود. نغمهٔ روحانی سرودهای مذهبی بود که در نقطهٔ مقابل سرودهای کار قرار گرفته بود. سرودهای روحانی بر اساس داستان‌های کتاب مقدس، علی‌الخصوص داستان نجات و منجیان (دانیال، موسی، الیاس، حزقیال، عیسی و سایرین) سروده می‌شدند. این سرودهای روحانی با ضرب‌آهنگ‌های کند و نت‌های طولانی، فرصت بداهه‌خوانی را در اختیار خواننده قرار می‌دادند (این امر مشخصهٔ استاندارد سبک سرودهای روحانی بردگان بوده است). سرودهای روحانی به واسطهٔ انتقال شفاهی، بیش از یک سده است که زنده مانده‌اند، چرا که برده‌ها اجازه نداشتند بنویسند؛ بنابراین این سرودهای روحانی روی کاغذ نوشته نمی‌شدند بلکه به‌عنوان آوا و نغمه‌هایی روحانی از گوش به گوش منتقل می‌شدند.[1]

هنگامی که سرودهای روحانی بالاخره به رشتهٔ تحریر درآمدند، گروه‌هایی مثل «خواننده‌های فیسک جوبیلی» (گروهی از هم‌خوانان که قبلاً برده بودند و در دانشگاه فیسک نشویلِ تنسی تحصیل می‌کردند) نسخه‌ای از این نغمه‌های روحانی را به‌عنوان کنسرت اجرا کردند. آن‌ها از سال ۱۸۷۱ در سراسر آمریکا به اجرا می‌پرداختند و با اجرای نغمه‌های روحانی، برای تحصیلشان پول جمع‌آوری می‌کردند. با این وجود، در نیمهٔ دوم قرن بیستم بود که بالاخره نغمه‌های روحانی سیاه‌پوستان به‌عنوان سرودهای کلیسایی در کلیساها سراییده شد.

یکی از منحصر به‌فردترین مشخصهٔ نغمه‌های روحانی سیاه‌پوستان، قابلیت فراخوان و پاسخ است. یک تک‌خوان جملهٔ اول یا سؤال را می‌خواند و یک گروه دیگر به آن پاسخ می‌دهند. این دیالوگ تا انتهای هر سرود ادامه پیدا می‌کند. آموختن سرودهای پرسش و پاسخی، ساده بود؛ تنها لازم بود هر کس چند کلمهٔ تکرارشونده را یاد بگیرد تا کل سرود را آموخته باشد. به‌عنوان مثال می‌توان به این ترانه‌ها اشاره کرد: «آیا تو آنجا بودی هنگامی که خداوندم را بر صلیب کردند»، «او هرگز کلامی بیهوده بر زبان نیاورد»، «مرهمی در جلجتا هست»، «خداوندا می‌خواهم مسیحی باشم» و «ای ارابهٔ شیرین، آهسته بران».

نغمه‌های روحانی واقعاً برای ابراز احساسات نیکو هستند و دامنهٔ گسترده‌ای از ملودی‌ها، ضرب‌آهنگ‌ها و هارمونی‌ها را در بر می‌گیرند. اغلب این ترانه‌ها قابلیت بداهه‌خوانی دارند و اجازه

---

۱. آلیس پارکر، سرودخوانی خلاقانه، ویرایش دوم (چَپِل هیل: انتشارات موسیقی هینشا، ۱۹۷۶)، ص. ۵۸.

می‌دهند خواننده به‌خوبی احساساتش را بروز دهد. نغمه‌های روحانی سیاه‌پوستان مشارکتی با تمام بدن می‌طلبد (رقصیدن، دست زدن، پا کوبیدن، تعظیم کردن). نسخهٔ اصیل سرودهای روحانی سیاه‌پوستان به‌جز ساز کوبه‌ای، نیاز به همراهی ساز دیگری ندارند. زیبایی صدای انسان ذات ترانه و سرود را حمل می‌کند.

سرزندگی ضرب‌آهنگ نیز، یکی از ویژگی‌های منحصر به‌فرد نغمه‌های روحانی سیاه‌پوستان با ضرب‌آهنگ‌های سریع‌تر محسوب می‌شود.

سهم ویژهٔ سرودهای روحانی سیاه‌پوستان در پرستش‌ها، در احساسات عمیق انسانی آن‌ها نهفته است. هیچ موسیقی پرستشیِ دیگری نمی‌تواند تا این اندازه احساسات عمیق روح انسان را بروز دهد. این دسته از موسیقی‌های پرستشی، به پرستندگان اجازه می‌دهند احساسات عمیقشان را از تجربهٔ خدا بروز دهند.

پیشنهاد می‌کنم در هر کجای جنبش‌های پرستش که مایل هستید بسته به متن نغمه‌های روحانی سیاه‌پوستان، از این موسیقی استفاده کنید. برخی از این سرودها برای گردهم آمدن، برخی برای خدمت کلام، برخی برای شنیدن کلام خداوند و پاسخ به آن، و برخی برای فرستادن مناسب هستند. بسیاری از این سرودها به طور خاص برای پاسخ دادن به کلام مناسب‌اند، چرا که متن‌های این سرودها آکنده از احساسات است و نغمه‌های موجود در این نوع موسیقی، پرستندگان را تشویق می‌کند تا صادقانه با خدا سخن بگویند و برای نجات، خدا را بطلبند. بسیاری از این ترانه‌ها متونی برای دعاهای درخواستی در خود دارند که می‌توان با آن‌ها هم‌کلام شد.

زمانی نغمه‌های روحانی را بخوانید که جامعهٔ کلیسا نیاز دارد احساسات عمیق خود را به خدا ابراز کند («مرهمی در جلعاد وجود دارد») و یا خدا را برای نجات فرا بخوانند («مگر خداوند من دانیال را نجات نداده است؟»). هنگامی که پرستندگان آماده هستند تا صادقانه جان خود را به حضور خداوند بریزند، نغمهٔ روحانی سیاه‌پوستان می‌تواند این امر را تسهیل بخشد.

موسیقی انجیلی سیاه‌پوستان

پس از جنگ‌های داخلی، ملودی‌های مزارع راه را برای ورود سبک‌های دیگر به کلیساهای آفریقایی-آمریکایی باز کردند. در پایان قرن نوزدهم، قالب‌های گوناگون موسیقی در آمریکا رشد کردند: رگ تایم - بلوز - جَز. این قالب‌ها به یکدیگر وابسته بودند و روی همدیگر تأثیرگذار بودند. با رشد این سبک‌ها و با تشکر از رهبران مسیحی بااستعداد، موسیقی انجیلی سیاه‌پوستان متولد شد. دو آهنگ‌ساز اولیهٔ موسیقی انجیلی سیاه‌پوستان واقعاً در رشد و شکوفایی این سبک مؤثر بودند.

خادم کلیسای متودیست چارلز.آی. تیندلی با ترانه‌های («بعدها بهتر خواهیم فهمید» و «با من بمان») نه تنها موعظه می‌کرد بلکه سرودهای تازه‌ای را در اختیار کلیسا قرار داد، سرودهایی که وظیفهٔ آهنگ‌سازی و ترانه‌سرایی آن‌ها را، خود به دوش کشید.[1] کلیسای او در فیلادلفیا محلی برای رشد این سبکِ نوظهور از ترانه‌ها را فراهم کرد و به خاطر موسیقی پرشور پرستشی، شهرت زیادی به دست آورد. دومین آهنگ‌ساز مهم در این سبک،[2] مشهورترین پیانیست جَز و تأثیرگذارترین خواننده و ترانه‌سرای سبک موسیقیِ انجیلیِ سیاه‌پوستان بود؛ پیانیستی به نام توماس.اِی.دورسی (که با آهنگ مشهور «خداوند ارزشمندم، دست من را بگیر» شناخته می‌شود). او اولین کسی بود که در وصف این سبک روحانی موسیقی، واژهٔ «انجیلی» را به کار برد.[3]

در قالب پیشرفته، موسیقی انجیلی سیاه‌پوستان ادغامی از عناصر گوناگون موسیقی است: «نغمه‌های روحانی، سرودهای مسیحی قرن نوزدهم، سرودهای روحانی کلیسایی قدیمی[4]، بلوز، رگ تایم، جَز، و سرودهای انجیلی اروپایی - آمریکایی قرن نوزدهم». در حالی که موسیقی انجیلی سیاه‌پوستان یک سبک و قالب سرود محسوب می‌شود، اما سبک اجرای مشخصی نیز دارد.

سرود انجیلی یک اسم و همچنین یک فعل محسوب می‌شود چرا که می‌توان سرود انجیلی سیاه‌پوستان را اجرا کرد و یا می‌توان هر سرود دیگری را انجیلی اجرا کرد.[5] در اصل هر سرودی را می‌توان به روش سرودهای انجیلی سیاه‌پوستان اجرا کرد. ویژگی‌های قابل‌تشخیص ترانه‌های انجیلی سیاه‌پوستان عبارت‌اند از: توانایی تحسین‌برانگیز در تنوع در گسترهٔ صوتی، مهارت در بداهه‌پردازی، خطوط آوازی و نوازندگی پر تحریر، سرزندگی ریتمیک، و تنوع در تمپوها که امکان بروز ویژگی‌های شاخص ترانه‌های انجیلی سیاه‌پوستان را فراهم می‌سازند (ضرب‌آهنگ‌های کندتر فضای مناسبی برای تحریرهای دراماتیک آوازی و نوازندگی فراهم می‌کنند، در حالی که تمپوهای تندتر بیشترین بهره را از ریتم‌های پیشرفته و الگوهای سنکوپ‌دار می‌برند).[6]

در کنار این خصوصیات، یکی از مهم‌ترین خواص موسیقی انجیلی سیاه‌پوستان هم‌نوازی

---

۱. این رویه در سنت موسیقی انجیلی، چه در میان سیاه‌پوستان و چه سفیدپوستان رایج است. از این‌رو، کلمات و موسیقی تقریباً جدایی‌ناپذیرند.

۲. اندرو ویلسون‌دیکسون، داستان موسیقی مسیحی: از سرودهای گریگوریایی تا موسیقی انجیلی سیاه‌پوستان (مینیاپولیس: فورترِس، ۱۹۹۲)، صفحه ۲۰۴.

۳. ملوا ویلسون کاستن، پرستش مسیحی آفریقایی‌آمریکایی (نشویل: ابینگدون، ۱۹۹۳)، صفحه ۱۰۲.

۴. کاستن ، پرستش مسیحی آفریقایی‌آمریکایی صفحه ۱۰۲.

۵. کاستن ، پرستش مسیحی آفریقایی‌آمریکایی صفحه ۱۰۲.

۶. کاستن ، پرستش مسیحی آفریقایی‌آمریکایی صفحه ۱۰۳.

غنی صدا می‌باشد: در این نوع موسیقی از آکوردهای غنی استفاده می‌شود (این سبک معمولاً از آکوردهایی استفاده می‌کند که در آن‌ها نت هفتم یا نهمِ گام به کار رفته باشد)، و این امر تأثیر مستقیم موسیقی جَز و بلوز را نشان می‌دهد. صدای گیرا و الهام‌بخش موسیقی انجیلی سیاه‌پوستان باعث می‌شود این موسیقی بینافرهنگی باشد، در نتیجه از این موسیقی در حوزه‌های مختلف پرستشی استفاده می‌شود، چرا که موسیقی انجیلی سیاه‌پوستان پرستندگان را جذب می‌کند و باعث می‌شود ایمانداران با هم‌خوانی، رقصیدن، ابراز احساسات، و همچنین به لحاظ روحانی با این موسیقی ارتباط برقرار کنند. گروه‌های همخوانی موسیقی انجیلی سیاه‌پوستان، این نوع موسیقی را با قدرت تقدیم می‌کنند. نیرو و انرژی گروه کُر موسیقی انجیلی سیاه‌پوستان مثال‌زدنی است و تأثیری که روی کلیسا می‌گذارد همواره الهام‌بخش بوده است. در حالی که در نغمه‌های روحانی سیاه‌پوستان از سازهای زیادی استفاده نمی‌شود، امروزه در موسیقی انجیلی سیاه‌پوستان از پیانو، ارگ‌های الکتریک، گیتار الکتریک، گیتار بِیس، ساکسیفون و سازهای کوبه‌ای استفاده می‌شود.

سهم ویژهٔ موسیقی انجیلی سیاه‌پوستان در پرستش، آزادی در بیان است که در عین حال همگانی و فراگیر می‌باشد. این موسیقی می‌تواند جریانات و احساسات زیادی را (از پرستش و ستایش تا اندوه) برای پرستندگان بروز دهد و می‌تواند روحِ خجالتی‌ترین پرستندگان را آزاد کند تا در این تجربهٔ پر احساس، از صمیم قلب برای خدا بسرایند. موسیقی پرستشی سیاه‌پوستان، پرستندگان را غافل‌گیر می‌کند و قبل از آن که بدانید چه شده است، شما را جذب می‌کند تا به شکلی واحد با ایمانداران دیگر پرستش کنید. حتی پرستش کنندگان منفعل نیز به‌سختی می‌توانند در برابر حس خودجوش این موسیقی که با متونی صادقانه و جهان‌شمول همراه است و تقریباً هر کسی می‌تواند با آن‌ها هم‌ذات‌پنداری کند مقاومت کنند.

پیشنهاد من برای استفاده از موسیقی انجیلی سیاه‌پوستان در جلسات پرستشی، به متن و تا حدی به ضرب‌آهنگ قطعه بستگی دارد. چون در این نوعِ موسیقی به دامنهٔ گسترده‌ای از موضوعات پرداخته می‌شود، بنابراین سرودهای این سبک موسیقی می‌توانند برای تمام بخش‌های پرستش مفید باشند. بسیاری از قطعه‌های این سبک سریع هستند و با ضرب‌آهنگ‌های زنده می‌توانند به گردهم آمدن و داشتن روحیهٔ ستایشی کمک کنند. با این وجود بسیاری از کلیساهای آفریقایی - آمریکایی برای آغاز پرستش از ضرب‌آهنگ‌های کند استفاده می‌کنند تا پرستش‌ها، با احساس احترام آغاز شود. از طرفی بسیاری از قطعه‌های سبک موسیقی انجیلی سیاه‌پوستان، برای پاسخ‌دادن به کلام مناسب هستند، چرا که ذاتی شهادتی دارند. بندِ تأکید «بعد بهتر خواهیم فهمید» (۱۹۰۵) اثر تیندلی، الگوی فوق‌العاده‌ای در راستایِ تشویق ایمانداران برای پاسخ‌دادن به کلام می‌باشد:

هنگامی که صبح بیاید
هنگامی که مقدسین خدا در خانه گردهم آیند
داستان اینکه چگونه پیروز شده‌ایم را خواهیم گفت
چرا که در آن زمان بهتر خواهیم فهمید[1]

کلمات و ضرب‌آهنگ قطعات موسیقی، اصلی‌ترین چیزی است که باید برای به‌کارگیری موسیقی انجیلی سیاه‌پوستان در کلیسا به آن توجه داشته باشید.

هنگامی سرودهای انجیلی سیاه‌پوستان را بخوانید که، جامعهٔ کلیسا از الهام‌بخش بودن و پرانرژی بودن این سرودها سود ببرند («قدم برداشتن در بزرگراه پادشاهی») یا هنگامی که به احساساتی عمیق‌تر و آرام‌بخش نیاز دارند («در تمامی حیات»). مردم، با احساسات متفاوت به جلسات پرستشی می‌آیند. موسیقی انجیلی سیاه‌پوستان می‌تواند اکثریت پرستندگان را لمس کند و به آن‌ها اجازه می‌دهد به طرق مختلف با خدا وارد گفت‌وگو شوند.

سرودهای جهانی

در چه دوران فوق‌العاده‌ای زیست می‌کنیم، دورانی که سفر کردن و پیشرفت‌های فناوری باعث شده است بتوانیم با مردم و فرهنگ‌های سراسر جهان بیش از پیش آشنا شویم. اغلب مردم اکنون می‌توانند فرهنگ‌های گوناگونی را تجربه کنند و اگر قادر نباشند مستقیماً به کشورهای دیگر سفر کنند می‌توانند از طریق اینترنت و تلویزیون، فرهنگ‌های دیگر را بشناسند. هرچه باشد دنیای کوچکی است. آنچه که دربارهٔ فرهنگ‌ها صحت دارد دربارهٔ دنیای مسیحیت نیز صدق می‌کند و یکی از راه‌های اصلی که مسیحیان می‌توانند چندفرهنگی بودن کلیسا را تجربه کنند موسیقی است. «موسیقی مسیحیِ جهانی در قرن بیست و یکم، زندگی‌های ما را به نحوی اعجاب انگیز و تازه به هم متصل کرده است»[2] شواهد سراسر دنیا خبر از جهانی‌شدن می‌دهد، دائماً با اصطلاحاتی مانند «اقتصاد جهانی» «بازار آهنین» و «جامعهٔ جهانی» مواجه می‌شویم. سرودهای فرهنگ‌های مختلف به نحوی روزافزون وارد جلسات پرستشی کشورهای دیگر می‌شوند. جنبش جهانی تازه‌ای در راه است چرا که رهبران مسیحی دائماً در حال کشف کردن برکات و هیجان سراییدن سرودهای فرهنگ‌های دیگر در پرستش‌های کلیسای محلی هستند.

برای درک بهتر مفهوم «سرودهای جهانی» تعریفی را از این اصطلاح ارائه می‌کنم: «موسیقی

---

۱. در دسترسی عمومی. برخی بر این باورند که این ترجیع‌بند، الهام‌بخش ترانه‌ی «ما پیروز خواهیم شد» بوده است.

۲. روبرتا آر. کینگ، «تأثیر موسیقی مسیحی جهانی در پرستش»، مجله‌ی الهیات، اخبار و یادداشت‌های مدرسه الهیات فولر، بهار ۲۰۰۶، صفحه ۶.

مسیحی جهانی در اصل هر موسیقی‌ای که در کلیسای جهانی وجود دارد را شامل می‌شود. به طور ویژه این سبک، بر موسیقی‌های فرهنگی از جهان غیرغربی تمرکز دارد، جایی که ترانه‌ها اغلب به زبان‌های بومی اجرا می‌شوند و شیوه‌های اجرا تا حد زیادی به سنت‌های موسیقاییِ بومی خود وفادار باقی مانده است.»[1] سرودهای جهانی از دیدگاه غربی، شامل هر سرود مسیحی است که به زبان و فرهنگِ دیگری تعلق دارد. در دههٔ آخر قرن بیستم، سرودهای پرستشی کشورهای دیگر به آهستگی به میان مجموعهٔ سرودهای پرستشی کلیسای غرب راه پیدا کردند.

تا آن زمان، اغلبِ سرودهای کلیسای غرب، ریشه‌ای غربی و اروپایی داشت. اگر سرودهای کلیسایی به زبان دیگری به غیر از زبان انگلیسی ارائه می‌شد، اغلب سرودهای روحانیِ غربی بود که، برای خدمت مباشرین مسیحی به زبان‌های دیگر ترجمه شده بود تا مردمِ سایر فرهنگ‌ها بتوانند، سرودهای اصلی کلیسا را به زبان خودشان بخوانند. این عملکرد باعث شده بود پرستندگان فرهنگ‌های غیر غربی، چندان در زمینهٔ ساختن یا استفاده از سرودهای پرستشی کشور خودشان تشویق نشوند و پرستش‌ها را به سبک و سنت فرهنگ خود به انجام نرسانند.

خوشبختانه، فلسفهٔ بشارت مسیحی دارد از این باور که روش پرستشی غرب به روش‌های پرستشی سایر فرهنگ‌ها برتری دارد فاصله می‌گیرد. با این تغییر، اکنون می‌دانیم که مردم بومی سایر کشورها نه تنها باید اجازه داشته باشند سرودهای خودشان را بسازند و از طریق آن‌ها پرستش کنند، بلکه باید در این امر تشویق شوند. نکتهٔ مهم دیگر این است که، سرودهای فرهنگ‌های دیگر، جایگاه محترم و ضروری در پرستش‌های بینافرهنگی دارند. تعالیم الهیاتی در دانشگاه‌ها و کنفرانس‌های سراسر جهان، بیش از پیش ما را به سمت گوناگونی سرودها پیش می‌برد. پرستش‌شناسی قومی[2] به سرعت به یکی از حیاتی‌ترین شاخه‌ها تبدیل می‌شود و در آن به مطالعهٔ مردم و پرستش مسیحیان در سراسر جهان پرداخته می‌شود (فصل ۱۴ را مشاهده کنید). بدون شک اشتیاق رو به رشدی دربارهٔ شناخت قالب و محتوای پرستشی قومیت‌های دیگر وجود دارد.

با وجود پیشرو بودن جهان، گاهی اعتراضاتی دربارهٔ اضافه کردن سرودهای پرستشی که از فرهنگ یک قوم نیستند به سرودهای کلیسایی صورت می‌گیرد. برخی افراد فکر می‌کنند، چرا باید به زبان ناشناخته در کلیسا سرود بخوانیم و یا فکر می‌کنند سراییدن برخی از موسیقی‌های سایر کشورها و فرهنگ‌ها دشوار است. اما دلیل نیکویی برای سراییدن سرودهای جهانی وجود دارد. هنگامی که سرودهای پرستشی

---

۱. کینگ، «تأثیر موسیقی مسیحی جهانی در پرستش» ، صفحه ۶.

۲. «اتنوداکسولوژی» رشته‌ای نوپاست، یعنی مطالعهٔ قومیت‌ها و پرستش در فرهنگ‌های گوناگون. شبکه جهانی اتنوداکسولوژی http://www.worldofworship.org را بنگرید.

ملت‌های دیگری را می‌خوانیم، دیدگاه‌مان نسبت به خدا گسترش می‌یابد. همهٔ اقوام، دیدگاه منحصر به‌فردی دربارهٔ داستان خدا دارند و هیچ کدام از این بینش‌ها به تنهایی کامل نیست. هنگامی که خود را به چالش بکشیم و سعی کنیم خدا را از دیدگاه مسیحیان دیگری که در نقطه‌ای دیگر از جهانِ خدا زندگی می‌کنند بشناسیم، شناختمان از خداوند عمیق‌تر می‌شود. هنگامی که سرودهای پرستشی ملت‌های دیگر را می‌خوانیم، به این معنا است که به زندگی برادران و خواهرانمان که خداوند عیسای مسیح را در شرایطی متفاوت با ما پرستش می‌کنند اهمیت داده‌ایم. به‌عنوان مثال برخی از ایمانداران به سبب ایمانشان رنج‌های بسیاری را متحمل می‌شوند. با وجود اینکه ممکن است هرگز نشنوند که سرود آن‌ها را می‌خوانیم، ولی می‌توانیم این کار را در همبستگی با رنج‌های آن‌ها انجام دهیم و یکدیگر را تقویت و تشویق کنیم. هنگامی که سرودهای جهانی را بخوانیم، **جهانی** نیز دعا خواهیم کرد. اما مهم‌ترین دلیل برای سراییدن سرودهای جهانی این است که این سرودها، سرودهای کلیسای آسمانی است (مکاشفه ۷: ۹ و ۱۰). در پایان دوران‌ها، در پادشاهی خدا همگی یک سرود را خواهیم سرایید؛ چقدر لذت‌بخش است که این کار را از همین حالا آغاز کنیم!

سهم ویژهٔ سرودهای جهانی در پرستش، این احساس قدرتمند است که وحدت جامعهٔ مسیحی را در میان این گوناگونی احساس خواهیم کرد. پرستنده‌ای که صادقانه تلاش می‌کند صدای خود را با صدای مردمِ دیگر، چه نزدیک و چه دور—در ستایش خداوند— همراه سازد، به‌احتمال زیاد از چشم‌انداز خدایی که از سرودهای هر قوم و طایفه‌ای لذت می‌برد، الهام خواهد گرفت.

پیشنهادم برای استفاده از سرودهای پرستشی جهانی در پرستش‌های کلیسا، به هدف سرود بستگی دارد. چون معماران پرستش می‌توانند از مجموعه صدها سرود وام بگیرند، برخی از سرودها برای گردهم آمدن، برخی برای خدمت کلام، برخی برای شام خداوند و یا پاسخ به آن و برخی از سرودها برای مرحلهٔ فرستادن مناسب هستند. برخی از سرودها برای مکاشفه و سرودهای دیگر برای پاسخ به مکاشفه مناسب هستند. برخی از سرودها جنبهٔ دعایی دارند و سایر سرودها برای ستایش خدا مناسب هستند. پس واجب است بپرسیم «این سرود خاص برای چه کاری مناسب است؟» تا بتوانیم از هر سرودی درست استفاده کنیم.

لازم است در معرفی سرودهای جهانی به نکات ویژه‌ای توجه کنیم. مهم است که سرودها را به دلایل درست به کار بگیرید. نباید برای اینکه همگام جامعه باشید یا نکته‌ای را اثبات کنید از این سرودها استفاده کنید. اطمینان حاصل کنید که این سرودها، نه برای تعلیم دادن اعضا دربارهٔ فرهنگ‌های دیگر، بلکه به عنوان عناصری از پرستش معرفی می‌شوند. هر سرود را در محلی که برای آئینِ متناسب به کار گرفته می‌شود قرار دهید. از کسانی که آگاه هستند (کسانی که با فرهنگ

کشور آن سرود آشنا هستند) بخواهید تا شما را به عنوان رهبر پرستشی، دربارهٔ آن فرهنگ، زبان و همچنین دیدگاهی که آن سرود قصد دارد راجع به خدا ارائه دهد، تعلیم دهند. سعی کنید تا حد امکان شیوهٔ اصیل اجرای آن سرود را بازآفرینی کنید.[۱] اجازه دهید سرود به بخشی از وجود شما تبدیل شود سپس دیگران—گروه هم‌خوانان و گروه پرستشی—را تعلیم دهید. کودکان مشتاق‌اند سرودهای ملت‌های دیگر را بیاموزند؛ این کار را به تجربه‌ای بینانسلی تبدیل کنید. هنگامی که رهبران آماده بودند، به آرامی سرودها را با مشارکت اعضای کلیسا هدایت کنید. مشتاق باقی بمانید و این کار را آهسته انجام دهید. اشتیاق شما باعث تشویق سایرین می‌شود. بیش از حد دربارهٔ سرودها توضیح ندهید، اجازه بدهید سایر پرستندگان، موسیقی را تجربه کنند. ساده شروع کنید و از آنجا پیش روید.

سرودهای پرستشی جهانی را بخوانید تا در عظمت خدا شادی کنید، تا گسترهٔ خلقت خدا را جشن بگیرید و به پرستندگان یادآوری کنید که خدا مردمان همهٔ ملت‌ها را محبت می‌کند و احساس عمیق‌تری از جامعهٔ مسیحی و مشارکت مسیحیان را پرورش دهید (سیاهمبا، «کنته دِ اِسپرانزا»، «دون نا توکیدمو»).

جمع‌بندی و نتیجه‌گیری

در این فصل سعی کردم ضرورت سرودهای پرستشی را به طور کلی توضیح دهم و خانواده‌های گوناگون سرودها را به شکلی خاص توضیح دهم. هر کلیسا حداقل باید با گروهی از این سرودها احساس راحتی کند که در اصل نشانگر صدای پرستش آن‌هاست. ولی نیکو و مفید است اگر بتوانیم دایرهٔ خود را کمی بزرگ‌تر بکشیم و چند سبک دیگر از سرودها را نیز در پرستش‌های خود بگنجانیم و گسترهٔ عظیم جامعهٔ مسیحی را تصدیق نماییم. شکل ۱۰ . ۱ به ما کمک می‌کند تا تجسم کنیم که اگرچه دایرهٔ ما بر نوع خاصی از ترانه که نمایانگر سنت ما است متمرکز خواهد بود، اما می‌توانیم به مرور زمان و در موقعیت‌های مناسب، انواع دیگر سرودها را نیز وارد کنیم تا در نهایت، سرودهای تمام کلیسا را بخوانیم.

---

۱. برخی بر این باورند که عبادت‌کنندگان غربی نباید از ترانه‌های غیرغربی استفاده کنند، چرا که نمی‌توانند شیوهٔ بومی اجرای این ترانه‌ها را به‌درستی درک و اجرا کنند و استفاده از آن‌ها ممکن است نوعی بی‌احترامی تلقی شود. کسانی که چنین نظری دارند، بر این باورند که اجرای ضعیف این ترانه‌ها، بی‌احترامی به مردمان آن فرهنگ است. من با این دیدگاه مخالفم. در حالی که باید نهایت تلاش خود را برای اجرای اصیل این ترانه‌های جهانی انجام دهیم، هدفی والاتر نیز وجود دارد: مشارکت در سرود جامعهٔ جهانی مسیحیان و در انتظار پادشاهی آسمانی و جلال خداوند.

شکل ۱۰ . ۱ سراییدن خانوادهٔ سرودها

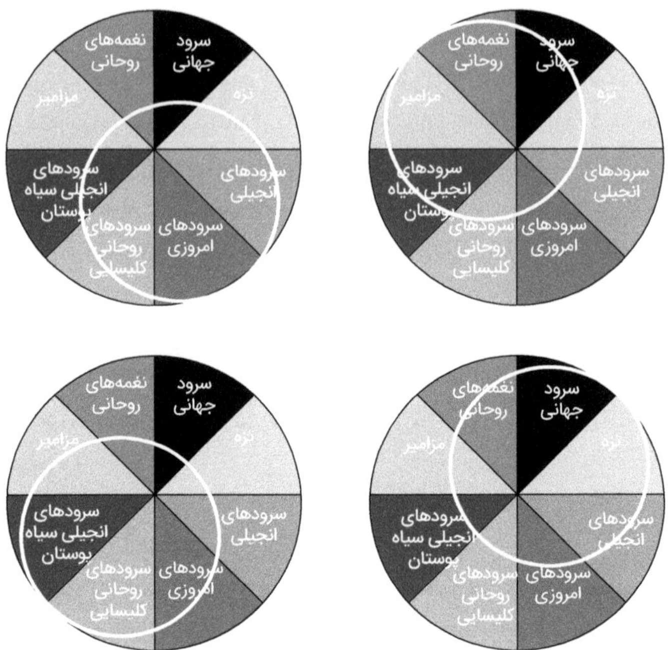

امیدوارم معماران پرستش منابع سرودهای پرستشی کلیسایی خود را گسترش دهند. اگر این کار را انجام دهید، پنجرهٔ بزرگتری را به سوی پرستش خواهید گشود. پنجرها اجازه میدهند نور وارد شود؛ موسیقی باعث روشنی و خوشحالی پرستندگان می‌شود. پنجرها همچنین چشم اندازی دو سویه مهیا می‌کنند تا درون و بیرون دیده شود. هنگامی که سرود میخوانیم، به خدا چشم دوخته‌ایم و همچنین خدا به ما نگاه می‌کند و در سرودها به ما می‌پیوندد (صَفَنیا ۳ : ۱۷) به کار گیری روحانی و آگاهانهٔ سرودها بینش ما را نسبت به خدا و یکدیگر گسترش می‌دهد.

در این فصل سعی کردم نشان دهم در پرستش چه سرودهایی را می‌خوانیم و چرا. در فصل بعدی به معماران پرستش کمک می‌کنم درک کنند چه سرودهایی باید سراییده شود تا بهترین انتخاب‌ها را انجام دهند و با استفاده از مجموعه سرودها به بهترین شکل به کلیسا کمک کنند با خدا گفت‌وگو داشته باشد.

اصطلاحات کلیدی

آنتیفون: بیت یا عبارتی از مزامیر است که به‌صورت متناوب و رفت و برگشتی خوانده می‌شود.

موسیقی انجیلی سیاه‌پوستان: سرودهای انجیلی که در اوایل قرن بیستم میلادی در کلیسای مسیحیان سیاه‌پوست متولد شد و از ترکیب رگ تایم، بلوز و جز الهام و تأثیرات زیادی گرفته است.

کنتیکل: یک شعر یا متن سرود که در نقطه‌ای به جز مزامیر در کتاب مقدس نوشته شده باشد.

پرستش‌شناسی قومی (برگرفته از واژگان یونانی اِتنس به معنی قبیله یا ملت، و دکسا به معنی جلال): به مطالعهٔ مردم و پرستش‌های مسیحی در سراسر جهان می‌پردازد.

سرودهای پرستشی جهانی: سرودهای مسیحی از نقاط مختلفِ دیگرِ جهان که در پرستش‌ها به کار گرفته می‌شود، و در آن‌ها توجهٔ خاصی به زبان بومی کشورها و نحوهٔ پرستش‌های بومی شده باشد.

سرودهای انجیلی: شعری بر اساس شهادت شخصی که، کلامِ شهادتِ فردی و یا ایمان را در رابطه با خدا بیان می‌کند و اغلب به شکل مصرع‌های پیوسته با یک بند تأکید نوشته می‌شود.

سرودهای روحانی پرستشی: اشعار روحانی غنی که جمله یا عباراتی از باورهای مسیحی را دربارهٔ خدا ابراز می‌کنند و معمولاً دارای مصرع‌های قافیه‌دار هستند و برای سراییدن جامعهٔ مسیحی نوشته شده است.

مزامیر منظوم: مزامیری که به‌عنوان ابیات شعر نوشته شده‌اند و غالباً الگوهای ابیاتشان، یکی است و همچنین در آن‌ها از ابزارهای شعر، مانند قافیه‌ها استفاده شده است.

موسیقی پرستشی مدرن: ترانه‌هایی مسیحی که برای مکان‌های مختلف پرستشی ساخته شده‌اند و از نظر ساختار، سبک‌ها و ابزارهای موسیقی به‌شدت شبیه سبک‌های موسیقی پاپ غربی هستند.

کتاب سرود مزامیر: کتاب سرودی که به طور خاص از مزامیر و موسیقی تشکیل شده است.

تکرار (رفرین): بخشی ساده و تکرارشونده از سرود که در پایان هر بند قرار دارد و موضوع اصلی سرود را خلاصه می‌کند.

نغمهٔ روحانی: سرودهایِ ایمانی ساده که با فرهنگ شفاهی قرن هجدهم و نوزدهم بردگان آمریکایی سروده شده‌اند و اغلب نشان از موضوع رهایی از اسارت داشته و در قالب پرسش و پاسخ اجرا می‌شوند.

تِزه: سبکی تأمل‌برانگیز از سرود که مختص جامعهٔ تِزه در فرانسه است و معمولاً ساده، کوتاه، تکراری، آکوستیک و اغلب شبیه نغمه‌های مذهبی اجرا می‌شود.

بیشتر بیاموزید

جیمز ابینگتن، مطالعهٔ در موسیقی و پرستش کلیسای آفریقایی آمریکایی جلد ۱. شیکاگو: جی.آی. ای ۲۰۰۱

جیمز ابینگتن، مطالعهٔ در موسیقی و پرستش کلیسای آفریقایی آمریکایی جلد ۲. شیکاگو: جی.آی. ای ۲۰۱۵

چری، کانستنس.ام. «معمار موسیقی: طرح‌های اولیه برای جذب پرستش‌گران در سرود.» گرند رپیدز: بیکر آکادمیک، ۲۰۱۶.

فارلی، رابرت باکلی، ویراستار. «رهبری سرود کلیسا.» مینیاپولیس: آوگزبرگ فورترس، ۱۹۹۸.

فورتوناتو، فرانک، پل نیلی و کارول برینمن، ویراستاران. «تمام جهان در حال سراییدن است: جلال خدا در موسیقی پرستشی ملل.» کلرادو اسپرینگز: آثنتیک مدیا، ۲۰۰۶.

شبکه جهانی اتنودوکسولوژی. http://www.worldofworship.org/.

گری، اسکاتی. «علم تفسیر سرودها: رویکردی جامع و یکپارچه برای فهمیدن سرودها.» میکون، جورجیا: اسمیت و هلویس، ۲۰۱۵.

هاون، سی. مایکل، ویراستار. «سرودهای جدید ستایش: سرود کلیساها در قرن بیست و یکم.» شیکاگو: جی‌آی‌ای، ۲۰۱۳.

هاون، سی. مایکل، یک نان، یک بدن: بررسی تنوع فرهنگی در پرستش.» هرندون، ویرجینیا: مؤسسه آلبان، ۲۰۰۳.

لیم، سوی هانگ و لستر روت. «عشق به عیسی: تاریخ مختصر پرستش معاصر.» نشویل: آبینگدون، ۲۰۱۷.

«یک خدا، یک ایمان، یک تعمید: سرودنامه جامع روحانی اکوامنیک آمریکایی‌آفریقایی.» شیکاگو: جی‌آی‌ای، ۲۰۱۸.

«مزامیر برای تمام فصل‌ها: سرودنامه کامل مزامیر برای پرستش.» منابع مسیحی فیث الایو. گرند رپیدز: مؤسسه کالوین برای پرستش مسیحی؛ برازوس پرس، ۲۰۱۲.

وسترمایر، پاول. «ته دئوم: کلیسا و موسیقی.» مینیاپولیس: فورترس، ۱۹۹۸.

ویتولیت، جان دی. «مزامیر کتاب مقدس در پرستش مسیحی: معرفی کوتاه و راهنمای منابع.» گرند رپیدز: اردمنز، ۲۰۰۷.

یورک، تری دبلیو. و سی. دیوید بولین. «صدای کلیسای ما: طلبیدن و ستایش خدا » نشویل: آبینگدون، ۲۰۰۵.

مشـغول شوید

یک مجموعه سرود روحانی چاپ ۲۰۱۰ به بعد را که توسط یک انتشاراتی بزرگ منتشر شده، پیدا کنید.

۱. فهرست موضوعات را بررسی کنید تا نمونه‌هایی از، هر یک از سبک‌های سرود که در این فصل مورد بررسی قرار گرفتند را بیابید. ببینید آیا می‌توانید حداقل برای هر نوع سرود، دو مورد را پیدا کنید.

۲. سرودهای پرستشی که یافته‌اید را بررسی کنید و با دقت به متن سرود و لحن ملودی‌ها توجه کنید. هر کدام از این سرودهای پرستشی می‌توانند در کدام بخش از جلسهٔ پرستشی به کار گرفته شود؟ در بخش گردهم آمدن، خدمت کلام، شام خداوند یا پاسخ جایگزین و یا فرستادن؟ کدام یک از سرودها می‌تواند به عنوان عمل خاص پرستشی مثل (دعاها ، هم‌خوانی قاموس‌نامه‌ها و غیره) به کار گرفته شود؟

یازده

ملاقات با خدا در موسیقی

تقدیم رهبری موسیقی «صحیح»

جستجو کنید

قبل از مطالعهٔ فصل ۱۱، تعدادی از دوستانتان را گردهم آورید و فهرستی از خصوصیات نیکویی که مایلید یک رهبر پرستشی داشته باشد تهیه کنید. ببینید چند خصوصیت را می‌توانید در آن فهرست بگنجانید. سپس، ببینید آیا این خصوصیات در یک دسته‌بندی مشخص قرار می‌گیرند یا خیر. کدام یک از مشخصات (دسته‌بندی‌ها) در اولویت قرار می‌گیرند؟

حالا که اندیشیدن را آغاز کردید، افکار خود را در مطالعهٔ فصل ۱۱ گسترش دهید.

گسترش دهید

به رهبری ویژه نیاز است تا موسیقی پرستشی را هدایت و تنظیم کند، چرا که پرستش در اتحاد کلیسا با هر محیط دیگری تفاوت دارد. به‌عنوان مثال، به کار گرفتن موسیقی پرستشی در جلسات رسمی کلیسا به‌شدت با برنامه‌ریزی برای کنسرت کلیسایی یا کار با برنامه‌های آموزشی موسیقی تفاوت دارد. مسلماً موارد مشابهی در برنامه‌ریزی‌ها وجود دارد اما، در به کارگیری موسیقی برای جلسات پرستشی باید به موارد منحصر به‌فردی توجه داشته باشید. یک رهبر، نه تنها باید به انتخاب موسیقی

مناسب دقت کند بلکه باید توجه کند که موسیقی در کلیسا چگونه عمل خواهد کرد، جایگاه هر قطعه در آیین‌های جلسات چگونه خواهد بود و یا هر قطعهٔ موسیقی در فرهنگ و محیط کلیسا چه سخنی خواهد داشت. پس برای اینکه موسیقی بتواند نقش ویژهٔ خود را در گفت‌وگوی بین خدا و قوم خداوند ایفا کند باید عمیقاً راجع به امور گوناگونی بیندیشید . این موارد، رهبری بی‌نقص را طلب می‌کند: به رهبری نیاز است که بتواند از دیدگاه‌های گوناگون به موسیقی و پرستش اندیشیده و نتایج را با هم تلفیق کند. در چنین جایگاهی به یک موسیقیدان نیاز است.

یک شبان موسیقیدان، رهبری است با مهارت‌ها و مسئولیتی خدا دادی در زمینهٔ انتخاب کردن و به کار گرفتن موسیقی در پرستش، به نحوی که بتواند به آیین‌های پرستش کمک کرده و با اندیشیدن به موارد الهیاتی، محیطی و فرهنگی، موسیقی کلیسا را برای هدف نهایی یعنی جلال دادن خدا به کار بگیرد.

اصطلاح «شبان موسیقیدان» در حوزه‌هایی از مسیحیت شناخته شده است و در برخی شاخه‌ها شناختی دربارهٔ آن وجود ندارد، اما این اصطلاح اهمیت زیادی دارد. اجازه دهید در ابتدا راجع به شبان موسیقیدان سخن بگویم. شبان موسیقیدان کسی است که:

- ایمان مسیحی را پذیرفته و مطابق آن زیست می‌کند.
- به لحاظ روحانی به بلوغ کافی رسیده است.
- در حوزهٔ پرستش به خدمت فراخوانده شده است.[۱]
- وظیفهٔ اصلی او در زمینهٔ پرستش و خدمت موسیقی می‌باشد .[۲]
- رابطهٔ بین موسیقی و آیین‌های پرستش را درک می‌کند.
- درک می‌کند که موسیقی در خدمت متون و کلام است.
- نزد خدا و دیگران مسئولیت‌پذیر است و برای به دست آمدن بهترین نتیجه می‌کوشد.
- به طور کلی وظایف خود را با حساسیت نسبت به هدف اصلی و کلی پرستش، تقویم مسیحی، و باورهای انجیلی در نظر می‌گیرد.
- کلیسای مقدس مسیح را ارج می‌نهد و مایل است در شناخت آن رشد کند.

۱. شبان موسیقیدان: الزامی ندارد که، فردی که در این سمت کار می‌کند دارای مدرک رسمی یا کاری باشد، گرچه کسانی که چنین مدارکی دارند می‌توانند شبان موسیقیدان نیز باشند. شبان موسیقیدان بودن بیشتر به رویکرد فرد در زمینهٔ پرستش و خدمت موسیقایی مربوط می‌شود تا به داشتن مدرکی رسمی. همچنین، یک شبان موسیقیدان لزوماً نباید موسیقیدانی آموزش‌دیده باشد. رهبران غیرموسیقایی (مانند برخی واعظان) می‌توانند با ذهنیت یک شبان موسیقیدان وظایف خود را انجام دهند. شبان‌های موسیقیدان بیش از آنکه نگران اجرای موسیقی باشند، به فلسفهٔ پرستش موسیقایی کلیسا اهمیت می‌دهند.

۲. این مسئولیت‌ها می‌تواند نیمه‌وقت یا تمام‌وقت، داوطلبانه یا با پرداخت حقوق باشد.

- جامعهٔ ایمانداران محلی را درک می‌کند و از جایگاه ویژهٔ نقش موسیقی در آن کلیسا آگاه است.
- موسیقی را نه به خاطر موسیقی بلکه به خاطر هدفی بزرگ‌تر انتخاب کرده و به کار می‌گیرد.[1]
- درک می‌کند که جامعهٔ مسیحی نیاز دارد حقیقت را از طریق موسیقی اعلام نموده و همچنین از طریق موسیقی به حقیقت واکنش نشان دهد.
- اولویت توجه او به موسیقی اختصاص دارد که تمام پرستندگان می‌توانند با آن ارتباط برقرار کنند.
- به دنبال این است که پرستندگان را از نقش شنونده به سوی مشارکت فعال هدایت کند.
- نه تنها از نظر سبک بلکه از لحاظ هدف به گستره‌ای از سرودهای پرستشی علاقه‌مند است.
- درک می‌کند انجیل، احساسات گوناگونی را پدید می‌آورد که طیفی از شادمانی تا اندوه و از آرامش تا به غیرت آمدن را شامل می‌شود.
- از قدرت تشخیص الهیاتی برخوردار است.
- به جامعهٔ پرستشی کمک می‌کند کل داستان خدا از خلقت تا پایان دوران‌ها را بسرایند (اسکاتن).

در این فصل، با جزئیات به هشت وظیفهٔ مهم شبان موسیقیدان: ارزیابی سرودهای پرستشی، در نظر گرفتن محتوای فرهنگی، درک نقش سرودهای کلیسایی، درک عملکرد سرودهای کلیسایی، تصمیم‌گیری بر اساس اصول موسیقی، یاری رساندن به کلیسا در راستای سراییدن داستان کامل خدا، انتخاب و قرار دادن آگاهانهٔ سرودها در جلسات پرستشی و لذت بردن از ساختارهای موسیقی و شناخت ساختارهای موسیقی (خطی و چرخشی) خواهم پرداخت.

ارزیابی سرودهای پرستشی

در فصل ۱۰، مخاطبین کتاب با خانواده‌های گوناگونی از سرودهای کلیسایی که در حوزهٔ پرستش

---

۱. نیکلاس ولترستورف بر این باور است که تمایز میان موسیقی «کاربردی» و موسیقی «مطلق» تمایزی ساختگی است. او استدلال می‌کند: چیزی به‌نام موسیقی مطلق وجود ندارد، زیرا هر موسیقی دارای کارکردی ویژه است. ما نباید موسیقی مسیحی که در خدمت پرستش است را فرزندخواندهٔ موسیقی مطلق بدانیم و آن را پست بشماریم. «تفکر دربارهٔ موسیقی کلیسایی» نوشته‌ی ولترستورف در موسیقی در پرستش مسیحی: در خدمت آیین‌ها، ویراستاری شارلوت کروکر (کالج‌ویل، مینه‌سوتا: لیتورجیکال پرس، ۲۰۰۵)، صفحات ۳-۱۶را مشاهده کنید.

مسیحی وجود دارد آشنا شدند. هر خانواده بخشی از مجموعه سرودهای پرستشی را تشکیل می‌دهد که رهبران پرستشی می‌توانند از آن گروه وام بگیرند.[1] با این وجود، در هر سبک از موسیقی کلیسایی انتخاب‌های عالی، انتخاب‌های معمولی و انتخاب‌های ضعیف وجود دارد. تمام قطعات موسیقی در سبک‌های گوناگون برای استفاده مناسب نیستند. برخی از سرودها از لحاظ الهیاتی دارای محتوای ضعیف یا نادرست هستند و یا اشعار آن‌ها گیرا و یا به حد کافی هنرمندانه نیست؛ گاهی اوقات موسیقی کسل‌کننده است یا با اشعار مطابقت ندارد. دلایل زیادی وجود دارد که چرا یک سرود می‌تواند در جلسات پرستشی به کار گرفته شود و یا چرا بهتر است از به کار گرفتن آن خودداری شود.

پس یک رهبر چگونه می‌تواند موسیقی پرستش کلیسایی را انتخاب کند؟ بستگی دارد این سؤال را از چه کسی بپرسید. برخی رهبران مستقیم به سراغ سرودهای محبوب پرستشی رادیویی سی.سی. ال.آی و ک‌ی.لاو می‌روند و از فهرست برترین و محبوب‌ترین سرودها تعدادی را انتخاب می‌کنند، در حالی که رهبران دیگری وجود دارند که به سراغ مجموعهٔ موسیقی منتخب خود می‌روند و اجازه می‌دهند «روح‌القدس آن‌ها را در انتخاب موسیقی هدایت کند».[2] عدهٔ دیگری از رهبران، انتخاب موسیقی را بر اساس علایق خود انجام می‌دهند، در حالی که عدهٔ دیگری از رهبران از اعضای کلیسا می‌خواهند که دربارهٔ آهنگ‌های محبوب کلیسا رأی دهند. در انتها سؤال بر جای خود باقی است: بهترین راه برای انتخاب کردن موسیقی پرستشی مناسب کلیسا کدام است؟ هر سرودی که یک رهبر پرستشی انتخاب می‌کند، چه آگاهانه و چه ناآگاهانه، در نقطه‌ای ارزیابی می‌شود. ارزیابی می‌تواند از یک اظهار نظر کوتاه «دوستش دارم» تا یک بررسی اندیشمندانه و کامل «از روش‌های صحیح برای سنجش این سرود استفاده کردم» متغیر باشد.

برای آغاز گفت‌وگو دربارهٔ ارزیابی و انتخاب سرودها برای پرستش، سه پیش‌فرضِ نخستین را اعلام خواهم کرد و سپس به منطق صحیح، در اهمیت انتخاب صحیح سرودها خواهیم پرداخت.

پیش‌فرض‌های نخستین

سه پیش‌فرض نخستین را در حوزهٔ ارزیابی و انتخاب سرودهای کلیسایی در نظر می‌گیریم.

پیش‌فرض ۱: هر ترانه و سرودی که نوشته می‌شود لایق سرایی‌ده شدن نیست. ممکن است این

۱. به یاد داشته باشید، فراتر از آنچه در فصل دهم ذکر شد سبک‌های موسیقایی بیشتری وجود دارد؛ فهرست فصل دهم صرفاً نقطهٔ آغاز بود.

۲. یکی از دانشجویان من در یک مؤسسه الهیاتی با موسیقیدانان کلیسای محلی خود مصاحبه کرد. به او گفته شد که این موسیقیدان حدود یک ساعت پیش از شروع جلسه، موسیقی را انتخاب می‌کند زیرا «روح در آن زمان بیشتر فعال است و خداوند او را راهنمایی خواهد کرد.»

نکته واضح به نظر برسد، اما گاهی ناآگاهانه فکر می‌کنیم هر قطعهٔ منتشرشده ارزشمند است. اینکه یک قطعهٔ موسیقی، چاپ شده یا در ایستگاه رادیویی پخش می‌شود، به این معنا نیست که حتماً موسیقی مناسبی برای پرستش کلیسا است.[1] حتی بین موسیقی‌های آهنگسازان محبوبمان هم انتخاب‌های ضعیف، بهتر و عالی وجود دارد. همهٔ ترانه‌های پرستشی با هم برابر نیستند؛ پس هر سرود پرستشی باید بسته به محتوا و قابلیت سنجیده شود.

پیش‌فرض ۲: همهٔ خانواده‌های سرودهای پرستشی را می‌توان با دیدگاه انتقادی بررسی کرد. هیچ سبک موسیقی از ارزیابی دقیق مستثنا نیست. همهٔ سرودها، از سرودهای کلیسایی تا سرودهای انجیلی و یا نغمه‌های روحانی سیاه‌پوستان تا موسیقی پرستشی مدرن، باید با یک دیدگاه و سنجشی انتقادی مورد بررسی قرار گیرند. ممکن است دسته‌بندی‌ها متغیر باشد، اما در همهٔ سبک‌ها باید سنجش کامل صورت گیرد تا تنها سرودهایی که کاملاً مناسب هستند انتخاب شوند.

پیش‌فرض ۳: اشخاصی که مسئول انتخاب سرودها هستند، برای آنچه که توسط کلیسا سروده می‌شود نزد خدا مسئول هستند. انتخاب موسیقی وظیفه‌ای است که وزن مسئولیت روحانی بزرگی را با خود خواهد داشت. تأثیرات انتخاب‌های ما وسیع خواهد بود چرا که، همانطور که در ادامهٔ فصل خواهیم دید، انتخاب سرودها عمیقاً روی پرستندگانی که سرودها را می‌سرایند تأثیر می‌گذارد.

با علم به پیش‌فرض‌ها، به معماران پرستش بینشی داده می‌شود تا بتوانند به ارزیابی سرودها برای پرستش بپردازند.

اهمیت انتخاب سرودها

افلاطون در جایی گفته است: «اجازه دهید سرود یک ملت را انتخاب کنم، و مهم نیست که چه کسی قوانین آن کشور را نوشته باشد.» او می‌دانست که قدرت سرودها در شکل دادن و تأثیر گذاشتن روی جماعت مردم تا چه اندازه است. در اصل، در نتیجهٔ جهان‌بینی صحیح و سرودهایی که با فرهنگ سروکار دارند، قوانینِ نهادِ جامعه به درستی نوشته خواهد شد. این جمله جسورانه است، ولی مفهوم آن نیکو می‌باشد. اگر به تأثیری که موسیقی پاپ آمریکا در سال‌های ۱۹۶۰ روی جوانان گذاشت بیندیشید ، مفهوم مورد نظر را درک خواهید کرد. یکی از نویسندگان نیوز ویک گزارش می‌دهد: «بسیاری از روس‌ها بر این باورند که نیروهای فرهنگ غربی که موسیقی بیتلز نماد آن بود،

---

۱. این برای رهبران پرستش یک معما است: بسیاری از گروه‌های موسیقی مسیحی، خود را «هنرمند پرستشی» می‌نامند، اما موسیقی‌ای که اجرا می‌کنند اغلب اصلاً برای پرستش در کلیسا نوشته نشده است. متأسفانه، برخی رهبرانِ بی‌توجه گمان می‌کنند صرفاً چون واژه‌ی «پرستش» روی قاب آلبوم نوشته شده، آن موسیقی مناسب کلیساست. در حالی‌که بسیاری از این موسیقی‌ها به دلایل مختلف برای استفاده‌ی جماعتی مناسب نیستند.

به فروپاشی کمونیسم کمک کردند؛ به‌تدریج اقتدار آن را از درون تهی کرده و فرسوده ساختند تا جایی که در نهایت کمونیسم فرو ریخت.»[1]

آنچه که دربارهٔ موسیقی دنیوی صدق می‌کند، در زمینهٔ موسیقی روحانی نیز صادق است: «اجازه دهید سرودهای پرستشی کلیسا را بنویسم، آنوقت اهمیت چندانی ندارد چه کسی الهیات کلیسا را بنویسد.»[2] این همان نکته‌ای است که افلاطون به آن اشاره کرده است: قلم از شمشیر قدرتمندتر است. دو نظریه دربارهٔ اینکه چرا سرودها تأثیرگذار هستند اعلام می‌کنم: (۱) سرودها به خاطر تکرار شونده بودنشان روی افکار کلیسا تأثیر می‌گذارند - چرا که تکرار سالیانه و مداوم سرودها پیغام آن‌ها را در قلبمان نهادینه می‌کند- ؛ (۲) هنگامی که موسیقی به متن ترانه اضافه می‌شود، عنصری احساسی وارد می‌شود که باعث وابسته‌تر شدنمان به پیغام یک سرود می‌شود. انتخاب متن سرودها، یکی از مهم‌ترین کارهایی است که معماران پرستش انجام می‌دهند، چرا که با این کار الهیات کلیسا (و جهان‌بینی آن) را به واسطهٔ اشعاری که انتخاب می‌کنند شکل خواهند داد. این مسئولیت بسیار مهیبی است.

معماران پرستش قدرت زیادی در تعیین آنچه که کلیسا به آن اعتقاد خواهد داشت در اختیار دارند و باید با دقت و جستجوی فراوان کلماتی که از زبان پرستندگان جاری می‌شود را انتخاب کنند.

برخی روش‌های عینی برای ارزیابی، ضروری هستند تا به رهبر پرستش کمک کنند در مورد هر سرود پرستشی تصمیم‌گیری‌های سنجیده‌ای داشته باشد. فهرستی از سوالات را فراهم کرده‌ام که می‌توانید دربارهٔ هر سرودی آن‌ها را مطرح کنید و تشخیص دهید آیا آن سرود یا مجموعهٔ سرودها برای پرستش کلیسا مناسب هستند یا خیر. (بخش‌های بعدی را مشاهده کنید). معمار پرستش باید سرودها را به همراه یک گروه انتخاب کند - شاید لازم باشد از یک گروه برنامه‌ریزی پرستش یا گروه پرستشی یا خادمین کلیسا استفاده کنید. این کار دیدگاه عینی و فارغ از سلیقهٔ شخصی را به‌بار می‌آورد و فرصتی عالی فراهم می‌کند تا رهبر پرستش، دیگران را در زمینهٔ امور پرستشی به سوی بلوغ روحانی هدایت کند.

سطوح سنجش

هر سرودی که برای پرستش مسیحی انتخاب شود، باید حداقل در سه حوزه مورد ارزیابی قرار گیرد: قدرت الهیاتی، قدرت شعر، و قدرت موسیقی. می‌توانید با استفاده از جدول انتهای فصل برای

۱. جاناتان آلتر، «می‌گویید خواهان انقلاب هستید. .»، نیوزویک، ۲۲ سپتامبر ۲۰۰۳، صفحه ۳۷.

۲. آر. دبلیو. دیل، نه سخنرانی دربارهٔ موعظه که در دانشگاه ییل، نیوهیون، کانتیکت ارائه شده‌اند (لندن: هادر و استاتن، ۱۹۵۲)، ص ۲۷۱، نقل‌شده در فرانکلین ام. سگلر و رندال بردلی، پرستش مسیحی: الهیات و اعمال آن، چاپ سوم (نشویل: بی‌انداچ، ۲۰۰۶)، ص ۱۰۶.

ارزیابی سرودها از دسته‌بندی «ضعیف»، «معمولی»، «قوی» و «خیلی قوی» استفاده کنید. هر پرسش در حوزهٔ ارزیابی به طور مختصر با سوالات پیگیرِ داخل پرانتز شرح داده شده است.

قدرت الهیاتی

برای تشخیص قدرت الهیتی یک سرود پرستشی، این سوالات را دربارهٔ متن سرود مطرح کنید تا ببینید بارِ الهیاتی سرود چگونه است:

- آیا تمامی متن شعر حقیقت است؟ (آیا تمام جملات شعر مطابق کتاب مقدس حقیقت دارند؟ آیا الهیات سرود یکدست است - آیا این سرود یک ایدهٔ الهیاتی یکدست را از ابتدا تا انتها با خود دارد؟ آیا نکتهٔ مهمی از قلم افتاده است؟ یا آیا اصطلاح یا عبارتی در سرود وجود دارد که الهیاتی محو و سؤال‌برانگیز را منتقل می‌کند؟)
- آیا متن سرود، ایده‌های کتاب مقدسی از تجربهٔ مسیحیان را شرح می‌دهد؟ (آیا سرود، حیات مسیحی را به نحوی که مطابق کتاب مقدس باشد بیان کرده است؟ یا دیدگاه دنیوی را دربارهٔ زندگی مسیحی منتقل می‌کند؟)
- آیا متن سرود با سنت کلیسای من مطابقت دارد؟ (آیا متن سرود با الهیات کلیسا و شاخهٔ مسیحی که در آن عضو هستم مطابقت دارد؟ آیا الهیات سرود، الهیات کلیسای اصلاحات است، یا الهیات پنطیکاستی یا غیره؟ آیا نظریات ارائه‌شده در سرود دربارهٔ معنی فیض، ارادهٔ آزاد، نجات شخصی و روح، قابل پذیرش است یا ایده‌ای در سرود وجود دارد که با الهیات شاخهٔ مسیحی که به آن تعلق دارم متفاوت می‌باشد؟)
- آیا در متن سرود اشارات مستقیم به کتاب مقدس وجود دارد؟ (آیا کلمات، عبارت‌ها و تصاویری در سرود وجود دارد که منبع کتاب مقدسی آن‌ها واضح باشد و یا در این زمینه کوتاهی شده است؟)
- آیا متن سرود تفسیر عادلانه‌ای از تعالیم کتاب مقدس ارائه می‌دهد؟ (آیا جملات متن سرود با تفسیر صحیح کلمات نوشته شده است؟ آیا بینشی که دربارهٔ تعالیم ارائه شده است با هدفی که از متنِ آیاتِ کلمات برگرفته شده است، به بهترین شکل مطابقت دارد یا در متن سرود، تلویحاتی وجود دارد که ممکن است با محتوای آیاتِ موردِ اقتباس مطابقت نداشته باشد؟)
- آیا متن شعر دائماً از اسامی و القاب کتاب مقدسی خدا بهره می‌برد؟ (آیا در متن، مطابق اسامی‌ای که در کتاب مقدس برای اشاره به خدا به کار برده شده، به خداوند اشاره می‌شود

یا متن شعر با ضمایر و یا اسامی‌ای که در کتاب مقدس به کار گرفته نشده است به خدا اشاره می‌کند؟)

- آیا متن شعر حاوی اشاراتی به تمامی ذات الهی خداوند می‌باشد؟ (آیا به پدر، پسر و روح‌القدس به نحوی تثلیثی اشاره شده است؟ آیا حداقل به یکی از اشخاص تثلیث اشاره شده است و اعمالی که به آن شخص تثلیث نسبت داده می‌شود صحیح است یا متن شعر اشاره‌ای به خدای تثلیث ندارد؟)
- آیا در متن شعر به یک ایدهٔ کامل الهیاتی اشاره شده است یا تنها به «نقطه نظراتی» دربارهٔ ایدهٔ الهیاتی اشاره شده است؟ (اصول الهیاتی متن شعر تا چه اندازه کامل هستند؟ آیا سرود یک حقیقت الهیاتی واضح، یعنی ایده‌ای که بارها عنوان می‌شود و قابل دفاع می‌باشد را بیان می‌کند؟ یا اینکه متن، عبارات پراکندهٔ کتاب‌مقدسی و مفاهیم الهیاتی را بدون پرداخت کافی و تنها به‌صورت تلویحی و بدون اینکه حقایق الهیاتی به‌طور روشن بیان شده باشند ارائه می‌دهد؟)

قدرت شعر

برای تشخیص قدرت شعر یک سرود پرستشی، این سوالات را از متن سرود مطرح کنید تا ببینید بار ادبی سرود چگونه است:

- آیا ساختار ادبی شعر نیکو است؟ (آیا قالب شعر به وضوح مشخص است یا بدون هیچ پیوستگی از یک موضوع به سمت موضوع دیگری می‌رود؟)
- آیا در متن از جملات کامل استفاده شده است؟ (آیا در متن شعر، از جملات کامل و مفهوم‌دار استفاده شده است؟ آیا علائم نگارشی به‌درستی به‌کار رفته‌اند؟ یا اینکه متن از عبارات ناقصی تشکیل شده که بدون ساختار مناسب، پشت سر هم آمده‌اند؟)
- آیا متن شعر از آرایه‌های ادبی به نحوی صحیح استفاده کرده است؟ (آیا در متن از هجاها، مفارقه‌ها و تصاویر زیبا استفاده شده است؟ یا در طول متن هیچ تلاشی در زمینهٔ استفاده از آرایه‌های شعر صورت نگرفته است؟)
- آیا متن شعر می‌تواند با قوهٔ تخیل کلیسا ارتباط برقرار کند؟ (آیا تصویر شعری‌ای که آهنگساز از آن استفاده کرده است می‌تواند الهام‌بخش پرستندگان باشد یا برای این سرود به قوهٔ تخیل نیازی نیست؟)
- آیا در متن شعر از کلمات قابل درک استفاده شده است؟ (آیا در متن از کلمات و عبارتی

استفاده شده است که اکثریت پرستندگان مفاهیمشان را درک می‌کنند؟ یا کلماتی به کار گرفته شده که غالباً جز دایرهٔ لغات اعضای کلیسا محسوب نمی‌شوند؟)

- آیا جریانی منطقی، در متن شعر وجود دارد؟ (آیا متن شعر به نحوی حرکت می‌کند که کاملاً منطقی باشد؟ یا در برخی نقاط شکاف‌های فکری وجود دارد و سراینده باید فرضیاتی را دربارهٔ قصد ترانه مطرح کند؟)
- آیا اشعار واضح هستند یا خیر؟ (آیا تمام متن حتی وقتی از تصویرسازی استفاده شده است قابل درک است یا شعر، گمراه‌کننده به نظر می‌رسد؟)
- آیا متن شعر الهام‌بخش است و باعث بنای ایمانداران می‌شود؟ (آیا شعر به بنا شدن ایمانداران کمک می‌کند؟ یا جملاتی دارد که باعث تشویق مسیحیان در ایمانشان نمی‌شود؟)
- آیا کلمات شعر با موسیقی هماهنگی دارند؟ (آیا کلمات به درستی در قطعهٔ موسیقی قرار گرفته‌اند؟ آیا نوای موسیقی همان روحی که در کلماتِ شعر وجود دارد را منتقل می‌کند یا از لحاظ لحن و روح، بین موسیقی و ترانه هماهنگی وجود ندارد؟)

قدرت موسیقی

برای تشخیص قدرت موسیقی یک سرود پرستشی، این سوالات را از متن سرود مطرح کنید تا ببینید بار موسیقی سرود چگونه است:

- آیا عبارات موسیقی به درستی طراحی شده‌اند؟ (آیا موسیقی به درستی تنظیم شده است و قالب کل قطعه به سهولت قابل تشخیص است یا عبارت موسیقی در کل تصادفی و آشفته به نظر می‌رسد؟)
- آیا ملودی اصلی به یادماندنی است؟ (آیا ملودی سرود به حدی جذاب هست که به سادگی به خاطر سپرده شود یا ملودی آهنگ آشفته به نظر می‌رسد؟)
- آیا خوانندگانِ معمولی به راحتی می‌توانند ملودی سرود را اجرا کنند؟ (آیا یک سرایندهٔ معمولی که تعلیم خاصی در خوانندگی دریافت نکرده است می‌تواند به آسانی قطعه را اجرا کند یا آموختن اجرای آن به زمان و تلاش زیادی نیاز دارد؟)
- آیا آهنگ به حد کافی جالب است که سرایندگان از مشارکت کردن در آن احساس کسالت نکنند؟ (آیا ملودی پویا است، ضرب‌آهنگ فعال وجود دارد و نقاط اوجی در سرود وجود دارد که جلوی کسالت آور شدن سرود را بگیرد؟ یا ملودی ثابت است و از لحاظ موسیقی

جذابیت چندانی ندارد؟)[1]

- آیا موسیقی با متن هماهنگی دارد؟ (آیا موسیقی به خوبی با متن شعر هماهنگی دارد؟ آیا نوای موسیقی همان روحی که در کلمات شعر وجود دارد را منتقل می‌کند یا از لحاظ لحن و روح، بین موسیقی و ترانه هماهنگی وجود ندارد؟)

یک برگهٔ سنجش و ارزیابی الهیاتی، شعری، موسیقایی برای هر سرود در انتهای این فصل و جدول ۱۱.۲ قرار داده شده است. مسلماً حوزه‌های دیگری وجود دارد که باید مدنظر قرار بگیرد؛ با این وجود این ابزار به معماران پرستش کمک می‌کند به نحوی منطقی دربارهٔ انتخابِ سرودها بیاندیشند و چارچوبی را برای همکاری با دیگران در زمینهٔ انتخاب سرودها فراهم کند. امیدوارم کسانی که مسئول انتخاب سرودها هستند، به بست دادن افق‌های فکری خود بپردازند و استانداردهای خود را در تشخیص، بهینه‌سازی کنند تا کلیسا بتواند در تشخیصِ ارزشِ سرودهای پرستشی که در اتحاد با هم می‌سرایند پیشرفت نماید.

در نظر گرفتن محتوای فرهنگی

هر شبانِ موسیقیدان در یک محیط خدمت می‌کند. محیط هر خدمتی، منحصر به‌فرد است. این دو جمله پایه‌های آنچه که هر شبان موسیقیدان باید دربارهٔ محیط خدمت مدنظر قرار دهد را بیان می‌کند. هر کلیسا با توجه به جماعتی که در آن شکل گرفته است، محیط منحصر به‌فرد خود را دارد. محیط شاملِ محل کلیسا، ریشه‌های تاریخی، شاخهٔ مسیحی، پیشینهٔ جمعیتی، باورهای الهیاتی، سطح سنی، سطح تحصیلی، وضعیت اجتماعی-اقتصادی و مواردی نظیر این می‌باشد. شبان موسیقیدانِ بالغ، وقت می‌گذارد تا با جنبه‌هایی از مشخصات کلیسا آشنا شود. او در دعا تشخیص می‌دهد که سرودهای کلیسا چگونه می‌توانند برای بنای جماعت ایمانداران، ابراز پرمعنای پرستش و احساساتِ کلیسا به کار گرفته شوند.

هر سرود ممکن است برای هر جماعت ایمانداری مناسب نباشد. آنچه برای یک کلیسا مناسب است ممکن است برای کلیسای دیگری مناسب نباشد چرا که هر کلیسا محتوا و محیطی متفاوت دارد. حتی اگر در مرحلهٔ ارزیابی، یک سرود بسیار با کیفیت باشد، هنوز هم باید بپرسید آیا این سرود برای یک کلیسا مناسب است یا خیر. پس دربارهٔ هر سرود باید موارد دیگری را نیز مدنظر داشته باشید:

---

۱. برخی نغمه‌ها، مانند نغمه‌های سرود مذهبی، به‌طور عمدی از نظر ملودیک پویایی کمی دارند. در مورد سرودهای مذهبی، خط ملودی بیشتر برای انتقال متن طراحی شده است، نه برای زیبایی ملودیک موسیقی، اگرچه بسیاری از این نغمه‌ها زیبا هستند.

- آیا متن سرود مطابق تجربهٔ کلیسای ما سخن می‌گوید؟ (آیا سرود مورد نظر، از تصاویر، مفاهیم و ایده‌هایی که کلیسا می‌تواند با آن ارتباط برقرار کند سخن می‌گوید؟)
- آیا اعضای کلیسای ما به خوبی می‌توانند سرود را بخوانند؟ (آیا با وجود اینکه توان موسیقی اعضای کلیسا باید به چالش کشیده شود، این قطعهٔ خاص در محدودهٔ توان اجرای جمعی اعضای کلیسای ما قرار دارد؟)
- آیا این سرود دیدگاه پرستشی کلیسای ما را منعکس می‌کند؟ (آیا جزئیات متن سرود با الهیات، تاریخچه و باورهای اجتماعی مورد پذیرش کلیسای ما مطابقت دارد؟)
- آیا این سرود تمام گروه‌های کلیسای ما را در بر می‌گیرد؟ (آیا همه می‌توانند با خواندن این سرود ارتباط برقرار کنند یا تنها گروهی خاص از اعضا با آن ارتباط برقرار خواهند نمود؟)

درک محتوای یک کلیسا برای شبان موسیقیدان مسئولیت مهمی محسوب می‌شود. در انتها، سرودی که ارزشمند است نیز اگر با محتوای فرهنگی کلیسای شما مطابقت نداشته باشد ممکن است از فهرست سرودهای کلیسای شما حذف شود. بنابراین شبان موسیقیدان «باید قابلیت‌ها و منابع کلیسا را درک کند و سپس موسیقی‌ای را برای کلیسا انتخاب کند که با توجه به آن قابلیت‌ها و منابع، در راستای ستایش خدا به کار گرفته شود.»[1]

درک نقش سرود کلیسا

نقش سرود کلیسا این است که بتواند در پرستش‌ها یک گفت‌وگوی اصیل ایجاد کند. سرود کلیسا نمی‌تواند نقش دیگری داشته باشد، چرا که سرود کلیسا یا بخشی از گفت‌وگو با خدا است یا بخشی خارج از گفت‌وگو با خدا محسوب می‌شود و هدف دیگری را خدمت می‌کند، که در این صورت اصولا جایگاهی در پرستش ندارد. سرود کلیسا باید تسهیل‌گر مکاشفه یا پاسخ به مکاشفه باشد (یا هر دو). پس ضروری است شبان موسیقیدان تشخیص دهد که سرودها برای مکاشفه و یا برای پاسخ متناسب هستند یا خیر.[2]

تا اینجا به نحوی کلی دربارهٔ معنی این دو اصطلاح سخن گفتیم. اما برای تشخیص اینکه هر سرود پرستشی، خدمت مکاشفه یا پاسخ را تسهیل می‌کند لازم است معنای دقیق این دو اصطلاح را درک کنیم.

---

۱. پائول وسترمایر، اصل مطلب: موسیقی کلیسایی به‌مثابه پرستش، دعا، اعلام حقیقت، روایت داستان خدا و هدیه (شیکاگو: انتشارات GIA، ۲۰۰۱)، ص ۱۸.

۲. این موضوع در فصل‌های ۱ و ۳ با جزئیات بیشتری بررسی شده است

مکاشفه، کلام خدا است که به جامعهٔ مسیحی اعلام می‌شود؛ یعنی اعلام حقیقت دربارهٔ خدای تثلیث و رابطهٔ خدا با قوم خود. مکاشفه را به عنوان بخشی از خدمت که در آن حقیقت خدا اعلام می‌شود در نظر بگیرید (جنبش دوم در نظم انجیلی: خدمت کلام).[1] اساسی‌ترین منبع مکاشفه، قرائت کلام خدا و موعظه روز می‌باشد. با این وجود، اعلام صریح حقیقت می‌تواند در طول جلسات از طرق دیگری هم انجام پذیرد: سرود خواندن کلیسا، شهادت‌ها، دعا، موسیقی از پیش مهیا شده و موارد دیگر. از این طریق، مکاشفه می‌تواند در سطوح جزئی نیز تقدیم شود، یعنی بخش‌های کوتاه گفت‌وگو که در کنار هم گفت‌وگویی بزرگ‌تر یعنی «گردهم آمدن، خدمت کلام، سهیم شدن در خداوند، و فرستادن» را شکل می‌دهند.

پاسخ، همان واکنشی است که قوم خداوند به حقیقتِ اعلام شده در مکاشفه نشان می‌دهند. پاسخ را به عنوان فرصت‌هایی از پیش مهیا شده یا در لحظه در نظر بگیرید، فرصت‌هایی که در اختیار قوم خدا قرار می‌گیرد تا با اعمال یا سرودها، به کلام واکنش نشان دهند. مثل مکاشفه، پاسخ دادن به حقیقت نیز می‌تواند در طول پرستش به طرق مختلف و از طریق عناصر پرستشی گوناگون صورت پذیرد. در این زمینه، پاسخ می‌تواند با «جواب دادن» در گفت‌وگو صورت گیرد تا گفت‌وگوی بزرگ‌تری شکل گیرد. اکنون بیایید این ساختار یعنی مکاشفه و پاسخ را در نظر داشته باشیم و این ساختار را در عناصر پرستش و به طور خاص در حوزهٔ سرودهای کلیسا به کار بگیریم.

هر عنصر پرستشی هنگامی به عنوان وسیله‌ای برای مکاشفه عمل می‌کند که حقیقتی را دربارهٔ خدا، موضوعات ایمانی یا تجربهٔ ایمان مسیحی اعلام کند.

به همین صورت، سرودهای کلیسا به عنوان ابزاری عمل می‌کند تا در هنگام نیاز، حقیقت به واسطهٔ آن اعلام شود. اگر محتوای یک سرود پرستشی کاملاً به اعلام کردن جملاتی دربارهٔ حقیقت خدا، ایمان و تجربهٔ مسیحی آمیخته باشد، شامل خدمت مکاشفه محسوب می‌شود. به عنوان مثال، سرود «اوه خدایا، تو نسل به نسل یاور ما بوده‌ای» یک اصطلاح اقتباسی از مزمور ۹۰ می‌باشد و ذات ازلی - ابدی خدا را توصیف می‌کند:

پیش از آنکه تپه‌ها برپا شوند یا زمین شکل گیرد،
تو خدایی از ازل، و تا ابد نیز همان خواهی بود.
هزار سال در نظر تو همچون شبی کوتاه می‌گذرد،
چون دیده‌بانی که پایان شب را می‌بیند پیش از طلوع خورشید.[2]

---

۱. برای شرح کامل مراسم کلام، به فصل ۵ مراجعه شود.

۲. بندهای ۳ و ۴. اشعار آیزاک واتس، ۱۷۱۹، مالکیت عمومی.

در جملات عمیق و راستین این متن، حقایقی دربارهٔ خدا آشکار می‌شود. هر عنصر پرستشی زمانی به عنوان ابزاری برای پاسخ در نظر گرفته می‌شود تا نشان دهد، حقیقتِ اعلام شده چه مفهومی برای پرستندگان دارد. سرودها می‌توانند مانند ابزاری پرستشی عمل کنند و کلیسا را یاری رسانند تا معنایی که در مکاشفه دریافت کرده‌اند را بروز دهند. اگر محتوای یک سرود پرستشی به طور خاص صرف یاری رساندن به جمع ایمانداران شده است تا به مکاشفهٔ خدا پاسخ دهند، چنین سرودی در راستای پاسخ دادن ایمانداران عمل می‌کند. یک پاسخ مناسب برای «اوه خدایا، تو نسل به نسل یاور ما بوده‌ای» می‌تواند هم‌خوانی مصرع «باز ایستید و بدانید» باشد که هر بندِ آن سه مرتبه سراییده می‌شود:

باز ایستید و بدانید که من خدا هستم
خداوند قادر مطلق خدای ما است
ایمان‌مان را در تو قرار می‌دهیم، ای خداوند[1]

در جمع‌بندی باید گفت، عناصر گوناگون پرستش می‌توانند در نقش مکاشفه و یا پاسخ به کار گرفته شوند. کلماتِ بیشترِ عناصرِ پرستشی اغلب حقیقتی را دربارهٔ خدا بیان می‌کنند (مکاشفه) یا پاسخی صمیمانه در دریافت حقیقت از سوی ایمانداران را بروز می‌دهند (پاسخ). وظیفهٔ شبان موسیقیدان این است که ذات هر سرود را تشخیص دهد و آن را به نحوی صحیح به کار بگیرد. نقش موسیقی در پرستش، تسهیل بخشیدن به گفت‌وگویی است که بر پایهٔ مکاشفه و پاسخ بنا شده است.

درک عملکرد سرودهای کلیسا

همان‌طور که دیدیم، سرود خواندنِ متحدِ قوم خدا در پرستش مسیحی، امری حیاتی می‌باشد. اما باید باز هم ببینیم سرودهای کلیسا به عنوان آیین‌های پرستشی در کلیسا چه عملکردی دارند.[2] سرود خواندن در اتحاد را صرفاً به خاطر اینکه زمان سراییدن فرا رسیده یا به خاطر اینکه از سرود خواندن لذت می‌بریم یا برای اینکه سرگرم باشیم و یا برای ایجاد یک احساس یا برای «مهیا» شدن برای موعظهٔ روز انجام نمی‌دهیم.

سرودها در جلسات پرستشی عملکردی مهم و مشخص دارند.[3] در حقیقت، سرودها از ابتدا تا انتها پرستش را به پیش می‌برند. در هریک از مرحله‌های گردهم آمدن به سمت خدمت کلام،

---

۱. نویسنده ناشناس، مالکیت عمومی.

۲. در فصل ۳، واژهٔ «لیترژی» (آیین‌ها) به‌عنوان «اعمال مردم» تعریف شد. «کارکرد لیترژیک» به شیوه‌هایی اشاره دارد که ترانه‌ها در خدمت اعمال پرستشی قرار می‌گیرند.

۳. در این بخش، تمرکز ما عمدتاً بر واژگان سرودهای کلیسا است، نه موسیقی آن‌ها.

شام خداوند و یا واکنش جایگزین و فرستادن که پیش می‌رویم، سرودها کلمات و بخش زیادی از گفت‌وگوی بین خدا و قوم خداوند را در بر می‌گیرند. سرودها صرفاً ما را به دعا فرا نمی‌خوانند، برخی از سرودها متن دعا را برایمان فراهم می‌کنند. سرودها تنها ما را برای شنیدن حقیقت مهیا نمی‌کنند بلکه حقیقت را اعلام می‌نمایند. سرودهای پرستشی صرفاً به پیوستگی و انسجام عناصر مستقل پرستشی کمک نمی‌کنند، بلکه سرودها، خودِ عناصر پرستشی هستند.

سرودها در پرستش چندین کاربرد آیینی اصلی دارند: اعلام حقیقت، دعا، ستایش، تشویق و فراخواندن برای انجام اعمال نیکو.[1] هنگامی که سرودها حقیقت، جلال و اعمال خدای تثلیث را اعلام می‌کنند، در اصل جنبه‌هایی از ذات و خصوصیات و عملکرد خداوند را شرح می‌دهند. این‌گونه سرودها اغلب دستورالعمل‌هایی کتاب‌مقدسی و یا الهیاتی را با خود دارند و حاوی اشاراتی به حقایق حیاتی ایمان مسیحی هستند. «بخش بزرگی از گنجینهٔ موسیقی کلیسا، موسیقی تفسیری یا "اعلام‌کنندهٔ حقیقت خدا" می‌باشد. موسیقی، کلام خدا را اعلام می‌کند، تفسیر می‌نماید و برایمان باز می‌کند.»[2]

این حقایق می‌تواند شامل بشارت، یعنی اعلام خبر خوش انجیل عیسای مسیح باشد. سرودها می‌توانند شامل شهادتی ناشی از تجربهٔ شخصی کسی باشند، یعنی شهادت شخصی از تجربهٔ خدا در مسیح. موضوعات گوناگون به واسطهٔ متون غنی سرودها اعلام می‌شوند، یعنی اشعاری قوی که حقایق اصلی خدا را با افکاری قدرتمندانه بیان می‌کنند.

برخی از سرودهای دیگر می‌توانند به عنوان دعا به کار گرفته شوند، خصوصاً دعای طلبیدن یا شفاعت کردن. این سرودها احساسات و درخواست‌های کلیسا و یا شخص را به حضور خدا اعلام می‌کنند. سرودهای دعایی، شامل سرودهای طلبیدن خدا، اعتراف و درخواست بخشش، مراثی (یعنی درخواست از خداوند که فریادها و رنجمان را بشنود)، دریافت بینش و بصیرت، درخواست از روح‌القدس که ما را در درک کلام یاری برساند و سایر موارد از این قبیل می‌باشند. بسیاری از سرودهای کلیسا، دعاهایی سراییدنی هستند؛ این سرودها همواره خطاب به خدا می‌باشند.

برخی از سرودها، عملکرد آیینی ستایش خدا را به انجام می‌رسانند. این سرودها خدای تثلیث و ذات، خصوصیات و اعمال نجات‌بخش او را ستایش کرده و جلال می‌دهند. سرودهای ستایشی فوق‌العاده، نه تنها خصوصیت خدا را بیان می‌کنند بلکه خصوصیات خدا را به اعمال خدا در طول

---

۱. در سراسر این بخش، از اثر کنستنس ام. چری، مری ام. براون و کریستوفر تی. باندز، برگزیدن ترانه‌های پرستشی: راهنمایی برای رهبران (فیشرز، ایندیانا: انتشارات وسلیان، ۲۰۱۱) استفاده شده است.

۲. وسترمایر، اصل مطلب، ص ۳۲.

تاریخ متصل می‌کنند. خصوصیات خدا از اعمال خداوند جدا نیست.[1] در طول پرستش، «ستایش» نقش اساسی را ایفا می‌کند. ستایش با کلمات مناسب است، اما بسیاری از سرودها نیز عملکردی ستایشی دارند.

یک آیین پرستشی دیگر که سرودهای کلیسا آن را به انجام می‌رساند «تشویق ایمانداران» است. خدمت تشویق کردن به تشویق و بنای ایمانداران اختصاص دارد. به واسطهٔ سرودها، ایمانداران یکدیگر را به شاگردیِ عمیق‌تر و داشتن زندگی خداپسندانه دعوت کرده و یکدیگر را تشویق می‌کنند. این سرودها خطاب به هم‌ایمانان است و بنابراین بین اعضای کلیسا رابطه‌ای «افقی» برقرار می‌کند و به این‌وسیله یکدیگر را تشویق می‌کنیم تا طبق ارزش‌های والای حیات مسیحی زیست کنیم. (کولسیان ۳: ۱۶ را مشاهده کنید، در اینجا است که پولس تشویق‌ها و سرودهای پرستشی را کنار هم قرار می‌دهد). بسیاری از سرودها برای این مناسب‌اند که کلیسا را به داشتن زندگی پیروزمندانه تشویق کنیم.

سرودهایی که مردم را به عملی فرا می‌خوانند نیز بسیار مهم هستند. این سرودها پرستندگان را فرا می‌خوانند تا مطابق ایمان مسیحی زیست کنند و دیگران را خدمت نمایند. سرودهایی که مردم را برای خدمت فرا می‌خوانند از پرستندگان می‌خواهند به نحوی خاص کلام خدا را اعلام نمایند. این سرودها به نحوی واضح اعلام می‌کنند پرستندگان چه کاری را انجام خواهند داد؛ و از خدا می‌خواهند که پرستندگان را در آن زمینه یاری رساند. این سرودها می‌توانند با مهیا کردن پاسخ به کلامی که، در خدمت کلام بر ایمانداران آشکار شده است، به آیین‌های پرستشی کمک کنند. سرودهای فراخوان برای انجام اعمال نیکو، جنبهٔ نبوتی دارند چرا که مردم را به سمت سراییدن حقیقت و عدالت فرا می‌خوانند. این‌گونه سرودها مطابق سنت انبیای عهد عتیق که غیرتمندانه مایل بودند پرستش حقیقی را به عادلانه زیست کردن، محبت کردن و قدم برداشتنِ فروتنانه با خدا متصل کنند، عمل میکنند. (میکاه ۶: ۸). در این سرودها از رنج‌ها و بی‌عدالتی‌ها نام برده می‌شود، در حالی‌که قوم خدا فراخوانده می‌شوند تا مأمورین محبت باشند و در جهانی که پر از وحشت و رنج است تغییرات عظیمی را به وجود آورند.

تشخیص عملکرد ویژهٔ یک سرود تقریباً آسان است. در ابتدا این سؤال ساده را مطرح کنید: این سرود سعی دارد چه باشد؟ (آیا فراخوانی برای پرستش است؟ آیا اعلام برکت است؟) هنگامی که به عملکرد سرود کلیسا می‌اندیشید به نمونهٔ زیر توجه داشته باشید. ابتدا هم‌خوانی معاصر «خدایا

۱. این یکی از دلایلی است که کتاب مزامیر، مواد بسیار زیبایی برای عبادت مسیحی فراهم می‌آورد. در مزامیر، صفات خدا اغلب با اعمال خدا پیوند دارند.

قلبی پاک در من بیافرین» را در نظر بگیرید. این هم‌خوانی قصد دارد چه عملی را انجام دهد؟ (هدف اصلی این سرود چیست؟)

ای خدا، دلی پاک در من بیافرین،
و روحی راستین را در درونم تازه ساز. (تکرار)
مرا از حضور خود مران، ای خداوند،
و روح قدوس خود را از من مگیر.
شادی نجاتت را به من بازگردان،
و روح راستین را در درونم تازه ساز.[1]

این هم‌خوانی نمونهٔ نیکویی از یک سرود دعایی و متناسب برای اعتراف است. یک نمونهٔ دیگر، این بار می‌تواند سرود اطمینان از دریافت بخشایش باشد، به این مصراع‌ها و تکرارهای این سرود انجیلی توجه کنید:

فیض شگفت‌انگیزِ خداوندِ پرمحبتِ ما،
فیضی فراتر از گناه و تقصیر ما،
آنجا بر فراز جلجتا جاری شد،
آنجا که خون بره ریخته شد.
فیض، فیض، فیضِ خدا،
فیضی که می‌بخشد و درون را پاک می‌سازد؛
فیض، فیض، فیضِ خدا،
فیضی که از تمامی گناهان ما عظیم‌تر است.[2]

خواهید دید که گاهی یک سرود، بیش از یک عملکرد دارد. به عنوان مثال یک سرود ممکن است آکنده از تشویق و همچنین فراخوان برای انجام اعمال نیکو باشد. اغلب موضوعاتی موازی وجود دارند اما معمولاً یک عملکرد و هدف اصلی در سرود، خود را نشان می‌دهد. بپرسید اصلی‌ترین تأکید سرود بر چه نکته‌ای است. دربارهٔ آن تصمیم بگیرید. سپس اجازه دهید سرود، مطابق هدفی که دارد آیین‌های پرستشی کلیسا را خدمت کند.

این دیدگاه به سرودهای کلیسا - که عملکرد ویژه‌ای در تسهیل بخشیدن به گفت‌وگوی مسیحیان

---

۱. ناشناس، برگرفته از مزمور ۱۰:۵۱-۱۲.

۲. از سرود روحانی «فیضی عظیم‌تر از گناه ما»، اشعار از جولیا اچ. جانستون، ۱۹۱۰، مالکیت عمومی.

با خدا دارند - با دیدگاه اکثر مردم دربارهٔ نقش موسیقی در کلیسا متفاوت است. عده‌ای موسیقی را به عنوان یک «ابزار» قلمداد می‌کنند و با این دیدگاه بر این باورند که موسیقی برای به انجام رساندن کاری پر اهمیت به کار گرفته می‌شود. به عنوان مثال، ممکن است فکر کنند برخی از قطعات موسیقی، فضایی احساسی را فراهم می‌کنند تا اعضای کلیسا به نحوی خاص و موافق با هدفِ موعظه، عکس‌العمل نشان دهند؛ یا برخی از افراد، موسیقی را به عنوان سرگرمی‌ای که در کلیسا اجرا می‌شود و می‌تواند افرادی که با مسیح آشنا نیستند را جذب کند، تلقی می‌کنند. در این دیدگاه، موسیقی ابزاری است تا به لحاظ احساسی روی مردم تأثیر بگذارد و تعداد حاضرین را افزایش دهد. اما اگر چنین باورِ ابزاری نسبت به موسیقی داشته باشیم، دربارهٔ اینکه موسیقی یکی از عناصر حقیقی پرستش است دچار سوءتفاهم شده‌ایم. چنین باورهایی به این معنا هستند که موسیقی برای هدفِ دیگری به کار گرفته می‌شود. به جای چنین باورهایی باید درک کنیم: موسیقی نوایی برای سخن گفتن و گفت‌وگو در طول پرستش فراهم می‌کند و نقش «آیینی» را در گفت‌وگوی خدا با قوم خداوند ایفا می‌کند که می‌تواند شامل بروز احساسات نیز باشد.

«موسیقی ابزارِ کمکی پرستش و یا وسیلهٔ تولید کنندهٔ پرستش نیست. بلکه هدیه‌ای است که به نحوی منحصر به‌فرد به خدا تقدیم می‌کنیم. پس موسیقی، هم به پرستش‌ها یاری می‌رساند و هم خود بخشی از پرستش محسوب می‌شود.»[1]

در جمع‌بندی باید گفت، سراییدن را تنها برای سراییدن انجام نمی‌دهیم و همچنین سراییدن، وسیلهٔ ثانویهٔ به انجام رساندنِ یک هدف اصلی نمی‌باشد. هر سرودی که رهبر پرستشی انتخاب می‌کند، هدفی آیینی را خدمت می‌نماید. پس به این بیندیشید که هر سرود پرستشی به چه طریق عمل می‌کند و بپرسید: «آیا این سرود در اصل حقایق خدا را اعلام می‌کند، دعایی است، ستایشی است، تشویق‌کننده است و یا ایمانداران را به سمت عمل نیکو فرا می‌خواند؟» سپس به عنوان یک معمار پرستشی، سرود را به نحوی در جلسهٔ پرستشی بگنجانید که بتواند هدفی که برای آن ساخته شده است را به انجام رساند. هنگامی که دائماً این کار را انجام دهید، سرودهای کلیسا به ایمانداران کمک می‌کند تا با خدا ارتباط برقرار کنند، چرا که در پرستش به گفت‌وگوی بین خدا و قوم او خدمت خواهد شد.

تصمیم‌گیری بر اساس اصول موسیقایی

بخش اول این فصل را با تقدیم اصولی مرتبط با تمامی قالب‌های موسیقی پرستشی، که شامل

۱. هارولد ام. بِست، موسیقی از دریچهٔ ایمان (نیویورک: هارپرکالینز، ۱۹۹۳)، ص ۹.

سرودهای کلیسا می‌شود به پایان می‌رسانم. این اصول، پایه‌هایی محسوب می‌شوند که شبان موسیقیدان از طریق آن‌ها می‌تواند دربارهٔ تمام موسیقی‌های پرستشی تصمیم بگیرد.

۱. موسیقی پرستشی هدفی **فراتر** از خود را خدمت می‌کند. هرگز نباید صرفاً به خاطر «موسیقی» به سرود خواندن بپردازیم. تمام موسیقی‌ها، که شامل سرودهای کلیسا نیز می‌شوند، «هنری کاربردی و عملکردی» هستند. هدف این است که داستان خدا بیان شود و گفت‌وگوی پرستش تسهیل گردد. از آن طریق است که موسیقی‌های کلیسا، خدا را جلال خواهند داد.

۲. موسیقی پرستش (در اینجا تنها به اجزای تشکیل‌دهندهٔ موسیقی اشاره می‌کنم) همواره در خدمت متن سرود است. متن، از اجزای تشکیل‌دهنده و سازهای یک قطعهٔ موسیقی مهم‌تر است چرا که کلمات، با وضوح بیشتری پیغامِ یک سرود را منتقل می‌کنند. موسیقی خنثی نیست؛ مسلما موسیقی نیز احساسی را منتقل می‌کند، اما پیغام قطعهٔ موسیقی به برداشت شخص بستگی دارد. پیغام یک قطعهٔ موسیقی به واسطهٔ فرهنگ جامعه تعبیر می‌شود. (به‌عنوان مثال گام‌های مینور در فرهنگ غرب، حسِ اندوه و تعمق را برمی‌انگیزند که یک واکنش شرطی است). بنابراین موسیقی نمی‌تواند معنایی جهانی داشته باشد چرا که بسته به فرهنگ‌ها، متفاوت شنیده می‌شود. متن و نوای هر سرود، هر دو مهم هستند، اما موسیقی نقشِ تقویتِ متنِ ترانه را بازی می‌کند نه بالعکس.

۳. تمرکز موسیقی در پرستش نباید روی **اجرا** قرار داشته باشد. موسیقی کلیسا سرگرمی نیست؛ در نتیجه موسیقی کلیسایی با هدف تأثیرگذاری بر مخاطبانِ منفعل اجرا نمی‌شود. یک سرود کلیسایی باید اکثریت را در بر بگیرد چرا که موسیقی کلیسایی سرود عدهٔ بسیاری است، نه تعدادی خاص. بنابراین، کمتر وابسته به اجراست و بیشتر به مشارکت تمام پرستندگان شباهت دارد تا یک کنسرت که مخاطبین و هنرمندان اجراکننده را از یکدیگر جدا نگه داشته است.

۴. موسیقی راه را برای مکاشفهٔ خدا و پاسخ به مکاشفه هموار می‌کند. هرگاه که متن یک قطعهٔ موسیقی، حقیقتی را در مسیح دربارهٔ خدا آشکار می‌کند، آن قطعه به‌عنوان یک مکاشفه عمل خواهد کرد. هنگامی که متن سرود، کلامی را از سوی جماعت ایمانداران تقدیم می‌کند تا افکار و انگیزه و احساسشان برای خدا را به زبان بیاورند، آن قطعهٔ موسیقی واکنش و پاسخ کلیسا را خدمت می‌نماید.

۵. موسیقی، دامنهٔ کاملی از عملکردها را شامل می‌شود. سرودها، اعمال بسیاری را در

پرستش ممکن می‌کنند؛ در حقیقت موسیقی‌های پرستشی اغلب عناصری از پرستش هستند: دعا، قاموس نامه‌ها، ستایش‌ها، شهادت‌ها، اعلام حقیقت، تشویق‌ها، استدعاها و غیره.

۶. موسیقی کلیسایی، فعالیتی اجتماعی است. تقدیم قطعات موسیقی فردی، اگر در موقعیت درست و توسط شخص مناسب و به دلایل صحیح انجام شود ایرادی ندارد. با این وجود اکثر موسیقی‌های پرستشی باید در این راستا تقدیم شوند که اعضای گردهم آمدهٔ کلیسا، در تولید نوای آن نقش داشته باشند و کلیسا بتواند از طریق موسیقی، با خدای تثلیث گفت‌وگو داشته باشد.

۷. موسیقی پرستشی باید خصوصیات خدا را منعکس کند.[۱] عبارت «رسانه، همان پیام است» می‌گوید: «خود رسانه» (در اینجا موسیقی پرستشی) پیامی مهم را منتقل می‌کند. موسیقی پرستشی باید با جلال، زیبایی، عظمت و نیکی خداوند مطابقت داشته باشد. توصیه نمی‌کنم که موسیقی باید حتما پر زرق‌وبرق باشد تا بتواند موسیقی پرستشی محسوب شود؛ یک قطعهٔ سادهٔ موسیقی هم می‌تواند خصوصیات خدا را به تصویر بکشد. منظور من این است: موسیقی‌ای که در پرستش کتاب‌مقدسی به کار گرفته می‌شود نباید ایده یا بینشی را که طبق نظر اکثریت، با دیدگاه مسیحیان نسبت به خدا متضاد است عرضه نماید، بلکه باید خصوصیات خداوند را منعکس کند.

کمک کردن به جماعت ایمانداران در راستای سراییدن داستان خدا

در فصل ۱۰ کشف کردیم هنگامی که جماعت ایمانداران گردهم می‌آیند تا پرستش کنند، داستان خدا را می‌سرایند. این پیغام خدا در مسیح است که همه‌چیز را به واسطهٔ قدرت روح‌القدس آفرید و باز می‌آفریند. داستان خدا در طول سال به واسطهٔ تقویم مسیحی بیان می‌شود. بخش‌های گوناگون داستان، در جلسهٔ هر هفته با عناصر گوناگون پرستشی بازگو می‌شود؛ بسیاری از بخش‌های داستان خدا نیز سراییده می‌شود. الگویی ارائه خواهم داد که شبانان موسیقیدان بتوانند برای سراییدن داستان خدا برنامه‌ریزی کنند.

پرستش باید همان‌گونه که در نظم انجیلی به پیش می‌رود پیغامی عمیق داشته باشد.[۲]

---

۱. دن جی. مک‌کارتنی این را «اصل تطابق» می‌نامد، اشاره به مقالهٔ «موسیقی و پرستش خدای زنده»، نشریهٔ اصلاح مدرن (نوامبر-دسامبر ۲۰۰۲): ص ۱۴.

۲. مقصود من از «پیام» موعظه نیست، بلکه معنای وسیع‌تری از این واژه مدنظر است.

همان‌طور که آموختیم، پرستش به واسطهٔ گفت‌وگویی الهی پیش می‌رود. محتوای این گفت‌وگو باید بر پایهٔ حقیقتی قرار داشته باشد. در پرستش مسیحی، محتوا داستان خدا است. از مرحلهٔ «گردهم آمدن» تا مرحلهٔ «فرستادن»، یک یا چند جنبهٔ داستان پرفیض خدا به نحوی پرجلال بیان می‌شود. اما این کار چگونه صورت می‌گیرد؟ همان‌طور که در فصل ۴ توضیح دادم، در پرستش حرکتی منطقی از کل به جزء صورت می‌گیرد. مثل هر داستان نیکویی، در ابتدا صحنه شکل می‌گیرد، شخصیت‌ها معرفی می‌شوند و روابط شرح داده می‌شوند. همیشه لازم است چارچوب داستان توصیف شود. سپس، در طول فصل‌های داستان، خواننده عمیق‌تر به درون داستان جذب می‌شود و بیشتر با شخصیت‌ها ارتباط برقرار کرده و در نتیجه تا حد زیادی به موضوع رابطه‌ها علاقمند می‌شود. یک داستان نیکو باعث می‌شود مخاطبین، خود را به‌عنوان بخشی از داستان تصور کنند.

سراییدن کلیسایی با بخش اصلی داستان خدا آغاز می‌شود و در ابتدا خدای تثلیث به‌عنوان شخصیت اصلی داستان معرفی می‌گردد؛ کلیسا دربارهٔ خصوصیات خدا و اعمال مهیبی که برای بشر به انجام رسانده است می‌سراید (این کار در مرحلهٔ «گردهم آمدن» صورت می‌گیرد). در ادامهٔ جلسه، هنگامی که پرستندگان دربارهٔ رابطهٔ خود با خداوند می‌سرایند، موضوع جزئی‌تر می‌شود (در هنگام خدمت کلام). پرستندگان عمیق‌تر وارد داستان می‌شوند و در انتها به نقطهٔ اوجِ تسلیم شدنِ شخصی در مقابل خدا و منجی می‌رسند (در طول خدمت شام خداوند یا پاسخِ دیگر). در آخر، داستان به سوی سرانجام خود پیش می‌رود (مرحلهٔ فرستادن)، در این مرحله سرودهای جلسه، ما را می‌فرستد تا خدا را خدمت کنیم. در اصل، روند پرستش، سفری است که در آن حقیقت داستان خدا محتوای سفر ما را شکل می‌دهد و با بیان خصوصیات خدا،[1] (خدا و مردم) به سمتِ سطحِ دیگری از رابطه پیش می‌روند. این سفر به همراه سراییدن ایمانداران انجام می‌پذیرد!

در فصلِ ۴ از شکل ۴.۲ استفاده شد تا مرحلهٔ «گردهم آمدن» را درک کنیم. در این فصل از شکلی مشابه ۱.۱۱ برای به تصویر کشیدن روند سرودهای کلیسا استفاده می‌کنم. دایره‌های این نمودار، نمادی از محتوای اولیهٔ سرودهای مسیحی هستند. بخش‌های خاصی که در دایره آورده شده‌اند، جنبه‌هایی از داستان خدا هستند. آن‌ها پایه‌های پرستش را می‌سازند و محتوای اصلی سرودهایی که در پرستش به کار می‌روند را فراهم می‌کنند.

---

۱. برای توضیح پرستش به‌عنوان سفری دگرگون کننده، به فصل ۱ مراجعه شود.

شکل ۱.۱۱ روند پرستش

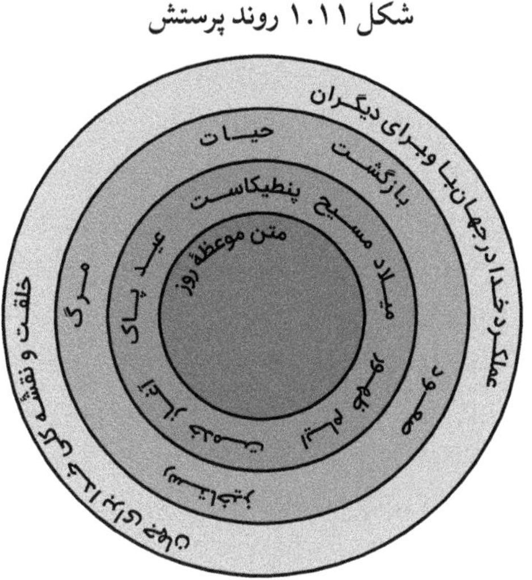

این دایره‌ها به نحوی خاص با یکدیگر مرتبط هستند. اولاً، اندازهٔ این دایره‌ها از بزرگ به کوچک پیش می‌رود. این امر نشانگر جنبشی از **کل** به **جزء** در داستان است (دایرهٔ بزرگ‌تر به سمت دایرهٔ کوچک‌تر). ثانیاً، توجه داشته باشید که هر دایرهٔ کوچک‌تر، زیرمجموعه‌ای از دایره‌ای است که آن را در بر گرفته است. این نشان می‌دهد که جنبه‌های داستان خدا از یکدیگر مستقل نیستند بلکه، هنگامی که بخش جزئی‌تری از داستان بیان می‌شود، داستان کلی‌تر نیز آن را احاطه کرده و محتوای وسیع‌تری برای آن فراهم می‌کند.

بیرونی‌ترین لایه، نماد داستان عظیم عملکرد خدا «با دیگران» و «برای دیگران» است. عملکرد خدا با خلقت آغاز شده است. خلقتِ خدا شامل نقشه‌ای کیهانی و جهانی می‌باشد که اعمال مهیب نجات‌بخش خدایی که در پی داشتن ارتباط و مشارکت با بشر است را در بر می‌گیرد.

این حلقه از دایره‌ها کلی‌ترین است، در نتیجه حاوی محتوای بسیار زیادی می‌باشد. سراییدن داستان خدا شامل سراییدن سرودهایی است که به طور کلی اعلام می‌کنند خدا کیست (ابدیّت و ازلیت خدا، ذات قدوس خدا، سه‌شخص‌بودن یک خدا، از هر جهت بی‌نقص بودن خدا، فیض و پرمحبت بودن خدا نسبت به همهٔ انسان‌ها) و همچنین حامل اعمال کلی است که خدا به انجام رساننده است (خالق همه چیز، نگاه‌دارنده و حافظ همه‌چیز، فراهم‌کننده و کسی که برای نجات مداخله می‌نماید).

سراییدن داستان خدا در سطح کلی، بیش از یک عمر زمان می‌برد، چرا که هرگز به انتهای موضوعات مرتبط با خصوصیات و اعمال خدا نخواهیم رسید. سرودهای زیادی در سبک‌های گوناگون در اختیار شبان موسیقیدان قرار دارد تا اجازه دهد اعضای کلیسا از طریق آن سرودها «داستان عظیم» خدا را بسرایند.

دومین دایرهٔ بزرگ، نمایندهٔ وقایع مرتبط با مسیح است. این دایره، اعمال کامل مسیح را شامل می‌شود؛ یعنی حیات، مرگ، رستاخیز، صعود و بازگشت عیسای مسیح. مسائل مرتبط با مسیح، نقطهٔ اوج و عطف اعمال نجات‌بخش خدا است. این دایره جزئی‌تر است و «نقشهٔ کلی خدا برای بشر» را در بر می‌گیرد؛ بنابراین حلقهٔ بزرگ‌تر که اعمال خدا در جهان است، آن را در بر گرفته است. هنگامی که داستان مسیح را به‌عنوان تجلی نقشهٔ کلی خدا مشاهده می‌کنیم، رابطهٔ وقایعی که در مسیح رخ داد را به‌درستی با کل نقشهٔ خدا درک خواهیم کرد. هنگامی که داستان مسیح را می‌سراییم، در اصل سرودهایی را می‌سراییم که کارهای مسیح را در اطاعت کامل از ارادهٔ پدر، رابطهٔ او با تمام اشخاص دیگرِ تثلیث و موارد دیگری از این قبیل را جلال می‌دهد. این دایره، از سرودهایی استفاده می‌کند که یکی از اصلی‌ترین جنبه‌های خدمت مسیح را بازگو می‌کنند: یعنی خدمت زمینی تعلیم و شِفا بخشیدن، رنج‌های مسیح، برخاستن او از میان مردگان، ظاهر شدن او بر شاگردان پس از مرگ، صعود مسیح، بازگشت مسیح، و برپا شدن ابدی پادشاهی خدا و سلطنت او.

هنگامی که به سمت داخل پیش برویم، حلقهٔ سوم را به‌عنوان نماد تقویم مسیحی و در راستای بیان کردن بخش‌هایی خاص از داستان مسیح مشاهده خواهیم کرد. وارد اعمال پرستشی شده‌ایم که به یکی از «فصل»های داستان مسیح یعنی حیات، مرگ و رستاخیز او می‌پردازد. بنابراین پرستش کردن مطابق تقویم مسیحی، ما را به حلقه‌ای که فصل‌های خاص زندگی مسیح را در بر گرفته است هدایت می‌کند، همچنین حلقهٔ بزرگ‌تر (داستان کلی مسیح) نیز ما را به حلقه‌ای که آن را احاطه کرده است یعنی «داستان عظیم» خدا و کارهایی که خدا به انجام رسانده است هدایت خواهد کرد.

چهارمین حلقه و کوچک‌ترین دایره، به قرائت کلام و به طور خاص به موعظهٔ روز و خدمت کلام خدا مرتبط است. قرائت آیات کلام، پرستندگان را هر روزه به سمت موضوعاتی خاص‌تر پیش می‌برد. متن و موعظهٔ روز دربارهٔ یکی از حقایق ویژه‌ای که نمایانگر یکی از بخش‌های داستان خدا است سخن می‌گوید.

شبان موسیقیدان به پیشروی داستان توجه می‌نماید و به حرکت از کل به جزء دقت کرده، و همواره سفری را که به نام پرستش می‌شناسیم مدنظر دارد. شبان موسیقیدان به انتخاب سرودهایی که داستان خدا را بیان می‌کنند علاقه‌مند می‌باشد. برای او موسیقی، وسیله‌ای است که محتوای

پرستش را به پیش می‌برد. موسیقی پرستشی یکی از طرق اصلی می‌باشد که داستان خدا به واسطهٔ آن بازگو می‌شود.

شکل ۱۱ . ۲ نشان می‌دهد که موسیقی چگونه داستان خدا را بیان می‌کند. ابتدا مثلثی ترسیم شده و تمام دایره‌ها را لمس می‌کند. این نکته نشان می‌دهد که موسیقی برای بیان کردن تمام جنبه‌های داستان مناسب است. سرودها ممکن است حقایقی کلی را دربارهٔ خدا بازگو کنند، داستان حیات مسیح را اعلام نمایند، روزشمار تقویم مسیحی را بسرایند، و یا در حالی که اجازه می‌دهند پرستندگان به متن کلام و موعظهٔ روز پاسخ دهند، بخشی خاص از کلام خدا را تفسیر کنند. تمام بخش‌های داستان به این شکل سراییده می‌شوند.[1]

دوماً، این مثلث، برعکس است تا ضلع بزرگترِ آن با دایرهٔ بزرگتر (که نماد کارهای عظیم و کلی خدا است) هماهنگی داشته باشد. شکل مثلث (از پهن به باریک) با روند پیشرفت دایره (بزرگ به کوچک) مطابقت دارد. همانطور که داستان خدا از کل به جزء حرکت می‌کند، موسیقی‌های منتخب نیز از ستایش و تصدیقِ خصوصیات و اعمال خدا به سمت موضوعات خاص‌تر در جنبه‌های گوناگون داستان خدا پیش می‌رود. هنگامی که انتخاب موسیقی‌ها به سمت خدمت کلام حرکت

شکل ۱۱ . ۲ موسیقی پرستشی داستان خدا را بیان می‌کند

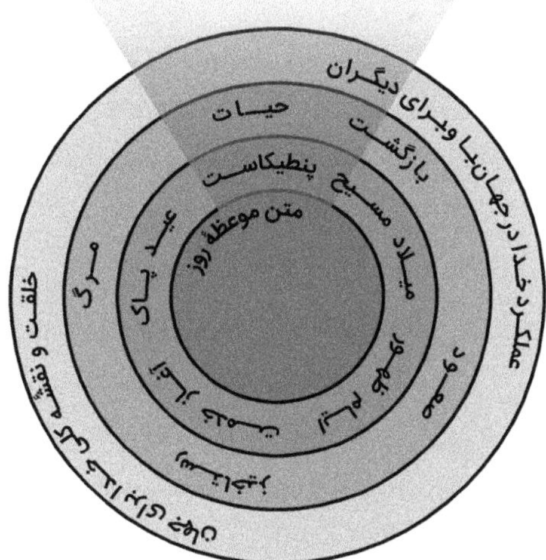

---

۱. در طول اکثر قرون گذشتهٔ مسیحیت، کل مراسم به‌صورت سرود اجرا می‌شد.

می‌کند، موضوعاتِ هر سرود خاص‌تر می‌شود. موضوعِ موسیقی که برای پاسخ به خدمت کلام انتخاب می‌شود از همه خاص‌تر است.

قرار دادن منظم و فکرشده‌ سرودها در جلسات پرستشی رسمی

انتخاب کردن سرودها برای جلسات پرستشی، به تعیین اینکه کدام سرود برای سراییدن کلیسا بهترین است مرتبط است. با فرض اینکه کیفیت سرودها سنجیده و تأیید شده باشد و انتخاب صحیح صورت گرفته باشد، سؤال بعدی این است که هر سرود را در کدام نقطه از جلسات رسمی قرار دهیم. عده‌ای فکر می‌کنند این موضوع واضح است، اما به شکلی غافلگیرکننده، بسیاری از شنوندگانِ موسیقی‌های کلیسایی، این حقیقت را که برخی از سرودها برای بخش‌های ویژه و خاصی از نظم انجیلی جلسات متناسب‌تر هستند، در نظر نمی‌گیرند.

دربارۀ مجموعه سرودهای کلیسایی که توسط جماعت ایماندارانِ شما به کار گرفته می‌شوند بیندیشید . فهرستی از کل سرودها که کلیسای شما با آن‌ها آشنایی دارند تهیه کنید (جدول ۱۱ . ۱ را مشاهده کنید). پس از انجام این کار، اشعار هر سرود را بررسی کنید، دربارۀ این بیندیشید که هر سرود به شکل منطقی در کدام بخش از جلسۀ رسمی قرار می‌گیرد. برای کمک به شما، سؤالاتی ارائه می‌شود که می‌توانید به کار بگیرید:

۱. هدف این سرود چیست؟ (ماموریت این سرود چه است؟ تشویق، تعلیم، اعتراف، ستایش، دعا، ملزم ساختن؟)
۲. پیغام اصلی سرود چیست؟ (تنها متن سرود را در نظر بگیرید: شعر سرود قصد دارد چه حقیقتی را ابراز کند؟)
۳. کدام «صدا» سخن می‌گوید؟ (یک پرستنده؟ خدا؟ بدنۀ کلیسا؟ یک گروه از اعضای کلیسا؟)

در پرتو این موارد،

۱. این سرود در کدام نقطه از گفت‌وگو با خدا (نظم انجیلی جلسات) جای می‌گیرد؟
۲. آیا این سرود یک مکاشفه است یا پاسخ به آن؟
۳. آیا این سرود حقیقت را اعلام می‌کند و یا احساسی را بروز می‌دهد؟
۴. آیا این سرود آغازگر خدمت است یا آن را به پایان می‌رساند؟

هنگامی که به این سؤالات پاسخ دادید، از جدول ۱۱ . ۱ برای ثبت نتیجه‌گیری‌هایتان استفاده کنید. پیشنهاد می‌کنم به شکل گروهی کار کنید، تعدادی موسیقیدان و افرادی که موسیقیدان نیستند را

بیابید تا در این کار با هم همکاری کنند. مشارکت، بینشی عالی را به گروه شما می‌دهد. هنگامی که جدول را کامل می‌کنید، در برخی از سرودها وسوسه می‌شوید تا تمام خانه‌های جدول را پر کنید. از این وسوسه دوری کنید. سعی کنید دربارهٔ یک سرود، تنها یک یا دو انتخاب انجام دهید. هدف این است که بهترین نقطه برای هر سرود را بیابید. بپرسید «این سرود به شکل طبیعی به کدام بخش از جلسهٔ رسمی تعلق دارد؟» همچنین ممکن است لازم باشد بپرسید «آیا این سرود، حقیقتی کلی را دربارهٔ خدا بیان می‌کند یا اینکه به حقایقی خاص دربارهٔ جنبه‌هایی خاص از ذات یا اعمال خدا پرداخته است؟»

پس از اینکه به طور کامل دربارهٔ محل قرارگیری سرودها در نظم جلسات پرستشی تصمیم گرفتید، کار خود را با بررسی نهایی برای اطمینان حاصل کردن از اینکه انتخاب‌های شما رویه‌ای صحیح و قابل درک را به پیش می‌برد، به پایان رسانید. در اینجا سؤالاتی ارائه شده است تا با مطرح کردن آن‌ها اطمینان حاصل کنید انتخاب‌هایی که انجام دادید و محل قرارگیری سرودها، با ارزش‌هایی که به عنوان یک عضو از موسیقی‌دانان به آن معتقد هستید هم‌خوانی دارد:

۱. آیا مجموعه سرودهایی که در جلسه به کار گرفته می‌شوند تجربهٔ کاملی از پرستش را پدید خواهند آورد؟ (آیا سرودها شامل ستایش و پرستش، دعا، اعلام حقیقت، تقدیم و تعهد می‌باشند؟)
۲. آیا بین سرودهای عینی و نظری، تعادلی وجود دارد؟
۳. آیا به وفور به نام خدا و خداوند اشاره می‌شود؟
۴. آیا زبان متحد و گروهی، قالب است؟
۵. آیا مجموعهٔ سرودهایی که در جلسه به کار گرفته خواهد شد، دامنهٔ گسترده‌ای از تجربه و احساساتِ حیاتِ مسیحی را بروز می‌دهد؟

لذت بردن از ساختارهای موسیقایی (متوالی و چرخشی)

هنگامی که روی انواع گونه‌های سرودهای کلیسایی فکر می‌کنید، مفید است که اهمیت ساختار و کاربرد ساختار موسیقایی هر سرود را درک کنید. مایکل هاون، متخصص مطالعات سرودهای جهانی در اینجا به یاری ما می‌آید.[۱] هاون تمام سرودهای کلیسایی را به دو دستهٔ: **متوالی** و **چرخشی** دسته‌بندی می‌کند. ساختارهای متوالی، از خواننده می‌خواهند به صورت پیاپی فکر کند، یعنی

---

۱. این بخش به‌طور گسترده‌ای از کتاب سی. مایکل هاون، گردهم آمدن در یک اتحاد: دعا و سرود جهانی (گرند رپیدز: اردمنز، ۲۰۰۳)، فصل ۷: «قالب و آیین: ساختارهای موسیقایی پی‌درپی و چرخشی و کاربرد آن‌ها در آیین‌ها» استفاده می‌کند

نغمه‌های روحانی				
نام سرود				
نام سرود				
غیره				
سرودهای انجیلی سیاه‌پوستان				
نام سرود				
نام سرود				
غیره				
سرودهای جهانی				
نام سرود				
نام سرود				
غیره				
تِزه				
نام سرود				
نام سرود				
غیره				
سرودهای دیگر				
نام سرود				
نام سرود				
غیره				

جدول ۱۱ . ۱ قرار دادن سرودها در نظم چهار بخشی جلسات رسمی کلیسا

	گردهم آمدن	خدمت کلام	شام خداوند یا پاسخ و واکنش جایگزین	فرستادن
مزامیر				
نام سرود				
نام سرود				
تمام مواردی که در این بخش در اختیار دارید را فهرست کنید.				
موسیقی پرستشی مدرن				
نام سرود				
نام سرود				
غیره				
سرودهای روحانی کلیسایی				
نام سرود				
نام سرود				
غیره				
سرودهای انجیلی				
نام سرود				
نام سرود				
غیره				

اطلاعات را به‌صورت استنتاجی پردازش کند. متن سرودهای این نوع موسیقی به تفکر خطی نیاز دارد که پرورش یک ایده را نکته به نکته درک می‌کند. سرودهای متوالی، نظریه‌ای را بیان می‌کنند. این نوع سرودها از سراینده دعوت می‌کنند یک رشته افکار منطقی را دنبال کند و به یک نتیجهٔ منطقی دست پیدا کند (که اغلب جمله‌ای ایمانی است).

ساختارهای متوالی برای ارائهٔ عباراتِ زیادی که در راستای ارائهٔ یک نظریهٔ الهیاتی ضروری است و یا برای شرح دادن تجربه‌ای روحانی و ایمانی مورد نیاز است، مناسب می‌باشد. این ساختار به نویسنده امکان می‌دهد بخش قابل‌توجهی از محتوای شعری را پوشش دهد. سرودهای کلیسای غربی، الگوی‌های فوق‌العاده‌ای برای ساختار شعری متوالی هستند.[۱] ساختار چند بیتی این سرودها اجازه می‌دهد فضای کافی برای شکل دادن به یک حقیقت و نظریهٔ الهیاتی مهیا باشد. ساختارهای متوالی، به کلمات وابستگی زیادی دارند. تعدادِ لغاتِ بالایِ استفاده‌شده در این سرودها مستلزم این است که متن سرود در قالب نوشتاری در اختیار سرایندگان قرار گیرد و تکرار آن به صورت ذهنی می‌تواند دشوار باشد. اگر نقطهٔ تأکید و تکرار وجود نداشته باشد، متن این‌گونه قطعات موسیقی معمولاً تکرار نمی‌شوند (البته ملودی موسیقی ممکن است در هر بخش و مصرعِ شعر تکرار شود). همانطور که هاون می‌نویسد: «ساختارهای متوالی ذاتاً شکلی ادبی دارند.»[۲] ساختارهای متوالی همچنین معمولاً «ساختار بسته» دارند و زمان تاثیر و تجربه‌ای که از این سرودها به دست می‌آید قابل تخمین است، بنابراین ساختار آن‌ها برای بداهه‌نوازی و یا بداهه‌پردازیِ موسیقایی یا متنی باز نیست. به‌علاوه چون موسیقی و متنِ سرود به رشتهٔ تحریر درآمده است می‌توان پس از سراییدن این نوع سرود پرستشی، به مطالعهٔ دوباره و اندیشیدن دربارهٔ متن سرود پرداخت.[۳]

در مقابل، ساختارهای چرخشی از خواننده می‌خواهند که به شکل دَورانی و تکرارشونده فکرکنند. یعنی به جای اینکه با جمله‌های طولانی و توضیحی ایده‌ها را بیان کند، با واژه‌های کمتر پیام را منتقل می‌کند. این سادگی ارزشمند است، زیرا تأثیر سرود به استدلال و توضیح زیاد وابسته نیست، بلکه بر یک موضوع اصلی و تغییرات آن تکیه دارد: ابتدا یک ایده مطرح می‌شود(تم)، و در هر تکرار، بخشهایی تازه یا بداهه به آن افزوده می‌شود.

ساختارهای چرخشی از سراینده می‌خواهند به شکلی لایه‌ای و در حالی‌که شعر بارها تکرار می‌شود به معنی اشعار بیاندیشد. سرود، قالبِ توضیحِ یک نظریه را به خود نمی‌گیرد؛ بلکه مفهوم آن

۱. هاون، گردهم آمدن در یک اتحاد ، ص ۲۲۵.

۲. هاون، گردهم آمدن در یک اتحاد ، ص ۲۲۸.

۳. هاون، گردهم آمدن در یک اتحاد ، ص ۲۳۰.

به واسطهٔ، مشارکت جماعت ایمانداران در جملهٔ نخستین و تکرار آن، بداهه‌نوازی‌های موسیقایی، حرکات بدنی اعضای کلیسا و مواردی از این قبیل شکل می‌گیرد. ساختار چرخشی، برای دعاهایی که قالب سرود دارند و دعاهایی که کلمات کوتاه در آن‌ها به کار می‌رود («عیسای مسیح، هنگامی که وارد پادشاهی خود می‌شوی من را به یاد بیاور»)[1] ، دعاهای تکرارشونده که به مرور در قلب و ذهنِ پرستندگان می‌نشینند و باقی می‌مانند، متناسب هستند.

چون کلمات کمی در ساختار سرودهای تکرارشونده به کار می‌روند، ارتباط برقرار کردن شفاهی در آن‌ها بهتر صورت می‌گیرد.[2] اغلب مواقع در این سرودها، دراختیار داشتن متن چاپی ضروری نیست چرا که به سهولت می‌توان متنِ ترانه را آموخت و به سرایندگان ملحق شد. به همین دلیل، سرودهایی که ساختار چرخشی دارند محبوب تمامی نسل‌ها می‌باشند. ساده بودنِ سراییدن متنِ این سرودها باعث می‌شود تمام اعضا به راحتی بتوانند در آن‌ها مشارکت داشته باشند. ساختار سرودهای چرخشی برای مشارکت مناسب هستند، نه تنها تمام اعضا با همهٔ سنین می‌توانند در این سرودها مشارکت داشته باشند، بلکه این سرودها به تفسیر آوایی که هر سراینده دارد وابسته است؛ پس در سراییدن این سرودها به تمرین نیازی نیست. در اصل جامعهٔ کلیسا برای مشارکت، در طول تکرار این سرودها وارد می‌شوند و در سراییدن با هم مشارکت می‌کنند. بسیاری از سرودهای جهانی در فرهنگ‌های غیرغربی و همچنین موسیقی مدرن غربی، دارای بندهای تکرارشونده و چرخشی می‌باشند. این دو قالب در کنار انواع دیگر موسیقی، برای انتقال معنا به تکرار متن و موسیقی وابسته هستند. سرایندگان و موسیقیدانان در روند تکرارها، سرود را صیقل می‌دهند و لایه‌های صدا و نغمه را می‌چشند. معنا به واسطهٔ تکرار درک می‌شود. بنابراین هاون ساختار چرخشی این نوع موسیقی را این چنین جمع‌بندی و توصیف می‌کند: "موسیقی‌هایی که ساختاری تکرارشونده و چرخشی دارند اغلب شفاهی‌تر هستند و حس یکنواختی دارند[3]، اجرای آن‌ها آیینی است و به خلاقیت فکری نیازی دارند، و البته این نوع سرودها یک دعای واحد تلقی می‌شوند."[4] هاون قیاسی نهایی را ارائه می‌دهد: «موسیقی‌های متوالی بیشتر به محتوا تکیه دارند در حالی‌که موسیقی‌های چرخشی و تکرارشونده در

---

۱. جماعت تِزِ، ۱۹۸۱؛ © ۱۹۸۱ انتشارات جی. ی.ای.

۲. هاون، گردهم آمدن در یک اتحاد ، ص ۲۳۲.

۳. هاون توضیح می‌دهد که یکنواختی به معنای ملال آور بودن نیست؛ بلکه اعمال تکراری آیینی است که «محیطی امن را برای اجرای آیین‌ها فراهم می‌کند. هاون، گردهم آمدن در یک اتحاد ، ص ۲۳۲.

۴. هاون، گردهم آمدن در یک اتحاد ، ص ۲۳۴.

راستای شکل دادن به جماعت ایمانداران با نوای سرود و موسیقی عمل می‌کنند.»[1]

شبانان موسیقیدانِ حکیم درک می‌کنند که هر دو نوعِ این موسیقی، در کلیسا مورد نیاز است چرا که هرکدام هدفی جداگانه را خدمت می‌کنند. لازم است کلیسا موسیقی متوالی را بسراید تا وزن متون را دریافت کرده و در قالب این نوع سرودهای کلیسایی، تعلیم بیابند و بتوانند اصول الهیاتی کلیسایی را به زبان بیاورند. همانطور که در فصل ۱۰ عنوان شد، سرودهای کلیسایی لحظاتی مفید را برای جماعت ایمانداران به‌وجود می‌آورند تا یک‌صدا ایمان خود را بسرایند. جملات ایمانی در بندهای اشعارِ سرودهای کلیسایی وجود دارند و به عنوان ابزاری ادبی به کار گرفته می‌شوند؛ موسیقی متوالی می‌طلبد که متن، در قلب موسیقی پرورش یابد. جوامع ایمانی برای به زبان آوردن حقایق ایمانی، به این نوعِ ساختار موسیقی نیاز دارند. ساختارهای چرخشی و تکرارشونده نیز مورد نیاز است تا کلیسا بتواند در سراییدن، عمیقاً تفکر نماید. این قالب به پرستندگان فرصت می‌دهد تا با بیان کلماتی اندک، روی حقایقی که به زبان می‌آورند عمیق‌تر شوند. تکرار عباراتِ مقدسِ ارزشمند به مرور زمان حقایق را عمیقا در دل و جان ایمانداران قرار می‌دهد، مانند متونِ اشعارِ متوالی، این قالب نیز راه‌های خداوند را در دل ایمانداران قرار می‌دهد.

برای شبان موسیقیدان بسیار مهم است دو نکته را درک کند (۱) به هر دو نوعِ قالب موسیقی نیاز است و چگونه هر دو قالب موسیقی برای جماعت ایمانداران اهمیت دارند و (۲) چگونه به نحوی تأثیرگذار از هر دو قالب و ساختار موسیقی در پرستش استفاده کند. "در اصل، نه‌تنها لازم است برنامه‌ریزان پرستش بتوانند سبک‌های صحیح موسیقایی و جریان صحیح متن‌ها را برگزینند، بلکه مهم است ساختارهای صحیح موسیقایی را به شکلی انتخاب کنند که از عمل خاص پرستشی که به جماعت ایمانداران سپرده می‌شود حمایت شود.[2] گاهی اوقات آیین‌های پرستشی به جملات دقیق و پیشرفتهٔ ایمانی نیاز دارند (ساختار متوالی) و گاهی جماعت ایمانداران نیاز دارند تا ایمان خود را از طریق تکرار و تأکید به زبان آورند (ساختار چرخشی). هاون می‌گوید موسیقی‌های متوالی برای تداوم و در پسِ انجام یک آیین مناسب هستند.[3] به‌عنوان‌مثال سرودهای کلیسایی می‌توانند آنچه را که در عملی آیینی تجربه می‌شود شرح دهند. موسیقی‌های چرخشی و تکرارشونده، حین انجام آیین‌ها نیکو هستند.[4] اعمال آیینی و سرود خواندن، یکی می‌شوند. اعضای کلیسا می‌توانند بدون اینکه

---

۱. هاون، گردهم آمدن در یک اتحاد ، ص ۲۳۴.

۲. هاون، گردهم آمدن در یک اتحاد ، ص ۲۳۴

۳. هاون، گردهم آمدن در یک اتحاد ، ص ۲۳۸.

۴. هاون، گردهم آمدن در یک اتحاد ، ص ۲۳۹.

دفتر سرود در دست داشته باشند یا به صفحهٔ نمایشگر کلیسا نگاه کنند، سرود بخوانند و به نحوی کاربردی سرودهای تکرارشونده را بسرایند. بنابراین آزاد هستند که ضمن سراییدن حرکت کنند و عملی پرستشی را به جا آورند. "ساختار سرودهای چرخشی و تکرارشونده به تمام حاضرین فرصت می‌دهد تا از طریق سرود خواندن، کاملاً در اعمال آیینی مشارکت کامل داشته باشند ... از آنجا که سرودهای چرخشی به شکل شفاهی و ساده قابل سراییدن هستند ... کلیسا می‌تواند مشارکت کامل خود با آیینی که به جا آورده می‌شود را احساس کند.[1]

شما به عنوان شبان موسیقیدان هنگامی اعضای کلیسا را به‌خوبی خدمت کرده‌اید که، بدانید در چه هنگام به آرامی مطابق با آیین‌های پرستشی کلیسا بین دو قالب موسیقی حرکت کنید. بهتر است از ذهنیت «یکی یا دیگری» دوری کنید. نیازی نیست تنها از یک قالب استفاده کنید و قالب دیگر را نادیده بگیرید. درک کنید که هر ساختار چه قابلیتی دارد و از چه کاربردی برخوردار نیست. هر دو قالب می‌توانند اعضا را خدمت کنند و باید اجازهٔ انجام این کار را به هر دو قالب موسیقایی بدهید، به این شکل پرستش اعضای کلیسا غنی‌تر خواهد بود.

جمع‌بندی و نتیجه‌گیری

در فصل ۱۰ نظریه‌ای را برای به‌کارگیری انواع مختلف سرودهای کلیسایی در پرستش مسیحی ارائه کردم. در این فصل دربارهٔ شبان موسیقیدان سخن گفتم که به سرودهای کلیسایی اهمیت می‌دهد. به جز جمله‌ای از سوی استاد دانشگاه و موسیقیدان کلیسایی پائول وسترمیر، راه بهتری برای به پایان رساندن این دو فصل نمی‌شناسم.

> به حیات موسیقایی نیاز داریم که از جامعهٔ پرستشی نشأت بگیرد. چنین حیات موسیقایی، نشانهٔ درک و عملکرد قوی رهبران موسیقایی کلیسا است. این امر به معنی شکل دادن موسیقی کلیسایی در زمان و مکانی خاص و مد نظر قرار دادن جدی نسل پیشین و آینده می‌باشد. این یعنی رفتار محترمانه با اعضای کلیسا، نه اینکه اعضای کلیسا را با سرودهای فکرنشده و تکراری به خواب فرو ببرید یا سرودها را با سطحی‌نگری‌های مُد روز انتخاب کنید. معنایش سراییدن مشترکِ کلیسا است، یعنی سراییدنی که اعضای گروه هم‌خوان و نوازنده که بخشی از جامعهٔ پرستندگان هستند، آن را رهبری می‌کنند. معنایش موسیقی قدیمی و مدرن، ساده و پیچیده، مردمی و هنری و نواهایی است که هنوز ابداع نشده‌اند. معنایش محتوای بینافرهنگی است که مردمی بودنِ کلیسا را به یاد

---

۱. هاون، گردهم آمدن در یک اتحاد، ص ۲۳۹.

ما می‌آورد و ما را از انزوا بیرون می‌آورد. یعنی پرهیز از تغذیه شدن یکنواخت با صداهای دلنشینی که ما را از خشونتِ جامعه جدا ساخته و بی‌تفاوت می‌سازد. به‌طور خلاصه، یعنی موسیقی‌ای که می‌کوشد در زمان و مکان خاص، به نمایندگی از جهان بتواند به غنای انجیل، واکنشی صحیح نشان دهد.[1]

اصطلاحات کلیدی

ساختار چرخشی و تکرارشونده: قالب سرودی که ریشه در سنت و فرهنگ شفاهی دارد، سنتی که در آن از متنی کوتاه برای انتقال دادن پیغام و موضوع اصلی استفاده می‌شود. ایده‌ها در این قالب، با تکرار منتقل می‌شوند.

شبان موسیقیدان: رهبر پرستشی‌ای که با مهارت‌های پرورش‌یافته و مسئولیتی خدا دادی، وظیفهٔ انتخاب و به‌کارگیری موسیقی در پرستش را به‌عهده می‌گیرد تا آیین‌های پرستشی خدمت شود. کسی که با اندیشیدن دربارهٔ الهیات، فرهنگ کلیسا و محتوای موسیقی در راستایِ هدف نهایی یعنی جلال دادن خدا می‌کوشد.

بیشتر بیاموزید

چری، کانستنس اِم. معمار موسیقی: نقشه‌هایی برای جذب مشارکت کلیسا در سرود. گرند رپیدز: بیکر آکادمیک، ۲۰۱۶.

چری، کانستنس اِم.، ماری اِم. براون، و کریستوفر تی. باندز. برگزیدن سرودهای پرستشی: راهنمایی برای رهبران. فیشرز، ایندیانا: انتشارات وسلیان، ۲۰۱۱.

کراوکر، شارلوت (ویراستار). موسیقی در پرستش مسیحی: در خدمت پرستش. کالج‌ویل، مینه‌سوتا: انتشارات لیتورجیکال، ۲۰۰۵.

وسترمیر، پائول. قلب ماجرا: موسیقی کلیسایی به‌مثابه ستایش، دعا، اعلام، روایت و تقدیم هدایا. شیکاگو: انتشارات جی. ی.ای، ۲۰۰۱.

مشغول شوید

سنجش سرودها را با انتخاب دو سرود که نمایندهٔ سبک‌های مختلف باشند تمرین کنید. از جدول

۱. پانول وسترمایر، «فراتر از پرستش "جایگزین" و "سنتی"»، قرون مسیحی، شماره ۱۰۹/۱۰ (۱۸-۲۵ مارس ۱۹۹۲): ص ۳۰۱.

۱۱.۲ برای امتیازدهی استفاده کنید. (این تمرین را با سرودهای که نسبت به آن‌ها پیشداوری خاصی ندارید یا برایتان ناشناخته هستند انجام دهید)

جدول ۱۱.۲ - فرم ارزیابی سرودها

	ضعیف	معمولی	قوی	بسیار قوی
قدرت و استحکام الهیاتی				
آیا متن شعر، حقیقت محض است؟				
آیا متن شعر، ایده‌ای کتاب‌مقدسی از تجربهٔ ایمان مسیحی را بیان می‌کند؟				
آیا متن شعر، حقیقت سنت کلیسایی ما را بیان می‌کند؟				
آیا در متن شعر، مستقیماً به آیات کلام خدا اشاره شده است؟				
آیا متن شعر، تصویری حقیقی از تعالیم کتاب‌مقدس ارائه می‌دهد؟				
آیا متن شعر، دائماً از اسامی و القاب خدا در کتاب‌مقدس استفاده می‌کند؟				
آیا متن شعر، اشاراتی به کمال الوهیت ذات خدا دارد؟				
آیا متن سرود، حقایق پیشرفته و کامل الهیاتی را اعلام می‌کند یا تنها «تفکراتی کوتاه» از «ایده‌هایی الهیاتی» ارائه می‌دهد؟				
قدرت و استحکام شعر				
آیا متن شعر به‌خوبی نوشته شده است؟				
آیا در متن شعر از جملات کامل استفاده شده است؟				
آیا در متن شعر از ابزارهای ادبی شعری به نحوی موثر استفاده شده است؟				
آیا شعر، قوهٔ تخیل اعضای کلیسا را برانگیخته می‌کند؟				
آیا در شعر از کلماتی قابل درک استفاده شده است؟				
آیا جریان فکری منطقی در شعر وجود دارد؟				
آیا اشعار واضح هستند؟				
آیا شعر برای اعضا، الهام‌بخش و بناکننده است؟				
آیا کلمات شعر با موسیقی همخوانی دارند؟				
قدرت و استحکام موسیقی				
آیا عبارات موسیقایی به زیبایی نوشته شده‌اند؟				
آیا ملودی به یاد ماندنی است؟				
آیا خواندن ملودی سرود برای خوانندگان معمولی آسان است؟				
آیا نوای موسیقی تا حدی که مشارکت سرایندگان با آن ادامه یابد جذاب است؟				
آیا موسیقی با متن شعر همخوانی دارد؟				

این فرم، اقتباسی است از کتاب کانستنس اِم. چری، ماری اِم. براون، و کریستوفر تی. باندز با عنوان برگزیدن سرودهای پرستشی: راهنمایی برای رهبران (فیشرز، ایندیانا: انتشارات وسلیان، ۲۰۱۱).

دوازده

ملاقات با خدا در تقویم مسیحی

به یاد آوردن کل داستان خدا

جستجو کنید

قبل از مطالعهٔ فصل ۱۲، فهرستی از رویدادهایی که شخصا و هر ساله آن‌ها را جشن می‌گیرید تهیه کنید.

۱. رویدادها را نسبت به اشتیاقی که برای هر یک از این جشن‌ها دارید اولویت‌بندی کنید.
۲. حالا فهرستی از هر فصلی که مطابق تقویم مسیحی در کلیسای شما گرامی داشته می‌شود، تهیه کنید.
۳. آن‌ها را بر اساس اولویت‌بندی که برای شما منطقی به نظر می‌رسد طبقه‌بندی کنید.
۴. فکر می‌کنید اعضای کلیسای شما تا چه حد مشتاقِ گرامی داشتن هر فصل از سال مسیحی هستند؟

اکنون که اندیشیدن را آغاز کردید، با مطالعهٔ فصل ۱۲ افکار خود را گسترش دهید.

گسترش دهید

«یک بار دیگر زمانش رسیده است». مردم اغلب از این اصطلاح استفاده می‌کنند. معنایش این است که دوره‌ها و زمان‌ها تکرار می‌شوند، برخی از رویدادها باز رخ می‌دهند یا به یاد آورده می‌شوند

پس می‌گوییم «یک بار دیگر زمانش رسیده است». بیمهٔ اتومبیل را می‌پردازیم و گواهینامهٔ خود را تمدید می‌کنیم چرا که وقت و زمان انجام دادن این کار می‌رسد؛ عضویت خود در یک هفته‌نامه یا مجله را تمدید می‌کنیم و مالیات خود را می‌پردازیم چرا که یک بار دیگر زمان این کار فرا می‌رسد. رویدادهایی مانند این در زمانی مشخص و در تاریخی مشخص در تقویم سال رخ می‌دهند. برخی رویدادهای دیگر، در تاریخی مشخص رخ می‌دهند اما روتین نیستند.

اگر به دقت گوش فرا دهید گاها می‌شنوید که مردم می‌گویند «روز تولدت نزدیک است، مایل هستی چگونه جشن بگیریم؟»، «باورم نمی‌شود که دوباره جشن میلاد مسیح فرا رسیده است! بیایید برنامه‌ایی برای پرستش و وقت گذراندن با اعضای فامیل و خانواده بگذاریم» هر ساله تولدها و میلاد مسیح را جشن می‌گیریم، نه صرفا به خاطر اینکه روزی در تقویم هستند بلکه به خاطر اینکه این رویدادها برایمان اهمیتی ویژه دارند. با وجود اینکه تقویم، زمان این رویدادها را به ما اعلام می‌کند، اما این رویدادها به خاطر اهمیتی که برایشان قائل هستیم ویژه و منحصر به‌فرد می‌باشند.

هنگامی که تقویم مسیحی را دنبال می‌کنیم نیزهمین کار را انجام می‌دهیم، برخی از رویدادها را جشن می‌گیریم چرا که برایمان معنی ویژه‌ای دارند و به خاطر همین، روزی را در تقویمِ حیاتِ روحانی‌مان برای به یاد آوردن و گرامی داشتن این رویدادها معین کردیم و از این طریق رویدادها را با شکرگزاری به یاد می‌آوریم. شاید دلیل مهم‌تر این باشد که، هرگاه تقویم مسیحی را دنبال می‌کنیم قلب خود را برای حرکت روح‌القدس باز می‌کنیم تا توجه ما را به سوی حقایق ایمانی باز کند و بارها و بارها فرصتی را برای ملاقات دوبارهٔ ما با خدا فراهم سازد. خدایی که در گذشته از طرق مختلف اعمال مهیبی را به انجام رسانده است، همان خدایی است که در زمان حال ما را یادآور می‌شود که در آینده، خلقت تازه خواهیم بود. در به یاد آوردن «رویدادهای مهم خداوند»، می‌توانیم بگوییم «دوباره وقت آن رسیده»، نه تنها برای اینکه کاری که خدا در گذشته انجام داده است را به یاد بیاوریم بلکه می‌توانیم اعمالی که خدا در زمان حال انجام می‌دهد را در کنار انتظار کشیدن برای اعمال خدا در آینده، گرامی بداریم.

درک دیدگاه خدا دربارهٔ «زمان برای مسیحیان» بسیار مهم است. شاید پایه‌های ایمان مسیحی تنها این حقیقت که خدا زمان را با اولین عمل خلقت آفریده است (پیدایش۱ : ۳ تا ۵) نباشد، بلکه همچنین باید درک کنیم خدا در مسیح جسم یافت و در طول زمان زیست نمود. در اصل «مسیحیان بدون زمان، هیچ دانشی دربارهٔ خدا ندارند، چرا که خدا از طریق وقایعی که در طول تاریخ صورت داده است خود را بر ما آشکار نموده است»[1] خدا زمان را آفریده است، او در زمان عمل می‌کند

---

۱. هویت ال. هیکمن و دیگران، راهنمای جدید سال مسیحی (نشویل: آبینگدون، ۱۹۹۲)، ص. ۱۶.

و به زمان معنا می‌بخشد. خدا، که ازلی و ابدی است (ذات او محدود به بینش ما نسبت به زمان نمی‌باشد)، در چهارچوب زمان با خلقت ارتباط برقرار کرده است، چرا که خدا زمان را خلق کرده است تا با خلقت خود ارتباط و مشارکت داشته باشد. بنابراین منطقی است که دوران زندگی خود را در حوزهٔ ارتباط و مشارکتی که با خالق خود داریم به یاد آوریم. این مشارکت بر پایهٔ دعوت و اقدامات نخستین خدا صورت می‌گیرد، در اصل خدای قادر مطلق برای نجات قوم خود عمل کرده و می‌کند.

در این فصل با مطرح کردن این سوالات رایج (تقویم مسیحی چیست؟ و چرا باید روزشمار آن را نگاه داریم و به جا آوریم؟) اطلاعاتی در زمینهٔ تقویم مسیحی در اختیارتان می‌گذارم. سپس دیدگاهی اجمالی دربارهٔ فصل‌های تقویم مسیحی تقدیمتان می‌گردد. بررسی جزئی این موضوع فراتر از محدودیت‌های این کتاب می‌باشد. اما سعی خواهم کرد مقدمه‌ای دربارهٔ تقویم مسیحی ارائه کنم و سپس منابعی برای مطالعات بیشتر معرفی خواهم کرد.

سال مسیحی چیست؟

سال مسیحی (که با نام سال کلیسا، سال آیینی و تقویم مسیحی نیز شناخته می‌شود)[1] به تقویم سالیانه‌ای اشاره دارد که به جای روزشمار اعمال بشر، رویدادهای اعمال خدا را مشخص کرده است. در این تقویم دو دورهٔ اصلی حیات و خدمت مسیح را به یاد می‌آوریم: دوران میلاد مسیح و دوران عید پاک. هر دوی این چرخه‌ها در کنار هم، چرخه‌ای موقتی نامیده می‌شوند. هنگامی که این دوره‌ها به پایان می‌رسند تقویم سال مسیحی کامل می‌شود و درست مثل تقویم‌های دنیوی، سال نو دوباره آغاز می‌شود.

سال مسیحی، دوره‌ها و تواریخ عملکرد خدا در جهان را نشان می‌دهد. همان‌طور که تقویم دنیوی بر اساس یک ضرب‌آهنگ زمانی عمومی تنظیم شده و شامل تاریخ‌ها و فصل‌هایی است که بازتاب‌دهنده مناسبت‌های مدنی مشترک هستند، تقویم مسیحی نیز بر پایه یک ضرب‌آهنگ زمانیِ معنوی بنا شده و شامل تاریخ‌ها و فصل‌هایی است که بیانگر مناسبت‌های مسیحی‌اند. هنگامی که راجع به تقویم مسیحی صحبت می‌کنیم به این سوال برمی‌خوریم: «آیا مایلم مطابق ضرب‌آهنگ و روزشمار اعمال خدا زیست کنم یا مطابق تقویم فرهنگ جامعه؟» مسلماً انتخاب ما نمی‌تواند ساده و یکی یا دیگری باشد، چرا که هر دو تقویم - یعنی تقویم مسیحی و تقویم میلادی (که فرهنگ غرب

---

۱. این اصطلاحات تقریباً با یکدیگر قابل جایگزینی هستند و من نیز آن‌ها را به همین صورت به کار می‌برم. در حالی که استفاده از، هر یک از آن‌ها ایرادی ندارد، من «سال مسیحی» را ترجیح می‌دهم، زیرا این اصطلاح به طور صریح‌تری به مسیح اشاره دارد که همان محور اصلی تقویم آیینی است.

بر آن بنا شده است) - با یکدیگر موازی هستند و البته باید این‌چنین باشد. اما وقایع یکی از تقویم‌ها بر دیگری برتری دارد چرا که یکی از دو تقویم برای ما اهمیت ویژه‌ای دارد. در طول قرون گذشته، مسیحیان با حرکت بر اساس تقویم مسیحی، معانی ژرفی را دریافته‌اند؛ به گونه‌ای که این تقویم به نقطهٔ مرجع و چارچوبی برای تمام ابعاد زندگی آنان تبدیل شده است.

تقویم مسیحی با دوران انتظار ظهور آغاز می‌شود، دورانی که انتظار جسم شدن خدا در عیسای مسیح را به یاد ما می‌آورد و با روز یکشنبهٔ پادشاهی مسیح، یعنی انتَظار برای سلطنت کامل مسیح در پادشاهی خدا به پایان می‌رسد. همهٔ وقایع بین این دوران‌ها، به اعمال مهیب خدا به خصوص بزرگ‌ترین عمل نجات‌بخش خدا در مسیح اشاره دارد یعنی: تولد، حیات، مرگ، رستاخیز، صعود و بازگشت عیسای مسیح. تقویم مسیحی به نحوی حقیقی و ملموس دربارهٔ عیسای مسیح است.

کتاب مقدس دربارهٔ زمان چه می‌گوید؟

عهد عتیق از دو واژهٔ مهم که به «زمان» ترجمه می‌شوند استفاده کرده است، هر یک از این دو اصطلاح به جنبهٔ متفاوتی از زمان اشاره می‌کنند. کلمهٔ «کایروس» زمان را در قالب «لحظه‌ای مهم از دیدگاه خدا» معرفی می‌کند، «زمانی صحیح و مناسب ... که خدا در آن، جنبهٔ دیگری از واقعیت را تحقق بخشیده است».[1] این واژه به لحظه یا رویدادی اشاره می‌کند که تاثیری عمیق به جا می‌گذارد یا به دوره‌ای که همه‌چیز به درستی مهیا است اشاره دارد، مثل هنگامی که همه‌چیز برای جسم یافتن و یا بازگشت نهایی مسیح مهیا است. مرقس در این باره از واژهٔ «کایروس» استفاده کرده است: «زمان به کمال رسیده و پادشاهی خدا نزدیک شده است.» (مرقس ۱:‏۱۵)

مفهومش این است که در لحظه‌ای پر اهمیت و حیاتی در دیدگاه خدا، عیسای مسیح خدمت زمینی خود را آغاز کرد. واژهٔ یونانی «کرونوس» نیز برای توصیف واژهٔ زمان در عهد جدید به کار گرفته شده است، اما استفاده از این واژه در راستای اشاره به یک روز در تقویم و یک ساعت مشخص انجام می‌گیرد، تاریخی که می‌توان هنگام وقوع آن را در تقویم بشری مشخص کرد. واژهٔ تاریخ‌نگاری از همین کلمه برگرفته شده است. «کرونوس» اجازه می‌دهد زمان‌ها را در دستگاه‌های الکترونیکی و تقویمی که در آشپزخانه به دیوار آویزان می‌کنیم اندازه گیری کنیم و علامت بزنیم. متی در این نقطه از واژهٔ «کرونوس» استفاده کرده است: «پس هیرودیس، مُغان را در نهان نزد خود فرا خواند و زمانِ دقیقِ ظهور ستاره را از ایشان جویا شد.» (متی ۲:‏۷). در اینجا زمان به یک تاریخ و ساعت معین اشاره دارد.

---

۱. جیمز اف. وایت، مقدمه‌ای بر پرستش مسیحی، ویراستاری دوم (نشویل: آبینگدون، ۱۹۹۰)، ص. ۵۴.

تقویم مسیحی ترکیب شگفت‌انگیزی از «کایروس» و «کرونوس» می‌باشد. تمرکز بر «لحظات ویژه‌ای» است که خدا در هنگام مناسب و بسته به ارادهٔ بی‌نقص خود با فیض و محبت، اعمال عمیق و تاثیرگذاری را برای قوم خود به انجام رسانده است («کایروس»). برای اینکه این وقایع عظیم را به یاد آوریم، برای هر رویداد تاریخ‌هایی را در تقویم مشخص کردیم («کرونوس») تا همواره در این دوران، خدا را برای کاری که در عیسای مسیح انجام داده است ستایش و شکرگذاری کنیم. برای مسیحیان، «کایروس» به «کرونوس» معنا می‌دهد. تقویم مسیحی روزها، هفته‌ها و فصل‌ها را به واسطهٔ ابزارهای تاریخ‌نگاری(«کرونوس») تعیین کرده است، اما معنی آن‌ها در رویدادهایی است که در این دوره‌ها رخ داده‌اند («کایروس»).

واژهٔ سومی در عهد جدید به نام «آنامنسیس» نیز برای درک ما از تقویم مسیحی ضروری است. «آنامنسیس» از فعلی برگرفته شده است که به معنی «به یاد آوردن» است. اما مفهوم یونانی این کلمه با دیدگاه ما دربارهٔ به یاد آوردن تفاوت دارد. در ذهنیت غربی، به یاد آوردن واقعیت در گذشته، به معنی رخدادی است که در گذشته به طور کامل به انجام رسیده و پایان یافته است. اما «آنامنسیس» به یاد آوردن واقعیت است. به یاد آوردن از دیدگاه کتاب مقدس هنگامی است که «گذشته و زمان حال» به هم می‌پیوندند؛ یعنی آنچه که خدا در گذشته برای بشر به انجام رسانده است، امروزه هم فعال و تاثیرگذار می‌باشد. بنابرین، هنگامی که سال مسیحی را گرامی می‌داریم و در به یاد آوردن اعمال مهیب نجات‌بخش خدا مشارکت می‌کنیم، اتفاقاتی که به انجام و به پایان رسیده‌اند را به خاطر نمی‌آوریم؛ بلکه اعمال نجات‌بخش خدا را به نحوی با آگاهی از اینکه خدا هنوز هم به واسطهٔ آن رویدادها در حالِ عمل کردن است، به خاطر می‌آوریم.

در جمع‌بندی باید گفت، کتاب مقدس از دیدگاه خدا نسبت به زمان سخن می‌گوید؛ زمانی که همه چیز در نظم و آمادگی کامل برای وقوع رویدادی عظیم قرار دارد («کایروس»)،. کتاب مقدس همچنین از دیدگاه انسانی ما نسبت به زمان نیز سخن می‌گوید؛ یعنی تاریخ و ساعتی مشخص برای وقوع یک رویداد («کرونوس»). هنگامی که آن لحظات، که در آن مقاصدِ خدا با رویدادهای انسانی تلاقی یافته‌اند را به یاد می‌آوریم «آنامنسیس» ، این یادآوری را با ستایش خدا انجام می‌دهیم، نه فقط برای رویدادی که در گذشته رخ داده است، بلکه برای اینکه همان رویداد همچنان در خدمت ارادهٔ الهی خداوند در زمان حال و آینده ادامه دارد.

چرا سال مسیحی را گرامی بداریم؟

از ابتدا، سنت و ایمان یهودی-مسیحی با ضرب‌آهنگ تکرار شونده، مداخلهٔ خدا در تاریخ «به

خصوص در تاریخ قوم عهد» را جشن گرفته و گرامی داشته است. آنچه که خدا در یک دوران و زمان برای قوم خود به انجام رسانده است، در اصل برای تمام ایمانداران حقیقی انجام پذیرفته است. روزهای مهم ایمانی را گرامی می‌داریم تا اعمال خدا را به یاد داشته باشیم. دو دلیل برای گرامی داشتن سال مسیحی وجود دارد. اولین دلیل این است که تقویم مسیحی داستان خدا را بازگو می‌کند (در فصل ۱۱ در حوزهٔ موسیقی پرستش با جزئیات بیشتر به این مساله پرداخت شد). تقویم مسیحی مداخلهٔ معجزه‌آسای خدا در طول تاریخ را گرامی می‌دارد. تمرکز تقویم مسیحی بر عیسای مسیح قرار دارد، که عمیق‌ترین اعمال نجات‌بخش خدا برای جهانیان در او به انجام رسیده است. داستان خدا عظیم‌ترین داستان جهان است، بنابراین تا بازگشت مسیح و برپا شدن پادشاهی کامل خدا می‌بایستی این داستان عظیم را تکرار نموده و آن را گرامی بداریم. هدف و دلیل دوم برای گرامی داشتن تقویم مسیحی این است که، راهنمایی برای زیارت‌های روحانی ما می‌باشد. به عنوان شاگردان مسیح، در سفری روحانی هستیم تا به شباهت او درآییم. هنگامی که تقویم مسیحی را گرامی می‌داریم، سفر ما مشابه سرورمان می‌شود و به واسطهٔ همان ضرب‌آهنگ شکل می‌گیرد.

به سادگی می‌توان گفت، تقویم مسیحی برای بازگو کردن انجیل در طول سال تنظیم شده است. مسیح در طول زمان با ما است. گرامی داشتن تقویم مسیحی تمرکز پرستش را در محل صحیح خود، یعنی عیسای مسیح و نه اعضای کلیسا قرار می‌دهد. گرامی داشتن تقویم مسیحی نه تنها به معنی آگاه بودن از گذر زمان است بلکه باعث می‌شود حضور مسیح را در زندگی خود احساس کنیم.

تقویم مسیحی چگونه شکل گرفته است؟

پاسخ کوتاه این است که شکل‌گیری تقویم مسیحی به این ترتیب بوده است: به مرور زمان، تقریبا چهارصد سال طول کشید تا تقویم مسیحی به شکل پیشرفته و امروزی خود مدون شود. اما بذر تقویم مسیحی از روزهای اولیهٔ تولد کلیسا شکل گرفت، چرا که تقویم مسیحی بخشی از پرستش‌ها محسوب می‌شد.

گرامی داشتن تقویم مسیحی ریشه در ضیافت‌های اسرائیل دارد. دیدگاه بنی‌اسرائیل به زمان «خطی» نبود بلکه «چرخشی» محسوب می‌شد و چرخهٔ دوران، هر ساله تکرار می‌شد. دربارهٔ تقویم مسیحی نیز همینطور است. خداوند روزهای جشن‌ها و ضیافت‌ها را معین فرمود. تقویم سالیانه مسیحی ضرب‌آهنگی از کار (روزهای بسیاری در این تقویم به تقویم کشاورزی مرتبط است) و استراحت (عبادت - چرخهٔ هفت روزهٔ هفته که اصلی‌ترین گاه‌شمار محسوب می‌شد) را منعکس می‌کند. سه ضیافت سالیانه که هر مرد یهودی می‌بایستی حتماً در آن‌ها شرکت می‌کرد،

مستلزم سفری زیارتی به اورشلیم بودند: عید پسح، عید هفته‌ها (پنطیکاست) و عید خیمه‌ها.

هر جشن و ضیافت نه تنها به لحاظ کشاورزی اهمیت داشته است بلکه به عملکرد خدا در تاریخ اسرائیل که اهمیت حیاتی و ویژه‌ای داشته است نیز مرتبط بوده است: نجات قوم از مصر، اهدا شدن شریعت در کوه سینا و قرائت احکام شریعت. سایر روزهای ویژه عبارتند از: جشن سال نو «روش هشانا»، روز کفاره «یوم‌کیپور»، ضیافت تقدیم معبد «حَنوکا» و سایر جشن‌ها و اعیاد دیگر. تقویم یهودی روزها و فصل‌هایِ یادبودِ گوناگون داشته و دارد تا مردم بتوانند محبت و مهربانی خدای اسرائیل را به خاطر آورند. برای یهودیان، تقویم سال آکنده از معنای ایمان بوده است. برای قوم اسرائیل، حفظ آیین‌های تقویم، داستان خدا را بازگو می‌کرد و به سفر روحانی قوم اسرائیل معنا می‌بخشید.

اکثریت مسیحیان اولیه، یهودی بودند. برای آن‌ها منطقی بود که در ابتدا همان ضیافت‌های یهودی را گرامی بدارند. هرچه باشد، مسیح آمد تا شریعت را **تحقق** بخشد نه اینکه آن را باطل سازد. بنابراین در عهد جدید، ایمانداران یهودی را می‌بینیم که ساعت‌ها در معبد دعا می‌نمایند، به کنیسه‌ها می‌روند و شبات را گرامی می‌دارند. در نهایت، سنت یهودیان با مفاهیم و تفاسیر مسیحیان ادغام شد. پولس رسول هنگامی که خطاب به کلیسای قرنتیان می‌نویسد همین کار را انجام می‌دهد: «پس خود را از خمیرمایهٔ کهنه پاک سازید تا خمیر تازه باشید، چنانکه براستی نیز بی‌خمیرمایه‌اید. زیرا مسیح، برهٔ پسح ما، قربانی شده است. ۸پس بیایید عید را، نه با خمیرمایهٔ کهنه، یعنی خمیرمایهٔ بدخواهی و شرارت، بلکه با نان بی‌خمیرمایهٔ صداقت و راستی برگزار کنیم.» (اول قرنتیان ۵:۷ و ۸). به سرعت روزهای مقدس و فصل‌های تازه به تقویم اضافه شد. مسیحیان نخستین، ضرب‌آهنگ تقویم آیینی را رها نکردند بلکه از گرامی‌داشت برخی از ضیافت‌ها دست کشیدند و به گرامی‌داشت برخی دیگر ادامه دادند و همچنین روزهای مسیحی را گرامی می‌داشتند تا داستان خدا را بازگو نموده و از ژرفای روحانی که تقویم مسیحی پدید آورده بود بهره‌مند گردند.

قلب تقویم مسیحی در ابتدا، ضرب‌آهنگ هفتگی روز خداوند بود. مسیحیان نخستین، الگوی هفت روزهٔ هر هفته را از اسرائیلیان به میراث بردند. یهودیان، هفت روز هفته را از غروب جمعه تا صبح شنبه حفظ می‌کردند و یک روز را در راستای یادبود روز هفتم خلقت، که خدا از کار خود فارغ شد به استراحت اختصاص می‌دادند. ایمانداران یهودی در ابتدا، دو روز هفته را به پرستش اختصاص داده بودند چرا که شبات را گرامی می‌داشتند و روز اول هفته را به گردهم آمدن برای پرستش، شام خداوند و مشارکت اختصاص می‌دادند. کلیسای اولیه روز یکشنبه را «روز خداوند» می‌نامید تا رستاخیز خداوند را در روز اول هفته گرامی بدارند. ایمانداران با ملاقات کردن در روز

اول هفته، به رستاخیز مسیح شهادت می‌دادند.[1] چرخهٔ کوتاه هفتگی و گرامی‌داشت رستاخیز در روز خداوند، بذری بود که تقویم کلیسا در طول سده‌های بعدی از آن رشد کرد. «در قدیمی‌ترین سند تقویم مسیحی، روز خداوند بذری است که مراسم و ضیافت‌های سالانهٔ مسیحی از آن رشد کرده است و هنوز هم محوریت خود را در کلیات راز مسیحیت، حفظ کرده است. به لحاظ تاریخی، روز خداوند نقطه آغاز تمام ضیافت‌های مسیحی می‌باشد.»

به لحاظ الهیاتی ایام هفته و در اصل روز خداوند تمام داستان نجات را در خود دارد. به لحاظ شبانی، روز خداوند هنگامی است که کلیسای محلی خود را به عنوان کلیسا به رسمیت می‌شناسد، یعنی هنگامی که ایمانداران فرا خوانده می‌شوند تا در داستان خدا مشارکت نمایند.[2] بدون ضرب‌آهنگ هفتگیِ خلقت و خلقت دوباره، هیچ پایه‌ای برای تقویم مسیحی وجود ندارد. روز خداوند پایهٔ همه‌چیز است.

در انتهای قرن دوم میلادی، ضیافت‌های سالانهٔ عید پاک، در تمام کلیساها گرامی داشته می‌شد. پنجاه روز پس از عید پاک روز پنطیکاست جشن گرفته می‌شد (فاصلهٔ بین عید پاک تا پنطیکاست را به عنوان پنجاه روز عظیم می‌شناختند). پنطیکاست پایان فصل شادمانهٔ عید پاک را رقم می‌زد. ایام روزه (لنت) در قرن سوم میلادی و پس از ایمان آوردن امپراطور روم کنستانتین در سال ۳۱۲ پس از میلاد مسیح، به تقویم مسیحی اضافه شد. مسیحیت در این دوران نه تنها مجاز شمرده شد بلکه مورد تحسین و تأیید قرار گرفت. در این زمان فرصت برای پیشرفت تقویم مسیحی بیش از پیش میسر شد چرا که رهبران کلیسا از این فرصت بهره جستند. یکشنبه به واسطهٔ حکم امپراطور در سال ۳۲۱، به عنوان روز استراحت در نظر گرفته شد. جشن «میلاد و تعمید مسیح» در قرن چهارم به تقویم مسیحی اضافه شد و مراسم شب‌زنده‌داری و عید پاک (Easter) گسترش یافتند و به «سه‌روز عید پاک» تبدیل شدند: پنج‌شنبه مقدس (پنج‌شنبه فرمان)، جمعه نیکو، و شب‌زنده‌داری عظیم عید پاک در شنبهٔ مقدس. یک منبع قرن چهارم میلادی، یعنی خاطراتی که توسط زنی اسپانیایی به نام اِگریا در هنگام سفر زیارتی‌اش به اورشلیم ثبت شده، متنی قابل توجه را دربارهٔ وقایعی که در این دوران در اورشلیم گرامی داشته می‌شدند ارائه کرده است. با تعیین فصول و روزهای اصلی تقویم مسیحی تا انتهای قرن چهارم میلادی، امروزه بسته به اشتیاقِ شاخه‌های گوناگون مسیحیت، روزهای تقویم مسیحی در سطوح گوناگون، گرامی داشته می‌شود.

---

۱. برای بحثی گسترده‌تر دربارهٔ اهمیت روز خدا، به فصل ۲ مراجعه کنید.

۲. مارک سرل، «یکشنبه: قلب تقویم آیینی»، در میان به یاد داشتن و امید: گزیده‌هایی دربارهٔ تقویم پرستشی، به‌کوشش ماکسول ای. جانسون (کالج‌ویل، مینه‌سوتا: انتشارات لیتورجیکال، ۲۰۰۰)، ص. ۵۹.

فواید گرامی داشتن تقویم مسیحی

نخستین کسی که از گرامی داشتن سال مسیحی خشنود می‌شود خدا است، چرا که با گرامی داشتن ایام و فصول سال مسیحی، خدا را ستایش می‌گوییم و او را برای فیض و رحم و عهدِ نجات در عیسای مسیح سپاس می‌گوییم. اما مسلما جماعت ایمانداران نیز از گرامی داشتن تقویم مسیحی سود می‌برد.

ارزش‌های اصول الهیاتی در گرامی داشتن تقویم مسیحی وجود دارد:

- تقویم مسیحی داستان عظیم خدا را آشکار می‌سازد.
- تقویم مسیحی اصول ایمان به عیسای مسیح را نمایان می‌کند (الهیات ساختاری در گذر روزها آشکار می‌شود).
- تقویم مسیحی ذاتاً مسیح‌محور است (اعمال مسیح در آن گرامی داشته می‌شود).
- تقویم مسیحی دیدگاهی مقدس دربارهٔ دوران‌ها به ما می‌دهد (تمام دوران‌ها مقدس هستند، به این شکل تفکیک گاه‌شمار دنیوی و تقابل آن با تقویم مقدس از میان برداشته می‌شود).

همچنین ارزش‌های کاربردی در گرامی داشتن تقویم مسیحی وجود دارد:

- از آن‌جا که با توجه به تقویم مسیحی می‌دانیم هر یکشنبه کدام قسمتِ داستان خدا بازگو خواهد شد، این موضوع به رهبران پرستشی اجازه می‌دهد از پیش، برنامه‌ریزی کنند و جلسات پرستشی را از قبل مهیا سازند.
- تقویم مسیحی تدبیری را در انتقال پیغام انجیل برقرار می‌سازد. اگر صمیمانه و با دقت تقویم مسیحی را دنبال کنیم، تمام ابعاد انجیل در طول ایام و فصولِ آن اعلام می‌شوند. این امر باعث می‌شود رهبران پرستشی ملزم شوند و نتوانند قسمتی‌هایی از داستان خدا را که ممکن است کمتر با آن آشنا باشند، ندیده بگیرند. (آیات کلام دربارهٔ دوران ظهور که به داوری‌های سخت خدا می‌پردازند، به ذهن خطور می‌کنند).
- تقویم مسیحی، عیسای **مسیح** را به‌جای رویدادهای تقویم مدنی در مرکزیت پرستش‌ها قرار می‌دهد. تقویم مسیحی همچنین باعث می‌شود جشن استقلال آمریکا را فراتر از جشن پنطیکاست در نظر نگیریم!

در آخر، فواید بشارتی نیز در گرامی‌داشت تقویم مسیحی وجود دارد:

- واژهٔ «evangel» به معنی «خبر خوش» است. اگر خبر خوش را اعلام نمی‌کنیم، بشارتی نیستیم. تقویم مسیحی خبر خوش عیسای مسیح را اعلام می‌کند و به این واسطه رویدادهای انجیل، زمانی قابل لمس در طول سال را به خود اختصاص می‌دهند.
- کلیساهایی که تقویم کامل مسیحی را گرامی می‌دارند، به واسطهٔ ایام و فصول تقویم مسیحی خبر خوش عیسای مسیح را به طور کامل اعلام می‌نمایند. با انجام این کار، فرصت‌های فراوانی به وجود می‌آید تا بی‌ایمانان را به سمت ایمان آوردن به عیسای مسیح فرا بخوانیم و همچنین پیروان مسیح را به سمتِ سطح بالاتری از شاگردی دعوت کنیم.
- جشنِ سال مسیحی همواره دعوت به پاسخ است! پاسخ‌دادن، جزئی ذاتی از اجرای درست تقویم کلیسایی است. رهبران پرستشی ترغیب می‌شوند که این فرصت‌های تأثیرگذار را نادیده نگیرند؛ زمانی که chronos (زمان عادی) با kairos (زمان الهی/فرصت خاص) تلاقی می‌کند و در نتیجه، زندگی‌ها دگرگون می‌شوند.

بررسی اجمالی تقویم مسیحی

در ادامه، بررسی اجمالی تقویم مسیحی را در قالبی موردی ارائه خواهم کرد. لذا لازم است به دو نکته در این مورد اشاره کنم. اولاً، این فهرست بسیار ابتدایی است.

کتب بسیاری در زمینهٔ پیشرفت و شکل‌گیری و مفاهیم کاربردیِ تقویم مسیحی به رشتهٔ تحریر در آمده است. هدف من تنها این است که مخاطبین با چهارچوب این تقویم آشنا شوند: در این بخش توضیح داده خواهد شد: از کجا می‌توانید آغاز کنید و به لحاظ منطقی روند فصول تقویم مسیحی چگونه است. اگر اولین بار است با تقویم مسیحی رو به رو می‌شوید می‌توانید دربارهٔ آن، مطالعات بیشتری را انجام دهید (به مطالعات پیشنهادی آخر فصل توجه کنید) و با رهبران با سابقه که سال‌ها خود را وقف گرامی‌داشتن تقویم مسیحی کردند گفت‌وگو کنید. دوما، تقویم مسیحی به حدی که در محتوای کلیسای شما می‌گنجد، می‌تواند بسیار ساده و یا بسیار پیچیده باشد. برخی از شاخه‌های مسیحیت روزهای مقدسی را در تقویم مسیحی در نظر می‌گیرند که شامل (چرخه‌هایی کامل از ایام مقدس می‌شود)؛ در حالی‌که شاخه‌های دیگرِ مسیحیت تنها روزها و ایام اصلی را گرامی می‌دارند.

صرف‌نظر از پیچیدگیِ تقویمی که در کلیسای شما گرامی داشته می‌شود قصد دارم شما را در دو زمینه تشویق کنم: اولا، حتی اگر قالب ساده‌ای از تقویم مسیحی را گرامی می‌دارید، سعی کنید کل تقویم را در نظر داشته باشید. مهم است که از گرامی‌داشتن برخی از فصول و روزها و ندیده گرفتن

برخی دیگر خودداری کنید. در این صورت ممکن است داستان ناقصی از داستان خدا را بیان کنید و یا بخش‌هایی از داستان تقویم مسیحی را ندیده بگیرید. تصور کنید رمانی را می‌خوانید و ناگهان از برخی از فصل‌ها می‌گذرید و بدون مطالعهٔ آن‌ها، فصل پایانی را مطالعه می‌کنید. اگر این کار را انجام دهید امکان ندارد معنی کامل داستانی که در نظر نویسنده بوده است را درک کنید. دربارهٔ تقویم مسیحی هم همین‌گونه است. اگر تنها بخش‌هایی از داستان خدا را اعلام کنید (میلاد مسیح و عید پاک) معنی کامل کارهای خدا بازگو نمی‌شود و به‌علاوه بدتر از آن، اعضای کلیسا دچار سوءبرداشت خواهند شد. دوما، اجازه دهید تقویم مسیحی بر تقویم مدنی برتری داشته باشد.[1] به‌عنوان معمار پرستشی، به اعضای کلیسای خود نشان دهید که چقدر مهم است حیات خود را پیرامون خدا و اعمال خدا تنظیم کنند، نه پیرامون جامعهٔ بشری. بیشتر زندگیمان را به خودمان اختصاص می‌دهیم؛ پس با گرامی‌داشتن تقویم مسیحی می‌توانیم روی اعمال اصلی خدا در عیسای مسیح تمرکز کنیم و به واسطهٔ روح‌القدس در سال مسیحی بنا شده و تأکید داشته باشیم. گرامی‌داشت تقویم مسیحی، یکی از راه‌هاییست که از طریق آن اعلام می‌کنیم عیسای مسیح خداوند است. هنگامی که اجازه دهیم روزهای نزدیک یکشنبهٔ نخل، پنطیکاست، چهارشنبهٔ خاکستر و شنبهٔ مقدس بیشتر از روز یادبودِ از دست‌رفتگان جنگ برایمان اهمیت پیدا کند این جملهٔ حقیقی را به زبان آورده‌ایم: «رویدادهایی که با زحمت، خبر خوش عیسای مسیح را اعلام می‌کنند باعث می‌شوند گردهم آییم و ایمان مسیحی خود را بر پایهٔ آن بنا کنیم».

جدول‌های ۱.۱۲ تا ۷.۱۲ بررسی‌ای اجمالی از تقویم مسیحی را نشان می‌دهند. هر یک از شش فصل اصلی (به‌علاوهٔ ایام عادی) در این جدول‌ها آورده شده‌اند[2] و توضیح اصطلاحات و اسامی، هنگام آغاز و پایان دوران و فصول سال مسیحی، عملکرد خدا و موضوعات اصلی مرتبط با هر فصل و رنگ‌هایی که هر فصل را به شکل نمادین مشخص می‌کنند نیز، ارائه شده است (جدول ۸.۱۲ مفهوم نمادین هر رنگ را آشکار می‌کند).[3] در برخی از موارد روزهایی را که در هر فصل اهمیت ویژه‌ای دارند مشخص کرده‌ام.

---

۱. در هر جامعه‌ای چندین نوع تقویم برای سازمان‌دهی زمانی وجود دارد. در فرهنگ آمریکای شمالی، این موارد شامل تقویم مدنی، تقویم آموزشی، تقویم تجاری، تقویم کشاورزی و غیره می‌شود.

۲. در تقویم کاتولیک رومی، عید ظهور (اپیفانی) فصل نیست بلکه یک روز است؛ هفته‌هایِ میانِ روزِ ظهور و چهارشنبهٔ خاکستر «زمان عادی» خوانده می‌شوند. دربارهٔ عید پنطیکاست نیز همین صدق می‌کند: پنطیکاست یک روز است و هفته‌های میان آن تا اولین یکشنبه فصل ظهور نیز، زمان عادی به شمار می‌روند. پروتستان‌ها معمولاً این اصطلاح را نپذیرفته‌اند و غالباً همچنان آن‌ها را فصل‌هایی جداگانه می‌نامند. وایت، مقدمه‌ای بر عبادت مسیحی، ص. ۷۱ را مشاهده کنید.

۳. این رنگ‌ها مگر آنکه به‌طور مشخص تعیین شده باشد، به رنگ فصل‌ها اشاره دارند، نه لزوماً رنگ روزهای خاص.

جدول ۱۲ . ۱ ایام ظهور

معنی لغوی:	برگرفته از واژهٔ لاتین «ادونتوس» به معنی «آمدن»
آغاز:	چهارمین یکشنبه قبل از روز میلاد مسیح
پایان:	شب کریسمس (میلاد مسیح)
موضوعات عمل عظیم خدا:	• خبر خوش به مریم • انتظار برای جسم شدن خداوند • انتظار برای جشن گرفتن آمدن منجی به میان آدمیان • جملات نبوتی یحیی تعمید دهنده • متون نبوتی عهد عتیق، که اغلب بر «آمدن داوری» دلالت داشتند • درک سه بار نزول مسیح (مسیح در قالب جسم به زمین آمد، مسیح آماده است تا با حضور خود در میان ما زیست کند، مسیح در پایان اعصار باز خواهد گشت)*
رنگ‌ها:	آبی بنفش سفید (در شب جشن میلاد مسیح)

* تمام جنبه‌های آمدن مسیح در تعالیم پولس رسول راجع به شام خداوند وجود دارد. " زیرا هر گاه این نان را بخورید و از این جام بنوشید (زمان حال)، مرگ خداوند را اعلام می‌کنید(زمان گذشته) تا زمانی که بازآید (زمان آینده). (اول قرنتیان ۱۱ : ۲۶) به پائول بوش، راهنمای سال کلیسایی رجوع کنید (مینیاپولیس: آوگسبورگ، ۱۹۸۷)،

جدول ۱۲ . ۲ میلاد مسیح

معنی لغوی:	برگرفته از «پرستش مسیح»
آغاز:	روز میلاد مسیح (۲۵ دسامبر)
پایان:	پنجم ژانویه (دوازده روز بعد)
عمل خداوند / جریانات اصلی :	• جشن گرفتن میلاد مسیح (جسم شدن)
رنگ‌ها:	سفید طلایی

جدول ۱۲ . ۳ جشن تجلی

معنی لغوی:	برگرفته از واژهٔ یونانی اپیفانیا، به معنی «تجلی»
آغاز:	ششم ژانویه (روز تجلی)
پایان:	یک روز قبل از چهارشنبهٔ خاکستر (روز متغیر)*
عمل خداوند / جریانات اصلی:	• مکاشفهٔ خدا (تجلی) به تمام جهانیان که شامل غیر یهودیان نیز میشد • جشن مکاشفهٔ عیسای مسیح به عنوان منجی جهانیان • ملاقات مُغان و پرستش شدن عیسای مسیح در طفولیت • تعمید مسیح • اولین معجزه‌ای که مسیح به انجام رساند • تأکید روی خدمت زمینی مسیح (تعالیم ، شفاها و معجزات) • مبدل شدن چهرهٔ مسیح
روزهای مرتبط:	یکشنبهٔ گرامیداشت دگرگون شدن چهرهٔ مسیح، آخرین یکشنبهٔ پس از جشن چله‌روزه می‌باشد. در این جشن دگرگون شدن چهرهٔ مسیح و ملاقات او با الیاس و موسی در حضور پطرس، یعقوب و یوحنا گرامی داشته می‌شود.
رنگ‌ها:	سبز

*تواریخِ سایر روزهای تقویم مسیحی متغیر هستند، چرا که بر اساس عید پاک محاسبه می‌شوند؛ عید پاک یکشنبهٔ پس از ماه کامل یا پس از ۲۱ مارس (اولین روز بهار) می‌باشد.

جدول ۱۲ . ۴ چله‌روزه

معنی لغوی:	برگرفته از واژگان انگلوساکسون «لِنکتِن» به معنی «بهار»، هنگامی که ساعات روز طولانی‌تر می‌شوند.
آغاز:	چهارشنبهٔ خاکستر (چهل روز پیش از عید پاک) * به‌عنوان نمادی از میرا بودن و فانی بودن ما گرامی داشته می‌شود. خاکستر، نمادی از میرا بودن و توبه کردن می‌باشند.
پایان:	یکشنبهٔ مقدس
عمل خداوند / جریانات اصلی:	• به یاد آوردن وسوسهٔ مسیح، همچنین رنج و مرگ او • اندیشیدن عمیق به شاگردی مسیح در پرتو رنج‌های او • کاتچومن - تعالیم الهیاتی (زمان دریافت تعالیم الهی برای بنای روحانی) • تازه کردن عهد تعمید • فرصتی برای تمرکز روی انظبات‌های روحانی • تشویق برای انکار نفس • فراخوان برای توبه از گناهان
روزهای مرتبط:	هفتهٔ مقدس (که همچنین به‌عنوان هفتهٔ مصائب شناخته می‌شود) • با یکشنبهٔ نخل آغاز می‌شود (یکشنبهٔ مصائب) • هفت روزِ آخرِ حیاتِ مسیح در زمین را شامل می‌شود، به‌ویژه سه روز آخر، قبل از رستاخیز مسیح که به‌عنوان سه روز عظیم (واژهٔ لاتین «سه روز») قلمداد می‌شود و به‌عنوان یک عمل پرستشیِ ادامه‌دار، گرامی داشته می‌شود. • پنج‌شنبهٔ مقدس: یادآور عید فِصح است که در بالاخانه برگزار شد، همراه با شستن پای شاگردان، دعای عیسی در باغ جِتسیمانی، و همچنین خیانت یهودا و دستگیری مسیح. • جمعهٔ نیکو: یادآور محاکمهٔ عیسی در برابر پیلاطس و هیرودس و مصلوب شدن مسیح است. • شنبهٔ مقدس، که با شب‌زنده‌داری بزرگ عید پاک پایان می‌یابد.
رنگ‌ها:	بنفش

*یکشنبه‌ها همواره به احترام رستاخیز به‌عنوان «عید پاک‌های کوچک» گرامی داشته می‌شوند و بنابراین جزو شمار چهل روز محاسبه نمی‌شوند.

جدول ۱۲ . ۵ عید پاک

معنی لغوی:	برگرفته از استره، نام یک الههٔ آنگلوساکسون که جشن او در زمان بهار برگزار می‌شد؛ مسیحیان در ابتدا واژهٔ «pascha» را ترجیح می‌دادند که با پسحِ تازه مرتبط است.
آغاز:	یکشنبهٔ عید پاک
پایان:	پنجاه روز پس از یکشنبه عید پاک
عمل خداوند / جریانات اصلی:	• جشن رستاخیز مسیح • شناخت و درک حیات، نور، و آزادی تازه که در مسیح از آن برخوردار هستیم • تأکید بر روی ظهور مسیحِ رستاخیز یافته بر شاگردان و تعالیم پس از رستاخیز • صعود مسیح
روزهای مرتبط:	روز صعود در چهلمین روز پس از عید پاک جشن گرفته می‌شود، یعنی پنجشنبه‌ای میان یکشنبهٔ ششم و هفتم از فصل عید پاک (در برخی سنت‌ها، این روز در یکشنبهٔ هفتم یا حوالی آن گرامی داشته می‌شود).
رنگ‌ها:	سفید طلایی

*روزها و فصول ویژهٔ مسیحی و چگونگی شکل‌گیری و گرامیداشت امروزی آن‌ها توسط مسیحیان را، مشاهده کنید. گردآوری پَت فلوید (نشویل: آبینگدون، ۱۹۹۸). البته بیش از یک نظریه دربارهٔ منشأ عنوان «ایستر» وجود دارد. احتمال دیگر این است که واژهٔ ایستر از واژهٔ انگلیسی «اوسترن» گرفته شده باشد، که با جهت قطب‌نمایی طلوعِ خورشید (یعنی جهت شرق) ارتباط دارد.

جدول ۱۲ . ۶ عید پنطیکاست

معنی لغوی:	برگرفته از واژهٔ یونانی پنطیکاست به معنی «پنجاهمین» است
آغاز:	پنجاه روز پس از عید پاک (هفتمین یکشنبه پس از عید پاک)
پایان:	روز بعد*
عمل خداوند / جریانات اصلی:	• گرامیداشت و جشن‌گرفتنِ عطا شدن روح‌القدس • جشن گرفتن تولد کلیسا • تصدیق قدرت روحانی کلیسا • فرخوانده شدن برای دریافت روح‌القدس و شادمانی کردن در قدرت خدا
روزهای مرتبط:	یکشنبه تثلیث، در روز یکشنبه پس از پنطیکاست گرامی داشته می‌شود و در آن به جشن گرفتن و ستایش خدای تثلیث: پدر، پسر و روح‌القدس پرداخته می‌شود.
رنگ‌ها:	قرمز

*با وجود اینکه عید پنطیکاست به لحاظ فنی یک روز می‌باشد، در برخی از سنت‌ها، روزهای زیادی بین پنطیکاست و ایام ظهور را به عنوانِ فصلِ پنطیکاست در نظر می‌گیرند. کسانی که عنوان «زمان عادی» را ترجیح می‌دهند (جدول ۱۲.۷)، ممکن است آن را «فصل پس از پنطیکاست» نیز بنامند تا بر ادامهٔ کار روح‌القدس در کلیسا تأکید کنند.

جدول ۱۲ . ۷ دوران عادی - فصل پس از پنطیکاست

معنی لغوی:	«دوران عادی» به این نکته اشاره دارد که یکشنبه‌های خارج از فصول اصلی تقویم مسیحی، چگونه به واسطهٔ ارقام عادی مانند اولین، دومین، سومین و الی آخر شمرده می‌شوند.*
آغاز:	روز پس از پنطیکاست
پایان:	یکشنبهٔ پیش از آغاز ایام ظهور
عمل خداوند / جریانات اصلی:	• گرامیداشت گسترش کلیسا و مأموریت آن • پیشرفت در مأموریت عظیم خدا و ارتباط برقرار کردن با مسائل کلیسای محلی، ملی و جماعت ایمانداران بین‌المللی
روزهای مرتبط:	روز مقدسین، در اول نوامبر گرامی داشته می‌شود و در آن مسیحیانِ همهٔ دوران‌ها و مکان‌ها را، به‌عنوان یک جماعت ایماندار بزرگ در گذشته، حال و آینده گرامی می‌داریم. یکشنبهٔ مسیح پادشاه، در پایان فصل زمان عادی و در یکشنبه‌ای برگزار می‌شود که پیش از آغاز دورهٔ ظهور است؛ این روز، جشن تجسم تا پادشاهی نهایی مسیح را کامل می‌سازد، زمانی که او در جلال سلطنت خواهد کرد.
رنگ‌ها:	سبز

*این فصل گاهی به نام «دوران پادشاهی» نیز نامیده می‌شود.

رنگ‌های تقویم مسیحی به‌عنوان نمادهایی از سوی بشر معین شده است. یعنی این رنگ‌ها، معنا و مفهوم خود را در بستر فرهنگ غربی دریافت کرده‌اند که در آن، رنگ‌ها با آداب یا رویدادهای خاص مرتبط شده است. این ارتباطات تا حدی دلخواه هستند، اما می‌توانند بُعدی زیبا و غنی به تقویم مسیحی اضافه کنند، زیرا بخش‌هایی از داستان خدا از طریق نمادها، از جمله رنگ‌ها، بیان می‌شوند.

جدول ۱۲ . ۸ مفاهیم رنگ‌ها را شرح داده است، البته موارد جایگزین نیز ارائه شده است.

جدول ۱۲ . ۸ اهمیت نمادین رنگ‌های گوناگون

رنگ	معنی نمادین
بنفش	توبه، سلطنت (پادشاهی)
آبی	مرتبط با مریم، امید، انتظار
سفید	پاکی، شادمانی، جشن
طلایی	غنی بودن، شادمانی
قرمز	شعله آتش، خون
سبز	رشد، حیات، رضایتمندی
سیاه	مرگ، فانی بودن

نسخهٔ بازبینی‌شدهٔ فهرست‌نامهٔ آیینی که در کلیسا قرائت می‌شود ابزاری بی‌نظیر برای گرامیداشت تقویم مسیحی است. آیات معین شده برای قرائت در طول چرخهٔ سه‌ساله با گرامیداشت تقویم آیینی مسیحیان مطابقت دارد. (برای اطلاعات بیشتر دربارهٔ این فهرست‌نامه فصل ۵ را مطالعه کنید.)

نتیجه‌گیری

معمار پرستش فرصت دارد جلسات را با مشارکت وفادارانه، در تقویم مسیحی به نحوی برنامه ریزی کند که داستان عیسای مسیح را بازگو کند. این کار ضروری است تا بتوانیم داستان خدا را بازگو کنیم و سعی کنیم در موازات با مرگ و رستاخیز مسیح، سفر روحانی خود را در پیش بگیریم. در انتها باید گفت،

> وظیفهٔ ما این نیست که با ایجاد تنوع سعی داشته باشیم اشتیاق پرستش را افزایش دهیم. با وجود اینکه تنوع جلسات به شکلی مرتبط ضروری است، اما اگر این کار را بدون صداقت و دقت انجام دهیم بی‌ارزش خواهد بود. چرخهٔ تقویم مسیحی، ابزار ارزشمندی است که بتوانیم در اتحاد با مسیح زیست کنیم و هر ساله زیارت روحانی خود را با اعمالِ او به انجام رسانیم. تقویم مسیحی ممکن است به مشغولیتی دربارهٔ جزئیات کم‌اهمیت تنزل یابد و یا می‌تواند به ابزاری برای گشایش و تعمیق مشارکت کلیسا با مسیح تبدیل شود. مورد دوم، صداقت و اصالت باید در کنار تمام تلاش‌هایی که برای ارتباط برقرار کردن با سال مسیحی صورت می‌پذیرد وجود داشته باشد.[1]

اصطلاحات کلیدی

ایام ظهور (برگرفته از واژهٔ لاتین ادونتوس به معنی «آمدن» است). کلیسا در این دوران، ایامِ انتظارِ آمدنِ مسیح به جهان را گرامی می‌دارد.

کریسمس - میلاد مسیح (ترکیب دو کلمهٔ انگلیسی «مسیح و پرستش») کلیسا از آمدن مسیح به جهان به‌عنوان یک طفل شادمانی می‌کند.

سه‌روزهٔ عید پاک، مقدس‌ترین سه‌روزهٔ تقویم مسیحی: از غروب وعدهٔ سه‌روزه تا یکشنبهٔ عید پاک، که به‌عنوان سه روز عظیم نیز شناخته می‌شود.

شب‌زنده‌داری عید پاک. جلسهٔ پرستشی ویژهٔ شب عید پاک که تا صبح یکشنبه به طول می‌انجامد.

---

۱. هیکمن و دیگران، راهنمای سال مسیحی، ص. ۳۵.

در این جلسه برخاستن مسیح را به یاد می‌آوریم (برخاستن مسیح از مقبره) و با پیروزی مسیح در اعلام رستاخیز او جلسه را به پایان می‌رسانیم. در ابتدای حیات کلیسا، کسانی که تعالیم روحانی خود را دریافت کرده بودند در این زمان تعمید داده می‌شدند.

تجلی (برگرفته از واژهٔ یونانی اپیفانیا به معنی «تجلی») کلیسا، خدمت زمینی مسیح را هنگامی که الوهیت او تجلی یافت به یاد می‌آورد.

پنجاه روز عظیم. روزهای بین یکشنبهٔ عید پاک تا روز پنطیکاست.

چله‌روزه (برگرفته از کلمهٔ آنگلوساکسن لنکتن است و به روزهای بهار که زمان نور روز در آن افزایش پیدا می‌کند اشاره دارد). کلیسا با مسیح زیارتی را به سمت صلیب به انجام می‌رساند، این فصل زمان کاوش نَفس و بیش از پیش به شباهت مسیح درآمدن است.

پنجشنبهٔ بزرگ: برگرفته از واژهٔ لاتین «Mandatum»، به معنی «فرمان». به فرامین مسیح به شاگردان در راستای محبت کردن به یکدیگر اشاره دارد (یوحنا ۱۳ : ۳۴).

کلیسا، وقایع مرتبط با «شب گردهم آمدن شاگردان در بالاخانه» و «شب قبل از مصلوب کردن مسیح» را به یاد می‌آورد.

دوران عادی: فصل پس از پنطیکاست - طولانی‌ترین فصل در تقویم مسیحی

پسخا: این واژه به عید فِصح یهودیان اشاره دارد که در ایمان مسیحی همان عید پاک است.

پنطیکاست (برگرفته از واژهٔ یونانی پنطیکوسته به معنی «پنجاهمین» می‌باشد) کلیسا وعدهٔ عطای روح‌القدس به ایمانداران و قدرت بخشیدن به آن‌ها در راستای شهادت دادن به پادشاهی خدا که در عیسای مسیح به میان انسان‌ها آمد را گرامی می‌دارد.

چرخهٔ قدیسان: تقویمی که به یادبود درگذشت قدیسان، قهرمانان ایمان و شهیدان اختصاص دارد.

چرخهٔ زمان موقتی: شامل چرخه‌های عید پاک و کریسمس است که شش فصل و روز اصلی سال مسیحی را در بر می‌گیرد.

بیشتر بیاموزید

گروس، بابی. زیستن در سال مسیحی: زمانی برای زیستن در داستان خدا. داونرز گرو، ایلینوی: اینتروارسیتی، ۲۰۰۹.

هیکمن، هویت ال.، دان ئی. سلیرز، لارنس هال استوکی، و جیمز اف. وایت. راهنمای جدید سال مسیحی. نشویل: آبینگدون، ۱۹۹۲.

وبر، رابرت ای. دوران سنتی-نوگرا: بنای روحانی از طریق سال مسیحی. گرند رپیدز: بیکر بوکس، ۲۰۰۴.

مشغول شوید

با روز یا دوره‌ای خاص در تقویم مسیحی که حقیقتاً تا کنون تجربه نکرده‌اید ارتباط برقرار کنید.

۱. یک شبان یا رهبر پرستشی دیگر در شهر پیدا کنید که سال مسیحی را بیشتر از شما گرامی داشته است. او را به یک کافی‌شاپ دعوت کرده و گفت‌وگویی ترتیب دهید.

۲. در این گفت‌وگو، دربارۀ نحوۀ گرامی‌داشت فصل‌ها یا روزهای خاص در کلیسای او و همچنین معنای شخصی‌ای که این شیوۀ پرستش برای او دارد، گفت‌وگو کنید.

۳. روز یا فصل کلیدی‌ای را شناسایی کنید که کلیسای شما، پیش‌تر آن را گرامی نداشته است. یک گروه کوچک تشکیل دهید تا دربارۀ ظرفیت‌های آن روز یا دوره تأمل کند. چند ایدۀ ساده را برای آغاز گرامی‌داشت آن، گردآوری کنید.

فاز چهارم

پذیرفتن پرستندگان برای مشارکتی صادقانه و حقیقی

بستر از دیدگاه یک معمار

بناهای فوق‌العاده، قویاً بر دانش معمار در زمینهٔ محتوای ملموس و ناملموس بنایی که طراحی می‌شود متکی است. محتوای ملموس شامل موارد گوناگونی نظیر ساختمان‌های اطراف و عناصر اصلی شرایط اقلیمی و آب‌وهوایی، موادی که در آن ناحیهٔ خاص برای بنای ساختمان فراهم است، الگوی عبور و مرور عابرین پیاده و اتومبیل‌ها و شرایط فرهنگی و اقتصادی-اجتماعی ناحیه‌ای که ساختمان در آن بنا می‌شود می‌باشد.

دانش و شناخت معمار از محتوای ناملموسِ ساختمان نیز به همین اندازه اهمیت دارد. این موارد اغلب ذات داستانی و معنوی دارند. معماران باید درک کنند چه کسانی از بنا استفاده خواهند کرد. آن‌ها باید مأموریت، هدف و ارزش‌هایی که یک خانواده یا یک سازمان دنبال می‌کنند را درک کنند تا ببینند ساکنین بنا مایل هستند چه مشخصاتی در بنای ساختمان وجود داشته باشد. معمار باید بتواند «چرایی یا دلیل» نهفته در پسِ هر پروژه را درک کند.

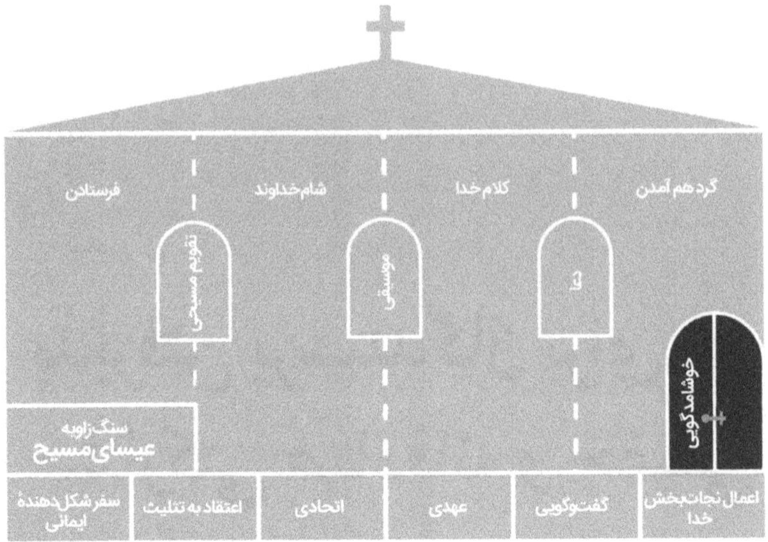

ترکیبِ درکِ محتوایِ محیطی-فرهنگی بنا و دانش حرفه‌ای معماران اجازه می‌دهد بناهای مناسب، کاربردی، پایدار و زیبا را بنا کنند.

سیزده

روش مشارکت

ابراز و بیان پرستش‌ها به زبانی صادقانه و حقیقی

جســتجو کنید

قبل از مطالعهٔ فصل ۱۳، سعی کنید پنج روش پرستش را توصیف کنید و دربارهٔ هر کدام یک جمله بگویید.

- پرستش آیینی
- پرستش سنتی
- پرستش ترکیبی
- پرستش امروزی و مدرن
- پرستش سنتی-نوگرا

این سؤال را مد نظر بگیرید: اگر یک کلیسا بخواهد روش و سبک پرستش خود را تغییر دهد از چه طریقی می‌تواند به نحوی صحیح این کار را انجام دهد؟

حالا که اندیشیدن را آغاز کردید افکار خود را با مطالعهٔ فصل ۱۳ گسترش دهید.

گسترش دهید

در طول نیم‌قرن گذشته، مسائل و مشکلات مرتبط با سبک و روش‌های پرستشی، ذهن مسیحیان غرب را به خود مشغول کرده است. متأسفانه، اختلاف‌نظرها بر سر سلایق در زمینهٔ سبک‌های پرستشی، به لحاظ احساسی چنان بالا گرفته است که اصطلاح «جنگ سبک‌های پرستشی» بر سر زبان‌ها افتاد تا بتواند دربارهٔ درگیری‌ها و اختلاف‌نظرها در این زمینه، به کار گرفته شود. سبک‌های پرستشی گوناگونی شکل گرفتند و به استاندارد کلیساها تبدیل شدند. آگهی‌های شغلی برای رهبری عبادت، معمولاً از داوطلبان می‌خواستند که بتوانند به طور مؤثر پرستش‌ها را در یک یا چند سبک خاص اجرا کنند که این خود نشانه‌ای روشن از غلبهٔ مسائل مربوط به سبک‌های پرستشی، بر اصلِ موضوعِ پرستش بود. تنوع سبک، در صدر فهرست شرایط لازم برای استخدام قرار داشت.

در یکی از بزرگ‌ترین وب‌سایت‌های اینترنت، تبلیغی به این مضمون وجود داشت «استخدام رهبر پرستشی و هنری کلیسا که بتواند اعضای کلیسا را در سبک "سنتی و ترکیبی" رهبری کند و چشم‌اندازی به سوی هدایت پیشروی کلیسا به سمت ایجاد پرستش‌های مدرن و پست‌مدرن داشته باشد» (آیا چیز دیگری انتظار ندارید؟!) در اوج این جنگ‌های پرستشی، سبک پرستشیِ ارجح طبقِ راهکارهایِ جنگ‌هایِ پرستشی، کلیسا را به سمتی پیش می‌برد که سعی کند تمام انتظارات مردم را برآورده سازد، این کار یا از طریق پرستش‌های ترکیبی (چنانچه کلیسا تنها **یک** جلسه پرستشی داشت) یا از طریق انتخاب سبک و روش (اگر کلیسا چندین جلسه پرستشی داشت) صورت می‌گرفت. به هر شکل، هدف این بود که کلیسا بتواند برای همهٔ مردم چیزی برای عرضه کردن داشته باشد. جنگ بر سر **تعداد** اعضا بود.

هیچ‌کس پیروز حقیقی این جنگ نبود؛ بلکه کسانی که در این نبرد شرکت داشتند در نهایت تصمیم گرفتند صلح و مدارا داشته باشند. در حال حاضر کلیساها به یکی از این دو جهت پیش رفتند: (۱) انتخاب یک سبک پرستشی که با سلیقهٔ افرادی که مایل هستند بشارت دهند مطابقت داشته باشد و واگذار کردن سایر سبک‌های پرستشی به کلیساهای دیگر و (۲) ارائهٔ انتخاب‌های گوناگون در زمینهٔ جلسات متعدد پرستشی با قالب‌ها و روش‌های متنوع. صرف‌نظر از مسیری که طی شد، بسیاری از کلیساها از نبرد سبک‌ها فاصله گرفتند.

با این وجود، روش‌ها و سبک‌های پرستشی همواره بخشی از فضای پرستش باقی خواهد ماند. بنابراین معماران پرستش باید نقشی که سبک‌های پرستش ایفا می‌کنند را درک کنند و لازم است در رهبری کلیسا، زبانی را برای گفت‌وگو دربارهٔ سبک‌های پرستش داشته باشند. نگرانی من از این نیست که هر کلیسا از چه روش پرستشی استفاده می‌کند. معتقدم پرستشِ پویا و تأثیرگذار در

روش‌ها و سبک‌های مختلف امکان‌پذیر می‌شود. نگرانی من این است که اغلب، بیش از هر چیز روی ارائهٔ بسته‌های پرستشی تمرکز کرده و مسائل محتوای پرستش را نادیده گرفته‌ایم. آیا سبک پرستش از محتوای آن و قالب آن مهم‌تر است؟ آیا سبک پرستش از مسیح‌محور بودن آن مهم‌تر است؟ آخرین باری که گفت‌وگوی رهبران کلیسا را هنگام بحث دربارهٔ اینکه «چگونه می‌توانند بیش از پیش در پرستش‌ها عیسای مسیح را جلال دهند»، یا «دربارهٔ روش‌های بهتری که می‌توان در پرستش به صدای خدا گوش فرا داد»، و یا اینکه «چگونه می‌توانیم به روش‌های غنی به خدا پاسخ گوییم»، شنیده‌اید چه زمانی بوده است؟ آیا این موضوعات برای برگزاری یک کنفرانس جذاب است؟ اگر این‌طور نباشد، حقیقتاً اولویت پرستش‌های ما بر چه موضوعی قرار دارد؟ توجه بیش‌ازاندازهٔ ما به سبک و شیوهٔ پرستش‌ها، بسیاری از ما را به سطحی اندیشی وادار کرده است در حالی که از عمقی که به آن فراخوانده شده‌ایم دور می‌شویم. باید سؤالات عمیقی نظیر این را بپرسیم: هدف خدا برای پرستش چیست؟ پرستش برای چه کسی است؟ معنی پرستش متحد در جماعت ایمانداران چیست؟

متأسفانه، گاهی کلیساها وادار شدند تا روش پرستشی خاصی را بپذیرند. گاهی وعده داده می‌شود که تغییر دادن سبک پرستش می‌تواند در حاضران و کسانی که به کلیسا می‌آیند اشتیاق و هیجان بیشتری به وجود آورد. اما سبک و شیوه نمی‌تواند به تنهایی وزنِ تازه شدنِ پرستش‌ها را حمل کند. سبک پرستش به حد کافی بزرگ یا مهم و جهانی نیست که بتواند چنین کاری را انجام دهد. با این وجود، دائماً به سراغ بررسی سبک و شیوه‌های پرستش می‌رویم و انتظار داریم آنچه را که سبک پرستش قادر نیست انجام دهد (یعنی حیات بخشیدن به پرستش)، به انجام رساند.

تمام امید و انگیزهٔ ما به کشف بهترین شیوهٔ پرستش وابسته شده است. اکنون بین مسیحیان با «مسابقهٔ مهیب پرستش» روبرو هستیم، گویا آخرین و به‌روزترین شیوه برنده خواهد بود.

در این فصل امیدوار هستم بتوانم به حل و فصل این مسائل بپردازم تا معماران پرستش، راهی برای پیش رفتن و یاری رساندن به اعضای کلیسا داشته باشند؛ راهی که از طریق آن ایمانداران بتوانند به بهترین شکل در محیط کلیسای محلی خود خدا را بپرستند. ابتدا سعی خواهم کرد برخی از باورهای نادرستی که ندانسته در مورد سبک‌های پرستش داریم را حل کنم. برای این کار به چند افسانه خواهیم پرداخت و معنی «سبک و شیوهٔ پرستش» را کشف خواهیم کرد تا بتوانیم به نحوی سالم با این مسائل روبرو شویم و اصول ساده‌ای را در این حوزه، مد نظر قرار دهیم. سپس به نحوی مختصر شش شیوهٔ پرستشی که امروزه در کلیساها به کار گرفته می‌شود را شرح خواهم داد. در ادامه نظریه‌ای برای پرستش ارائه خواهم کرد که از هر سبک پرستشی فراتر است و در عین حال می‌تواند

یک یا چند روش و سبک پرستشی را در بر بگیرد. در انتها امیدوارم پس از پایان این فصل بتوانیم از میان این هزار تو، راهی صحیح را به شکلی واضح مشاهده کنیم.

اصول سبک پرستشی

ابتدا بیایید چند افسانه که اکثر افراد دربارهٔ پرستش به آن معتقد هستند را تشخیص دهیم.

پنج افسانه دربارهٔ سبک و شیوهٔ پرستش

افسانه اول: شیوه، محتوا است

اولین افسانه این است که شیوه و سبک پرستش همان محتوا می‌باشد. نباید محتوای پرستش را با سبک و شیوهٔ پرستش اشتباه بگیریم. محتوا عناصری است که در پرستش به کار گرفته می‌شود، یعنی کارهایی که انجام می‌دهیم و سخنانی که به زبان می‌آوریم تا بتوانیم در مسیح با خدا گفت‌وگو داشته باشیم. مواردی نظیر شنیدن کلام خدا، دعا کردن، سراییدن، شهادت دادن، تصدیق حقایق ایمان مسیحی (قاموس نامه‌ها)، مشارکت در شام خداوند، تقدیم هدایا، تسلیم خداوند شدن، صبر کردن در سکوت، و مواردی از این قبیل، محتوای پرستش را شامل می‌شوند. سبک به آنچه که انجام می‌دهیم مرتبط نیست بلکه به شیوه‌ای که کارهایمان را به انجام می‌رسانیم مرتبط است. سبک، روشی است که از طریق آن محتوا ارائه می‌شود، پس سبک نمی‌تواند همان محتوا باشد.

شاید شنیده باشید کسی بگوید «کلیسای ما مایل است جلسات پرستشی غیررسمی‌تری داشته باشد.» برای این کار اغلب رهبران پرستشی محتوا را تغییر می‌دهند - مدت موعظه را کوتاه می‌کنند، سراییدن را طولانی‌تر می‌کنند، سراییدن برخی از اشعار مثل دعاهایِ شفا را متوقف می‌کنند، تقدیم هدایا و پاسخ دادن به کلام را کنار می‌گذارند - تا بتوانند غیررسمی‌تر به نظر برسند! اما غیررسمی بودن به نحوهٔ دعا کردن مرتبط است و نه به اینکه آیا دعا می‌کنید، به روش موعظه مرتبط است نه طول موعظه و الی‌آخر. محتوا به خودی خود، نه رسمی است، نه غیررسمی. به‌عنوان مثال یک شهادت صرفاً یک شهادت است. اگر شهادت را از پیش، در قالب یک ویدئو مهیا کرده باشید می‌تواند جنبهٔ رسمی‌تری داشته باشد، یا اگر شهادت در لحظه بیان شود غیررسمی‌تر به نظر می‌رسد.

این حقیقت که در پرستش شهادتی وجود دارد، مسئلهٔ سبک و شیوهٔ پرستش نیست: روشی که شهادت بیان و ارائه می‌شود به سبک پرستش مرتبط است.

بنابراین ایجاد تغییر در مجموعه عناصر پرستش، باعث رسمی یا غیررسمی شدن جلسه پرستشی نمی‌شود. سبک پرستش به کاری که انجام می‌دهید مربوط نیست بلکه به نحوهٔ انجام آن مرتبط است.

افسانه ۲: سبک یک ساختار است

دومین افسانه این است که سبک همان ساختار است. ساختار به نظم و ترتیب محتوای پرستش مرتبط است.[۱] ساختار قالبی است که جلسات هنگام نظم بخشی به محتوای پرستش، به خود می‌گیرد. یک ساختار منطقی و نیکو می‌تواند از سبک‌های گوناگون حمایت کند.

می‌توانید به این شکل به ساختار بیندیشید: بدن انسان از اسکلت که یک شبکهٔ استخوانی است تشکیل شده و همهٔ انسان‌ها از ساختار اسکلت‌بندی برخوردار هستند. همهٔ ما استخوان پا، لگن، شانه، ساق پا، دنده، استخوان گردن و سایر استخوان‌ها را در بدن خود داریم. با وجود اینکه اشکال و تراکم استخوان‌ها متغیر است، در اصل استخوان‌بندی ما شکلی مشابه دارد. استخوان‌بندی ما طراحی و خلق شده است تا از اندام‌های حیاتی که ما را جان می‌بخشد حفاظت و حمایت کند.

با این وجود، هنگامی که گوشت را به این سازه اضافه کنید، چیزهایی مثل رنگ پوست، شکل چشم و یا فرو رفتگی چانه را مشاهده می‌کنید. سپس مشخصات فیزیکی ما از طریق شخصیت آشکار می‌شود. هرچه بیشتر با یک شخص دیگر وقت بگذرانیم، بیش از پیش دربارهٔ سبکی که آن شخص احساسات خود را در جانش بروز می‌دهد آگاه می‌شویم.

دربارهٔ ساختار و سبک هم همین‌طور است. مثل محتوا، ساختار نمی‌تواند رسمی یا غیررسمی و یا آیینی یا امروزی و مدرن باشد. ساختار صرفاً ترتیبِ قرارگیریِ عناصر پرستش است. نظم و ترتیب عناصر پرستشی، به خودی خود نمی‌تواند رسمی یا غیررسمی باشد چرا که تنها یک نوع، نظم و ترتیب است. ساختار، چیزی بیشتر از جریانِ منطقیِ گفت‌وگویی که با خدا داریم (نظم انجیلی) نمی‌باشد. سبک و روش، زبانی است که از طریق آن با خدا گفت‌وگو می‌کنیم.

افسانه ۳: سبک پرستش تنها به موسیقی مرتبط است

یک بار با کسی که مسئول نور و موسیقی کلیسای بزرگی در غرب آمریکا بود صحبت می‌کردم. او نمونه‌ای از موسیقی آیینی، سنتی، امروزی و آلترناتیوی که کلیسای او تهیه و تولید کرده بود را برایم فرستاد. از مردم خواسته شده بود که بر اساس موسیقی، سبک جلسه‌ای که مایل هستند در آن شرکت داشته باشند را انتخاب کنند. بسیاری از کلیساها سبک پرستش را بر اساس ترجیحات موسیقی انتخاب می‌کنند. اغلب، موفقیت یا عدم موفقیتی که به جلسات پرستشی نسبت داده می‌شود به‌عنوان موفقیت یا عدم موفقیت موسیقی پرستشی کلیسا در نظر گرفته می‌شود. این انتظاری غیرواقعی است و صادقانه بگویم، سوءبرداشت بزرگی در چنین تأکیدی وجود دارد. سبک پرستش،

---

۱. برای توضیح کامل دربارهٔ ساختار پرستش، به فصل ۳ مراجعه کنید.

فراتر از ترجیحات موسیقی می‌باشد.

سبک پرستش و سبک موسیقی به نحوی به هم متصل شده‌اند. در افکار عدهٔ زیادی از مردم، سبک پرستش و سبک موسیقی یک چیز هستند. اغلب مردم برای اشاره به موسیقی کلیسا از واژهٔ «پرستش‌ها» استفاده می‌کنند.

به‌عنوان مثال، یکی از رایج‌ترین ساختارهای جلسات پرستشی دوران اخیر کلیساها که دو بخشی است، شامل «پرستش» و موعظه می‌شود. اما دقت کنید که چگونه زمان طولانی‌تر سراییدن با واژهٔ پرستش شناخته می‌شود و متنِ کلام را پرستش محسوب نمی‌کنند. با این وجود، متن کلام نیز بخشی از پرستش است. درست مثل عناصر فراوان دیگری که باعث تداوم گفت‌وگوی کلیسا با خدا می‌شوند، تمام گفت‌وگوی ایمانداران کلیسا با خدا، پرستش است و تنها موسیقی پرستش محسوب نمی‌شود.

پولس رسول بسیاری از بخش‌های جلسات کلیسا را به‌عنوان پرستش محسوب می‌کرد (سرود کلیسا، کلام تعلیمی، مکاشفه، به زبان‌ها سخن گفتن و تفسیر و ترجمهٔ زبان‌ها).[1] سبک، شامل تمامی محتوای پرستش می‌شود، نه تنها یک بخش از آن. اگر دربارهٔ سبک پرستش سخن بگوییم، راجع به کل گفت‌وگویی که با خدا داریم سخن گفته‌ایم، نه تنها بخش موسیقی آن گفت‌وگو. در اینجاست که سبک، شامل موعظه کردن، قرائت کلام، دعا کردن، تقدیم هدایا، خوشامدگویی به مهمانان و موارد دیگر نیز می‌شود. از مخاطب استدعا دارم دربارهٔ این باور که تنها یک عنصر پرستش یعنی موسیقی می‌تواند به‌تنهایی سبک پرستش را تفسیر کند، تجدیدنظر نماید.

افسانه ۴: سبک پرستش، مردم را گردهم می‌آورد

شاید این افسانه دربارهٔ سبک، بیش از همه باعث گمراهی شود. در طول نیم قرن گذشته هیچ چیزی در حوزهٔ پرستش در میان کلیساها، بیش از مسائل مرتبط با سبک جلسات پرستشی باعث تفرقه نشده است. آنچه که در ابتدا به آن امید داشتیم در انتها نمی‌تواند واقعیت داشته باشد: پیدا کردن سبک یا سبک‌های پرستشی درست، نمی‌تواند مردم را در صلح و اتحاد گردهم آورد.

هنگامی که مردم در اتحاد، پرستش حقیقی را تجربه می‌کنند، چیزی فراتر از آخرین سبک پرستشی در حال عمل کردن است؛ آن چیز جامعهٔ مسیحی می‌باشد.[2] آنچه که مردم را در جامعهٔ مسیحی با سایر مسیحیان گردهم می‌آورد، عطای فیض خداوند است، نه تقدیم سبک‌های گوناگون

---

۱. اول قرنتیان ۱۴:۲۶ را ببینید.

۲. در ادامه این فصل بیشتر دربارهٔ جماعت مسیحی و سبک پرستش صحبت خواهد شد.

پرستشی. به جای اینکه از دیگر کلیساها دور شویم و خود را جدا کنیم، شاید لازم باشد با سایر کلیساها ارتباط برقرار کنیم. چرا عهدمان را با یکدیگر تازه نکنیم، عهدی که جامعهٔ مسیحی باید به آن سوگند خورده و آن را نگاه دارند، در فقر و در ثروت، در بیماری و در سلامت، در سبک‌های سنتی و در سبک‌های مدرن و در سبک‌های پرستشی مختلط و پست‌مدرن؟ اگر چنین عهدی با هم داشته باشیم، فیلیپیان باب ۲ آیه ۴ را به انجام رسانده‌ایم که می‌گوید: «هیچ‌یک از شما تنها به فکر خود نباشد، بلکه به دیگران نیز بیندیشد.»

سی‌اس لوئیس، در این باره به نیکویی نوشته است:

> دو وضعیت موسیقایی وجود دارد که به گمان من می‌توان با اطمینان گفت برکتی بر آن‌ها نهاده شده است. یکی از آن‌ها حالتی است که در آن یک کشیش یا نوازنده اُرگ—که خود فردی با ذوقی پرورش‌یافته و سلیقه‌ای ظریف است—با فروتنی و از روی محبت، خواسته‌های (از نظر زیبایی‌شناسی درست) خود را فدا می‌کند و به مردم، «خوراکی ساده‌تر و زمخت‌تر از آنچه خود ترجیح می‌دهد» می‌دهد، با این باور که از این طریق می‌تواند آنان را به سوی خدا رهنمون شود و حالت دیگر آن است که فرد عامی، نا آگاه و بی‌ذوق در موسیقی، با فروتنی و شکیبایی—و مهم‌تر از همه در سکوت—به موسیقی‌ای گوش می‌سپارد که نمی‌تواند به طور کامل آن را درک کند، با این باور که این موسیقی به‌نوعی خدا را جلال می‌دهد و می‌داند اگر برای او سودی روحانی ندارد، این باید به دلیل نقص خود **او** باشد.

نه آن فرهیختهٔ بلندمرتبه و، نه آن فرد عامیِ کم ذوق، هیچ‌یک نمی‌توانند چندان از راه به دور باشند. برای هر دو، موسیقی **کلیسایی** وسیله‌ای برای فیض بوده است؛ نه موسیقی‌ای که دوست داشته‌اند، بلکه موسیقی‌ای که دوستش نداشته‌اند. هر دو، سلیقهٔ خود را—به تمام معنا—تقدیم و قربانی کرده‌اند.[۱]

پس در نهایت پیدا کردن سبک پرستشی مناسب برای کلیسای شما، جستجویی است برای مشارکت مسیحیان، نه جستجو برای آنچه که محبوب‌تر است.

افسانه ۵: سبک پرستش تاثیر مثبتی در رشد کلیسا دارد

این افسانه، به افسانه قبلی مرتبط است چراکه در اینجا، عده‌ای بر این باورند که به کارگیری برخی از

۱. سی. اس. لوئیس، تعمق مسیحی، به‌کوشش والتر هوپر (گرند رپیدز: اردمنز، ۱۹۶۷)، ص ۹۶-۹۷.

سبک‌های پرستشی باعث جذب غیرایمانداران به سوی کلیسا می‌شود. هیچ سبک پرستشی، رشد کلیسا را تضمین نمی‌کند. در مواردی کلیسا سبک پرستشی را به کار گرفته است و رشد را تجربه نموده است، اما بسیاری از کلیساها نیز با به‌کارگیری همان سبک‌های پرستشی نتوانستند جلوی کاهش تعداد اعضای خود را بگیرند. تعداد مواقعی که سبک‌های پرستشی نتوانستند تعداد اعضای یک کلیسا را افزایش دهند چنان زیاد است که نمی‌توانیم این افسانه را بپذیریم.

کن همفیل، در کتاب خوب به نام تاثیر انتاکیه، به مطالعاتی که توسط کرک هاداوی انجام گرفته است اشاره می‌کند. پس از مطالعات دقیق، آنچه که به رشد کلیسا کمک می‌کند مشخص شده است. هاداوی به نتیجه‌ای می‌رسد که برای بسیاری از افراد غافلگیرکننده است. او می‌گوید: «هیچ سبک پرستشی به خودی خود نمی‌تواند باعث رشد کلیسا شود. برخی از کلیساها که رشد داشته‌اند آیینی بودند و برخی دیگر غیررسمی‌تر. آنچه که پراهمیت به نظر می‌رسد، فقط با واژه‌هایی مانند "هیجان‌انگیز"، "جشن‌گونه"، "شاد"، "آکنده از انتظار"، "گرم"، "روح‌بیداری"، "خودجوش" و حتی "پُرشور" قابل توصیف است. بنابراین، روح و حال‌وهوای پرستش، از سبک آن یا نوع موسیقی به‌کاررفته در کلیسا مهم‌تر است.»[1]

تعریف سبک پرستش

دربارهٔ سبک پرستش چه می‌توانیم بگوییم؟ اگر سبک پرستش با محتوا یا ساختار یکی نیست، و اگر محدود به موسیقی جلسات نمی‌باشد و اگر مسئول گردهم آوردن مردم و رشد کلیسا نمی‌باشد، پس سبک پرستش دقیقاً چیست؟ تعریفی را مهیا کرده‌ام که می‌تواند نقطه آغازین درک ما از سبک پرستش باشد:

> سبک و شیوه در پرستش، روشی است که جماعت ایمانداران محتوای پرستش (آیین‌ها) را، در نتیجهٔ دریافت محتوای پرستش ابراز کرده و به انجام می‌رسانند.

بیایید سه جنبهٔ اصلی این تعریف را بررسی کنیم.

جماعت ایمانداران به گروهی از مردم اطلاق می‌شود که چه کوچک یا بزرگ، به شکلی متداوم با یکدیگر خداوند را می‌پرستند و اغلب عضو یک کلیسای محلی می‌باشند.

در اصل، یک سبک پرستشی شامل زبان (زبان‌ها) و عناصری است که یک جامعهٔ پرستشی برای گفت‌وگوی خود با خدا به کار می‌گیرد. زبان، تنها به ساختار کلمات مرتبط نیست بلکه شاملِ

---

۱. کرک هاداوِی، به نقل از کن همفیل، تأثیر انطاکیه: ۸ ویژگی کلیساهای بسیار مؤثر (نشویل: برادمن و هولمن، ۱۹۹۴)، ص. ۵۶ (تأکید افزوده شده است).

مفاهیم غیر کلامی که مردم به کار می‌گیرند «نظیر نمادها و حالت‌های بدنی» نیز می‌شود.

هر گروهی، روشی بومی برای ارتباط برقرار کردن دارد. روش و سبکی که مردم از طریق آن خدا را در عیسای مسیح می‌پرستند برای آن‌ها طبیعی، بومی، ساده و آکنده از ابراز احساسات است؛ باید اینچنین باشد تا اصالت و صداقت آن گروه حفظ شود. یک جماعت ایماندار اسپانیایی - آمریکایی، طبیعتاً نسبت به یک کلیسای آفریقایی - آمریکایی، پرستش را با انواع، سازها، قالب‌های هنری و حالت‌های بدنی و اعمال پرستشی متفاوتی به انجام خواهد رساند.

در نیمهٔ دوم قرن بیستم، دو نهاد مسیحی، اسناد مهمی منتشر کردند که بر آزادی مردم در تمامی فرهنگ‌ها «برای پرستش به شیوه‌ای که به فرهنگ خودشان وفادار باشد»، تأکید داشت. «قانون اساسیِ نیایشِ مقدس، متن سندی را که از تصمیمات شورای دوم واتیکان (۱۹۶۲-۱۹۶۵) حاصل شد، اعلام می‌کند:

> حتی در آیین‌ها، کلیسا تمایلی به تحمیل یکدستی خشک و سخت‌گیرانه، در اموری که به ایمان یا خیر و صلاح کل کلیسا مربوط نمی‌شود، ندارد؛ بلکه نبوغ و استعدادهای نژادها و ملت‌های گوناگون را ارج می‌نهد. هر آنچه در شیوهٔ زندگی اقوام وجود دارد و به طور جدایی ناپذیر با خرافه و خطا گره نخورده باشد، با نگاهی همدلانه توسط کلیسا مورد بررسی قرار می‌گیرد و در صورت امکان آن را به طور کامل حفظ می‌نماید. کلیسا حتی برخی از این عناصر را، مادامی که با روح اصیل و حقیقی آیین‌ها سازگار باشند، وارد مراسم پرستشی خودِ می‌سازد.[1]

در این زمینه بیانیه مهم دیگری به نام «بیانیهٔ نایروبی» ارائه شده است که حاصل تلاش فدراسیون جهانی کلیساهای لوتری می‌باشد. این بیانیه با نکات زیر به پایان می‌رسد:

> عیسای مسیحی که پرستشش می‌کنیم، در فرهنگی خاص از جهان متولد شد. در راز تجسم او، هم الگو و هم فرمانی برای بومی‌سازی پرستش مسیحی نهفته است. واقعاً می‌توانیم خدا را در فرهنگ‌های محلی جهان ملاقات کنیم. ارزش‌ها و الگوهای یک فرهنگ خاص، تا آنجا که با ارزش‌های انجیل هم‌خوان باشند، می‌توانند برای بیان معنا و هدف پرستش مسیحی به کار گرفته شوند. بومی‌سازی، وظیفه‌ای ضروری برای مأموریت کلیسا در جهان است، تا بشارت انجیل بتواند هر چه عمیق‌تر در فرهنگ‌های گوناگون

---

۱. بخش د، ماده ۳۷: اصول انطباق لیتورژی با فرهنگ‌ها و سنت‌های مردمان، قانون اساسی دربارهٔ لیتورژی مقدس (ساکروسنکتوم کنسیلیوم)، صادر شده توسط پاپ پُل ششم، ۴ دسامبر ۱۹۶۳، لینک واتیکان.

محلی ریشه بدواند.[1]

دومین عبارتی که در تعریف پرستش به کار بردیم، محتوای جلسات پرستشی است و به عناصری که کلیسای محلی در جلسات پرستشی به کار می‌گیرد اشاره دارد. همان‌طور که دیدیم، برخی از عناصر پرستشی از دیدگاه کتاب مقدس ضروری هستند. اما هر جماعت ایماندار، بسته به سنت‌ها عناصری مناسب را وارد جلسات پرستشی خود می‌نماید.

این موارد می‌تواند شامل اعلام و انتقال صلح و سلامت، شهادت‌ها، شستن پاها، صبر کردن در سکوت و استفاده از عطایای کاریزماتیک باشد. هنگامی که چند مرتبه در کوبا خدمت کردم، یک نمونه از محتوای جلسات پرستشی که تحت تأثیر فرهنگ جامعه وارد کلیسا شده بود را مشاهده کردم. صرف نظر از اینکه محل خدمتم یک کلیسای خانگی کوچک و یا یک کلیسای بزرگ شهری بود، پرستندگان کوبایی نه تنها من که یک میهمان بودم را با بوسه‌ای مقدس سلام می‌گفتند بلکه یکدیگر را نیز این چنین سلام می‌گفتند. آن‌ها یکدیگر را با بوسه‌ای مقدس به روی گونه سلام می‌گفتند. این کار بخشی از اعمال پرستشی محسوب می‌شد تا مسیحیان، یکدیگر را در جلسات پرستشی خیرمقدم گویند، اما این رسم خوشامدگویی در کل فرهنگ جامعهٔ کوبا رواج دارد.

آخرین عبارتی که در تعریفمان به کار گرفتیم «در نتیجهٔ دریافت محتوای پرستش»، به معنای این است که سبک پرستشی از **محتوا** سرچشمه می‌گیرد. رهبران نباید رسم محبوب پرستشی خود را به جامعه‌ای که با آن رسم غریبه هستند تحمیل کنند. سبک پرستشی از درون جماعت ایمانداران سرچشمه می‌گیرد نه از بیرون. سبک و شیوه، زبانی است که جماعت ایمانداران از طریق آن ارتباط برقرار می‌کنند. این زبان برگرفته از تاریخ، روایت‌ها، و تجارب یک جامعه است و از تاریخ و تجربهٔ غریبه ساخته نمی‌شود. گاهی کلیساها محتوای پرستش را تغییر می‌دهند تا بتوانند بهتر ارتباط برقرار کنند. اما با چه کسی؟ در انجام چنین کاری گاهی کلیساها ممکن است اعمال پرستشی‌ای را انتخاب کنند که برای آن‌ها غریبه است تا سعی کنند عده‌ای که مایل هستند را به کلیسا جذب کنند، و با این کار جشن گرفتن و شادمانی کردن برای کسانی که خدا به مرور زمان در آن کلیسا گردهم آورده است را نادیده می‌گیرند. محتوا، اصالت سبک پرستشی یک کلیسا را معین می‌کند.

این تعریف، برخی سؤالات را مطرح می‌کند که هر جماعت ایمانداری باید به آن‌ها پاسخ دهد:

- ما که هستیم؟
- محتوای فرهنگی ما چیست؟

---

۱. بیانیه نایروبی دربارهٔ پرستش و فرهنگ: چالش‌ها و فرصت‌های معاصر، حاصل سومین نشست بین‌المللی تیم مطالعاتی فدراسیون جهانی لوتری دربارهٔ پرستش و فرهنگ، بخش ۳. ، نایروبی، کنیا، در worship.calvin.edu را مشاهده کنید.

- نحوهٔ منطقی ابراز پرستش‌ها در فرهنگ ما چیست؟

به سؤالاتی که مطرح نیستند توجه کنید:

- آرزو داریم چه کسی باشیم؟
- دوست داشتیم محتوا و فرهنگ ما چگونه می‌بود؟
- چگونه می‌توانیم محتوای فرهنگ شخص دیگری را در پرستش‌ها بیان کنیم؟

به لحاظ الهیاتی، در اولویت قرار دادن تعقیب سبک‌های پرستشی روز، هرگز توصیه نمی‌شود چرا که در چنین اولویتی سؤالات نادرست مطرح می‌شود. عملاً، سؤال مرتبط با سبک همواره این است «مردم چه چیزی را دوست دارند؟» با حساسیت الهیاتی می‌توانیم بپرسیم «چگونه پرستشی به مردم کمک می‌کند بتوانند در جامعهٔ پرستشی، یعنی کلیسا با خدا ملاقاتی اصیل داشته باشند؟» این سوال ما را از ترجیحات شخصی به سمت هدف اصلی پرستش هدایت می‌کند: یعنی ملاقات با خدای زنده از طریق عیسای مسیح و به واسطهٔ روح‌القدس. شاید اعضای کلیسا بیشتر از نیاز به یافتن سبک پرستش، نیاز دارند صدای پرستشی خود را بیابند. "[1] صدای پرستشی شما، فراتر از سبک پرستشی است. صدای پرستشی شامل، ابعاد مهم و خصوصیات پرستش در جماعت ایماندار شما می‌شود و به انسجام و اتحادی که به مرور زمان به دست آورده‌اید مرتبط است. در آخر، وظیفهٔ کلیسا است که صدای خود را کشف کند و با پیدا کردن آن، دائماً صدای خود را صیقل بخشد تا به زیبایی و روشنی پرستش، دست پیدا کند. نیازی نیست که کشف کردن صدای پرستش را اعلام و یا توصیف کنیم. یک رهبر پرستشی دارای حکمت، صدای کلیسا را تشخیص داده و آن را حرمت می‌نهد.[2]

اصول مرتبط با سبک و شیوهٔ پرستش

حالا آماده هستیم دو اصل ابتدایی را بپذیریم.

۱. می‌توان دربارهٔ سبک پرستش مذاکره کرد، اما نمی‌توانید دربارهٔ محتوای پرستش این کار را انجام دهید.
۲. سبک و شیوه، به محتوای فرهنگی مرتبط است اما محتوای پرستش، جهانی می‌باشد.

با این وجود، مهم است دقت کنیم که سبک‌ها خنثی نیستند؛ اگر فکر کنیم سبک‌ها خنثی هستند

۱. کانستنس دبلیو. چری، به نقل از تری دبلیو. یورک و سی. دیوید بولین، صدای جماعت ما: جست‌وجو و جشن برای سرود خدا برای ما (نشویل: آبینگدون، ۲۰۰۵)، ص. ۷.

۲. یورک و بولین، صدای جماعت کلیسای ما، ص. ۸.

باوری خطرناک داریم. سبک‌ها روی ما تأثیر می‌گذارند و این نکته بی‌اهمیت نیست. اما سبک به محتوای فرهنگی مرتبط است، معنایش این است که چون محتوای فرهنگی نسبت به سایر موارد مثل (چه کسی را می‌پرستیم و در پرستش چه کاری انجام می‌دهیم) از اهمیت کمتری برخوردار است، پس می‌توان سبک را تغییر داد. باید در نظر داشته باشیم که کارهایی که در پرستش انجام می‌دهیم نسبت به چگونگی انجام آن‌ها بی‌نهایت مهم‌تر هستند. اما از همه چیز پر اهمیت‌تر آن کسی است که او را پرستش می‌کنیم. این را در نظر بگیرید که:

> اولاً پرستش به سبک مرتبط نیست بلکه پرستش پاسخ دادن به حقیقت است... پرستشی که به جستجوی یک سبک تبدیل شود چه کاریزماتیک مدرن باشد و چه به رضایت مردم تکیه داشته باشد و چه به دنبال ایجاد یک فضای خاص باشد، نکتهٔ اصلی پرستش را از دست داده است. با وجود اینکه پرستش حال و هوا و تجربه‌ای خاص را شامل می‌شود، معنی پرستش «در پی آن حال و هوا روانه شدن»، نیست. پرستش کاری است که در پاسخ به آنچه خداوند در مسیح انجام داده است انجام می‌دهیم.
>
> هنگامی که درک کنیم حقیقت، نه سبک و شیوه، امرِ مقدس پرستش در عهد جدید می‌باشد - یعنی پاسخی در مقابل حقیقت که تحت الهام مستقیم روح‌القدس صورت پذیرد - آنگاه می‌توانیم پرستش را به اشکال و شیوه‌های گوناگون انجام دهیم. دیگر، سبک‌های پرستش ایدهٔ ساده‌ای نیست که بگوییم «هر سبکی نتیجه‌بخش است»، بلکه بر اساس کتاب مقدس می‌پذیریم محوریت حقیقت نجات‌بخش عیسای مسیح، در هر فرهنگی پرستش را به بار می‌آورد.[1]

مقایسه سبک‌های پرستشی

تلاش کردم تا الفبای سبک‌های پرستشی را شرح دهم. با انجام این کار تعریفی از سبک پرستش ارائه کردم و اعلام کردم سبک پرستش چه چیز نیست! همچنین شرح دادم سبک پرستش چه کاری می‌تواند انجام دهد و چه کاری را نمی‌تواند انجام دهد. معماران پرستش باید شناخت کاربردی در زمینهٔ سبک‌های پرستشی شمال آمریکا داشته باشند تا بتوانند بدانند کدام سبک پرستش می‌تواند بیشتر روی کلیسای محلی آن‌ها تأثیر بگذارد. سپس قادر خواهند بود سبک‌های پرستشی گوناگون را

---

۱. هنری یائوهایانن، نوسازی یکشنبه، جلد ۳ از کتابخانه کامل عبادت مسیحی، به‌کوشش رابرت ای. وبر (نشویل: استارسانگ، ۱۹۹۳)، صص. ۱۰۳-۱۰۴.

به نحوی مناسب مقایسه کنند و خواهند توانست زبان و مفاهیمی که برای هدایت صحیح جماعت ایمانداران به آن نیاز دارند را در اختیار داشته باشند.

سعی می‌کنم به طور مختصر شش روش و سبک پرستشی (چهار مورد اصلی و دو مورد جایگزین) را شرح دهم و دربارهٔ نقاط قوت و ضعف هر کدام توضیحاتی را ارائه کنم.[1] مخاطب خواهد دید که قدرت برخی از سبک‌های پرستشی، نقطه ضعف سایر سبک‌های پرستشی است و بالعکس. همه چیز به آنچه که برایتان ارزشمند است مرتبط است. سعی می‌کنم بدون تفسیر شخصی، مستقیماً سبک‌ها را توصیف کنم اما در ارائهٔ فهرستِ نقاط قوت و ضعف، مطمئناً نظر شخصی من تأثیرگذار است. با این حال، هدف این است که به معماران پرستشی کمک کنم خردمندانه در انتخاب سبک‌ها تصمیم بگیرند، قصد ندارم با نظرات شخصی کسی را به سوی ترجیح یک سبک بر سبک دیگر هدایت کنم. همچنین به یاد داشته باشید این توصیف‌ها بسیار کلی هستند و قاعدهٔ سخت‌گیرانه و قاطعی دربارهٔ آن‌ها وجود ندارد.

پرستش آیینی

پرستش آیینی از ریشه‌های تاریخی عمیقی برخوردار است. این سبک، تداوم سبک پرستشی مقدسینی است که همواره اعمال پرستشی سنتی و اولین مسیحیان را ارج نهاده‌اند که شامل آیین‌های پرستشی مسیح محور، شام خداوند هفتگی، نظم انجیلی، گرامیداشت تقویم مسیحی و قرائت بخش‌های گوناگونی از کلام می‌باشد. یکی از عالی‌ترین جنبه‌های پرستش آیینی این است که نظم جلسات از سوی کلیسا اعلام شده است و اغلب در این مورد از کتاب پرستش و یا کتاب دعا استفاده می‌شود. در این سبک، مقامات شاخهٔ مسیحی انتخاب آیات، دعاهای خاص، قاموس نامه‌ها، سرودهای روحانی و مزامیر کلیسا، سرودهای پرستشی و بسیاری موارد دیگر را اکیداً توصیه و یا دیکته می‌کنند.

پرستش آیینی از خصوصیاتی کلی که عنوان می‌شود برخوردار است:

- جهت عمودی
- تمرکز بر تعالی خداوند
- مسیح‌محور بودن
- استفاده از دعا، سرودهای پرستشی و سرودهای سنتی

---

۱. دربارهٔ این سبک‌ها و دیگر موارد، می‌توان بیشتر سخن گفت. هدف من در اینجا تنها معرفی ابتدایی آن‌هاست.

- تأکید روی آیین‌های مقدس
- به جا آوردن هفتگی (یا اغلب) شام خداوند
- استفادهٔ بیشتر از نمادهای مسیحی سنتی
- استفادهٔ قابل توجه از پوشش‌های مقدس (پارامَن‌ها)، خرقه‌ها (رداها)، اثاثیه آیینی، و معماری نمادین
- مشارکت فراوان اعضای کلیسا
- آیین‌های پرستشی که به طور کلی به عنوان یک دعا قلمداد می‌شود

نقاط قوت:

- به شدت بر پایهٔ کتاب مقدس است
- مردم را به حس عمیق احترام تشویق می‌کند
- به حد زیادی عینی است
- احساس جامعهٔ جهانی کلیسا را پرورش می‌دهد: محتوای پرستشی این کلیساها به شدت شبیه کلیساهای خواهر در شاخهٔ مسیحی مربوطه هستند.
- مشارکت اعضا در این سبک بسیار زیاد است
- به شدت حسی است

نقاط ضعف:

- ممکن است جنبهٔ افقی پرستش در این سبک کمتر مورد توجه قرار گیرد.
- ممکن است انعطاف‌پذیری کمتری در زمینهٔ روش‌های ابراز ستایش و پرستش امروزی فراهم کند.

سبک سنتی

سبک و روش پرستشی سنتی، اغلب با سبک آیینی اشتباه گرفته می‌شود، چون برای کسانی که از بیرون نگاه می‌کنند شباهت‌هایی بین این دو سبک وجود دارد. برخی از موارد مشابه: ردا پوشیدن روحانیون، به‌کارگرفتن دعاهای از پیش نوشته‌شده، پیروی از تقویم مسیحی و مواردی از این قبیل. با این وجود، سبک پرستشی سنتی از جهات قابل توجهی با سبک آیینی تفاوت دارد. سبک سنتی پرستش، کمتر به آیین‌های مقدس می‌پردازد و ممکن است هر هفته شام خداوند برگزار نشود. همچنین این سبک کمتر به حالت‌های جسمی (زانو زدن، تعظیم کردن) وابسته است و اغلب از

شمایل و نمادها استفاده نمی‌شود. شاید تفاوت اصلی این باشد که در سبک پرستشی سنتی، رهبران مجبور نیستند از برنامهٔ آیینی که توسط شاخهٔ مسیحی مربوطه ارائه شده است و یا کتاب دعایی خاص تبعیت کنند. راهنمای شاخهٔ مسیحی ارائه می‌شود و رهبران در زمینهٔ پرستش تعلیم یافته هستند و تشویق می‌شوند از نظریات کتاب‌مقدسی و تاریخی کلیسا تبعیت کنند، اما در برنامه‌ریزی پرستش در سبک سنتی، آزادی عمل بیشتری وجود دارد. در نتیجه، یکنواختی و یکپارچگی پرستش بین کلیساهایی که از سبک سنتی استفاده می‌کنند، نسبت به کلیساهایی که از سبک آیینی بهره می‌برند کمتر است. در پرستش سنتی، قلباً از عناصر سنتی استفاده می‌شود اما تأکید استفاده از آن‌ها، بسته به کلیسا متفاوت است.

سبک پرستشی سنتی در آمریکا به‌مرورزمان شکل گرفته است. اغلب شاخه‌های اصلی مسیحیت از این روش استفاده می‌کنند (منظور گروه‌های کلیسایی هستند که ریشه‌های اروپایی دارند و به پیش از دوران شکل‌گیری ایالات متحدهٔ آمریکا برمی‌گردند).[۱] سبک سنتی به استفادهٔ مستمر از محتوا و قالب‌هایی مرتبط است که میراث اروپایی دارند.[۲]

امروزه، روش پرستشی سنتی توسط بسیاری از کلیساها، اعم از شاخه‌های اصلی و غیر اصلی مسیحیت مورد استفاده قرار می‌گیرد. در حقیقت، بسیاری از کلیساهای اصلی، روش سنتی را کنار گذاشته‌اند و از روش‌های مدرن استفاده می‌کنند، در حالی که کلیساهای آزاد به سمت سبک و روش پرستش سنتی حرکت کرده‌اند. روش سنتی پرستش، امروزه به شکل گسترده توسط کلیسا مورد استفاده قرار می‌گیرد.

پرستش سنتی از خصوصیاتی کلی که عنوان می‌شود برخوردار است:

- تعهد به نظم انجیلی (بدون به جا آوردن شام خداوند در بسیاری از یکشنبه‌ها)
- استفاده از سرودهای روحانی کلیسایی که اغلب ریشهٔ سنتی دارند
- استفاده از گروه‌های کُر مختلف (گروه‌های کُر بی‌کلام و گروه‌های کُر سنین مختلف)
- استفاده از آثار کلاسیک استاندارد گروه کُر
- استفاده از پیانو یا ارگ‌های کلیسایی به‌عنوان ساز اصلی

---

۱. این گروه‌ها شامل کلیساهای مشایخی، لوتری، متدیست‌های متحد، اصلاح‌طلبان و غیره هستند.

۲. «سنتی» به آنچه جوامع یا شاخه‌ها در یک دوره خاص با آن آشنا می‌شوند اشاره دارد. «سنت» به باورهای تاریخی و الهیاتی مشترک اشاره دارد که در طول زمان، هنجار کلیسا یا گروهی از کلیساها می‌شود. «سنت‌گرایی» به معنای پایبندی به سنت است. بندیکت و کریگ کندت میلر، پرستش معاصر برای قرن بیست‌ویکم: پرستش یا بشارت؟ (نشویل: منابع شاگردسازی، ۱۹۹۴)، صفحه ۹.

- استفاده از مراثی‌نامه
- استفاده از اشکال استاندارد دعا (کالِکت، دعای اعتراف، دعای خداوند و غیره)

نقاط قوت:

- به‌کارگیری میراثی عظیم، آکنده از محتوایی غنی
- از گنجینه‌ای غنی الهیات استوار در سرودهای روحانی و اشکال گوناگون دعای سنتی بهره می‌برد
- به طور کلی عینی‌تر است
- مشارکتِ بین نسلی در این کلیساها تشویق می‌شود (گروه‌های کُر سنین مختلف، موعظه برای فرزندان و غیره)

نقاط ضعف:

- به دلیل نقش پررنگ گروه‌های کُر و موسیقی‌های «ویژه»، ممکن است به‌سوی پرستشی نمایشی متمایل شود.[1]
- ممکن است عبادت بیشتر به‌عنوان «برنامه» تلقی شود تا «دعا»
- خلاقیت نو و تازۀ عصر حاضر را محدود می‌کند

سبک معاصر

«سبک معاصر» اصطلاحی عام است که چندین نسل پیشرفت سبک‌های پرستشی را، در خود جای داده است. (فصل ۱۱ را برای توضیحی مختصر دربارۀ تاریخچۀ پرستش معاصر مشاهده کنید. همچنین منابعی که در بخش پایانی تحت عنوان «بیشتر بیاموزید» ارائه شده است را مشاهده کنید.) سبک پرستشی معاصر تقریباً جدید است، البته بیش از پنجاه سال قدمت دارد. روش پرستشی معاصر در سال‌های ۱۹۶۰ و اوایل ۱۹۷۰ هنگامی که جوانان سبک پرستشی سنتی را برای روش‌های غیرسنتی ابراز ستایش و پرستش ترک گفتند، ابداع شد. این تغییرات، نوع پوشش تا انتخاب موسیقی‌ها را شامل می‌شد. بدون شک، بزرگ‌ترین تغییر شامل موسیقی می‌شد. ارگ‌های کلیسایی و پیانوها با «گیتار و با همخوانی‌های پرستشی معاصر»، و همچنین گروه‌های کُر با «گروه‌های

---

۱. تحقیقات من نشان می‌دهد: درصد زیادی از زمان در پرستش سنتی، به موسیقی‌ای اختصاص دارد که برای مردم اجرا می‌شود و مردم آن را به‌صورت منفعلانه دریافت می‌کنند. کانستنس ام. چری، «خانه من، خانه... اعلان‌ها خواهد بود»، کارگاه موسیقی کلیسا، ژانویه-آوریل ۲۰۰۵.

موسیقی راک یا سبک فولک» جایگزین شدند.

توجه به دو نکته اهمیت دارد. اولاً، پرستش معاصر نمی‌تواند از موسیقی معاصر جدا باشد. می‌توان گفت موسیقی معاصر، پرستش معاصر است. اصلی‌ترین جنبهٔ سبک پرستشی معاصر، به استفاده از موسیقی مدرن مرتبط است که مشابه موسیقی دوران خود باشد. در اصل، بسیاری از کلیساها تنها با تغییر موسیقی پرستشی، سبک پرستشی خود را به سبک پرستشی معاصر تغییر دادند. در نهایت زمانی که به همخوانی ستایشی اختصاص داده می‌شد **افزایش یافت**؛ زمانی که به موعظهٔ کلام اختصاص داشت **بدون تغییر** باقی ماند؛ و سایر عناصر پرستشی مثل دعا، قرائت بخش‌های مختلف کلام، تقدیم هدایا و موارد دیگر به شدت **کوتاه** شدند یا به طور کامل **کنار** گذاشته شدند.[1]

ثانیاً، پرستش معاصر در اصل پرستش «نسل انفجار جمعیت» می‌باشد. این سبک پرستشی با «نسل انفجار جمعیت» آغاز شد.[2] همان‌طور که این نسل رشد کرد، نسل‌های بعدی کمتر حس می‌کردند که لازم است از موسیقی «قدیمیِ» معاصر لذت ببرند و با آوردن موج جدیدی از سبک‌های موسیقی به پرستش‌ها، موسیقی معاصر را دستخوش تغییری دوباره کردند. چندین سبک جایگزین با میزان موفقیت‌های گوناگون سنجیده شد. (در ادامه فهرست «سبک‌های جایگزین» را مشاهده کنید.)

پرستش معاصر از خصوصیاتی کلی که عنوان می‌شود برخوردار است:

- جلسات پرستشی مبتنی بر موسیقی
- تقلید از سبک‌های موسیقایی فرهنگ معاصر
- استفاده از سازهای مدرن (اغلب الکترونیک)
- رهبری توسط تیم‌های پرستشی (که نسل بومر آن‌ها را «تیم‌های ستایش» می‌نامید)
- تمرکز بر حضور صمیمی و نزدیک خدا
- گرایش به‌سوی امور ذهنی و درونی
- استفاده از ساختارهای رایج و محبوبِ سرودها و شیوه‌های تنظیم امروزی
- وابستگی به تقویت‌کننده‌های صوتی
- وابستگی به فناوری‌های مختلف
- لحن و ظاهر غیررسمی

---

۱. چری، «خانه من».

۲. نسل شکوفایی جمعیت معمولاً به اولین نسل پس از جنگ جهانی دوم اطلاق می‌شود، یعنی افرادی که بین حدود سال‌های ۱۹۴۶ تا ۱۹۶۴ متولد شده‌اند.

نقاط قوت:

- تقویت رابطهٔ شخصی و صمیمی با خدا
- ترویج پرستش شاد و پرنشاط
- مناسب برای حق جویان (برای مشارکت نیاز به آشنایی قبلی ندارد)
- ارتباط مؤثر با فرهنگ از طریق به‌کارگیری فناوری‌ها

نقاط ضعف:

- گرایش به پرستش ذهنی و فردی
- بیشتر بر آنچه پرستنده انجام می‌دهد تأکید می‌شود تا بر آنچه خدا انجام داده است
- زبانِ فردی را بر ابراز جمعی پرستش ترجیح می‌دهد؛ زبان «من» بر زبان «ما» غالب است

سبک پرستش ترکیبی

سبک پرستش «ترکیبی» معمولاً، ترکیبی از سبک پرستشی سنتی و معاصر در نظر گرفته می‌شود. این سبک در اواخر سال‌های ۱۹۸۰ و اوایل ۱۹۹۰ ابداع شد تا پاسخی برای درگیری‌هایی که در پیشرفت جنگ‌های سبک‌های پرستشیِ دوران مدرن بود ارائه کند. روش پرستشی ترکیبی شامل همخوانی‌های ستایشی و همچنین سرودهای روحانی و سنتی کلیسایی بود تا در طول جلسات، سلیقهٔ همهٔ مردم لحاظ شود. هدف، راضی نگاه داشتن اعضا و مردم بود. جدا شدن کلیساها بر اساس اختلاف نظر بر سر نوع موسیقی، مدام در حال رخ دادن بود؛ رهبران امیدوار بودند با ترکیب دو سبک سنتی و معاصر جلوی این تفرقه‌ها و از هم پاشیدن کلیساها را بگیرند. اغلبِ سرودها به شکل دسته بندی شده تقدیم می‌شد، سرودها در قالب مجموعه‌های موسیقی اجرا می‌شد، چندین سرود، هم‌زمان یکی پس از دیگری اجرا می‌شد و سپس تعدادی از سرودهای روحانی کلیسایی به همان شیوه تقدیم می‌گشت. جایی که سرودهای معاصر و سرودهای روحانی کلیسایی در کنار هم تقدیم شود، جلسات پرستشی ترکیبی خواهید داشت.

گرچه از محبوبیت آن کاسته شده است، اما این سبک پرستشی هنوز هم زنده است و به کار گرفته می‌شود. شاید دلیلش این است که موسیقی این سبک پرستشی، حالتی نمادین به خود می‌گیرد و در نهایت نمی‌تواند در زمینهٔ متحد کردن اعضا موفقیت‌آمیز باشد. در سبک ترکیبی، تنها از دو نوع سرود کلیسایی استفاده می‌شود: سرودهای پرستشی روحانی سنتی و سرودهای معاصر. این امر، به دلیل تفکر مردم نسبت به تضاد این دو نوع موسیقی با یکدیگر است. بسیاری از گونه‌های مختلف

سرودهای کلیسایی در این سبک پرستش به کار گرفته نمی‌شوند.

پرستش ترکیبی از خصوصیاتی کلی که عنوان می‌شود برخوردار است:

- استفاده از سرودهای روحانی و سرودهای معاصر
- استفادهٔ گسترده‌تر از سازها (ارگ، پیانو، گیتار، جاز، سازهای آکوستیک و غیره)
- رهبری توسط تیم‌های پرستش و گروه‌های کُر

نقاط قوت:

- ممکن است برای طیف گسترده‌تری از مخاطبان جذاب باشد
- ظرفیت ایجاد پرستش‌های میان‌نسلی را دارد

نقاط ضعف:

- پرستندگان را (بر اساس ترجیحاتشان) به گروه‌های مختلف تقسیم می‌کند
- لزوماً گفت‌وگو یا حس اتحاد کلیسایی را ایجاد نمی‌کند

سبک‌های جایگزین

در آغاز قرن بیست ویکم، تجربیات سبکی بیشتری اتفاق افتاد. چندین روش و سبک پرستشی دیگر به وجود آمد که آن را سبک «جایگزین» خطاب می‌کنم. نه تنها به خاطر اینکه این سبک، جایگزینی برای روش و سبک پرستشی آیینی، سنتی، معاصر و یا ترکیبی بود، بلکه به خاطر اینکه این سبک‌های جدید، غیرمتعارف محسوب می‌شدند. به دو نمونه اشاره خواهم کرد: پرستش سنتی-نوگرا و جلسات حق جویان. نقطه ضعف و قوت این سبک‌ها را توضیح نخواهم داد بلکه توصیفی مختصر دربارهٔ هر یک از این سبک‌ها تقدیمتان خواهم کرد.

پرستش سنتی-نوگرا: روش سنتی-نوگرا از علاقهٔ جوانان کلیسای انجیلیِ آغاز قرن بیست ویکم، به پرستش‌های تاریخی کلیسا شکل گرفته است.[1] تعداد رو به افزایشی از جوانان در کلیسای آزاد مشتاق بودند بدانند، چرا پرستش‌های معاصر کلیسای آمریکای شمالی تا این اندازه با کلیسای اولیه فاصله دارد. آن‌ها از پرستش‌های معاصر (سبکی که فکر می‌کردند کم محتوا است) دلسرد شدند و

---

۱. دو کتاب اثرگذار رابرت ای. وِبِر، هم بیانگر و هم تقویت‌کنندهٔ علاقهٔ روبه‌گسترش نسل جوان انجیلی به شیوه‌های پرستش سنتی بوده‌اند: رابرت ای. وبر، انجیلی‌های جوان: رویارویی با چالش‌های دنیای نو (گرند رپیدز: بیکر بوکز، ۲۰۰۲)؛ و رابرت ای. وبر و لستر راث، انجیلی‌ها در مسیر کانتربری: چرا انجیلی‌ها جذب کلیساهای آیینی می‌شوند، نسخهٔ بازنگری‌شده (نیویورک: مورهاوس، ۲۰۱۳).

در نتیجه به دنبال پرستشی عمیق‌تر و غنی‌تر بودند.

تأثیرگذارترین شخص در به کارگیری اصطلاح پرستش سنتی-نوگرا و شکل‌گیری این سبک رابرت.ای.وبر می‌باشد. او در خدمت طولانی‌مدت خود در دانشگاه، با نوشتن کتب گوناگون و سخن گفتن در کنفرانس‌ها، ضرورت ریشه داشتنِ پرستشِ هر نسلی در کلیسای شش قرن اول میلادی را، تأکید می‌نمود. از جهتی، پرستش سنتی-نوگرا یک سبک نیست، البته وبر گاها به‌عنوان نام بردن از یک سبک، از این اصطلاح استفاده می‌کرد اما پرستش سنتی-نوگرا بیش از هر چیز یک الگوی فلسفی است. (در ادامهٔ کتاب، بخش پرستش همگرا: یک نظریه را مشاهده کنید)

تصمیم دارم در این بخش دربارهٔ این الگو به عنوان یک سبک صحبت کنم. به خاطر اینکه: (۱) اغلب مردم این الگو را به عنوان یک سبک می‌شناسند، (۲) به‌کارگیری این الگو در سبک پرستش امکان‌پذیر است. به نظر می‌رسد بهترین رویکرد این است که پرستش سنتی-نوگرا را به‌عنوان یک الگوی جامع در نظر بگیریم که به شکل گیری ویژگی‌های سبک پرستش منجر می‌شود (در ادامهٔ کتاب، بخش پرستش همگرا: یک نظریه را مشاهده کنید).

ابتدا توضیح می‌دهم که چه چیزی سبک پرستشی سنتی-نوگرا محسوب نمی‌شود. وبر می‌گوید:

«من فکر نمی‌کنم که کلیسا یا پرستش سنتی-نوگرا، مُد بعدی یا همان "کلیسای جالب" آن سوی خیابان باشد. پرستش سنتی-نوگرا یک ترفند، نمایش یا ماجراجویی تازه نیست. از اواخر دهه‌ی شصت تاکنون، نوآوری‌هایی از نوع "باید کلیسا را از نو شروع کنیم" بیش از حد زیاد بوده است. کلیسا و الهیاتِ آن قرار نیست در هر نسل دوباره اختراع شوند. ممکن است کلیسا نیاز به الهام گرفتن داشته باشد، شاید نیازمند انطباق با زمانه‌اش باشد، اما هرگز نباید تخریب شود تا از نو ساخته شود.»[1]

پرستش سنتی-نوگرا، پرستش مسیحی را به‌عنوان یک روند پیوسته و دارای اقتدار روحانی در نظر می‌گیرد. معنایش این نیست که بگوییم راه مشخصی برای پرستش وجود دارد که باید به کلیسا تحمیل شود یا سنت یک کلیسا بهترین روش پرستش است. بلکه می‌گوییم: پایه‌های پرستش مسیحی که توسط رهبران اولیهٔ کلیسا بنا شده است، امروزه برای ما بسیار حائز اهمیت می‌باشد. پرستش سنتی-نوگرا هشدار می‌دهد که پرستش نباید به قالب ما درآید بلکه باید همیشه نسبت به اعتقاد پدران کلیسا، رسولان و کتاب مقدس مسئولیت‌پذیر باشد. با وجود اینکه پرستش نمی‌تواند در تمامی اعصار و فرهنگ‌ها یک شکل باشد اما در عمل باید همواره «مسیحی» یعنی مطابق اهداف اولیهٔ پدران کلیسای اولیه باشد.

---

۱. رابرت ای. وبر، پرستش سنتی-نوگرا: اعلام و به اجرا در آوردن روایت خدا (گرند رپیدز: بیکر بوکز، ۲۰۰۸)، صفحه ۱۶۷.

چه چیزهایی پرستش سنتی-نوگرا را تعریف می‌کند؟ پرستش در این سبک و شیوه، تثلیثی است، بر محوریت مسیح انجام می‌گیرد و متعهد بر اعلام کلام و شام خداوند می‌باشد. این سبک پرستش بر داستان انجیل و آنچه خدا انجام داده است، انجام می‌دهد و انجام خواهد داد استوار است و همچنین مستقیماً به بشارت، مأموریت عظیم خدا و عدالت وابسته است. پس جلسات پرستشی سنتی-نوگرا، آیین‌هایی که برای کلیسای اولیه حیاتی بوده است را احیا و زنده کرده (به‌عنوان مثال، روش‌های دعا، شام خداوند هفتگی، قرائت بخش‌های متعدد کلام خدا، هدیه دادن به فقرا، تشویق ایمانداران) و این موارد را با توجه به جماعت کلیسای محلی تفسیر می‌نماید، تا مردم بتوانند با این آیین‌ها ارتباط برقرار کنند.

پرستندگان سنتی-نوگرا، روح مشارکت بین دوران گذشته، حال و آینده را می‌پذیرند. آن‌ها داستان خدا را به یاد می‌آورند (دوران گذشته) و انتظار داستان خدا را می‌کشند (آینده). با نگاه داشتن زمان در تنشی آمیخته به شکرگزاری، پرستندگان هم‌زمان به گذشته و آینده می‌نگرند و خود را در میان مسیحیان وفاداری می‌یابند که در وحدت با آنان یکی هستند.

پرستش حساس دربارهٔ حق جویان: در آغاز دو دههٔ آخر قرن بیستم، پرستش در فضاهای بشری به نحوی قاطعانه رویکردی عملی به خود گرفت. با جنبش رشد کلیساها، اعضای کلیساها، هم به واسطهٔ تمایل درونی و هم به واسطهٔ فشارهای خارجی برانگیخته شدند تا پرستش را برای «حق جویان» یعنی برای افرادی که هنوز به عیسای مسیح ایمان نیاورده بودند، در‌دسترس‌تر و لذت‌بخش‌تر کنند. در نتیجه تغییرات بزرگی در پرستش‌ها پدید آمد.

«حساسیت نسبت به حق جویان»، اصطلاحی بود که در زمینهٔ جلسات پرستشی به کار گرفته می‌شد که راه ورود آسان‌تری را برای کسانی که هرگز به کلیسا نرفته بودند فراهم می‌کرد. در ابتدا تغییرات اکثراً ظاهری بودند: در این جلسات پوشیدن لباس‌های عادی و روزمره و حذف کردن نمادهایی که به طور خاص مسیحی هستند صورت گرفت. اسامی کلیساها تغییر کرد، وابستگی به شاخه‌های مسیحیت به حاشیه منتقل شد و یا به طور کامل حذف گردید؛ همچنین موسیقی کلیسا به موسیقی رادیوها شباهت پیدا کرد. به مرور زمان، کسانی که برنامهٔ جلسات پرستشی را طراحی می‌کردند رفته رفته کمتر به «حساسیت نسبت به حق جویان» و بیشتر به سمت جلساتی پیش رفتند که «خدمت به حق جویان» (جذب‌کنندهٔ حق جویان تلقی می‌شد. با این تغییر، حرکتی رخ داد که در بسیاری موارد کلیسا را از هویت ویژهٔ مسیحی خود دور می‌کرد. به عنوان مثال در این سبک پرستش، موسیقی دنیوی بیشتر به کار گرفته می‌شد، دعاها و قرائت کلام کاهش یافت یا به طور کامل حذف شد و حتی تعدادِ دفعاتی که در جلسهٔ کلیسا به خدا اشاره می‌شد مورد شمارش

قرار می‌گرفت. یک تغییر بسیار بزرگ در راه بود. هدفِ پرستش واحدِ ایمانداران، به سمت پرستش برای بشارت تغییر یافت و مخاطبین پرستش از «مسیحیان گردهم آمده»، به «افراد غیرایمان‌دار» تغییر کرد.

چندین کلیسای بزرگ راه در پرستش «حساس نسبت به حق جویان» پیش‌گام شدند (شناخته‌شده‌ترین آن‌ها کلیسای ویلو کریک در جنوب بارینگتن ایلینوی و کلیسای سَدلبَک در لِیک فارست کالیفرنیا می‌باشند). تلاش برای خدمت به بی‌ایمانان در چهل سال گذشته تا کنون به یک بخش بزرگ از صحنهٔ کلیسای پروتستان تبدیل شده است.

یک روش عالی‌تر

در این فصل، روش‌ها و سبک‌های پرستشی را از زوایای مختلف بررسی کردیم. اما اگر راه دیگری برای برنامه‌ریزی و طراحی جلسات وجود داشته باشد که نقطه آغاز آن انتخاب کردن سبک پرستش نباشد چه؟ چه می‌شد اگر راهی وجود داشت که بتوان به عنوان یک معمار پرستشی از طریق آن، بنیان را بنا کرد، دیوارها را ساخت، از طریق پنجره‌ها دسترسی به خدا را میسر نمود و در نهایت با برخی انتخاب‌های نهایی، سبک و زیبایی را به پرستش افزود؟ اگر معماران پرستشی به جای یک سبک، یک نظریه را دنبال می‌کردند چه می‌شد؟ گفت‌وگوهای پر سر و صدا و سردرگمی‌های مداوم پیرامون سبک‌ها، یادآور «زنگی پرهیاهو یا سنجی پرطنین» هستند (اول قرنتیان۱:۱۳). شاید «راهی برتر» وجود داشته باشد (اول قرنتیان ۳۱:۱۲).

پرستش همگرا: یک نظریه

اصطلاح «پرستش همگرا» در طول سال‌های گذشته در نقاط بسیاری به چشم خورده و به کار گرفته شده است. گاهی به نظر می‌رسد این اصطلاح با «پرستش ترکیبی» یا «پرستش نوین» هم معنا است؛ با این وجود تفاوتی بین این موارد وجود دارد. رابرت.ای. وبر اولین کسی بود که این اصطلاح را به کار گرفت و از آن به شکل گسترده استفاده کرد. او اغلب از پرستش همگرا به عنوان «کنار هم قرار گرفتن پرستش تاریخی و معاصر» یاد می‌کرد.[1]

اما حتی وبر به جز سه طریق از این اصطلاح استفاده نمی‌کرد: سخن گفتن راجع به یک سبک، یک نظریه و یک جنبش. بین این سه مورد، بیش از هر چیز به عنوان یک **سبک**، از این نظریه و الگو

---

۱. رابرت ای. وبر، «پرستش همگرا»، در احیای پرستش روز یکشنبه، جلد ۳ از کتابخانه کامل پرستش مسیحی، ویراستار رابرت ای. وبر (نشویل: استارسونگ، ۱۹۹۳)، صفحه ۱۲۲.

یاد شده است. فکر می‌کنم این اصطلاح نیکو باشد اما لازم است مواردی را شرح دهم.

پیشنهاد من این است که پرستش همگرا را یک نظریه و الگو قلمداد کنیم، نه یک سبک؛ چون روش همگرا با درک ما از سبک‌های پرستشی مطابقت ندارد. تعریفی که در ابتدای فصل به آن اشاره شد را به یاد آورید. سبک و شیوهٔ پرستش، همان طریقی است که جامعهٔ ایمانی بر پایهٔ آن، آنچه را در پرستش دریافت می‌کند، از طریق آیین‌ها ابراز کرده و عملی می‌سازد. سبک از دل محتوای فرهنگی بیرون می‌آید و تحت تأثیر عوامل فرهنگی است و در نتیجه، خصوصیاتی در ابراز آن به چشم می‌خورد که قابل تشخیص می‌باشد. در مقابل، پرستش همگرا از محتوای فرهنگی بیرون نمی‌آید و بنابراین به نحوی محسوس تحت تأثیر یک فرهنگ خاص نمی‌باشد. پرستش همگرا را می‌توانیم به عنوان یک الگو و نظریه در نظر بگیریم چرا که، اجزای تشکیل دهندهٔ آن فراتر از سبک و شیوه هستند. این الگو و نظریهٔ پرستشی می‌تواند در سبک‌های گوناگون به کار گرفته شود.[۱]

به‌عنوان یک الگو، پرستش هم‌گرا به نمونه‌ای اشاره دارد که باید از آن پیروی شود. هر الگویی - چه یک ساختمان باشد، چه هواپیما یا کشتی - شامل ساختار، مصالح و سبک است. این الگو، تصویری از آفرینشِ کامل شده را، هم در بُعد بیرونی و هم در بُعد درونی ارائه می‌دهد. نمونه‌ها و مدل‌ها به شکل سه‌بعدی ساخته می‌شوند. الگوها طرح پایانی را در قالب سه بُعد: طول، عرض و ارتفاع نشان می‌دهند. یک معمار پرستشی درک می‌کند که پرستش همگرا نیز سه بُعد و جنبه دارد: ساختار، محتوا و سبک. به این شکل، پرستش همگرا یک مدلِ پرستشِ سه‌بُعدی می‌باشد. الگوی همگرا شامل جنبهٔ ساختار است که مطابق نظم تاریخی - انجیلیِ: گردهم آمدن، خدمت کلام، شام خداوند و فرستادن (به فصل سوم مراجعه کنید) بنا شده است. بنابراین، این الگو به عنوان چارچوبی برای گفت‌وگو میان خدا و جماعت ایمانداران عمل می‌کند. الگوی همگرا همچنین محتوای اصلی را در بر می‌گیرد: داستان تداوم اعمال نجات بخش خداوند، که بر پایهٔ جسم شدن، مرگ، رستاخیز، صعود و بازگشت عیسای مسیح قرار دارد. داستان خدا محتوای متن گفت‌وگوی بین خدا و قوم را تأمین می‌کند. در آخر، الگوی همگرا با جزئیاتِ سبک و روشی به انجام می‌رسد که در هر محتوای فرهنگی قابل تشخیص است. پس سبک، در این نظریه، آخرین مورد محسوب می‌شود و در انتها به کار گرفته می‌شود نه در ابتدا.

---

۱. هرچند وبر بارها پرستش همگرا را یک سبک نامید، اما اعتقاد داشت که این مفهوم فراتر از سبک است. او می‌گفت پرستش همگرا «در هر سبک پرستشی شکوفا می‌شود و در تاریخ و سنت خاص هر شاخه و سنتی در آن جلوه می‌یابد.» رابرت ای. وبر، نشانه‌های شگفتی: پدیده پرستش همگرا در کلیساهای لیتورژیک (آیینی) و کاریزماتیک مدرن (نشویل: ابوت مارتین، ۱۹۹۲)، صفحه ۲۷ را مشاهده کنید. اشاره من به اینکه پرستش همگرا فراتر از سبک است، ابتکار نیست؛ بلکه تلاشم بر آن است که این مفهوم را از سردرگمی رها ساخته و معنای آن را به عنوان نه فقط یک سبک بلکه یک مدل و نظریه، تثبیت کنم.

پرستش همگرا تنها یکی از این موارد (سبک، ساختار، محتوا) نیست؛ بلکه ترکیب همهٔ این موارد است و به نحوی منحصر به‌فرد انجام می‌پذیرد. از این جهت، الگوی پرستش همگرا نقش یک چشم انداز جامع را ایفا می‌کند (یعنی تصویری کلی و ثابت را ارائه می‌کند که هر بار پرستش جماعت ایمانداران در آن تکرار می‌شود). این الگو مانند یک «نقشهٔ فنی» عمل می‌کند و چارچوب‌هایی را مبتنی بر کتاب مقدس تعیین می‌کند تا پرستش همواره پایدار و اصیل باشد. در عین حال، این الگو، امکان‌های بی‌پایانی برای بیان شیوه‌های گوناگون فراهم می‌کند، به‌طوری که هر بار پرستش، جلوه‌ای تازه و خلاقانه از همان طرح اصلی به وجود می‌آورد.

اجازه دهید شرح دهم. هر خودرو بر اساس یک الگو ساخته می‌شود. این الگو یا مدل، مشخصات ساخت آن اتومبیل را ارائه می‌دهد (اندازه، محل قرارگیری موتور، آیرودینامیک خودرو و غیره) و همچنین مختصات محتوای آن را نشان می‌دهد (محل قرارگیری صندلی‌ها، وسایل استاندارد خودرو و غیره). فورد ماستنگ از این جهت شناخته شده است چرا که بر اساس یک الگو و مدل ساخته شده است. مدل، مختصات تولید آن خودرو را اعلام می‌کند. هم‌زمان، امکان افزایش ظرفیت خودرو وجود دارد، یعنی مواردی شامل رنگ، طرح داخلی، سانروف، پوشش تایرها و سایر موارد. در مفهوم «جهان کلان» (macrocosm)، می‌توان گفت: «این یک فورد ماستنگ است.» با این حال، متغیرهایی در شیوهٔ ارائه وجود دارند که به فرد اجازه می‌دهند بگوید: «این فورد ماستنگِ همسایهٔ من است» — یعنی تجلی خاصی از همان ماستنگ.

در حوزهٔ پرستش همگرا نیز همین‌گونه است. بسیاری از جوامع ایمانی مسیحی می‌توانند از پرستش همگرا تبعیت کرده و بدون تکرار، از آن الگو بگیرند. ساختار و محتوای این مدل پرستشی، لایق تبعیت کردن است چرا که اصول کتاب‌مقدسی و تاریخیِ این الگو پایه‌هایی مستحکم و داستانی راستین در خود دارد. نظم انجیلی و داستان خدا همواره استاندارد پرستش را تعیین می‌کند. مشخصات (سبک) الگوبرداری از روش همگرای پرستشی، بر اساس محیط و محتوای پرستندگان می‌تواند متفاوت باشد. به همین دلیل است که پرستش همگرا در حقیقت مدلی است که می‌توان از آن الگو گرفت و یک سبک اجرا محسوب نمی‌شود.

در میانهٔ فصل، در زمینهٔ پرستش سنتی-نوگرا به عنوان یک سبک پرستشی صحبت کردم. همچنین توضیح دادم که روش پرستشی سنتی-نوگرا در اصل یک ورود فلسفی به پرستش محسوب می‌شود. به همین شکل، روش سنتی-نوگرا با روش همگرای پرستش مطابقت نزدیک دارد. وبر به این ارتباط اشاره کرده است. برای معمار پرستش، انتخاب اصطلاح («همگرا» یا « سنتی-نوگرا ») به اندازهٔ خود الگو اهمیت نخواهد داشت.

تعریف پرستش همگرا

بیایید با یک تعریف به سمت موارد عملی پیش برویم: پرستش همگرا به معنی ادغام پرستش تاریخی و معاصر در تمامی سطوح پرستش است تا فرصت حداکثری برای ارتباط برقرار کردن پرستندگان با حضور خدا فراهم آید.

سه جزء تشکیل‌دهندهٔ اولیه، در تفسیر پرستش همگرا وجود دارد. اولاً، پرستش همگرا پرستش تاریخی کلیسا را با پرستش معاصر ترکیب می‌کند. در اصل، این الگوی پرستشی به اعمال و آیین‌های تاریخی که در پرستش مسیحی قرن بیست ویکم حیاتی هستند ارج می‌نهد. این اعمال و آیین‌های پرستشی به دلایلی مشخص همواره در کلیسا باقی مانده‌اند: کتاب مقدس فرمان به‌جا آوردن آن‌ها را داده است و این آیین‌های حیاتی، به لحاظ تاریخی مورد تأیید قرار دارند. پس می‌توان گفت: عناصر پرستشی مشخصی در کلام خدا وجود دارد که کلیسای تمام دوران‌ها آن‌ها را به انجام رسانده است چرا که محتوا و معنای آن‌ها بی‌نهایت حیاتی و ارزشمند می‌باشد.

پرستش همگرا به همین شکل پرستش معاصر را می‌پذیرد چرا که، در این الگو به ابراز عناصر پرستشی نوین در هر نسل و فرهنگ ارج نهاده می‌شود.

معاصر بودن پرستش به این معنی نیست که به صورت تصادفی برخی از عناصر را اضافه یا کم کنیم، این اشتباه اغلب در تکاپو برای ایجاد روش نوین پرستش یا آزادی پرستش اتفاق می‌افتد. پرستش هنگامی معاصر است که هر نسل و فرهنگ، با جدیت اعمال پرستشی را بررسی و تفسیر نماید تا وفادارانه با دورانی که در آن زیست می‌کنند مطابقت داشته باشد. نباید بر این باور باشیم که پرستش صرفاً در صورتی که فرهنگ عموم جامعه را منتقل کند می‌تواند با دوران مرتبط باشد، بلکه پرستش هنگامی با دوران و فرهنگ مرتبط است که به عنوان بدن واحد ایمانداران، یعنی کلیسا بتوانیم حضور خداوند زنده را تجربه کنیم. تجلی آیین‌هایی که به تجربه کردن حضور عیسای مسیح در پرستش کمک می‌کنند، بهترین معنا را برای واژهٔ «پرستش معاصر» در بر دارند.

دقت کنید که در توصیف «در کنار هم قرار گرفتن پرستش تاریخی و معاصر در پرستش همگرا»، از واژهٔ «قدیمی و جدید» استفاده نکرده‌ام. دلیلش این است که **تاریخی** صرفاً به معنی قدیمی نیست و **معاصر** لزوماً به معنی جدید نمی‌باشد. با وجود اینکه واژهٔ تاریخی نشان‌دهندهٔ تداوم طولانی‌مدت آیین‌ها می‌باشد ولی کلمهٔ قدیمی، حسی از منسوخ‌شدگی را در خود دارد. بسیاری از اعمال پرستشی تاریخی امروزه هم، مثل همیشه به روز هستند. به علاوه اعمال جدید و تجربی در پرستش‌ها خلق می‌شوند که هیچ ارتباطی با پرستندگان معاصر ندارند. فقط نوآوری نمی‌تواند باعث شود برای اعمال نامرتبط در پرستش، جایگاهی را در نظر بگیریم.

دومین بخش تعریف من از پرستش همگرا این است که، کنار هم قرار گرفتن و ادغام پرستش تاریخی و معاصر باید در تمام سطوح پرستش رخ دهد. در این الگو به دنبال تمامیت اعمال پرستش و ادغام پرستش تاریخی و معاصر هستیم به نحوی که تمام عناصر پرستش را در بر بگیرد و نه اینکه تنها به ادغام موسیقی بسنده کنیم (مثل سبک پرستشی ترکیبی).

در پرستش همگرا عناصر پرستشی تاریخی و معاصر مانند قالب‌های دعا، روش قرائت و تقدیم کلام خدا، آیین‌های مقدس، مزامیر، اعمال پرستشی مسیحی، تقدیم هدایا و موارد دیگر پرستشی کنار هم قرار می‌گیرند. پس انتخاب‌های بی‌شماری وجود دارد.

سوّماً، هنگامی که آیین‌های تاریخی و معاصر در همهٔ سطوح پرستش با هم ادغام شوند، احتمال مشارکت پرستندگان با حضور خداوند تقویت می‌شود. مسلماً، حضور خدا در پرستش مسیحی یک حقیقت است و وعده‌ای است که در کلام خدا داده شده. هیچ کاری نیست که بتوانیم انجام دهیم تا با تلاش خود حضور خدا را در پرستش پدید آوریم. با این وجود گاهی توجهمان به حضور خدا، به واسطهٔ تکرار اعمال پرستشی که ما را با عمق آیین‌های پرستشی تاریخی و امروزی بودن پرستش‌های معاصر به چالش نمی‌کشد، کاهش پیدا می‌کند. سؤال، هرگز این نیست که «آیا خدا حضور دارد»، بلکه سؤال این است که «تا چه حدی از حضور خدا آگاه هستیم و آن را لمس می‌کنیم»؟ هنگامی که تشویق شویم در تقدیم اعمال پرستشی مطابق با آیین‌های تاریخی کلیسا خدا را ملاقات کنیم، می‌توانیم از حضور خدا در هزاران هزار سال پرستش مسیحیان آگاه شویم. هنگامی که ستایش‌های امروزی و معاصر خود را به این امر اضافه می‌کنیم، حضور نزدیک خدا را ملاقات و لمس خواهیم کرد.

اغلب اوقات، پرستش‌های تاریخی و معاصر به عنوان دو قطب متضاد به کار گرفته می‌شوند. اما چه ظرفیت‌هایی برای همگرایی در آن‌ها وجود دارد؟ به بیان دیگر، پرستندگان معاصر چه اشتراکاتی با مقدسین بیست و یک قرن گذشته دارند؟

به زبان ساده‌تر پرستندگان معاصر چه وجه اشتراکی با مقدسین پرستندهٔ بیست و یک قرن گذشته دارند؟ معتقدم وجوه اشتراک زیادی وجود دارد که شاید در این دوران از دوره‌های گذشته نیز واضح‌تر باشد، چرا که در دوران پست‌مدرن کنونی، پرستندگان به اصالت جماعت ایمانداران و ارتباط آن با جماعت ایمانداران تاریخ کلیسا علاقه‌مند هستند. اجازه دهید دوازده مورد که معتقدم پرستندگان کنونی در آن‌ها با مقدسین قرون گذشته وجه اشتراک دارند را نام ببرم (البته موارد دیگری نیز وجود دارد):

- اشتیاق برای جشن گرفتن ذات پرستش

- غیرتمندی برای گردهم آمدن در یک داستان - یعنی داستان اعمالی که خدا به انجام رسانده است
- تمایل برای پرستش در جماعت ایمانداران اصیل
- تمایل برای بیشتر به جا آوردن شام خداوند
- اشتیاق برای قرائت بخش‌های بیشتر کلام در جلسات رسمی و علنی و اعلام قدرتمند کلام خدا
- فرصت برای پاسخ به کلام و واکنش نشان دادن به آن از طرق مختلف
- اشتیاق در زمینهٔ مجموعهٔ عظیم سرودهای پرستشی (که در هر نسل به آن‌ها اضافه می‌شود)
- هیجان و اشتیاق برای دیدن داستان انجیل در انواع قالب‌های هنری (هنرهای بصری، رقص، تئاتر، موسیقی، شعر، پوشش‌های محراب، مجسمه‌سازی، معماری، شیشه‌های رنگی و غیره)
- استقبال از سکوت و تعمق در کلام خدا
- اشتیاق نسبت به رازهای خداوند
- اشتیاق برای مشارکت در پرستش به جای پرستش منفعلانه
- اشتیاق نسبت به ارتباط بین پرستش، مأموریت عظیم و خدمت

امروزه ممکن است رهبران پرستشی از ارتباط عمیق بین نسل جوان‌تر و مسیحیان طول تاریخ، شگفت‌زده شوند. بین پذیرش تاریخچهٔ کهن و معاصر، در راستایِ کاهش دادن تنش جنگ‌های مرتبط با سبک‌های پرستشی و پذیرفتن پرستش تاریخی و معاصر و تعهدات الهیاتی در زمینهٔ گرامی داشتن رابطهٔ بین مقدسین دیروز و پرستندگان هر نسل، تفاوت بزرگی وجود دارد.

تصدیق کردن پرستش تاریخی تنها به معنی تلاش برای درک کردن نحوهٔ پرستش در گذشتهٔ دور، و تلاش برای پیشرفت و تغییر روش پرستش امروزی نیست (چرا که این کار امکان‌پذیر نمی‌باشد) بلکه، پذیرفتن پرستش تاریخی کلیسا به معنی این است که (۱) آماده باشیم در آنچه که همیشه برای کلیسا پرمنفعت بوده است مشارکت داشته باشیم (و این مورد را به اشکال پرمعنی به انجام رسانیم) و (۲) نقش خود را در جریان تاریخی پرستش ایفا کنیم (کتاب تاریخ بسته نشده است و ادامه دارد). پرستش هنگامی به بهترین شکل رشد می‌کند که هر نسل نقش خود را در سنت بزرگ پرستش ایفا کند و سپس در گذر زمان و با گذر ایام مختلف روز خدا، نسل‌ها همهٔ آن پرستش را به طور کامل ابراز کنند.

پرستش همگرا، کنار هم قرار گرفتن تمام آیین‌های پرستشی تاریخچهٔ کلیسا است. در پرستش

سنتی و امروزی و آینده است که پرستش کلیسایی، همگرا می‌شود. هدف این است که تلاش کنیم آنچه در گذشته و دوران کنونی ارزشمند است را کنار هم قرار دهیم تا فضایی ایجاد شود که پرستندگان بتوانند با خدا ملاقات داشته باشند. در اینجاست که کرونوس و کایروس با هم ملاقات می‌کنند. تفاوت پرستش لحظه‌ای و پرستشی که پایدار می‌باشد در همین نقطه است.

هدف از پرستش همگرا این است که خدا را مطابق سنت کلیسا، به نحوی عمیق و با در نظر داشتن سنت محلی که با محتوای محیطی هر کلیسا مطابقت داشته باشد ستایش کنیم. به زبان ساده، بحث مانند تفاوت یک محصول و یک پویایی است. یک محصول چیزی است که برای مخاطبین و منظوری خاص ساخته می‌شود. محصول، عملکردی کاربردی و معین دارد و هنگامی که هدف خود را به تمامی به انجام برساند کنار گذاشته می‌شود. محصول نقطه آغاز و پایان دارد. اما اگر چیزی پویا باشد، زنده و فعال است و هدفمندانه و به نحوی حیات‌بخش به پیش می‌رود.

پرستش همگرا به معنی کنار هم قرار گرفتن نیروهایی است که در قدرت روح‌القدس با هم ملاقات دارند. هنگامی که ساختار و محتوا سر جای خود قرار بگیرند و هنگامی که هر هفته انتخاب‌های مختلف از گنجینهٔ امکانات برای خدمت مطابقِ اهدافِ پرستشیِ کتاب مقدس صورت بگیرد، آنگاه همگراییِ پرستش رخ خواهد داد. همگرایی تولید شدنی نیست. عناصر همگرایی پرستش هر هفته تفاوت دارند؛ امکان ملاقات با خدا در مسیح بی‌نهایت است. پرستش همگرا نقطه آغاز و پایان ندارد. در پرستش همگرا، اشخاص در پی یک تأثیر یا محصول نیستند، بلکه در پی ملاقات با خدای زنده در محتوایِ محیطیِ جامعهٔ مسیحی خواهند بود.

شکل ۱۳. ۱ پرستش همگرا

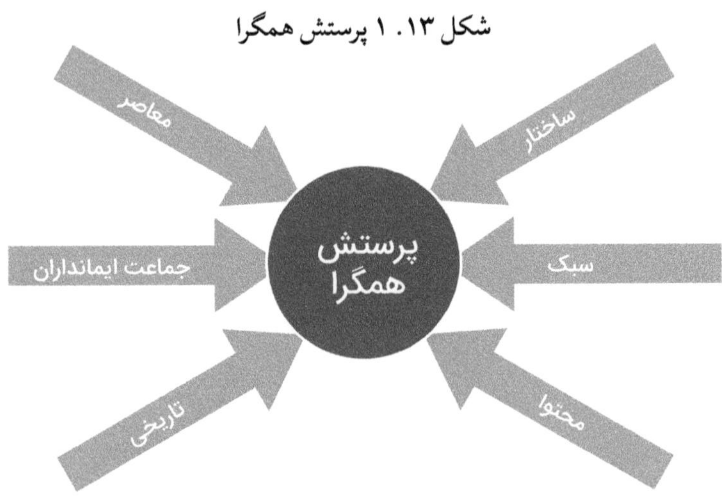

بنابراین معماران پرستش به دنبال ایجاد فضای نظم، محتوا، جشن، دامنهٔ گستردهٔ موسیقی و هنر هستند که بتواند گذشته را لمس نموده و به نحوی معنا دار، پرستش را در زمان کنونی ابراز نماید (یعنی رویدادی هفتگی که، ایمان را به نحوی گسترده به خدا ابراز کرده و باعث می‌شود انتظار داشته باشیم خدا در این ابراز وفادارِیِ ایمانی، با ما ملاقات داشته باشد). بین معماران پرستشی که وارد یکپارچه‌سازی می‌شوند در تقابل با کسانی که به مذاکره می‌پردازند، تفاوتی وجود دارد.[۱]

مسئلهٔ جامعهٔ مسیحی

امیدوارم فلسفهٔ پرستش که در این فصل تقدیمتان شد بتواند در راستای درک هرچه بیشتر این چالش‌های مهم، مفید باشد. با این وجود در انتها، تمام اطلاعات و دقت جهان، بدون وجود روحی سخاوتمندانه بین برادران و خواهران ایمان نمی‌تواند فایده‌ای داشته باشد. در اوایل دوران تغییرات اساسی فرهنگی، بیش از هر چیز به سخاوتمندی مسیحی نیاز داریم. برای داشتن پرستشی که خدا را در آن حرمت می‌کنیم به چیزی فراتر از یک مدل و نظریه نیاز داریم؛ لازم است حقیقتاً در یک جامعهٔ مسیحی زیست کنیم. جامعهٔ مسیحی چیست و از چه لحاظ، پایه‌ای برای پرستش تلقی می‌شود؟

شهید قرن بیستم دیتریچ بنهوفر اعتقاد داشت جماعت ایمانداران به سادگی، حیاتی است که کنار یکدیگر در مسیح از آن برخورداریم. او اینطور می‌نویسد: «هیچ جامعهٔ مسیحی چیزی بیشتر یا کمتر از این نیست. چه در یک لحظه، چه حاصل سالیانِ سال مشارکت روزانه، جامعهٔ مسیحی چیزی فراتر از این نیست. تنها به واسطهٔ عیسای مسیح و کار اوست که به یکدیگر تعلق داریم.»[۲] در جماعت ایماندار مسیحی بودن به این معناست که، اشخاص در مسیح هستند و به خاطر همین امر رابطهٔ ویژه و منحصر به‌فردی با یکدیگر دارند. بنهوفر معتقد بود جامعهٔ مسیحی ایدئالی نیست که مسیحیان به عنوان یک هدف به دنبالش باشند، بلکه جامعهٔ مسیحی یک حقیقت الهی می‌باشد. جامعهٔ مسیحی وجود دارد، و چه آن را به نحوی ویژه در مشارکت‌ها احساس کنیم چه خیر، این جامعهٔ مسیحی حقیقت ما ایمانداران است. جامعهٔ مسیحی یک حقیقت است!

---

۱. برای مقایسه نهایی میان «مذاکره» و «ادغام» مدیون جیم داج، یکی از دانشجویان سابقم (در مؤسسه مطالعات پرستشی رابرت ای. وبر، جکسون‌ویل، فلوریدا، ۲۰۰۶)، هستم.

۲. دیتریش بونهوفر، زندگی به همراه یکدیگر: پژوهشی سنتی دربارهٔ ایمان در جماعت ایمانداران، ترجمه جان دبورستین (نیویورک: هارپر وان، ۱۹۵۴)، صفحه ۲۱.

دونالد دبلیو مک‌کولاف جامعهٔ مسیحی را با اصطلاح «مشارکت بی‌قید و شرط»[1] معرفی می‌کند. این اصطلاح به معنی آن است که رابطهٔ بین ایمانداران بر چیزی عمیق‌تر از راحتی و خشنودی بنا شده است. رابطه‌ای بین ایمانداران وجود دارد که خود را بی‌قید و شرط وقف یکدیگر می‌کنند. «جامعهٔ مسیحی، رفاقتی متقابل از ایماندارانی است که زندگی را به‌گونه‌ای مشترک با یکدیگر سهیم می‌شوند و این می‌تواند گواهی بر محبت و رحمت خدا باشد».[2] از بحث کوتاهی که تا این جا داشتیم، می‌توانیم به حقایق مهمی دربارهٔ جامعه و زندگی اجتماعی مسیحیان دست یابیم. جامعهٔ مسیحی:

- یک خدای واحد را می‌پرستند
- یک حقیقت الهی است که به احساسات اعضای جماعت ایماندار وابسته نمی‌باشد
- به بحثِ به یکدیگر تعلق داشتن مرتبط است
- نتیجهٔ آن تعهدی بی‌قید و شرط نسبت به یکدیگر است
- به نحوی مستقل عمل می‌نماید

معتقدم رابطهٔ بین پرستش همگرا و جامعهٔ مسیحی برای کلیسای امروزی چندین کاربرد دارد. اولاً، حقیقت این رابطه خطاب به جدا شدنِ رو به رشد کلیساها سخن می‌گوید. کلیساها بیش از اینکه به سوی اتحاد پیش بروند در معرض خطر جدا شدن قرار دارند و به گروه‌هایی که در پرستش با یکدیگر ارتباط برقرار نمی‌کنند تقسیم می‌شوند. زندگی جامعهٔ مسیحی مانند زندگی در یک خانواده است. خانواده‌های سالم هر کاری را با هم انجام می‌دهند و هرکس به راه خود نمی‌رود.

دوماً، ایمان دارم که رابطهٔ بین پرستش همگرا و جامعهٔ مسیحی، ضد مصرف‌گرایی مسیحی سخن می‌گوید. کلیسا، با الگو گرفتن از فرهنگ مصرف‌گرایی، به این اعتقاد می‌رسد که باید انتخاب‌های بی‌شماری را در اختیار مردم قرار دهد. پس به سراغ تجهیزات، منابع کلیسایی و منابع انسانی گسترده می‌رود تا بتواند این انتخاب‌ها را در اختیار مردم قرار دهد. اشخاصی که در جامعهٔ مسیحی زیست می‌کنند اولویت اصلی را در رضایت دیگران قرار می‌دهند، نه در رضایت شخصی خودشان. وقتی این اتفاق می‌افتد نیاز به کالاها و خدمات گران‌قیمت کاهش می‌یابد.

سوّماً، الگوی همکاری پرستندگان و پیش‌روی به سمت یک سبک پرستشی عالی، یک شهادت

---

۱. دونالد دبلیو. مک‌کالا، پیش‌پا افتاده انگاشتن خدا: توهم خطرناک یک خدای قابل‌کنترل (کلرادو اسپرینگز: ناوپرس، ۱۹۹۵)، صفحه ۱۰۰.

۲. جویس ال. تورنتون (یادداشت‌های درسی، ۱۹۹۴)، مدرسه الهیات وین‌برنر، فیندلی، اوهایو.

قوی است که جهانیان بتوانند آن را مشاهده کنند. شاید کسانی که از مسیح جدا مانده‌اند هیچ چیز را بیشتر از اینکه ببینند مسیحیان حقوق خود را رها می‌کنند تا یکدیگر را خدمت نمایند نیاز نداشته باشند. اغلب دربارهٔ این سخن می‌گوییم که کلیسا چگونه می‌تواند با جهان تفاوت داشته باشد. در این جا فرصتی وجود دارد که متفاوت زیست کنیم. چه چیزی بهتر از حیات مسیحی در محبت و رفاقت و پرستشی واحد، محبت خدا را به نمایش می‌گذارد؟

جمع‌بندی و نتیجه‌گیری

در این فصل دربارهٔ برخی از مسائل و مشکلات مرتبط با سبک‌های پرستشی سخن گفتیم. بهترین کاری که می‌توانم انجام دهم این است که این فصل را با کلماتی از زبان بنهوفر به پایان برسانم: «ما به واسطهٔ ایمان به یکدیگر پیوند خورده‌ایم نه به تجاربمان.»[1] در زمانی که گروه‌های هم‌سلیقه نیروی محرکهٔ خدمت محسوب می‌شوند، شایسته است به یاد داشته باشیم که همبستگی واقعی ما در جماعت است، نه در ترجیحات شخصی. پرستش همگرا، جامعهٔ مسیحی را تشویق می‌کند و در اولویت قرار می‌دهد. ترجیحات همیشه وجود خواهند داشت، اما پرستش همگرا تمام پرستندگان را دعوت می‌کند تا ترجیحات خود را در خدمت یکدیگر قرار دهند و به همراه هم به دنبال پرستشی باشند که بیش از هر چیز باعث خشنودی خدا باشد. این راه عالی‌تر است.

اصطلاحات کلیدی

پوشش‌های محراب: پارچه‌ای ویژه برای اشیای داخل کلیسا که، در پرستش روی منبر یا میز شام خداوند را می‌پوشانند. اغلب، این پوشش‌های محراب به رنگ نمادهای تقویم مسیحی می‌باشند.

اعمال مقدس: توصیف اعمال که حضور خدا را منعکس می‌کند و صرفاً نمادین نیست.

بیشتر بیاموزید

باسدن، پل ای. (ویراستار). کاوش در طیف پرستش: شش دیدگاه. گرند رپیدز: زوندروان، ۲۰۰۴

لیم، سوی هونگ و لستر روث. عاشق عیسی بودن: تاریخچه‌ای مختصر از پرستش معاصر. نشویل: انتشارات آبینگدون، ۲۰۱۷.

۱. بونهوفر، زندگی با یکدیگر، صفحه ۸۹.

وبر، رابرت ای. پرستش سنتی-نوگرا: اعلام و به اجرا درآوردن داستان خدا. گرند رپیدز: بیکر بوکز، ۲۰۰۸.

مشـغول شوید

تعریفی که در زمینهٔ «سبک پرستش» ارائه شد را بازبینی کنید: «سبک و شیوه در پرستش راهی است که جماعت ایمانداران اعمال پرستشی (آیین‌ها) را در نتیجهٔ دریافت محتوای پرستش ابراز کرده و به انجام می‌رسانند.»

۱. جماعت ایماندارانِ خود را با ذکر نام کلیسا، شاخهٔ مسیحی و محل آن تعیین کنید.
۲. محتوای جلسات پرستشی کلیسای خود را توصیف کنید. چه عناصری جلسات پرستشی شما را تشکیل می‌دهد؟
۳. محتوای اعضای کلیسای خود را با جزئیات ذکر کنید (سن اعضا، قومیت‌ها، شرایط اقتصادی اجتماعی، سطح تحصیلات، محل زندگی، شاخهٔ مسیحی و غیره).
۴. در پرتو اطلاعاتی که در فصل ۱۳ کسب کردید سبک پرستشی کلیسای خود را بررسی کنید.
۵. یک بیانیه بنویسید که تناسب سبک پرستش شما را در زمینهٔ محتوای کنونی کلیسا ارزیابی کند.
۶. غیر از موسیقی به یک عنصر پرستشی بیندیشید. چطور می‌توانید این عنصر پرستشی را به گونه‌ای طراحی کنید که پرستش تاریخی و معاصر در جلسات پرستشی کلیسای شما با هم ادغام شوند؟

پرستش جهانی

گشوده شدن درها و دیدن تمامی مردم

جستجو کنید

قبل از مطالعهٔ فصل ۱۴:

۱. سعی کنید به زبان خودتان جمله‌ای بنویسید که تفاوت بین پرستش هفتگی کلیسای محلی و پرستش در ۲۴ ساعت تمامی روزهای هفته را ارائه کند.
۲. در طول ده سال گذشته سنین پرستندگان در کلیسای شما چه تغییری کرده است؟
۳. در ده سال گذشته محلهٔ کلیسای شما چه تغییری کرده است؟
۴. در ده سال گذشته جمعیت قومیتی کلیسای شما چه تغییراتی داشته است؟

اکنون که اندیشیدن را آغاز کردید، افکار خود را با مطالعهٔ فصل ۱۴ گسترش دهید.

گسترش دهید

هنگامی که کودک بودم، مادرم با دست، بازی ضرب‌آهنگ داری انجام می‌داد تا من را سرگرم کند. او می‌گفت «این کلیسا است» سپس انگشتان دستش را قفل می‌کرد و آن‌ها را به سمت پایین درون

دست بسته‌اش نگاه می‌داشت. سپس ادامه می‌داد و می‌گفت «اینجا منارهٔ کلیسا است» سپس دو انگشت اشاره را از داخل آزاد می‌کرد و به هم می‌چسباند به گونه‌ای که به سمت بالا اشاره کند و شکل یک مناره را تشبیه کند. «درها را باز کن و مردم را ببین»، سپس دستان قفل‌شده‌اش را به بیرون می‌چرخاند تا انگشتان درهم‌تنیدهٔ درون دستش آشکار شوند، و این نمادی از مردم در حال پرستش بود.

حالا به هدف نهایی این کتاب بازمی‌گردیم: یاری‌رساندن به مردم تا بتوانند خدا را پرستش کنند. معماران پرستشی جلسات پرستش را تنها به یک دلیل بنا می‌کنند: تا بتوانند فرصتی مشارکتی و مقدس بسازند و مردم بتوانند با خدای تثلیث و یکدیگر ارتباط داشته باشند. با استفاده از تمثیل معماران توانستیم موارد زیادی را به شکلی ساختاری شرح دهیم، اما در انتها، تمام تمثیل‌ها به ما کمک می‌کنند تا بتوانیم به مسئلهٔ اصلی بپردازیم. چرا که همه چیز به مردم مربوط می‌شود، در تمام این کتاب بر نقش حیاتی جامعهٔ مسیحی در پرستش تأکید کردم. در فصل ۱، پرستش گروهی به‌عنوان یکی از اولیه‌ترین عناصر پرستش معرفی شد، در فصل ۱۳ «راه عالی‌تر» برای ایجاد اتحاد بین پرستندگان پیشنهاد شد. سپس به شرح و توضیح آن پرداختیم. با این وجود، تا کنون تنها جامعهٔ مسیحی را، در حوزهٔ پرستش کلیسای محلی بررسی کردیم. اکنون زمانش رسیده است تا ببینیم حقیقتاً این جامعهٔ مسیحی چقدر گسترده است. قوم ایماندار در عیسای مسیح چقدر بزرگ است؟ اکنون می‌خواهیم «درها را باز کنیم و همهٔ مردم را ببینیم».

هنگامی که درها را باز کنیم چه مردمی را خواهیم دید؟ تشخیص اینکه چه کسانی کلیسا را تشکیل می‌دهند یکی از عمیق‌ترین و ضروری‌ترین مسائلی است که امروزه باید در قلب و ذهن معماران پرستش انجام پذیرد. این موضوع خیلی پر اهمیت است چرا که مسئله‌ای وجود دارد که باید آن را حل کنیم: اگر تصور کنیم کلیسا تنها از مردمی تشکیل شده است که شبیه ما هستند و مانند ما رفتار می‌کنند و یا خود را به اعمال پرستشی آسان محدود نماییم، دایرهٔ پرستندگان را کوچک ترسیم کرده‌ایم. حتی ممکن است دچار گمراهی شویم و تنها کلیسا یا شاخهٔ مسیحی خود را «کلیسای حقیقی» بنامیم و فکر کنیم بیش از سایر مسیحیان مورد لطف خدا هستیم. به همین ترتیب، هنگامی که بترسیم دیگران را ناراحت کنیم و در نتیجه، استانداردهای پرستش در کتاب مقدس را قربانی پذیرفته شدن نزد دیگران کنیم و یا هنگامی که بیش از حد برای سرگرم شدن تلاش کنیم و پرستش حقیقی را به سرگرمی تبدیل نماییم، دایرهٔ پرستندگان را بیش از حد بزرگ ترسیم کرده‌ایم. گاهی حتی ممکن است اجازه دهیم تمایلات غیرایمانداران در نحوهٔ پرستش‌ها تأثیر بگذارد.

در این فصل امیدوارم بتوانم به نحوی شفاف شرح دهم چه کسانی پرستندگان و کلیسای حقیقی

هستند و توضیح دهم این مسئله چه اهمیتی دارد. هدف این فصل از کتاب این است که به معماران پرستشی کمک شود تا با پذیرش کامل‌تری برای تمام ایمانداران و کسانی که در پرستش مشارکت دارند (دایره را بزرگ‌تر رسم کنند)، و درعین حال بتوانند خصوصیات جامعهٔ مسیحی را وفادار به کلام خدا و تعالیم کلیسا در دو هزار سال گذشته، نگاه دارند (دایره را کوچک‌تر رسم کنند).

برای این منظور به دو شکل از واژهٔ «جهانی» استفاده خواهم کرد. اغلب وقتی با کلمهٔ «جهانی» مواجه می‌شویم به کشورها و فرهنگ‌های کرهٔ زمین می‌اندیشیم. یک شرکت جهانی به طور هم‌زمان با شرکت‌هایی در چندین کشور ارتباط و همکاری دارد؛ یک دانشگاه جهانی دوره‌هایی (حضوری یا مجازی) را به دانشجویان سراسر جهان ارائه می‌دهد.

در فصل ۱۰ به «سرودهای جهانی» به عنوان سرودهای قومی که ریشهٔ آن‌ها خارج از فرهنگ ما باشد، اشاره کردم. با این وجود در این فصل، واژهٔ «جهانی» را به عنوان کلمهٔ «جهان‌شمول» به کار می‌گیرم. در اینجا واژهٔ جهانی بیش از معنی جغرافیایی، مفهومی فلسفی دارد. پرستش جهانی به دامنهٔ عظیم مشارکت مسیحیان در گذشته، حال و آینده اشاره دارد. کسانی که در پرستش، خدای تثلیث را جلال می‌دهند و این کار را در جامعهٔ کلیسایی به انجام می‌رسانند. از این رو می‌توان گفت پرستش گروه‌های قومی، تنها یکی از جنبه‌های پرستش جهانی محسوب می‌شود.

برای اینکه تفکر من دربارهٔ پرستش جهانی شکل بگیرد، ابتدا راه‌هایی را که گاها دایرهٔ پرستندگان را بیش از حد بزرگ ترسیم می‌کنیم، توضیح خواهم داد. به عبارت دیگر باید دید چگونه به شکل دل‌بخواه ماهیت بنیادی جماعت ایمانداران را تغییر می‌دهیم تا با اهداف خودمان مطابقت داشته باشد. سپس، نشان خواهم داد که چگونه گاهی دایره را بیش از حد کوچک ترسیم می‌کنیم، یعنی چگونه با ذهنیتی محدودتر از آنچه باید، دربارهٔ کسانی که در پرستش خدا مشارکت دارند فکر می‌کنیم (که این نیز اغلب برای تطابق با اهداف شخصی انجام می‌شود). می‌دانم که فرصت نیست تا به همهٔ سناریوهای ممکن اشاره کنیم. این کار غیر ممکن است. بنابراین اگر بارِ شرایط دیگری که باعث می‌شود گاهی «دایره را بیش از حد بزرگ یا بیش از حد کوچک ترسیم کنیم» بر عهدهٔ شما قرار دارد، از شما پوزش می‌طلبم. موضوعاتی که در این‌جا مطرح شده‌اند، صرفاً نمایانگر نوع تفکری هستند که باید داشته باشیم، نه اینکه همهٔ ابعاد و نگرانی‌های موجود را پوشش دهند. همچنین اذعان می‌کنم که موضوعات زیر تنها به‌صورت گذرا مطرح شده‌اند، در حالی‌که هر یک شایستهٔ بحثی عمیق و مفصل هستند. امیدوارم خواننده تشویق شود که این کار را ادامه دهد. در پایان فصل نیز بار دیگر منابع پیشنهادی برای مطالعهٔ بیشتر را ارائه خواهم داد.

پرستش جهانی: بیش از حد بزرگ ترسیم کردن دایره

پرستش کلیسایی، عمل دست خدا است. پرستش کلیسایی هدیه‌ای از سوی خدا به قوم خداوند می‌باشد. خالق، معنای آن را تعیین کرده است. بنابراین پرستش حقیقی باید در مرزهای معین شده باشد و در راستای تحقق بخشیدن به هدف خالق صورت گیرد.

راه‌های زیادی وجود دارد که ممکن است مرزهای پرستش را به چیزی فراتر از هدف خدا گسترش دهیم یا حتی هدف اصلی خدا را با هدف شخصی خود جایگزین کنیم. به زبان ساده، ممکن است دایرهٔ پرستش را بیش از حد بزرگ ترسیم کنیم. یکی از راه‌ها این است که در کلیسای امروز تصور می‌شود: پرستش، هر کاری که انجام می‌دهیم را شامل می‌شود و برای همهٔ افرادی است که می‌شناسیم. در این جملات به‌قدری حقیقت وجود دارد که می‌توانند خطرناک باشند. برای تمایز دادن واقعیت از خیال، دعا همراه با تشخیص لازم است، بیایید تلاشمان را بکنیم.

«پرستش، همهٔ کارهایی که انجام می‌دهیم را شامل می‌شود.» بله و خیر. این جملهٔ محبوب، غلط انداز است. مسلماً، هر کار روزمره‌ای که انجام می‌دهیم می‌تواند پرستش گونه انجام شود یعنی، می‌توانیم همواره به دنبال جلال دادن خدا باشیم. از این لحاظ کمک کردن به همسایگان، داوطلب شدن برای نظافت شهر، تعلیم دادن دانش‌آموزی که در درس خواندن دچار ضعف و اشکال است، تعلیم دادن در یک تیم کوچک ورزشی و یا خوراک رساندن به پناهگاه افراد بی‌خانمان چنانچه به عنوان قربانی تقدیم کردن به خدا انجام پذیرد، می‌تواند عمل پرستشی محسوب شود.

این نیکو است و با تعلیم پولس به مقدسین کلیسای قرنتیان تطابق دارد: «پس هر چه می‌کنید، خواه خوردن، خواه نوشیدن و خواه هر کار دیگر، همه را برای جلال خدا بکنید.» (اول قرنتیان ۱۰ : ۳۱) اما کارهای روزمره که به عنوان عمل پرستشی تقدیم خدا شود، با پرستش ایمانداران در وحدت کلیسا یکی نیست. جامعهٔ مسیحی که در یک زمان معین برای ملاقات با خداوند رستاخیز یافته گردهم می‌آیند در موقعیتی منحصر به‌فرد، در حضور خدا قرار دارند تا به واسطهٔ قدرت روح از طریق کلام، شام خداوند و مشارکت، متحول شده و به شباهت صورت پسر یگانهٔ خدا تبدیل شوند. موضوع این است که هر زمان کلمهٔ «پرستش» را دربارهٔ هر کاری که انجام می‌دهیم به کار ببریم، ممکن است باور کنیم معنی همهٔ پرستش‌ها یکی است و یک هدف را به انجام می‌رساند. جای تعجبی ندارد که بسیاری از مردم به صورت هفتگی برای پرستش به کلیسا نمی‌روند؛ هرچه باشد در طول هفته به طرق مختلف پرستش انجام می‌دهند! این طرز فکر، تعالیم کلام خدا و اصول الهیاتی تاریخچهٔ کلیسا را نادیده می‌گیرد.

به همین شکل، هر دیدار و عملکردی که پرستش نامیده شود با پرستش متحد ایمانداران در

کلیسای محلی برابر نیست. در مقدمهٔ این کتاب، توضیحی دربارهٔ چالشی که با آن روبرو هستیم ارائه کردم. در دوران کنونی رویدادهای شبه‌پرستشی و جلسات انگیزشیِ خارج از کلیسا تحت عنوان «جلسات پرستشی» تبلیغ می‌شوند. هنگامی که تصور کنیم فایدهٔ هر جلسهٔ مرتبط با پرستش، با جلسهٔ اصلی پرستشی کلیسای محلی یکی است، دایره را بیش از حد بزرگ ترسیم کرده‌ایم. اگر تصور کنیم که همهٔ جلسات پرستشی مثل جلسهٔ پرستشی رسمی کلیسا هستند، مرتکب اشتباه بزرگی شده‌ایم. در اصل موارد فوق‌برنامهٔ پرستشی، برای مدتی کوتاه ایمانداران را گردهم می‌آورند تا آن‌ها را تغذیه کنند و بین آن‌ها رفاقت بوجود آید و سپس آن‌ها به کلیسای محلی بازگردانده می‌شوند، یعنی تنها جایی که می‌تواند آن‌ها را به سبب ایمان مسیحی مسئول قلمداد کند. بهترین کار این است که موارد فوق‌برنامهٔ پرستشی، به کلیسا کمک کند تا بتواند یک کلیسای حقیقی باشد.

پرستش به همه تعلق دارد. بله و خیر. این جمله حتی غلط اندازتر است. بستگی دارد منظور من از این ادعا چیست. اگر منظور این باشد که «همه اجازه دارند به کلیسا بیایند»، بله؛ اما اگر منظور من این باشد که «همه به یک شکل در کلیسا مشارکت دارند»، خیر. مهم این است که چگونه باید تفاوت بین ایمانداران و افراد بی‌ایمانی که در جلسات پرستشی حضور پیدا می‌کنند را درک کنیم. در اینجا باید با دقت به نمونهٔ کتاب مقدس توجه کنیم و همچنین به تعالیم تاریخ‌نگاران و الهیات دانان قابل اعتماد تاریخ بنگریم و بتوانیم با تشخیص صحیح در جامعهٔ کنونی قدم برداریم و معنی صحیحی از واژهٔ «پرستش به همه تعلق دارد» دریافت نماییم.

ایمانداران در پرستش

باید از نقطه آغاز شروع کنیم، و بدانیم که خدا، کلیسای خود را بر پایهٔ پسر یگانه‌اش یعنی عیسای مسیح، به عنوان سر کلیسا پایه‌گذاری کرده است (افسسیان ۱: ۲۲ و ۲۳) این کلیسای جهانی (حتی کیهانی)[1] شامل کسانی است که خدا را محبت نموده و پسر یگانهٔ خدا را پیروی می‌کنند.

اعضای این کلیسا معین شده هستند، یعنی تمام کسانی که «در مسیح عیسی» می‌باشند (غلاطیان ۳ : ۲۷ و ۲۸ را بخوانید). اعضای این کلیسا با هم در «یک خداوند، یک ایمان ، یک تعمید ، و یک خدا که پدر همه است» وجه اشتراک دارند (افسسیان ۴ : ۵ و ۶). در تمام عهد

---

۱. واژه یونانی‌ای که در عهد جدید به «کلیسا» ترجمه شده (ἐκκλησία / ekklesia)، در بیان معانی مختلفی به‌کار رفته است: اشاره به جلسه کلیسا (اول قرنتیان ۱۱:۱۸)، کلیساهای خانگی (رومیان ۱۶:۳-۵)، همه‌ی ایمانداران یک شهر یا منطقه (اعمال ۱۱:۵؛ اول قرنتیان ۴:۱۷؛ اول تسالونیکیان ۱:۱)، و نیز کلیسای جهانی، یعنی هم‌زیستی ایمانداران در سراسر جهان (متی ۱۶:۱۸؛ کولسیان ۱:۱۸). ر.ک. مانفرد تی. براوخ، «کلیسا»، در: دایرة‌المعارف بیکر از کتاب مقدس، ویراستاری والتر ای. الوِل، جلد ۱ (گرند رپیدز: بیکر، ۱۹۸۸)، صفحات ۴۵۸-۴۶۱.

جدید، به شاگردان عیسی با نام «ایمانداران» اشاره شده است. عضویت در کلیسای عهد جدید به این شکل، به معنی عضویت در یک بدن است، یعنی بدن مسیح. این جامعهٔ محبت و اتحاد است که به عنوان قوم خدا شناخته می‌شود. به همین جهت، کلیسای جهانی مجموعه کلیساهای محلی است که به نحوی نظم یافته، این حقیقت را بیان می‌کنند. کلیساهای محلی، توسط خدا بنا شده‌اند تا ایمانداران با دیدگاهی جهانی در محل زندگی خود عمل نمایند. کلیسای محلی نقطهٔ اصلی است که پرستش، مأموریت عظیم و خدمت در آن صورت می‌گیرد.

ری اورتلاند جدا ناپذیر بودن رابطهٔ این اصطلاحات را نشان می‌دهد: «تنها در کلیسا است که اعضای بدن مسیح هستیم و به یکدیگر تعلق داریم، بنابراین می‌توانیم مثل یک بدن به‌پیش برویم ... به همین دلیل است که کلیسای محلی شما، نقطهٔ شکل‌گیری جامعه‌ایی جدید است که مسیح امروزه برای به نمایش گذاشتن جلال خدا بنا می‌کند.»[۱] کلیسا پر از مردمی با سنین مختلف و با سطوح گوناگون ایمانی است. نوزادان و کودکان هم بخشی از خانهٔ خدا هستند؛ افراد نو ایمان و کسانی که شک دارند هم می‌توانند بخشی از خانهٔ خدا باشند. آن‌ها به دنبال پرستش در کلیسا هستند تا به لحاظ روحانی شکل بگیرند و در شاگردی خود، تقویت و بنا شوند. از این جهت با مشارکت همیشگی در پرستش‌های کلیسا به مرور زمان یاد می‌گیرند که همواره خدا را محبت کنند.

معجزهٔ خدا در بنای کلیسا این است که قوم حقیقی خدا در جهان وجود دارند ، جامعهٔ روحانی حقیقی، بدن حقیقی مسیح دقیقا در جهان حضور دارد، یعنی محلی که نور خدا می‌درخشد و حیات خدا واقعاً جریان دارد و، چه بخشی از کلیسا باشید چه خیر، این مسئله تفاوت بسیار بزرگی ایجاد می‌کند.[۲] در قلب این جامعهٔ الهی، ایمانداران، یعنی پرستندگان گردهم و در حضور خداوند رستاخیز یافته جمع می‌شوند، یعنی عیسای مسیح، کسی که نزد خدا برای ما شفاعت می‌کند و در پرستش‌ها رهبر اصلی ایمانداران است.

پرستش، اولین فراخوان کلیسا است. پرستش کلیسا، قبل از هر وظیفهٔ دیگری قرار دارد. چه وظیفهٔ مقدس دیگری می‌تواند بر پرستش اولویت داشته باشد؟ باید هدف خدا را بپذیریم: «پرستش - جلال دادن و لذت بردن از حضور خدا - واقعاً عمل مرکزی و اصلی کلیسا است». حقیقتاً باید در پرتو رؤیای یوحنا این نکته را تصدیق کنیم که پرستش، هدف ابدی کلیسا می‌باشد ... این عمل

---

۱. ری اورتلند، انجیل: کلیسا چگونه زیبایی مسیح را بازمی‌تاباند (ویتون: کراس‌وی، ۲۰۱۴)، صفحه ۴۰. (تأکیدها در متن اصلی)

۲. لزلی نیوبیگن، خانواده خدا: سخنرانی‌هایی دربارهٔ ماهیت کلیسا (۱۹۵۳؛ چاپ مجدد: یوجین، اورگن: ویپ و استاک، ۲۰۰۸)، صفحه ۵۶.

اصلی است که به وضوح کلیسا را از جهان جدا می‌سازد و به وضوح فراخوانمان را در عضویت جامعهٔ کلیسا به نمایش می‌گذارد.[1] بنابراین شگفت‌انگیز نیست که ببینیم پرستش به ایمانداران تعلق دارد، چرا که آن‌ها عضو کلیسای مسیح هستند، یعنی کسانی که به واسطهٔ رابطه‌ای که با پسر یگانهٔ خدا دارند، لایق پرستیدن خدا می‌باشند. هنگامی که ایمانداران پرستش می‌کنند، نه تنها وظیفهٔ اصلی خود را در زمین به انجام می‌رسانند بلکه نمونه‌ای از آنچه که به شکلی ابدی در آسمان انجام خواهند داد را به تصویر می‌کشند. پرستش، هم آغاز رسالت زمینی کلیسا است و هم پایان ابدی که کلیسا به سوی آن حرکت می‌کند می‌باشد.

بی‌ایمانان در پرستش

اگر هدف پرستش این است که پیروان عیسای مسیح دائماً با یکدیگر ملاقات داشته باشند و تجلی‌ای از «رابطه‌ای باشند که در آن خدای پدر، خود و محبتش را در مسیح آشکار می‌سازد و به واسطهٔ روح‌القدس ایمانداران را فیض می‌بخشد تا بتوانند با ایمان، شکرگزاری و اطاعت پاسخ دهند،»[2] نقش بی‌ایمانان در پرستش‌ها چیست؟ بدبینان، کسانی که حقیقت را می‌جویند و حتی کسانی که سرکش‌اند چه جایگاهی در کلیسا دارند؟ کسانی که از خدا دور هستند و نجاتی که عیسای مسیح مهیا ساخته است را دریافت نکرده‌اند نیز به کلیسا نیاز دارند اما هنوز به عضویت روحانی کلیسا درنیامده‌اند. آن‌ها تنها به شکلی عمومی به کلیسا نیاز ندارند؛ بلکه به نحوی بسیار ویژه به کلیسا نیاز دارند! آن‌ها نیاز دارند تا شهادت قوم خدا را در تعهد به خدای مسیحیت بشنوند و با استفاده کردن از الگوهای کتاب مقدس و عناصر پرستشی که ایمان و قلب ایمان را بر آن‌ها آشکار می‌سازد، شهادت قوم را شاهد باشند. هیچ چیزی مهم‌تر از این نیست که بی‌ایمانان بتوانند در کلیسا مشارکت و رفاقت ایمانداران با خدا و با یکدیگر را مشاهده کنند. این بهترین قالب و نوع بشارت است.

این ماجرا همان چیزی است که پولس رسول برای کلیسای قرنتیان توصیف کرده است (اول قرنتیان ۱۴: ۲۲ تا ۲۶ را مشاهده کنید). ایماندارانِ کلیسا در پرستش مشارکت دارند و بی‌ایمانان در پرستش‌ها حضور دارند. آن‌ها در یک مکان هستند اما مشارکت آن‌ها تفاوت زیادی دارد. ایمانداران «کلیسا دارند»! کل کلیسا گردهم می‌آیند (آیه ۲۳)؛ آن‌ها در الگوی کتاب مقدس و عناصر پرستش به واسطهٔ عطایای روح مشارکت می‌کنند (آیه ۲۲) و همهٔ این اجزا برای بنای کلیسا به کار می‌رود

۱. جاناتان آر. ویلسون، چرا کلیسا مهم است: پرستش، خدمت و مأموریت در اعمال (گرند رپیدز: برازوس، ۲۰۰۶)، صفحات ۲۴-۲۵.

۲. رابرت شیپر، در حضور او: قدردانی از سنت پرستشی کلیسای شما (نشویل: توماس نلسون، ۱۹۸۴)، صفحات ۱۵-۱۶.

(آیه ۲۶). ثمرهٔ چنین پرستش صحیحی طبق توضیح پولس رسول این است که: هر ایمان‌داری که از بیرون وارد کلیسا می‌شود (آیه ۲۴) ملزم می‌شود و در مقابل قدرت خدا تعظیم کرده او را پرستش خواهد کرد (آیه ۲۵) چرا که خداوند حقیقتاً در بین ایمانداران حضور دارد (آیه ۲۵). بشارت در اینجا نتیجهٔ پرستشی است که به گوش بی‌ایمانان می‌رسد.[۱]

لزلی نیوبیگین، خادم مشهوری که به هند فرستاده شد، سناریویی که یک قرن پیش رخ داد را این‌چنین بیان می‌کند:

> اغلب در ورودی کلیسای کوچکی می‌ایستادم در حالی که، مسیحیان در وسط صحن کلیسا دور یک دایره روی زمین می‌نشستند و هندوها و مسلمانان دور آن‌ها می‌ایستادند. هنگامی که کلام خدا را باز می‌کردم و به موعظهٔ کلام خدا می‌پرداختم، هر بار که موعظه می‌کردم می‌دانستم که کلام من تنها برای کسانی که ایمان دارند معنا دارد و اگر کسانی که ایستاده بودند می‌توانستند تجلی برکت را در کسانی که در میان کلیسا نشسته بودند مشاهده کنند و ببینند که وعده‌های خدا در حال به انجام رسیدن است؛ و اگر تنها می‌توانستند ببینند که این جماعت ایماندار در روستا یا شهرشان نمایندهٔ بدنی متفاوت و تازه هستند که در بین آن‌ها تفرقه‌های کهنه، مثل طبقهٔ اجتماعی یا سطح سواد از بین رفته است و یک برادری تازه به وجود آمده است، آن بشارت کافی بود. اما اگر چنین چیزی را نمی‌دیدند احتمال اینکه ایمان بیاورند کاهش پیدا می‌کرد.[۲]

در عهد عتیق و همچنین در عهد جدید، خداوند به نحوی دقیق تفاوت بین ایمانداران و بی‌ایمانان را در پرستش، معین کرده است. هدف از این تمایز به طور کامل به قدوسیت خدا مرتبط است. خدا «قدوس اسرائیل» معرفی می‌شود (مزمور ۸۹: ۱۸ و ارمیا ۵۰: ۲۹) و خدا به قوم برگزیدهٔ خود فرمان می‌دهد: «مقدس باشید، زیرا من، یهوه خدای شما، قدوسم.» (لاویان ۱۹: ۲). چه در کوه سینا، چه در خیمهٔ ملاقات یا در معبد، فقط قوم تحت عهد خدا که احکام پاک شریعت را به انجام رسانده بودند، به لحاظ روحانی اجازه داشتند وارد قدس شوند و در پرستش با خداوند یهوه ملاقات داشته باشند. کسانی که ختنه نشده بودند، بت‌پرستان و ملت‌های دیگر که اسرائیل را احاطه

---

۱. هارولد ام. بست، پرستش بی‌پایان: دیدگاه‌های کتاب‌مقدسی دربارهٔ پرستش و هنر (داونرز گرو، ایلینوی: انتروارزیتی، ۲۰۰۳)، صفحه ۷۷.

۲. لِسلی نیوبیگین، آیا مسیح تقسیم شده است؟ درخواستی برای وحدت مسیحی در عصر انقلاب‌ها (گران‌راپیدز: انتشارات اردمنز، ۱۹۶۱)، صفحه ۲۴؛ نقل‌شده در: مایکل دبلیو. گوئین، کلیسا و رسالت آن: کلیساشناسی ماموریتی لِسلی نیوبیگین (گران‌راپیدز: بیکر آکادمیک، ۲۰۱۸)، صفحه ۶۳.

کرده بودند، نمی‌توانستند در آیین‌ها و تقدیم قربانی‌های قوم اسرائیل مشارکت داشته باشند (حزقیال ۴۴: ۹). همان‌طور که می‌دانیم، در عهد جدید بی‌ایمانان فقط **نظاره‌گر** پرستش‌ها بودند و در اعمال پرستشی مشارکتی نداشتند (اعمال ۲: ۴۱ تا ۴۷ را مشاهده کنید). در تمام کتاب مقدس، هرگز نمی‌بینیم که پرستش به همه تعلق دارد.

کلیسا همواره با دقت مرز بین ایمانداران و بی‌ایمانان را در پرستش‌ها حفظ کرده است. در قرون نخستین، این تمایز با شکل‌گیری (آموزش مقدماتی برای دریافت تعمید)، که در اصل برنامه‌ای گسترده برای بشارت به افرادی بود که در حال بررسی ایمان مسیحی بودند، به‌روشنی حفظ و تقویت شد. کسانی که در حال دریافت تعالیم بودند (که حتی ممکن بود سال‌ها به طول بینجامد) و کسانی که هنوز به عنوان ایماندار تعمید دریافت نکرده بودند، در زمینهٔ مشارکت در پرستش‌ها از جهات کلیدی محدودیت‌هایی داشتند. یکی از موارد محدودیت، شرکت در «مشارکت مقدسین در شام خداوند» بود. چطور کسی که هنوز با مسیح عهد ایمان نبسته است می‌تواند در شام خداوند مشارکت داشته باشد؟ هنگامی که اشخاص در حضور جمع، ایمان خود را اقرار کرده و تعمید دریافت می‌کردند می‌توانستند در شام خداوند مشارکت داشته باشند و در پرستش وارد شده به سایر ایمانداران بپیوندند. ایمان به عیسای مسیح در طول تاریخ و تقریباً در تمام کلیساها، لازمهٔ شرکت کامل در تمام پرستش‌ها محسوب می‌شده است. هرچقدر کلیسا دنیوی‌تر شود، بیشتر باید از «مسیح محور بودنِ» جلسات حفاظت کنیم. «هیچ نیازی در دوران کنونی واضح‌تر از ضرورتِ دوباره مسیحی کردن کلیسای ما نیست! بر اساس انجیل، چه از جنبهٔ فرهنگی و چه از جنبهٔ اصول الهیاتی، این کار تنها به واسطهٔ خود **مسیح** میسر می‌شود. هیچ چیزی کمتر از زیبایی مسیح نیازهای امروزی کلیسا را برآورده نخواهد کرد، هرچند کلیسای احیا شده در نهایت به بدن مسیح شباهت خواهد داشت حتی اگر، در حال حاضر چنین چیزی فراتر از تصور ما باشد.»[۱]

خوشامدگویی و پذیرش حق جویان

مرزهایی که از سوی خدا برای پرستش مورد پذیرش تعیین شده، با ذات خدای مهمان‌نواز و پذیرای ما متضاد نیست. در قلب خدا همیشه جایگاه ویژه‌ای برای غریبان و غیریهودیانی که در پرستش‌ها او را می‌جویند وجود دارد. «حق جویان» اصطلاحی نیکو است برای کسانی که تشنهٔ خدا هستند (چه از این امر آگاه باشند چه خیر). دسته‌بندی «حق جویان» در دههٔ آخر قرن بیستم رواج پیدا کرد اما اصطلاح تازه‌ای نمی‌باشد. تقریبا دو هزار سال قبل، کلیسا از این اصطلاح دربارهٔ کسانی که بشارت

۱. اورتلند، انجیل، صفحات ۱۸-۱۹ (تأکید مطابق نسخه اصلی).

دریافت می‌کردند و تعالیم مقدماتی را برای دریافت تعمید دریافت می‌نمودند استفاده می‌کرد.

خدا همواره و از روز اول در بین جمع ایمانداران پذیرای حق جویان بوده است، از هنگامی که «گروه مختلط بسیاری نیز همراه آنان رفتند» (خروج ۱۲: ۳۸) تا دوران «کُرنِلیوسِ رومی» (اعمال باب ۱۰) و تا امروز.

باوجود اینکه خدا همواره محلی را برای حق جویان فراهم کرده است، اما خداوند این کار را به روش خود انجام می‌دهد، نه به روش ما. شرط‌هایی الهی وجود دارند که برای حفظ قداست جماعت ایمانداران وضع شده‌اند. بیگانگان در میان قوم اسرائیل نیز، مشمول همان معیارهای پرستش بودند که برای اسرائیلیان مقرر شده بود:

> اگر طی قرون آینده، غریبی در میان شما ساکن باشد، و یا هر کس دیگری در میان شما باشد که بخواهد هدیهٔ اختصاصی به عنوان رایحه‌ای خوشایند به خداوند تقدیم کند، باید همان‌گونه که شما عمل می‌کنید، عمل کند. در خصوص جماعت اسرائیل، برای شما و برای غریبی که در میان شما ساکن است، یک فریضه باشد، که فریضه‌ای ابدی در تمامی نسل‌های شما خواهد بود؛ شما و شخص غریب در پیشگاه خداوند یکسانید. برای شما و غریبی که در میان شما ساکن است، یک حکم و یک قانون خواهد بود. (اعداد ۱۵: ۱۴ تا ۱۶، همچنین ۱۲: ۴۸ و ۴۹ را مشاهده کنید)

هنگامی که به لحاظ کتاب‌مقدسی و درک جامعه شناختی، از جایگاه صحیح بی‌ایمانان در کلیسای محلی دور می‌شویم، با این خطر مواجه هستیم که دایره را بیش از حد بزرگ ترسیم کنیم. متأسفانه بسیاری از کلیساها تعریف جدیدی از پرستش ارائه می‌کنند تا محلی امن‌تر برای بی‌ایمانان ایجاد کنند و آن‌ها بتوانند کلیسا را «امتحان» کنند. اگر این کار را انجام دهید، سهواً ممکن است پرستشِ مطابقِ کتاب مقدس به مخاطره بیفتد. یک شبان پرستشی در کلیسایی بزرگ و شناخته‌شده نگرانی خود را این چنین ابراز کرده است: «بسیار آسان است که باورهای الهیاتیِ ما تحت‌الشعاع نگرانی‌های انسان‌شناختی ما قرار گیرد.»[1] اما همان‌طور که اورتلاند تأیید می‌کند، «با باز آرایی کلیسا در قالب‌هایی جذاب‌تر برای بی‌ایمانان، هیچ چیز نیکویی به دست نمی‌آید.»[2]

اولین نسلِ جلسات حق جویان (فصل ۱۳ را مشاهده کنید) بر اساس سبک پرستشی سنتی بنا شد. تغییراتی در جلسات پرستشی اعمال شد تا بی‌ایمانان جذب کلیسا شوند. با پیشرفت جلسات

---

۱. تروی هتفیلد، بحث کلاسی در مؤسسه مطالعات پرستش رابرت ای. وبر، ۷ ژانویه ۲۰۲۰.

۲. اورتلند، انجیل، صفحه ۱۸.

حق جویان، الگوهای گوناگون دیگری نیز پدیدار می‌شوند. در حال حاضر تأکید بر گونه‌های مختلف کلیسا به عنوان راهبردی برای بنا کردن کلیساهای جدید، مشاهده می‌شود. ایجاد جامعهٔ کلیسایی کوچک در نقطه‌ای که افراد هم‌سلیقه گردهم می‌آیند منجر به شکل‌گیری جوامع خصوصی با نیازهای خاص می‌شود. «به جای اینکه فرض را بر این بگذارند که حق جویان داوطلبانه وارد کلیسا خواهند شد، برخی رهبران در تلاش‌اند کلیسای کوچک و محلی را در نقطه‌ای که غیرایمانداران به زندگی و کار مشغول‌اند ایجاد کنند.»[1]

محیط‌ها متفاوت‌اند، گویا هر جایی که بی‌ایمانان برای اهداف خاص گردهم می‌آیند می‌تواند مناسب باشد: سالن‌های یوگا، مرکز پرورش اندام، قهوه‌خانه، سالن‌های کنفرانس، محل کسب‌وکار و ده‌ها مکان دیگر برای بشارت دادن به کسانی که حاضر نیستند برای یافتن خدا به کلیسا بروند متناسب در نظر گرفته می‌شود، با این کار برخی از رهبران، کلیسا را به نزد بی‌ایمانان می‌برند.

محل «کلیسا» موضوع اصلی نیست؛ بسیاری از کلیساها در مکان‌های غیرسنتی گردهم می‌آیند. بلکه، مسئلهٔ اصلی کسانی هستند که از آن‌ها می‌خواهیم خدا را بپرستند. نباید از افرادی که از زیستن در مسیح دور هستند دعوت کنیم که مشغول پرستش او شوند. خدا به واسطهٔ پسر پرستش می‌شود. اگر این روش‌های جدیدِ[2] کلیسا برای بشارت انجیل، با هدفِ **بشارت دادن** استفاده شود نیکو است؛ اما اگر از این طریق بخواهیم افرادی که هنوز به مسیح ایمان نیاورده‌اند در اعمال پرستشی که به سمت خدای تثلیث انجام می‌گیرد مشارکت داشته باشند، کار نادرستی را انجام داده‌ایم.[3] جماعت‌های کوچک، انجمن‌های با سازماندهی نسبتاً آزاد تا مشارکت مؤثر و جلسات کامل کلیسایی را در بر می‌گیرد. ممکن است گاهی از این حقیقت غافل شویم که جریان‌های مختلف، به عملکردهای مختلف نیاز دارند و هر سناریو هدفی متفاوت را به انجام می‌رساند. در این شرایط دقیقاً با مشکلی مواجه خواهیم شد که قصد داشتیم از آن دوری کنیم، یعنی تصور خواهیم کرد که پرستش به همه تعلق دارد.

---

۱. کارا بتیس، «یافتن جایگاهی برای جماعت‌های ایمانی کوچک»، کریستیَنیتی تودی، شماره ویژه‌ی شبانان، ۲۰۱۹، صفحه ۲۹.

۲. در اینجا واژه «بیان‌های تازه» را به‌صورت عمومی به کار می‌برم. البته، بیان‌های تازه همچنین نام سازمانی شناخته‌شده است که اهدافی شریف دارد: «بیان‌های تازه، جنبشی بین‌المللی از شاگردان کلیسای خدمتی است که انواع جدیدی از کلیسا را در کنار جماعت‌های موجود پرورش می‌دهد تا به‌گونه‌ای مؤثرتر با جامعه پسامسیحی در حال رشد روبه‌رو شود.» «دربارهٔ ما»، وب‌سایت «بیان‌های تازه»، بازبینی‌شده در ۱ سپتامبر ۲۰۲۰، https://freshexpressionsus.org/about/.

۳. افراد بی‌ایمان الزاماً با افراد کلیساگریز یکی نیستند؛ گروه اول هنوز به ایمان خود به مسیح اقرار نکرده‌اند، در حالی که گروه دوم ممکن است مسیحی باشند اما به هر دلیلی در کلیسای محلی فعال نیستند.

محتوا و محیط، کلید اصلی است. اگر هستهٔ اصلیِ شرکت‌کنندگان را ایماندارانی تشکیل می‌دهند که شرایطی ویژه دارند و نیازمند مشارکتی دائمی با پرستندگان هستند، در این صورت یک جماعت ایماندار کوچک، برایشان سودمند می‌باشد. چنین جماعت ایمانداری می‌تواند در هر نقطه، به محلی رسمی و مناسب برای پرستش تبدیل شود، حتی اگر بی‌ایمانان نیز در آنجا حضور داشته باشند. (می‌توانید به جلسات رسمی پرستش که برای زندانیان، بازیکنان فوتبال آمریکایی، یا افرادی که برای تداوم حیات به کمک‌های ویژهٔ شبانه‌روزی نیاز دارند بیندیشید). در مقابل، اگر هستهٔ اصلی، افراد بی‌ایمان هستند و آمادگی پذیرش خدمت محبت‌آمیز مسیحیان را دارند و ایمانداران در پی ایجاد رابطه از طریق علایق مشترک هستند تا بتوانند آن‌ها را به سوی خدا دعوت کنند، در این حالت شرکت در پرستش جمعی، اقدامی زود هنگام و نامناسب تلقی می‌شود. پس هر محیط و شرایطی، باید بسته به شرایط خود ارزیابی شود.

در جمع‌بندیِ بحث پیرامون، بزرگ‌تر از حد ترسیم کردن دایرهٔ پرستندگان، بیایید با یک سؤال به نتیجه‌گیری برسیم: آیا چیزی به اسم پرستش بشارتی وجود دارد؟ «خیر، اگر معنی آن تغییر عملکرد و هدف پرستش باشد تا از آن به عنوان ابزاری برای خدمتی متفاوت از آنچه خدا برای پرستش تعیین کرده است استفاده شود، باید گفت چنین چیزی وجود ندارد.»، «بله، اگر در پرستش‌ها به گرمی بی‌ایمانان را بپذیریم تا شاهد پرستش کلیسای عیسای مسیح باشند و امیدوار باشیم که این پرستش چنان تأثیرگذار باشد که "راز دل بی‌ایمانان آشکار شود و در مقابل خدا سر تعظیم فرود آورده بگویند: خدا به راستی در میان شما است" (اول قرنتیان ۱۴: ۲۵)، این می‌تواند پرستش بشارتی تلقی شود». بی‌ایمانان در پرستش‌ها دعوت می‌شوند، ما پذیرای آن‌ها هستیم و آنان را محبت می‌کنیم، با آن‌ها رفاقت داریم و میهمان‌نوازشان هستیم و به مرور زمان به آن‌ها محبت می‌نماییم. به این شکل آن‌ها به واسطهٔ روح خدا جذب می‌شوند، همان‌طور که وعده داده شده است: «به خدا نزدیک شوید، که او نیز به شما نزدیک خواهد شد» (یعقوب ۴: ۸).

روند تشخیص، بسیار چالش‌برانگیز اما ضروری است. خدا معماران پرستشی را از میان روحانیون و اعضای عادی کلیسا برمی‌انگیزد تا وظیفهٔ کهانت خود را به دوش بگیرند و تفاوت بین مقدس و غیر مقدس را به قوم تعلیم دهند (حزقیال ۴۴: ۲۳). گفته می‌شود نویسندهٔ کتاب تواریخ در عهد عتیق قصد داشته پس از مرگ داوود، گزارشی از میزان پایبندی جانشینان سلطنتی داوود به تأمین و استمرار پرستش صحیح در معبد ارائه دهد.[1]

۱. وِندی جی. پورتر، «پاسخ عملی به پل اس. اِوانز»، در بازکشف پرستش: گذشته، حال و آینده، به‌کوشش وِندی جی. پورتر، مجموعه مطالعات عهد جدید مک‌مستر (یوجین، اورگن: ویپ اند استاک، ۲۰۱۵)، صفحه ۵۶.

وندی جی پورتر می‌گوید: «با خود می‌اندیشم مورخین زمان ما چه کسانی خواهند بود؛ چه کسی به عنوان یک نگهبان، با صداقت و انصاف، پرستشی که درست و وفادار است را صرف‌نظر از سبک‌ها ارزیابی و ثبت خواهد کرد؟»[1] من نیز این سؤال را در ذهن خود دارم، آیا آن شخص شما خواهید بود؟

پرستش جهانی: ترسیم دایرهٔ بیش از حد کوچک

درست همان‌طور که از طرق گوناگون ممکن است دایرهٔ پرستندگان را بیش از حد بزرگ ترسیم کنیم، ممکن است گاها ببینیم دایرهٔ پرستندگان حقیقی بسته به دیدگاه‌های گوناگون، بیش از حد کوچک رسم می‌شود. اغلب این امر سهواً رخ می‌دهد؛ در برخی مواقع دیگر گاهی سعی کرده‌ایم برای حفظ نظر جمع، شرایط نادرستی را منطقی جلوه دهیم. به هر جهت، باید خود را به چالش بکشیم تا ببینیم آیا شرایطی وجود دارد که در آن حقیقتاً مشارکت پرستش را محدود کرده‌ایم یا خیر؟ کدام بخش از قوم خداوند در پرستش‌ها فعالانه مشارکت دارند؟ چه کسی فراموش شده است؟ در این بخش به طور مختصر شش راه را که موجب می‌شود دایره را کوچک ترسیم کنیم، شرح خواهم داد. امیدوارم که در کنار هم بتوانیم درها را باز کنیم و «همهٔ مردم را ببینیم».

پرستش چندفرهنگی

هنگامی که درهای جهان‌مان را بگشاییم و فراتر از درهای جهان فردی خود به اخبار بنگریم، بی شک با گام برداشتن در خیابان‌های محله‌مان مردم را از قومیت‌های مختلف می‌بینیم که دامنهٔ جذابی از زبان‌ها و فرهنگ‌ها و قالب‌های هنری و روش‌های زندگی متفاوتی دارند. جهان ما هر روزه به واسطهٔ افزایش تعداد کسانی که در جهان سفر می‌کنند، ارتباطات اینترنتی، فرصت‌های بینافرهنگی که در دانشگاه‌ها پدید می‌آید، کلوب‌های جهانی، مهاجرت به شهرهای اطراف، گسترش خدمت‌های کلیسا، روز به روز کوچکتر می‌شود. دنیای ما روز به روز چندفرهنگی‌تر می‌شود و مسلماً به سرعت به سمت چندفرهنگی‌تر شدن جامعه حرکت می‌کنیم.

با این وجود هنگامی که درهای کلیسا را باز می‌کنیم و تمام مردم را می‌بینیم، اغلب جامعه‌ای تک‌فرهنگی را مشاهده خواهیم کرد.[2] باید به این سؤال برگردیم: چه کسانی کلیسا را تشکیل

---

۱. پورتر، «پاسخ عملی به پل اس. اِوانز»، صفحه ۵۶.

۲. «فرهنگ تک‌بعدی» را می‌توان چنین تعریف کرد: فرهنگ غالبی که با یکنواختی مشخص می‌شود. مریام‌وبستر، مدخل «فرهنگ تک‌بعدی»، ۲۰۲۱، https://www.merriam-webster.com/dictionary/monoculture.

می‌دهند؟ پاسخ: پیروان مسیح از هر کشور، قوم و با هر زبانی (مکاشفه ۷: ۹). پرستشی که خدا را جلال دهد با درک این حقیقت که در هر قاره، مسیحیانی وجود دارند که خدا را به روش‌های بومی خود می‌پرستند همراه است تا بدانیم که، همهٔ ما مسیحیان در پرستش‌ها و همراه یکدیگر قوم خدا را تشکیل می‌دهیم. با این وجود سطح درک ما ممکن است متفاوت باشد، گاهی ممکن است این حقیقت را به طور کلی ندیده بگیریم و گاها آن را به طور کامل بپذیریم. پذیرش، چیزی بیشتر از خوشامدگویی به مردم کشورهای دیگر و میهمان‌نوازی است، بلکه باید مسیحیان کشورها و ملیت‌های دیگر را حقیقتاً بپذیریم و سرودهای قلبشان، روش‌های آیینی و قالب‌های هنری آن‌ها را در پرستش‌ها بگنجانیم. به این شکل به مرور یاد خواهیم گرفت که، نه تنها این آیین‌ها را در جلسات به کار بگیریم؛ بلکه آن‌ها را به آیین‌های کلیسای خودمان تبدیل کنیم. این اتفاق زمانی رخ می‌دهد که رابطه از مهمان‌نوازی (ما از تو استقبال می‌کنیم) به همبستگی (ما در کنار تو ایستاده‌ایم) و سپس به هم‌نیازی (ما به تو نیاز داریم) تبدیل می‌شود.[1]

با دیدگاهی واقع‌گرایانه باید گفت، منطقهٔ جغرافیایی زندگی شما، نقش زیادی در امکان مشارکت داشتن با پرستندگان از اقوام گوناگون و مختلف ایفا می‌کند. من در ایالات متحده در کلیسای بزرگی خدمت کردم که در یکی از شهرهای دارای تنوع پوشش جمعیتی گسترده قرار دارد. همان‌طور که محله‌های اطراف کلیسا چندقومیتی‌تر و چندفرهنگی‌تر شدند، کلیسا به مرور به کلیسایی چندفرهنگی تبدیل شد، درحالی‌که در گذشته این چنین نبود. همچنین در کلیسایی در یک روستای کوچک در غرب آمریکا خدمت کردم، کلیسایی که در آن حتی تا چندین کیلومتر کسی که فرهنگ غیرغربی داشته باشد زیست نمی‌کرد. در آنجا تلاش می‌کردیم از راه‌های مختلف وارد پرستش‌های متنوع بشویم، دعاهای گروهی دیگر ملت‌ها و سرودهای پرستشی سایر کشورها را به کار می‌بستیم و هنگام شرکت در شام خداوند روی جهان‌شمول بودن شام خداوند تأکید داشتیم. دعاهای مسیحیان سایر نقاط جهان را به زبان می‌آوردیم و کسانی که تحت رژیم‌های ظالم، به خاطر ایمانشان به عیسای مسیح رنج می‌کشیدند را همواره به یاد داشتیم. هدف این است که جایگاه کنونی جماعت کلیسای خود را روی سنجهٔ پرستش چندفرهنگی بیابید و تا جایی که ممکن است، شاخص را به سمت پرستش چندفرهنگی حرکت دهید.

شاخهٔ مطالعاتی جدیدی در کلیسای جهانی که بسیار حائز اهمیت است «جنبش جهانی شناخت پرستش قومیّت‌ها» می‌باشد. این شاخهٔ مطالعاتی به عنوان یک رشتهٔ مستقل، فواید زیادی

---

۱. ساندرا ماریا ون اُپستال، پرستش آینده: جلال دادن خدا در جهانی پرتنوع (داونرز گرو، ایلینوی: آی‌وی‌پی بوکز، ۲۰۱۶)، صفحه ۷۴.

را برای پرستش چندفرهنگی مسیحیان داشته است و به طور خاص از طریق مطالعهٔ هنرهای بومی، باعث رشد پرستش‌های چندفرهنگی کلیسا بوده است. اصطلاح اتنوداکسولوژی (مطالعات پرستش قومیت‌ها) از دو اصطلاح یونانی «ethno» به معنای مردم و «doxology» به معنای جلال و افتخار برگرفته شده است. دیو هال، که این اصطلاح را ساخته و رواج داده است، چنین تعریفی را دربارهٔ اصطلاح اتنوداکسولوژی ارائه کرده است: «مطالعهٔ چگونگی و دلایل پرستش قومیت‌های گوناگون و اینکه هر قوم چگونه خدای حقیقی و زنده را جلال می‌دهند را، مطالعات پرستش قومیت‌ها می‌نامیم.»[1]

شبکه جهانی قوم‌شناسی (Global Ethnodoxology Network) پیش‌گام پذیرش انواع سبک‌های پرستش در فرهنگ‌های گوناگون می‌باشد. این سازمان، قوم‌شناسی در پرستش‌ها را این‌گونه توضیح می‌دهد: «قوم‌شناسی مطالعه دربارهٔ روشی‌هایی است که مسیحیان در هر فرهنگ با سبک‌ها و روش‌های بومی و هنری خود، از طریق آن با خدا و جهانیان ارتباط برقرار می‌کنند.»[2] قومیت‌شناسان، قالب‌های فرهنگی بومی‌سازی‌شده را تشویق می‌کنند. قومیت‌شناسان ضمن نگرانی از این جهت که قالب‌های غربی اغلب به معیار پرستش مسیحی در تمام جهان تبدیل می‌شوند، در تلاش‌اند تا بینش‌های بومی را در پرستش خدای مسیحیان، تقویت کنند.

هنگامی که به دنبال ارتباط برقرار کردن با اشخاصی که از فرهنگ‌های دیگر در جامعهٔ پرستشی ما حضور دارند نباشیم، دایره را بیش از حد کوچک ترسیم کرده‌ایم. وقت آن رسیده است که مرزها را گسترش دهیم. در اینجا چند پیشنهاد برای پذیرش و آغاز پرستش چندفرهنگی ارائه شده است:

- از دولت محلی خود، داده‌های آماری تهیه کنید تا درصد ملیت‌هایی را که جمعیت منطقه‌تان به خود اختصاص داده است، بشناسید.
- در یکی از مراسم‌های پرستش بومی یک کلیسای قومی شرکت کنید. با شبان کلیسا و تعدادی از اعضای آن کلیسا آشنا شوید.
- با یکی از کلیساهای قومی شهر خود، برنامه‌ای برای تبادل پرستش ایجاد کنید.
- سرودهای ایمانی مورد علاقهٔ اقوام و ملیت‌های گوناگون را بررسی کنید. اگر پرستش در فضای مشترک با اعضای فرهنگ‌های دیگر ممکن نیست، برخی از این سرودها را در

۱. دیو هال، «هر تیم به یک رهبر نیاز دارد: نقش اساسی رهبر هنرهای پرستشی در کلیساهای تازه‌تأسیس»، پرستشی که روح را به حرکت در می‌آورد، ژوئن ۲۰۰۱، صفحه ۲۴.

۲. «اتنودوکسولوژی چیست؟»، شبکه جهانی اتنودوکسولوژی، بازبینی‌شده در ۱۲ دسامبر ۲۰۲۰، https://www.worldofworship.org/what-is-ethnodoxology/.

مراسم پرستش بسرایید، نه به عنوان نمادی ظاهری، بلکه برای داشتن تجربهٔ پرستشی میان‌فرهنگی.

پرستش همهٔ قوم‌ها

هنگامی که درهای جهان خود را باز کنیم و به مردم بنگریم، می‌بینیم که جهان از نژادهای مختلف تشکیل شده است. آیا کلیساهایی که در نواحی چندنژادی هستند به همین ترتیب، مشارکت و رفاقت بین نژادها را منعکس می‌کنند؟ ما به‌عنوان شاگردان مسیح می‌دانیم که «در مسیحْ عیسی، شما همه به واسطهٔ ایمان، پسران خدایید.» (غلاطیان ۳:۲۶) و در تعمیدمان، با پارسایی یعنی عدالت مسیح ملبس شده‌ایم، بنابراین «دیگر نه یهودی معنی دارد نه یونانی، نه غلام نه آزاد، نه مرد نه زن، زیرا شما همگی در مسیحْ عیسی یکی هستید.» (غلاطیان۳:۲۸). **یک** بودن حقیقت ما است، چه این احساس را تجربه کنیم چه خیر. این هدیهٔ روح‌القدس به کلیسا است. ما «یک» خطاب شده‌ایم؛ اما هم‌زمان می‌بایستی برای یکی بودن و وحدت بکوشیم. (همان‌طور که پارسا قلمداد می‌شویم و به دنبال پارسایی و عدالت هستیم)

اما هنگامی که درهای کلیسا را باز کنیم اغلب جدایی نژادها را در کلیساها شاهد هستیم. امید مارتین لوتر کینگ که شصت سال پیش برای همبستگی اعضای کلیسای آمریکا سخن می‌گفت، بیش از حد آهسته به پیش می‌رود. با وجود اینکه تعداد کلیساهای چندنژادی در طول دو دههٔ گذشته در ایالات متحدهٔ آمریکا رو به افزایش بوده است (از ۶ درصد در سال ۱۹۹۸ به ۱۶ درصد در سال ۲۰۱۹)، اما این کلیساها به لحاظ «تنوع نژادی» تغییر چندانی نداشتند.[1] با توجه به تفرقهٔ نژادی عمیق در دنیای امروز غرب، به دنبال روابط عمیق و حقیقی چندنژادی بودن، دست کم چالش‌برانگیز به نظر می‌رسد. اما روابط چندنژادی در کلیسا، هدفی ارزشمند تلقی می‌شود. ممکن است پرستش چندنژادی در حقیقت در کشوری مثل آمریکا که با مسئلهٔ نژادپرستی دست‌وپنجه نرم کرده است راه احیا و آشتی باشد. آیا به دست آوردن این هدف، ساده است؟ خیر. آیا این هدف اهمیت دارد؟ بله. باشد که این امر پیش‌درآمدی باشد بر واقعیت نهایی ما، آنگاه که نجات‌یافتگان از تمامی اقوام و نژادها، در پادشاهی آسمان، خدا را در وحدتی کامل پرستش خواهند کرد.

هنگامی که در جامعهٔ پرستشی به دنبال رابطهٔ صمیمی با مردم نژادهای دیگر نباشیم، دایره را

---

۱. مارک چاوز، مطالعه ملی جماعت‌های ایماندار کلیساها، ۱۹۹۸-۲۰۱۹؛ نقل‌شده در: تام گجلتن، «جماعت‌های چندنژادی، ممکن است نتوانند شکاف نژادی را پر کنند.:»، NPR، ۱۷ ژوئیه ۲۰۲۰،

https://www.pr.org/۸۹۱۶۰۰۰۶۷/۱۷/۰۷/۲۰۲۰/multiracial-congregations-may-not-bridge-racial-divide.

بیش از حد کوچک ترسیم کرده‌ایم. وقت آن رسیده است که مرزهای دایرهٔ پرستش‌کنندگان را افزایش دهیم. در اینجا چند روش کاربردی برای پذیرش پرستش چندنژادی ارائه می‌شود:

- با عزیزانی از نژادی غیر از نژاد خودتان دوست شوید.
- با کلیساهای دیگر، مراسم‌های پرستشی بیننژادی برگزار کنید.
- یک خدمت بیننژادی راه‌اندازی کنید. (آیا در محلهٔ کلیسای شما افرادی هستند که مایل باشند در یک گروه کُر جدید، گروه کلیسای خانگی کوچک، یا جشن خیابانی مشارکت کنند؟)

پرستش همهٔ نسل‌ها

هنگامی که درهای دنیای خود را بگشاییم و به بیرون نگاه کنیم، خندهٔ کودکان را در حال بازی می‌شنویم، می‌بینیم که نوجوانان چگونه رشد می‌کنند و از لحاظ ذهنی و جسمی به جوانان تبدیل می‌شوند، خستگی کارگران میان‌سال را که با سختی‌های روزهای کاری دست و پنجه نرم می‌کنند مشاهده می‌کنیم و بدن خم‌شدهٔ سالخوردگان را می‌بینیم که در یک پارکینگ شلوغ سعی دارند سبد خریدشان را مدیریت کنند. از ابتدای خلقت اولین خانواده، سنین مختلف و نسل‌های گوناگون، هستهٔ جامعهٔ بشری را تشکیل داده است. جهان ما همیشه دنیایی بین‌نسلی بوده و خواهد ماند. آیا پرستش هم باید بین‌نسلی باشد؟ هنگامی که درهای پرستش را می‌گشاییم آیا در کنار هم، خانواده خدا هستیم؟

تعیین سطح سنی پرستش در جلسات، مدل محبوب کلیسای چند دههٔ گذشته بوده است. خانواده به در کلیسا می‌رسند و سپس از هم جدا می‌شوند و تا زمانی که کنار اتومبیلشان برای رفتن به خانه گردهم آیند دیگر همدیگر را نمی‌بینند. فرزندان به یک سمت می‌روند، جوانان به یک سمت و بزرگسالان به یک سمت دیگر. تمام سنین در یک ساختمان هستند و به پرستش می‌پردازند، اما آن‌ها از هم جدا می‌شوند و با هم متحد نخواهند ماند. دربارهٔ این مسئله، نظرات مختلفی وجود دارد و راه حل ساده‌ای نیز وجود ندارد.

دلیل اصلی برای جدا شدن اعضای خانواده در هنگام پرستش، تمایل برای تقدیم پرستش متناسب با سن و سال اعضای خانواده می‌باشد. اما برخی از رهبران دربارهٔ انجام حقیقی این امر، شک دارند. بعد از اینکه به عنوان یک میهمان در کلیسایی بزرگ موعظه کردم، از من دعوت شد تا از بخش تعلیمی کلیسا که به تازگی ساخته شده بود بازدید کنم. فضای پرستشی فرزندان دبستانی را به من نشان دادند. هیچ میز یا صندلی وجود نداشت، آنجا تنها اتاق بزرگی بود که یک صحنه در آن قرار

داده شده بود. روی صحنه چهار میکروفن با رنگ‌های آبی و صورتی قرار داشت تا کودکان هم بتوانند مثل بزرگسالان پرستش کنند. اتاق پرستش جوانان مثل یک قهوه‌خانهٔ سال‌های ۱۹۵۰ طراحی شده بود، یک صحنه بزرگ در آنجا قرار داده شده بود. در این موقعیت، داوری کلیسا دربارهٔ آنچه برای سنین مختلف مناسب است و برداشت کلیسا از پرستش، ابهام آمیز و سؤال‌برانگیز به نظر می‌رسید.

همچنین پرستش متناسب با سطوح سنی، تشویق می‌شود چرا که عده‌ای بر این باورند که ایمانداران سنین مختلف، ممکن است پرستش یکدیگر را دچار اخلال کنند. نوزادان گریه می‌کنند، کودکان بی‌حوصله می‌شوند و سر و صدا می‌کنند، جوانان در گوشی‌های تلفن هوشمند خود بازی می‌کنند؛ پس چطور ممکن است بزرگسالان بتوانند در چنین شرایطی پرستش داشته باشند؟ ایجاد فضاهای مناسب برای سنین مختلف، به از میان رفتن برخی حواس‌پرتی‌ها کمک می‌کند. برخی از والدین کودکان، برای اینکه برای چند ساعت بتوانند وظیفهٔ نگهداری کودکانشان را به کلیسا محول کنند به کلیسا می‌روند!

اخیراً جدایی بر اساس دسته‌بندی سنین مختلف، به افراط کشیده شده است. کلیسایی در مینه‌سوتا که با دشواری‌هایی روبه‌روست، از اعضای مسن‌تر خود خواسته است که کلیسا را ترک کنند، به این امید که محیط کلیسا برای خانواده‌های جوان جذاب‌تر شود. . . .

مقامات کلیسا گفتند که اعضای کلیسا باید تازه شوند و این بهترین روش برای جذب جوانان است.[1] این را در تقابل با داستان دوست آفریقای-آمریکایی من مشاهده کنید که، در سن ده سالگی از خانواده خود استدعا می‌کرد تا بگذارند به کلیسا برود. آن‌ها ماه‌ها اجازه ندادند که دوستم به کلیسا برود تا اینکه بالاخره، اجازه دادند با آن‌ها به کلیسا برود اما گفتند که او باید مسئول رفتار خودش باشد. او بهترین لباس خود را پوشید و به کلیسای کوچک رفت. از در وارد شد، نه کسی را می‌شناخت، نه می‌دانست باید چه کار بکند. افراد مسنی که «کلیسا را می‌شناختند» در ردیف عقب نشسته بودند. آن‌ها سر بلند کردند و کودکی خجالتی را دیدند. سپس روی نیمکت برای او جایی باز کردند تا بنشیند. آن‌ها با دستکش‌های سفیدشان صندلی را برای او قرار دادند و گفتند «عزیزم، بیا و اینجا بنشین». سفیا هر یکشنبه، کنار زنان سالخوردهٔ کلیسا می‌نشست و آن‌ها به او یاد می‌دادند که چطور خدا را پرستش کند. او به دعا کردن، سرود خواندن و فریاد برآوردن آن‌ها گوش فرا می‌داد. سفیا ایمان آورد، وارد خدمت شد و تا امروز دهه‌های بسیاری است که شاخهٔ مسیحی خود را خدمت می‌کند.

---

۱. خبرگزاری، «کلیسای درگیر در کاتیج گرو تلاش برای راه‌اندازی مجدد به‌منظور جذب اعضای جدید»، رادیو عمومی مینه‌سوتا، ۲۰ ژانویه ۲۰۲۰،

https://www.prnews.org/story/۲۰۲۰/۰۱/۲۰/struggling-cottage-grove-church-asks-older-members-to-go-away.

او تجربهٔ پرستش بین‌نسلی خود را به‌عنوان یک کودک و تولد و بیداری روحانی خود و تمام خدمتِ عمرش را مدیون آن کلیسا می‌داند. کاریش کندیاه، بنیان‌گذار نوان‌خانهٔ خیریهٔ «خانه‌ای برای نیکویی» نیز داستانی مشابه را بیان می‌کند. یک‌بار با خانواده به کلیسا می‌رفتند و صرفا از پسر کوچکی که در خیابان بازی می‌کرد دعوت کردند تا با آن‌ها به کلیسا برود. او این کار را انجام داد. آن پسر هفته به هفته، اعضای خانواده‌اش را به کلیسا می‌آورد و آن‌ها یکی پس از دیگری ایمان می‌آوردند و تعمید می‌گرفتند. کندیاه کلیسا را به‌عنوان یک خانواده می‌بیند. او نوشته است «وقت آن رسیده درک کنیم که به کلیسا تعلق داریم و کلیسا فقط محل برگزاری یک رویداد هفتگی نیست.»[1]

عهد جدید، پرستش بین‌نسلی را ارج می‌نهد. در میان نمونه‌های فراوانی که این موضوع را نشان می‌دهند، می‌توان به مراسم پرستشی پس از فتح شهر کنعانی‌ها اشاره کرد. یوشع و اسرائیلیان پیروز شدند. یوشع در شکرگزاری مذبحی برپا کرد تا قربانی سوختنی به خداوند تقدیم کند. پس از آن، کلام شریعت خدا را برای مردم قرائت نمود. چه کسانی آنجا بودند؟ «از تمام فرمان‌های موسی، سخنی نبود که یوشَع آن را در حضور تمام جماعت اسرائیل و زنان و کودکان و غریبانی که در میان ایشان به سر می‌بردند، نخوانده باشد.» (یوشع ۸ : ۳۵)

مسئلهٔ پرستش بینانسلی پیچیده است؛ یک راه حل واضح برای این امر وجود ندارد. اما هر کلیسا باید منافع و زیان‌های مربوطه را بررسی کند. کودکان و جوانان به تعالیم مناسب مسیحی و برنامهٔ ویژه نیاز دارند. این مسئله برای شکل‌گیری روحانی آن‌ها حیاتی است. با این وجود، اینکه مردم در تمامی سنین به همراه یکدیگر پرستش داشته باشند بسیار مفید است، به‌خصوص اینکه پرستش «فراگرفتنی» نیست بلکه «گیرا» است. آموختن پرستش نیکو، از طریق مشاهدهٔ پرستش نیکوی دیگران میسر می‌شود. پرستش بینانسلی روابط بین نسل‌ها را پرورش می‌دهد و این امر باعث افزایش و تقویت ایمان در نوجوانان می‌شود.[2]

به این دلیل و دلایل دیگر، بسیاری از کلیساها در حال انجام بازنگری در زمینهٔ جلسات پرستشی هستند که در برگزاری آن‌ها سنین مختلف از هم جدا می‌شوند. در اینجا چند مورد کاربردی در زمینهٔ پذیرش پرستش بینانسلی پیشنهاد می‌شود:

- بزرگ‌ترها را تشویق کنید که در مراسم پرستش، کودکان یا نوجوانان را به نشستن کنار خود دعوت کنند (فراتر از چارچوب خانواده).

---

۱. کریش کندیاه، «کلیسایی همچون خانواده»، مسیحیت امروز، ژانویه/فوریه ۲۰۱۹، صفحه ۶۷.

۲. مطالعهٔ ملی نوجوانان و دین در: کریستین اسمیت و ملیندا لاندکوئیست دنتون، جست‌وجوی روح: زندگی دینی و معنوی نوجوانان آمریکایی (نیویورک: انتشارات دانشگاه آکسفورد، ۲۰۰۵)، صفحه ۶۱ را مشاهده کنید.

- کلاس‌های کوتاه‌مدت تعلیمیِ یکشنبه و یا جلسات گروه‌های کوچک را برگزار کنید تا در آن‌ها رده‌های سنی مختلف با هم ترکیب شوند.
- فرصت‌های اجتماعی ایجاد کنید که در آن، افراد با سنین متفاوت با یکدیگر هم‌گروه شوند.
- خدمتی راه‌اندازی کنید که در آن بزرگ‌ترها به‌طور منظم برای کودکان و نوجوانان کارت‌های تعلیمی بفرستند.

پرستش در دوران بیماری همه‌گیر

هنگامی که درهای دنیای خود را بگشاییم و به مردم بنگریم، دوباره درک خواهیم کرد در جهانی زیست می‌کنیم که هر لحظه مترصد بیماری‌های همه‌گیری است که می‌تواند زندگی ما را فلج کند. در حالی این متن را می‌نویسم که کووید-۱۹ در تمام جهان هرج و مرج به‌وجود آورده است و عدهٔ بسیاری از این بیماری همه‌گیر جانشان را از دست می‌دهند. ساختارهای اقتصادی و سیاسی به تزلزل در آمده است. این اولین بار و آخرین بار نیست که بیماری‌های ویرانگر و همه‌گیر، ملت‌ها را به زانو در می‌آورند. یک وضعیت بحرانی، نیازمند اقدامات شدید و سریع است، یکی از آن‌ها فاصله‌گذاری اجتماعی است. از مردم خواسته شد از یکدیگر دور بمانند تا جلوی انتقال بیماری گرفته شود. قرنطینهٔ اجتماعی، پیامدهایی برای تمام بخش‌های جامعه داشته است: مدارس، کسب‌وکارها، سرگرمی، سفر، و—بله—کلیسا.

هر کلیسایی برای وقفهٔ اجباری که در برگزاری جلسات پرستشی رخ داده، دچار مشکلاتی شده است. هیچ‌کس نمی‌تواند در طول زندگی‌اش شرایط مشابهی را به یاد بیاورد. شرایط تازه، اقدامات تازه می‌طلبد. اغلب کلیساها مجبور شدند جلسات پرستشی آنلاین(از پیش ضبط شده یا زنده) برگزار کنند تا این خلأ را پوشش دهند. آنچه که اغلب ما درک کردیم این است که سؤال عمیق‌تر این است: چطور فناوری پخش آنلاینِ جلسات پرستشی را مدیریت کنیم؟ سؤال اصلی این نیست که ارائهٔ جلسات پرستشی در این حالت چگونه تغییر خواهد کرد، بلکه سؤال این خواهد بود که خود پرستش در دوران بیماری همه‌گیر دستخوش چه تغییراتی خواهد شد؟

در حال آموختن این نکته هستیم که وقتی جامعهٔ کلیسای محلی خود را، تنها محدود به کسانی می‌دانیم که در یک زمان معین می‌توانند به‌صورت فیزیکی در ساختمان کلیسا گردهم آیند، دایرهٔ پرستش را بیش از حد کوچک ترسیم کرده‌ایم. می‌دانیم که کلیسا یک ساختمان نیست؛ می‌دانیم که کلیسا اعضای آن هستند. با این وجود گردهم آمدن در فضای مجازی به جای صحن کلیسا، به نحوی مانند یک کش لاستیکی، ایمانمان را در تنش قرار می‌دهد و به این فکر می‌کنیم که آیا در دنیای پرستش‌هایمان از هم گسسته خواهد شد؟

بیماری همه‌گیر درس‌هایی برایمان داشته (برکات) و همچنین نگرانی‌هایی را هم ایجاد کرده است (چالش‌ها).

برکات پرستش در دوران بیماری همه‌گیر

- به ما یادآوری می‌شود که کلیسا زنده است و فقط یک سازمان یا نهاد نیست. معنایش این است که، چه در یک مکان باشیم چه خیر، جامعهٔ مسیحی حقیقت روحانی ما می‌باشد. می‌توانیم به روح‌القدس اعتماد کنیم تا در حالی که حتی چهرهٔ یکدیگر را نمی‌بینیم دل‌هایمان را با یکدیگر متحد کند.
- به ما یادآوری می‌شود بخش اعظمی از مردم کلیسا همیشه شامل افرادی بوده است که به خاطر شرایط، در آن لحظه نمی‌توانند به کلیسا بیایند و در پرستش زنده مشارکت داشته باشند. این عدهٔ اقلیت در جوامع پرستشی شامل، سالخوردگان، افراد دچار محدودیت‌های جسمانی، زندانیان، ارتشیان، افرادی که یکشنبه‌ها به کار و سفرهای کاری می‌پردازند، و کسانی که در زمینهٔ آمد و شد دچار مشکل هستند می‌باشد. قبل از بیماری همه‌گیر، آیا برای اینکه عزیزان بتوانند در پرستش‌های هفتگی مشارکت داشته باشند تمهیداتی را اندیشیده بودیم یا اینکه به یک خدمت آنلاینِ همه‌پسند که در پی بیماری همه‌گیری راه‌اندازی شده است، دل بسته‌ایم تا تمام خلأهای موجود را پر کند؟ فراخوانده شدیم تا راه‌های مختلفی بیابیم و پرستش را نزد خواهران و برادرانمان ببریم و این کار را به روشی که آن‌ها نیازمندش هستند انجام دهیم، نه به روش خودمان. این کار لزوماً به جلسهٔ آنلاین نیاز ندارد. ممکن است لازم باشد از قبل و به صورت هفتگی، موارد مورد نیاز برای پرستش در محل را به دست عزیزان برسانیم تا بتوانند به لحاظ روحانی به ما ملحق شوند، و یا در نقاط مهم و جنبه‌های اصلی پرستش با آن‌ها تماس تلفنی داشته باشیم، یا به ملاقات آن‌ها برویم (در صورت مجاز بودن ملاقات) و شام خداوند را با آن‌ها به جا آوریم، جلسات گفت‌وگو و موعظهٔ آنلاین برگزار کنیم و مواردی نظیر این را به انجام برسانیم.
- به ما یادآوری می‌شود علی‌رغم اینکه پرستش در تنهایی و جدا از دیگران برای مردم آمریکای شمالی امری جدید است، میلیون‌ها نفر از مسیحیانی که هر هفته در تهدید مجازات‌های سخت به تنهایی به پرستش می‌پردازند با این روش‌های پرستش آشنا هستند. برای ما، پرستش در تنهایی ناراحت‌کننده است؛ اما برای برخی دیگر، پرستش حتی در خفا می‌تواند تهدیدی برای جانشان باشد. بسیاری از مسیحیان جهان هر هفته به تنهایی

پرستش انجام می‌دهند و اجازهٔ گردهم آمدن را ندارند؛ عدهٔ دیگری سعی می‌کنند در خفا گردهم جمع شوند اما خطرات زیادی را به جان می‌خرند و حتی با تهدید زندانی شدن و مرگ، دست و پنجه نرم می‌کنند. هنگامی که برای محروم شدن از دیدن چهرهٔ یکدیگر، شنیدن صدای هم و لمس کردن برادران و خواهران کلیسای خود اندوهگین هستیم، بگذارید ناامیدی ما برای کسانی که همیشه در بود و نبود واکسن‌ها باید به تنهایی و در خفا پرستش کنند، به دعا تبدیل شود.

- به ما یادآوری می‌شود که پرستشِ کلیسا همواره ترکیبی از پرستش از راه دور و پرستشِ حضوری بوده است. این سؤال بیش از پیش مطرح می‌شود: آیا باید به تنهایی پرستش کنیم یا به طور جمعی؟ پاسخ مثبت است (البته در صورتی که با مقررات کنونی دولت‌ها مطابقت داشته باشد) در حالی که سناریوهای یکی یا دیگری را (به دلیل سهولت)، ترجیح میدهیم، پرستشی که در کلام از آن سخن گفته شده است ترکیب وقت گذراندن به تنهایی با خدا و پرستش گروهی در کنار قوم خدا می‌باشد. «هنگامی که ایماندارن از خانه‌های خود می‌آیند تا در کنار هم خدا را به عنوان قوم برگزیدهٔ خداوند پرستش کنند و با خدای تثلیث ملاقات داشته باشند، پرستش ما غنی تر، عمیق تر، حقیقی تر و بیش از زمانی که در تنهاییِ بیابان‌های خود به عبادات خدا می‌پردازیم کامل خواهد بود.»[1]

این‌ها برخی از برکاتی بودند که در نتیجهٔ پرستش در دوران بیماری کووید-۱۹ دریافت کردیم، مواردی که آموختیم و می‌تواند به مرور زمان باعث تقویت کلیسا شود.

چالش‌های پرستش در دوران بیماری همه‌گیر

- نگران هستیم که پرستش‌ها دیگر هرگز مثل قبل نمی‌شود و همین‌طور هم هست. به چالش کشیده می‌شویم تا آنچه که باید حفظ کنیم را، دوباره ارزیابی نماییم و ببینیم چه چیزهایی را باید کنار بگذاریم و چگونه باید تفاوت بین این دو دسته را تشخیص دهیم.
- نگرانیم که مردم برای پرستش به اینترنت رجوع خواهند کرد و گردهم آمدن ایمانداران را به جز زمان‌هایی که برایشان آسوده است، نادیده خواهند گرفت. به چالش کشیده می‌شویم تا ضرورت حیاتی حضور ایمانداران در کنار مقدسین، یعنی در کلیسا را به مسیحیان تعلیم دهیم.

---

۱. کانستنس اِم. چری، «پرستش از راه دور همچون عیسی»، مینستری مترز، ۷ آوریل ۲۰۲۰،
https://www.ministrymatters.com/all/entry/۱۰۲۵۴/worshipping-like-jesus-remotely.

- نگرانیم که روش عملکردمان در اعمال مقدس کلیسا نسبت به باورهای الهیاتی که مدت‌ها به آن‌ها پافشاری می‌کردیم تهدید شده است. سؤالات مهمی در حوزهٔ شام خداوند و تعمید به میان آمده است. آیا باید این کارها را هم به صورت آنلاین انجام دهیم؟ اگر این‌طور باشد، در چه شرایطی انجام این اعمال به صورت آنلاین مجاز است؟ آیا در دوران بحران و زمانی که اجازهٔ انجام حضوری این اعمال را نداریم، راه ویژه‌ای برای انجام این موارد وجود دارد؟ این سؤالات آسان نیستند و نمی‌توانیم در اینجا به پاسخ کاملی برسیم، چرا که راهکار اصلی را در نهایت، شاخه‌های مسیحی ارائه می‌کنند. به چالش کشیده شده‌ایم تا نگاهی تازه به آیین‌های مقدس بیندازیم و در پرتو این شرایط غیرعادی، تشخیص روحانی تازه‌ای را بجوییم.
- نگرانیم که پرستش، امروز بیش از گذشته حالت منفعل به خود گرفته باشد چرا که پرستش‌کنندگان به تماشاچیان تبدیل شده‌اند، حتی تا جایی که چهرهٔ آن‌ها بین چهره‌های ناشناسِ وب‌سایت‌های پرستشی مخفی شده است. به چالش کشیده می‌شویم تا سطح مشارکت فعالانهٔ پرستندگان را افزایش دهیم، چه به صورت آنلاین و چه در وب‌سایت‌ها. (بخش ضمیمه را برای موارد کاربردیِ مرتبط، مشاهده کنید)
- نگران هستیم که بین کلیساهایی که برنامهٔ آنلاین پرستشی تولید می‌کنند رقابت وجود دارد. مردم جلسات را با هم مقایسه می‌کنند؛ این اتفاق دیر یا زود رخ می‌دهد. ممکن است به سادگی با احساس کمبود کلیسای محلی، خود را در خطر ببینیم. به چالش کشیده می‌شویم تا عدم احساس امنیتمان را اعتراف کنیم و اعضای کلیسا را تشویق کنیم تا از خدمات و خادمان پرستشی خود حمایت کنند و لطف و سخاوت و وحدت مسیحی را به تصویر بکشند.

این موارد، برخی از چالش‌هایی هستند که در پرستش‌های دوران کووید-۱۹ با آن مواجه شدیم. با این وجود، چالش‌ها فرصت‌هایی نهانی را در دل خود دارند، بنابراین یکدیگر را فرا می‌خوانیم تا به خاطر کسانی که رهبری می‌کنیم با این چالش‌ها مقابله نماییم.

پرستش با کسانی که دچار معلولیت هستند

هنگامی که درهای جهان خود را بگشاییم و فراتر از پیش روی‌مان را بنگریم، کسانی را می‌بینیم که به لحاظ جسمی، ذهنی و احساسی دچار معلولیت هستند؛ و حتی افرادی را مشاهده می‌کنیم که در رشد دچار معلولیت شده‌اند. مردمِ دچارِ معلولیت، در رستوران‌ها، پارک‌ها، کتابخانه‌ها، زمین‌های

ورزشی و سینماها بین ما حضور دارند. اما آیا در پرستش‌ها هم جایی برای افراد دچار معلولیت داریم؟ به نحوی، این مسئله مشابه پرستش بینانسلی است که در بخش قبل دربارهٔ آن سخن گفتیم. می‌دانیم که افرادی که معلولیت دارند به پرستشی «در سطح خودشان» نیاز دارند؛ اما نگرانیم که پرستش آن‌ها ممکن است در پرستش سایرین خلل ایجاد کند.

کارهای روزافزون و مهمی صورت می‌گیرد تا کلیساها را فرا بخوانیم و از آن‌ها بخواهیم افراد دچار معلولیت را در پرستش‌ها بپذیرند. یکی از رویکردهایی که پیشرفت چشمگیری را نشان می‌دهد، «طراحی همگانی» است. طراح همگانی اصطلاحی است که به «روش طراحی ساختمان‌ها، محصولات، محیط‌های کاری و ایجاد دسترسی برای عموم مردم از افرادی که دچار معلولیت هستند» اشاره می‌کند.[۱] از دیدگاه معماری، طراح همگانی به فراهم ساختن امکاناتی مرتبط است تا اشخاصِ دچارِ معلولیت بتوانند به راحتی از امکانات کل ساختمان (آسانسور، راه‌پله، دستشوئی‌ها، تابلوها برای کسانی که دچار مشکلات بینایی هستند) استفاده کنند.

باربارا جی نیومن با تشویق رهبران در ایجاد امکان مشارکت برای تمامی مردم در جلسات پرستشی کلیسا، آن‌ها را به سمت طراح همگانی فرا می‌خواند.

این رویکرد بر پایهٔ برنامه‌ریزی در راستای فراهم کردن راه‌هایی مناسب برای هر پرستش‌گر است تا همگان بتوانند در چارچوب توانایی‌های خود وارد پرستش شوند. نیومن معتقد است "به جای اینکه استانداردهای پرستش، تعلیم و حیأت کلیسا را تغییر دهیم، باید به دنبال این باشیم که راهی را فراهم سازیم که همهٔ پرستش‌کنندگان بتوانند با خدا گفت‌وگو داشته باشند. پرستشِ در دسترس در واقع، به اندازه‌ایی انعطاف‌پذیر است تا همه بتوانند هدیه‌ای که خدا برای آن‌ها مهیا ساخته است را دریافت کرده و به آن واکنش نشان دهند.[۲] به همان شکل که معماران ساختمان، امکاناتی را برای کاربری‌های مختلف مهیا می‌کنند، معماران پرستشی نیز باید امکاناتی را برای مشارکت در نظر بگیرند. امکانات همگانی از تغییرات بسیار ساده مانند دقت در واژگان دعوت‌کننده (برای مثال: «در جسم یا در روح زانو بزنید ») شروع می‌شوند و تا اقدامات کمی پیچیده‌تر مانند «درخواست از جماعت کلیسا برای یادگیری زبان اشاره جهت رد و بدل کردن سلام و صلح»، ادامه پیدا می‌کند.

---

۱. باربارا جی. نیومن، «تعریف طراحی فراگیر»، مؤسسه پرستش مسیحی کالوین، ۱۳ ژوئنیه ۲۰۱۵،
https://worship.calvin.edu/resources/resource-library/universal-design-and-responsive-design/.

۲. جوآن هایزرهونیک و باربارا جی. نیومن، «طراحی فراگیر، عادات عمودی، و پرستش فراگیر»، مؤسسه پرستش مسیحی کالوین، ۱ ژوئنیه ۲۰۱۵،
https://worship.calvin.edu/resources/resource-library/universal-design-vertical-habits-and-inclusive-worship/.

نکتهٔ اصلی این است که با کم‌توجهی به افرادی که دچار معلولیت هستند، دایرهٔ پرستش را بیش از حد کوچک رسم کرده‌ایم. پذیرش همگانی، به معنی پذیرش آن‌ها مطابق رفتار عیسای مسیح است، پس باید همگان را با روح میهمان‌نوازی حقیقی که می‌تواند زندگی‌ها را مبدل سازد، بپذیریم. به یاد داشته باشید که خدمت، خیابانی دو طرفه است. کسانی که دچار معلولیت نیستند می‌توانند از افرادی که دچار مشکلات معلولیت هستند برکت بگیرند و بالعکس. با طراحی پرستش همگانی، همه برنده هستند.

در اینجا چند پیشنهاد عملی برای افزایش دسترسی افراد دارای معلولیت، جهت مشارکت کامل‌تر در پرستش‌ها آورده شده است:

- کلیسای خود را زیر نظر بگیرید و به حضور افراد دارای معلولیت‌های جسمی یا ادراکی توجه کنید.
- با این افراد و مراقبان آن‌ها گفت‌وگو کنید تا مشخص شود پیش، حین و پس از مراسم پرستشی (در صورت وجود) با چه موانعی مواجه‌اند و برای رفع این موانع، راهکارهایی را با هم درمیان بگذارید.
- یک تیم رهبری تشکیل دهید تا برای بهبود دسترسی معلولان برنامه‌ریزی کنند. به‌صورت تدریجی، اما با کیفیت، در هر مرحله یک اقدام بهبودبخش را اجرا کنید.
- در نظر داشته باشید که از افراد دارای معلولیت یا مدافعان حقوق آنان دعوت کنید تا کلیسا را، در مورد اهمیت دسترسی‌پذیری و همچنین ارزش این افراد به‌عنوان انسان‌هایی محترم، تعلیم دهند.

پرستش حقیقتاً هم‌زمان و هماهنگ

هنگامی که درهای دنیای خود را بگشاییم و همهٔ مردم را بنگریم، انسان‌هایی را خواهیم دید که خدا را پرستش می‌کنند. این بیانِ آشکارِ پرستش است. اما داستان خدا به ما دربارهٔ بُعد نادیدنی پرستش می‌گوید که حقیقتاً وجود دارد. پادشاهی ابدی، همین حالا آغاز شده است و آکنده از موجوداتی آسمانی است و همچنین کسانی که در خداوند خفته‌اند؛ پرستش آن‌ها به پایان نرسیده است. در همین لحظه پرستش‌هایی بی‌پایان تقدیم خدا و برهٔ خدا می‌شود، می‌توانید بگویید این پرستش دو جنبه دارد: تا حد امکان و به شکلی محدود قابل درک و ملموس است و از جهت دیگر پر از فضیلت است (مقدس و کم‌نظیر). پرستش مقدس به نحوی مداوم در حال وقوع است، اگر چه ممکن است در این لحظه فراتر از قابلیت درک و مشاهده ما باشد. اگر فقط فکر کنیم پرستش زمینی است، دایرهٔ

پرستش را بیش از حد کوچک ساخته‌ایم. هر بار که کلیسا برای جلسات پرستش هفتگی گردهم می‌آید، در امری فراتر از آنچه می‌توانیم به لحاظ جسمانی تجربه کنیم سهیم می‌شویم. پرستش، امری فراجهانی و کیهانی اما حقیقی است. این بهترین نوع پرستشِ هماهنگ و هم‌زمان می‌باشد. تمام اعضای کلیسا گردهم می‌آیند تا در یک هدف مشترک سهیم باشند: پرستش و ستایش خالص خدای تثلیث. پردهٔ بین آسمان و پرستش زمینی، نازک‌تر از آن است که فکر کنیم. یک روز این پرده از میان برداشته می‌شود، ولی اکنون باید به واسطهٔ ایمان بپذیریم که در پرستشی آسمانی مشارکت داریم.

در اینجا توصیه‌های کاربردی برای درک و پذیرش پرستش هماهنگ و هم‌زمان، ارائه می‌شود:

- هنگام پرستش، از قوهٔ تخیلتان استفاده کنید. کروبین، سرافین، عزیزانتان، رهبران قومِ اسرائیل و شاگردان عیسی را تصور کنید که همگی در شکوه و جلال خدایِ تثلیث، سرود پرستش می‌خوانند.
- هنگام رهبری پرستش، اشاره کوتاهی به پرستش آسمانی داشته باشید. بگذارید دعاهایتان تصویری از پرستش هم‌زمان را داشته باشد.

جمع‌بندی و نتیجه‌گیری

این‌جا کلیساست؛ و این هم منارهٔ آن. درها را بگشایید و تمامی مردمانی را بنگرید که پرستشی جهانی، آنان را برمی‌انگیزد. معماران پرستش، فرصتِ مسرت‌بخشی در اختیار دارند تا دیدگاه قوم خدا را نسبت به آن کسانی که به جمع ستایشگران زمینی و آسمانی می‌پیوندند، گسترش دهند. آنان همچنین مهمان‌نوازی خود را به‌سوی تمامی مشارکت‌کنندگان گسترش خواهند داد و این موضوعِ فصل پایانی کتاب است.

بیشتر بیاموزید

دیویس، جاش و نیکی لرنر. همانند آسمان در کلیسای خود پرستش مشترک داشته باشید. نشویل: آبینگدون، ۲۰۱۵.

کینگ، رابرتا آر. هنرهای جهانی و شهادت مسیحی: تفسیر فرهنگ، ترجمهٔ پیام انجیل و ارتباط با مسیح. گرند رپیدز: بیکر آکادمیک، ۲۰۱۹.

کریبیل، جیمز، ویراستار. پرستش و مأموریت عظیم برای کلیسای جهانی: راهنمای قومیت‌شناسی. پاسادنا، کالیفرنیا: کتابخانه ویلیام کری، ۲۰۱۳.

متیس، اریک اِل. پرستش با نوجوانان: روحانیت دوران نوجوانی و اعمال کلیسایی. گرند رپیدز: بیکر آکادمیک، ۲۰۲۱.
نیوبیگین، لسلی. خانواده خدا: خطابه‌هایی دربارهٔ ماهیت کلیسا. یوجین، اورگان: ویپ و استاک، ۲۰۰۸.
نیومن، باربارا جی. و بتی گریت. انجیل در دسترس، پرستش فراگیر. وایومینگ، میشیگان: آل بلانگ، ۲۰۱۶.
واندروِل، هاوارد اِی، ویراستار. کلیسای همهٔ نسل‌ها: نسل‌هایی که با هم پرستش می‌کنند. بثزدا، مریلند: مؤسسه آلبان، ۲۰۰۷.
ون آپستال، ساندرا ماریا. پرستش بعدی: جلال دادن خدا در جهانی متنوع. داونرز گرو، ایلینوی: کتاب‌های آی‌وی‌پی، ۲۰۱۶.

مشغول شوید

در مکانی بی‌طرف، با چند نفر از اعضای کلیسا (اعم از کارکنان و اعضای عادی) گردهم آیید و دربارهٔ پرسش‌های زیر گفت‌وگو کنید:

۱. آیا کلیسای شما گاهی دایره پرستش را بیش از حد بزرگ ترسیم می‌کند؟
۲. کلیسای شما از چه جهاتی دایره پرستش را بیش از حد کوچک رسم می‌کند؟
۳. یک فرد مهمان‌نواز را توصیف کنید.
۴. دربارهٔ یک راه عملی دعا کنید تا کلیسای شما بتواند از طریق آن به سوی پرستش جهانی گام بردارد.

رهبر پرستشی میهمان‌نواز

مشـارکت پرستندگان به عنوان اعضای کلیسا

جسـتجو کنید

قبل از مطالعهٔ فصل ۱۵، به بهترین میزبانی که تا کنون ملاقات کرده‌اید بیندیشید.

۱. چه کارهایی انجام دادند که باعث می‌شود آن‌ها را به‌عنوان میزبانی شایسته به یاد آورید؟
۲. چه ویژگی‌هایی داشتند که باعث شد نزد آن‌ها احساس پذیرفته شدن داشته باشید؟
۳. شما چه نوع میزبانی هستید؟
۴. آیا فکر می‌کنید میهمان‌نوازی و میزبانی صحیح، قابل فراگیری است؟

اکنون که اندیشیدن را آغاز کردید، افکار خود را با مطالعهٔ فصل ۱۵ گسترش دهید.

گسـترش دهید

پایه‌های پرستش بنا شد. سنگ زاویه با دقت در محل صحیح قرار گرفته است. دیوارهای باربر افراشته شد تا فضایی مهیا شود که خدا و قوم او بتوانند در رابطه‌ای عمیق و روبه‌رشد، ارتباط داشته باشند. خدا مردم را فراخوانده است و آن‌ها گردهم آمده‌اند. پرستش به زودی آغاز می‌شود. معمار

پرستشی، تمام موارد را بر اساس انتظارات خدا در کتاب مقدس از پیش مهیا کرده است. او دعا کرده، در احکام الهی اندیشیده و محتوای کلیسا را مد نظر داشته است.

او عملکردی شبان گونه داشته و دیگران را در برنامه‌ریزیِ پرستش مشارکت داده است. همه چیز آماده است، اما شاید این‌طور نباشد؟ یک چیز باقی‌مانده است، حالا وقت آن رسیده که معمار پرستش به‌عنوان میزبان، خادم اعضای کلیسا باشد.

همهٔ ما تجربهٔ اینکه در خانهٔ کسی میهمان باشیم را داشته‌ایم، جایی که میزبان با رفتار خود باعث شده باشد احساس تعلق کنیم. در این مورد، به وضوح می‌بینیم که برخی از میزبانان با رفتارشان می‌توانند کاری کنند که دیگران ارزشمند بودنِ خود را احساس کنند. در مقابل، احتمالاً همهٔ ما در مکان‌هایی حضور داشتیم که میزبان با رفتار خود اهمیتی به حضور سایرین نداده باشد. به‌عنوان مثال شاید با عدهٔ مشخصی که به نظر او مهم‌تر هستند گفت‌وگو کرده است و یا با جلب توجه سعی کرده در مرکز توجهٔ جلسه باشد. اگر این چنین باشد، با حسی متفاوت آن محل را ترک کردیم و با خود اندیشیدیم که هرگز به چنین مکانی باز نخواهیم گشت؛ زیرا تمام مدت با احساس نادیده گرفته شدن و بی‌اهمیت بودن دست و پنجه نرم کرده‌ایم. تفاوتِ بین این دو نوع تجربه، در محل برگزاری جلسه یا در غذا و سرگرمی نبوده است بلکه تفاوت اصلی را رفتار میزبان تعیین کرده است.

هنگامی که برای پرستش گردهم می‌آییم، اغلب میزبانانی وجود دارند که، قوم خدا را در گفت‌وگو با خداوند رهبری می‌کنند. پرستش متحد، یک سفر فردی نیست که هرگاه بخواهیم وارد شویم، هرطور بخواهیم عمل کنیم و در هر زمانی که خواستیم آن را ترک کنیم. پرستشِ کلیسا شامل انجام اعمال پرستشی در **وحدت** و در طول **گفت‌وگوی ایمانداران با خدا** می‌باشد. یک رهبر (رهبر پرستشی) مانند میزبان یک ضیافت عمل می‌کند. این رهبر به گرمی به مردم خوشامد می‌گوید، آن‌ها را به داخل دعوت می‌کند و سپس به آن‌ها کمک می‌کند تا در محلی راحت و مناسب بنشینند. او به آن‌ها اهمیت می‌دهد. چنین رهبری این کار را نه تنها هنگام ورود مهمانان، بلکه در طول جلسه و تا پایان جلسه، مستمراً انجام می‌دهد تا ببیند آیا میهمانان به خوبی با فضای کلی مراسم سازگار شده‌اند یا خیر؟

شاید مهم‌ترین کاری که میزبان انجام می‌دهد این است که اطمینان حاصل کند تمام شرکت‌کنندگان در جلسه مشارکت دارند. موفقیت یک جلسهٔ اجتماعی، به سطح مشارکت میهمانان بستگی دارد. همه باید مشارکت داشته باشند تا احساس کنند مورد پذیرش قرار گرفته‌اند و ارزشمند بودن خود برای جلسه را لمس کنند. رهبر پرستشی، دارای بصیرت لازم است تا بتواند این نقش را به درستی ایفا کند. طراحی جلسهٔ پرستشی بسیار مهم است اما طراحی بهترین جلسهٔ پرستشی

روی کاغذ تا زمانی که به‌صورت زنده با مردم به انجام نرسد، امری بی‌ثمر خواهد بود. درست مثل هر جلسهٔ اجتماعی، مهارت لازم است تا همهٔ میهمانان را در جلسه شرکت دهیم. در پرستش نیز همین‌گونه است؛ با آگاهی و تدبیر می‌توان پرستندگان را از ابتدا تا انتهای جلسه، در گفت‌وگو با خدا، به مشارکت تشویق کرد. مشارکت کلید اصلی است.

کاهش مشارکت باعث نگرانی رو به رشد رهبران پرستشی شده است. صرف نظر از سبک پرستش، حضور منفعلانه در پرستش‌ها به یک مشکل اصلی تبدیل شده است. یکی از رهبران کلیسای بزرگی در مرکز اوهایو دربارهٔ این موضوع با من تماس گرفت تا توصیه‌هایی را به او تقدیم کنم. او می‌گفت در جلسات پرستشی معاصر کلیسا، تنها از حاضرین خواسته می‌شود تا در سرود خواندن مشارکت داشته باشند. با این وجود او هر هفته می‌دید که پرستندگان، بیشتر وظیفهٔ اجرای سرودها را به گروه پرستشی واگذار کرده‌اند و با تلاشی اندک، گه گاهی با آن‌ها همراهی می‌کنند. او متوجه مشارکت ضعیف مردم شده بود و بسیار نگران بود. جلسهٔ پرستشی سنتی که به‌عنوان میهمان در آن شرکت داشتم نیز همین داستان را از زاویهٔ دیگر بیان می‌کرد.

بیشتر فعالیت‌های جلسهٔ پرستشی، تقدیمی بود. یک گروه کُر سرود می‌خواند و حاضرین کلیسا آن‌ها را تشویق می‌کردند. سه دختر جوان قطعه‌ای را با پیانو نواختند و هدایا تقدیم شد؛ مردم دوباره آن‌ها را تشویق کردند. یک تک‌خوان، سرودی را خواند و (درست حدس زدید)، شرکت‌کنندگان به تشویق او پرداختند. شبان موعظه کرد (با این وجود کسی او را تشویق نکرد!). اعضای کلیسا به‌عنوان **مخاطبین** عمل می‌کردند، به نحوی که انگار گروه پرستش برنامه‌ای را برای آن‌ها اجرا می‌نمودند.

فکر نمی‌کنم کلیساها مایل باشند پرستشِ منفعلانه را تبلیغ کنند. اما گاهی ممکن است در طراحی و هدایت پرستش‌ها به گونه‌ای که مشارکت را تقویت و انفعال را تضعیف کند، کوتاهی کنیم. در بسیاری از کلیساها، خدمت روی صحنه بر بخش‌های دیگر جلسهٔ پرستشی غلبه کرده است. در چنین محیطی که حالت صحنه‌سازی‌شده دارد، جماعت بیش از آن‌که نقش مشارکت‌کننده داشته باشد، صرفاً به‌عنوان تماشاگر تلقی می‌شود و مشارکت واقعی رو به افول می‌گذارد. در نیمهٔ دوم قرن بیستم، پرستش به سویی حرکت کرد که حاضرین از روی نیمکت‌ها بیشتر نقش **ناظر** را ایفا می‌کردند. این رویکرد بازتابی از عصر رسانه بود، یعنی دورانی که رادیو و تلویزیون جایگاه مخاطب را به‌عنوان ناظر و شنونده تثبیت کردند و بازیگران برای تماشاچیان به اجرای برنامه‌ها می‌پرداختند. بی‌شک این الگو، پرستش‌ها را در طی چند دههٔ اخیر به نحوی چشم‌گیر تحت تأثیر قرار داده است.[۱]

۱. برای شرحی جذاب از این روند در فرهنگ آمریکایی، بنگرید به: پیر بابن با مرسدس یانونه، عصر نوین در آموزش دینی (مینیاپولیس: فورترِس، ۱۹۹۱).

پس از کجا باید شروع کنیم؟ چگونه می‌توانیم حاضرین را از حضور منفعلانه به سمت مشارکت حقیقی هدایت کنیم؟ بیایید با مطالعهٔ تعدادی از کلمات، دیدگاه روشن‌تری در این زمینه به دست آوریم. ابتدا به بررسی تعریف برخی از کلمات کلیدی خواهیم پرداخت، سپس به بررسی چند موضوع در کتاب مقدس خواهیم پرداخت تا به افکار صحیحی در زمینهٔ مشارکت دست پیدا کنیم. در ادامه، روش‌های کاربردی را به اشتراک خواهم گذاشت تا بتوانید اعضای کلیسا را از حضور منفعلانه به مشارکت حقیقی در پرستش هدایت کنید.

مطالعهٔ لغات

ابتدا، معنی «مشارکت» چیست؟[1] معنایش:

- شرکت کردن
- سهیم بودن
- شراکت داشتن

شریک کیست؟ شریک یعنی:

- کسی که با فردی دیگر سهیم یا در کاری همراه باشد
- همراه یک رقص باشد (شریک رقص)
- بازیکنی در یک تیم یا جناح مشترک، در یک رقابت با جناح مخالف (هم‌گروهی در یک مسابقه)

پس، «مشارکت کردن» یعنی پذیرفتن نقش شریک در یک تلاش مشترک. افرادی که با یکدیگر شریک هستند روی سرمایه‌گذاری و تلاش‌های اعضای دیگر حساب می‌کنند.

بیایید به نقطه مقابل مشارکت یعنی «انفعال» نگاهی بیاندازیم. منفعل بودن یعنی:

- تحت تأثیرعمل قرار گرفتن (و نه انجام دهندهٔ عمل)
- نشان ندادنِ علاقه یا ابتکار عمل

هنگامی که برای تعریف پرستش به کلمات کتاب مقدس مراجعه می‌کنیم، نکته‌ای جالب توجه را درک خواهیم کرد. واژگان کتاب مقدس در حوزهٔ پرستش همیشه فعال هستند و هرگز قالب منفعل

---

۱. تمام تعاریف واژگان انگلیسی در این بخش از کتاب لغت‌نامهٔ جیبی آکسفورد ، ویرایش هشتم (نیویورک: انتشارات دانشگاه آکسفورد، ۱۹۹۲) گرفته شده‌اند.

ندارند. چندین کلمه از زبان عبری عهد عتیق و یونانی عهد جدید به «پرستش» ترجمه می‌شوند. در اینجا به چهار مورد اشاره خواهیم کرد.

در زبان عبری عهد عتیق، بیشترین کلمه‌ای که در توصیف معنای پرستش به کار گرفته شده است واژهٔ «shachah» می‌باشد. این واژه یک کلمهٔ عملکردی است و بدین معناست:

- به حالت سجده درآمدن (غلام در مقابل ارباب)
- تعظیم کردن یا خم شدن

این کلمه در گزارش نحمیا در قرائت دوبارهٔ کتاب شریعت مشاهده می‌شود. هنگامی که عزرا کلام خدا را گشود تا شریعت خدا را برای کسانی که از تبعید بازگشته بودند قرائت کند (به کلمات عملی توجه کنید!)، تمام مردم ایستادند و «آمین، آمین» می‌گفتند! آن‌ها دستان خود را در ستایش خداوند بر افراشتند، سرهای خود را خم کردند و در حالی که به صورت روی زمین افتاده بودند به پرستش «shachah» خداوند پرداختند (نحمیا ۸:۵-۶). این یک پرستش عملکردی است! در اینجا به وضوح می‌بینیم که مردم، عملی پرستشی را به انجام می‌رساندند. این واژه در مزمور ۶۶:۴ هم به کار گرفته شده است: «تمامی زمین تو را پرستش خواهند کرد و تو را خواهند سرود و به نام تو ترنم خواهند نمود.» تصویرِ سر خم کردنِ زمین در مقابل خداوند و ستایش نام یهوه حقیقتاً جذاب است.

واژه‌ای که در عهد جدید بیش از سایر لغات برای پرستش به کار گرفته شده است «Proskuneo» می‌باشد، که معادل یونانی واژهٔ «Shachah» است. معنی این واژه اینچنین است:

- روی بر زمین نهادن
- ادای احترام کردن
- بوسیدن به سوی (مثلاً به سوی مقدسات)

واژهٔ «Proskuneo» در متی باب ۲ به کار گرفته شده است، هنگامی که مردان حکیم «به خانه درآمدند و کودک را با مادرش مریم دیدند، روی بر زمین نهاده، آن کودک را پرستش نمودند» (متی ۲:۱۱). روی بر زمین نهادنِ مُغان در مقابل مسیح در هنگام تولدش، تصویری شگفت‌انگیز است!

در رویای یوحنا که در مکاشفه ۷:۱۲ ثبت شده است می‌خوانیم: «جمیع فرشتگان در گردِ تخت، و پیران و چهار حیوان ایستاده بودند، و در پیش تخت به روی درافتاده، خدا را سجده کردند و گفتند: "آمین! برکت و جلال و حکمت و سپاس و اکرام و قوت و توانایی، خدای ما را باد تا ابدالاباد. آمین."»

واژهٔ عبری «Abad» به «خدمت پرستش» یا «پرستش» ترجمه می‌شود. این کلمه به شکلی

خاص، به اعمال کاهنان و لاویان که به جزئیاتِ پرستش‌هایِ معبد اختصاص داشت اشاره می‌کند. وظایف خدمتی کاهنان و لاویان تقدیم قربانی‌ها، روشن کردن چراغدن‌ها، مهیا کردن نان تازه، نواختن ساز و سراییدن در گروه‌های همخوانیِ معبد را شامل می‌شد. «Abad» خدمت کاهنان و لاویان را به اعمال پرستشی‌ای که آن‌ها به نیابت از قوم به انجام می‌رساندند، متصل می‌کرد.

«leitourgia» واژهٔ یونانی دیگری است که در عهد جدید به «پرستش» ترجمه می‌شود و به همان موارد که ذکر شد اشاره دارد.[1] کلمهٔ لیترجیا، به جز «پرستش» می‌تواند به «خدمت» نیز ترجمه شود، که اغلب به نقش‌های کاهنان مرتبط می‌باشد. نمونهٔ خدمت کاهنان در «leitourgia» شامل خدمت موسی (عبرانیان ۹:۱۱) و مسیح (عبرانیان ۸:۱ و ۲) است.

اینها تنها برخی از کلمات کتاب مقدس است که در زبان‌های دیگر به «خدمت پرستش» ترجمه شده است. این لغات در کنار لغات دیگر، ایده ای یکپارچه را نشان می‌دهند، پرستش در کتاب مقدس امری فعالانه است. پرستش کردن به معنی مشارکت داشتن است. هیچ چیزِ منفعلانه‌ای در کلمات کتاب مقدس و در توصیف پرستش وجود ندارد. پرستش، حرکتی آگاهانه و نظام‌مند است به‌سوی خدای پدر؛ به واسطهٔ خداوند ما عیسی مسیح، و در قدرت روح‌القدس. جلسهٔ پرستشی مسیحی فرصتی است تا به عنوان یک جماعت ایماندار در اعمالی مقدس مشارکت داشته باشیم. می‌توانید بگویید پرستش یک کار است! پرستشِ کتاب‌مقدسی، ما را تشویق می‌کند تا در صحن کلیسا به همراه خواهران و برادران ایماندار، خود را تقدیم و وقف اعمال خدمت به خدا کنیم.

گاهی اوقات به کلیسا می‌رویم تا پرستش دیگران را تماشا کنیم (رهبرانی که پیش چشم‌مان خدا را می‌پرستند)؛ به جای این کار باید درک کنیم خدا در پرستش‌ها حضور دارد تا با ما که فعالانه او را خدمت می‌کنیم ارتباط برقرار کند. ما خدا را خدمت می‌کنیم.

کلماتی که تا به حال بررسی کردیم به پرستش **عمودی** مرتبط است. یک واژهٔ کلیدی دیگر وجود دارد که باید در زمینهٔ مسألهٔ **افقی** پرستش آن را بررسی کنیم «koinonia». «koinonia» به معنای «مشارکت داشتن» است. از این واژه برای توصیف جامعهٔ پرستشی که در پنطیکاست شکل گرفت استفاده شده است: «آنان خود را وقف تعلیم یافتن از رسولان و رفاقت و پاره کردن نان و دعا کردند» (اعمال ۲:۴۲). پولس رسول همچنین از کلمهٔ «koinonia» به معنای مشارکت در شام خداوند استفاده کرده و این‌گونه می‌نویسد: «آیا جام برکت که به جهت آن شکر می‌گزاریم، شریک شدن در خون مسیح نیست؟ و آیا نانی که پاره می‌کنیم، شریک شدن در بدن مسیح نیست؟» (اول

---

۱. واژه‌ی یونانی لیتورگیا در کاربرد سنتی خود، الزاماً بار مذهبی نداشته و برای اشاره به اعمال خدمت‌رسانی، به نمایندگی از جامعه به کار می‌رفته است.

قرنتیان ۱۰:۱۶). پرستش کردن به معنای شریک شدن در رفاقت است، یعنی در اعمال پرستشی و در وحدت با سایر ایمانداران، مشارکت می‌جوییم.

در کنار واژگانی که در کلام خدا به کار گرفته شده است، داستان کتاب مقدس نیز پرستش را به عنوان امری مشارکتی توصیف می‌کند. در تمام داستان‌هایی که پرستش در کلام خدا توصیف شده است، این عمل کاری مشارکتی می‌باشد. پرستشِ منفعلانه در کتاب مقدس وجود ندارد. پرستشِ کلیدیِ اسرائیل که در (خروج ۲۴ آیات ۱ تا ۱۸) توصیف شده است با مشارکتی عمیق انجام پذیرفت. به مشارکت تمام پرستش‌کنندگان توجه کنید: همهٔ مردم یک صدا پاسخ دادند (آیه ۳) تمام آن‌ها عهد بستند که اطاعت خواهند کرد (آیه ۳) مذبحی ساخته شد (آیه ۴) دوازده ستون قرار داده شد (آیه ۴) مردان جوان قربانی‌های سوختنی و قربانی تقدیم کردند (آیه ۵) موسی، خون قربانی‌ها را روی مذبح ریخت (آیه ۶) کتاب عهد، قرائت شد (آیه ۷) مردم با وحدت، یک بار دیگر عهد بستند که اطاعت خواهند نمود (آیه ۷) موسی خون را روی مردم ریخت تا عهد منعقد شود (آیه ۸). نقطهٔ اوجِ پرستش در تاریخ همان‌طور که در مکاشفه ۷ آیاتِ ۹ تا ۱۱ توصیف شده است، عمیقاً مشارکتی خواهد بود. نجات‌یافتگان در مقابل تخت پادشاهی خواهند ایستاد و برگ‌های نخل را تکان خواهند داد، آن‌ها فریاد برآورده پرستش خواهند کرد، به روی خواهند افتاد و خواهند سرایید. ده‌ها موردِ پرستشِ فعالانه در قالب داستان‌های کتاب مقدس بیان شده است که می‌توانیم به آن‌ها اشاره کنیم.

پرستش در کتاب مقدس امری مشارکتی است، در حقیقت می‌توانم بگویم «بدون مشارکت پرستشی وجود ندارد». خدا انتظار دارد در پرستش‌ها مشارکت وجود داشته باشد. مشارکت امری حیاتی است؛ هرچقدر مردم بیشتر با یکدیگر در امر پرستش رفاقت و مشارکت داشته باشند احتمال اینکه بتوانند قلبشان را برای خدا بازتر کنند بیشتر است. با این وجود، اگر بپذیریم که پرستش مسیحی باید مشارکتی باشد، سوال ما به قوت خود باقی است: چگونه می‌توانیم از پرستش منفعلانه به سمت مشارکت حرکت کنیم؟

حرکت از پرستش منفعلانه به سوی پرستش مشارکتی

دنیل بندیکت و کریگ میلر، نویسندگان «پرستش معاصر برای قرن بیست و یکم: پرستش یا بشارت؟» این ایده را مطرح نمودند: "در دوران پست‌مدرن و فرهنگِ قرن بیست و یکم که عصر اطلاعات می‌باشد، مردم به کلیسایی می‌روند که به آن‌ها امکان می‌دهد خدا را تجربه نموده و خداوند را فراتر از زندگی روزمرهٔ خود لمس کنند. در دنیای پر از سرگرمی‌های گوناگون، که پر از اصوات و تصاویر است، نمی‌توان با تجربهٔ روزمرهٔ بشر رقابت کرد مگر به یک طریق: تجربه و لمس

پرستشِ خدای زنده توسط جماعت ایمانداران.[1] " این کلمات، ایمانداران را تشویق می‌کنند، چون ما را اطمینان می‌بخشند که نسل جوان‌تر آمادهٔ پرستش مشارکتی هستند. برای اینکه بتوانید کلیسای خود را از پرستش منفعلانه به سوی مشارکت در پرستش‌ها سوق دهید، پنج اصل عملی را در ایده‌های کاربردی ارائه خواهم کرد.

اصل ۱: درک کنید که نسل جوان دقیقاً مایل هستند در پرستش‌ها مشارکت داشته باشند. برای پرستندگان قرن بیست و یکم، مشارکت در پرستش‌ها، پرستش حقیقی محسوب می‌شود.

مورد کاربردی: جلسه را به نحوی طراحی و رهبری کنید که اشخاص کاملا با آن ارتباط برقرار کنند و در آن مشارکت داشته باشند.

سوال: کدام یک از حواس پنج‌گانه به کار گرفته شده است؟

- بینایی: پوشش‌های محراب، نمایش‌های هنری، رنگ‌ها، آثار هنری، نمادها، ویدئوها و غیره...
- شنوایی: سازها، نواهای نمادین (صدای باد)، سکوت، صدای کودکان، صدای مردان و زنان، زبان‌های مختلف و غیره.
- بویایی: عطرها، بخورها، گل‌ها و غیره.
- چشایی: نان، شراب یا آب انگور، نمک، آب و غیره.
- لامسه: انسان‌ها، پوشش‌های محراب، صلیب‌های چوبی، کتاب مقدس و غیره.

اصل ۲: درک کنید مشارکت شامل شریک شدن با دیگران نیز می‌باشد. «koinonia» شامل رفاقت و مشارکت در پرستش است که پایه و اساس جامعهٔ مسیحی می‌باشد.

مورد کاربردی: جلسات پرستشی را به نحوی طراحی و رهبری کنید که شامل ارتباط برقرار کردن با سایرین نیز باشد.

سوال: چه زمانی از مردم خواسته‌ام در رفاقت با سایر پرستندگان ارتباط برقرار کنند؟

- دعا در گروه‌های کوچک
- اعلام صلح و سلام
- دست‌گذاری
- به اشتراک گذاشتن «لحظات خدایی»
- برکت دادن یکدیگر

---

۱. دانیل تی. بندیکت و کریگ کنت میلر، پرستش معاصر برای قرن بیست و یکم: پرستش یا بشارت؟ (نشویل: منابع شاگردسازی، ۱۹۹۴)، صفحه ۵.

- دعا کردن در جایگاه‌ها

اصل ۳: درک کنید که برخی از مردم ذاتاً خجالتی‌تر هستند. پس به جای اینکه اقدام کنند، ترجیح می‌دهند منفعلانه انتظار بکشند و به فرصت و تشویق نیاز دارند تا بتوانند مشارکت حقیقی داشته باشند.

مورد کاربردی: جلسات را به نحوی هدایت و رهبری کنید که تمام حاضرین به مشارکت تشویق شوند.

سوال: چند بار از تمام پرستندگان درخواست کرده‌ام که کاری را به همراه یکدیگر انجام دهند؟

- چند مورد از عناصر پرستشی جلسه تمام کلیسا را دعوت می‌کند تا عملی را انجام دهند به جای اینکه صرفاً نظاره‌گر باشند؟
- در تقابل با انجام آیین‌های مشارکتی چند دقیقه به گوش فرا دادن در سکوت اختصاص داده شده است؟
- در اعمال مشارکتی به چه گروه‌ها یا گروه‌های اجتماعی کمتر توجه شده است؟ کودکان، سالمندان، جوانان، میهمانانی که با موانع زبانی مواجه هستند، افراد دارای معلولیت؟

اصل ۴: درک کنید که به طور کلی در فرهنگ امروزی، اعضای کلیسا به سمت ذهنیت تماشاگر بودن سوق داده شده‌اند.

مورد کاربردی: جلسات را به نحوی طراحی و هدایت کنید که اعمال پرستشی را از روی صحنه به میان مردم ببرند.

سوال: از اعضا دعوت کرده‌ام چه کار فیزیکی را انجام دهند؟

- ژست‌های بدنی (بلند کردن دست‌ها، سر بلند کردن، سر خم کردن)
- حرکات (دست زدن، رقصیدن، وارد شدن و خارج شدن آیینی و غیره)
- حالت‌های بدنی (تعظیم کردن، زانو زدن، ایستادن، به روی افتادن، دست‌ها را باز کردن، دست‌ها را به حالت دعا گرفتن و غیره)

اصل ۵: درک کنید که پرستش یک کار است. پرستش شامل وظایف مقدسی است که در خدمت به خدا به جا می‌آوریم. بنابراین باید بپذیریم که پرستش بهایی دارد (دوم سموئیل ۲۴:۲۴). باید دیگران را دعوت کنیم تا در امر پرستش کار کنند.

مورد کاربردی: جلسات را به نحوی طراحی و هدایت کنید که سرمایهٔ عظیمی را از پرستندگان بطلبند.

سوال: چه مقدار از کاری که رهبران به انجام می‌رسانند می‌تواند توسط مردم انجام شود؟

- خوشامدگویی
- دعا
- قرائت کلام خدا
- شهادت‌ها
- مشاوره در پای محراب
- تقدیم شام خداوند

آنچه که دربارۀاش سخن می‌گوییم حرکت از سمت «برنامهٔ پرستشی» به «مشارکت» در پرستش است. همه با برنامه‌ها آشنایی داریم. برنامه، ترتیب رویدادهایی است که اجرا می‌شود و برای این طراحی شده است که در جلسات باعث سرگرمی مردم شود. در طول دهه‌ها (حتی قرن‌ها)، پرستش در بسیاری از شاخه‌های مسیحیت مانند یک برنامهٔ مذهبی بوده است. موضوع وجود دارد (خدا) و دربارۀ خدا سخن می‌گوییم. با نظم و ترتیب برنامه‌ها، رویدادها را برای تعلیم دادن و سرگرم کردن مردم تنظیم می‌کنیم. اجراها را مدیریت می‌کنیم و امید داریم که جرقه‌ای خاص به برنامه بیفزاید. ممکن است ترتیب رویدادها منطقی باشد یا نباشد، اما این در وهلهٔ دوم اهمیت است چرا که موضوع اصلی، پر اهمیت‌ترین چیز است.

حداقل سه مشکل بزرگ در زمینهٔ «برنامهٔ پرستشی» وجود دارد:

۱. برنامهٔ پرستشی دربارۀ یک چیز است، نه «با» و «برای» یک شخص. خدا به **موضوع** پرستش تبدیل می‌شود، نه به سوژه و محتوای عینی آن.

۲. برنامه‌ها اغلب منفعلانه هستند. عموماً تماشاچیان به جز در مشاهده کردن، نقش دیگری در برنامه‌ها ندارند.

۳. برنامهٔ پرستشی باعث به‌وجود آمدن داوری می‌شود. تمام برنامه‌ها بر اساس اثرگذاری سخن‌گو و مجریان، سنجیده و داوری می‌شوند. وسوسهٔ انتقاد کردن طبیعی است، چرا که وقتی اجرایی تقدیم می‌شود در پی جلبِ رضایتِ حاضرین به انجام می‌رسد.

برای اینکه از برنامهٔ پرستشی به سمت مشارکتِ پرستش پیش برویم، لازم است که در مقابل این سه مشکل اصلی برنامه‌های پرستشی، اقداماتی را انجام دهیم.

۱. می‌بایستی برنامه‌ریزی کنیم تا خدا مضمون و حقیقت عینی پرستش باشد، نه تنها موضوع پرستش. معنایش این است که:

- از زبانی استفاده کنیم که حضور حقیقی مسیح بین ایمانداران را به حاضرین یادآور شود
- از سرودهای کلیسایی بهره ببریم که مستقیماً به نام خدا اشاره می‌کنند
- پرورش آگاهی کلیسا که، خدا تنها مخاطب و ناظر پرستش‌ها می‌باشد

۲. باید به نحوی برنامه‌ریزی کنیم تا اعضای کلیسا به طرق مختلف در هر جلسه، مشارکت حقیقی داشته باشند.

- میزان زمانی که به «تقدیم اعمال پرستشی» اختصاص داده شده و تقابل آن با میزان زمانی که به «اعمال اعضای کلیسا» اختصاص داده شده را مجدداً بررسی کنید.
- در طول پرستش از تمام آثار هنری پرستشی بهره ببرید.
- در طراحی و رهبری پرستش، مشارکت فعالانه ایجاد کنید.

۳. باید روی تغییر تأکید از «آیا خشنود هستم؟» تا «آیا خدا خشنود می‌شود؟» کار کنیم:

- باید بیاموزیم انتظارات خدا از پرستشِ حقیقی چیست
- از نظردهی‌های داوری‌گونه و غیرضروری دربارۀ آنچه مورد پسندمان بوده یا نبوده است خودداری کنیم.
- یکدیگر را تشویق کنیم تا کسانی که حضور خدا را در طول جلسه لمس کرده‌اند، تجربۀ خود را به اشتراک بگذارند.

جمع‌بندی و نتیجه‌گیری

یک رهبر میهمان‌نواز، در جلسات پرستشی نقشی فوق‌العاده تعیین‌کننده دارد. میهمان‌نواز بودن، چیزی بیش از صمیمی بودن را می‌طلبد: لازم است کاری کنید هر یک از اعضا و میهمانان، اهمیت و ضرورتِ حضورشان در جلسات پرستشی را احساس کنند.

این امر تنها از طریق **مشارکت** میسر می‌شود. خدمت معمار پرستشی این است که اطمینان حاصل نماید (۱) پرستش به نحوی طراحی شده است تا تمام پرستندگان را به مشارکتی مداوم دعوت کند و (۲) تمام پرستندگان تشویق می‌شوند تا همۀ وجود خود را در پرستش وقف نمایند.

در مجموع باید گفت، پرستش دربارۀ تجربۀ خدای زنده به واسطۀ مشارکت داشتن در گفت‌وگو با او می‌باشد. پس این کار، صرفاً به معنی به کلیسا رفتن نیست. «به کلیسا رفتن» می‌تواند حالت پرستش منفعلانه را داشته باشد؛ اما «به کلیسا آمدن» و تقدیم پرستش‌های عمیق قلبی، به معنای مشارکت جستن با خدایی است که ما را به کلیسا دعوت کرده است.

نویسنده جیمز مگاو به زیبایی می‌گوید:
اگر از من بپرسید چرا به کلیسا می‌روم، می‌توانم با این موارد پاسخم را آغاز کنم:

- احساس بهتری داشته باشم
- با کسانی باشم که از مصاحبت‌شان لذت می‌برم
- دربارهٔ عیسای مسیح بیاموزم
- نشان دهم طرفِ چه کسی هستم
- مطمئن شوم کسی نمی‌پرسد چرا به کلیسا نرفته‌ام
- سرودهای روحانی قدیمی محبوبم را بسرایم
- از موعظهٔ روز، الهام و تعلیم دریافت کنم

ولی اگر از من بپرسید چرا پرستش می‌کنم، مسأله را به سطح دیگری برده‌اید... کلمات آنی دیلارد را به یاد می‌آورم که دربارهٔ پرستش اینگونه می‌نویسد:

«آیا کسی حتی می‌داند که در پرستش چه قدرت و قوتی را فرا می‌خوانیم؟ .... کلیساها مانند کودکانی هستند که روی زمین با ابزارهای شیمی بازی می‌کنند و دینامیت می‌سازند تا یکشنبه صبح را منفجر کنند. دیوانگی است که کلاه‌های مخمل به سر کنیم و به کلیسا برویم؛ همهٔ ما باید کلاه ایمنی بر سر کنیم! خادمین باید جلیقهٔ نجات بر تن کنند و چراغ‌های اضطراری به دست بگیرند و به میان نیمکت‌ها بزنند، چرا که خدای به خواب رفته ممکن است یک روز از خواب بیدار شود و بر ما خشم بگیرد، یا خدای برخاسته ممکن است ما را به جایی ببرد که هرگز نتوانیم از آن بازگشت کنیم.»

هنگامی که پرستش می‌کنم خودم را بدون داشتن هیچ انتظارِ فردی از نتیجهٔ پرستش، در اختیار خدا قرار می‌دهم. گاهی پرستش شِفا، صلح، بخشایش، امید و گاهی تأدیب به بار می‌آورد. اما پرستش همواره می‌طلبد از مرزی که به آن رسیدم فراتر بروم و مرا به سرزمینی ناشناخته هدایت می‌کند. به کلیسا رفتن اغلب اوقات ساده است. اما پرستش موضوع دیگری است. فوق‌العاده است که مردم بدانند در پرستش، خود را به دستان خدای زنده می‌سپارند.[1]

اصطلاحات کلیدی

مشاورهٔ پای محراب: خدمت گوش فرا دادن، تشویق کردن و دعا کردن (گاهی می‌تواند شامل

۱. جیمز مگاو، «قدرتی که فرا می‌خوانیم»، الیو نوع، مه-ژوئن ۱۹۸۸، صفحه ۶۰ (با تأکید همان‌طور که در متن اصلی آمده)، به نقل از انی دیلارد، آموزش سخن گفتن به سنگ برای: سفرها و رویارویی‌ها (نیویورک: هارپرکالینز، ۱۹۸۲)، صفحات ۵۸-۵۹. با کسب اجازه استفاده شده است.

مسح با روغن باشد)، خدمتی که توسط مسیحیان بالغ به کسانی که هنگام دعا به سمت محراب می‌آیند (زانو می‌زنند و یا در محل ویژهٔ دعا قرار می‌گیرند) تقدیم می‌شود.

خود را به روی انداختن. در حالت احترامِ عمیق قرار گرفتن به واسطهٔ تعظیم کردن، زانو زدن و یا به طور ویژه به روی افتادن با دستان باز که نماد تسلیم کامل است.

بیشتر بیاموزید

بارتو، چارلز ال. ارتباط مؤثر در سخنرانی مذهبی و رهبری پرستش. یوجین، اورگان: ویف و استاک، ۲۰۰۵.

راینسترا، دبرا. ک. و ران راینسترا. کلمات پرستشی: زبان شاگردسازی برای خدمت وفادارانه. گرند رپیدز: بیکر آکادمیک، ۲۰۰۹.

مشغول شوید

سه برنامه و ترتیب آیینی که در سه جلسهٔ پرستشی اخیر کلیسا به کار گرفته‌اید را فراهم کنید. اگر می‌توانید خبرنامه را نیز آماده کنید و در صورت امکان، نوشته‌ای که رهبر پرستشی از آن‌ها استفاده کرده است را نیز در دسترس داشته باشید.

۱. بشمرید به جز سرود خواندن، چند بار از حاضرین خواسته شده است تا کاری انجام دهند.
۲. فهرستی از چند یا یکی از روش‌هایی که جماعت ایمانداران در وحدت کاری را به انجام رسانده‌اند تهیه کنید.
۳. در مقیاس یک تا ده (یک کمترین میزان است)، فکر می‌کنید جلسات پرستشی شما چقدر مشارکتی است؟ صادق باشید!

ضمیمه الف

یک تعریف از پرستش مسیحی

پرستش، ملاقات دائمی و منظم کلیسا، یعنی بدنهٔ شاگردان مسیح با خدای تثلیث است که در رفاقت و مشارکت با یکدیگر و در اعمالِ پرستشیِ متعهدانه در راستایِ جلال دادن خدا، شهادت دادن به هویت ایمانداران به عنوان قوم خداوند، اعلام و گرامی‌داشتن داستان عظیم اعمال ازلی و ابدی خدا و در راستای بنای روحانی ایمانداران و به شباهت مسیح درآمدن آنان به واسطهٔ روح‌القدس، برای داشتن حیاتی مطابق با اهداف پادشاهی خدا انجام می‌گیرد.

برگرفته از پرستشی مانند مسیح : راهنمای پیروان مسیح نوشتهٔ کنستانس م چری نشویل ابینگتون ۲۰۱۹

ضمیمه ب
ده قدم اولیه در طراحی پرستش زنده

در طراحی جلسهٔ خدمتی پرستش، از این ده قدم استفاده کنید:

۱. دعا کنید تا روح‌القدس افکارتان را تحت تأثیر خود هدایت کند
۲. فهرست مواردی که باید در جلسات وجود داشته باشد را مهیا کنید
۳. به نکتهٔ اصلی موعظهٔ روز توجه کنید
۴. به فصل تقویم مسیحی توجه داشته باشید
۵. به ایده‌های گوناگون بیندیشید و فهرستی از عناصر پرستشی گوناگون تهیه کنید
۶. تعدادی از بهترین ایده‌های فهرست‌تان را انتخاب کنید
۷. آن‌ها را مطابق نظم انجیلی مرتب کنید. خلاقانه بیندیشید!
۸. به روند منطقی طول جلسه بیندیشید
۹. عناصر پرستشی را بسته به سبک تفسیر نمایید
۱۰. سطح مشارکت برنامه‌ای که مدون کرده‌اید را بررسی کنید

ضمیمهٔ پ
فهرستی برای طراحی پرستش زنده

از اصطلاحات زیر برای بررسی مجدد جلسات پرستشی که طراحی می‌کنید استفاده کنید. همهٔ موارد نباید در تمامی جلسات گنجانده شده باشند، اما استفاده از چنین فهرستی به معمار پرستشی امکان می‌دهد تا عناصر کلیدی را مکرراً از یاد نبرد.

- آیا جلسهٔ پرستشی، خداگرا و به سوی خدا است؟
- آیا مسیح، محور جلسهٔ پرستشی است؟
- آیا شواهدی برای تثلیث‌محور بودنِ جلسه، وجود دارد؟
- آیا کلام خدا نقشی کلیدی را ایفا می‌کند؟
- آیا جلسه، همهٔ اعضا را در بر می‌گیرد و زبان فیض، سخاوت‌مندانه در جلسات به کار گرفته می‌شود؟
- آیا در تعاریفم، خدا را توصیف نمودم؟
- آیا آغاز جلسه، قدرتمندانه است؟
- آیا جمع‌بندی و پایان جلسه به خوبی برنامه‌ریزی شده است؟
- آیا جلسه باعث پرورش حس رازگونه می‌شود؟
- آیا حس تحیر از عظمت خدا، در جلسه وجود دارد؟
- آیا چندین مورد از حواس پنج‌گانه، در جلسات به کار گرفته می‌شود؟
- آیا جلسهٔ پرستشی، خلاقانه است؟

- آیا محتوای جلسات برای پرستندگان متناسب است؟
- چه کسانی اعمال اصلی پرستش را انجام می‌دهند؟
- آیا عناصر غافلگیرکنندهٔ مناسبی در جلسه وجود دارد؟
- آیا جلسهٔ پرستشی، با هفتهٔ گذشته متفاوت است؟
- آیا مردم را به فکر و تعمق دعوت می‌کند؟
- آیا جلسه، تجربی است؟
- آیا پرستندگان به صورت جسمی در آن مشارکت دارند؟
- آیا آیین‌ها متعادل هستند؟
- آیا کلام خدا به حد وافر و کافی قرائت می‌شود؟
- آیا جلسه، بیش از حد قابل پیش‌بینی است؟
- آیا تمامی سنین در جلسه مشارکت دارند؟
- آیا به نحوی خلاقانه از فضاها استفاده شده است؟
- آیا بر تقویم مسیحی تأکید شده است؟
- آیا تمام شرکت‌کنندگان به نحوی صحیح و کامل، تعلیم دیده هستند؟
- آیا پاورپوینت‌های پرستشی و پرزنتیشن‌ها، به جلسه کمک می‌کنند یا مانع روال پرستش هستند؟
- آیا فرصت کافی برای ستایش و شکرگذاری وجود دارد؟
- آیا دعاها هدفمند هستند؟
- آیا اموری غیر ضروری در جلسات وجود دارد؟
- آیا زمان‌بندی جلسات صحیح است؟
- آیا جلسات، کامل و در عین حال به اندازه هستند؟
- آیا حسی از زمان گذشته، حال و آینده در جلسات وجود دارد؟
- آیا هر آیین و رویداد، به نحوی طبیعی به رویداد دیگر منجر می‌شود؟
- آیا زمان‌های کافی به شنیدن صدای خدا در سکوت اختصاص داده شده است؟
- آیا به تفاوت‌های شاخهٔ مسیحی کلیسایتان اشاره می‌شود؟
- آیا از پرستش‌کنندگان دعوت می‌شود تا در آیین‌های دیگری به جز سرود خواندن مشارکت داشته باشند؟

ضمیمهٔ ت

هفت توصیه برای ارتباط برقرار کردن با پرستش پخش زنده

با وجود اینکه برخی از کلیساها سالیان سال جلسات را به صورت پخش زنده تقدیم مخاطبین می‌کردند، عدهٔ زیادی از کلیساهای دیگر برای اولین بار به خاطر بیماری همه‌گیر کووید-۱۹ در حال بررسی این فناوری هستند. بسیاری از رهبران این سوال را مطرح می‌کنند: «چگونه باید پخش زنده داشته باشیم؟ در طول پخش زنده چگونه باید پرستش انجام دهیم؟» چگونه می‌توان هنگامی که یک، دو یا سه نفر گردهم آمده‌اند این کار را انجام داد؟ چه چیزی می‌تواند برای خانواده‌هایی که فرزندان کوچک دارند و سخت است که توجهشان را به صفحهٔ نمایشگر جلب کنند، مفید باشد؟ کسی که به تنهایی زندگی می‌کند با تماشای پرستش پخش زنده، چطور می‌تواند حس کند تنها نیست؟

بنیادین‌ترین تغییر این است که بتوانیم مخاطبین را از تماشاگر بودن به سمت **مشارکت** و از مشاهدهٔ منفعلانهٔ یک پرستش از پیش تولید شده، به سوی مشارکت **فعالانه** در پرستش سوق دهیم. اجازه دهید هفت توصیهٔ کاربردی برای پرستش در حین پخش زندهٔ خدمت پرستش، تقدیمتان کنم.

۱. اشتیاق و انتظار ایجاد کنید. شبِ قبل از جلسهٔ پرستشی، با خانوادهٔ خود دربارهٔ اینکه پرستش شما به صورت «زنده» چقدر هیجان‌انگیز خواهد بود گفت‌وگو کنید. کسانی که تنها زندگی می‌کنند می‌توانند انتظارِ شخصیِ خود را با یک دوست یا همسایه درمیان

این بخش اولین بار در «خدمت اهمیت دارد»، ۲۱ آوریل ۲۰۲۰ نوشتهٔ کنستانس م. چری آورده شده است. اشاره به این مورد با کسب اجازه صورت گرفته و تمامی حقوق محفوظ است.

بگذارند و از او بخواهند که در خانهٔ خود و در ساعت مقررِ پخش زنده، به ایمانداران ملحق شوند.

۲. از قبل تجهیزات فناوری را مهیا کنید. اطمینان حاصل کنید که حداقل ۱۵ دقیقه قبل، صفحهٔ اینترنتی را باز کرده‌اید و شبکه اینترنت به خوبی کار می‌کند. به این شکل، در صورت وقوع اشکالات فنی، لحظات اول پرستش را از دست نخواهید داد.

۳. محیط پرستش‌گونه ایجاد کنید. اشیایی که در خانه دارید را بررسی کنید و گردآورید تا نقطه‌ای را برای پرستندگان آماده کنید. در یکشنبهٔ نخل (که به عنوان یکشنبهٔ رنج‌ها نیز شناخته می‌شود)، یک شمع باتری‌ای پیدا کردم. برای اشاره به برگ‌های نخل، چند برگ از گیاه یوکا که در حیاط خلوت داشتم جدا کردم. کتاب مقدسم را مقابل خود قرار دادم و ناگهان یک محراب خانگی ایجاد شده بود!

۴. با آرامش مستقر شوید. اطمینان حاصل کنید که نور اتاق، روی نمایشگر انعکاس ندارد. در حالتی قرار بگیرید که همه بتوانند صفحهٔ نمایشگر را ببینند. صدا را بسنجید. برای همه، فضای کافی و راحت مهیا کنید. قهوه یا چای را مهیا کنید.

۵. دعا کنید. قبل از جلسه، با صدای بلند برای تمام حاضرین (حتی اگر تنها هستید) دعا کنید و حضور خدا را بطلبید. این زمان خاص را به خدا تقدیم کنید. برای شبان و تمام رهبران پرستشی دعا کنید چرا که، کاری که انجام می‌دهند مثل هدایت پرستش به صورت مجازی، چالش‌برانگیز است. می‌توانید از این دعا استفاده کنید:

> ای خداوند تثلیث، در بین ما باش چرا که قصد داریم قلبمان را وقف پرستش تو نماییم. شکر می‌کنیم که همواره همه‌جا حضور داری و برکت روح‌القدس را می‌طلبیم تا بر کسانی که جلسات را هدایت می‌کنند و تمام کسانی که در جماعت ایمانداران از سراسر جهان گردهم آمده‌اند تا تو را بپرستند، ریخته شود. باشد که عیسای مسیح، خداوند رستاخیز یافتهٔ ما، برای جلال خدای پدر با ما ملاقاتی قدرتمندانه داشته باشد. آمین.

۶. در تمام جلسهٔ پرستشی با اشتیاق مشارکت کنید. صرفاً سرود خواندن دیگران را تماشا نکنید، بسرایید! دعا کردن دیگران را نظاره‌گر نشوید، دعا کنید! اگر از شما دعوت می‌شود که زانو بزنید، تعظیم کنید، بایستید، دستتان را برای دریافت برکات بالا بگیرید، این کارها را انجام دهید! هر کاری که در حضور حقیقی خودتان در کلیسا انجام می‌دهید را انجام دهید! ممکن است احساس عجیبی داشته باشید. ممکن است حتی فکر کنید، "چرا باید همچین کاری را انجام دهم؟ کسی صدای من را نمی‌شنود! ولی عدهٔ بسیاری هستند که

صدای شما را می‌شنوند. در حقیقت حتی هنگامی که یکشنبه‌ها کلیسا از پرستندگان پر می‌شود، عدهٔ دیگری هستند که صدای پرستش ما را می‌شنوند؛ اما از آن‌ها غافل شده‌ایم. هرگاه که خداوند عیسی پرستیده می‌شود، به عنوان قومِ گردهم آمده روی زمین پرستش می‌کنیم و در جلال با مقدسین هم‌صدا می‌شویم، و این هم‌صدایی، پیروزی کلیسا است. پس بسرایید، دعا کنید و آیین‌های پرستشی را به جا آورید چرا که تنها نیستید!

۷. روی تجربهٔ خود تأمل کنید. در باقی‌ماندهٔ روز و در طول هفته به آنچه در جلسهٔ پرستشی رخ داد، اشاره کنید. (به جای ایرادات پخش زنده که برای همه پیش می‌آید!) روی آنچه که فوق‌العاده و پرمعنا بوده است عمیقاً بیندیشید. به این شکل به یاد خواهیم آورد که جلسات پرستشی هفتگیِ خانگی ما، ارزشمند هستند. چطور است برای تشکر از رهبران خود، نامه‌ای دست‌نویس بنویسید و در آن متن، از رهبران برای هدایت جلسات پرستشی به صورت پخش زنده تشکر کنید؟ چه چیزی می‌تواند بیش از دریافت چنین متنی در دورانی چالش‌برانگیز، باعث تشویق رهبران پرستشی شود؟

پرستش از راه دور ممکن است به راحتی، به کاری منفعلانه تبدیل شود، اما پرستش کتاب مقدسی هرگز منفعلانه نیست. پس بیایید آنچه که از ما ساخته است را انجام دهیم تا از نظاره‌گر بودن، به سوی **مشارکت کردن** حرکت کنیم.